include MyDesk

Per accedere a MyDesk vai su
www.alphatest.it/tu25707
e segui le istruzioni.

Cos'è MyDesk e cosa ti offre?

MyDesk è l'esclusivo sistema di e-learning adottato anche in tutti i corsi di preparazione Alpha Test. Acquistando questo volume, hai diritto ad accedere a MyDesk usufruendo di contenuti supplementari utili per la tua preparazione.

A tua disposizione trovi:

- **Simulazioni** d'esame
- **Esercitazioni** mirate
- **Tutorial** su test e preparazione all'esame

L'abbinamento del libro con MyDesk ti consente di potenziare lo studio, l'esercizio e la verifica della preparazione offrendoti le maggiori possibilità di successo nella selezione.

TESTUNIVERSITARI

Alpha Test
Psicologia
TOLC PSI – TOLC SU
4100 Quiz

Viale Cassala 22 – 20143 Milano (Italy)
Tel. 02 5845981 – fax 02 58459890
servizi@alphatest.it
www.alphatest.it

ISBN: 9788848325707

Sesta edizione: dicembre 2022
Prima edizione: aprile 2009

edizioni
Alpha Test

Stampato da L.E.G.O. S.p.A. Lavis (TN)
per conto di Alpha Test S.r.l.
nel dicembre 2022

viale Cassala 22 – 20143 Milano (Italy)
Tel. 02 5845981 – fax 02 58459896
servizi@alphatest.it
www.alphatest.it

ISBN: 9788848325707

Sesta edizione: dicembre 2022
Prima edizione: aprile 2009

Stampato da L.E.G.O. S.p.a. Lavis (TN)
per conto di Alpha Test S.r.l.
nel dicembre 2022

Indice

Introduzione

Per gli studenti italiani (ma anche stranieri che vogliono studiare in Italia) l'iscrizione all'università è ormai da parecchi anni subordinata al superamento di una prova di selezione (o talvolta di valutazione), che ha lo scopo di verificare se e in quale misura le aspiranti matricole abbiano le potenzialità di frequentare con profitto il corso di laurea prescelto.

Attualmente, in Italia – sia nelle più importanti università private sia in quelle statali – quasi tutti i corsi di laurea magistrale a ciclo unico (Medicina e Chirurgia, Odontoiatria e Protesi dentaria, Medicina Veterinaria, Scienze della Formazione primaria, Farmacia, Architettura, Giurisprudenza ecc.) e molti corsi di laurea triennale sono caratterizzati dalla presenza del **numero programmato** a livello nazionale o locale: il numero di iscritti al primo anno di questi corsi non può quindi superare il limite di posti stabilito dal Ministero o dai singoli atenei.

La selezione tra i candidati che desiderano accedere a un corso universitario a numero programmato viene effettuata quasi sempre mediante una prova a test, composta da domande a risposta multipla: si valutano in tal modo le conoscenze e le attitudini degli studenti. Il test viene predisposto, a seconda dei casi, o a cura del ministero dell'Università e della Ricerca (come, per esempio, per le prove nazionali di accesso ai corsi di Medicina/Odontoiatria e Veterinaria) o dalle singole università o da consorzi interuniversitari (quali il CISIA o il CINECA). Il risultato che uno studente ottiene nel test determina il **punteggio** con il quale entra nella **graduatoria dei candidati** in base alla quale vengono attribuiti i posti a disposizione. In pochi corsi a numero chiuso locale, a definire la posizione nella graduatoria finale contribuiscono anche i voti conseguiti negli ultimi anni di scuola superiore o il voto dell'Esame di Stato, ma con peso minore (se non minimo) rispetto al punteggio del test.

La normativa impone ormai anche ai corsi di laurea ad accesso libero di attivare **prove valutative** e/o di **orientamento**, di solito a test; lo scopo di tali prove è rilevare per ogni studente il livello della preparazione iniziale ritenuta necessaria per frequentare con successo un dato corso (talvolta indicata con la formula "saperi minimi"). Tale valutazione non ha lo scopo di precludere l'iscrizione ma, in caso di mancato raggiungimento della soglia stabilita, attribuisce alcuni **obblighi formativi aggiuntivi** (OFA) che lo studente dovrà assolvere entro il primo semestre o il primo anno di corso, dimostrando di aver colmato le lacune evidenziate. In taluni casi, gli OFA vanno saldati prima di potere affrontare gli esami del primo anno di corso. Talvolta lo studente – prendendo atto di un esito insufficiente della prova – può decidere spontaneamente di rivedere la propria scelta di studi.

Dunque, anche chi intende frequentare un corso universitario ad accesso libero deve affrontare una prova prima dell'immatricolazione; ciò impone agli studenti seriamente motivati di prepararsi in modo adeguato per iniziare senza penalità il proprio percorso di studio.

Alpha Test è la più importante organizzazione in Italia che, per prima e da oltre 30 anni, offre agli studenti strumenti e percorsi diversi per affrontare con successo i test di valutazione o di selezione. A questo scopo pubblica la **collana TestUniversitari**, composta da oltre ottanta tra manuali ed eserciziari, specifici per ogni area di studio (informazioni su alphatest.it/Libri).

In particolare questo libro è rivolto alla preparazione ai test di ammissione ai corsi triennali dell'area di **Psicologia** (classe di laurea L-24), che nei diversi atenei possono assumere varie denominazioni, quali *Scienze e tecniche psicologiche, Scienze del comportamento e delle relazioni sociali, Scienze e tecniche di psicologia clinica e della salute, Scienze e tecniche di psicologia sociale e delle organizzazioni, Scienze e tecniche di psicologia dello sviluppo e dell'educazione, Scienze e tecniche di psicologia sperimentale, Comunicazione e psicologia, Scienze psicologiche cognitive e psicobiologiche, Scienze psicologiche sociali e del lavoro, Scienze psicologiche della personalità e delle relazioni interpersonali, Scienze e tecniche psicologiche dei processi mentali, Scienze e tecniche di psicologia cognitiva*. Molti di questi corsi sono a numero programmato locale o prevedono comunque una valutazione delle conoscenze in ingresso: la più parte delle sedi universitarie utilizza allo scopo il questionario CISIA **TOLC-PSI**; altre si avvalgono del **TOLC-SU** o di **prove autonome** di ateneo.

Il volume è inoltre adatto per i corsi di laurea delle aree di **Educazione** (L-19) e **Sociologia** (L-40) tra cui corsi di laurea *Scienze dell'educazione e della formazione, Educatore sociale e culturale, Comunicazione interculturale, Scienze del turismo e comunità locale, Scienze pedagogiche e dei servizi educativi, Servizio sociale* (L-39), *Scienze dell'educazione e dei processi formativi.* I test di ammissione o di valutazione di questi corsi, infatti, riguardano tutte o parte delle discipline previste per l'accesso ai corsi di Psicologia.

L'acquisto di un volume della collana TestUniversitari, consente di accedere a **MyDesk**, l'esclusiva piattaforma online sviluppata da Alpha Test, con materiali di studio aggiuntivi (videolezioni, tutorial dei docenti, informazioni aggiornate ecc.) e un avanzato **sistema di simulazione** per svolgere esercitazioni per materia o prove simulate secondo tempi e modalità dell'esame ufficiale.

Per **accedere a MyDesk** basta seguire le istruzioni
che si trovano nella seconda pagina di questo volume.

Alpha Test – attiva su tutto il territorio nazionale, con sedi nelle principali città universitarie – si avvale inoltre della collaborazione di un corpo docente di grande esperienza, organizzando **corsi specifici di preparazione** di diversa durata, in presenza oppure online (informazioni su alphatest.it/Corsi).
Un altro utile strumento per i lettori è **Alpha Test Academy**: una piattaforma online di assistenza personalizzata allo studio, che guida lo studente in un programma graduale di esercitazioni, fino al raggiungimento di una completa preparazione al test.

Il parere dei lettori è importante
Per continuare a migliorare la qualità delle proprie pubblicazioni, Alpha Test considera estremamente prezioso il parere dei propri lettori ai quali chiede la cortesia di esprimere un giudizio su questo libro nell'apposita sezione "Valuta un libro" del sito alphatest.it.

Ringraziamenti
Alpha Test ringrazia i numerosi lettori, i partecipanti ai corsi e i collaboratori che, con i loro interventi, suggerimenti e in particolare con i giudizi ogni anno forniti al termine dei corsi, hanno contribuito a migliorare nel tempo la qualità dei volumi e dei servizi offerti.

Natura del test e caratteristiche di questo libro

NATURA DEL TEST

L'accesso ai vari corsi di laurea attivati nelle università italiane può essere libero oppure a numero programmato, su base nazionale o locale. A seconda dei casi, è prevista una prova di ingresso valutativa delle conoscenze di base oppure una prova selettiva.

Le prove che dovranno affrontare i lettori di questo volume sono gestite in autonomia dalle singole sedi universitarie, sia per quanto riguarda le caratteristiche pratiche (data e ora di svolgimento della prova, durata ecc.) sia per i contenuti dei test. Infatti – diversamente dalle prove a test organizzate secondo le indicazione dirette dello stesso MUR (ministero dell'Università e della Ricerca), – nel caso dell'accesso ai corsi di laurea delle aree Psicologia, Educazione e Sociologia, ciascuna università **o formula un proprio questionario o si serve dei test predisposti dal CISIA**. Ciò comporta che la struttura, l'ora e la data di svolgimento delle prove, le discipline interessate, il tempo a disposizione, l'attribuzione di valore a ogni quesito e i criteri con cui viene elaborata l'eventuale graduatoria di merito o assegnati gli OFA possono variare non solo tra un corso o un indirizzo e l'altro ma tra una sede universitaria e l'altra.

Per questa ragione è importante che ogni studente si procuri per tempo, sul sito dell'ateneo che intende frequentare, il **bando per l'ammissione al corso di proprio interesse**. Su tale documento si possono reperire tutte le informazioni necessarie.

I questionari del CISIA (TOLC)

In particolare, per i corsi delle aree **Psicologia**, **Educazione** e **Sociologia** numerosi atenei utilizzano le prove di ammissione elaborate dal CISIA: o il **TOLC-PSI** (Test On Line CISIA Psicologia) o il **TOLC-SU** (Test On Line CISIA Scienze Umane). Ogni studente può svolgere queste prove CISIA in una delle numerose date prefissate durante l'anno, a partire da febbraio/marzo sino a novembre. A seconda del modo di erogazione accettato dalle singole università, il TOLC-PSI e il TOLC-SU si possono sostenere (se previsto) presso le aule dell'ateneo (cosiddetto TOLC all'università) oppure dalla propria abitazione nella modalità TOLC@CASA o TOLC all'università.

Si raccomanda alle aspiranti matricola di verificare sul bando del corso di interesse le eventuali scadenze entro cui devono svolgere la prova. **Date** e **sedi** sono pubblicate sul sito www.cisiaonline.it, alle pagine relative alle due prove.

Ogni prova somministrata di uno stesso tipo di TOLC è **diversa** tra un candidato e l'altro ma composta da quesiti equipollenti, estratti dallo stesso database CISIA. Tutti i test di un medesimo tipo hanno perciò pari livello di difficoltà.

Il **TOLC-PSI** è composto da 5 sezioni (per 50 domande totali) a cui si aggiunge (se l'ateneo lo richiede) una sezione finale di lingua inglese. I quesiti sono così ripartiti:

• comprensione del testo (2 brani con 5 quesiti associati)	10 quesiti	20 minuti
• matematica di base	10 quesiti	20 minuti
• ragionamento verbale	10 quesiti	25 minuti
• ragionamento numerico	10 quesiti	20 minuti
• biologia	10 quesiti	15 minuti
totale	**50 quesiti**	**100 minuti**
• inglese	30 quesiti	15 minuti
totale con inglese	**80 quesiti**	**115 minuti**

Il **TOLC-SU** è composto da 3 sezioni (per 50 domande totali) a cui si aggiunge (se l'ateneo lo richiede) una sezione finale di lingua inglese. I quesiti sono così ripartiti:

• comprensione del testo e conoscenza della lingua italiana	30 quesiti	60 minuti
• conoscenze e competenze acquisite negli studi / cultura generale	10 quesiti	20 minuti
• ragionamento logico	10 quesiti	20 minuti
totale	**50 quesiti**	**100 minuti**
• inglese	30 quesiti	15 minuti
totale con inglese	**80 quesiti**	**115 minuti**

Il risultato di ogni TOLC è dato dal punteggio ottenuto mediante le risposte esatte (1 punto), sbagliate (–0,25 punti) e omesse (0 punti). Per i quesiti di lingua Inglese non è prevista penalità per le risposte sbagliate ma viene assegnato 1 punto per le risposte esatte e 0 punti quelle sbagliate o non date.

Sul sito del CISIA, alle pagine dei rispettivi TOLC, è possibile visionare i cosiddetti *syllabi*, con le indicazioni di massima di argomenti, conoscenze e competenze che le varie sezioni delle prove vanno a toccare.

I questionari di ateneo

Dall'analisi dei bandi e dei test somministrati negli ultimi anni in autonomia dalle singole università, si può affermare che in tutte le sedi, per la composizione delle prove selettive, si sono utilizzati quesiti che riguardano **almeno una o più delle seguenti aree** tematiche:

- ragionamento logico, nelle sue varie declinazioni soprattutto verbale e numerica-quantitativa;
- comprensione di testi;
- conoscenze scientifiche di base;
- conoscenze e competenze acquisite negli studi/cultura generale;
- cultura pedagogico-didattica;
- lingua inglese.

Ciascuna di queste aree può prevedere varie tipologie di quesiti, diversamente denominati nei bandi ufficiali. Per esempio, nell'area del **ragionamento logico** sono presenti quesiti di ragionamento verbale (proporzioni tra parole, parole da scartare, sinonimi e contrari), ragionamento numerico (serie di numeri e lettere), logica deduttiva (sillogismi, deduzioni, condizioni sufficienti e necessarie) e logica matematica (matrici di numeri, problemi con frazioni e percentuali, calcolo della probabilità, problemi con distanza, velocità e tempo, problemi di lavoro). Nell'area **conoscenze e competenze acquisite negli studi/cultura generale** sono presenti quesiti di letteratura, storia, filosofia, geografia, storia dell'arte, cittadinanza; nelle **scienze** sono comprese matematica e biologia, ma talvolta anche chimica, fisica, scienze della Terra.

Per sapere con precisione le discipline e gli argomenti in programma per il test di interesse, si raccomanda al lettore di verificare il **bando del proprio ateneo** per l'anno accademico per il quale si svolgerà l'esame.

Nella tabella seguente si riporta, a titolo esemplificativo, la tipologia di prova utilizzata nei corsi di alcune importanti sedi universitarie che negli ultimi anni hanno previsto il **test selettivo** a **Psicologia**.

Sede	Prova	Punteggio
Bari	120 minuti per 75 quesiti di: **comprensione della lettura** (20 quesiti); area **logico-matematica** (20 quesiti); **biologia** (10 quesiti); **lingua inglese** (15 quesiti); **storia contemporanea**(10 quesiti). **Prova cartacea.**	risposte corrette: + 1; errate: – 0,25; omesse: 0 punti.
Bergamo	**TOLC-PSI**	risposte corrette: + 1; errate: – 0,25; omesse: 0 punti.
Bologna	**TOLC-SU**	risposte corrette: + 1; errate: – 0,25; omesse: 0 punti.
Cagliari	**TOLC-PSI**	risposte corrette: + 1; errate: – 0,25; omesse: 0 punti.
Firenze	75 minuti per 80 quesiti di: **lingua italiana** (correttezza, comprensione, espressione); **scienze naturali** (conoscenze di base di biologia, chimica e fisica); **matematica** (conoscenze di base e uso del ragionamento logico-astratto); **inglese** (livello base per la comprensione di un testo scolastico o di divulgazione scientifica); **cultura generale** (riferimenti all'attualità storico-politica, elementi di filosofia, elementi di pensiero socioeconomico).	risposte corrette: + 1; errate: – 0,25; omesse: 0 punti.
Genova	**TOLC-PSI**	risposte corrette: + 1; errate: – 0,25; omesse: 0 punti.
L'Aquila	**TOLC-PSI**	risposte corrette: + 1; errate: – 0,25; omesse: 0 punti.

Sede	Prova	Punteggio
Milano Bicocca	**TOLC-PSI**	risposte corrette: + 1; errate: – 0,25; omesse: 0 punti.
Milano/ Brescia Cattolica	40 minuti per 72 domande: **analogie, classificazioni, completamento di serie, metafore e lessico** (60 quesiti); **comprensione del testo** (4 brani con 3 domande ciascuno). Viene considerato il voto di maturità. Prova computer based.	risposte corrette: + 1; errate: – 0,25; omesse: 0 punti.
Milano San Raffaele	60 minuti per 50 quesiti di: **cultura generale** (20 quesiti), con particolare riferimento alla verifica delle conoscenze di **biologia**; **capacità logiche, statistiche e matematiche** (15 quesiti); **competenze linguistiche** (15 quesiti). Prova computer based.	risposte corrette: + 1; errate: – 0,25; omesse: 0 punti.
Modena e Reggio Emilia	**TOLC-PSI**	risposte corrette: + 1; errate: – 0,25; omesse: 0 punti.
Napoli Federico II	75 minuti per 100 quesiti di: **scienze umane e sociali** (20 quesiti); **lingua italiana** (20 quesiti); **logica e matematica** (20 quesiti); **fisica, chimica e biologia** (20 quesiti); **lingua inglese** (20 quesiti). Prova computer based.	risposte corrette: + 1; errate: – 0,25; omesse: 0 punti.
Napoli Suor Orsola Benincasa	40 minuti per 40 quesiti di: **lingua italiana/ragionamento logico verbale** (10 quesiti); **ragionamento logico-matematico** (10 quesiti); **lingua inglese** (5 quesiti); **biologia** (15 quesiti). Prova computer based.	risposte corrette: + 1; errate: – 0,25; omesse: 0 punti.
Padova	**TOLC-PSI**	risposte corrette: + 1; errate: – 0,25; omesse: 0 punti.
Palermo	60 minuti per 60 quesiti di: **logica e comprensione del testo** (15 quesiti); **storia e cultura** (15 quesiti); **inglese** (15 quesiti); **matematica** (15 quesiti). Prova computer based.	risposte corrette: + 1; errate: – 0,25; omesse: 0 punti.
Padova	**TOLC-PSI**	risposte corrette: + 1; errate: – 0,25; omesse: 0 punti.
Pavia	**TOLC-PSI**	risposte corrette: + 1; errate: – 0,25; omesse: 0 punti.
Pisa	120 minuti per 80 quesiti di: **cultura generale** (20 quesiti); **ragionamento logico-scientifico** e **problem solving** (20 quesiti); **scienze biologiche** (20 quesiti); **materie filosofiche** (20 quesiti). Prova cartacea.	risposte corrette: + 1; errate: – 0,25; omesse: 0 punti.
Università Europea di Roma	40 minuti per 40 quesiti di: **matematica di base**(10 quesiti); **comprensione del testo** (10 quesiti); **ragionamento logico** (5 quesiti); **inglese** (15 quesiti). Prova computer based.	risposte corrette: + 1; errate: – 0,25; omesse: 0 punti.
Roma Sapienza	**TOLC-PSI**	risposte corrette: + 1; errate: – 0,25; omesse: 0 punti.
LUMSA	50 minuti per 50 quesiti di: **logica e comprensione del testo** (25 quesiti); **matematica** (10 quesiti); **cultura generale** (5 quesiti); **biologia** (10 quesiti). Test di posizionamento **inglese**. Prova computer based.	risposte corrette: + 1; errate: – 0,25; omesse: 0 punti.
Sassari	**TOLC-PSI**	risposte corrette: + 1; errate: – 0,25; omesse: 0 punti.

Sede	Prova	Punteggio
Torino	**TOLC-SU**	risposte corrette: + 1; errate: – 0,25; omesse: 0 punti.
Trento	**TOLC-PSI**	risposte corrette: + 1; errate: – 0,25; omesse: 0 punti.
Trieste	**TOLC-PSI**	risposte corrette: + 1; errate: – 0,2;5 omesse: 0 punti.
Urbino	**TOLC-PSI**	risposte corrette: + 1; errate: – 025; omesse: 0 punti.
Verona	**TOLC-PSI**	risposte corrette: + 1; errate: – 0,25; omesse: 0 punti.

CARATTERISTICHE DEL VOLUME

Questo volume permette agli studenti di ottimizzare la preparazione per lo svolgimento delle prove con quesiti a risposta multipla sulle discipline previste nei test.
La sua specificità è offrire al lettore la possibilità di un allenamento intensivo, con il duplice obiettivo di verificare il proprio livello di preparazione nelle diverse materie e di familiarizzare con le diverse tipologie e forme che possono assumere le domande a risposta chiusa.
Qualsiasi struttura possa assumere il questionario per le prove di selezione, infatti, resta sempre fondamentale avere la migliore conoscenza possibile degli argomenti di studio e un'alta confidenza con la risoluzione dei quesiti. Ciò consente di ottimizzare i tempi di risposta.
Il quizzario contiene centinaia di esercizi relativi alle tipologie di esercizi previsti nei test di ammissione ai corsi di laurea dell'area Psicologia, Educazione e Sociologia, sia che adottino le prove **TOLC-PSI** o **TOLC-SU** del CISIA, sia che utilizzino **test autonomi** di ateneo.
È dedicato a corsi di studio diversi, in quanto i test utilizzati per l'ammissione sono della stessa natura e presentano molti aspetti in comune. In generale, non vi è dunque, all'interno del volume, una parte dedicata a un corso o a un altro, ma pressoché tutte le tipologie di esercizi esaminate sono di interesse per i candidati a tutti i test a cui l'opera si rivolge.
Per ottimizzare lo studio, si consiglia però ai lettori di verificare nel dettaglio sul bando di ateneo del corso di interesse quali discipline sono previste nello specifico test e i programmi di esame.
In particolare i **4100 quesiti** contenuti nel volume sono così ripartiti:

- 690 di ragionamento logico;
- 850 di logica quantitativa;
- 130 di logica figurale e insiemistica;
- 315 di comprensione di brani;
- 750 di scienze (biologia, chimica, matematica, fisica, scienze della Terra);
- 1065 di conoscenze e competenze acquisite negli studi/cultura generale;
- 300 di lingua inglese.

I suggerimenti e gli strumenti di Alpha Test per prepararsi al test di ingresso

Il **primo passo** in ogni percorso di preparazione consiste nel procurarsi tutte le informazioni disponibili sul test che si vuole affrontare, cominciando dai contenuti delle sue precedenti edizioni. Le fonti più autorevoli e complete sono il **sito del ministero dell'Università e della Ricerca** (MUR), i **siti degli atenei** di proprio interesse e **alphatest.it**. Sul sito del MUR gli studenti possono trovare tutta la normativa in materia, mentre sui siti delle singole università e di Alpha Test vengono pubblicati i bandi per i diversi concorsi di ammissione, che integrano le indicazioni del Ministero con le specifiche proprie di ciascuna sede.

Su **alphatest.it** vengono costantemente aggiornati il calendario con le date di svolgimento delle prove a test e pubblicata la normativa sulle prove di ingresso; si possono inoltre scaricare i test ufficiali degli anni precedenti risolti e commentati, nonché dati e approfondimenti relativi ai diversi corsi di laurea.

Anche i canali social Alpha Test (Facebook, Instagram e Youtube) informano tempestivamente su tutte le novità riguardanti sia i test sia le iniziative del Ministero o degli atenei; nelle rispettive communities gli studenti hanno inoltre la possibilità di relazionarsi tra loro e con gli esperti di Alpha Test.

Un altro utile strumento a disposizione degli studenti è il **magazine on line** di Alpha Test (**http://magazine.alphatest.it**), dove si possono consultare articoli e approfondimenti sempre aggiornati in tema di ammissione all'università, metodi e strumenti di studio, orientamento universitario e bandi di concorso.

Il metodo Alpha Test: libri, Alpha Test Academy, corsi in aula e online

Il **passo successivo** per conseguire una preparazione completa è costituito dallo **studio individuale**. Tra i libri che Alpha Test ha realizzato appositamente per chi deve affrontare i test delle Professioni sanitarie, i principali sono il MANUALE DI PREPARAZIONE, la raccolta di quesiti suddivisi per materia ESERCIZI COMMENTATI, la raccolta di prove simulate PROVE DI VERIFICA e il volume 4100 QUIZ.

Ai fini dello studio, ciascuno dei quattro volumi è autosufficiente e, allo stesso tempo, complementare rispetto agli altri. Ecco in sintesi le caratteristiche di ciascuno:

- **MANUALE DI PREPARAZIONE**: è il principale strumento di studio. Raccoglie la sintesi di tutti gli argomenti previsti dai bandi del test, materia per materia. È un valido aiuto a non disperdere gli sforzi di fronte alla vastità dei programmi da svolgere, perché consente lo **studio** e il **ripasso** mirato. L'esposizione degli argomenti è resa più efficace e completa mediante schemi, tabelle, glossari, mentre l'apprendimento è facilitato e consolidato grazie ai numerosi esercizi di esempio (nella forma a risposta multipla), risolti e commentati.

  Lo spazio **MyDesk** del MANUALE propone videolezioni su argomenti di matematica, tutorial sullo svolgimento dei test, sintesi, formulari e ulteriori materiali di studio. Nel libro, un'apposita icona – visibile sul margine della pagina – segnala la presenza di contenuti aggiuntivi su MyDesk.
- **ESERCIZI COMMENTATI**: questo libro rappresenta un ulteriore step da usare nella fase intermedia della preparazione. Si tratta di un volume di esercitazioni guidate, con centinaia di quesiti, suddivisi tra le materie oggetto d'esame. Lo studente può svolgere ogni quesito in autonomia per poi verificare la soluzione nel relativo commento, dove troverà richiamate le nozioni teoriche necessarie e i metodi risolutivi più efficaci. In tal modo, il lettore può sia **esercitarsi** sia **accrescere la preparazione.**

  Nello spazio **MyDesk** correlato, è possibile accedere a un **simulatore online** per svolgere esercitazioni per materia, combinando i quesiti a disposizione di una stessa disciplina, o per comporre prove simulate secondo le modalità e i tempi dell'esame ufficiale.
- **PROVE DI VERIFICA**: è uno strumento agile ed efficace, consigliato nella **fase finale** del percorso di preparazione. Consente di valutare i propri risultati nella soluzione di prove strutturate, monitorare la preparazione raggiunta e intervenire sulle materie o aree in cui si rilevano incertezze o lacune. Contiene 10 test completi, composti con domande ufficiali dei concorsi degli ultimi anni, in forma di **prove simulate**, accompagnate da indicazioni pratiche (tempo a disposizione, criteri di calcolo del punteggio ecc.) che consentono di svolgerle e valutarle nei modi dell'esame ufficiale.

  Nello spazio **MyDesk** correlato, è possibile svolgere online le prove contenute nel volume e confrontare così il proprio risultato con quello degli altri lettori. Sono inoltre disponibili alcune prove aggiuntive.

- **4100 Quiz – I quesiti delle prove di ammissione**: è la raccolta completa dei quesiti delle prove ufficiali. Gli esercizi sono suddivisi per materia (ragionamento logico e verbale; ragionamento numerico; comprensione del testo e conoscenza della lingua italiana; conoscenze scientifiche; conoscenze e competenze acquisite negli studi; inglese). Alla fine di ogni sezione sono riportate in tabella le soluzioni di tutti i quesiti. Questo volume può essere utilizzato o in parallelo allo studio del Manuale, o allo stesso modo delle Prove di verifica.

  Come nell'eserciziario, lo spazio **MyDesk** correlato consente l'accesso a un **simulatore online**, per svolgere esercitazioni mirate sulle singole discipline o argomenti e comporre numerose prove simulate da svolgere secondo le modalità e i tempi dell'esame ufficiale.

Alpha Test Academy

È l'innovativo ambiente di studio online, **personalizzato** e **assistito**, che guida lo studente nella preparazione ai test. Per ciascuna delle materie e degli argomenti previsti nelle prove di ammissione, il programma accompagna lo studente ad accrescere il livello delle sue conoscenze, proponendogli in modo **adattivo** batterie di domande a difficoltà graduale e differenziata; ogni domanda è corredata da spiegazioni o da commenti multimediali (link, videotutorial), con specifici richiami di teoria. Il materiale e l'assistenza offerti da AlphaTestAcademy consentono di chiarire lungo il percorso ogni quesito e dubbio individuale, migliorando e consolidando progressivamente conoscenze e capacità in vista del test ufficiale.

Questo lavoro di preparazione mirato e specifico rappresenta quindi un utile affiancamento al manuale di preparazione o a un corso Alpha Test in aula. L'abbonamento alla piattaforma è in dotazione ai partecipanti ai corsi Alpha Test e viene abilitato al momento dell'iscrizione.

Corsi

Un ulteriore e importante Un ulteriore e importante strumento di preparazione alle prove di ammissione, che Alpha Test ha ideato per gli studenti più motivati, sono i numerosi **corsi**, svolti **in aula** oppure **on line**, con durata differenziata (da pochi giorni di lezione ad alcuni mesi). Frequentare un corso Alpha Test consente di completare, perfezionare e consolidare la propria preparazione grazie ai seguenti punti di forza.

1. **La didattica interattiva.** Ogni corso prevede cicli di lezioni e di esercitazioni dedicate al ripasso di tutti gli argomenti oggetto d'esame. Gli studenti possono beneficiare della professionalità di docenti con un'esperienza d'insegnamento unica in Italia, maturata in oltre 30 anni di attività di Alpha Test nel campo specifico della preparazione ai test universitari.
2. **Il materiale supplementare consegnato ai corsi.** Durante le lezioni, a ciascun partecipante viene fornito materiale di studio e di esercitazione aggiuntivo rispetto ai volumi, consegnato al momento dell'iscrizione. Si tratta di contenuti didattici aggiornati e specifici, redatti in base alla struttura e ai contenuti del test che si deve affrontare.
3. **I corsi online** prevedono un mix tra lezioni sincrone e asincrone e si svolgono nell'aula virtuale di MyDesk, uno spazio di e-learning completo, appositamente realizzato da Alpha Test e già sperimentato con soddisfazione da migliaia di corsisti. MyDesk consente infatti ai docenti Alpha Test di seguire gli studenti con la stessa cura che hanno in classe, assicurando quindi la più alta qualità non solo nelle fasi di spiegazione ed esercitazione sulle singole materie ma anche in termini di assistenza e supporto a chiarimento di dubbi individuali. Sono inoltre favoriti il rapporto e il confronto diretto con gli altri studenti nonché la puntuale verifica dei progressi nella preparazione.
4. **L'esperienza "sul campo".** In ciascun corso vengono svolte più simulazioni d'esame per mettersi alla prova e per confrontare la propria preparazione con quella di altri candidati.

Infine, chi desidera prepararsi al test di ammissione senza rinunciare a divertimento e nuove amicizie può partecipare a una delle **vacanze-studio Alpha Test** (per informazioni: **alphatest.it/Corsi**).

INDICAZIONI PER I PARTECIPANTI AI CORSI ALPHA TEST

- la **prima** società in Italia specializzata nel preparare gli studenti ai test di ammissione all'università;
- è l'**unica** organizzazione che può vantare un'esperienza di 35 anni e migliaia di corsi già organizzati su tutto il **territorio nazionale**;
- dal 1987 a oggi ha **preparato con successo** ai test universitari **decine di migliaia di studenti** che si sono trovati in vantaggio rispetto alle altre aspiranti matricole;
- è **la più scelta** dagli studenti che superano le selezioni per l'università (secondo i rilievi di una primaria società di indagini di mercato, l'**85%** degli ammessi a Medicina si è preparato con Alpha Test);
- propone **corsi** con durata, programmi e costi differenziati a seconda della prova di selezione e delle esigenze dei singoli studenti, comprese **vacanze-studio, corsi online** e **corsi residenziali**;
- vanta un corpo docente composto da oltre 200 esperti rigorosamente selezionati e costantemente formati: docenti e ricercatori universitari, professionisti e insegnanti con un'**esperienza didattica unica** e **specifica** nel campo della preparazione ai test universitari;
- ha sviluppato, per prima in Italia, una **metodologia didattica innovativa** e specifica per affrontare le prove a test, oggi potenziata con **Mydesk**, un originale spazio di e-learning riservato ai corsisti;

- propone ai suoi corsisti **prove simulate**, corrette individualmente; ciò consente ai partecipanti di verificare in tempo reale il proprio livello di preparazione e di apprendimento;
- effettua l'analisi e la discussione in aula delle **prove ufficiali** già utilizzate negli anni passati;
- ha sviluppato una collana di volumi specifici per i diversi test di ammissione, già scelti da oltre cinque milioni di studenti, che vengono **forniti ai partecipanti ai corsi** all'atto dell'iscrizione;
- ha sviluppato **AlphaTestAcademy**, la piattaforma di training online personalizzata, attivata per tutti coloro che si iscrivono a un corso;
- mette a disposizione anche dei suoi lettori l'accesso online a **MyDesk**, con materiali e strumenti aggiuntivi per la preparazione.

I risultati conseguiti nelle prove di ammissione dai corsisti Alpha Test nei tanti anni di esperienza confermano che prepararsi a un test frequentando lo specifico corso Alpha Test rappresenta la scelta migliore per chi è veramente motivato ad accedere al corso universitario desiderato. I dati dicono che in tal modo si aumenta fino a sette volte la probabilità di ammissione rispetto a quella degli altri candidati.

Alpha Test e il suo corpo docente mettono a disposizione l'esperienza maturata e forniscono tutto l'aiuto necessario affinché i propri studenti possano prepararsi nel modo più rapido, completo ed efficace alla prova di selezione. Per accrescere ulteriormente la probabilità di successo è comunque **essenziale l'impegno** di ogni aspirante matricola nelle attività di **studio individuale** e di **esercitazione prima e durante lo svolgimento del corso**. Per consentire agli studenti un approccio preliminare alle materie, Alpha Test consegna già all'atto dell'iscrizione i volumi MANUALE DI PREPARAZIONE, ESERCIZI COMMENTATI e la raccolta di Quiz e il codice di attivazione per AlphaTestAcademy.

Consigliamo di leggere i libri (almeno il manuale) prima dell'inizio del corso con l'obiettivo di acquisire almeno una conoscenza di base degli argomenti trattati. Questa raccomandazione vale in particolar modo per chi sceglie di frequentare uno dei corsi Alpha Test di durata minore.

Sempre al momento dell'iscrizione al corso, Alpha Test fornisce una guida operativa con istruzioni e consigli utili per avviare la preparazione anche prima dell'inizio delle lezioni e con importanti informazioni sul test di ammissione di interesse dello studente.

Durante il corso l'attenzione viene focalizzata in modo specifico sulle tipologie di quesiti previsti nella prova di ammissione di interesse. Viene inoltre esaminato e discusso con i docenti un consistente numero di esercizi diversi da quelli presenti nei libri e contenuti in appositi materiali didattici aggiornati ogni anno e distribuiti durante il corso esclusivamente ai partecipanti.

Informazioni e modalità di iscrizione ai corsi Alpha Test

Le iscrizioni ai corsi Alpha Test per la preparazione ai test di ammissione universitari sono sempre aperte, sino all'esaurimento dei posti previsti. I corsi sono infatti riservati a un numero limitato di partecipanti.

Per ciascun corso, sono disponibili su **alphatest.it** le informazioni aggiornate relative al calendario e alla quota di partecipazione.

Per chi avesse già acquistato **direttamente da Alpha Test** l'ultima edizione dei libri in dotazione al corso, è prevista una riduzione della quota di iscrizione al corso pari al 100% del prezzo di copertina dei libri; se i libri sono stati acquistati **in libreria** tale riduzione è pari al 50% del prezzo di copertina.

L'iscrizione ai corsi e l'acquisto dei libri Alpha Test possono essere effettuati su **alphatest.it**

Per ricevere maggiori informazioni sui libri o una consulenza gratuita sui corsi è possibile scrivere a info@alphatest.it oppure scegliere una delle modalità indicate nella sezione "Richiedi informazioni" su **alphatest.it**

Suggerimenti per affrontare la prova a test

Per affrontare al meglio un test a risposta multipla è importante conoscerne le caratteristiche rilevanti: per esempio quali siano le modalità di svolgimento, la composizione, il numero dei quesiti e delle alternative di risposta, o – se possibile – quali tipologie di esercizi si dovranno risolvere. In tal modo si possono studiare anche opportune "strategie" per valorizzare al massimo le proprie conoscenze e potenzialità.

Nelle prove per l'ammissione ai corsi a numero programmato, i candidati sono selezionati sulla base di un criterio di tipo **comparativo**. Cioè, per superare la selezione **lo studente deve figurare tra i migliori** nella graduatoria: non è quindi tanto rilevante il punteggio assoluto ottenuto quanto svolgere il test di ammissione meglio di un certo numero di altri candidati.

È bene però ricordare, soprattutto nei casi dei test di ammissione a base nazionale, che a volte è prevista una soglia minima qualificante: in tal caso anche qualora residuassero posti disponibili, i candidati con punteggio inferiore a tale soglia non potrebbero immatricolarsi perché giudicati non idonei. Dunque, totalizzare i punti minimi rappresenta una condizione necessaria ma non sufficiente per l'immatricolazione.

Prima di addentrarsi nell'analisi dei contenuti dei test e degli esercizi che li compongono, è opportuno considerare alcuni suggerimenti solo in apparenza banali, e invece molto utili al fine di ottimizzare il risultato nella prova di ammissione.

Prima del test

Il primo suggerimento, di carattere generale, è leggere con grande attenzione e per intero il **bando di concorso**, compresi gli allegati con i programmi di esame. Inoltre bisogna tenere in considerazione anche le **disposizioni** pubblicate dalla sede universitaria dove lo studente svolgerà la prova. Gli atenei e il Ministero, infatti, sono le fonti di informazioni **ufficiali** relative alle norme, alle modalità di selezione, alla struttura e ai contenuti della prova che regola l'ammissione al corso di studi scelto.

In particolare è importante avere ben chiare le indicazioni relative a: modalità di iscrizione alla prova; titoli necessari per potere partecipare al concorso; giorno e ora di svolgimento della prova di interesse, nonché la sua durata ecc.

L'emergenza pandemica ha spinto molte università e corsi di laurea ad adottare prove selettive *computer based*, da svolgere in multisessione (cioè su più turni e/o più giorni) in una pluralità di sedi o addirittura al domicilio dei candidati. Sarà cura dello studente verificare in quale modalità sarà somministrato il test di suo interesse. Sicuramente, in caso di test in presenza, bisognerà ricordare di recarsi all'esame con un documento di identità valido, la ricevuta di iscrizione ed eventuali ricevute di pagamento richieste.

Il giorno del test

In sede d'esame, prima del suo inizio, di solito vengono comunicate ai candidati le **norme alle quali attenersi durante tutte le fasi di svolgimento del test**. Tali norme riguardano, per esempio: il tempo totale a disposizione, le modalità con cui indicare le risposte sull'apposita scheda cartacea o, in caso di prova *computer based*, le istruzioni per l'utilizzo della piattaforma; vengono inoltre fornite altre indicazioni su come comportarsi durante l'esame e al suo termine.

È necessario rispettare scrupolosamente tutte le regole, evitando così errori banali ma sostanziali (quale, per esempio, la compilazione errata della scheda per le risposte o l'omissione di una firma), che potrebbero compromettere la validità della prova e quindi l'ammissione.

In alcuni casi, all'interno del test stesso gli esercizi sono preceduti da **istruzioni circa le modalità di risoluzione** dei quesiti e a volte anche da un esempio risolto. È importante in questi casi non lasciarsi prendere dalla fretta di mettersi subito al lavoro, ma dedicare la massima attenzione alla lettura di queste istruzioni, indispensabili per capire la logica degli esercizi e per rispondere correttamente alle domande.

Domande a risposta multipla

I test che vengono utilizzati per l'ammissione all'università sono costituiti da domande a risposta **chiusa**, le cui risposte sono cioè predefinite: il candidato deve individuare la sola risposta esatta tra le alternative proposte. Per rispondere a una domanda *aperta* (cioè non corredata da risposte prefissate) come per esempio "Qual è la capitale della Colombia?", occorre conoscere l'esatta nozione che consente di dare la risposta. Nel caso di *domande a scelta multipla* è invece possibile procedere anche in maniera diversa.

Si ipotizzi, per esempio, di dover rispondere al medesimo quesito, però a risposta multipla.

1 **Qual è la capitale della Colombia?**

A Delhi
B Buenos Aires
C Bogotá
D Brasilia
E Santiago

In questo caso è possibile determinare la risposta corretta procedendo in due modi distinti:

1. ragionando come se si trattasse di una domanda aperta: sapendo che la capitale della Colombia è Bogotá, si individua direttamente la risposta corretta (C) senza valutare le altre risposte proposte;
2. se, al contrario, non si conosce la risposta alla domanda, ma si ricordano altri accoppiamenti Paese/capitale, è possibile individuare la risposta corretta eliminando le alternative errate: sapendo che Delhi è la capitale dell'India, Buenos Aires dell'Argentina, Santiago del Cile e Brasilia del Brasile, per esclusione si può concludere che la risposta esatta è la C.

In altre parole, per rispondere correttamente a una domanda a scelta multipla non è sempre strettamente necessario conoscere la risposta esatta: a volte la soluzione può essere individuata indirettamente, escludendo le alternative errate.

Nel caso in cui, procedendo per esclusione, il candidato non riesca a eliminare tutte le alternative errate, il metodo di risposta per eliminazione permette comunque di aumentare le probabilità di individuare la risposta corretta: l'esclusione di una o più risposte riduce infatti il numero delle alternative tra cui si rimane incerti e quindi incrementa la probabilità di individuare l'alternativa corretta.

Valore dei quesiti e gestione del tempo

Come i partecipanti ai corsi Alpha Test hanno modo di sperimentare durante lo svolgimento delle prove simulate, il **tempo** rappresenta uno dei fattori critici per affrontare con successo un test di ammissione. Infatti, le prove sono spesso progettate e formulate in modo tale da permettere solo ai più preparati e ai più veloci di rispondere, entro i termini concessi, alla totalità delle domande.

È dunque imperativo impiegare razionalmente ogni minuto, avendo ben presente – prima di iniziare la prova – il tempo medio a disposizione per ogni quesito (calcolato sui minuti complessivi divisi per il numero dei quesiti stessi), ed evitando di soffermarsi su una singola domanda per un tempo eccessivamente superiore. In generale, il consiglio è di non superare il tempo medio per più del 20%: questa dilazione per gli esercizi più complessi viene infatti compensata dalla presenza di altri di più veloce risoluzione.

Ormai in quasi tutti i test, ogni risposta corretta fa "guadagnare" lo stesso punteggio: dunque a parità di tempo impiegato conviene risolvere due esercizi semplici piuttosto che uno complesso.

Poniamo che il tempo a disposizione per l'intero test sia di 100 minuti e gli esercizi da risolvere 50, il tempo medio per quesito è di 2 minuti: quindi, bisogna evitare di dedicarne di più allo svolgimento di un singolo quesito.

L'obiettivo da raggiungere è rispondere correttamente al maggior numero possibile di esercizi; si consiglia quindi, compatibilmente con i vincoli imposti dalle modalità di svolgimento della prova, di affrontare prima gli esercizi che – per argomento o tipologia – si presume di riuscire a risolvere più facilmente e velocemente, per tornare poi a quelli più ostici per i quali si prevede un dispendio di tempo maggiore.

Scelta casuale della risposta?

La correzione dei test attribuisce in genere un punteggio positivo per le risposte corrette e, nella più parte dei casi, l'attribuzione di un punteggio negativo per ogni risposta errata (di solito quantificato in una frazione di punto). Ai quesiti omessi, a cui cioè non si è risposto, viene di norma attribuito punteggio nullo.

Spesso l'attribuzione del punteggio avviene secondo la seguente modalità:

- Risposta esatta: +1
- Risposta errata: –0,25 (–1/4)
- Risposta omessa: 0

La penalità sulle risposte errate ha lo scopo di annullare il punteggio positivo che, statisticamente, il candidato potrebbe conseguire rispondendo a caso in assenza di tale penalità.

Ma **è conveniente o no rispondere a caso** ai quesiti a cui non si sa trovare soluzione?

Si supponga di non conoscere assolutamente le risposte di 20 quesiti (con 5 risposte alternative ciascuno) della prova. Scegliendo a caso, si risponderebbe statisticamente in modo corretto a 4 esercizi (20/5) e si sbaglierebbero i restanti 16 quesiti. Il punteggio totalizzato sarebbe dunque:

- risposte esatte: $4 \times (+1) = +4$
- risposte errate: $16 \times (-1/4) = -4$
- risposte nulle: $0 \times 0 = 0$
- punteggio totale: $4 - 4 = 0$

Si otterrebbe quindi un punteggio nullo, esattamente identico a quello che si totalizzerebbe scegliendo di non rispondere ai 20 quesiti. Dunque, è possibile distillare una regola utile su come comportarsi nel caso in cui non si riesca a identificare, tra le diverse risposte alternative, quella corretta:

> conviene rispondere casualmente ogni volta che il numero di alternative tra cui si è indecisi è pari o inferiore al reciproco del punteggio negativo attribuito alle risposte errate.

È evidente che il punteggio totalizzato rispondendo casualmente potrà essere tanto maggiore quanto minore sarà il numero di alternative tra cui si è indecisi e quanto minore è la penalità attribuita alle risposte errate. Il numero delle alternative tra cui si è indecisi non coincide necessariamente con quello delle alternative esistenti. Se, per esempio, le alternative proposte sono 5, ma il candidato riesce a eliminarne due perché le si riconosce come errate, la valutazione statistica va rivista su 3 alternative (cioè 5 – 2).

Nella pratica, scartare almeno due alternative di risposta è possibile anche quando l'argomento sia poco o per nulla noto al candidato. Si veda per esempio:

---

2 **In base alla Costituzione, l'Italia è:**

A una repubblica regionale

B uno Stato federale

C una repubblica democratica, fondata sul lavoro

D una repubblica presidenziale, fondata sul lavoro

E uno Stato federato

Anche senza ricordare la definizione precisa che la Costituzione dà dello Stato italiano, è facile riuscire a escludere le alternative B ed E che si segnalano per l'evidente implausibilità. L'Italia infatti è uno Stato unitario che non si articola al suo interno in altre entità statali né è a sua volta parte di uno Stato federale. Al candidato resterà dunque, eventualmente, il dubbio tra tre sole alternative (la risposta esatta è C).

Prova cartacea e prova computer based

Se la prova di ammissione si svolge in presenza, può prevedere l'utilizzo di un supporto **cartaceo**, anche se si tratta di una eventualità oramai molto rara per quanto riguarda i corsi a cui rivolge questo libro. In questo caso, comunque, ricordiamo che il candidato – una volta individuata la risposta che ritiene corretta per un dato quesito – la deve segnare sull'apposita *scheda per le risposte*, distinta dal fascicolo del questionario con gli esercizi. L'operazione, in sé semplicissima, va tuttavia svolta con grande attenzione: si tratta infatti di evidenziare la lettera che identifica la risposta che si vuole indicare in corrispondenza del numero dell'esercizio. Scambiare un numero di esercizio per un altro è la più banale delle sviste ma comporta gravi conseguenze.

Per la correzione delle schede cartacee vengono utilizzati *elaboratori elettronici* dotati di *lettori ottici*, il candidato deve quindi contrassegnare come indicato nelle istruzioni lo spazio (un "cerchietto" o "quadratino") corrispondente all'alternativa ritenuta esatta.

In genere, i candidati hanno la possibilità di effettuare eventualmente **una sola correzione** per ogni domanda, sulla scheda delle risposte.

Da diversi anni tuttavia, la maggioranza delle prove autonome di ateneo e tutte le prove CISIA, compresi il TOLC-PSI e il TOLC-SU si svolgono **a computer**, sia nella modalità dal domicilio (nel qual caso bisogna anche rispettare delle precise procedure fornite dall'università per assicurare il controllo sulla correttezza dello svolgimento) sia da postazioni informatiche messe a disposizione dall'università.

Le prove computer based TOLC vengono erogate mediante la piattaforma del CISIA, previa iscrizione.

Rispetto alle prove cartacee (che hanno questionario e scheda delle risposte separate), l'indicazione della risposta è più agevole: è sufficiente cliccare lo spazio corrispondente all'alternativa che si ritiene corretta. All'interno di ogni Sezione e del tempo concesso per la soluzione dei relativi quesiti, è sempre possibile cambiare la risposta indicata. Al termine dei minuti assegnati alla Sezione, però, il sistema non consentirà di tornare sulle domande di quella Sezione.

parte prima

RAGIONAMENTO LOGICO E VERBALE

Questa parte del libro comprende due grandi categorie di quesiti. La prima raggruppa esercizi di **ragionamento logico-deduttivo**, sempre presenti in tutti i test di ammissione. In particolare, si tratta delle tipologie di domande più frequenti e importanti presenti sia nelle prove CISIA **TOLC-PSI** e **TOLC-SU** sia nelle **prove di ateneo**, preparate in autonomia dalle singole università.

Le pagine seguenti propongono principalmente le seguenti tipologie:

- deduzioni logiche;
- implicazioni logiche;
- problemi di ragionamento deduttivo;
- problemi con informazioni mancanti;
- equivalenze logiche.

La seconda categoria di quesiti riguardano la **logica verbale**. Questa tipologia di domande non è prevista nelle prove CISIA né TOLC-PSI né TOLC-SU, ma è spesso presente nelle autonome **prove di ateneo**.

Si tratta per lo più di:

- proporzioni tra parole;
- serie di parole;
- frasi da completare.

Quesiti di ragionamento deduttivo e logica verbale

1 **"Nel corso della seconda guerra mondiale morirono circa 400.000 civili americani negli Stati Uniti e circa 400.000 soldati americani oltreoceano. Ne segue che per un cittadino americano era tanto pericoloso essere soldato oltreoceano che civile nel proprio Paese". Quale delle seguenti informazioni consentirebbe di evidenziare l'assurdità della precedente conclusione?**

A Il confronto tra la percentuale di morti, tra i soldati oltreoceano, a causa di incidenti e quella di morti a causa di combattimenti

B Il confronto tra il numero di soldati morti e di civili morti statunitensi con i rispettivi totali degli altri Stati belligeranti

C Il confronto tra la percentuale di morti tra i militari, sul totale dei soldati statunitensi oltreoceano, e la percentuale di morti civili sul totale dei civili nel Paese

D Il confronto, in valori assoluti, tra morti civili negli Stati Uniti e morti militari sempre all'interno del Paese

E Il confronto per fasce d'età tra i due campioni di popolazione (militare e civile)

2 **Individuare la parola da scartare.**

A Cucina

B Camera da letto

C Sala da pranzo

D Anticamera

E Sala d'aspetto

3 **"Non esiste alcun elemento probatorio che consenta di eliminare la possibilità che l'imputato sia estraneo al fatto". Dalla precedente affermazione si deduce che:**

A è impossibile che l'imputato sia estraneo al fatto

B è possibile che l'imputato sia estraneo al fatto

C l'imputato è estraneo al fatto

D l'imputato non è estraneo al fatto

E vi sono prove sull'estraneità dell'imputato al fatto

4 **"Andrea ascolta musica classica; tutte le persone sensibili ascoltano musica classica; tutte le persone sensibili leggono molto". Se le precedenti affermazioni sono vere, quale delle seguenti è necessariamente vera?**

A Andrea è una persona sensibile

B Andrea legge molto

C Non è detto che chi legge molto ascolti la musica classica

D Chi ascolta la musica classica legge molto

E Chi legge molto e ascolta musica classica è una persona sensibile

5 **Completare la seguente frase.**
Se ... scordi sei nei guai

A te lo

B te l'ho

C t'è lo

D telo

E lo te

6 **Quanti dei seguenti ragionamenti risultano logicamente attendibili?**
PRIMO RAGIONAMENTO
Ogni volta che conquista una vetta, Messner si concede una bella bevuta.
Adesso ha appena conquistato una vetta.
Dunque si concederà una bella bevuta.
SECONDO RAGIONAMENTO
Ogni volta che vince il Tour de France, Armstrong si concede una bevuta.
Adesso si concede una bevuta.
Dunque ha appena vinto il Tour de France.
TERZO RAGIONAMENTO
Rossi ha appena vinto una gara.
Ogni volta che vince una gara, Rossi fa impennare la moto.
Dunque adesso Rossi farà impennare la moto.
QUARTO RAGIONAMENTO
Bearzot sta fumando la pipa.
Dopo aver vinto una partita, Bearzot fuma sempre la pipa.
Dunque Bearzot ha appena vinto una partita.

- A Tre
- B Due
- C Una
- D Tutti
- E Nessuno

7 **In una riunione i sei partecipanti A, B, C, D, E e F si dispongono attorno a un tavolo rotondo non necessariamente in questo ordine. Si sa che: tra A e B vi sono due persone; al fianco destro di F vi è A; E ha al suo fianco A e C. Si può concludere che D è seduto tra:**

- A F e A
- B E e A
- C B e C
- D F e B
- E due persone che non possono essere determinate univocamente

8 **Individuare il termine estraneo.**

- A Allegria
- B Tristezza
- C Serenità
- D Beatitudine
- E Felicità

9 **In una fattoria vi sono galline e mucche: in totale le teste sono 39 e le zampe 100. Quante sono le galline e quante le mucche?**

- A 11 galline e 28 mucche
- B 14 galline e 25 mucche
- C 15 galline e 24 mucche
- D 19 galline e 20 mucche
- E 28 galline e 11 mucche

10 **La frase "non c'è casa senza balcone" è logicamente equivalente a:**

- A ogni casa ha due balconi
- B nessuna casa ha due balconi
- C ogni casa ha almeno un balcone
- D alcune case hanno un balcone
- E dove c'è un balcone c'è una casa

11 **«Se sai esattamente che cosa fare è troppo tardi per farlo. Va più lontano chi non sa esattamente dove sta andando». Queste due massime sintetizzano bene lo spirito con cui alla Commissione europea di Bruxelles si sta lavorando all'elaborazione del VI Programma quadro per la ricerca e lo sviluppo tecnologico (2002/2006). Se ne può dedurre che (UNA SOLA DEDUZIONE È LECITA):**

- A giocare d'anticipo sulla ricerca non conviene, in quanto è spesso rischioso e negativo
- B i maggiori risultati della ricerca nascono dal caso
- C una precisa programmazione è incompatibile con una buona ricerca, ed è quindi meglio astenersene
- D in un programma di ricerca non è opportuno definire le mete in modo eccessivamente puntuale e vincolante
- E nella ricerca non sono valide le programmazioni a lungo termine

12 **Completare la seguente proporzione.**
Satellite : X = Y : Sole

- A X = meteorite, Y = cometa
- B X = orbita, Y = firmamento
- C X = Meteosat, Y = astro
- D X = Terra, Y = Via Lattea
- E X = Luna, Y = stella

13 **"I bugiardi sono ingiusti – i bugiardi sono uomini – dunque ... sono ingiusti." Si individui, tra i seguenti, il CORRETTO completamento del sillogismo:**

A tutti gli uomini
B alcuni uomini
C i bugiardi
D alcuni bugiardi
E alcuni giusti

14 **Sono qui elencate alcune DEFINIZIONI contrassegnate con numeri progressivi:**
1- entusiasmo acritico per la scienza come depositaria della verità
2- passione volta ad esaltare ciò in cui fermamente si crede
3- situazione in cui si prospettano spiegazioni e ipotesi da verificare
4- riflessione sistematica sulla natura della scienza
5- credito riconosciuto nel campo della conoscenza certa
6- capacità di derivare i giudizi da premesse accertate
7- modello di procedimento logico condotto su elementi di per sé non probanti
8- convinzione incrollabile che sui dati di fatto, e solo su di essi, si fonda la conoscenza
Sono qui elencate alcune ESPRESSIONI contrassegnate da lettere dell'alfabeto:
a) infatuazione scientista
b) filosofia della scienza
c) arte della deduzione
d) rozzezza positivista
e) fervore apologeta
f) momento congetturale
g) paradigma indiziario
h) prestigio epistemologico
Scegliete la serie in cui A OGNI ESPRESSIONE (lettera minuscola) corrisponde LA DEFINIZIONE (numero) adeguata:

A a+1 b+6 c+ 2 d+8 e+7 f+3 g+4 h+5
B a+3 b+2 c+6 d+4 e+1 f+8 g+7 h+5
C a+5 b+3 c+6 d+8 e+2 f+4 g+7 h+1
D a+1 b+4 c+6 d+8 e+2 f+3 g+7 h+5
E a+8 b+3 c+6 d+1 e+2 f+ 5 g+7 h+4

15 **Il signor Rossi e sua moglie hanno 6 figlie. Ogni figlia ha un fratello. Quanti sono i componenti della famiglia Rossi?**

A 9 B 10 C 17 D 13 E 15

16 **Nessuna pianta è animale – ogni uomo è animale – dunque __________ è pianta. Si individui il CORRETTO completamento del sillogismo:**

A nessun uomo
B qualche uomo
C ogni animale
D ogni pianta
E qualche animale

17 **Un alano, un boxer, un collie e un doberman vincono i primi 4 premi a una mostra canina. I loro padroni sono il Sig.or Estro, il Sig.or Forti, il Sig.or Grassi ed il Sig.or Rossi, non necessariamente in quest'ordine. I nomi dei cani sono Jack, Kelly, Lad, Max, non necessariamente in quest'ordine. Disponiamo inoltre delle seguenti informazioni:**
– il cane del Sig.or Grassi non ha vinto nè il primo, nè il secondo premio;
– il collie ha vinto il primo premio;
– Max ha vinto il secondo premio;
– l'alano si chiama Jack;
– il cane del Sig.or Forti, il doberman, ha vinto il quarto premio;
– il cane del Sig.or Rossi si chiama Kelly.
Da quale cane è stato vinto il primo premio?

A Il cane del Sig.or Estro
B Il cane del Sig.or Rossi
C Max
D Jack
E Lad

18 **Individua la coppia di termini che completa correttamente la proporzione**
Amore : odio = x : y

A x = bianco, y = luce
B x = sempre, y = mai
C x = tanto, y = molto
D x = matrimonio, y = nozze
E x = semplice, y = corretto

19 **Individuare la parola da scartare.**

A Geyser
B Pioggia
C Neve
D Grandine
E Cascata

20 Si considerino vere le due affermazioni:
- **ogni cosa sbraffa è grabba;**
- **qualche cosa sbraffa è droppa.**

Si scelga fra le seguenti l'affermazione che segue necessariamente dalle premesse:

A qualche cosa droppa è grabba
B qualche cosa droppa non è grabba
C nulla segue
D ogni cosa droppa è grabba
E nessuna cosa droppa è grabba

21 "Se e solo se mangio cibi dietetici, riduco i miei grassi superflui". In base alla precedente informazione, quale delle seguenti affermazioni è certamente vera?

A Mangiare cibi dietetici è una moda della società occidentale
B Le modelle mangiano solo cibi dietetici
C Mangio cibi dietetici quando svolgo attività sportive
D I miei grassi superflui si riducono quando mangio solo cibi dietetici
E A volte, anche se mangio cibi dietetici, non riduco i miei grassi superflui

22 Nessun calciatore è zoppo – alcuni uomini sono zoppi – dunque ______ non sono calciatori.
Si individui il CORRETTO completamento del sillogismo:

A tutti gli uomini
B tutti gli zoppi
C alcuni zoppi
D alcuni uomini
E alcuni calciatori

23 "Nessun ingenuo è cattivo – qualche cattivo è adulto – dunque ... non è ingenuo."
S'individui il CORRETTO COMPLETAMENTO del sillogismo:

A qualche cattivo
B qualche adulto
C ogni adulto
D ogni cattivo
E qualche ingenuo

24 Se Gustavo è un misofobico avrà paura:

A della sporcizia
B delle donne
C della morte
D degli insetti
E dei temporali

25 Nessun minerale è animato – qualche esistente è animato – dunque ______ non è minerale.
S'individui il CORRETTO COMPLETAMENTO del sillogismo:

A ogni animato
B qualche minerale
C ogni esistente
D ogni minerale
E qualche esistente

26 Se è vero che «non esistono rane con quattro zampe», allora è necessariamente vera anche una delle affermazioni seguenti. Quale?

A Tutte le rane hanno quattro zampe
B Esiste almeno una rana con tre zampe
C È impossibile che una rana abbia quattro zampe
D Senza zampe una rana non può saltare
E È impossibile che una rana abbia una zampa sola

27 Se è vero che «le bugie hanno le gambe corte», allora è necessariamente vera anche una delle affermazioni seguenti. Quale?

A Tutte le verità hanno le gambe lunghe
B Alcune bugie hanno le gambe lunghe
C Esiste almeno una bugia che ha le gambe lunghe
D Non esistono bugie dalle gambe lunghe
E Anche le verità hanno le gambe corte

28 Se è vero che «chi vede una stella cadente è fortunato», allora è necessariamente vera anche una delle affermazioni seguenti. Quale?

A Le stelle cadenti sono in realtà dei meteoriti che impattano sull'atmosfera terrestre
B Solo chi vede una stella cadente è fortunato
C Chi crede nelle stelle cadenti è un superstizioso
D Se la fortuna è cieca, non può vedere le stelle cadenti
E Se vedi una stella cadente, sei fortunato

29 Un sinonimo di "pratico" è:

A patetico
B conoscente
C funzionale
D poetico
E prensile

30 **Individuare l'unica frase corretta all'interno della seguente serie:**

A Si è lasciato abbagliare da aspetti più esteriori
B Non posso esimermi delle responsabilità inerenti al mio ufficio
C Bisogna redarre l'elenco dei partecipanti alla riunione
D Vorrei che daste retta ai consigli di chi ha più esperienza
E Chissà se oggi rifarebbe le stesse cose!

31 **Vocabolario : traduttore = X : Y.**

A X = elefanti, Y = Annibale
B X = appetito, Y = ristorante
C X = francobollo, Y = lettera
D X = cartina, Y = guida
E X = giornali, Y = edicolante

32 **Quattro capi di Stato (Italia, Francia, Germania, Austria) siedono a una tavola rettangolare, con 6 posti: due su un lato, due sull'altro e due ai capitavola. Tutti i presenti occupano uno e un solo posto. Si considerino come vere anche le seguenti affermazioni:**

1. **a un capotavola siede il capo di Stato francese oppure non siede nessuno;**
2. **se a un capotavola siede il capo di Stato austriaco, allora alla sua destra siede quello italiano;**
3. **il capo di Stato austriaco siede a un capotavola.**

Quale conclusione segue necessariamente da tali premesse?

A I due capotavola sono occupati
B L'italiano siede a destra del francese
C Un capotavola deve essere vuoto
D L'italiano non siede alla destra dell'austriaco
E Il tedesco può sedere di fronte all'italiano

33 **Tiziano è un tipo strano. Si affida sempre al caso. Quando deve sposarsi sceglie a caso anche la data della cerimonia. In quale mese è meno probabile che si celebri il matrimonio?**

A Gennaio
B Febbraio
C Marzo
D Agosto
E Novembre

34 **Tutti i piccioni mangiano le fave – alcuni uccelli non mangiano le fave – dunque ...... non sono piccioni. S'individui il CORRETTO COMPLETAMENTO del sillogismo:**

A le fave
B alcuni uccelli
C alcuni piccioni
D alcune fave
E tutti gli uccelli

35 **Completare la seguente proporzione. Moltiplicazione : divisione = X : Y**

A X = zero, Y = infinito
B X = calcolare, Y = stimare
C X = parabola, Y = ellisse
D X = numeri, Y = lettere
E X = sottrazione, Y = addizione

36 **Masterizzatore: X = Telecamera : Y**

A X = obiettivo; Y = RAM
B X = CD; Y = Videocassetta
C X = ROM; Y = CD
D X = penna; Y = pellicola
E X = videocassetta; Y = ROM

37 **Si considerino vere le due affermazioni:**

- **nessuna cosa laba è mada;**
- **qualche cosa mada non è zota.**

Si scelga fra le seguenti l'affermazione che segue necessariamente dalle premesse:

A ogni cosa laba è zota
B nessuna cosa laba è zota
C qualche cosa laba è zota
D qualche cosa laba non è zota
E nulla segue

38 **Un contrario di *ninnolare* è:**

A trattare male
B gingillarsi
C svegliare
D stare svegli
E applicarsi

39 **X : materno = marito : Y**

A X = Figlia; Y = madre
B X = Fratello; Y = sorella
C X = Mio; Y = tuo
D X = Paterno; Y = moglie
E X = Moglie; Y = materno

40 **Dati tre oggetti X, Y e Z si sa che almeno due sono gialli. Si sa inoltre che:**

1. **se X è giallo anche Y è giallo;**
2. **se Z è giallo anche X è giallo;**
3. **o Y o Z non è giallo.**

Allora possiamo dedurre che:

A X, Y e Z sono gialli
B X non è giallo mentre Y è giallo
C Z non è giallo mentre Y è giallo
D X e Z sono gialli
E Z è giallo e Y non è giallo

41 **Margherita ha una gipsoteca; dunque possiede una raccolta:**

A di gessi
B di marmi
C di bronzi
D di oggetti sud-americani
E di strumenti musicali

42 **Quali tra i termini proposti completano correttamente la seguente proporzione?**

Chirurgo : bisturi = X : Y

A X = astronauta; Y = pianeta
B X = giudice; Y = avvocato
C X = scienziato; Y = invenzione
D X = torta; Y = goloso
E X = architetto; Y = tecnigrafo

43 **Si considerino vere le due affermazioni:**

- **qualche cosa sbiffa non è tiga;**
- **ogni cosa sbiffa è etra.**

Si scelga fra le seguenti l'affermazione che segue necessariamente dalle premesse:

A qualche cosa tiga non è etra
B ogni cosa tiga è etra
C qualche cosa tiga è etra
D nessuna cosa tiga è etra
E nulla segue

44 **Anagrammate le seguenti parole ed individuate quale di esse non indica un mammifero:**

A NACE
B TATOMARM
C NALGLIA
D VLALOCA
E TOTGA

45 **"Giulia ama i biscotti".**
"I biscotti sono un dolce".
"Chi ama i biscotti adora la montagna".
Sulla base di queste considerazioni, individuate quale tra seguenti conclusioni è vera.

A Giulia ama tutti i dolci
B Giulia ama tutti i dolci che mangia in montagna
C Chi ama i biscotti ama tutti i dolci
D Giulia ama la montagna
E Giulia adora la montagna solo quando mangia biscotti

46 **"Il fumo può essere causa di tumori".**
"Antonio non fuma molto".
"Suo fratello Carlo non fuma affatto".

Se ne deduce che:

A Carlo ben difficilmente avrà un tumore entro 20 anni
B Carlo ha meno probabilità di Antonio di avere un tumore
C Carlo ha più o meno le stesse probabilità di Antonio di avere un tumore
D Antonio avrà un tumore entro 20 anni
E nessuna delle risposte precedenti è deducibile dal testo

47 **Marco: "Giorgio suona il sassofono meglio di tutti, è lui il campione del nostro gruppo".**

Giorgio: "Alessandro suona il sassofono meglio di tutti, è lui il campione del nostro gruppo".

Alessandro: "Io non suono il sassofono meglio di tutti, non sono io il campione del gruppo".

Matteo: "Io non suono il sassofono meglio di tutti, non sono io il campione del gruppo".

SE solo UNA di queste affermazioni è VERA, chi è il campione nel suonare il sassofono?

A Marco
B Giorgio
C Alessandro
D Matteo
E Non è possibile stabilirlo

48 **La frase "non c'è alcuna persona che parli bene l'inglese tra noi" è falsa. Questo significa che:**

- A almeno una persona tra noi parla bene l'inglese
- B nessuno parla bene l'inglese
- C tutti parlano bene l'inglese tra noi
- D una sola persona parla bene l'inglese tra noi
- E pur non essendo inglesi non parliamo bene la lingua

49 **X : musica = Keplero : Y**

- A X = Beethoven; Y = Einstein
- B X = Scienziato; Y = Bach
- C X = Arte; Y = scienza
- D X = Astronomia; Y = Bach
- E X = Mozart; Y = Copernico

50 **Quattro amiche si conoscono dai tempi dell'università. I loro nomi sono Maria, Vera, Claudia e Ilaria. Se solo una delle quattro seguenti affermazioni è vera, chi è la più intelligente del gruppo?**

- **Ilaria, che è la più giovane delle quattro, afferma: "è Maria la più intelligente del nostro gruppo".**
- **Maria, che ora lavora nella formazione del personale, afferma: "è Vera la più intelligente del gruppo".**
- **Vera, la più anziana delle quattro, afferma: "non sono io la più intelligente del gruppo".**
- **Claudia, che dopo l'università ha proseguito nel campo dell'informatica, afferma: "non sono io la più intelligente delle quattro".**

- A Non è possibile stabilirlo
- B Vera
- C Ilaria
- D Claudia
- E Maria

51 **"Tutti i condottieri sono coraggiosi – nessun coraggioso è dissimulatore – dunque ... è condottiero." S'individui il CORRETTO COMPLETAMENTO del sillogismo:**

- A nessun dissimulatore
- B ogni dissimulatore
- C nessun coraggioso
- D qualche condottiero
- E qualche dissimulatore

52 **Si considerino vere le due affermazioni:**

- **qualche cosa furva è miga;**
- **ogni cosa furva è dissa.**

Si scelga fra le seguenti l'affermazione che segue necessariamente dalle premesse:

- A ogni cosa miga è dissa
- B qualche cosa miga non è dissa
- C nessuna cosa miga è dissa
- D nulla segue
- E qualche cosa dissa è miga

53 **L'espressione "frenetica tranquillità" è:**

- A un'analogia
- B una sineddoche
- C un chiasmo
- D una climax
- E un ossimoro

54 **Tutti i notai sono ricchi. Nessun ricco è una persona insicura. Quindi __________ è un notaio**
Si individui il CORRETTO completamento del sillogismo.

- A qualche persona insicura
- B qualche ricco
- C ogni ricco
- D soltanto un ricco
- E nessuna persona insicura

55 **Alcuni studenti della classe sono alti, tutti gli studenti alti sono biondi. Quindi:**

- A tutti gli studenti della classe sono biondi
- B chi non è biondo non fa parte di questa classe
- C solo se sei alto e biondo puoi far parte di questa classe
- D alcuni studenti della classe sono biondi
- E nessuno studente della classe è biondo

56 **Indicare la parola da scartare.**

- A Telegrafo
- B Walkie-talkie
- C Telefono
- D Fotocopiatrice
- E Fax

57 **Il signor Candido constata che:**

a) Giovanna ha fatto una rapidissima carriera come economista.

Il signor Candido ne deduce che:

b) Giovanna non è una persona onesta.

La ragione necessaria e sufficiente del passaggio logico che opera il signor Candido dalla constatazione del fatto a) al giudizio b) è la sottintesa convinzione che (UNA SOLA IPOTESI È CORRETTA):

- A solo alcune persone eccezionali facciano onestamente carriera come economisti
- B nessuna persona onesta faccia carriera in campo economico
- C le persone disoneste facciano rapida carriera solo in campo economico
- D nessuna economista onesta faccia rapida carriera nel suo campo
- E tutte le donne-economiste siano disoneste

58 **Tutti gli eccessi sono biasimevoli – alcune passioni non sono biasimevoli – dunque __________ non sono eccessi.**

S'individui il CORRETTO COMPLETAMENTO del sillogismo:

- A alcune passioni
- B alcuni eccessi
- C tutte le passioni
- D tutti gli eccessi
- E tutti i biasimevoli

59 **Date le premesse:**

a - la scienza fa ricorso con vantaggio al linguaggio metaforico;

b - il linguaggio metaforico è proprio dell'espressione artistica.

SCEGLIETE la conclusione logicamente e rigorosamente conseguente:

- A scienza e arte usano il medesimo linguaggio
- B la contaminazione tra arte e scienza è inevitabile
- C la scienza non può fare a meno di un proprio linguaggio metaforico
- D l'espressione artistica offre un valido mezzo espressivo alla scienza
- E l'espressione artistica e quella scientifica hanno il medesimo carattere

60 **Esistono ragionamenti induttivi e deduttivi.**

Quanti dei seguenti diversi ragionamenti sono INDUTTIVI?

Rag.1) Tutte le volte che ho mangiato la pizza a Napoli l'ho trovata buonissima; un mio collega, di passaggio nella città partenopea per lavoro, ne è rimasto entusiasta; non c'è nessuno tra i miei amici che sono stati a Napoli che non vada matto per la pizza fatta laggiù. I napoletani sanno fare la pizza.

Rag. 2) Tutti quelli che pensano di poter fare a meno degli altri sono degli incoscienti. Luciana è convinta di poter vivere da sola in un rifugio alpino sperduto in alta quota; lei non si rende conto degli innumerevoli pericoli cui può andare incontro.

Rag. 3) Visitare il centro storico e lanciare la classica monetina nella fontana di Trevi è nei sogni d'ogni turista tedesco in visita alla Capitale; Werner è un giovane turista tedesco appena arrivato a Roma e dunque non vede l'ora di trovarsi a tu per tu con la celebre fontana.

Rag. 4) Nessuna persona dabbene uscirebbe da un locale senza pagare il conto. Con la scusa di dover prendere qualcosa dalla macchina, Paolo, dopo aver cenato, ha lasciato a bocca asciutta il proprietario della pizzeria; non si può dire che Paolo sia una brava persona.

- A Uno
- B Nessuno
- C Quattro
- D Due
- E Tre

61 **Si completi correttamente il seguente ragionamento ipotetico:**

Se non avessi avuto talento, non saresti diventato artista; ma sei diventato artista, dunque ......

- A hai talento
- B non hai talento
- C sei artista
- D sarai artista
- E non avrai talento

62 **Individuare la coppia di termini che completa la proporzione data.**

Sbadiglio : sonnolenza = X : Y

A X = sogno; Y = dormire
B X = risata; Y = buonumore
C X = viso; Y = espressione
D X = impazienza; Y = ribellione
E X = raffreddore; Y = starnuto

63 **Bere una bottiglia di vino è un'espressione:**

A metonimica
B metaforica
C iperbolica
D analogica
E onomatopeica

64 **Sonno sta a sogno come:**

A Memoria a ricordo
B Logica a intelletto
C Destino a volontà
D Notte a giorno
E Cane a gatto

65 **S'individui l'UNICA antitesi ERRATA:**

A convergente/divergente
B attinente/estraneo
C esoterico/essoterico
D apocrifo/spurio
E euforico/disforico

66 **"Non si può vivere felici senza saggezza, onestà e giustizia. Non si può vivere saggiamente, onestamente e con giustizia senza essere felici." Date queste premesse ne consegue che (indicare l'UNICA conclusione ERRATA):**

A solo chi è saggio, onesto e giusto è felice
B essere saggi, onesti e giusti è condizione necessaria, ma non sufficiente, di felicità
C essere saggi, onesti e giusti è condizione necessaria e sufficiente di felicità
D chi è felice non può non essere saggio, onesto e giusto
E chi non è felice non può essere saggio, onesto e giusto

67 **Se è vero che «tutti i nodi vengono al pettine», allora è necessariamente vera anche una delle affermazioni seguenti. Quale?**

A Se esiste un nodo, questo verrà necessariamente al pettine
B Le persone calve non hanno problemi con il pettine
C Alcuni nodi sfuggono al pettine
D Le spazzole, a differenza dei pettini, non garantiscono di individuare tutti i nodi
E I nodi possono essere individuati solo da un pettine

68 **Due ragazzi posseggono due Stereo e 3 CD: 2 di rock e 1 di jazz. Alberto, padrone del primo Stereo, ascolta solo jazz. Giovanni, padrone del secondo Stereo, ascolta entrambi i generi. Gli Stereo sono in due case diverse e non possono essere mossi, mentre i dischi possono essere scambiati. Quindi:**

A se Alberto non ascolta musica rock, Giovanni può ascoltare entrambi i generi
B se Giovanni ascolta jazz, Alberto non può sentire musica
C se Giovanni ascolta rock, Alberto non può ascoltare uno dei suoi dischi preferiti
D se Alberto ascolta jazz, Giovanni non può sentire musica
E nessuna delle precedenti risposte è deducibile dal testo

69 **Le lettere dell'alfabeto contenute nel testo fra virgolette dell'unica risposta corretta di questo quesito sono esattamente:**

A "una"
B "tre"
C "quattro"
D "cinque"
E "due"

70 **Architetto sta ad abitazione come:**

A tela a cavalletto
B pizzaiolo a pizza
C pennello a colore
D statua a scultore
E dente a dentiera

71 **Al cinema, Franca siede alle spalle di tre sue amiche sedute una di fianco all'altra. Tutte le amiche indossano maglioni con colori tra loro diversi. Sono vere le affermazioni seguenti:**

1. Elena indossa il maglione verde o il maglione blu;
2. Elena non indossa il maglione verde oppure Luisa indossa il maglione indaco;
3. Bice indossa il maglione blu o Luisa non indossa il maglione indaco;
4. Elena non indossa il maglione blu.

Ne deriva necessariamente che:

A Bice non indossa il maglione blu
B Elena non indossa il maglione verde
C Luisa indossa il maglione verde
D Elena indossa il maglione indaco
E nessuna delle altre risposte è corretta

72 **Trova tra questi termini quello che non ha relazione con gli altri quattro:**

A Impressionismo
B Dadaismo
C Cubismo
D Politeismo
E Divisionismo

73 **Individuate la coppia di termini che completano la proporzione:**
psicologia : x = y : società

A sociologia / stato
B individuo / comportamento
C stato / individuo
D comportamento / stato
E individuo / sociologia

74 **"Tra 'l filosofare e lo studiare la filosofia vi è quella differenza appunto che tra il disegnare dal naturale e il copiare i disegni" (Galileo Galilei)**
Lo scienziato afferma che:

A filosofare vuol dire studiare filosofia
B disegnare dal naturale vuol dire copiare i disegni
C filosofare è una conquista personale, non un'acquisizione di affermazioni altrui
D filosofare vuol dire copiare i disegni
E studiare filosofia vuol dire disegnare dal naturale

Leggere il seguente problema e rispondere alle relative domande.

I signori Belli organizzano una cena a casa loro e invitano tre coppie di amici. I padroni di casa prendono posto sui due lati corti del tavolo rettangolare del salone e le altre sei persone si dividono equamente sugli altri due lati. Ogni uomo deve essere seduto accanto ad almeno una donna e viceversa. Tenendo conto che:

- Giovanni è seduto di fronte a Laura, che non è la Signora Belli;
- Marco è seduto alla sinistra di una donna ed è di fronte a un'altra donna;
- Nadia è seduta alla destra della Signora Belli, vicino a Paolo;
- C'è una persona seduta tra Roberta e Sara.

75 **Walter deve necessariamente essere:**

I) il Sig. Belli
II) seduto alla destra di Laura
III) seduto davanti a Sara

A I) e II)
B solo I)
C solo III)
D II) e III)
E I), II) e III)

76 **Ogni uomo che siede davanti a una donna coglie l'occasione della bella serata per dichiarare pubblicamente il proprio amore per la rispettiva dirimpettaia che contraccambia. Quale delle seguenti nuove coppie si forma quella sera?**

A Giovanni e Nadia
B Nadia e Marco
C Paolo e Giovanni
D Paolo e Laura
E Sara e Giovanni

77 **Quale dei seguenti non è seduto vicino a una persona dello stesso sesso?**

A Giovanni
B Nadia
C Laura
D Il sig. Belli
E Walter

78 **Marco è infastidito dal fumo della sigaretta del vicino e cambia sedia con la persona seduta quattro posti alla sua sinistra. Quale delle seguenti situazioni si verifica?**

I) Nessuno dei commensali è seduto tra due persone dell'altro sesso

II) Nei due lati lunghi del tavolo vi sono solo persone dello stesso sesso

III) Uno dei padroni di casa ha cambiato posto

A Solo III)
B I) e II)
C II) e III)
D Solo I)
E Nessuna

79 **Completare correttamente con uno dei 5 termini proposti la frase: "Qualsiasi sia il valore di A, se A è ... di B e B è .... di C, allora A è .... di C".**

A maggiore
B logaritmo
C radice quadrata
D la metà
E diverso

80 **Tornando alla situazione iniziale, i commensali si stringono per fare sedere un'altra ospite, Diana, che può sedere solo tra due uomini. Diana prende posto:**

A a destra di Walter
B a sinistra di Paolo
C a destra di Marco
D a sinistra di Sara
E in piedi perché non è possibile rispettare la regola qui stabilita

81 **Se è vero che «l'erba del vicino è sempre più verde», allora è necessariamente vera anche una delle affermazioni seguenti. Quale?**

A Il vicino usa un fertilizzante migliore
B Non esiste un vicino che non abbia l'erba più verde
C Il vicino innaffia moltissimo il suo giardino
D Deve esistere almeno un vicino che ha l'erba meno verde della mia
E Nessun vicino ha l'erba alta in giardino

82 **I cuochi Aldo, Bruno, Carla, Dario ed Esther devono giudicare i dolci preparati da Franca, Giulio, Isabella, Lucia, Marco: una meringa, una crostata, un babà, un gelato e una pastiera (non necessariamente in quest'ordine). Ogni giurato assaggia uno e un solo dolce, e ogni dolce è assaggiato da un solo giurato. Sappiamo che:**

1. **solo se Aldo assaggia la meringa, Bruno assaggia il dolce di Giulio;**
2. **Carla assaggia il babà che non è stato preparato da Franca;**
3. **Dario assaggia il dolce preparato da Lucia o la meringa;**
4. **o Marco ha preparato la pastiera o Aldo assaggia la pastiera;**
5. **Bruno assaggia il dolce di Giulio.**

In base alle informazioni note, cosa si può affermare con certezza?

A Dario assaggia la meringa
B Aldo non assaggia la meringa
C Franca ha preparato la pastiera
D Franca non ha preparato la pastiera
E Esther assaggia il babà

83 **Completa i termini mancanti della proporzione:**

Insolito : x = y : Lento

A x = solito, y = veloce
B x = leggero, y = veloce
C x = capace, y = solito
D x = indolente, y = leggero
E x = forte, y = corpo

84 **Solo se mangi proteine diventi forte. Per essere forte è sufficiente mangiare proteine.**
Se sono vere entrambe le precedenti affermazioni, quale delle seguenti è falsa?

A Se non mangi proteine non diventi forte
B Mangiare proteine è condizione sufficiente ma non necessaria per diventare forte
C Se non sei diventato forte è perché non hai mangiato proteine
D È necessario mangiare proteine per diventare forti
E È sufficiente mangiare proteine per diventare forti

85 Contro uno dei più diffusi luoghi comuni che riguardano gli Italiani, un famoso giornalista statunitense afferma che non è vero che tutti gli italiani cantano e mangiano spaghetti. Dunque egli sta affermando che:

A c'è qualche italiano che non canta oppure che non mangia spaghetti
B gli italiani non cantano e non mangiano spaghetti
C gli italiani o mangiano spaghetti o cantano
D tutti gli italiani mangiano spaghetti ma non cantano
E chiunque non mangi spaghetti e non canti non può essere italiano

86 Individuare l'unica frase corretta all'interno della seguente serie:

A C'è da chiedersi se il blocco sia utile in un giorno dove la circolazione è ridotta
B Se avessimo pensato di turbarti, ci saremmo astenuti da qualsiasi commento
C I sottoscritti invitano il Comune a rivedere la propria delibera
D La notizia ci inorridisce per l'efferatezza del delitto
E Anche se tu sia perplesso, ti assicuro che è un ottimo affare

87 Completare la frase seguente con i corretti inserimenti sia dal punto di vista grammaticale che semantico.
"Mi dispiace che tu non ... incontrare Alberto, ma ... partire molto presto."

A abbia potuto; è dovuto
B potevi; ha dovuto
C potessi; è dovuto
D possa; dovette

88 Indicare la parola da scartare.

A Entropia
B Sociologia
C Psicologia
D Ecologia
E Semiologia

89 Cosa significa *balzano*?

A Bizzarro
B Si divulgano rapidamente
C Scagliano lontano
D Bizzoso
E Malsano

90 Alessio, Lidia e Marco organizzano un torneo di briscola. Ciascuno dei tre gioca sei partite con ciascuno degli altri due. Alessio vince quattro volte contro Lidia, ma perde cinque volte contro Marco, il quale vince tre volte contro Lidia. Sapendo che per ogni partita vinta vengono assegnati due punti e per ogni partita persa ne viene sottratto uno, chi ha vinto il torneo e con quanti punti?

A Alessio con 14 punti
B Lidia con 9 punti
C Alessio con 10 punti
D Barbara con 13 punti
E Marco con 12 punti

Leggere il seguente problema e rispondere alle relative domande.

In una scuola elementare, al termine dell'anno scolastico, si premiano otto bambini che si sono distinti per le loro capacità artistiche. I bambini vengono indicati con le prime otto lettere dell'alfabeto: A, B, C, D, E, F, G e H.

I bambini B, E e F verranno premiati anche per le loro abilità musicali così come i bambini A e H verranno premiati anche per le poesie che hanno composto.

La direttrice della scuola decide di mettere alcuni dei bambini premiati in una speciale fila di sedie vicina al palco della sala in cui si tiene la cerimonia e, per evitare che i bambini litighino tra loro, ritiene opportuno non far sedere vicino i bambini che vengono premiati due volte.

91 Quanti sono, al massimo, i bambini che si possono far sedere nella fila vicina al palco?

A 6
B 5
C 8
D 7
E 4

92 Quale delle seguenti successioni ordinate di bambini rispetta le condizioni poste dalla direttrice?

A A, B, E, F, H
B B, D, G, H, E
C A, H, D, G
D A, C, G, B

93 Se si rispettano le condizioni, fra quale delle seguenti coppie di bambini può sedersi F?

A D e C
B B e G
C A e H
D E e C

94 Quale dei seguenti non si può sedere vicino a B?

A C
B D
C G
D E

95 B ha un posto vuoto alla sua sinistra e uno alla sua destra; quale delle seguenti coppie di bambini può occupare questi posti?

A G e F
B D e C
C H e E
D A e C

96 "Se Giorgia viene promossa, allora i genitori la mandano in vacanza studio in Francia. Giorgia viene promossa solo se recupera l'insufficienza sia in Italiano sia in Greco. Al termine dell'anno, Giorgia ha recuperato l'insufficienza in Italiano ma non in Greco". Quale tra le seguenti affermazioni NON può essere dedotta dalle proposizioni precedenti?

A Se i genitori di Giorgia non mandano la figlia in vacanza studio in Francia significa che Giorgia non è stata promossa
B I genitori di Giorgia non manderanno la figlia in vacanza studio in Francia
C Giorgia al termine dell'anno scolastico non è stata promossa
D Il recupero delle insufficienze sia in Italiano sia in Greco da parte di Giorgia è condizione necessaria, ma non sufficiente, per la sua promozione
E La promozione di Giorgia è condizione sufficiente ma non necessaria perché i genitori la mandino in vacanza studio in Francia

Leggere il brano seguente e rispondere alla relativa domanda

«[...] Ragionare significa trarre *conclusioni* da *premesse*. Ragioniamo tutte le volte in cui, mettendo in collegamento certe *tesi* o *asserzioni* preliminari (le premesse, appunto), siamo in grado di formulare altre tesi (le conclusioni).»

da Franca D'Agostini, *Le ali del pensiero. Corso di logica elementare*, Paravia, Torino, 2003, pag. 3

97 Alla luce della precedente definizione, QUALE tra i seguenti discorsi costituisce un ragionamento?
Discorso 1) Ti prego, non dire a Marina che, mentre lei lavorava a Milano, sono stato in vacanza in Sardegna con Giulia.
Discorso 2) Walter ogni volta che attraversa una piazza è preso da timore ossessivo. Quelli che non sopportano di stare o di passare in vasti luoghi aperti sono affetti da agorafobia. Si tratta di un disturbo curato dagli psichiatri. Walter deve rivolgersi ad uno psichiatra.
Discorso 3) Da quando lavora dallo sfasciacarrozze, Mario è diventato un altro. Da dieci anni possiede un'automobile con le portiere verdi, il cofano blu, il tetto giallo e i parafanghi neri; le gomme, poi, si vede benissimo che sono molto più grandi di quelle originali.
Discorso 4) Quanto mi piacerebbe che tu, ogni tanto, mi raccontassi del tuo lavoro, che so, qualche episodio curioso che ti è capitato nelle lunghe ore trascorse a diretto contatto con il pubblico.

A Nessuno B 1 C 3 D 2 E 4

98 Il superlativo assoluto di "buono" è:

A buonissimo
B più buono
C migliore
D meno buono
E il più buono

99 Se è vero che «alcune biciclette hanno gli ammortizzatori», allora è necessariamente vera anche una delle affermazioni seguenti. Quale?

A Se comperi una bicicletta, questa può non avere gli ammortizzatori
B Le biciclette con gli ammortizzatori sono le migliori
C Anche se oggi non è così, un giorno tutte le biciclette avranno gli ammortizzatori
D Le biciclette con gli ammortizzatori costano di più
E Non può esistere una bicicletta senza ammortizzatori

100 Se è vero che «si può resistere a tutto, tranne che alle tentazioni», allora è necessariamente vera anche una delle affermazioni seguenti. Quale?

A Ognuno di noi ha dei bisogni fisiologici da dovere soddisfare
B Solo con la forza di volontà e con l'esercizio si può resistere alle tentazioni
C Le tentazioni portano prima al peccato e poi al vizio
D Non è possibile che si verifichi anche un solo caso in cui si riesce a resistere a una tentazione
E Chi segue precisi precetti morali, anche se a volte può cadere in tentazione, per lo più sa come perseguire la retta via

101 (A) Una delle caratteristiche dello Stato di Natura era rappresentata dall'eguaglianza tra gli uomini.
(B) Allontanandosi con la civiltà dallo Stato di Natura gli uomini sono diventati più infelici
UNA sola delle conclusioni sotto elencate è autorizzata esplicitamente dalle sole premesse A e B:

A l'ineguaglianza è per tutti motivo di infelicità
B nel mondo civile dominano l'egoismo e l'ingiustizia
C l'ineguaglianza è caratteristica della civiltà
D lo stato di natura è più felice di quello della civiltà
E la giustizia consiste nel riportare l'eguaglianza tra gli uomini

102 "La matematica è un'ostentazione di audacia della *pura ratio*; uno dei pochi lussi oggi ancora possibili. Anche i filologi si dedicano spesso ad attività in cui essi per primi non intravedono l'utile, e i collezionisti di francobolli e di cravatte ancora peggio. Ma questi sono passatempi inoffensivi, ben lontani dalle cose serie della vita. La matematica, invece, proprio in esse abbraccia alcune delle avventure più appassionanti e incisive dell'esistenza umana."

Robert Musil, *L'uomo matematico*, 1911

"Non ho difficoltà a immaginare un'antologia dei più bei frammenti della poesia mondiale in cui trovasse posto anche il teorema di Pitagora. Perché no? Lì c'è quella folgorazione che è connaturata alla grande poesia, e una forma sapientemente ridotta ai termini più indispensabili, e una grazia che non a tutti i poeti è stata concessa".

W. Szymborska, *Letture facoltative*, 2006

UNA SOLA delle seguenti riflessioni è rigorosamente e pienamente fondata sui testi citati.

A Secondo Robert Musil, che fu ingegnere e matematico oltre che scrittore, la matematica è l'unico lusso, tanto inoffensivo quanto futile, ancora permesso nel XX secolo
B Secondo la poetessa polacca W. Szymborska, non sempre la poesia si rivela come una folgorazione, ma tale ci appare sempre la grande poesia
C Il fatto che il collezionista non badi all'utile, ma segua una sua gratuita passione, lo nobilita, qualunque sia l'oggetto della sua collezione
D Secondo la poetessa polacca W. Szymborska, premio Nobel 1996, non c'è differenza alcuna tra la poesia e la matematica, in quanto la matematica ha molto in comune con la filologia
E La matematica non è un'avventura dello spirito, ma è un'esibizione di superbia della pura ragione

103 Sandro è una persona atletica; le persone alte sono tutte atletiche; le persone alte sono magre. Se le precedenti affermazioni sono vere, quale delle seguenti è sicuramente vera?

- A Sandro è una persona magra
- B Sandro è una persona alta
- C Tutte le persone atletiche sono alte
- D Chi è alto è magro e atletico
- E Le persone magre sono atletiche

104 Se per le vacanze estive Anna parte prima di Gabriella, Marisa parte prima di Gabriella, Silvia parte prima di Gabriella e Anna parte prima di Silvia :

- A Silvia è la terza a partire
- B Marisa è la seconda a partire
- C Anna è la prima a partire
- D Gabriella non parte per ultima
- E Non si sa chi parte per prima

105 A dice: "B è falso". B dice: " A e C sono entrambi veri". C dice: "A è falso". Quale assegnamenti delle tre variabili ABC rendono tutte e tre le frasi sopra riportate esatte?

- A A vero – B falso – C falso
- B A falso – B falso – C falso
- C A vero – B vero – C vero
- D A vero – B falso – C vero
- E A falso – B vero – C vero

106 "Il momento migliore per potare un albero o travasare una pianta è sempre all'inizio della primavera, appena prima della fioritura". Quale delle seguenti affermazioni, se vera, indebolirebbe l'argomentazione precedente?

- A Non è mai consigliabile effettuare un travaso o una potatura quando si avvicina la stagione fredda e le piante perdono le foglie
- B Dopo il "letargo" invernale le piante riacquistano energia grazie al progressivo allungamento delle giornate e sono quindi in grado di resistere ai lievi traumi causati da potature o travasi
- C La fioritura normalmente avviene in aprile
- D La potatura di un albero da frutta è in genere più complessa del travaso di una pianta
- E Per molte piante tropicali la fioritura avviene alla fine dell'estate

107 Indica quale delle seguenti parole, se inserita al posto dei puntini, è coerente con l'idea espressa dal resto del testo: "Dostoevskij ammette che alla base dell'individualità personale di ciascuno vi sia qualcosa di sconosciuto a lui stesso, e che sia di conseguenza parziale e illusorio pensare di poter ridurre l'intera ... dell'Io alla coscienza, anzi fa di questa consapevolezza il punto di partenza e l'elemento di forza della sua analisi dell'uomo del sottosuolo" (S. Taglialatela)

- A sfera
- B palla
- C ambito
- D coscienza
- E sapienza

108 Completare la seguente proporzione. Grafomane : X = Y : canto

- A X = scrittura, Y = lirica
- B X = scrittura, Y = melomane
- C X = scrittore, Y = musicista
- D X = libro, Y = opera
- E X = melomane, Y = scrittore

109 "Il cinema resterà chiuso al pubblico se e solo se i proprietari faranno opere di restauro". In base alla precedente affermazione, quale delle seguenti NON è vera?

- A È sufficiente che i proprietari facciano opere di restauro per chiudere il cinema al pubblico
- B Anche se i proprietari faranno opere di restauro, il cinema potrà restare aperto al pubblico
- C Il cinema resterà aperto al pubblico se i proprietari non faranno opere di restauro
- D È necessario che i proprietari facciano opere di restauro per chiudere il cinema al pubblico
- E Se il cinema sarà aperto al pubblico, significa che i proprietari non staranno facendo opere di restauro

110 Indica quale delle seguenti parole, se inserita al posto dei puntini, è coerente con il resto del testo: "Oggi ogni ... della scienza sembra ci voglia mostrare che il mondo si regge su entità sottilissime: come i messaggi del DNA, gli impulsi dei neuroni, i quarks, i neutrini vaganti nello spazio dall'inizio dei tempi" (I. Calvino, *Lezioni americane*).

A scienziato
B ramo
C mondo
D museo
E contro

111 Indica quale delle seguenti parole, se inserita al posto dei puntini, è coerente con l'idea espressa dal resto del testo: "L'osservazione scientifica non è pura descrizione di fatti separati. Il suo obiettivo principale è vedere un evento da quante più... possibili" (A. Luria).

A azioni
B potenzialità
C prospettive
D funzioni
E idee

112 La frase seguente contiene nella parte tra virgolette uno o più errori di grammatica. Individuare, tra le alternative proposte, quella che sostituisce correttamente la parte errata.

I prodotti che il capo "ha visionato sono di qualità inferiore rispetto a quelli che ho fatto riferimento nella mia relazione, ieri".

A ha visionato sono di qualità inferiore rispetto a quelli ai quali ho fatto riferimento nella mia relazione, ieri
B ha visionato sono di qualità inferiore in rispetto a quelli a cui ho fatto riferimento nella mia relazione, ieri
C ha visionato sono di qualità inferiore con rispetto di quelli di cui ho fatto riferimento nella mia relazione, ieri
D ha visionato sono di qualità inferiore rispetto a quelli su cui ho fatto ieri riferimento nella mia relazione, ieri

113 Indica quale tra le interpretazioni indicate è coerente con il brano di Calvino: «Tra le molte virtù di Chuang-Tzu c'era l'abilità nel disegno. Il re gli chiese il disegno d'un granchio. Chuang-Tzu disse che aveva bisogno di cinque anni di tempo e d'una villa con dodici servitori. Dopo cinque anni il disegno non era ancora cominciato. "Ho bisogno di altri cinque anni" disse Chuang-Tzu. Il re glieli accordò. Allo scadere dei dieci anni, Chuang-Tzu prese il pennello e in un istante, con un solo gesto, disegnò un granchio, il più perfetto granchio che si fosse mai visto». (Calvino, *Lezioni americane*).

A Le opere d'arte hanno una lunga gestazione nella mente dell'artista
B Per poter lavorare bene bisogna avere scadenze impellenti
C Gli artisti sono persone inaffidabili
D L'azione è più importante della contemplazione
E I re hanno sempre fretta

114 Si considerino vere le due affermazioni:

- **ogni cosa suba è fuda;**
- **qualche cosa rona non è fuda.**

Si scelga fra le seguenti l'affermazione che segue necessariamente dalle premesse:

A qualche cosa rona non è suba
B nessuna cosa rona è suba
C ogni cosa rona è suba
D qualche cosa rona è suba
E nulla segue

115 In base all'informazione "tutti i canarini austriaci sono colorati", quale delle seguenti affermazioni è necessariamente vera?

A Il colore è la caratteristica più apprezzata dei canarini austriaci
B Non esistono canarini austriaci non coloratii
C I canarini più colorati sono quelli austriaci
D È impossibile negare che esista almeno un canarino austriaco non colorato
E Solo i canarini austriaci sono colorati

116 Stai partecipando a una gara di nuoto. Ad un certo punto superi il quinto, in quale posizione ti trovi?

A Secondo
B Terzo
C Quinto
D Quarto
E Sesto

Leggere il seguente problema e rispondere alle relative domande.

Quattro cani, Ami, Box, Ces e Dem, partecipano a una corsa di cani. I proprietari dei cani sono Fafà, Gegè, Lilì e Mimì, non necessariamente in quest'ordine. È inoltre noto che:

- il cane del signor Gegè ha vinto il primo premio e non si chiama Ces;
- Dem è arrivato terzo;
- il cane del signor Lilì si chiama Box ed è arrivato prima di Ces;
- il cane del signor Fafà non è arrivato terzo.

117 Quale cane è arrivato ultimo?

A Box
B Il cane del signor Mimì
C Il cane del signor Fafà
D Ami

118 Chi è il proprietario di Ami?

A Fafà
B Gegè
C Mimì
D Lilì

119 Quale delle seguenti associazioni fra cani e padroni è corretta?

A Box-Gegè
B Ami-Fafà
C Ces-Mimì
D Dem-Mimì

120 Se al vincitore della gara venisse assegnato un premio di 10 milioni, al secondo 5 milioni e agli altri due nulla, quanto vincerebbero insieme Fafà e Mimì?

A 10 milioni
B 15 milioni
C 5 milioni
D Nulla

121 Quale delle seguenti associazioni fra cani e ordine di arrivo è corretta?

A Ami-primo
B Ami-secondo
C Box-primo
D Ces-secondo

122 Una gallina ha fatto i pulcini. Maria dice: "Sono nati tre pulcini e sono gialli". Gianni dice: "Sono nati due pulcini gialli e due neri". Anna dice: "Sono nati solo pulcini gialli". Quanti pulcini sono nati, sapendo che una e una sola delle precedenti affermazioni è falsa?

A 2
B 6
C 3
D 4
E non è possibile stabilire il numero con certezza

123 I cavalli bianchi mangiano di più delle pecore bianche. I cavalli neri mangiano di più dei cavalli bianchi. I cavalli neri mangiano meno delle pecore nere. Quale di questi è l'animale che vi costerebbe di meno per il vitto?

A Le pecore bianche
B I cavalli bianchi
C I cavalli neri
D Le pecore nere
E non è possibile rispondere

124 Delle seguenti 4 affermazioni, quale affermazione è vera se una sola delle 4 affermazioni è vera?

Affermazione A: L'affermazione B è vera;
Affermazione B: L'affermazione C è vera;
Affermazione C: L'affermazione A è vera;
Affermazione D: L'affermazione B è falsa.

A Affermazione A
B Affermazione B
C Affermazione C
D Affermazione D
E Nessuna delle quattro può essere vera

125 L'ispettore Smith è stato chiamato per risolvere il caso di un cadavere trovato sulla battigia e interroga un testimone. "Stavo camminando sulla battigia, ascoltando il rumore delle onde e guardando il mio aquilone che prendeva quota laggiù sul mare aperto, quando sono letteralmente inciampato nel cadavere", disse Jack Morgan. "Tanto che mi sono fatto sfuggire di mano il filo. Poi ho telefonato subito alla polizia col mio cellulare". Smith fece cadere un po' di cenere dal sigaro sulla spiaggia immacolata, o quasi. Perché non lontano dal cadavere vide le classiche impronte di un gabbiano che si dirigevano verso il mare. "L'uccello deve averle lasciate non più tardi di 20 minuti fa altrimenti la marea le avrebbe già cancellate", pensò fra sé. "E a proposito", disse a Morgan, "Dov'è finito ora il suo aquilone?". "Chissà" rispose l'uomo. "Dopo aver perso il filo l'ho visto andare sempre più verso il mare aperto, spinto dal vento". "Ma ora il mare è calmo e non c'è neanche un alito di vento", notò Smith. "Sì, è vero, il vento si è calmato poco prima che arrivaste voi" ribatté Morgan. "Venga un po' qui" disse a questo punto Smith. "Lei ha il diritto di fare una telefonata al suo avvocato. E non deve dispiacersi se ha perso il suo aquilone. Nel cortile del carcere è difficile farli volare". Perché Smith è convinto che Morgan sia comunque implicato nell'omicidio?

- A Perché una persona adulta non si diverte mai con gli aquiloni
- B Perché ha notato qualcosa di strano nell'espressione di Morgan
- C Perché il vento doveva soffiare nella direzione opposta a quella indicata da Morgan
- D Perché è impossibile fare volare aquiloni sul mare
- E Nessuna delle ragioni sopra indicate

126 Il ministro delle Finanze di Osvego affermò: "Se il bilancio non sarà tagliato, allora nel prossimo anno 2008 i prezzi rimarranno stabili se e soltanto se aumenteranno tutte le tasse". Ammessa l'assoluta verità di questa affermazione e fondandosi solo su di essa, che cosa può essere accaduto a Osvego nel 2008?

- A Il bilancio non fu tagliato; furono aumentate le tasse sugli stipendi degli impiegati dello Stato e i prezzi rimasero stabili
- B Il bilancio non fu tagliato; le tasse non furono aumentate e i prezzi rimasero stabili
- C Il bilancio non fu tagliato; tutte le tasse furono aumentate e i prezzi rimasero stabili
- D Il bilancio non fu tagliato, i prezzi diminuirono avendo aumentato le tasse sulle rendite immobiliari
- E Il bilancio non fu tagliato; le tasse furono aumentate e i prezzi crebbero

127 Un chimico studiando una soluzione, constatò che se si tingeva di verde, allora in essa era presente, sodio, oppure potassio, oppure ferro; constatò inoltre che, sempre se si tingeva di verde, se c'era sodio, c'era anche bromo oppure cloro, e che, se c'era potassio, c'era anche iodio. Quale di queste situazioni si può verificare?

- A la soluzione contiene solo sodio e diventa verde
- B la soluzione contiene solo iodio e diventa verde
- C la soluzione contiene solo potassio e diventa verde
- D la soluzione contiene sodio e bromo, e diventa verde
- E La soluzione contiene potassio, ferro e sodio e si tinge di verde

128 Interdetto : X = Y : proibito

- A X = sbigottito, Y = interdetto
- B X = concesso, Y = accesso
- C X = scomunica, Y = permesso
- D X = reprimere, Y = concedere
- E X = Chiesa, Y = Stato

129 Una piccola ditta ha 15 dipendenti suddivisi in 4 filiali con almeno un dipendente per ogni filiale. Allora una e una sola delle seguenti affermazioni è sempre vera (indipendentemente dalla distribuzione tra le filiali):

- A esistono due filiali con almeno cinque dipendenti ciascuna
- B se esiste una filiale con due dipendenti, ne esiste un'altra con almeno cinque
- C esistono almeno due filiali con al più tre dipendenti ciascuna
- D se esiste una filiale con tre dipendenti, ne esiste un'altra con almeno sei
- E se esiste una filiale con un solo dipendente, ne esiste una con almeno sei

130 Alessio è più alto di Donato, Enzo è più basso di Donato, Chiara è più bassa di Bruno ma è più alta di Alessio. Chi è la persona che occupa il posto intermedio in altezza?

- A Donato
- B Alessio
- C Chiara
- D Bruno
- E Enzo

131 In un campo c'è una gramigna. Questa gramigna si riproduce raddoppiando ogni giorno la propria estensione. Se la gramigna impiega 15 giorni per ricoprire tutto il campo, quanti giorni impiega per ricoprirne la metà?

A 2 B 3 C 5 D 12 E 14

132 "Più si guadagna, più si risparmia". "Più si risparmia, più aumenta il conto in banca". Se ne deduce che:

- A chi non guadagna più di quanto spende non può risparmiare
- B chi ha un alto conto in banca ha risparmiato molto
- C più si spende meno si risparmia
- D a un aumento del guadagno corrisponde un aumento del conto in banca
- E non si può guadagnare senza risparmiare

133 Se è vero che «non tutte le case di Santorini hanno le persiane azzurre», allora è necessariamente vera anche una delle affermazioni seguenti. Quale?

- A A Santorini si trova almeno una casa che non ha le persiane azzurre
- B A Santorini non c'è nemmeno una casa con le persiane azzurre
- C A Santorini due case hanno le persiane verdi
- D A Santorini non esistono case senza persiane
- E A Santorini ci sono troppe case con le persiane azzurre

134 Se è vero che «chi fa da sé, fa per tre», allora è necessariamente vera anche una delle affermazioni seguenti. Quale?

- A Il "fai da te" è un hobby educativo e utile
- B Chi lavora in compagnia o è un ladro o è una spia
- C Chi fa sempre da sé, non concluderà mai nulla nella vita
- D Tutti coloro che lavorano da soli lavorano quanto tre persone messe assieme
- E La solitudine rende presuntuosi

135 Se è vero che «il buon giorno si vede dal mattino», allora è necessariamente vera anche una delle affermazioni seguenti. Quale?

- A La sera è facile dare giudizi sulla giornata, in quanto già trascorsa
- B La luce del mattino è più potente di quella della sera
- C Già al mattino si capisce se sarà una buona giornata
- D Le valutazioni, fatte al mattino, sulla giornata che sta nascendo possono essere completamente contraddette a fine giornata
- E Anche la sera prima si può capire se il giorno seguente sarà un buon giorno

136 Alcuni legumi sono borlotti, tutti i borlotti sono fagioli. Quindi:

- A nessun fagiolo è un legume
- B alcuni legumi sono fagioli
- C nessun legume è un fagiolo
- D tutti i fagioli sono borlotti
- E tutti i legumi sono fagioli

PARTE PRIMA

137 In base alle informazioni in suo possesso, l'investigatore non può non negare che è falso quanto affermato dal suo informatore, il quale dichiara di non conoscere l'autore della rapina di ieri. Basandosi sulla precedente affermazione, individuare quale delle seguenti alternative è esatta:

A l'informatore conosce l'autore della rapina di ieri
B l'informatore non conosce l'autore della rapina di ieri
C non è possibile sapere se l'informatore conosce l'autore della rapina di ieri
D nessuna delle precedenti

138 Secondo una recente indagine americana su circa 11000 visite mediche effettuate tra il 1980 e il 1996, l'utilizzo dell'aspirina da parte di persone con malattia coronarica é aumentato dal 5% nel 1980 al 26.2% nel 1996. L'autore dell'articolo sostiene che tra questi pazienti l'utilizzo dell'aspirina sia ancora sub-ottimale e che si dovrebbe fare di più per "tradurre nella pratica le raccomandazioni cliniche ".
UNA sola delle seguenti considerazioni NON PUÒ ESSERE DERIVATA dalle affermazioni contenute nel testo. Quale?

A L'impiego dell'aspirina può essere raccomandato in caso di cardiopatia coronarica
B Una parte dei medici non crede agli effetti positivi di questo farmaco e si dichiara del tutto contrario al suo impiego
C In sedici anni l'uso dell'aspirina in questi pazienti si è quintuplicato
D Esiste un ampio margine per un'ulteriore diffusione del suo impiego
E Le raccomandazioni degli esperti sono in favore di un utilizzazione dell'aspirina in soggetti con cardiopatia coronarica

139 Individuare il rapporto anomalo.

A Anestesista - narcosi
B Giornalista - articolo
C Enigmatico - indovinello
D Medico - diagnosi
E Scultore - statua

140 "È necessario essere molto attenti per comprendere bene la lezione di matematica". Se la precedente affermazione è vera allora è anche vero che:

A si può comprendere la lezione di matematica anche senza essere stati molto attenti
B se si è compresa la lezione di matematica vuol dire che si è stati molto attenti
C se non si comprende la lezione di matematica significa che sicuramente non si è stati molto attenti
D stando molto attenti si comprende sicuramente la lezione di matematica
E è comunque difficilissimo riuscire a comprendere bene la matematica

141 "Tutti i pasticcieri sono grassi; Antonio è grasso; tutte le persone grasse sono socievoli". In base alle precedenti affermazioni, quale delle seguenti è necessariamente vera?

A I grassi sono più socievoli dei magri
B Antonio è un pasticciere
C Chi non è socievole può essere grasso
D Chi è socievole è grasso
E Chi non è socievole non è un pasticciere

142 Chi dorme è riposato e tranquillo. Lavorare bene caratterizza tutte le persone che sono tranquille, mentre essere sereni è caratteristica di tutti coloro che sono riposati.
Se le precedenti affermazioni sono vere, quale delle seguenti non è deducibile con certezza?

A Chi dorme lavora bene
B Chi dorme è sereno
C Chi è sereno lavora bene
D Non tutte le persone serene sono necessariamente riposate
E Non tutte le persone che lavorano bene sono necessariamente tranquille

143 X : statua = architetto : Y

A X = Marmo; Y = mattoni
B X = Modello; Y = progetto
C X = Museo; Y = arredamento
D X = Scultore; Y = edificio
E X= Monumento; Y = designer

144 Dopo anni di dibattiti e di attese, nel 1999 è stata varata in Italia una nuova Legge che regola i prelievi e i trapianti di organi e tessuti da cadavere. Nell'aprile 2000 è stato approvato un decreto sulle "Disposizioni in materia di prelievi e trapianti di organi e tessuti, attuativo delle prescrizioni relative alla dichiarazione di volontà dei cittadini sulla donazione degli organi a scopo di trapianto". Ogni cittadino iscritto nelle liste elettorali ha ricevuto, in occasione dell'ultimo referendum, l'invito a esprimere la sua posizione nei confronti di un'eventuale donazione di organi a scopo di trapianto dopo la propria morte.

Delle considerazioni seguenti UNA sola CORRISPONDE alla reale situazione attuale, spesso analizzata e discussa sulla stampa e in trasmissioni radio-televisive. Quale?

- A Nel caso che sul tesserino distribuito col certificato elettorale sia riportata una dichiarazione di assenso al prelievo di organi e tessuti, e che questa volontà sia stata comunicata all'unità sanitaria locale, la decisione è modificabile in quanto è possibile impedire il prelievo di organi in base ad una dichiarazione scritta successiva, stilata in vita dall'interessato, presentata dai familiari aventi titolo ad opporsi
- B Di fatto, esprimere una contrarietà alla donazione comporterà maggiori lungaggini burocratiche di quelle richieste dal consenso
- C Lo Stato tende a sostituirsi ai cittadini nell'indicazione del destino della salma
- D In caso di mancata dichiarazione di assenso o dissenso, dopo la notifica ufficiale prevista dalla legge del 1999, n.91, e cioè in caso di consenso presunto, non vi sarà alcuna possibilità di impedire il prelievo di organi
- E La dichiarazione di volontà sulla donazione di organi e tessuti fatta sul tesserino distribuito col certificato elettorale ha valore solo se comunicata alla ASL o al medico di famiglia

Leggere il seguente problema e rispondere alle relative domande.

In Vicolo Roma vi sono solo nove villette, ognuna con un unico inquilino; la numerazione delle villette (da 1 a 9) va da est a ovest: quelle con numero civico dispari sono sul lato sud della strada, mentre le altre sono sul lato nord in posizione intermedia tra quella con il numero dispari precedente e quella successiva. È inoltre noto che:

- la casa di Adriana è 7 case prima di quella di Barbara;
- Carla abita nella terza casa del lato sud;
- la seconda casa a nord dopo la casa di Carla è quella di Davide;
- al numero 4 abita Ettore;
- Fabio abita sul lato sud della strada;
- la casa di Giorgio è una di quelle comprese tra quella di Adriana e quella di Carla.

145 Quale delle seguenti liste di inquilini è in ordine decrescente relativamente al numero civico della propria abitazione?

- A Davide, Carla, Ettore, Adriana
- B Fabio, Giorgio, Davide, Adriana
- C Giorgio, Carla, Davide, Barbara
- D Barbara, Carla, Giorgio, Ettore
- E Carla, Davide, Giorgio, Adriana

146 Quale delle seguenti informazioni sulla casa di Giorgio deve essere vera?

- A Ha un numero civico pari
- B Il suo numero civico viene subito prima di quello della casa di Ettore
- C È due case dopo quella di Fabio
- D È la seconda casa di Vicolo Roma
- E È situata tre case prima di quella di Davide

147 A quale numero civico potrebbe abitare Ilaria?

I) Al nº 1 II) Al nº 3 III) Al nº 6 IV) Al nº 7

- A Solo I) e II)
- B Solo I) e III)
- C I), III) o IV)
- D Solo II) o IV)
- E I), II), III) o IV)

148 Se Fabio abitasse in una villetta dal numero civico superiore a 3 e la casa di Ilaria si affacciasse a sud, dove abiterebbe Luigi?

A Al n° 6 o al n° 1
B Al n° 4
C Al n° 6
D Al n° 1
E Al n° 2

149 Considerando le ipotesi iniziali, se Ilaria e Luigi abitassero il più vicino possibile:

A Luigi abiterebbe necessariamente sullo stesso lato di Fabio
B Adriana sarebbe necessariamente l'unica donna del lato nord
C Carla sarebbe l'unica donna del lato sud
D Carla abiterebbe sul lato nord di Vicolo Roma
E le persone più vicine a Fabio sarebbero Adriana e Giorgio

150 Quale dei seguenti termini non è un anagramma del nome di un colore?

A Dreve
B Oren
C Dulcio
D Uscifa
E Orsa

151 Se è vero che «solo i cibi provenienti da agricoltura biologica fanno bene all'organismo», allora è necessariamente vera anche una delle affermazioni seguenti. Quale?

A Non è detto che non esistano cibi che fanno bene all'organismo, pur non provenendo da agricoltura biologica
B I prodotti di agricoltura biologica sono molto di moda oggi in Italia
C Un cibo prodotto non rispettando i metodi di produzione e gli standard qualitativi dell'agricoltura biologica farà certamente male all'organismo
D Tutto ciò che non fa bene all'organismo proviene da agricoltura non biologica
E I cibi provenienti da agricoltura biologica sono più costosi degli altri

152 La signora Rossi col marito hanno per ospiti a cena due coppie di amici. Secondo tradizione uomini e donne debbono essere alternati a tavola, e le signore non debbono sedere accanto ai rispettivi mariti. Il tavolo è rotondo, ma la signora Rossi comunque riserva per sé il posto alla porta della cucina. In quanti modi si possono disporre gli ospiti a tavola?

A Non è possibile rispettare tutte le condizioni date
B Un solo modo
C Due modi diversi
D Sei modi diversi
E Tre modi diversi

153 Siete stati derubati del vostro telefonino. La polizia cattura cinque sospetti, ma solo uno di loro nasconde il telefonino. Vengono tutti interrogati al commissariato. Alcuni mentono altri dicono il vero. Il primo sospetto risponde: "Il telefonino l'ha preso il secondo sospetto". Il secondo sospetto dice: "Il telefonino non l'ha preso il terzo sospetto". Questi dice: "Il telefonino l'ha preso il quinto sospetto". Il quarto sospetto, perquisito dalla polizia, non ha il telefonino ma dice: "Il telefonino l'ha preso il terzo sospetto". Il quinto sospetto dice: "Perquisitemi pure, non ho il telefonino, ma hanno ragione sia il primo sia il secondo sospetto". Quale dei cinque ha preso il telefonino?

A Il primo
B Il secondo
C Nessuno dei cinque
D Il quarto
E Il quinto

154 Se ieri era l'indomani del dopodomani del giorno in cui ho riscosso un assegno e domani è domenica, in quale giorno ho riscosso l'assegno:

A martedì
B giovedì
C mercoledì
D lunedì
E venerdì

155 Se un esperto ellenista dichiara che non è vero che tutti gli abitanti di Atene possedevano scudo e spada, cosa si può dedurre dalla sua osservazione?

A C'è qualche abitante di Atene che non ha lo scudo oppure non ha la spada
B Gli abitanti di Atene non hanno né scudo né spada
C Gli abitanti di Atene se hanno lo scudo non hanno la spada
D Tutti gli abitanti di Atene hanno lo scudo ma non hanno la spada
E Una persona che abbia sia lo scudo che la spada non è di Atene

156 Marco e Loredana sono sposati da 28 anni, hanno 3 figli Luisa di 26 anni, Giorgio di 24 anni e Francesca di 20 anni. Luisa è sposata con Massimo e hanno una bimba di 24 mesi che si chiama Federica, Giorgio è fidanzato con Caterina e Francesca è ancora single. Se tu sei Massimo chi sei per Francesca?

A Il cognato
B Il genero
C Il nipote
D Lo zio
E Il nonno

157 Completare correttamente il passo seguente.
"Al fine di conseguire il razionale 1 del suolo e di stabilire equi rapporti sociali, la legge impone obblighi e vincoli alla proprietà terriera privata, fissa limiti alla sua 2 secondo le regioni e le zone agrarie, 3 e impone la bonifica delle terre, la trasformazione del latifondo e la ricostituzione delle unità produttive; aiuta la piccola e la media proprietà".

A 1 impoverimento; 2 durata; 3 dispone
B 1 sfruttamento; 2 estensione; 3 promuove
C 1 utilizzo; 2 magnitudine; 3 sovviene
D 1 dominio; 2 ampiezza; 3 fa
E 1 possesso; 2 miglioria; 3 vieta

158 "Bere acqua può favorire la circolazione. Lucia beve molta acqua. Sua cugina Tiziana ne beve pochissima". Se ne deduce che:

A Tiziana ha una pessima circolazione
B la circolazione di Tiziana è migliore di quella di Lucia
C Lucia ha sicuramente un'ottima circolazione
D Lucia ha più probabilità di Tiziana di avere una buona circolazione
E nessuna delle altre risposte è corretta

159 Il professor Bianchi constata che: a) Enrico è un campione in matematica e in filosofia. Il professor Bianchi ne deduce che: sicuramente b) Enrico non ama leggere romanzi, e non ne legge.
La ragione necessaria e sufficiente del passaggio logico che opera il professor Bianchi dalla constatazione del fatto a) al giudizio b) è la sottintesa convinzione che (UNA sola ipotesi è CORRETTA):

A solo alcune persone eccezionali amano sia la matematica sia la letteratura
B chi si interessa di filosofia non può non rifuggire da ogni altro genere di lettura
C la matematica generalmente assorbe tutte le energie intellettuali di chi vi si dedica
D chi eccelle in matematica solo eccezionalmente coltiva interessi filosofici
E chi si dedica a letture amene ha poco tempo per lo studio della filosofia

160 "Se Davide dorme al pomeriggio, allora Erica va al cinema con le amiche". Se l'argomentazione precedente è vera, quale delle seguenti è certamente vera?

A Se Davide non dorme al pomeriggio, allora Erica non va al cinema con le amiche
B È impossibile che al pomeriggio Davide ed Erica vadano al cinema insieme
C Se Erica va al cinema con le amiche significa che Davide dorme al pomeriggio
D Se Erica non va al cinema con le amiche vuol dire che Davide non dorme al pomeriggio
E Erica esce di casa nel pomeriggio solo se Davide dorme

161 Completare la proposizione seguente con uno degli aggettivi proposti: "L'uso ... degli amuleti sardi si perde nella notte dei tempi".

- A apotropaico
- B apolide
- C apoplettico
- D apografo
- E apocrifo

162 "Socrate teneva le sue lezioni passeggiando e proponendo una maieutica dell'apprendimento fondata sulla comunicazione diretta. Certo, oggi passeggiare con trenta allievi per le caotiche strade di una metropoli sarebbe un suicidio. E tuttavia, la lezione socratica ci dovrebbe far riflettere almeno su un aspetto: che livello di comunicazione didattica riuscite a stabilire?"
INDIVIDUATE, tra le spiegazioni proposte, quella SCORRETTA.

- A La maieutica è l'arte di guadagnare protetta da Maia madre di Mercurio
- B Socrate insegnava ai suoi discepoli passeggiando per le vie d'Atene
- C Per Socrate comunicare significava conversare direttamente con i giovani
- D L'insegnamento per Socrate consisteva nella comunicazione maieutica
- E Anche le passeggiate all'aperto erano un momento formativo per Socrate

163 Quale delle seguenti proposizioni contiene un errore lessicale?

- A Finirà anche questo ammassato su una montagna di ciarpame in uno degli stanzini traboccanti della casa
- B Sebbene fosse solo interlocutorio, l'incontro svoltosi ieri mattina è stato molto proficuo
- C Nel 2000 è stata insignita del titolo di Socio Onorario senza contributo
- D Questo racconto ha un retrogusto sardonico e grottesco
- E Gli insegnamenti devono essere impartiti al cane sottoforma di gioco, senza alcun metodo coacervo

Leggere il seguente problema e rispondere alle relative domande.

La compagnia area *Serviceair* sta per acquisire la compagnia area *Mediair* che opera a livello locale. Si decide che gli accordi tra le due compagnie aeree siano stabiliti sulla base di una serie di documenti di intesa redatti da specifiche commissioni, ciascuna formata da due dirigenti della *Serviceair* e da uno della *Mediair*.

La *Serviceair* è rappresentata da:

- A, responsabile del personale;
- B, responsabile dell'amministrazione;
- C, responsabile del marketing.

La *Mediair* è rappresentata da:

- D, responsabile dell'amministrazione;
- E, responsabile della finanza;
- F e G, responsabili del personale.

Ogni commissione, infine, non può essere formata da più di un dirigente responsabile delle stesse funzioni aziendali sopra indicate.

164 Quale delle seguenti affermazioni è necessariamente vera?

I) Se A fa parte di una commissione deve farne parte anche G.

II) Se A non fa parte di una commissione non deve farne parte neanche D.

III) Se A non fa parte di una commissione deve farne parte C.

- A Solo I)
- B Solo II)
- C Solo III)
- D I) e II)
- E II) e III)

165 Quale delle seguenti commissioni rispetta i vincoli sopra esposti?

- A B, C e E
- B B, C e D
- C A, B e C
- D A, F e E
- E A, B e D

166 Quale delle seguenti rappresenta una coppia di dirigenti che può formare una commissione con G?

- A B e D
- B B e C
- C B e F
- D A e B
- E D e E

167 Se C non fa parte di una commissione, chi deve necessariamente farne parte?

A D B E C F D G E A

168 Se Stefano non prende il caffè, Daniele non fa la sua pausa mattutina.

Se la precedente affermazione è vera, allora è certamente vero che:

A il fatto che Stefano non prenda il caffè è condizione necessaria affinché Daniele non faccia la sua pausa mattutina

B Daniele non fa la sua pausa mattutina solo se Stefano non prende il caffè

C se Stefano prende il caffè Daniele fa la sua pausa mattutina

D Daniele fa la pausa mattutina alle 11,00 insieme a Stefano

E se Daniele fa la sua pausa mattutina significa che Stefano prende il caffè

169 X - Nella tradizione ebraica è stata particolarmente coltivata la musica.

Y - nel numero dei grandi musicisti - compositori, direttori d'orchestra, solisti - gli ebrei sono oggi nel mondo particolarmente numerosi.

X e Y sono le premesse di un sillogismo al quale consegue logicamente e necessariamente UNA SOLA DELLE CONCLUSIONI sotto elencate:

A in un popolo che coltiva tradizionalmente la musica c'è un numero di grandi musicisti più alto che in qualunque altro popolo

B il numero dei musicisti famosi è sicuramente più alto presso i popoli tradizionalmente musicali

C il fatto che la musica sia coltivata per tradizione è sicuramente la causa del gran numero di musicisti che si trova tra gli ebrei

D non possono nascere grandi musicisti dove la musica non è diffusa e coltivata da lungo tempo

E il numero particolarmente alto dei musicisti ebrei nel mondo può essere spiegato in riferimento alla tradizione del popolo ebraico

170 Quale delle seguenti proposizioni è necessariamente vera?

I) E e F fanno sempre parte della stessa commissione.

II) D e F non possono fare parte della stessa commissione.

III) Quando D fa parte di una commissione, anche C ne deve far parte.

A Solo I)

B Solo II)

C Solo III)

D I) e II)

E II) e III)

171 Ogni stella è un fiore e tutti i fiori hanno i petali bianchi. Inoltre alcuni fiori sono fatti di carta pesta ed anche alcuni frutti sono fatti di carta pesta. Ma nessun frutto ha i petali bianchi. Dunque...

A alcune stelle sono fatte di carta pesta

B tutte le stelle sono frutti

C i fiori hanno i petali di cartapesta

D i frutti e le stelle hanno i petali bianchi

E nessuna delle precedenti

172 Due amici si rivedono dopo molti anni. Il primo dice al secondo: "Quanti figli hai adesso?". E l'altro risponde: "Ho una figlia femmina, che ha tanti fratelli quante sorelle. Ognuno dei suoi fratelli ha un numero di sorelle doppio rispetto al numero dei fratelli che ha". Quanti figli maschi e quante femmine ha quest'uomo

A 1 maschio e due femmine

B Due maschi e due femmine

C Non ha figli maschi

D Tre maschi e quattro femmine

E Una femmina e due maschi

173 Se il bar ha più clienti della pizzeria, la pizzeria ha più clienti dell'albergo, l'albergo ha più clienti del cinema e il locale di Fabrizio ha un numero di clienti uguali a quelli dell'albergo allora ...

A il locale di Fabrizio ha meno clienti del cinema

B la pizzeria ha più clienti del bar

C il bar ha meno clienti del cinema

D l'albergo ha meno clienti del bar

E nessuna delle precedenti

Leggere il seguente problema e rispondere alle relative domande.

In un caravan diretto sui monti del Tirolo per una gita vi sono tre coppie di sposi. Ogni moglie è sorella di uno dei mariti e ogni marito è fratello di una delle mogli. È inoltre noto che:

- la signora Angela Brambilla è sorella del marito della sorella di Pellegrini;
- la signora Marta Esposito è più bassa di Renzo Brambilla e non è sorella di Luca;
- la sorella di Alessandro è più sportiva di Giovanna;
- i cognomi delle signore sono quelli da sposate;
- nel gruppo di persone considerato, non esistono omonimie.

174 Come si chiama la signora Pellegrini?

A Giovanna
B Angela
C Marta
D Angela o Marta
E Giovanna o Marta

175 Chi sono, rispettivamente, il marito e il fratello di Giovanna?

A Renzo e Luca
B Alessandro e Renzo
C Alessandro e Luca
D Luca e Renzo
E Renzo e Alessandro

176 Come si chiamano i fratelli Esposito?

A Alessandro e Luca
B Marta e Renzo
C Luca e Angela
D Marta e Alessandro
E Renzo e Giovanna

177 Chi sono i cognati di Alessandro?

A Luca, Marta e Renzo
B Marta e Renzo
C Angela e Luca
D Luca, Renzo e Angela
E Nessuno dei precedenti

178 Alessia, la sorella di Angela, è la cognata di:

A Marta e Luca
B Luca e Giovanna
C Alessandro e Marta
D Renzo
E Renzo e Marta

179 Nel paese di Belpoggio tutti i ragazzi praticano qualche sport. Se:

- **chi gioca a calcio fa anche nuoto**
- **chi gioca a tennis non fa nuoto**
- **chi gioca a pallavolo gioca anche a calcio**

si può concludere che:

A chi fa nuoto gioca anche a calcio
B chi fa nuoto e gioca a pallavolo, gioca anche a tennis
C chi gioca a tennis gioca anche a calcio
D chi non gioca a calcio non fa nuoto
E chi gioca a pallavolo fa anche nuoto

180 "Per un intervallo I di numeri reali vale la seguente proprietà: I è compatto se e solo se è chiuso e limitato".
Senza che tu debba conoscere il significato dei termini in oggetto, scegli tra le seguenti affermazioni l'unica che consegue necessariamente dalla proprietà enunciata.

A Se I è limitato ma non compatto, allora I è chiuso
B Se I non è limitato, allora I non è compatto
C Se I è chiuso e compatto, allora I non è limitato
D Se I è chiuso oppure è limitato, allora I è compatto
E Se I non è chiuso oppure non è limitato, allora I è compatto

181 Individuare la parola da scartare.

A Petalo
B Crisantemo
C Rosa
D Giacinto
E Gladiolo

182 Si considerino vere le due affermazioni:

- **nessuna cosa vara è zima;**
- **qualche cosa zima non è fomma.**

Si scelga fra le seguenti l'affermazione che segue necessariamente dalle premesse:

A nulla segue
B qualche cosa vara non è fomma
C ogni cosa vara è fomma
D qualche cosa vara è fomma
E nessuna cosa vara è fomma

183 Socrate e Senofonte sono chiamati a deporre come testimoni in una lite tra due vicini, Alcibiade e Nicia, su chi abbia manomesso il muretto di confine tra i terreni di loro proprietà. Purtroppo uno tra Socrate e Senofonte mente sempre, invece l'altro dice solo la verità. Socrate afferma che il muretto è crollato da solo, Senofonte che la colpa è o di Alcibiade o di Nicia.
Quale delle seguenti situazioni NON consegue con certezza dalle premesse date?

- A Se il muretto è crollato da sé, Alcibiade è innocente
- B Se Socrate mente, Alcibiade può essere colpevole
- C Se Socrate mente, Nicia può essere innocente
- D Se Nicia è innocente, Alcibiade è colpevole
- E O il muretto non è crollato da sé o Alcibiade è innocente

184 Un farmaco ha un'azione ... quando allevia la sofferenza o limita il disagio connesso con uno stato morboso; ha invece un'azion e... quando agisce modificando e correggendo le condizioni da cui deriva la malattia.
Inserite nella frase la coppia di parole opportune.

- A palliativa; sintomatica
- B sintomatica; positiva
- C negativa; curativa
- D positiva; risolutiva
- E sintomatica; terapeutica

185 "Io venni in loco d'ogni luce muto" è uno dei primi esempi nella poesia italiana di

- A analogia
- B sineddoche
- C similitudine
- D allegoria
- E sinestesia

186 Quale dei seguenti è un verbo difettivo?

- A Andare
- B Difettare
- C Succedere
- D Mancare
- E Fervere

Leggere il seguente problema e rispondere alle relative domande.

I gruppi dolciari veronesi Baule e Vincenzi stanno per fondersi dopo il recente matrimonio tra i proprietari: Chiara Baule e Livio Vincenzi. Per definire le condizioni e gli accordi che regoleranno il processo di fusione viene organizzata una cena di lavoro a cui partecipano, per ciascuna società, l'amministratore delegato, due responsabili del marketing e due responsabili della finanza.

I dirigenti della Baule sono: A, B, C, D e E, mentre i dirigenti della Vincenzi sono F, G, H, I e L.

Il tavolo della cena è rettangolare e da un lato siedono i dirigenti della Baule, dal lato opposto i dirigenti della Vincenzi con al centro dei rispettivi gruppi i due amministratori delegati che, quindi, siedono uno di fronte all'altro.

Rispondere alle domande seguenti sapendo che:

- A e B siedono alle estremità opposte del tavolo;
- G deve sedere all'estremità destra del tavolo perché è sordo dall'orecchio destro;
- D e F non sono gli amministratori delegati;
- i responsabili del marketing della Baule, uno dei quali è B, sono seduti accanto e di fronte non hanno nessun responsabile marketing della Vincenzi; G non è un responsabile marketing;
- C, responsabile della finanza, è seduto di fronte a H.

187 A può essere:

- A un responsabile del marketing seduto di fronte a G
- B l'amministratore delegato della Baule
- C un responsabile della finanza seduto di fronte a F
- D un responsabile della finanza seduto a fianco di D
- E seduto a fianco di E

188 Se I è responsabile del marketing quale delle seguenti informazioni è necessariamente vera?

- A L è l'amministratore delegato della Vincenzi
- B I siede di fronte a E
- C I siede di fronte a D
- D I siede di fianco a G
- E F è responsabile del marketing

189 Quale delle seguenti affermazioni è vera stando al testo del quesito?

A E è un responsabile della finanza
B L può sedere di fronte a C
C E e F lavorano nella stessa azienda
D G e A, all'interno delle rispettive aziende, sono responsabili di aree diverse
E I responsabili del marketing della Baule sono seduti di fronte ai responsabili della finanza della Vincenzi

190 Quale delle seguenti coppie di dirigenti è necessariamente seduta di fronte?

A E e L
B G e B
C D e F
D B e I
E A e G

191 Tre mercoledì di un dato mese cadono in un giorno pari. Quale giorno della settimana cade nel 18° giorno di quel mese?

A Lunedì
B Martedì
C Giovedì
D Venerdì
E Sabato

192 "Veronica è una brava studentessa. Tutti gli studenti di Farmacia sono bravi studenti. Tutti i bravi studenti sono preparati." Date tali premesse, si può dedurre che:

A Veronica è una studentessa di Farmacia
B Veronica è preparata
C alcuni studenti di Farmacia sono preparati
D tutti gli studenti preparati sono bravi studenti
E alcuni bravi studenti sono preparati

193 Individuare quale tra le seguenti affermazioni NON è necessariamente derivata dall'esperienza:

A a certe temperature un corpo cambia il proprio stato
B due rette parallele non si incontrano mai
C le piante producono ossigeno
D la Terra gira intorno al Sole
E i gatti hanno la coda

194 Se Carlo ha la stessa età di Luigi, Luigi è più piccolo di Giacomo e Diego è più grande di Giacomo, allora:

A Carlo > Giacomo
B Carlo < Diego
C Luigi > Diego
D Giacomo < Carlo
E Diego < Carlo

195 Se $A=B$, $B<C$ e $D>C$ allora:

A $A>C$
B $A<D$
C $B>A$
D $C<A$
E $D<A$

196 Quale dei seguenti ragionamenti risulta logicamente valido?

1. Luca sta mangiando una mela. Ogni volta che pensa a Laura, Luca mangia una mela. Dunque, Luca sta pensando a Laura.

2. Federica oggi si è fatta una nuotata in piscina. Ogni volta che si sente nervosa, Federica va a farsi una nuotata in piscina. Dunque, Federica oggi si è sentita nervosa.

3. Tutte le volte che Camilla va in un centro commerciale, le viene un attacco di panico. Domani, Camilla è costretta ad andare in un centro commerciale. Dunque, domani Camilla avrà un attacco di panico.

4. Mattia ha appena vinto 10 Euro alla lotteria. Ogni volta che Mattia vince alla lotteria, offre da bere agli amici. Dunque, ora Mattia offrirà una bevuta agli amici.

A 3 e 4
B 1 e 2
C 1 e 4
D 1, 2 e 3
E 2, 3 e 4

197 SI COMPLETI CORRETTAMENTE il seguente ragionamento ipotetico: "Se non si ferma è perduto; ma si ferma dunque ...".

A non è perduto
B è perduto
C non si ferma
D perderà
E non si muove

198 Carletto ha alcune bottigliette di bibite, sui tappi delle quali all'esterno compaiono le scritte Kuka, oppure Finta, oppure Spruzz, mentre all'interno appare una scritta, che dice Hai vinto! oppure Non hai vinto. Carletto ne offre sei ad alcuni suoi amici, le stappa, guarda i tappi sui due lati, poi posa i sei tappi sul tavolo: tre di essi mostrano la scritta Kuka, Finta, Spruzz, mentre gli altri tre, capovolti rispetto ai primi, mostrano le scritte Hai vinto!, Hai vinto!, Non hai vinto. Carletto afferma che chi ha bevuto Kuka ha vinto.
Qual è il minor numero di tappi che bisogna girare per verificare l'affermazione di Carletto?

- A Quattro
- B Cinque
- C Tre
- D Due
- E Tutti e sei

199 Delle tre società Alpha, Beta e Gamma almeno due sono lussemburghesi. Sapendo che se Alpha è lussemburghese anche Beta lo è, che se Gamma è lussemburghese lo è anche Alpha, e che tra Beta e Gamma almeno una è non lussemburghese, si può dedurre che:

- A Alpha, Gamma e Beta sono lussemburghesi
- B Alpha non è lussemburghese e Beta è lussemburghese
- C Gamma non è lussemburghese e Beta è lussemburghese
- D Alpha e Gamma sono lussemburghesi
- E Gamma è lussemburghese e Beta non è lussemburghese

200 L'affermazione "non tutti gli oggetti di vetro sono prodotti a Venezia" equivale a:

- A tutti gli oggetti di vetro sono prodotti a Venezia
- B non tutti gli oggetti prodotti a Venezia sono oggetti di vetro
- C tutti gli oggetti di vetro vengono prodotti fuori Venezia
- D alcuni oggetti di vetro non sono prodotti a Venezia
- E alcuni oggetti prodotti a Venezia non sono oggetti di vetro

201 "Tutti i filosofi sono antipatici – qualche filosofo è italiano – dunque ... è antipatico".
S'individui il CORRETTO COMPLETAMENTO del sillogismo:

- A qualche antipatico
- B ogni italiano
- C qualche italiano
- D ogni filosofo
- E qualche filosofo

202 "Alessandra è una brava ballerina. Tutti i ballerini di danza classica sono bravi ballerini. Tutti i bravi ballerini sono esili". Quindi:

- A Alessandra è una ballerina di danza classica
- B Alessandra è esile
- C alcuni ballerini di danza classica sono esili
- D tutti i ballerini esili studiano danza classica
- E alcune ballerine esili si chiamano Alessandra

203 Tra le seguenti definizioni, UNA NON È CORRETTA. Quale?

- A Interventismo: orientamento politico favorevole, in caso di guerra, all'intervento militare di uno stato neutrale
- B Mutevole: che può subire cambiamenti improvvisi
- C Finalizzare: volgere a un determinato fine, indirizzare
- D Pregiudizio: opinione fondata su convinzioni personali che non si basano sulla conoscenza diretta dei fatti ma su semplici supposizioni e convinzioni comuni
- E Saltuario: occupazione lavorativa connessa all'ambito sanitario

204 "Mirco ama il cioccolato; Il cioccolato è un dolce; Chi ama i dolci è un bravo sciatore". Allora è certo che:

- A Mirco non ama sciare
- B Mirco ama tutti i dolci
- C Mirco sa sciare
- D Tutti coloro che sciano mangiano cioccolato
- E Tutti i bravi sciatori amano i dolci

205 Sud sta a Nord-Ovest come Ovest sta a:

A Sud
B Sud-Est
C Nord
D Sud-Ovest
E Nord-Est

206 Completa la proporzione tenendo conto del carattere tradizionalmente attribuito ai personaggi mitici:
Seduzione : don Giovanni = X : Y

A X = Elena; Y = infedeltà
B X = Persia; Y = Zarathustra
C X = Casanova; Y = Visconti
D X = fedeltà; Y = Penelope
E X = Zarathustra; Y = saggezza

Leggere il testo del problema e rispondere alle domande seguenti.

Per gli ultimi sei mesi del 2004 (quindi a partire da luglio) è programmata l'uscita di sei libri di sei autori diversi. Ogni libro dovrà uscire in un mese differente.

È noto che:

- a luglio uscirà il libro di Smiraglia;
- il libro di Paganuzzi deve uscire il mese dopo quelli di Lorenzi e Colotto, che devono uscire in due mesi consecutivi ma non necessariamente in quest'ordine;
- i libri di Macchia e Dettori non devono uscire in due mesi consecutivi.

207 Quale è l'ultimo mese possibile nel quale può uscire il libro di Colotto?

A Novembre
B Ottobre
C Dicembre
D Agosto
E Settembre

208 Quale delle seguenti può essere una possibile sequenza di uscita dei libri?

A Colotto, Smiraglia, Lorenzi
B Macchia, Smiraglia, Colotto
C Paganuzzi, Macchia, Colotto
D Lorenzi, Paganuzzi, Dettori
E Dettori, Lorenzi, Paganuzzi

209 Alberto ha tre figlie, Katia, Elisabetta e Marina, due delle quali sono bionde e una mora. Se Katia è bionda, allora lo è anche Elisabetta; se Elisabetta è bionda allora lo è anche Marina.
In base a queste informazioni, quale delle seguenti è sicuramente vera?

A Elisabetta è mora e Katia è bionda
B Katia è mora e Marina è bionda
C Marina e Elisabetta sono more
D Katia è bionda e Marina è mora
E Katia e Elisabetta sono bionde

210 "La conoscenza aumenta sicuramente nel corso degli studi medici, mentre successivamente alla laurea sono possibili sia un ulteriore incremento che un impoverimento legato alla perdita delle nozioni non strettamente legate alla routine professionale. In ogni caso, le caratteristiche della conoscenza si modificano sostanzialmente quando il medico entra in contatto con la realtà professionale".
Quale delle seguenti affermazioni NON può essere dedotta dalla lettura del brano precedente?

A È possibile che alcuni medici aumentino le loro conoscenze dopo la laurea
B A contatto con la realtà professionale si verificano modifiche qualitative della conoscenza
C Una parte delle nozioni acquisite durante gli studi può andare perduta dopo la laurea
D Gli studenti di medicina aumentano le loro conoscenze durante gli studi
E Gran parte delle nozioni acquisite durante gli studi va comunque perduta dopo la laurea

211 Negare che "ogni uomo ha un nemico" equivale a dire che:

A esistono uomini senza nemici
B nessun uomo ha un nemico
C tutti gli uomini non hanno nemici
D tutti sono nemici di ogni uomo
E ogni uomo non ha un nemico

212 Tre amici vanno a lezione di Logica dallo stesso insegnante. Non potendosi permettere lezioni individuali, essi prendono lezioni di gruppo da un'ora ciascuna, con due soli allievi per volta. Qual è il numero minimo di lezioni da predisporre, se ognuno dei tre amici vuole partecipare ad almeno due lezioni da un'ora ciascuna?

A Due
B Quattro
C Cinque
D Tre
E Sei

213 "Tutte le trasmissioni radiofoniche sono interessanti".
"*Tutto il calcio minuto per minuto* è una trasmissione radiofonica".
In base alle precedenti informazioni, quale delle seguenti affermazioni è certamente vera?

A Le trasmissioni televisive sul calcio sono più seguite di quelle radiofoniche
B "Tutto il calcio minuto per minuto" è interessante
C Il calcio è uno sport molto seguito
D "Tutto il calcio minuto per minuto" è una trasmissione radiofonica molto seguita
E Le trasmissioni radiofoniche stanno perdendo interesse

214 Partecipi a una gara ciclistica. A un certo punto superi il secondo. In quale posizione ti trovi?

A Primo
B Secondo
C Terzo
D Penultimo
E Dipende dal numero dei partecipanti

215 Grafomane : X = Y : canto
Una sola delle soluzioni completa correttamente l'eguaglianza di rapporti:

A X = scrittura; Y = lirica
B X = scrittura; Y = melomane
C X = scrittore; Y = musicista
D X = libro; Y = opera
E X = melomane; Y = scrittore

216 Un contrario di *trasecolato* è:

A defraudato
B soggiogato
C restare impassibile
D rabberciato
E restare stupefatto

217 Completare la seguente proporzione.
Anello : X = Y : pasto

A X = catena, Y = portata
B X = cena, Y = brillante
C X = collana, Y = pranzo
D X = spaghetti, Y = gioia
E X = pane, Y = oro

218 Le seguenti parole presentano il proprio ordine sconvolto: in quattro di esse si cela il nome di una pianta, una fa eccezione: quale?

A Opni
B Ooml
C Ooltoran
D Oovil
E Oitlig

219 Si considerino vere le due affermazioni:

- **ogni cosa missa è cresa;**
- **qualche cosa nezza non è cresa.**

Si scelga fra le seguenti l'affermazione che segue necessariamente dalle premesse:

A nulla segue
B nessuna cosa nezza è missa
C qualche cosa nezza non è missa
D ogni cosa nezza è missa
E qualche cosa nezza è missa

220 Quale delle seguenti frasi non contiene un errore di grammatica?

A Il ristorante è stato apprezzato dai commensali sebbene che il costo sia stato elevato
B Mauro rimase in ufficio sostenendo che non sarebbe uscito prima delle 20
C Furio, non essendo abituato per parlare in pubblico, si emozionò
D Tito sarebbe potuto avere molti più amici
E Se domani piovesse , avremmo potuto organizzare la festa in casa

221 **"In un recente studio il filosofo americano Richard Rorty [...] afferma che la letteratura rimedia alla nostra ignoranza non meno di quanto ci guarisca del nostro "egotismo", inteso come illusione di autosufficienza. La lettura dei romanzi, secondo lui, si avvicina non meno di quella delle opere scientifiche, filosofiche o politiche a un'esperienza: [...] quella dell'incontro con altri individui. Conoscere nuovi personaggi è come incontrare volti nuovi, con la differenza che possiamo subito scoprirli dall'interno, osservando ogni azione dal punto di vista dell'autore. Meno questi personaggi sono simili a noi e più ci allargano l'orizzonte, arricchendo così il nostro universo. [...] I romanzi non ci forniscono una nuova forma di sapere, ma una nuova capacità di comunicare con esseri diversi da noi; da questo punto di vista riguardano la morale, più che la scienza. [...] Pensare e sentire adottando il punto di vista degli altri, esseri umani in carne e ossa o personaggi letterari, è il solo modo per tendere verso l'universalità, permettendoci così di compiere la nostra missione. È per questo che bisogna incoraggiare la lettura con ogni mezzo, compresa quella di libri che il critico di professione considera con una certa condiscendenza, se non addirittura con disprezzo, dai Tre moschettieri a Harry Potter: non solo questi romanzi popolari hanno avvicinato alla lettura milioni di adolescenti, ma hanno anche permesso loro di costruirsi una prima immagine coerente del mondo che, possiamo esserne certi, le letture successive renderanno poco per volta più elaborata."**

da Tzvetan Todorov, *La letteratura in pericolo*, 2008

Tzvetan Todorov è uno degli intellettuali europei oggi più autorevoli.

Delle seguenti considerazioni sulla natura e la funzione della lettura UNA CONTRASTA con le tesi da lui illustrate nel passo citato. Individuatela:

- A l'esperienza dell'incontro con altri individui e del comunicare con loro appartiene all'ambito morale più che a quello conoscitivo
- B la lettura dei romanzi ci fornisce una nuova forma di sapere, uguale a quella che ci offrono la scienza e la filosofia
- C i critici di professione non sono sempre le guide adatte a indurre soprattutto nei giovani il gusto della lettura
- D nella lettura, incontrare personaggi simili a noi ci arricchisce meno che incontrarne di molto differenti, la conoscenza dei quali può allargare il nostro orizzonte
- E per tendere verso l'universalità è indispensabile imparare a pensare e sentire senza illusioni di autosufficienza, adottando il punto di vista degli altri

222 **Individuare il rapporto anomalo.**

- A Falegname - martello
- B Pittore - pennelli
- C Sarto - ago
- D Giardiniere - cesoia
- E Idraulico - sfigmomanometro

223 **Individuate l'accoppiamento improprio:**

- A sostanza - accidente
- B ambiguo - univoco
- C reazionario - conservatore
- D esattezza - approssimazione
- E innato - acquisito

224 **Quale parola completa la serie: divisa, amore, dado, incolto, consegna, superbo, permesso, trave, ...**

- A dama
- B frate
- C infelice
- D coltivato
- E sedano

225 **Una delle seguenti parole date in modo disordinato non è il nome di un ortaggio:**

- A chizucna
- B tlatuag
- C agrartuta
- D elmanzaan
- E penepero

226 **"La matematica è un'ostentazione di audacia della pura ratio; uno dei pochi lussi oggi ancora possibili. Anche i filologi si dedicano spesso ad attività nelle quali essi per primi non intravedono il minimo utile, e i collezionisti di francobolli e di cravatte ancora peggio. Ma questi sono passatempi inoffensivi, ben lontani dalle cose serie della vita. La matematica, invece, proprio in esse abbraccia alcune delle avventure più appassionanti e incisive dell'esistenza umana."**

Robert Musil, L'uomo matematico, 1911

"Non ho difficoltà a immaginare un'antologia dei più bei frammenti della poesia mondiale in cui trovasse posto anche il teorema di Pitagora. Perché no? Lì c'è quella folgorazione che è connaturata alla grande poesia, e una forma sapientemente ridotta ai termini più indispensabili, e una grazia che non a tutti i poeti è stata concessa".

W. Szymborska, *Letture facoltative*, 2006

Tra le seguenti considerazioni suggerite dai testi qui citati, individuate LA SOLA che NON è in linea con quanto affermato nei testi:

- A Come la filologia e i vari tipi di collezionismo, la matematica è una disciplina lontana dalla realtà del vissuto, e forse proprio in questa purezza consiste il suo fascino
- B Secondo W.Szymborska, poetessa polacca, premio Nobel 1996, si può a buon diritto parlare di bellezza a proposito del teorema di Pitagora, frutto di una illuminazione che si esprime con sapiente concisione
- C Secondo Robert Musil, insigne scrittore oltre che matematico, la matematica è un'audace sfida della pura ragione, un'avventura che si svolge nell'ambito dell'esistenza umana e che la segna in modo incisivo
- D La grande poesia è caratterizzata dalla estrema essenzialità della forma, ed è frutto di una folgorazione che appare come una grazia concessa a pochi
- E I vari tipi di collezionismo non sono dettati da motivi utilitaristici, ma sono un'inoffensiva distrazione dalle cose serie della vita

227 **Negare che "ogni gatto miagola" equivale a dire che:**

- A se non miagola non è un gatto
- B c'è un gatto che miagola
- C c'è un gatto che non miagola
- D ogni gatto non miagola
- E nessun gatto miagola

228 **Negare che "ogni cane ha almeno un padrone" equivale a dire che:**

- A tutti i cani non hanno padroni
- B tutti sono padroni di ogni cane
- C ogni cane non ha un padrone
- D nessun cane ha un padrone
- E esistono cani senza padroni

Leggere il seguente problema e rispondere alle relative domande.

Nella cittadina di Clerville vi sono sei linee di autobus: 5, 6, 7, 90, 91, 92.

Quando nevica, le corse mattutine dell'autobus 6 sono sempre in ritardo.

Quando piove e quando nevica, gli autobus 5, 91, 92 sono in ritardo per tutto il giorno.

Nelle giornate invernali, vengono cancellate le corse pomeridiane di una linea di autobus: o la numero 5 o la numero 92.

Nei giorni compresi tra il 29 giugno e il 3 settembre, vengono cancellate le corse pomeridiane di una linea di autobus: o la numero 7 o la numero 92.

Quando le corse della linea 5 sono in ritardo o cancellate, il servizio sulla linea 7 subisce un ritardo.

Quando il servizio dell'autobus 92 è cancellato, le corse della linea 6 subiscono un ritardo.

229 **Il 22 dicembre, nevica tutto il giorno. Su quante linee il servizio subisce variazioni, anche solo limitate a una parte della giornata?**

A 5 B 3 C 4 D 6 E 2

230 **In nessuno dei giorni di marzo è piovuto o nevicato. Quante linee di autobus non possono aver mai subito variazioni?**

A 5 B 6 C 4 D 3 E 2

231 **Il 4 luglio comincia a piovere nel pomeriggio. Qual è il numero minimo di linee il cui servizio subisce variazioni?**

A 6 B 4 C 5 D 2 E 3

232 Quali autobus non subirebbero variazioni se nevicasse all'alba del 15 agosto?

A 5, 6, 7, 91, 92
B 5
C 5 e 91
D 90
E 5, 6, 91

233 In quale delle seguenti occasioni si verificherà il maggior numero di ritardi sul servizio degli autobus?

A Un pomeriggio di novembre con la neve
B Una mattina di pioggia in aprile
C Una nevicata nella mattina del 22 marzo
D Un pomeriggio di pioggia in agosto
E Una nevicata nel pomeriggio di Capodanno

234 A una conferenza, 8 persone prendono appunti, 5 hanno un registratore. Con questi dati si può concludere con certezza che il numero totale N degli ascoltatori a quella conferenza è:

A $N = 13$
B $N > 8$
C $N \geq 8$
D $N < 8$
E $N > 13$

235 Anna, Berto e Claudio sono tre colleghi in una scuola; insegnano materie diverse ma nelle stesse cinque classi 1ª, 2ª, 3ª, 4ª e 5ª. Il mercoledì alla prima ora ciascuno fa lezione da solo in una e una sola classe. Si considerino le seguenti affermazioni circa le classi in cui insegnano i tre colleghi:

1. **se Anna si trova in 4ª, allora Berto ha lezione in 2ª oppure Claudio insegna in 3ª;**
2. **se Anna si trova in 4ª, allora Berto ha lezione in 1ª o Claudio insegna in 3ª;**
3. **se Anna NON si trova in 4ª, allora Berto ha lezione in 2ª o Claudio insegna in 3ª;**
4. **se Anna NON si trova in 4ª, allora Berto ha lezione in 1ª o Claudio insegna in 3ª.**

Quale conclusione segue necessariamente dalle premesse?

A Berto ha lezione in 2ª
B Anna non si trova in 4ª
C Anna si trova in 4ª
D Claudio insegna in 3ª
E Berto ha lezione in 1ª

236 Quale delle seguenti alternative divide correttamente in sillabe la parola *iniziatico*?

A In-iz-ia-ti-co
B Ini-zia-tico
C Inizia-tico
D I-ni-zia-ti-co
E I-ni-zi-a-ti-co

237 Determinismo : libertà = X : Y
Quale delle coppie proposte si adatta meglio alla proporzione?

A X = certezza; Y = probabilità
B X = colpevolezza; Y = innocenza
C X = predeterminazione; Y = onniscienza
D X = congettura; Y = scienza
E X = comprensione; Y = azione

238 Durante una cena tra amici per festeggiare la fine del campionato, Fausto dice: «Tutti noi amiamo il gioco del calcio, tranne Paola che ama stare sul divano a leggere». Enrica osserva che Fausto ha torto.
Ne consegue necessariamente che:

A o nessuno dei presenti ama il calcio o Fausto odia il calcio o Paola non sa leggere
B o almeno un amico oltre a Paola non ama il calcio, o Paola ama il calcio o Paola non ama leggere sul divano
C Paola ama il calcio e Fausto lo odia
D Paola non possiede un divano
E o almeno due amici presenti amano stare a leggere sul divano o Paola ama il calcio o Fausto non sa leggere

239 Si considerino vere le due affermazioni:

- **ogni cosa marga è niga;**
- **qualche cosa niga è pora.**

Si scelga fra le seguenti l'affermazione che segue necessariamente dalle premesse:

A nessuna cosa marga è pora
B ogni cosa marga è pora
C qualche cosa marga è pora
D qualche cosa marga non è pora
E nulla segue

240 Uccello : pesce = aeroplano : X

A X = barca
B X = balena
C X = jet
D X = sottomarino
E X = remo

241 Guardando all'origine del termine, «millenarismo» o «chiliasmo» sono termini che indicano la credenza:

A che la fine del mondo sarà preceduta dall'avvento sulla terra di un Regno di Cristo destinato a durare mille anni

B che le anime dei giusti permarranno per mille anni nel paradiso prima della successiva reincarnazione in un corpo diverso

C che la purificazione delle anime nel purgatorio comporterà un'attesa di mille anni prima dell'ascensione al paradiso

D nella permanenza millenaria delle anime reprobe all'inferno prima dell'ulteriore opportunità loro offerta per la salvezza eterna

E che la fine del mondo si verificherà al termine del millennio in cui di fatto ci si trova a vivere

242 Lucia e Alessandra amano il giardinaggio. Alla fine dell'estate Lucia, che ha più esperienza, consiglia ad Alessandra di potare le rose a settembre; infatti, se a settembre non si fa la potatura, a primavera o le piante daranno pochi fiori o daranno fiori poco profumati o entrambe le cose. Se il consiglio di Lucia è corretto, quale delle seguenti affermazioni è vera?

A A primavera, vedendo il giardino di Alessandra con pochissime rose senza profumo, Lucia sa che il suo consiglio non è stato seguito

B Alessandra ha potato le sue piante a settembre quindi a primavera il suo giardino avrà molte rose profumatissime

C A primavera, vedendo le molte e profumate rose nel giardino di Alessandra, Lucia sa che il suo consiglio è stato seguito

D Se a primavera le rose di Alessandra profumano, allora le ha potate a settembre

E Se a primavera il giardino di Alessandra ha poche rose poco profumate è perché non le ha potate a settembre

243 Qual è il significato del termine "bonario"?

A Arido
B Malvagio
C Cordiale
D Sufficiente
E Algido

244 Quali, tra i termini proposti, completano correttamente la seguente proporzione?
Violinista : X = Y : film

A X = orchestra; Y = cinema
B X = attore; Y = pianoforte
C X = concerto; Y = attore
D X = auditorium; Y = Hollywood
E X = direttore; Y = regista

245 Le seguenti parole presentano il proprio ordine sconvolto: in quattro di esse si cela il nome di un animale, una fa eccezione: quale?

A Gotat
B Poto
C Namo
D Oscam
E Benala

246 Tutti e dodici i concorrenti di una gara di corsa ritengono che arriveranno fra i primi tre. Qual è la negazione di tale affermazione?

A Nessuno dei concorrenti ritiene di arrivare tra i primi tre

B Nessuno dei concorrenti arriverà tra i primi tre

C Almeno un concorrente ritiene che arriverà tra gli ultimi nove

D Almeno un concorrente ritiene che arriverà tra gli ultimi tre

E Nessuno dei concorrenti ritiene che arriverà tra gli ultimi tre

247 Un sinonimo di *inane* è:

A precoce
B vuoto
C inetto
D esanime
E ingenito

248 Perché la biologia è differente?

Nonostante i sensazionali sviluppi di cui si è resa protagonista – come la genetica, la teoria dell'evoluzione e la biologia molecolare – la biologia continua a essere trattata alla stregua di un mero derivato delle scienze fisiche. Ben pochi filosofi hanno capito che tanto la meccanica quanto tutte le discipline scientifiche postgalileiane possedevano due tipi di caratteristiche. Si tratta, nel primo caso, di caratteristiche condivise da tutte le discipline scientifiche autentiche, tra cui l'organizzazione e la sistematizzazione delle conoscenze sulla base di principi esplicativi. Gli altri attributi rappresentano caratteristiche che risultano specifiche di un particolare settore scientifico o gruppo di discipline scientifiche. Nel caso della meccanica tra gli attributi salienti potremmo includere il ruolo rilevante della matematica, il fatto che le sue teorie si basino su leggi naturali, una tendenza assai più marcata di quella che si rinviene nella biologia al determinismo, al ragionamento tipologico e al riduzionismo. Nessuna di queste caratteristiche specifiche della meccanica, però, svolge un ruolo di primo piano in biologia, quando si tratta di formulare una teoria.

Quando iniziò a svilupparsi la filosofia della scienza, gli specialisti del campo diedero per scontato che tutti i tipi di scienza fossero equivalenti, quanto al contenuto filosofico. Questo è il motivo per cui Galileo, Kant e, di fatto, la stragrande maggioranza dei filosofi della scienza hanno applicato alla biologia, senza modificazione alcuna, una filosofia che era stata plasmata sulla meccanica. Anzi, la stessa procedura è stata usata per tutte le scienze: antropologia, psicologia, sociologia e altre ancora. Invece, bisognerebbe analizzare con cura ogni disciplina, per determinare se i suoi principi di base e le sue componenti siano adeguatamente coperti dalle spiegazioni della meccanica e, in senso lato, da quelle della fisica.

(Da E. Mayr, *L'unicità della biologia*, Raffaello Cortina Editore, 2005)

Dalla lettura del brano precedente si evince che:

A ogni disciplina ha caratteristiche fondamentalmente specifiche
B in biologia non serve la matematica
C la biologia deriva in tutto dalla fisica
D le varie discipline scientifiche non hanno nulla in comune tra di loro
E Nessuna delle altre alternative proposte

249 Cinque scatole, denominate da A a E, sono impilate una sull'altra, in ordine alfabetico, con la scatola A in cima alla pila. Le tre scatole alla base vengono prese simultaneamente e messe in cima alla pila senza cambiarne l'ordine. Se questa procedura viene ripetuta altre due volte, quale delle scatole, alla fine, va ad occupare la posizione in mezzo alla pila?

A la scatola A
B la scatola B
C la scatola C
D la scatola D
E la scatola E

250 A sia l'insieme dei cuochi di un ristorante, B l'insieme degli addetti alle pulizie. Il fatto che nessun addetto alle pulizie possa fare il cuoco comporta che:

A A è incluso in B
B B è il complementare di A
C A intersezione B è vuoto
D A intersezione B non è vuoto
E A è subordinato a B

251 L'affermazione "quando bevo troppo, mi si gonfia lo stomaco" implica che:

A non mi si gonfia lo stomaco pur avendo bevuto troppo
B a volte capita che non mi si gonfi lo stomaco pur avendo bevuto troppo
C se mi si gonfia lo stomaco vuol dire che ho bevuto troppo
D se non mi si gonfia lo stomaco allora non ho bevuto troppo
E o bevo troppo o mi si gonfia lo stomaco

252 Alla stazione ferroviaria, per ragioni organizzative, i passeggeri devono essere smistati verso determinate banchine. Alle 17:30 dall'altoparlante viene diramato questo annuncio: «Tutti i viaggiatori con treni in partenza entro le 18:00 sono pregati di recarsi al binario 2; i passeggeri di treni in partenza tra le 18:00 e 18:30 devono recarsi al binario 3. Quanti si trovano al binario 1, però, restino dove sono».
Quale delle seguenti situazioni NON è coerente con le precedenti indicazioni?

- A È necessario trovarsi sul binario 1 per non doversi muovere
- B È sufficiente trovarsi sul binario 1 per non doversi muovere
- C Chi si reca al binario 3 dovrà attendere almeno mezz'ora prima di partire
- D Se Alessandro – che parte con il treno delle 17:53 – sta cambiando di binario, non si trovava né al binario 1 né al binario 2
- E Se Giulia – che parte con il treno delle 18:01 – non cambia di binario o si trova al binario 3 o si trova al binario 1

253 Trova l'elemento che non è coerente con gli altri:

- A cavallo
- B orca
- C medusa
- D cane
- E elefante

254 Qui di seguito sono indicati quattro elementi (gruppi di lettere). Tre sono legati da una connessione logica. Individua l'intruso.
DVTD NPPN DRRD TBBT

- A DVTD
- B NPPN
- C DRRD
- D TBBT
- E Non c'è intruso

255 Goniometro : angolo = X : Y

- A X = tempo, Y = cronometro
- B X = termometro, Y = gradi
- C X = pantografo, Y = colore
- D X = barometro, Y = pressione
- E X = odometro, Y = velocità

256 Una via alla comprensione dei comportamenti umani
"Essendo oggetto della letteratura la stessa condizione umana, chi la legge e la comprende non diventerà un esperto di analisi letteraria, ma un conoscitore dell'essere umano. Quale migliore introduzione alla comprensione dei comportamenti e dei sentimenti umani, se non immergersi nell'opera dei grandi scrittori che si dedicano a questo compito da millenni? E allora quale migliore preparazione per tutte le professioni basate sui rapporti umani? [...]. Avere come maestri Shakespeare e Sofocle, Dostoevskij e Proust non sarebbe come approfittare di un insegnamento eccezionale? E come non capire che un futuro medico, per esercitare la sua professione, avrebbe più da imparare da questi stessi maestri che dai concorsi di matematica che oggi determinano il suo avvenire?[1] [...] Bisogna includere le opere letterarie nel grande dialogo tra gli uomini, iniziato nella notte dei tempi, e a cui ciascuno di noi, per quanto insignificante sia, prende ancora parte. [...] A noi, adulti, spetta il compito di trasmettere alle nuove generazioni questa fragile eredità, queste parole che aiutano a vivere meglio."
da Tzvetan Todorov, *La letteratura in pericolo*, Garzanti 2008
Tzvetan Todorov è uno dei maggiori intellettuali europei.
Tra le seguenti considerazioni suggerite dal testo qui citato, individuate LA SOLA che non è in linea con quanto affermato nel testo.

- A I grandi scrittori del passato sono ancor oggi interlocutori da cui abbiamo molto da apprendere
- B La lettura delle grandi opere non produce di per sé degli esperti di analisi letteraria, ma genera in chi le comprende una miglior conoscenza degli uomini
- C Compito dei grandi scrittori è stato da millenni la comprensione dei comportamenti e dei sentimenti umani
- D Un medico, la cui professione è basata sui rapporti umani, ha molto da imparare da maestri come Sofocle e Dostoevskij
- E L'eredità del passato, che ci è pervenuta attraverso la parola di maestri come Shakespeare, non ha significato per chi non è alla loro altezza e non è in grado di dialogare con loro

257 L'italiano che afferma che tutti gli italiani sono sempre bugiardi dice:

A un'affermazione perfettamente verificabile
B una bugia
C il vero
D una cosa ovvia
E niente di nuovo

258 Perché Giovanni sorrida è sufficiente che qualcuno lo accarezzi. Se l'affermazione precedente è vera quale delle seguenti deve essere vera?

A Se Giovanni ha sorriso allora sicuramente qualcuno lo ha accarezzato
B Giovanni non può sorridere se nessuno lo accarezza
C Prima che Giovanni sorrida è necessario che qualcuno lo accarezzi
D Giovanni non sorride mai
E È possibile che Giovanni sorrida senza che qualcuno lo accarezzi

259 Che giorno è tre giorni dopo il giorno successivo al giorno prima di ieri?

A l'altro ieri
B oggi
C ieri
D domani
E dopodomani

260 L'affermazione "quando rido troppo mi viene mal di stomaco" implica che:

A a volte capita che non abbia mal di stomaco pur avendo riso troppo
B non ho mal di stomaco pur avendo riso troppo
C se non mi viene mal di stomaco allora non ho riso troppo
D o rido troppo o mi viene mal di stomaco
E se ho mal di stomaco vuol dire che ho riso troppo

261 Negare che "ogni uomo ha un cane" equivale a dire che:

A esistono uomini senza cane
B nessun uomo ha un cane
C tutti gli uomini non hanno cani
D tutti i cani sono di ogni uomo
E ogni uomo non ha un cane

262 La frase "Non garantisco che sia insostenibile negare il contrario della veridicità delle mie affermazioni" significa:

A io non so mentire
B io non conosco la verità
C io posso dire il vero
D io dico sempre il vero
E io mento

263 L'affermazione "per ogni studente c'è uno studente che è più studioso del primo" è equivalente a:

A per ogni studente ogni altro studente è più studioso di lui
B esiste uno studente tale che ogni altro studente è più studioso di lui
C non per ogni studente ogni altro studente è più studioso di lui
D non esiste alcuno studente tale che nessuno è più studioso di lui
E esiste uno studente che è più studioso di tutti gli altri studenti

264 Leggere il seguente problema e rispondere alla relativa domanda.
Quattro rane, Aki, Biki, Ciki e Diki, partecipano a una gara di rane. I proprietari delle rane sono Zani, Vani, Uni e Tani, non necessariamente in questo ordine. È inoltre noto che: rana del signor Vani ha vinto il primo premio e non si chiama Ciki; Diki è arrivata terza; la rana del signor Uni si chiama Biki ed è arrivata prima di Ciki; la rana del signor Zani non è arrivata terza.
Quale rana è arrivata ultima?

A La rana del signor Zani
B La rana del signor Uni
C Aki
D Biki
E La rana del signor Tani

265 Individuare, tra le alternative proposte, la parola da scartare.

A Pescatore
B Pediatra
C Procuratore
D Cartolaio
E Ministro

266 **Leggere il seguente problema e rispondere alla relativa domanda.**
Quattro rane, Aki, Biki, Ciki e Diki, partecipano a una gara di rane. I proprietari delle rane sono Zani, Vani, Uni e Tani, non necessariamente in questo ordine. È inoltre noto che: rana del signor Vani ha vinto il primo premio e non si chiama Ciki; Diki è arrivata terza; la rana del signor Uni si chiama Biki ed è arrivata prima di Ciki; la rana del signor Zani non è arrivata terza.
Chi è il proprietario di Aki?
A Tani B Uni C Vani D Zani

267 **Leggere il seguente problema e rispondere alla relativa domanda.**
Quattro rane, Aki, Biki, Ciki e Diki, partecipano ad una gara di rane. I proprietari delle rane sono Zani, Vani, Uni e Tani, non necessariamente in questo ordine. È inoltre noto che: rana del signor Vani ha vinto il primo premio e non si chiama Ciki; Diki è arrivata terza; la rana del signor Uni si chiama Biki ed è arrivata prima di Ciki; la rana del signor Zani non è arrivata terza.
Quale delle seguenti associazioni fra rane e padroni è corretta?
A Diki-Tani
B Diki-Zani
C Biki-Vani
D Aki-Zani
E Ciki-Tani

268 **Scartare la serie contenente un termine anomalo.**
A dimensione, estensione, volume, mole, spazio
B arroganza, prepotenza, superbia, alterigia, viltà
C cultura, civiltà, sapere, scienza, erudizione
D malattia, morbo, infermità, affezione, patologia
E epilogo, conclusione, esito, risoluzione, finale.

269 **Un sinonimo di "orpello" è:**
A ostello
B gioiello
C fronzolo
D inezia
E fuscello

270 **La ricerca scientifica non ha consentito di dimostrare l'impossibilità che altre forme di vita siano presenti su altri pianeti. Qual è il corretto significato della precedente affermazione?**
A La ricerca scientifica ha dimostrato che altre forme di vita sono presenti su altri pianeti
B La ricerca scientifica ha dimostrato che altre forme di vita non possono essere presenti su altri pianeti
C La ricerca scientifica non ha dimostrato che altre forme di vita non sono presenti su altri pianeti
D La ricerca scientifica ha dimostrato che è molto probabile che altre forme di vita siano presenti su altri pianeti
E La ricerca scientifica ha dimostrato che è poco probabile, ma non impossibile, che altre forme di vita siano presenti su altri pianeti

271 **"Se Ilaria arriva in ritardo, non mangia la pasta" significa che:**
A se Ilaria non mangia la pasta, è arrivata puntuale
B se Ilaria mangia la pasta, è arrivata in ritardo
C se Ilaria arriva in ritardo, mangia la minestra
D se Ilaria arriva in ritardo, mangia la pasta
E se Ilaria mangia la pasta, non è arrivata in ritardo

272 **Individuate la coppia di termini che completano la proporzione:**
atomo : elettrone = x :y
A stella / sole
B sistema solare / pianeta
C pianeta / terra
D terra / sole
E sistema solare / galassia

273 **Un sinonimo di *baldanzoso* è:**
A veloce
B balconato
C tirannico
D fiero
E impertinente

Leggere il testo del seguente esercizio e rispondere alle relative domande.

Cinque città (A, B, C, D, E) sono tra loro collegate da alcune autostrade. Tali autostrade collegano direttamente:

- la città A con la città B;
- la città B con la città C;
- la città B con la città D;
- la città D con la città C;
- la città D con la città E.

274 Quante possibili vie vi sono per viaggiare dalla città A alla città E senza mai passare due volte dalla stessa città?

A Una B Due C Tre D Quattro

275 Quale dei seguenti tragitti comporta la minore distanza?

A Dalla città A alla città C
B Dalla città A alla città E
C Dalla città B alla città E
D Non è possibile rispondere sulla base delle informazioni fornite

276 Quale dei seguenti tragitti necessita di percorrere più di una autostrada?

A Dalla città D alla città C
B Dalla città E alla città C
C Dalla città C alla città B
D Dalla città E alla città D

277 Se l'autostrada che collega le città A e B è lunga 80 chilometri e tutte le altre autostrade indicate sono lunghe 125 chilometri, allora per spostarsi dalla città A alla città E occorrerà percorrere almeno:

A 330 chilometri
B 375 chilometri
C 455 chilometri
D 355 chilometri

278 Se venisse aperta una nuova autostrada dalla città B alla città E, quante possibili vie vi sarebbero per viaggiare dalla città A alla città D senza mai passare due volte dalla stessa città?

A Una
B Due
C Tre
D Non è possibile rispondere sulla base delle informazioni fornite

279 Un viaggiatore intende recarsi dalla città A alle città B, C e D e fare ritorno ad A dopo essersi recato in ogni città una sola volta. In quanti modi diversi può organizzare il viaggio?

A 6 B 4 C 3 D 12 E 5

280 Si considerino vere le due affermazioni:

- **qualche cosa sdazza non è sotta;**
- **nessuna cosa sotta è foma.**

Si scelga fra le seguenti l'affermazione che segue necessariamente dalle premesse:

A nessuna cosa foma è sdazza
B ogni cosa foma è sdazza
C nulla segue
D qualche cosa foma è sdazza
E qualche cosa foma non è sdazza

281 Individuare la coppia di termini che completa correttamente la proporzione seguente.

Ospedale : X = tribunale : Y

A X = infermiere, Y = galeotto
B X = avvocato, Y = degente
C X = medico, Y = magistrato
D X = farmacia, Y = armeria
E X = ammalato, Y = pubblico ministero

282 Individuare la frase che contiene un errore lessicale.

A La signoria dei Gonzaga toccò il suo apogeo con Federico II, che ottenne il titolo di duca nel 1530
B Nella notte tra il 22 e il 23 dicembre la Luna si troverà al suo perigeo, alla distanza minima dalla Terra
C Alla fine del Settecento, le tuniche in mussola di cotone ricamata segnano il perigeo della moda
D Quando il satellite si trova all'apogeo si accende un piccolo propulsore che lo porta nell'orbita più alta
E I reperti danno ampiamente idea di questa straordinaria civiltà, dalla sua formazione al suo apogeo

283 Quali tra i termini proposti completano correttamente la seguente proporzione?

Stetoscopio : medico = X : Y

- A X = coltello; Y = scenografo
- B X = ammalato; Y = infermiere
- C X = paziente; Y = accettazione
- D X = paziente; Y = strumento
- E X = pialla; Y = falegname

284 Si leggano le seguenti affermazioni. Tutti i ragazzi solitari amano leggere libri. Francesco è silenzioso.

Tutte le persone silenziose amano leggere libri. Se le precedenti affermazioni sono vere, quale delle seguenti alternative è necessariamente vera?

- A Tutte le persone silenziose sono solitarie
- B Francesco ama leggere libri
- C Tutte le persone solitarie sono silenziose
- D Francesco è un ragazzo solitario
- E Tutte le persone che amano leggere libri sono solitarie

Leggere il brano seguente e rispondere alle relative domande

È famoso come poeta dialettale piemontese, ma di professione faceva il medico. Edoardo Ignazio Calvo nacque a Torino il 13 ottobre 1773, nella casa dove suo padre visitava i pazienti. Per il figlio desiderava un futuro simile. Le insistenze paterne furono tali che si iscrisse alla facoltà di Medicina e si laureò con una tesi in latino sullo scorbuto. Sebbene avesse affrontato quegli studi controvoglia, alla professione si dedicò con intelligenza e capacità; proprio mentre curava i malati di tifo nell'antica sede dell'ospedale San Giovanni Battista, contrasse anche lui l'infezione, morendone esattamente due secoli fa. Nonostante [...] l'intensa attività letteraria (scrisse favole esopiche e satire politiche) trovò anche il tempo di scrivere un interessante lavoro scientifico a proposito di piante e animali velenosi, in cui si schierava contro le false credenze da Plinio in poi, e faceva una rassegna rapida delle testimonianze attendibili sui veleni presenti in natura.

Anna Buoncristiani, *Il poeta che sperimentò il vaccino antivaiolo*

«Tutto Scienze-La Stampa», 28/4/2004

285 Quale delle seguenti illazioni È ERRATA in sé, o in quanto in contraddizione con le notizie fornite dal testo citato?

- A Nelle facoltà scientifiche tardo-settecentesche era ancora in uso la lingua latina
- B L'epoca in cui visse Calvo fu segnata dalla cultura illuminista
- C L'opera scientifica di Calvo è critica nei confronti della tradizione, conformemente ai principi illuministici
- D E. I. Calvo morì a 31 anni di tifo
- E E. I. Calvo, costretto dal padre, ha seguito una strada in cui non ha potuto mettere a frutto le proprie doti

286 Ci sono ragionamenti induttivi e ragionamenti deduttivi.

QUANTI, tra i seguenti, sono DEDUTTIVI?

1) Quelli che "pensano male" fanno peccato anche se spesso ci azzeccano; Mario non fa che pensar male degli altri; dunque Mario ha molti peccati sulla coscienza anche se non è frequente che si sbagli.

2) Chi ama davvero lo dimostra con i fatti piuttosto che con le parole; Marina si limita a dichiarare il suo amore a Giovanni; dunque Giovanni non deve fare affidamento sull'amore di Marina.

3) Tutte le volte che ho avuto a che fare con un giapponese sono rimasto colpito dalla sua gentilezza; mio padre per lavoro ha conosciuto alcuni giapponesi ed anche lui li ha trovati molto gentili; anche quelli che abbiamo conosciuto in vacanza a Parigi hanno dimostrato di esserlo. Tutti i giapponesi sono dunque gentili.

4) Chi predica bene e razzola male non è un buon maestro; Mario fa sempre il contrario di quello che dice; Luca farebbe bene a non prenderlo a esempio.

- A Tre
- B Uno
- C Nessuno
- D Due
- E Tutti

287 Indicare, tra le seguenti, la frase che esprime il significato "sono certo di non aver fatto più di quattro errori":

- A Sono certo di aver fatto quattro errori al massimo
- B Sono certo di aver fatto almeno quattro errori
- C Sono certo di aver fatto solo quattro errori
- D Non sono certo di non aver fatto più di quattro errori
- E Non ho fatto errori

288 "Recenti scoperte hanno respinto l'infondatezza della tesi secondo la quale non è vera l'impossibilità che lo stress sia alla base di alcune gravi malattie mentali". Qual è il corretto significato della precedente affermazione?

- A Le malattie mentali sono causate da stress
- B Lo stress può essere causa di alcune malattie mentali
- C Non è possibile che lo stress sia la causa di alcune gravi malattie mentali
- D Lo stress porta inevitabilmente alla malattia mentale
- E Lo stress fa diventare matti

289 Tutti i cani sono fedeli e tutti gli animali fedeli sono mammiferi.
Alcuni mammiferi possono passeggiare sui tetti.
Dunque ...
Una sola delle deduzioni qui elencate completa correttamente il sillogismo:

- A è impossibile che alcuni cani non possano passeggiare sui tetti
- B è impossibile che alcuni mammiferi non siano fedeli
- C è impossibile che alcuni cani possano passeggiare sui tetti
- D non è impossibile che alcuni cani possano passeggiare sui tetti
- E gli animali che possono passeggiare sui tetti sono mammiferi

290 Individuare il rapporto anomalo.

- A Grande – superbo
- B Bello – stupendo
- C Tiepido – caldo
- D Ultimo – estremo
- E Freddo – gelido

291 Se è vero che «all'esame di Stato viene promosso solo chi studia», allora è necessariamente vera anche una delle affermazioni seguenti. Quale?

- A Non vi è alcuna possibilità per chi non studia di venire promosso all'esame di Stato
- B Se studi, verrai promosso sicuramente
- C Mio cugino è stato l'unico promosso all'esame di Stato anche senza avere studiato
- D La promozione dipende più dalla fortuna che dallo studio
- E All'esame di Laurea viene promosso solo chi studia

292 Se è vero che «il riso abbonda sulla bocca degli sciocchi», sarà necessariamente vera anche UNA delle affermazioni seguenti:

- A tutti gli sciocchi ridono poco
- B una persona intelligente non ride troppo
- C tutti quelli che ridono sono sciocchi
- D per diventare intelligenti basta ridere poco
- E tutti quelli che non ridono sono intelligenti

293 Se è vero che «se penso, esisto», allora è necessariamente vera anche una delle affermazioni seguenti. Quale?

- A Se non penso, non esisto
- B La consapevolezza di stare pensando è sufficiente a dimostrare la mia esistenza
- C Se esisto, allora penso
- D Se provo emozioni, non esisto
- E È necessario pensare per esistere

294 Quali tra le seguenti parole non ha la radice in comune con *giovanaglia*?

- A Giovanilistico
- B Giovenco
- C Giovinotto
- D Giovesco
- E Giovincello

295 Un sinonimo di anacoreta è:

- A eremita
- B serpente
- C antica moneta
- D corallo
- E anacronistico

296 Individuare il termine che risponde alla definizione: *arrogante e insolente in modo sfrontato.*

A Impenitente
B Triviale
C Protervo
D Pavido
E Insulso

297 S'individui il termine che NON APPARTIENE allo stesso campo semantico degli altri quattro:

A ticcoso
B tirchio
C taccagno
D pitocco
E avaro

298 Alcuni agrumi sono arance, tutte le arance hanno i semi, dunque:

A tutti i frutti con i semi sono arance
B solo le arance hanno i semi
C alcuni agrumi hanno i semi
D tutti gli agrumi hanno i semi
E nessuna delle precedenti affermazioni è vera

299 Durante una festa alcuni amici decidono di fare un gioco. Mettono in una cesta cinque cappelli: tre rossi e due blu. Angelo, Bea e Corrado, bendati, pescano a caso un cappello e lo indossano. Vengono poi disposti in fila indiana e sbendati, in modo tale che Angelo possa vedere solo i cappelli di Bea e Corrado davanti a sé, Bea veda solo il cappello di Corrado e quest'ultimo nessun cappello. Infine, partendo da Angelo, a ognuno viene chiesto di indovinare il colore del proprio cappello. Angelo, che vede due cappelli, dice di non potere dedurre il colore del proprio; nemmeno Bea, che può vedere un altro cappello, riesce a rispondere. Corrado invece risponde. Quale delle seguenti affermazioni è certamente vera?

A Il colore del cappello di Bea è rosso
B Il colore del cappello di Corrado è rosso
C Il colore del cappello di Bea è blu
D Il colore del cappello di Corrado è blu
E Se Corrado indovina la risposta esatta è un caso, perché non vi è modo di dedurla

Leggere il testo del problema e rispondere alle domande seguenti.

Marco ha quattro fratelli: Andrea, Cesare, Donato e Biagio. Ognuno è sposato con una delle quattro sorelle di Elena, la moglie di Marco, e che sono Nausica, Lucia, Alma e Maria. Si sa inoltre che:

- Marco è più grande di Biagio;
- Cesare è più piccolo solo di Andrea;
- Davide, il più piccolo dei cinque fratelli, ha sposato Nausica;
- Alma ha sposato il fratello immediatamente precedente al più giovane dei cinque.

300 Quale delle seguenti affermazioni è certamente vera?

A Maria è la moglie di Andrea
B Alma non è la moglie di Cesare
C Andrea è il marito di Lucia
D Cesare è il marito di Maria
E Maria e Biagio sono sposati tra loro

301 Quale delle seguenti affermazioni è falsa?

A Biagio non è il più piccolo dei cinque fratelli
B Cesare è sposato con Maria o con Lucia
C Andrea e Elena non sono marito e moglie
D Andrea ha sposato o Alma o Nausica
E Marco è il terzo fratello in ordine di età

302 Giovanni è stato assunto da due anni in una casa editrice e lavora tutti i giorni al suo computer, correggendo i testi degli autori in modo sempre più preciso e puntuale. Dalla precedente affermazione si deduce che:

A i testi che arrivano a Giovanni sono sempre pieni di errori
B Giovanni è un informatico
C a Giovanni piace il proprio lavoro
D Giovanni con il tempo ha affinato le sue competenze lavorative
E Giovanni è uno scrittore

303 Trova l'elemento che non è coerente con gli altri:

A lago
B fiume
C acqua
D stagno
E fiore

304 **L'autopsia eseguita non ha permesso di eliminare la possibilità che la morte del paziente non fosse dovuta all'infezione post-operatoria.**
La precedente affermazione è logicamente equivalente a:

- A il paziente è sicuramente morto a causa dell'infezione post-operatoria
- B il paziente non può in alcun caso essere morto a causa dell'infezione post-operatoria
- C è escluso che il paziente sia morto a causa dell'infezione post-operatoria
- D l'infezione post-operatoria è l'unica causa di morte dei pazienti operati
- E è possibile che il paziente non sia morto a causa dell'infezione post-operatoria

305 **"L'esame del curriculum non ha consentito di dimostrare l'impossibilità che Mario sia qualificato per il lavoro proposto". Qual è il corretto significato della precedente affermazione?**

- A L'esame del curriculum non ha dimostrato che Mario è qualificato per il lavoro proposto
- B Ci sono ottime probabilità che Mario sia qualificato per il lavoro proposto
- C L'esame del curriculum non ha dimostrato che Mario non è qualificato per il lavoro proposto
- D È impossibile che Mario possa svolgere il lavoro proposto
- E L'esame del curriculum ha dimostrato che Mario non è qualificato per il lavoro proposto

306 **Individuare tra le seguenti la corretta definizione della proposizione sottolineata.**
<u>Per quanto fossero acerrimi rivali</u>, Fausto Coppi e Gino Bartali, durante una tappa del Tour de France, si passarono una borraccia che è passata alla storia grazie a una celeberrima fotografia che ritraeva i due campioni in azione.

- A Proposizione coordinata alla principale
- B Proposizione principale
- C Proposizione subordinata concessiva
- D Proposizione subordinata consecutiva
- E Proposizione subordinata condizionale

307 **Mecenate : Orazio = Giulio II : X**
Completa correttamente la proporzione sostituendo alla X uno dei seguenti artisti.

- A X = Tiziano
- B X = Botticelli
- C X = Bernini
- D X = Michelangelo
- E X = Mantegna

Leggere il seguente problema e rispondere alle relative domande.

La Pulptour, proprietaria del villaggio turistico Bauaky, posto sull'estremità est della penisola di Nueiba, deve organizzare la squadra composta da cinque animatori che intratterranno gli ospiti per la stagione estiva. La squadra deve essere composta da due organizzatori di giochi da spiaggia, da una persona che si occupi delle escursioni e da due attori per gli spettacoli serali.

Rispondere alle seguenti domande sapendo che:

- Federico, Romina e Chicco possono essere organizzatori di giochi da spiaggia;
- Chicco, Gino e Sabrina possono occuparsi delle escursioni;
- Barbara, Patrizia e Maurizio possono essere attori per gli spettacoli serali;
- Federico e Chicco devono lavorare insieme;
- Sabrina può fare parte della squadra solo se ne fa parte anche Barbara.

308 **Quale dei seguenti gruppi di tre persone non può fare parte di una squadra svolgendo i compiti sotto indicati?**

- A Federico e Chicco organizzatori di giochi da spiaggia e Maurizio attore per gli spettacoli serali
- B Barbara e Patrizia attrici per gli spettacoli serali con Sabrina che si occupa delle escursioni
- C Federico organizzatore di giochi da spiaggia, Chicco che si occupa delle escursioni e Maurizio attore per gli spettacoli serali
- D Gino e Sabrina si occupano delle escursioni e Barbara organizza i giochi da spiaggia
- E Barbara, Patrizia e Maurizio sono attori per gli spettacoli serali

309 Se, nell'organizzazione della squadra completa, si rispettano le indicazioni e Federico e Romina sono organizzatori di giochi da spiaggia, quale delle seguenti affermazioni è necessariamente vera?

I) Chicco si occupa delle escursioni

II) Barbara è attrice per gli spettacoli serali

III) O Barbara o Patrizia è attrice per gli spettacoli serali

A Solo I)
B Solo II)
C Solo III)
D I) e II)
E I) e III)

310 Quante diverse squadre di animatori possono essere organizzate nel rispetto di tutte le indicazioni?

A 6
B 8
C 10
D 14
E 16

311 Quale dei seguenti animatori deve necessariamente fare parte della squadra?

A Federico
B Barbara
C Chicco
D Patrizia
E Romina

312 Quale animatore ha minore probabilità di essere selezionato perché compare nel minor numero di squadre che è possibile organizzare rispettando le preferenze?

A Barbara
B Chicco
C Sabrina
D Patrizia
E Romina

313 "Cossero" è una voce del verbo:

A cogliere
B correre
C cucinare
D cuocere
E costare

314 Indica quale delle interpretazioni è coerente con il testo del grande fisico Max Born: "Se Dio ha fatto del mondo un meccanismo perfetto, ha per lo meno fatto questa concessione al nostro intelletto imperfetto: che al fine di predire piccole porzioni di esso, non dobbiamo risolvere innumerevoli equazioni differenziali, ma possiamo usare i dadi con un certo successo".

A Dio non gioca a dadi
B Il mondo è simile ad un orologio
C L'uomo, a causa dell'imperfezione del suo intelletto, non riesce a capire il mondo
D Dio ha creato un mondo dove c'è spazio per la contingenza
E Dio ha creato un mondo buono che l'uomo ha reso cattivo

315 Si considerino vere le due affermazioni:

- **ogni cosa dara è stota;**
- **qualche cosa dara è zoma.**

Si scelga fra le seguenti l'affermazione che segue necessariamente dalle premesse:

A nulla segue
B qualche cosa zoma non è stota
C ogni cosa zoma è stota
D qualche cosa zoma è stota
E nessuna cosa zoma è stota

316 Su ognuna delle quattro carte che ho in mano è disegnata una figura geometrica (poligoni o cerchi): 3 hanno lati e angoli, 2 hanno 4 angoli e sono disegnate in rosso. Se ne deduce che:

A c'è un solo cerchio
B i 2 quadrati e l'altra figura non circolare possono essere neri o rossi
C ci sono sicuramente 2 quadrati rossi
D le figure non circolari sono 3, una nera e due rosse
E nessuna delle risposte precedenti è deducibile dal testo

317 Indicare la parola da scartare.

A Faro
B Minareto
C Traforo
D Campanile
E Torre

318 "Nessuna pianta ha le ali – tutti gli alberi sono piante – dunque ... ha le ali". Si individui, tra i seguenti, il CORRETTO completamento del sillogismo:

A nessuna pianta
B qualche pianta
C nessun albero
D ogni pianta
E qualche albero

319 "I grandi magazzini generalmente sono costituiti da un numero di piani che va da 2 a 8. Se un magazzino ha più di tre piani ha l'ascensore per tutti i piani". Se le precedenti affermazioni sono vere, quali delle seguenti deve ugualmente essere vera?

A Solo i piani al di sopra del terzo sono serviti da ascensori
B Nei magazzini a due piani non ci sono ascensori
C Per andare al settimo piano si può sempre prendere un ascensore
D Per andare al terzo piano si può sempre usare l'ascensore
E Per andare al secondo piano non si può usare l'ascensore

320 Se qualche X è Y e nessun Y è Z allora:

A tutti gli Z sono X
B qualche Z è X
C qualche Z non è X
D nessun Z è X
E tutti gli X sono Z

321 Individuare la coppia di termini che completa la proposizione data:
Lettera : alfabeto = X : Y

A X = Numero Y= Pari
B X = Musicista Y = Orchestra
C X = Lettura Y = Libro
D X = Mantello Y = Mago
E X = Brividi Y = Febbre

322 Cosa studia chi si dedica all'eziologia?

A Invasioni
B Allagamenti
C Cause
D Sensazioni
E Comportamenti

323 Se si fanno i controlli mensili dei dati sui libri stampati, si scoprono gli errori di allineamento dei magazzini.
Se la precedente affermazione è vera, allora è sicuramente vero che:

A se non si sono scoperti gli errori di allineamento dei magazzini è perché non si sono fatti i controlli mensili dei dati sui libri stampati
B gli errori di allineamento dei magazzini si scoprono solo se si sono fatti i controlli mensili dei dati sui libri stampati
C condizione necessaria e sufficiente affinché vengano scoperti gli errori di allineamento dei magazzini è che si facciano i controlli mensili dei dati sui libri stampati
D se si scoprono gli errori di allineamento dei magazzini è perché si sono fatti i controlli mensili dei dati sui libri stampati
E gli errori di allineamento dei magazzini derivano solo dai mancati controlli mensili dei dati sui libri stampati

324 "Solamente dopo l'accordo si può chiudere l'affare". Se la precedente informazione è corretta, quale delle seguenti affermazioni rappresenta una conclusione corretta?

A Se l'affare è stato concluso allora può essere firmato
B Se l'affare non è stato chiuso allora non c'è stato accordo
C Se c'è stato l'accordo l'affare è stato certamente chiuso
D Negli affari ci vuole fiducia
E Se l'affare è stato chiuso allora significa che c'è stato l'accordo

325 Completare la frase seguente con l'inserimento corretto, sia dal punto di vista grammaticale che semantico.
L'opportunità di avere una particolare cura per i bambini dovrebbe essere ...

A ridondante
B corrisposta
C incontroversa
D riconoscente
E riottosa

326 S'individui il termine che NON APPARTIENE allo stesso campo semantico degli altri quattro:

A abbacinare
B abbagliare
C abbarbagliare
D abbrumare
E accecare

327 Nella forma verbale "stabilizzare" come si definisce l'elemento "-izzare"?

A Suffisso
B Prefisso
C Suffissoide
D Prefissoide
E Morfema lessicale

328 Indicare la parola da scartare.

A Madre
B Cognato
C Figlia
D Nipote
E Padre

329 "Tutti gli impiegati sono lavoratori dipendenti; Andrea è un elettricista; alcuni elettricisti sono lavoratori dipendenti". Se le precedenti informazioni sono vere, quale delle seguenti affermazioni è necessariamente vera?

A Non è certo che Andrea sia un lavoratore dipendente
B Andrea è un impiegato
C Andrea è un lavoratore dipendente
D Andrea non è un lavoratore dipendente
E Tutti i lavoratori dipendenti sono impiegati

330 Da "Chi mangia non dimagrisce" segue logicamente:

A chi non dimagrisce, non mangia
B chi dimagrisce, non mangia
C chi non dimagrisce, mangia
D chi dimagrisce, mangia
E Nessuna delle altre alternative proposte

331 Laconico : logorroico = X : Y

A X = miope, Y = ipermetrope
B X = errato, Y = anarchico
C X = miope, Y = presbiopia
D X = disguido, Y = equivoco
E X = ovvio, Y = evidente

332 "Giorgio sa usare il pantografo; tutte le persone curiose sanno usare il pantografo; tutte le persone curiose non sono precise". Se le precedenti affermazioni sono vere, quale delle seguenti è necessariamente vera?

A Nessuna persona curiosa sa usare il pantografo ed essere precisa
B Giorgio è curioso
C Giorgio non è una persona precisa
D Chi sa usare il pantografo non è una persona precisa
E Chi non è preciso sa usare il pantografo

333 "È assurdo non ritenere che è sbagliato non perdonare chi si è redento". Il significato della frase precedente è che:

A è corretto che colui che perdona si redima
B non è giusto che chi si redime venga perdonato
C chi si redime fa una cosa imperdonabile
D è giusto che sia perdonato chi si redime
E è sbagliato perdonare chi si è redento

334 "Recenti ricerche di laboratorio condotte in Francia hanno mostrato che le cellule tumorali sono rivestite da una proteina che impedisce al sistema immunitario di attaccarle. Occorre dunque studiare un farmaco che consenta di eliminare tale proteina". Quale delle seguenti affermazioni indebolisce la precedente argomentazione?

A Le persone colpite da tumore hanno un sistema immunitario più forte di quello delle persone sane
B Le cellule tumorali sono in grado di svilupparsi molto rapidamente
C Le proteine che rivestono le cellule tumorali sono essenziali per una corretta funzionalità epatica
D È necessario sovvenzionare le aziende farmaceutiche in Francia
E I tumori sono più diffusi negli uomini rispetto alle donne

335 "Renato è più veloce di Alberto ma più lento di Giovanni, il quale a sua volta è più veloce di Franco ma più lento di Leo". Se le precedenti affermazioni sono vere, quale delle seguenti è necessariamente vera?

A Alberto è più veloce di Franco
B Renato è più veloce di Franco
C Franco è più veloce di Alberto
D Renato è più veloce di Leo
E Leo è più veloce di Renato

336 Completare la seguente proporzione.
X : Keplero = musica : Y

A X = Beethoven, Y = Einstein
B X = scienziato, Y = Bach
C X = arte, Y = scienza
D X = astronomia, Y = Bach
E X = Mozart, Y = Copernico

337 Completare la frase seguente con i corretti inserimenti sia dal punto di vista grammaticale che semantico.
"Un'agente di polizia dev'essere cortese, ma ..."

A disponibile
B deciso
C ferma
D autoritario

338 Individuare l'alternativa che completa correttamente la frase data, sia dal punto di vista grammaticale che semantico.
"Il tuo ... si è rivelato ..."

A vestito – rotto
B computer – gagliardo
C aiuto – indispensabile
D furgone – incapace

339 Indicare il sinonimo di "compendio"?

A Salario
B Analisi
C Ricompensa
D Riassunto
E Discorso

340 Indicare la parola da scartare.

A Subire
B Sottostare
C Sottomettersi
D soggiacere
E Stabilire

341 "Se e solo se riporto tutti i miei impegni sul computer, organizzo in modo razionale il mio tempo libero". In base alla precedente informazione, quale delle seguenti affermazioni è certamente vera?

A A volte riporto tutti i miei impegni sul computer perché ho paura di perdere il controllo della situazione
B Riporto tutti i miei impegni sul computer quando devo organizzare il lavoro di un gruppo di persone
C A volte, anche se riporto tutti i miei impegni sul computer, non organizzo in modo razionale il mio tempo libero
D Se organizzo in modo razionale il mio tempo libero significa che riporto tutti i miei impegni sul computer
E Condizione sufficiente, ma non necessaria, per organizzare in modo razionale il mio tempo libero è quella di riportare tutti i miei impegni sul computer

342 "Chi non ha credibilità, viene ignorato". In base alla precedente affermazione, è necessariamente vero che:

A chi viene ignorato non ha credibilità
B chi ha credibilità non viene ignorato
C coloro che non vengono ignorati sono tutti e soli quelli che hanno credibilità
D chi non viene ignorato ha credibilità
E è sufficiente essere credibile per non essere ignorato

343 Quale delle seguenti parole, scritta su un vetro e letta da dietro, è una parola italiana?

A RADAR
B ASSO
C TEST
D ATUT
E ELOS

344 Completare la seguente proporzione.
Fotografo : camera oscura = X : Y

A X = marinaio, Y = faro
B X = studio, Y = avvocato
C X = artista , Y = esposizione
D X = chimico, Y = laboratorio
E X = scrittore, Y = computer

345 Due gemelli hanno una caratteristica molto particolare: uno dice solo bugie il lunedì, il mercoledì e il venerdì, e solo la verità tutti gli altri giorni. L'altro dice solo bugie il martedì, il giovedì e il sabato, e solo la verità tutti gli altri giorni. Se in un certo giorno ascoltiamo il seguente dialogo: gemello X: "oggi è domenica" gemello Y: "ieri era domenica" gemello X: "è estate"; Quale delle seguenti affermazioni è VERA?

- A È una domenica d'estate
- B È un lunedì d'estate
- C È un lunedì ma non è estate
- D È una domenica ma non è estate
- E È estate, ma il dialogo non dà sufficienti informazioni sul giorno della settimana

346 Quali tra i termini proposti completano correttamente la seguente proporzione?
Millantatore : fanfarone = X : Y

- A X = spaventare; Y = intimidire
- B X = digiuno; Y = dieta
- C X = sbagliare; Y = azzeccare
- D X = sorriso; Y = pianto
- E X = vantare; Y = schernire

347 Tutti i gatti sono pelosi; certi gatti non sono sprovvisti di senso dell'umorismo; gli esseri pelosi sono sarcastici. Quale delle seguenti affermazioni contraddice quelle sopraindicate?

- A Certi esseri sarcastici sono privi di senso dell'umorismo
- B Certi esseri sarcastici non sono sprovvisti di senso dell'umorismo
- C Nessun animale peloso è sprovvisto di senso dell'umorismo
- D Anche quando è sarcastico, nessun animale peloso ha il senso dell'umorismo
- E Senza umorismo nessun animale sarcastico è peloso

348 Completare la proporzione:
Rita Levi Montalcini: medicina = x : y

- A x = radio y = Marconi
- B x = tv y = elettricità
- C x = computer y = stampante
- D x = astronautica y = Yuri Gagarin
- E x = Grazia Deledda y = letteratura

349 Giulio è più vecchio di Claudio; Luigi è più vecchio di Maurizio; Maurizio è più giovane di Alessio; Claudio ed Alessio sono coetanei. Sulla base delle precedenti affermazioni quale delle seguenti frasi è vera?

- A Giulio è più vecchio di Maurizio
- B Luigi è più vecchio di Alessio
- C Luigi è più vecchio di Giulio
- D Claudio è più giovane di Luigi
- E Claudio è più giovane di Maurizio

350 Esistono ragionamenti deduttivi e induttivi. Quanti, dei seguenti, diversi ragionamenti, sono DEDUTTIVI?
Rag. 1) Quelli che pensano di poter giudicare gli altri sono stupidi; Marina trincia sempre giudizi sulle sue amiche; non si può dire che Marina sia intelligente.
Rag. 2) Tutti i cani che ho posseduto avevano un ottimo fiuto; Argo, il cane di mio nonno, è un eccellente cane da tartufi; Pallina, il barboncino della zia, riesce sempre a scovare la caramella nascosta nel giardino; i cani hanno un formidabile fiuto.
Rag. 3) Ho puntato sul tredici ed ho perso; ho puntato sul venti ed ho perso; ho puntato sul quattro ed ho perso; non ho fortuna nel gioco.
Rag. 4) Tutti quelli che si preparano a visitare un paese straniero farebbero bene a studiarne anche gli usi e costumi; Mario, da due mesi impegnato nella preparazione del suo viaggio in Cina, non dovrebbe dimenticare d'informarsi circa le consuetudini cinesi a tavola.

- A Uno
- B Due
- C Tre
- D Tutti
- E Nessuno

351 Completare la seguente proporzione.
Grappolo : X = Y : petalo

- A X = uva, Y = fiore
- B X = gheriglio, Y = pistillo
- C X = frutto, Y = fiore
- D X = acino, Y = corolla
- E X = chicco, Y = corona

352 Se è vero che «una rondine non fa primavera», allora è necessariamente vera anche una delle affermazioni seguenti. Quale?

A Due rondini fanno primavera
B Non si può dire che sia arrivata la primavera se prima non si è vista una rondine
C Se vedo una rondine, è certamente primavera
D Se vedo uno stormo di rondini, è certamente primavera
E Non basta una rondine per poter dire che è arrivata la primavera

353 Nel liceo di Fausto ogni ragazzo gioca a calcio e a pallavolo.
Se la precedente affermazione è falsa allora è sicuramente vero che:

A esiste almeno un ragazzo del liceo di Fausto che non gioca né a calcio né a pallavolo
B esiste almeno un ragazzo del liceo di Fausto che non gioca a calcio
C esiste almeno un ragazzo del liceo di Fausto che non gioca a pallavolo
D esiste almeno un ragazzo del liceo di Fausto che non gioca a calcio o a pallavolo
E nessun ragazzo del liceo di Fausto gioca a calcio o a pallavolo

354 "Ogni uomo è un mammifero – qualche animale è un uomo – dunque ... è un mammifero".
Si individui, tra i seguenti, il CORRETTO completamento del sillogismo:

A qualche uomo
B ogni uomo
C ogni animale
D qualche animale
E ogni mammifero

355 Qual è, tra i seguenti, il sinonimo di "indigeno"?

A Selvaggio
B Straniero
C Nemico
D Nativo
E Mendico

356 Indicare la parola da scartare.

A Ingegnere
B Geometra
C Notaio
D Architetto
E Avvocato

357 Quali tra i termini proposti completano correttamente la seguente proporzione?
Patata : X = Giglio : Y

A X = fiore; Y = frutto
B X = giallo; Y = nero
C X = profumo; Y = sapore
D X = tubero; Y = fiore
E X = verdura; Y = vaso

358 Inverti l'ordine delle lettere delle parole che seguono e individua quale non indica una disciplina sportiva:

A xobe
B kesabt
C acchisc
D dujo
E oiclac

359 Si considerino vere le due affermazioni:

- **ogni cosa tita è sizza;**
- **qualche cosa tita è crada.**

Si scelga fra le seguenti l'affermazione che segue necessariamente dalle premesse:

A nulla segue
B ogni cosa crada è sizza
C qualche cosa crada non è sizza
D nessuna cosa crada è sizza
E qualche cosa crada è sizza

360 Individuare quale delle seguenti frasi contiene un errore:

A in relazione all'assemblea svoltasi nello scorso mese verrà distribuita ai dipendenti una relazione sintetica
B se avessi visto anche tu sua sorella te ne saresti sicuramente innamorato
C continuando di questo passo diventerai dottore in meno di tre anni
D se avessi saputo attendere avessi avuto quello che volevi
E se uno studente non si applica, verrà bocciato

361 Quale dei seguenti ragionamenti risulta logicamente valido?

1. Simona sta leggendo un libro. Ogni volta che viaggia in treno, Simona legge un libro. Dunque, Simona sta viaggiando in treno.

2. Tutte le volte che Roberto mangia le fragole, gli viene una reazione allergica. Stamattina, a colazione ha mangiato una pasta farcita di marmellata di fragole, credendo fosse di ciliegie. Dunque, oggi gli verrà una reazione allergica.

3. Raffaella oggi ha indossato le scarpe da ginnastica. Ogni volta che deve camminare molto per lavoro, Raffaella indossa scarpe da ginnastica. Dunque, Raffaella oggi ha camminato molto per lavoro.

4. Ruggero ha appena fatto il pieno di benzina alla moto. Ogni volta che Ruggero fa il pieno alla moto, porta Giulia al mare. Dunque, ora Ruggero Porterà Giulia al mare.

A 1 e 4
B 2 e 4
C 2 e 3
D 1, 2 e 3
E 2, 3 e 4

362 Se è vero che «tutti gli intellettuali sono interlocutori noiosi», sarà necessariamente VERA anche UNA delle affermazioni seguenti:

A tutti gli interlocutori sono intellettuali noiosi
B nessun interlocutore noioso è intellettuale
C tutti i noiosi sono intellettuali
D tutti gli interlocutori sono noiosi
E alcuni interlocutori noiosi sono intellettuali

363 Se è vero che «chi gioca con il fuoco, si brucia», allora è necessariamente vera anche una delle affermazioni seguenti. Quale?

A Chi non gioca con il fuoco, non si brucia
B Il fuoco è dannoso per la salute
C Solo chi gioca con il fuoco può bruciarsi
D Giocare con il fuoco comporta come conseguenza quella di bruciarsi
E Se mi sono bruciato, sicuramente è perché ho giocato con il fuoco

364 Se Alberto è più alto di Franco che è più basso di Maurizio, allora:

A Maurizio è più alto di Alberto
B Alberto è più alto di Maurizio
C sia Alberto che Maurizio sono più alti di Franco
D Maurizio è alto quanto Alberto
E tutte le precedenti alternative sono corrette

365 Giacomo è convinto che se partisse per la Francia, troverebbe un lavoro come ingegnere aerospaziale.

In quale dei seguenti casi si sarebbe sicuri che Giacomo ha torto?

A Giacomo rimane in Italia e trova lavoro come ingegnere aerospaziale
B Giacomo rimane in Italia e non trova lavoro come ingegnere aerospaziale
C Giacomo parte per la Francia e dopo diversi mesi trova un lavoro come ingegnere aerospaziale
D Giacomo parte per la Francia ma non trova un lavoro come ingegnere aerospaziale
E Giacomo rimane in Italia e solo dopo un anno trova lavoro come ingegnere aerospaziale

366 Si scelga fra le seguenti alternative quella che esplicita più fedelmente l'espressione sottolineata.

Mia moglie ha cucinato le fettuccine <u>utilizzando il ragù preparato secondo la ricetta di Maria.</u>

A Mia moglie ha cucinato le fettuccine quando ha utilizzato il ragù preparato secondo la ricetta di Maria
B Mia moglie ha cucinato le fettuccine poiché ha utilizzato il ragù preparandolo secondo la ricetta di Maria
C Mia moglie ha cucinato le fettuccine e ha utilizzato il ragù che è stato preparato secondo la ricetta di Maria
D Mia moglie ha cucinato le fettuccine utilizzando il ragù che è stato preparato secondo la ricetta di Maria
E Mia moglie ha cucinato le fettuccine con l'utilizzo del ragù di Maria

Leggere il testo del seguente problema e rispondere alle relative domande.

A bordo di un piccolo pullman che ha, oltre al sedile dell'autista, quattro file di posti, viaggiano quattro amici: Luca, Marco, Fabio e Giacomo. Uno di essi è seduto al posto di guida, gli altri stanno ognuno in una fila. Una delle file rimane dunque vuota. È inoltre noto che:

- Luca è due file più avanti di Marco;
- Fabio è tre file più indietro di Giacomo;
- Luca ha solo quindici anni (e il pullman è considerato un autoveicolo pesante).

367 Chi ha dietro di sé una fila vuota?

A Giacomo
B Luca
C Fabio
D Marco
E Nessuno

368 Chi è il più lontano dal guidatore?

A Giacomo
B Luca
C Fabio
D Marco
E o Giacomo o Luca

369 Chi è il più vicino al guidatore?

A Marco
B Fabio
C Luca
D Giacomo
E Marco o Giacomo

370 Chi sta immediatamente dietro a Luca?

A Marco
B Fabio
C Nessuno, poiché la fila è vuota
D Giacomo
E Marco o Luca

371 Se Marco avanzasse di tre file, chi si troverebbe nella fila più distante dal guidatore?

A Giacomo
B Luca
C Fabio
D Marco
E Nessuno dei precedenti

372 Trascurando quanto affermato nel precedente quesito, se sul pullman salisse un nuovo amico, Francesco, e occupasse la fila vuota, chi sarebbe più vicino a Francesco?

A Giacomo e Luca
B Luca e Fabio
C Marco e Giacomo
D Luca e Marco
E Marco e Fabio

373 Scegliere tra le cinque coppie di parole quella che esprime la relazione più simile a quella esistente tra le parole "ascetico" e "carnale".

A Acidulo - carnoso
B Umano - bestiale
C Nobile - volgare
D Spirituale - fisico
E Austero - suntuario

374 Indica quale delle seguenti parole, se inserita al posto dei puntini, è coerente con l'idea espressa dal resto del testo: "Oggi ogni ramo della scienza sembra ci voglia mostrare che il mondo si regge su entità sottilissime: come i messaggi del DNA, gli impulsi dei neuroni, i quarks, i ... vaganti nello spazio dall'inizio dei tempi" (I. Calvino, *Lezioni americane*).

A pianeti
B neutrini
C mondi
D sistemi solari
E satelliti

375 Completa la proporzione Scultore : X = Y : Edificio

A Scultura/Pietra
B Statua/Meccanico
C Architetto/Musa
D Statua/Architetto
E Musa/Muratore

376 Scartare la serie contenente un termine anomalo.

A Posate, cucchiai, cucchiaini
B Artisti, pittori, quadri
C Alimenti, pasta, spaghetti
D Italiani, liguri, genovesi
E Diplomati, laureati, avvocati

377 Sei bambini sono di statura diversa. Marco è più alto di Giacomo e più basso di Franco.
Giacomo è più basso di Andrea e più alto di Sergio.
Marco è più alto di Andrea, mentre Paolo è più basso di Sergio.
Di conseguenza:

- A Franco è il secondo più alto dopo Giacomo
- B Sergio è il più basso
- C Andrea è più alto di Paolo
- D Giacomo è più alto di Andrea
- E Marco è alto come Sergio

378 Completare la seguente proporzione.
Donna : gallina = X : Y

- A X = veloce, Y = rapido
- B X = bambina, Y = passera
- C X = piume, Y = peli
- D X = bambino, Y = pulcino
- E X = uomo, Y = galli

379 "Uno dei motivi che ha spinto il Ministero della Pubblica Istruzione a cambiare l'esame di maturità è quello di verificare la preparazione degli studenti non solo su alcune materie, due per i compiti scritti e due per il colloquio orale come avveniva nella vecchia maturità, ma su tutte le materie studiate nell'ultimo anno. Questo dovrebbe rendere l'esame più equo e veritiero". Quale delle seguenti affermazioni, se vera, rafforzerebbe l'argomentazione precedente?

- A La verifica scritta è più significativa di quella orale
- B In altri Paesi europei, dopo avere sperimentato un esame su tutte le materie, si è tornati a una verifica su un numero più ristretto di argomenti, spesso scelti dagli studenti stessi
- C La verifica delle conoscenze di più materie permette di valutare con maggiore precisione la reale preparazione degli studenti
- D Secondo molti studenti e professori le nuove disposizioni impongono solo un incremento di lavoro per tutti, ma non consentono una reale verifica del livello culturale raggiunto dai ragazzi
- E Per valutare la preparazione di uno studente è sufficiente un esame anche su una singola materia

380 A Marco piace fare confusione. Mercoledì manda una e-mail a Giovanni in cui dice: "Sarò di ritorno tre giorni prima di una settimana dopo il giorno che viene dopo di domani". In quale giorno della settimana ritorna?

- A Lunedì
- B Martedì
- C Mercoledì
- D Sabato
- E Venerdì

381 Completare la seguente proporzione.
X : avverbio = piatto : Y

- A X = verbo, Y = fondo
- B X = sempre, Y = aggettivo
- C X = proverbio, Y = liscio
- D X = domani, Y = pronome
- E X = aggettivo, Y = soggetto

382 Quale dei seguenti ragionamenti risulta logicamente valido?
1. Beppe ha appena comprato un chilo di pomodori. Ogni volta che deve preparare la salsa, Beppe compera un chilo di pomodori. Dunque, Beppe sta per preparare la salsa.
2. Tutte le volte che Loredana supera il peso di 52 chili, si mette a dieta. Oggi Loredana si è pesata: 53 chili. Dunque, si metterà a dieta.
3. Marta ha appena ottenuto un aumento di stipendio. Ogni volta che Marta ottiene un aumento di stipendio, si regala un cappello nuovo. Dunque, ora Marta si comprerà un cappello nuovo.
4. Filippo oggi si è messo il vestito migliore. Ogni volta che deve incontrare suo nonno, Filippo indossa il migliore dei vestiti che possiede. Dunque, oggi incontrerà suo nonno.

- A 1 e 2
- B 3 e 4
- C 2 e 3
- D 1 e 2
- E 1, 3 e 4

383 Nell'enunciato "Gli dissi che se l'avessi rivisto con mia figlia, per quanto è vero Iddio, gli avrei spaccato la faccia", l'apodosi del periodo ipotetico è:

- A gli dissi
- B se l'avessi rivisto con mia figlia
- C gli avrei spaccato la faccia
- D per quanto è vero Iddio
- E gli dissi che se l'avessi rivisto con mia figlia, per quanto è vero Iddio

Leggere il brano e rispondere alla relativa domanda

«In una certa regione il numero di persone con oltre cinquant'anni di età è progressivamente aumentato di circa il 40%, mentre la popolazione di età inferiore è rimasta numericamente costante.

In questa stessa area, una malattia che indicheremo con la sigla M, mortale se non adeguatamente curata con trattamenti complessi e costosi, colpisce attualmente ogni anno circa 120 nuove persone ogni milione di abitanti. Un 25% di questi ammalati ha cinquant'anni o meno.

Negli ultimi due decenni ci si è impegnati molto nella prevenzione ma, contro le aspettative, in una quindicina d'anni, il numero complessivo di casi che ogni anno si ammala della malattia M è raddoppiato. In questo stesso periodo, la percentuale dei soggetti con cinquant'anni o meno che ogni anno si ammalano si è dimezzata».

384 Una sola delle seguenti affermazioni ha un preciso fondamento in quanto esplicitamente dichiarato nel testo:

- A la malattia M è incurabile
- B la malattia M non può essere in alcun modo prevenuta
- C nella regione si sta ottenendo una riduzione dei casi di malattia M
- D la malattia M colpisce soprattutto gli anziani
- E l'attuale aumento della malattia tra gli anziani è dovuto al fatto che solo di recente è stata avviata un'efficace prevenzione tra i giovani

385 Completare la seguente proporzione: "Cacciavite : pinza = X : Y"

- A X = trincetto; Y = chiave inglese
- B X = chiave inglese; Y = zappa
- C X = pialla; Y = sega
- D X = trincetto; Y = zappa
- E X = pinza; Y = penna

386 La perizia balistica non ha escluso l'impossibilità che il colpo non sia stato sparato dalla casa di fronte.
La precedente affermazione è logicamente equivalente a:

- A il colpo non è stato sicuramente sparato dalla casa di fronte
- B il colpo deve essere stato sparato dalla casa di fronte
- C il colpo potrebbe essere stato sparato dalla casa di fronte
- D dalla casa di fronte si sparano sempre colpi
- E la perizia non è riuscita a certificare, dopo molte ricerche, che il colpo sia stato sparato dalla finestra

387 Trova l'intruso.

- A Senario
- B Settenario
- C Ottava
- D Trisillabo
- E Quinario

388 Autoritario : autorevole = X : Y
Quale delle soluzioni proposte completa meglio la proporzione?

- A X = presuntuoso; Y = sapiente
- B X = ignorante; Y = sapiente
- C X = potente; Y = prepotente
- D X = presuntuoso; Y = prepotente
- E X = autorità; Y = presunzione

389 Individuare, tra le seguenti, la frase che non contiene errori.

- A Quel professore è veramente arrogante, si crede onnisciente
- B Quel professore è veramente arrogante, si crede onniscente
- C Quel professore è veramente arrogante, si crede omnisciente
- D Quel professore è veramente arrogante, si crede discente

390 Intonso : libro = X : Y
Scegliere tra UNA delle coppie sotto elencate quella che completa correttamente l'uguaglianza.

- A Y = intatto; X = colpito
- B Y = ignoto; X = vero
- C Y = inviolato; X = suolo
- D Y = gas; X = inerte
- E Y = insondabile; X = mistero

Leggere il brano seguente e rispondere alla relativa domanda

Non è una situazione isolata negli annali delle ricerche scientifiche, ma tende a verificarsi con grande frequenza. Andrea Vesalio divenne professore di anatomia a Padova il giorno dopo la laurea conseguita alla facoltà di medicina nel 1537; all'età di ventott'anni aveva prodotto il suo monumentale *De Humani Corporis Fabrica* e cambiato per sempre il modo di valutare i dati scientifici da parte dei medici. Trecento anni dopo, le fondamentali scoperte nel campo dell'anestesia furono compiute da un gruppo di uomini talmente giovani che, in genere, non avevano nemmeno iniziata la carriera. Il prolungato periodo di studi richiesto ai ricercatori di oggi, insieme alla sofisticata tecnologia della ricerca moderna, rende improbabile che ragazzi di vent'anni riescano ad affermarsi come leader in campo scientifico. [...] Comunque... gran parte del progresso scientifico sarà inevitabilmente da ascriversi a giovani operatori nel decennio immediatamente successivo alla fine degli studi.

Sherwin B. Nuland, *Storia della medicina*, Oscar Mondadori, 2004

391 Individuate LA SOLA delle notizie qui riportate che NON È SUFFRAGATA dal testo di Nuland.

- A Vesalio scrisse ancor giovanissimo un'opera scientifica che rivoluzionò l'arte medica
- B Non è capitato spesso che importanti scoperte scientifiche siano state fatte da giovani e giovanissimi
- C Nel XVI secolo si ricorreva al latino, come oggi all'inglese, in campo scientifico
- D Furono giovani ancora privi di esperienza professionale a occuparsi con successo del problema dell'anestesia
- E Nel XVI secolo in Italia c'erano università in cui gli studi di medicina erano assai progrediti

392 Se è vero che «non tutti i mali vengono per nuocere», sarà necessariamente vera anche UNA delle affermazioni seguenti:

- A qualche male non viene per nuocere
- B i mali non nuocciono
- C quelli che nuocciono non sono mali
- D se non vengono per nuocere non sono mali
- E se sono mali non vengono per nuocere

393 Se è vero che «chi disprezza compra; chi loda vuol lasciare», sarà necessariamente vera anche UNA delle affermazioni seguenti:

- A chi vuol comprare, loda
- B chi disprezza, non vuol lasciare
- C chi vuol lasciare, disprezza
- D chi non vuol comprare, disprezza
- E chi vuol lasciare, non loda

394 Quale dei seguenti ragionamenti risulta logicamente valido?
1. Guido sta dormendo sul divano. Ogni volta che litiga con la moglie, Guido dorme sul divano. Dunque, Guido ha appena litigato con la moglie.
2. Elena oggi ha rinunciato alla sua corsa mattutina al parco. Ogni volta che deve stirare, Elena rinuncia alla corsa del mattino al parco. Dunque, oggi Elena deve stirare.
3. Tutte le volte che Giorgia va a sciare, le viene la bronchite. Domani, Giorgia va a sciare con gli amici. Dunque, tornerà dalla sciata con la bronchite.
4. Alessandro oggi compie gli anni. Ogni volta che Alessandro compie gli anni, la nonna gli prepara una torta cioccolato e pere. Dunque, oggi Alessandro potrà mangiare la torta pere e cioccolato della nonna.

- A 3 e 4
- B 1 e 2
- C 1 e 4
- D 1, 2 e 3
- E 2, 3 e 4

395 Alcuni x sono y. Nessun z è x
Quale fra le seguenti conclusione è valida?

- A Nessun y è z
- B Nessun z è y
- C Alcuni z non sono y
- D Alcuni y non sono z
- E Tutti i y sono z

396 Completare la seguente proporzione.

Tigre : X = Y : onnivoro

- A X = uomo, Y = erbivoro
- B X = verdura, Y = carnivoro
- C X = pesce , Y = acquatico
- D X = carnivoro, Y = uomo
- E X = gatto, Y = felino

397 Ecco un gioco chiamato "La torre di Londra". Il gioco consiste nello spostare le palline da un pozzetto all'altro. Devi indicare il numero minimo di spostamenti necessario per passare dalla posizione iniziale alla posizione finale delle palline. Le regole del gioco sono semplici: 1) Si può spostare solo una pallina alla volta; 2) Si può muovere solo la pallina superiore.

Posizione iniziale **Posizione finale**

- A 4 mosse
- B 3 mosse
- C 5 mosse
- D 6 mosse
- E 7 mosse

398 Indica quale delle interpretazioni è coerente con il testo del grande fisico Max Born: "Se Dio ha fatto del mondo un meccanismo perfetto, ha per lo meno fatto questa concessione al nostro intelletto imperfetto: che al fine di predire piccole porzioni di esso, non dobbiamo risolvere innumerevoli equazioni differenziali, ma possiamo usare i dadi con un certo successo".

- A L'uomo, a causa dell'imperfezione del suo intelletto, non riesce a capire il mondo
- B Il mondo è simile ad un orologio
- C Dio non gioca a dadi
- D Dio ha creato un mondo dove c'è spazio per la contingenza
- E Dio ha creato un mondo buono che l'uomo ha reso cattivo

399 Stai partecipando a una gara automobilistica. A un certo punto superi il terzo, in quale posizione ti trovi?

- A primo
- B secondo
- C terzo
- D quarto
- E nessuna delle risposte precedenti

400 L'ispettore Smith è stato chiamato per risolvere il caso di un cadavere trovato sulla battigia e interroga un testimone. "Stavo camminando sulla battigia, ascoltando il rumore delle onde e guardando il mio aquilone che prendeva quota laggiù sul mare aperto, quando sono letteralmente inciampato nel cadavere", disse Jack Morgan. "Tanto che mi sono fatto sfuggire di mano il filo. Poi ho telefonato subito alla polizia col mio cellulare". Smith fece cadere un po' di cenere dal sigaro sulla spiaggia immacolata, o quasi. Perché non lontano dal cadavere vide le classiche impronte di un gabbiano che si dirigevano verso il mare. "L'uccello deve averle lasciate non più tardi di 20 minuti fa altrimenti la marea le avrebbe già cancellate", pensò fra sé. "E a proposito", disse a Morgan, "Dov'è finito ora il suo aquilone?". "Chissà" rispose l'uomo. "Dopo aver perso il filo l'ho visto andare sempre più verso il mare aperto, spinto dal vento". "Ma ora il mare è calmo e non c'è neanche un alito di vento", notò Smith. "Sì, è vero, il vento si è calmato poco prima che arrivaste voi" ribatté Morgan. "Venga un po' qui" disse a questo punto Smith. "Lei ha il diritto di fare una telefonata al suo avvocato. E non deve dispiacersi se ha perso il suo aquilone. Nel cortile del carcere è difficile farli volare". Perché Smith è convinto che Morgan sia comunque implicato nell'omicidio?

- A Perché ha notato qualcosa di strano nell'espressione di Morgan
- B Perché una persona adulta non si diverte mai con gli aquiloni
- C Perché il vento doveva soffiare nella direzione opposta a quella indicata da Morgan
- D Perché è impossibile fare volare aquiloni sul mare
- E Nessuna delle ragioni sopra indicate

401 I gatti bianchi mangiano di più dei cani bianchi. I gatti neri mangiano di più dei gatti bianchi. I gatti neri mangiano meno dei cani neri. Quale di questi è l'animale domestico che vi costerebbe di meno per il vitto?

A I cani bianchi
B I gatti bianchi
C I gatti neri
D I cani neri
E non è possibile rispondere

402 Enclave è:

A parte di un territorio di uno stato che si trova nel territorio di un altro stato
B grosso bastone nodoso
C porzione anatomica del ginocchio
D strumento a vite per la spremitura delle olive
E strumento musicale a corde in uso nel '700

403 Il significato del termine "diverbio" è:

A avverbio
B protervo
C litigio
D diverso
E biologico

404 Quali, tra i termini proposti, completano correttamente la seguente proporzione?
Attore : X = pianista : Y

A X = tastierista; Y = contratto
B X = film; Y = pianoforte
C X = film; Y = concerto
D X = autografo; Y = metronomo
E X = Oscar; Y = teatro

405 Delle seguenti 4 affermazioni, quale affermazione è vera se una sola delle 4 affermazioni è vera?
Affermazione E: L'affermazione H è vera;
Affermazione F: L'affermazione G è vera;
Affermazione G: L'affermazione E è vera;
Affermazione H: L'affermazione F è falsa.

A Affermazione E
B Affermazione F
C Affermazione G
D Affermazione H
E Nessuna delle quattro può essere vera

406 Il ministro dell'economia di Matlandia afferma: "Se il bilancio non sarà tagliato, allora nel prossimo anno 1999 i prezzi rimarranno stabili se e soltanto se aumenteranno tutte le tasse". Ammessa l'assoluta verità di questa affermazione e fondandosi solo su di essa, che cosa può essere accaduto a Matlandia nel 1999?

A Il bilancio non fu tagliato; le tasse non furono aumentate e i prezzi rimasero stabili
B Il bilancio non fu tagliato; furono aumentate le tasse sugli stipendi degli impiegati dello Stato e i prezzi rimasero stabili
C Il bilancio non fu tagliato; tutte le tasse furono aumentate e i prezzi rimasero stabili
D Il bilancio non fu tagliato; le tasse furono aumentate e i prezzi crebbero
E Il bilancio non fu tagliato, i prezzi diminuirono avendo aumentato le tasse sulle rendite immobilia

407 Un chimico studiando una soluzione, constatò che se si tingeva di verde, allora in essa era presente, sodio, oppure potassio, oppure ferro; constatò inoltre che, sempre se si tingeva di verde, se c'era sodio, c'era anche bromo oppure cloro, e che, se c'era potassio, c'era anche jodio. Quale di queste situazioni si può verificare?

A la soluzione contiene solo potassio e diventa verde
B la soluzione contiene solo ferro e potassio e diventa verde
C la soluzione contiene solo jodio e diventa verde
D la soluzione contiene sodio e cloro, e diventa verde
E La soluzione contiene potassio, ferro e sodio e si tinge di verde

408 Quali tra i termini proposti completano correttamente la seguente proporzione?

Pittore : pennello = X : Y

A X = pilota; Y = aeroporto
B X = notaio; Y = magistrato
C X = professore; Y = automobile
D X = pizza; Y = cuoco
E X = boscaiolo; Y = accetta

409 Un'azienda ha 200 dipendenti suddivisi in 3 sedi con almeno 50 dipendenti per ogni sede. Allora una e una sola delle seguenti affermazioni è sempre vera (indipendentemente dalla distribuzione tra le sedi):

- A se esiste una sede con 50 dipendenti, ne esiste un'altra con almeno 60
- B se esiste una sede con 90 dipendenti, ne esiste un'altra che ne ha almeno 55
- C esistono due sedi con almeno 80 dipendenti ciascuna
- D esistono almeno due sedi con al più 50 dipendenti ciascuna
- E se esiste una sede con 50 dipendente, ne esiste una con almeno 100

410 Matteo dice: "Sono nati quattro bambini e sono biondi". Giovanni dice: "Sono nati due bambini biondi e due castani". Aldo dice: "Sono nati solo bambini biondi". Quanti bambini sono nati, sapendo che una e una sola delle precedenti affermazioni è falsa?

- A 1
- B 2
- C 4
- D 3
- E non è possibile stabilire il numero con certezza

411 Una donna ha l'età doppia di sua figlia, ed il prodotto delle loro età è 20 volte la somma delle loro età. Che età ha la figlia?

- A 10 anni
- B 15 anni
- C 20 anni
- D 30 anni
- E 40 anni

412 L'enunciato "Stefania nei confronti di Luca dimostra sempre una forte idiosincrasia" significa:

- A Stefania dimostra una forte comprensione
- B Stefania dimostra una forte malattia
- C Stefania dimostra una forte incomprensione
- D Stefania dimostra una forte attrazione
- E Stefania dimostra una forte avversione

413 Cinque barattoli, denominati da F a L, sono impilati uno sull'altro, in ordine alfabetico, con il barattolo F in cima alla pila. I tre barattoli alla base vengono presi simultaneamente e messi in cima alla pila senza cambiarne l'ordine. Se questa procedura viene ripetuta altre due volte, quale dei barattoli, alla fine, va ad occupare la posizione in mezzo alla pila?

- A Il barattolo F
- B Il barattolo G
- C Il barattolo H
- D Il barattolo I
- E Il barattolo L

414 "Solo se lavoro la domenica, riesco a portare a termine il compito".
In base alla precedente affermazione, è necessariamente vero che:

- A nessuna delle altre alternative è corretta
- B condizione sufficiente perché io riesca a portare a termine il compito è che io lavori la domenica
- C se lavoro la domenica, sicuramente riesco a portare a termine il compito
- D se non riesco a portare a termine il compito, significa che non ho lavorato la domenica
- E se non lavoro la domenica, non riesco a portare a termine il compito

415 "Tutti i professori sono seri; Mauro è serio; tutti i professori sono affascinanti".
In base alle precedenti affermazioni, quale delle seguenti è necessariamente vera?

- A Tutte le persone affascinanti sono serie
- B Nessun professore è serio e privo di fascino
- C Mauro è affascinante
- D Tutte le persone serie sono affascinanti
- E Mauro è un professore

416 Abitazione sta ad architetto come:

- A pittore a cavalletto
- B articolo a giornalista
- C coltello a macellaio
- D computer a scrittore
- E dentista a dentiera

417 È sbagliato non ammettere che le precauzioni prese non sono bastate per impedire il rovesciamento della barca". Basandosi sulla precedente affermazione, individuare quale delle seguenti alternative è esatta.

A La barca si è rovesciata nonostante le precauzioni prese
B Le precauzioni che si possono prendere per impedire il rovesciamento di una barca sono inefficaci
C Si può affermare che le precauzioni prese sono state sufficienti per impedire il rovesciamento della barca
D Grazie alle precauzioni prese la barca non si è rovesciata
E Bisogna ammettere che non è stata presa alcuna precauzione per impedire il rovesciamento della barca

418 Indicare l'analoga stretta proporzione: Alpi : Monte Bianco = ______ :

A Himalaya : Everest
B Europa : Continente
C Città : Regione
D Padania : Pianura
E Montagna : Roccia

419 In quale delle frasi seguenti la dipendente è una proposizione concessiva?

A Se comincia a parlare, non la finisce più
B Era tale la sua stanchezza che si addormentò subito
C Esco, anche se fa freddo
D Comportati nel modo che ritieni più opportuno
E Mi chiedo se sia giusto oppure no

420 Le seguenti parole presentano il proprio ordine sconvolto: in quattro di esse si cela il nome di un animale, una fa eccezione: quale?

A Enac
B Epesc
C Erofi
D Efatenle
E Entolecama

421 "In base alle statistiche della scuola, i professori hanno appurato che non è falsa la tesi secondo cui quella materia non è importante". Basandosi sulla precedente affermazione, quale delle seguenti alternative è vera?

A In base alle statistiche della scuola, i professori non hanno potuto appurare il livello di preparazione degli studenti
B Quella materia non è importante, in base alle statistiche della scuola
C Basandosi sulle statistiche della scuola, i professori non possono affermare la falsità della tesi secondo la quale quella materia è importante
D I dati delle statistiche della scuola sono poco significativi
E Quella materia è importante, in base alle statistiche della scuola

422 "Chi non frequenta tutte le lezioni viene bocciato all'esame". In base alla precedente affermazione, è necessariamente vero che:

A condizione necessaria per essere bocciato all'esame è quella di non frequentare tutte le lezioni
B chi non viene bocciato all'esame ha frequentato tutte le lezioni
C non è possibile che anche chi frequenta tutte le lezioni possa essere bocciato
D chi viene bocciato all'esame non ha frequentato tutte le lezioni
E chi frequenta tutte le lezioni verrà promosso

423 In una corsa, Giuseppe è più veloce di Alfio, il quale a sua volta è più lento di Federico. Di conseguenza:

A Giuseppe è più veloce di Federico
B Giuseppe è più lento di Federico
C Alfio impiega più tempo degli altri due
D Alfio impiega lo stesso tempo degli altri due
E Federico è più veloce di Giuseppe

424 Completa i termini mancanti della proporzione: x : Pasta = Pomodoro : y

A x = grano, y = salsa
B x = salsa, y = cipolla
C x = oliva, y = verdura
D x = riso, y = vino
E x = pesca, y = cucina

425 Le seguenti parole presentano il proprio ordine sconvolto: in quattro di esse si cela il nome di un fiore, una fa eccezione: quale?

A tupalino
B gilogi
C oliav
D dechoria
E tesvito

426 "Il male non ci ferma: possiamo cadere mille volte, ma il male non ci definisce, come invece definisce la mentalità mondana, per cui alla fine gli uomini giustificano quello che non riescono a non fare. Caratteristica della vera moralità è allora il desiderio di correzione. Il termine "correggere", che traduce il latino "regere cum", indica il camminare reggendosi assieme". Una sola delle seguenti affermazioni è coerente con il significato del brano precedente. Quale?

A Le persone non possono essere fermate dalle azioni malvagie perché alla fine qualcuno giustificherà quello che non riescono a fare
B Non importa fare il male o il bene: l'importante è fare, tanto poi qualcuno potrà intervenire a correggere gli errori
C Se si cammina assieme si può fare ciò che si vuole perché il giudizio morale deriva dal sorreggersi a vicenda
D Gli uomini con il desiderio di correzione giustificano quello che non riescono a non fare
E Una persona veramente morale non ha come caratteristica quella di non fare mai il male, bensì il desiderio di correzione

427 Giulio è un musicista bravo quanto Dario. Dario è più bravo della media dei musicisti. Questo significa che?

A Dario è più bravo di Giulio
B Dario è sotto la media
C Giulio è più bravo di Dario
D Giulio è il migliore fra i musicisti
E Giulio non è inferiore alla media dei musicisti

428 Tutti i miei amici hanno la patente. Alcuni di essi non hanno la macchina. Questo significa che?

A I miei amici non hanno la macchina
B Alcuni miei amici non hanno la patente ma hanno la macchina
C Alcuni miei amici, pur essendo patentati, non hanno la macchina
D Alcuni miei amici non hanno la macchina e neppure la patente
E Tutti i miei amici hanno la patente e la macchina

429 Se tutti i carboidrati nutrono e tutti i tipi di pane sono carboidrati, quale affermazione fra le seguenti è vera?

A Tutti i carboidrati non nutrono
B Alcuni tipi di pane sono più nutrienti di altri
C Tutti i tipi di pane nutrono
D Solo il pane nutre
E Non tutti i tipi di pane nutrono

430 La frase "Non c'è casa senza scala" implica che:

A Nessuna casa ha due scale
B Ogni casa ha almeno una scala
C Ogni casa ha due scale
D Qualche casa non ha scala
E Qualche casa ha almeno una scala

431 "Gli italiani sono uomini. Gli uomini possono essere filosofi". Indicare quale delle seguenti affermazioni completa il sillogismo proposto:

A Gli italiani sono filosofi
B Alcuni filosofi sono italiani
C Alcuni italiani possono essere filosofi
D Questo sillogismo non può essere completato
E Nessun italiano è un filosofo

432 Anagrammate le seguenti parole ed individuate quale di esse non indica un mammifero:

A EFETANLE
B TATOMARM
C CELOTULAR
D VLALOCA
E TRUTFEO

433 **Io sono una donna. Se la figlia di Paola è madre di mia figlia, chi sono io per Paola?**

- A la figlia
- B la madre
- C la nonna
- D la nipote
- E io sono Paola

434 **Se non è vera la proposizione "A tutti i gatti neri piace il pesce", si può affermare che:**

- A A tutti i gatti neri non piace la carne
- B Il pesce piace a tutti i gatti
- C Il pesce piace anche a qualche gatto che non è nero
- D Ai gatti bianchi piace la carne
- E Esiste almeno un gatto nero a cui non piace il pesce

435 **Date le seguenti affermazioni:**
"Tutti gli avvocati hanno intelligenza acuta.
Luca ama leggere libri gialli.
Tutte le persone che amano leggere libri gialli hanno intelligenza acuta".
Se tali affermazioni sono vere, quale tra le asserzioni sotto elencate è necessariamente vera?

- A Luca è un avvocato
- B Luca ha intelligenza acuta
- C Luca non ha intelligenza acuta
- D Tutte le persone con intelligenza acuta sono avvocati
- E Luca avrebbe voluto essere avvocato

436 **Date le seguenti affermazioni:**
"Se Sandro è a Lucca, allora Paolo è a Torino.
Paolo è a Torino".
Quale delle seguenti affermazioni è vera?

- A Paolo è a Torino
- B Sandro non è a Lucca
- C Sandro è a Lucca
- D Sandro e Paolo sono a Torino
- E Non si può trarre alcuna conclusione logicamente valida

437 **È stato commesso un assassinio. Il commissario De Acutis, incaricato delle indagini, sa con certezza che:**

- **L'assassino deve essere alto meno di 160 cm oppure deve pesare meno di 60 Kg**
- **Se l'assassino è donna, deve essere bionda.**

Tra gli indiziati, c'è il signor Tapino, che è alto 170 cm.
Quale delle seguenti affermazioni è necessariamente vera?

- A Se pesa meno di 60 Kg, può essere l'assassino
- B Se Tapino pesa 70 Kg, non può essere l'assassino
- C Se è biondo, non può essere l'assassino
- D Tapino non può essere l'assassino perché è alto 170 cm
- E Se Tapino è alto 180 cm non può essere l'assassino

438 **i) I Sardi sono ospitali.**
ii) Guido è ospitale.
iii) Alcune persone ospitali sono simpatiche.
Se le tre affermazioni sono vere, si può dedurre che:

- A Guido è sardo
- B Guido è simpatico
- C Non si può dire se Guido sia o meno simpatico
- D I sardi sono tutti simpatici
- E solo chi è simpatico può essere sardo

439 **Alberto è più alto di Davide, Eugenio è più basso di Davide, Carla è più bassa di Basilio ma è più alta di Alberto. Chi è la persona che occupa il posto intermedio in altezza?**

- A Davide
- B Alberto
- C Carla
- D Basilio
- E Eugenio

440 **Quale delle parole indicate si avvicina di più all'opposto del significato di "Oscurare"?**

- A Spiegare
- B Rivelare
- C Amplificare
- D Occultare
- E Relegare

441 Due amici si rivedono dopo molti anni. Il primo dice al secondo: "Quanti figli hai adesso?". E l'altro risponde: "Ho un figlio maschio, che ha tante sorelle quanti fratelli. Ognuna delle sue sorelle ha un numero di fratelli doppio rispetto al numero delle sorelle che ha". Quanti figli maschi e quante femmine ha quest'uomo

A Un maschio e due femmine
B Due maschi e due femmine
C Non ha figli maschi
D Quattro maschi e tre femmine
E Una femmina e due maschi

442 Marco dice a Francesco: "Se mi dai una biglia, ne avremo lo stesso numero". Francesco risponde: "Se me ne dai una tu, io ne avrò il doppio delle tue". Quante biglie hanno rispettivamente Marco e Francesco?

A 3 e 4
B 5 e 7
C 1 e 2
D 5 e 6
E 2 e 4

443 Immagina su un tavolo una carta da gioco coperta e la seguente serie di 5 carte scoperte: 1 di picche; 3 di fiori; 4 di cuori; 6 di cuori; 7 di fiori. Scegli tra le seguenti quale possa essere, su basi logiche, l'unica carta coperta:

A 9 di fiori
B 9 di picche
C 5 di cuori
D 8 di quadri
E 8 di picche

444 "Tutti i bambini sono simpatici. Dario è simpatico. Tutte le persone simpatiche hanno un buon carattere". In base alle precedenti affermazioni, quale delle seguenti NON è necessariamente vera?

A Chi non ha un buon carattere non è simpatico
B Tutti i bambini hanno un buon carattere
C Dario è un bambino
D È impossibile che Dario non abbia un buon carattere
E Dario può essere un bambino

445 Completare la seguente proporzione. X : pareti = ruscello : Y

A X = pittura, Y = acqua
B X = montagna, Y = fiume
C X = abitazione, Y = sponde
D X = uomini, Y = pesci
E X = mattoni, Y = acqua

446 Se A ≤ B e B ≤ C, quale delle seguenti relazioni è vera ?

A $A < C$
B $A \leq C$
C $A \geq C$
D $A = C$
E $A > C$

447 Ecco un gioco chiamato "La torre di Londra". Il gioco consiste nello spostare le palline da un pozzetto all'altro. Devi indicare il numero minimo di spostamenti necessario per passare dalla posizione iniziale alla posizione finale delle palline. Le regole del gioco sono semplici: 1) Si può spostare solo una pallina alla volta; 2) Si può muovere solo la pallina superiore.

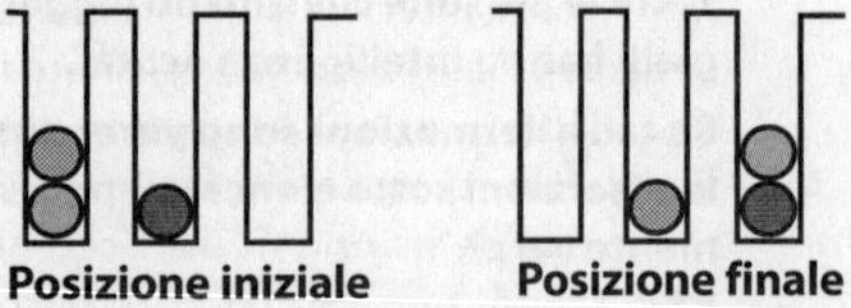

A 3 mosse
B 4 mosse
C 5 mosse
D 6 mosse
E 7 mosse

448 Alberto è un bravo studente. Tutti gli studenti di Psicologia sono bravi studenti. Tutti i bravi studenti sono preparati. Date queste premesse quale di queste affermazioni è necessariamente vera?

A Alberto è uno studente di Psicologia
B Alberto è preparato
C Alcuni studenti di Psicologia sono preparati
D Tutti gli studenti preparati sono bravi studenti
E Alcuni bravi studenti sono studenti preparati

449 Venuta la sera, mi ritorno in casa, et entro nel mio scrittoio; et in su l'uscio mi spoglio quella veste cotidiana, piena di fango et di loto, et mi metto panni reali et curiali; et rivestito condecentemente entro nelle antique corti degli antiqui huomini, dove, da loro ricevuto amorevolemente, mi pasco di quel cibo, che solum è mio, et che io nacqui per lui". (Niccolò Machiavelli, *Lettera a Francesco Vettori*)

Dal brano si evince che l'autore rientrando la sera a casa si libera:

- A degli affanni quotidiani per dedicarsi a meditazioni creative
- B dei panni sporchi di fango per indossarne di più puliti
- C della stanchezza andando a riposare
- D della veste di ogni giorno per indossare abiti sontuosi
- E della veste quotidiana e cena con il suo piatto preferito

450 "Da Socrate ad Einstein, da Archimede a Madame Curie e a Fermi, si susseguono, come in una grande galleria di quadri, numerosissimi ritratti degni della massima considerazione e che ci mostrano dei volti sui quali si leggono commoventi storie di ansie e di rinunzie, di speranze e di delusioni provate con alterna vicenda nel tentativo tenace di conquistare una verità".

Dal brano si evince che:

- A il cammino di coloro che si accingono alla scoperta del vero è lungo e difficile
- B la verità si conquista solo provando speranze e delusioni
- C i ritratti di Socrate. Einstein, Archimede, Madame Curie e Fermi sono degni della massima considerazione
- D i grandi scienziati hanno il diritto di essere immortalati con dei ritratti
- E i ritratti dei grandi scienziati sono commoventi

451 Indicare la parola da scartare.

- A Falco
- B Ala
- C Osso
- D Radar
- E Otto

452 La talassemia è una malattia ereditaria che deve la sua diffusione in molte parti del mondo ad una proprietà particolare: provoca un'alterazione dei globuli rossi del sangue che rende più difficile al parassita che causa la malaria di allignarvi. Ecco dunque la malattia divenire potenzialmente benefica nelle zone in cui la malaria è frequente. Ma solo gli individui che ricevono il gene della talassemia da uno dei due genitori e il gene normale dall'altro sono "portatori sani", cioè non hanno sintomi patologici e resistono meglio del resto della popolazione agli attacchi della malaria. Di conseguenza in presenza di malaria i portatori sani muoiono meno degli individui che non hanno il gene della talassemia e trasmettono ai figli la resistenza. Il gene quindi aumenta di frequenza una generazione dopo l'altra, e quando vi sono parecchi portatori sani diventa più probabile che due di essi si sposino e generino un figlio affetto da talassemia.

Quale delle seguenti informazioni è DEDUCIBILE dal testo?

- A I malati di malaria sono più esposti alla talassemia
- B I malati di talassemia resistono alla malaria che però trasmettono ai figli
- C I portatori del gene della malaria possono trasmetterlo ai figli
- D I portatori del gene della talassemia sono più resistenti alla malaria
- E I portatori del gene della talassemia sono più resistenti alla malaria ma più esposti ad altre malattie

453 Cinque Stati sono tra loro confinanti. A confina solo con B, B confina con C e con D, inoltre D confina anche con E. Qual è il numero minimo di stati da attraversare per chi voglia recarsi da A a E (esclusi A ed E stessi)?

- A Due
- B Quattro
- C Tre
- D Cinque
- E Uno

454 A partire dal 1955 tutti i lavoratori impiegati nell'industria edile portano il casco. Sulla scorta di quali dei seguenti elementi può ritenersi CORRETTA tale asserzione?

A Nessun lavoratore ha portato il casco prima del 1955 ma tutti lo hanno portato successivamente

B I lavoratori dell'industria edile sono stati i primi ad essere obbligati a portare il casco

C I lavoratori dell'industria edile portavano il casco prima del 1955

D Alcuni lavoratori possono aver portato il casco prima del 1955, ma tutti quelli dell'industria edile sono stati obbligati ad usarlo a partire da tale data

E I lavoratori possono aver portato un qualsiasi tipo di casco prima del 1955, ma successivamente, tutti hanno dovuto portarne un tipo standardizzato

455 Se il libro di geografia ha più pagine del libro di storia ma meno pagine del libro di latino, che a sua volta ha più pagine del libro di chimica il quale ha lo stesso numero di pagine del libro di storia, allora quale affermazione è vera?

A il libro di storia ha meno pagine del libro di geografia

B il libro di geografia e il libro di storia hanno lo steso numero di pagine

C il libro di chimica ha più pagine del libro di geografia

D il libro di storia è il più voluminoso

E nessuna delle precedenti

456 Qual è il significato esatto della seguente frase?

"È stata respinta la prova della negazione della certezza manifestare avversione per il sig. Bianchi".

La frase significa che:

A il sig. Bianchi non ama il sig. Rossi

B il sig. Rossi nasconde la sua inimicizia per il sig. Bianchi

C la frase non ha senso

D il sig. Rossi è nemico del sig. Bianchi

E il sig. Rossi dimostra palese amicizia per il sig. Bianchi

457 L'archeologia dice ancora poco, ma la genetica ci informa di più. Lo studio del DNA mitocondriale ci ha detto che la data di separazione tra Africani e non Africani deve essere posteriore a 200.000 anni fa. I mitocondri costituiscono una piccolissima parte del nostro corredo genetico (un 200millesimo), e abbiamo imparato che è necessario rivolgersi a materiale più vasto. Sono stati studiati molti altri geni, e si è creato un ampio corpo di conoscenze (migliaia di pubblicazioni), di cui è stata fatta una paziente elaborazione statistica.

Una delle affermazioni seguenti NON è suffragata dal testo. Quale?

A La data si separazione di Africani e non Africani non risale a più di 200.000 anni

B I mitocondri non costituiscono la totalità del nostro corredo genetico

C I geni mitocondriali sono meno informativi del complesso di tutti i geni

D Lo studio archeologico indica una data di separazione di Africani e non Africani di 200.000 anni fa

E La genetica può dare più informazioni dell'archeologia

458 D dice: "E è falso". E dice: "D e F sono entrambi veri". F dice: "D è falso".

Quale assegnamenti delle tre variabili DEF rendono tutte e tre le frasi sopra riportate esatte?

A D vero – E falso – F falso

B D falso – E falso – F falso

C D vero – E vero – F vero

D D vero – E falso – F vero

E D falso – E vero – F vero

459 Se Mauro è alto 178 cm e Alfio è alto 182 cm allora è possibile dedurre che:

A le altezze dei due sono proporzionali al loro peso

B Mauro è più alto di Alfio

C è molto probabile che Mauro e Alfio abbiano lo stesso peso

D Mauro e Alfio hanno certamente pesi diversi

E tutte le risposte precedenti sono errate

460 **Se in una gara di staffetta 4×100 Luigi parte prima di Giuseppe, Marco parte prima di Giuseppe, Cesare parte prima di Giuseppe e Luigi parte prima di Cesare:**
- A Luigi è il primo a partire
- B Giuseppe non parte per ultimo
- C Marco è il secondo a partire
- D Cesare è il terzo a partire
- E Non si sa chi parte per primo

461 **In un torneo di basket a quattro squadre con 3 punti per la vittoria, 1 punto per il pareggio e 0 punti per la sconfitta, la prima classificata, dopo tre incontri, ha totalizzato 6 punti perché:**
- A ha subito una sola sconfitta
- B non ha mai perso
- C ha pareggiato 2 volte
- D ha sempre vinto
- E ha pareggiato solo una volta

462 **L'orchidea sta ai vegetali come x sta a y. Cosa sono rispettivamente x e y?**
- A x = animali; y = volpe
- B x = animali; y = pesci
- C x = volpe; y = delfino
- D x = cammelli; y = gelsomino
- E x = volpe; y = animali

463 **Completare la frase seguente con i corretti inserimenti sia dal punto di vista grammaticale che semantico.**
"Se non mi ... prontamente, essi mi ... e ... l'identità celata dal mio ... "
- A fossi nascosto; avrebbero riconosciuto; svelerebbero; nome e cognome
- B fossi nascosto; riconoscevano; scoprivano; pseudonimo
- C nascondevo; avrebbero riconosciuto; sarebbe stata scoperta; travestimento
- D fossi nascosto; avrebbero riconosciuto; sarebbe stata svelata; pseudonimo

464 **Qual è il sinonimo di *scapitare*?**
- A Camminare a passo veloce
- B Rimetterci
- C Ricavare
- D Mostrare pazienza
- E Fremere

465 **"Tutti i diplomati hanno molta curiosità. Per essere uno scrittore bisogna essere diplomato. Mario ha molta curiosità". Se le precedenti affermazioni sono vere, è possibile dedurre che:**
- A Mario è uno scrittore
- B tutti i diplomati sono scrittori
- C tutti gli scrittori hanno molta curiosità
- D Mario è diplomato
- E solo chi non ha molta curiosità può diplomarsi

466 **Solo se il verde è spento il rosso è acceso.**
Solo se il giallo è acceso il blu lampeggia.
O il verde è spento o il giallo è acceso.
In base alle indicazioni precedenti, quale delle seguenti affermazioni è sicuramente vera?
- A Il blu lampeggia
- B Il giallo e il rosso sono accesi
- C Il rosso è acceso o il blu lampeggia
- D Entrambe le affermazioni A e B sono vere
- E Nessuna delle affermazioni A, B e C è vera

467 **Completare la seguente proporzione.**
Pungente : X = graffiante : Y
- A X = dormiente, Y = montante
- B X = acuto, Y = ottuso
- C X = arguto, Y = ordinario
- D X = irritante, Y = spinoso
- E X = aculeo, Y = unghia

468 **Qui di seguito sono indicati quattro elementi (gruppi di lettere). Tre sono legati da una connessione logica. Individua l'intruso.**
ASSE ISSO TINO ERTO
- A ASSE
- B ISSO
- C TINO
- D ERTO
- E Non c'è l'intruso

469 **Un sinonimo di *falcidia* è:**
- A detrazione
- B accidia
- C falsità
- D esalazione
- E addizione

470 Qual è il massimo peso che traina un trattore in salita, sapendo che in salita riesce a trainare solo metà del peso che potrebbe trainare in piano e che tre trattori in piano trainano 60 tonnellate?

A 5 tonnellate
B 10 tonnellate
C 40 tonnellate
D 20 tonnellate

471 Il contrario di *algido* è:

A giocoso
B diaccio
C offuscato
D modesto
E ardente

472 Mario possiede almeno tre device. Si consideri l'affermazione: «Esiste un caricatore capace di caricare tutti i device di Mario, a eccezione del suo tablet». Tra le seguenti alternative, quale equivale alla sua negazione?

A Per ogni caricatore, o esiste un device di Mario diverso dal tablet che non viene caricato, oppure quel caricatore carica il tablet
B Esiste un caricatore che carica tutti i device di Mario, compreso il suo tablet
C Esiste un caricatore che non carica nessun device di Maro, se non il suo tablet
D Nessun caricatore carica tutti i device di Mario
E Per ogni caricatore che non carica il tablet di Mario non esiste un caricatore che carica tutti i suoi device

473 X : nave = decollare : Y

A X = Navigare; Y = Aeroplano
B X = Capitano; Y = Pilota
C X = Aeroplano; Y = Approdare
D X = Ormeggiare; Y = Aeroplano
E X = Salpare; Y = Aeroplano

474 Individuare il termine estraneo.

A Segale
B Mais
C Orzo
D Soia
E Frumento

475 … sta a bisturi come contadino sta…

A mucca – campo
B chirurgo – terra
C patata – terra
D chirurgo – aratro
E malattia – terra

476 Indica quale delle seguenti parole, se inserita al posto dei puntini, è coerente con l'idea espressa dal resto del testo: "L'osservazione scientifica non è pura descrizione di fatti separati. Il suo … principale è vedere un evento da quante più prospettive possibili" (A. Luria).

A sfera
B stato
C obbiettivo
D principale
E idea

477 Individuare un sinonimo del termine *quietanza*:

A calma
B assuefazione
C ricevuta
D inerzia
E ratifica

478 Inserisci la parola tra le parentesi che unita alle sillabe già fornite permetta di formare due parole di senso compiuto: COR (...) TA

A ma B al C no D za E fe

479 Individuare fra i seguenti un sinonimo di "simulato".

A Provato
B Avverato
C Stimato
D Fittizio
E Sincero

480 Individuare, tra i seguenti, un contrario di "traviare".

A Sviare
B Saldare
C Accompagnare
D Guidare
E Redimere

481 Lima sta a Perú come Stoccolma sta a:

A Norvegia
B Cina
C Svezia
D Italia
E Australia

482 Individuare nella seguente serie il termine non omogeneo.

A Filosofia
B Necrofilia
C Filarmonia
D Filisteismo
E Esterofilia

483 Si riconosca, fra i termini seguenti, il sinonimo del sostantivo «blasfemo»:

A depravato
B bugiardo
C traditore
D mestatore
E bestemmiatore

484 Completare la seguente proporzione.

Regione : X = lettera : Y

A X = provincia, Y = consonanti
B X = comune, Y = mittente
C X = area, Y = parole
D X = reggia, Y = latteria
E X = Stato, Y = alfabeto

485 Indica quale delle seguenti parole, se inserita al posto dei puntini, è coerente con l'idea espressa dal resto del testo: "Dostoevskij ammette che alla base dell'individualità personale di ciascuno vi sia qualcosa di sconosciuto a lui stesso, e che sia di conseguenza parziale e ... pensare di poter ridurre l'intera sfera dell'Io alla coscienza, anzi fa di questa consapevolezza il punto di partenza e l'elemento di forza della sua analisi dell'uomo del sottosuolo" (S. Taglialatela)

A illusorio
B certo
C possibile
D facile
E semplice

486 Si considerino vere le due affermazioni:

- **qualche cosa ranna non è murra;**
- **nessuna cosa murra non è tussa.**

Si scelga fra le seguenti l'affermazione che segue necessariamente dalle premesse:

A ogni cosa ranna è tussa
B qualche cosa ranna non è tussa
C nessuna cosa ranna è tussa
D qualche cosa ranna è tussa
E nulla segue

487 Alla libreria "Del bel tacer non fu mai scritto" un cartello recita: «Solo chi parla poco legge molto. Solo chi pensa molto ascolta poco».

Se i frequentatori della libreria si comportano in modo coerente con quanto dice il cartello, è vero che al suo interno:

A chi non ascolta poco pensa molto
B chi non legge molto non parla poco
C chi pensa molto legge poco
D o si pensa molto o si ascolta poco
E se si legge molto si parla poco

488 Quale tra le seguenti parole ha radice comune con *acquario*?

A Aquilino
B Acquirente
C Acquietare
D Acquerugiola
E Acquattarsi

489 X : cervello = elettrocardiogramma : Y

A X = Intelligenza; Y = cuore
B X = Cuore; Y = pensiero
C X = Cervelletto; Y = elettrocardiogramma
D X = Elettroencefalogramma; Y = cuore
E X = Computer; Y = elettricità

490 Indicate l'elemento estraneo nel seguente gruppo di parole.

A Rio de Janeiro
B Washington
C Parigi
D Pechino
E Canberra

491 A quale delle parole sotto elencate può essere accostato l'aggettivo APODITTICO/A?

A Comportamento
B Fede
C Ragionamento
D Proposta
E Ipotesi

Leggere il brano e rispondere alla seguente domanda.

Il nuovo metodo per ridurre l'inquinamento si chiama fotocatalisi, la reazione chimica che trasforma le sostanze inquinanti responsabili dello smog in componenti inerti. La trasformazione dei gas nocivi avviene sulle pareti degli edifici, sulla vernice che riveste i muri e persino sul manto stradale adeguatamente trattato. Il meccanismo, per essere attivato, necessita di un ingrediente essenziale come la luce del sole, che irradia il biossido di titanio (una sostanza aggiunta al cemento, alle vernici, o ad altri materiali utilizzati come rivestimento per gli edifici). Il biossido di titanio, una volta attivato, cattura le sostanze nocive presenti nell'aria e le rende innocue trasformandone alcune in acqua e anidride carbonica e altre in sali minerali (minuscoli sassolini). Secondo alcune ditte produttrici basterebbe rivestire il 15% delle superfici urbane con i nuovi materiali per dimezzare l'inquinamento. La stima è forse un po' ottimistica, visto che la riduzione degli inquinanti in aree test oscilla dal 20% al 70%. Bisogna, infatti, considerare la presenza dei fenomeni atmosferici poiché la rimozione degli inquinanti presenti in una via cittadina è sempre controbilanciata dall'arrivo di nuove sostanze convogliate dal vento e lo spostamento continuo dei flussi d'aria impedisce il completo disinquinamento delle zone dove esistono edifici trattati con materiali fotocatalitici. All'aperto, quindi, la fotocatalisi funziona a pieno ritmo solo nelle situazioni in cui la concentrazione di inquinanti è elevata e c'è stagnazione di aria ricca di sostanze nocive mentre nei locali chiusi la sua efficacia aumenta: un esperimento condotto in due scuole milanesi ha mostrato come il livello degli inquinanti fosse molto più basso nelle classi trattate con vernici fotocatalitiche rispetto alle classi trattate con vernici tradizionali. Secondo gli esperti, il metodo non può essere considerato risolutivo, ma va affiancato ad altre attività di prevenzione finalizzate alla riduzione dello smog.

(da Roberto La Pira, «il Sole 24 ore» 30 marzo 2006)

492 Nella reazione chimica descritta nel brano, l'agente che permette alle vernici composte da biossido di titanio di trasformare le sostanze inquinanti presenti nello smog è:

A l'alcool
B il vento
C l'acqua
D l'anidride carbonica
E la luce del sole

493 "Non c'è motivo di pensare che nell'aula non vi sia nessuno". La seguente affermazione è logicamente equivalente a:

A È il caso di pensare che nell'aula non c'è nessuno
B Si può pensare che nell'aula vi sia qualcuno
C Non c'è motivo di pensare che nell'aula vi sia qualcuno
D L'aula forse è piena
E Si può pensare che nell'aula non vi sia alcuno

494 "Tutti i cuochi sono grassi; Andrea è grasso; tutte le persone grasse sono socievoli". In base alle precedenti affermazioni, quale delle seguenti è necessariamente vera?

A I grassi sono più socievoli dei magri
B Andrea è un cuoco
C Chi non è socievole può essere grasso
D Chi è socievole è grasso
E Chi non è socievole non è un cuoco

495 In base all'informazione "tutti i pappagalli brasiliani sono loquaci", quale delle seguenti affermazioni è necessariamente vera?

A La loquacità è la caratteristica più apprezzata dei pappagalli brasiliani
B Non esistono pappagalli brasiliani taciturni
C I pappagalli più loquaci sono quelli brasiliani
D È impossibile negare che esista almeno un pappagallo brasiliano taciturno
E Solo i pappagalli brasiliani sono loquaci

496 "L'esame del curriculum non ha consentito di dimostrare l'impossibilità che Francesco sia qualificato per il lavoro proposto". Qual è il corretto significato della precedente affermazione?

A L'esame del curriculum non ha dimostrato che Francesco è qualificato per il lavoro proposto
B Ci sono ottime probabilità che Francesco sia qualificato per il lavoro proposto
C L'esame del curriculum non ha dimostrato che Francesco non è qualificato per il lavoro proposto
D È impossibile che Francesco possa svolgere il lavoro proposto
E L'esame del curriculum ha dimostrato che Francesco non è qualificato per il lavoro proposto

497 "È necessario essere molto attenti per comprendere bene la lezione di fisica". Se la precedente affermazione è vera allora è anche vero che:

A si può comprendere la lezione di fisica anche senza essere stati molto attenti
B se si è compresa la lezione di fisica vuol dire che si è stati molto attenti
C se non si comprende la lezione di fisica significa che sicuramente non si è stati molto attenti
D stando molto attenti si comprende sicuramente la lezione di fisica
E è comunque difficilissimo riuscire a comprendere bene la fisica

498 "Non esiste quadro senza cornice". Se la precedente affermazione è falsa, quale delle seguenti è necessariamente vera?

A Nessun quadro ha la cornice
B Tutti i quadri hanno la cornice
C Tutti i quadri sono senza cornice
D Molti quadri sono venduti senza cornice
E Esiste almeno un quadro senza cornice

499 Si identifichi, tra le seguenti, la frase che contiene un errore ortografico.

A La ragazza con la quale parlavo è Rita
B Guardati da colui che sparla di tutti
C Il territorio in cui ci troviamo è brullo
D A chiuncue telefoni di' che richiamerò
E Il forte acquazzone ci ha colti alla sprovvista

500 Gli ateniesi dicevano sempre la verità, mentre i cretesi mentivano sempre. Anassimene dice che Anassimandro è un cretese. Anassimandro dice che Anassimene e Anassimaco sono della stessa città, ma non specifica se sono ateniesi o cretesi. Che cosa si può concludere circa la provenienza di Anassimaco? È ateniese o cretese?

A È sicuramente un cretese
B È sicuramente un ateniese
C Sicuramente non è un cretese
D Vi è il 50% di probabilità che sia cretese e il 50% che sia ateniese
E Non è possibile rispondere

501 "Se Claudia verrà promossa, allora i genitori la manderanno in vacanza studio in UK. Claudia viene promossa solo se recupera l'insufficienza sia in Matematica sia in Latino. Al termine dell'anno scolastico Claudia ha recuperato l'insufficienza in Matematica ma non in Latino". Quale tra le seguenti affermazioni NON può essere dedotta dalle proposizioni precedenti?

A Se i genitori non mandano Claudia in vacanza studio in UK significa che Claudia non è stata promossa
B I genitori non manderanno Claudia in vacanza studio in UK
C Claudia al termine dell'anno scolastico non è stata promossa
D Il recupero delle insufficienze sia in Matematica sia in Latino da parte di Claudia è condizione necessaria, ma non sufficiente, per la sua promozione
E La promozione è condizione sufficiente ma non necessaria perché i genitori mandino Claudia in vacanza studio in UK

502 Le lettere dell'alfabeto inglese contenute nel testo fra virgolette dell'unica risposta corretta di questo quesito sono esattamente:

A "one"
B "four"
C "two"
D "five"
E "six"

503 "Tutti i laureati hanno molta fantasia. Per essere uno scrittore bisogna essere laureato. Marco ha molta fantasia". Se le precedenti affermazioni sono vere, è possibile dedurre che:

A Marco è laureato
B tutti i laureati sono scrittori
C tutti gli scrittori hanno molta fantasia
D Marco è uno scrittore
E anche chi non ha molta fantasia può laurearsi

504 "Il momento migliore per potare un albero o travasare una pianta è sempre all'inizio della primavera, appena prima della fioritura". Quale delle seguenti affermazioni, se vera, indebolirebbe l'argomentazione precedente?

A Non è mai consigliabile effettuare un travaso o una potatura quando si avvicina la stagione fredda e le piante perdono le foglie
B Dopo il "letargo" invernale le piante riacquistano energia grazie al progressivo allungamento delle giornate e sono quindi in grado di resistere ai lievi traumi causati da potature o travasi
C La fioritura di norma avviene in aprile
D La potatura di un albero da frutta è in genere più complessa del travaso di una pianta
E Per molte piante tropicali la fioritura avviene alla fine dell'estate

505 "Tutti i bambini sono affettuosi. Max è affettuoso. Tutte le persone affettuose hanno un buon carattere". In base alle precedenti affermazioni, quale delle seguenti NON è necessariamente vera?

A Chi non ha un buon carattere non è affettuoso
B Tutti i bambini hanno un buon carattere
C Max è un bambino
D È impossibile che Max non abbia un buon carattere
E Max può essere un bambino

506 Negare che "ogni storia ha un lieto fine" equivale a dire che:

A esistono storie senza lieto fine
B nessuna storia ha un lieto fine
C tutti le storie non hanno un lieto fine
D tutti i finali lieti rendono felici
E ogni storia non ha un lieto fine

507 Ci sono N persone (con $N > 1$) disposte in circolo, che sono o Menzogneri (dicono sempre il falso) o Veritieri (dicono sempre il vero). Ciascuno accusa la persona alla sua destra di essere un Menzognero. Ciò è possibile SOLO SE:

A N è un numero primo
B $N = 3$
C N è un numero dispari
D N è un numero pari
E $N = 2$

508 Un esperto ellenista pone un quesito di logica ai suoi amici. Egli dichiara: "non è vero che tutti gli abitanti di Sparta hanno scudo e spada". Dunque egli sta affermando che:

A C'è qualche abitante di Sparta che non ha lo scudo oppure non ha la spada
B Gli abitanti di Sparta non hanno né scudo né spada
C Gli abitanti di Sparta se hanno lo scudo non hanno la spada
D Tutti gli abitanti di Sparta hanno lo scudo ma non la spada
E Una persona che abbia sia lo scudo che la spada non è di Sparta

509 "La conoscenza aumenta sicuramente nel corso degli studi scolastici medi, mentre dopo il diploma della Scuola media superiore sono possibili sia un aumento che una diminuzione delle nozioni non utilizzate nella vita. In ogni caso, la conoscenza si modifica sostanzialmente quando lo studente entra nell'università". Quale delle seguenti affermazioni può essere dedotta dalla lettura del brano precedente?

A È possibile che alcuni studenti aumentino le loro conoscenze dopo il diploma
B A contatto con il mondo del lavoro non si verificano mai cambiamenti della conoscenza
C Una parte di quanto appreso durante gli studi non va mai perduta dopo il diploma
D Le nozioni acquisite all'università si mantengono costanti per tutta la vita
E Gli studenti aumentano le loro conoscenze solo durante gli studi scolastici medi

510 Negare che "ogni stanza ha almeno una finestra" equivale a dire che:

A tutte le stanze non hanno finestre
B tutte le case hanno le stanze
C ogni stanze non ha una finestra
D nessuna stanza ha una finestra
E esistono stanze senza finestre

511 Negare che "ogni asino raglia" equivale a dire che:

A se non raglia non è un asino
B c'è un asino che raglia
C c'è un asino che non raglia
D ogni asino non raglia
E nessun asino raglia

512 Quali, tra i termini proposti, completano correttamente la seguente proporzione verbale?

Esteriore : estremo = X : Y

A X = effimero Y = caduco
B X = alto Y = supremo
C X = ottimo Y = buono
D X = finale Y = terminale
E X = superiore Y = sommo

513 L'affermazione "quando mangio troppo, mi fa male la testa" implica che:

A non mi fa male la testa pur avendo mangiato troppo
B a volte capita che non mi faccia male la testa pur avendo mangiato troppo
C se mi fa male la testa vuol dire che ho mangiato troppo
D se non mi fa male la testa allora non ho mangiato troppo
E o mangio troppo o mi fa male la testa

514 Il contrario di "prossimo" è:

A vicino
B lontano
C adiacente
D opposto
E sicuro

515 Da "Chi dorme non piglia pesci" segue logicamente:

A chi non piglia pesci non dorme
B chi piglia pesci non dorme
C chi non piglia pesci dorme
D chi piglia pesci dorme
E Nessuna delle altre alternative proposte

516 L'italiano che afferma che tutti gli italiani sono sempre bugiardi dice:

A un'affermazione perfettamente verificabile
B una bugia
C il vero
D una cosa ovvia
E niente di nuovo

517 L'affermazione "quando mangio troppo mi viene mal di stomaco" implica che:

A non ho mal di stomaco pur avendo mangiato troppo
B a volte capita che non abbia mal di stomaco pur avendo mangiato troppo
C se non mi viene mal di stomaco allora non ho mangiato troppo
D se ho mal di stomaco vuol dire che ho mangiato troppo
E o mangio troppo o mi viene mal di stomaco

518 Negare che "ogni bambino ha un giocattolo" equivale a dire che:

A esistono bambini senza giocattoli
B nessun bambino ha un giocattolo
C tutti i bambini non hanno giocattoli
D tutti i giocattolo sono dei bambini
E ogni bambino non ha un giocattolo

519 L'affermazione "per ogni persona c'è una persona che è più capace della prima" è equivalente a:

A per ogni persona ogni altra persona è più capace di lei
B esiste una persona tale che ogni altra persona è più capace di lei
C non per ogni persona ogni altra persona è più capace di lei
D non esiste alcuna persona tale che nessuno è più capace di lei
E esiste una persona che è più capace di tutte le altre persone

520 La frase "Non assicuro che sia inammissibile negare il contrario della veridicità delle mie affermazioni" significa:

A. io non conosco la verità
B. io non so mentire
C. io posso dire il vero
D. io mento
E. io dico sempre il vero

521 Se $A = B$, $B < C$ e $D > C$ allora

A. $A > C$
B. $A < D$
C. $B > D$
D. $C < A$
E. $D < A$

522 Un filosofo sostiene che tutti gli uomini sono alti, che tutti gli alti sono biondi e chi è biondo possiede un conto in banca. Quale delle seguenti affermazioni è quindi corretta

A. Solo alcuni uomini hanno un conto in banca
B. Tutti gli uomini hanno un conto in banca
C. Nessun uomo ha un conto in banca
D. Alcuni alti non hanno un conto in banca
E. Alcuni uomini non sono biondi

523 Completa la seguente frase scegliendo la parola corretta:
Le forze dell'ordine gli accessi al quartiere fieristico per prevenire disordini.

A. presidiavano
B. presiedevano
C. preservavano
D. presentavano
E. prestavano

524 Se ieri era l'indomani del dopodomani del giorno in cui ho incontrato Anna e domani è sabato, in quale giorno ho incontrato Anna?

A. lunedì
B. mercoledì
C. giovedì
D. martedì
E. venerdì

525 La signora F, moglie di un ambasciatore delle Nazioni Unite, ha invitato diverse mogli di delegati per un pranzo. Ella desidera che le sue ospiti siano in grado di conversare almeno con una persona, seduta direttamente alla propria destra o sinistra. Ha dunque preparato la seguente lista:

- **la signora F parla solo inglese**
- **la signora G parla inglese e francese**
- **la signora H parla inglese e russo**
- **la signora J parla solo russo**
- **la signora K parla solo inglese**
- **la signora L parla solo francese**
- **la signora M parla francese e tedesco**
- **la signora N parla inglese e tedesco**
- **la signora O parla inglese e francese**
- **la signora P parla tedesco e russo**
- **la signora Q parla francese e tedesco**
- **la signora R parla solo inglese**

Quale delle seguenti disposizioni soddisfa i desideri della signora F?

I) FOLMPJHKGQNR
II) FRNLPKHJGMQO
III) FRGJHOLMQPKN

A. Solo la I
B. Solo la II
C. Solo la III
D. La I e la II
E. La I e la III

526 Marco ha quattro carte e le dispone sul tavolo una di fianco all'altra in questo modo:

- **il re è di fianco all'asso;**
- **la carta di cuori è di fianco a quella di quadri ma non a quella di picche;**
- **la dama di picche è la prima carta, la seconda è una carta rossa;**
- **la carta di fiori è di fianco all'asso, ma non al fante.**

Qual è la terza carta?

A. Il fante di fiori
B. L'asso di cuori
C. Il re di quadri
D. L'asso di quadri
E. Il fante di cuori

527 Leggere il seguente problema e rispondere alla relativa domanda.
Quattro cavalli, Adamo, Bisset, Carolina e Demiurgo, partecipano a una gara equestre. I proprietari dei cavalli sono Fini, Gini, Lini e Mini, non necessariamente in questo ordine. È inoltre noto che: il cavallo del signor Gini ha vinto il primo premio e non si chiama Carolina; Demiurgo è arrivato terzo; il cavallo del signor Lini si chiama Bisset ed è arrivato prima di Carolina; il cavallo del signor Fini non è arrivato terzo.
Quale cavallo è arrivato ultimo?
- A Il cavallo del signor Fini
- B Il cavallo del signor Lini
- C Adamo
- D Bisset
- E Il cavallo del signor Mini

528 Leggere il seguente problema e rispondere alla relativa domanda.
Quattro cavalli, Adamo, Bisset, Carolina e Demiurgo, partecipano a una gara equestre. I proprietari dei cavalli sono Fini, Gini, Lini e Mini, non necessariamente in questo ordine. È inoltre noto che: il cavallo del signor Gini ha vinto il primo premio e non si chiama Carolina; Demiurgo è arrivato terzo; il cavallo del signor Lini si chiama Bisset ed è arrivato prima di Carolina; il cavallo del signor Fini non è arrivato terzo.
Chi è il proprietario di Adamo?
- A Mini
- B Lini
- C Gini
- D Fini
- E Nessuna delle altre risposte è corretta

529 Si consideri la proposizione: "Nessun cane ha tre zampe"; dire che tale proposizione è falsa significa che:
- A almeno un cane ha tre zampe
- B almeno un cane ha un numero di zampe diverso da tre
- C tutti i cani hanno tre zampe
- D tutti i cani hanno quattro zampe
- E tutti i cani hanno un numero di zampe diverso da tre

530 Leggere il seguente problema e rispondere alla relativa domanda.
Quattro cavalli, Adamo, Bisset, Carolina e Demiurgo, partecipano a una gara equestre. I proprietari dei cavalli sono Fini, Gini, Lini e Mini, non necessariamente in questo ordine. È inoltre noto che: il cavallo del signor Gini ha vinto il primo premio e non si chiama Carolina; Demiurgo è arrivato terzo; il cavallo del signor Lini si chiama Bisset ed è arrivato prima di Carolina; il cavallo del signor Fini non è arrivato terzo.
Quale delle seguenti associazioni fra cavalli e padroni è corretta?
- A Demiurgo-Mini
- B Demiurgo-Fini
- C Bisset-Gini
- D Adamo-Fini
- E Carolina-Mini

531 Si leggano le seguenti affermazioni.
Tutti i giovani amano studiare.
Anna è siciliana.
Tutte i siciliani amano studiare.
Se le precedenti affermazioni sono vere, quale delle seguenti alternative è necessariamente vera?
- A Tutti i siciliani sono giovani
- B Anna ama studiare
- C Tutti i giovani sono siciliani
- D Anna è giovane
- E I siciliani amano studiare più dei piemontesi

532 "Se Luca arriva in ritardo, non mangia la torta" significa che:
- A se Luca non mangia la torta, è arrivato puntuale
- B se Luca mangia la torta, è arrivato in ritardo
- C se Luca arriva in ritardo, mangia la minestra
- D se Luca arriva in ritardo, mangia la torta
- E se Luca mangia la torta, non è arrivato in ritardo

533 Qual è il contrario di *retrivo*?
- A esitante
- B progressista
- C reazionario
- D baldanzoso
- E conservatore

534 Qual è la conclusione del seguente ragionamento? Se qualche X è Y e nessun Y è Z allora:

A tutti gli z sono x

B qualche z è x

C qualche z non è x

D nessun z è x

E tutti gli x sono z

535 Mediamente il 60% del peso dell'uomo è costituito da acqua. Nel corso della vita questa percentuale varia e tende a ridursi dalla nascita alla vecchiaia. Si supponga che una sostanza, ad esempio un farmaco, sia capace di diffondersi liberamente in tutta l'acqua corporea. Per ottenerne un'identica concentrazione in un bambino, in un adulto e in un anziano, se ne dovrà somministrare una quantità, relativamente al peso corporeo:

A maggiore nell'anziano che nel bambino

B maggiore nell'adulto che nel bambino

C minore nell'adulto che nell'anziano

D maggiore nel bambino che nell'adulto

E identica nei tre soggetti

536 "Solamente dopo la firma si può chiudere il contratto". Se la precedente informazione è corretta, quale delle seguenti affermazioni NON rappresenta una conclusione corretta?

A Se il contratto è stato firmato allora può essere chiuso

B Se il contratto è stato chiuso allora è stato firmato

C Se il contratto non è stato firmato allora non può essere chiuso

D Anche se il contratto è stato firmato, potrebbe non essere chiuso

E Se il contratto non è stato chiuso allora non è stato firmato

537 Osserva la frase che segue e indica in quale delle parti del discorso è classificabile "Uffa": «Uffa, che confusione in questa camera!»

A Avverbio

B Congiunzione

C Preposizione

D Interiezione

E Sostantivo

538 Quali tra i termini proposti completano correttamente la seguente proporzione?

Tentennare : X = prostrare : Y

A X = vacillare Y = abbattere

B X = dubitare Y = corroborare

C X = scampanellare Y = stancare

D X = indugiare Y = rinvigorire

E X = titubare Y = rianimare

539 "Tutti gli impiegati sono lavoratori attenti; Marco è un idraulico; alcuni idraulici sono lavoratori attenti". Se le precedenti informazioni sono vere, quale delle seguenti affermazioni è necessariamente vera?

A Non è certo che Marco sia un lavoratore attento

B Marco è un impiegato

C Marco è un lavoratore attento

D Marco non è un lavoratore attento

E Tutti i lavoratori attenti sono impiegati

540 Completa la proporzione

Geriatra : Anziani = X : Y

A Infanzia/Bambini

B Pediatra/Bambini

C Fisiatra/Adulti

D Bambini/Pediatra

E Fisiatra/Pediatra

541 "Tommaso sa usare il computer; tutte le persone curiose sanno usare il computer; tutte le persone curiose non sono discrete". Se le precedenti affermazioni sono vere, quale delle seguenti è necessariamente vera?

A Nessuna persona curiosa sa usare il computer ed essere discreta
B Tommaso è curioso
C Tommaso non è una persona discreta
D Chi sa usare il computer non è una persona discreta
E Chi non è discreto sa usare il computer

542 "È assurdo non ritenere che è sbagliato non perdonare chi si è pentito di un errore". Il significato della frase precedente è che:

A è corretto che colui che perdona si penta
B non è giusto che chi si pente di un errore venga perdonato
C chi si pente di un errore commesso fa una cosa imperdonabile
D è giusto che sia perdonato chi si pente di un errore commesso
E è sbagliato perdonare chi ha commesso un errore

543 "Recenti ricerche di laboratorio condotte in Italia hanno mostrato che le cellule tumorali sono rivestite da una proteina che impedisce al sistema immunitario di attaccarle. Occorre dunque studiare un farmaco che consenta di eliminare tale proteina". Quale delle seguenti affermazioni indebolisce la precedente argomentazione?

A Le cellule tumorali sono in grado di svilupparsi a un ri mo molto elevato
B Le persone colpite da tumore hanno un sistema immunitario più forte di quello delle persone sane
C Le proteine che rivestono le cellule tumorali sono essenziali per una corretta funzionalità epatica
D I tumori sono più diffusi nei giovani rispetto agli anziani
E È necessario incentivare la ricerca farmaceutica in Italia

544 "Fausto è più grasso di Alberto ma più magro di Giovanni, il quale a sua volta è più grasso di Franco ma più magro di Leo". Se le precedenti affermazioni sono vere, quale delle seguenti è necessariamente vera?

A Alberto è più grasso di Franco
B Fausto è più grasso di Franco
C Franco è più grasso di Alberto
D Fausto è più grasso di Leo'
E Leo è più grasso di Fausto

545 "Se e solo se scrivo tutti i miei impegni su un'agenda, organizzo in modo razionale il mio tempo libero". In base alla precedente informazione, quale delle seguenti affermazioni è certamente vera?

A A volte scrivo tutti i miei impegni su un'agenda perché ho paura di perdere il controllo della situazione
B Scrivo tutti i miei impegni su un'agenda quando devo organizzare il lavoro di un gruppo di persone
C A volte, anche se scrivo tutti i miei impegni su un'agenda, non organizzo in modo razionale il mio tempo libero
D Se organizzo in modo razionale il mio tempo libero significa che scrivo tutti i miei impegni su un'agenda
E Condizione sufficiente, ma non necessaria, per organizzare in modo razionale il mio tempo libero è quella di scrivere tutti i miei impegni su un'agenda

546 Cieco sta a vedente come:

A Poco a tanto
B Più a troppo
C Più a maggiore
D Meno a maggiore
E Meno a minore

547 Individuare il termine anomalo:

A Politeismo
B Politecnico
C Polimorfo
D Politico
E Poligamo

548 **"Chi non ha forza, viene oppresso". In base alla precedente affermazione, è necessariamente vero che:**

A chi viene oppresso non ha forza

B chi ha forza non viene oppresso

C coloro che non vengono oppressi sono tutti e soli quelli che hanno forza

D chi non viene oppresso ha forza

E è sufficiente essere forte per non essere oppresso

549 **Tiepido : caldo = X : Y**

A X = estasi, Y = gioia

B X = bollente, Y = freddo

C X = gelido, Y = freddo

D X = bello, Y = stupendo

E X = estate, Y = sole

550 **Il linguaggio è un sistema altamente strutturato e l'acquisizione del linguaggio è in gran parte un processo inconscio, per cui la maggior parte dei bambini è già in grado di parlare con grande abilità intorno ai sei anni. In altri termini:**

A l'apprendimento del linguaggio è funzione della consapevolezza e della cultura

B l'apprendimento del linguaggio dipende solo dalle stimolazioni ricevute dai genitori e dai familiari

C lo sviluppo del linguaggio è automatico

D l'apprendimento di una lingua avviene in maniera inconsapevole

E il linguaggio viene prima del pensiero

551 **Quale delle seguenti affermazioni è logicamente equivalente a: "i giovani non dimenticano mai nulla"?**

A Gli anziani dimenticano tutto

B Gli anziani dimenticano sovente

C Chi non dimentica nulla è giovane

D I giovani ricordano sempre tutto

552 **Tutti i pianisti amano la musica classica; tutte le persone sensibili apprezzano la pittura; tutti coloro che amano la musica classica sono persone sensibili. Quale delle seguenti affermazioni può essere certamente dedotta da quelle sopraindicate?**

A I pianisti sono persone sensibili, ma non apprezzano la pittura

B Tutte le persone sensibili amano la musica classica

C Tutti coloro che apprezzano la pittura amano la musica classica

D I pianisti amano la pittura

E Esistono amanti della musica classica che non apprezzano la pittura

553 **Giovanni è più vecchio di Carlo; Lorenzo è più vecchio di Mario; Mario è più giovane di Alessandro; Carlo ed Alessandro sono coetanei. Sulla base delle precedenti affermazioni quale delle seguenti frasi è vera?**

A Giovanni è più vecchio di Mario

B Lorenzo è più vecchio di Alessandro

C Lorenzo è più vecchio di Giovanni

D Carlo è più giovane di Lorenzo

E Carlo è più giovane di Mario

554 **È stato dimostrato che l'elevato numero di studenti che abbandonano gli studi è in parte determinato dall'assenza di un sistema di programmazione del numero degli iscritti nelle università. L'assenza di tale programmazione è dunque una delle principali cause della disoccupazione giovanile.**

La conclusione precedente si basa sulla premessa implicita che:

A gli studenti che abbandonano gli studi sono disoccupati

B gli studenti che abbandonano gli studi sono poco preparati

C la programmazione del numero degli iscritti risolverebbe il problema della disoccupazione giovanile

D i giovani che concludono gli studi trovano sempre lavoro

555 "Solo se lavoro il sabato, riesco a portare a termine il compito".
In base alla precedente affermazione, è necessariamente vero che:

- A se non riesco a portare a termine il compito, significa che non ho lavorato il sabato
- B condizione sufficiente perché io riesca a portare a termine il compito è che io lavori il sabato
- C se lavoro il sabato, sicuramente riesco a portare a termine il compito
- D nessuna delle altre alternative è corretta
- E se non lavoro il sabato, non riesco a portare a termine il compito

556 "Tutti i professori sono colti; Maurizio è colto; tutti i professori sono affascinanti".
In base alle precedenti affermazioni, quale delle seguenti è necessariamente vera?

- A Tutte le persone affascinanti sono colte
- B Nessun professore è colto e privo di fascino
- C Maurizio è affascinante
- D Tutte le persone colte sono affascinanti
- E Maurizio è un professore

557 Completare la seguente proporzione.
X : semiotica = animale : Y

- A X = sociologo, Y = stalla
- B X = segno, Y = zoologia
- C X = semiologia, Y = vegetale
- D X = linguistica, Y = letteratura
- E X = zoo, Y = simbolo

558 Qual è il significato del termine "sagace"?

- A Credulone
- B Bonario
- C Scaltro
- D Ardito
- E Insipido

559 Fresco sta a stantio come:

- A trattenuto a disinvolto
- B libro a enciclopedia
- C falso a copia
- D miope a presbite
- E dinoccolato a sciolto

560 Clara e Michele sono fratelli e vogliono andare in vacanza in Grecia. Il padre non ha accettato il consiglio della madre di negare loro il permesso di partire se entrambi ragazzi non saranno promossi; il padre ha però deciso di non accordare il permesso se i figli non accetteranno il suo ordine di ridurre le spese di viaggio previste. Tenuto conto che Michele non ubbidisce mai ai genitori ma in genere dà ascolto a sua sorella, è vero che:

- A o la madre cambia idea o i ragazzi non andranno in vacanza in Grecia
- B se i ragazzi vanno in Grecia, sono stati promossi
- C se i ragazzi vanno in Grecia, Clara ha deciso di ridurre le spese di viaggio
- D se i ragazzi non vanno in Grecia, allora Michele ha litigato con Clara
- E o il padre non cambia idea o i ragazzi non vanno in Grecia

561 Individuare il sinonimo o la corretta definizione di *pedissequo*.

- A Che copia passivamente qualcuno o qualcosa senza apporto personale
- B Si dice di voce forte, potente e chiara
- C Che è isolato o staccato da qualcosa
- D Che trae in inganno, che tende a sorprendere la buona fede
- E Chi rifiuta di fare ciò che si ordina

562 Nella proposizione seguente si sostituisca la parte sottolineata con una delle alternative proposte, mantenendone invariato il significato.
"Il presidente dell'associazione solleva dubbi riguardo al modo in cui si potrà <u>discernere</u> e considerare la pericolosità di un cane".

- A Riconoscere
- B Arruffare
- C Approdare
- D Secolare
- E Discutere

563 Il significato del termine "diverbio" è:

- A differenza
- B proibizione
- C battibecco
- D partizione
- E discorso

564 Quali tra i termini proposti completano correttamente la seguente proporzione?
Lineare : diritto = X : Y
A X = iridato; Y = sportivo
B X = zucchero; Y = miele
C X = persuaso; Y = dissuaso
D X = ampio; Y = vasto
E X = chiaro; Y = storto

565 È sbagliato non ammettere che le precauzioni prese non sono bastate per impedire la caduta del vaso". Basandosi sulla precedente affermazione, individuare quale delle seguenti alternative è esatta.
A Il vaso è caduto nonostante le precauzioni prese
B Le precauzioni che si possono prendere per impedire la caduta del vaso sono inefficaci
C Si può affermare che le precauzioni prese sono state sufficienti per impedire la caduta del vaso
D Grazie alle precauzioni prese il vaso non è caduto
E Bisogna ammettere che non è stata presa alcuna precauzione per impedire la caduta del vaso

566 Quali tra i termini proposti completano correttamente la seguente proporzione?
Virus : epidemia = X : Y
A X = vento; Y = mulino
B X = scintilla; Y = incendio
C X = fiammifero; Y = accendino
D X = maremoto; Y = terremoto
E X = contagio; Y = guarigione

567 Quali tra i termini proposti completano correttamente la seguente proporzione?
Carota : X = rosa : Y
A X = frutto; Y = tubero
B X = rosa; Y = tea
C X = colore; Y = sapore
D X = radice; Y = fiore
E X = profumo; Y = minestra

568 Indicare il termine estraneo nella serie:
A insegnante
B dirigente scolastico
C direttore amministrativo
D assistente amministrativo
E manager didattico

569 Quale delle seguenti frasi non contiene un errore di grammatica?
A La pianta in giardino è cresciuta rapidamente sebbene che il tempo sia stato poco favorevole
B Luca rimase a casa sostenendo che non avrebbe gradito lo spettacolo teatrale
C Andrea, non essendo abituato con i numerosi temporali, è salito in soffitta per la paura
D Nonostante fosse solo mezzogiorno, Giorgio si sarebbe gradito volentieri un panino
E Pur avendo avuto più volte richiesto quel libro in biblioteca, mi ritrovai ancora una volta a dover telefonare

570 "In base alle statistiche dell'ospedale, i medici hanno appurato che non è falsa la tesi secondo cui quella malattia non è mortale". Basandosi sulla precedente affermazione, quale delle seguenti alternative è vera?
A In base alle statistiche dell'ospedale, i medici non hanno potuto appurare il livello di mortalità di quella malattia
B Quella malattia non è mortale, in base alle statistiche dell'ospedale
C Basandosi sulle statistiche dell'ospedale, i medici non possono affermare la falsità della tesi secondo la quale quella malattia è mortale
D I dati delle statistiche dell'ospedale sono poco significativi
E Quella malattia è mortale, in base alle statistiche dell'ospedale

571 La Ferrari non vince il Campionato Mondiale di Formula 1 dal 1979. Per questo motivo, e anche per fare felici i tifosi, quest'anno il suo budget è stato aumentato considerevolmente.
L'argomentazione precedente si basa sulla premessa implicita che:
A un incremento dei fondi aumenta la probabilità di vittoria del Campionato Mondiale
B la Ferrari ha sempre risparmiato sui costi di produzione
C gli altri team di Formula 1 hanno budget più elevati della Ferrari
D i tifosi della Ferrari vogliono essere pagati

572 Le seguenti parole presentano il proprio ordine sconvolto: in quattro di esse si cela il nome di un fiore, una fa eccezione: quale?

A arso
B alovi
C alpurmi
D atrigheram
E afrestin

573 Quale tra i seguenti è un sinonimo di alibi?

A Paura
B Tranquillità
C Giustificazione
D Sicurezza
E Sospetto

574 Si considerino vere le due affermazioni:

- **ogni cosa stragga è poffa;**
- **ogni cosa stragga è lissa.**

Si scelga fra le seguenti l'affermazione che segue necessariamente dalle premesse:

A ogni cosa lissa è poffa
B ogni cosa lissa non è poffa
C nulla segue
D nessuna cosa poffa è lissa
E qualche cosa lissa è poffa

575 "Chi non frequenta tutti i corsi viene sostituito". In base alla precedente affermazione, è necessariamente vero che:

A condizione necessaria per essere sostituito è quella di non frequentare tutti i corsi
B chi non viene sostituito ha frequentato tutti i corsi
C non è possibile che anche chi frequenta tutti i corsi possa essere sostituito
D chi viene sostituito non ha frequentato tutti i corsi
E chi frequenta tutti i corsi verrà promosso

576 Indicare la parola da scartare.

A Vecchio
B Pigro
C Goffo
D Labile
E Libro

577 L'enunciato "Non voglio che lui non gli dica che non lo voglio" logicamente significa:

A voglio che gli dica che non lo voglio
B non voglio che gli dica che lo voglio
C voglio che gli dica che lo voglio
D non voglio che gli dica che non lo voglio
E nessuna delle precedenti

578 Quale delle seguenti frasi è logicamente equivalente a: "gli anziani non mentono mai"?

A I giovani possono mentire
B I giovani mentono sempre
C Chi non mente è anziano
D Gli anziani dicono sempre la verità

579 Elimina la parola non pertinente.

A aereo
B deltaplano
C papera
D aquila
E gabbiano

580 Un esploratore si sposta di un chilometro in direzione nord, un altro chilometro in direzione est e, infine, un altro chilometro in direzione sud. Alla fine del viaggio si ritrova allo stesso punto di partenza. Da dove è partito:

A da qualsiasi punto sul meridiano di Greenwich
B da qualsiasi punto collocato all'equatore
C dal polo Nord
D dal polo Sud
E da qualsiasi punto sulla linea del cambio di data

581 Quali tra i termini proposti completano correttamente la seguente proporzione?

Bisturi : chirurgo = X : Y

A X = paziente; Y = strumento
B X = degente; Y = medico
C X = paziente; Y = ambulanza
D X = coltello; Y = paziente
E X = pialla; Y = falegname

582 Indicate quale delle seguenti coppie di termini è anomala.

A Plebaglia - Aristocrazia
B Sensibile - Distaccato
C Incontrovertibile - Dubbioso
D Convulso - Concitato
E Esuberante - Calmo

583 Individuare un sinonimo del termine *buriana*:

A maleducata
B troglodita
C trambusto
D sospesa
E silenzio

584 Indicare quale termine tra i seguenti è da scartare.

A Telefono
B Fotocopiatrice
C Walkie-talkie
D Fax
E Telegrafo

585 Marco è un atleta bravo quanto Mario. Mario è più bravo della media degli atleti. Questo significa che?

A Mario è più bravo di Marco
B Mario è sotto la media
C Marco è più bravo di Mario
D Marco è il migliore fra gli atleti
E Marco non è inferiore alla media degli atleti

586 Si considerino vere le due affermazioni:

- **qualche cosa scorga è adra;**
- **nessuna cosa brossa non è adra.**

Si scelga fra le seguenti l'affermazione che segue necessariamente dalle premesse:

A nessuna cosa brossa è scorga
B qualche cosa brossa è scorga
C nulla segue
D ogni cosa brossa è scorga
E qualche cosa brossa non è scorga

587 Quale è la parola da scartare?

A Stemperato
B Coagulato
C Concentrato
D Condensato
E Rappreso

588 Tutti i miei fratelli hanno gli occhi celesti. Alcuni di essi non hanno la barba. Questo significa che?

A La maggioranza dei miei fratelli non ha la barba
B Alcuni miei fratelli non hanno gli occhi celesti ma hanno la barba
C Alcuni miei fratelli, pur avendo gli occhi celesti, non hanno la barba
D Alcuni miei fratelli non hanno la barba e neppure gli occhi celesti
E Tutti i miei fratelli hanno gli occhi celesti e la barba

589 Qui di seguito sono indicati quattro elementi (gruppi di lettere). Tre sono legati da una connessione logica. Individua l'intruso.

ESSA UTTA PASO IMRO

A ESSA
B UTTA
C PASO
D IMRO
E Non c'è l'intruso

590 Quale delle seguenti parole, scritta su un vetro e letta da dietro, è una parola italiana?

A AMOR
B OSSA
C ESSA
D OTIT
E ELOS

591 Qual è la negazione di: «Mattia ha cucinato almeno una torta di castagne»?

A Almeno una torta cucinata da Mattia non è di castagne
B Mattia non ha cucinato torte oppure ha cucinato solo torte non di castagne
C Mattia non cucina tutti i giorni oppure cucina anche torte di fichi
D Non tutte le torte di Mattia sono di castagne
E Mattia ha cucinato non solo torte di castagne

592 Qui di seguito sono indicati quattro elementi (gruppi di lettere). Tre sono legati da una connessione logica. Individua l'intruso.

SZXS LQQL TRRT CNNC

A SZXS
B LQQL
C TRRT
D CNNC
E Non c'è intruso

593 Nell'enunciato "Mario porta a passeggio il cane nel parco" il soggetto esplicito è:

A il guinzaglio
B il cane
C il parco
D Mario
E la passeggiata

594 Se tutti gli uomini hanno la barba e tutti i militari sono uomini, quale affermazione fra le seguenti è vera?

A Tutti gli uomini non hanno la barba
B Tutti gli uomini fanno il servizio militare
C Tutti i militari hanno la barba
D Solo i militari portano la barba
E Tutti i militari non hanno la barba

595 La prima persona singolare del trapassato remoto indicativo del verbo "rompere" è:

A ebbi rotto
B avevo rotto
C ho rotto
D ruppi
E avessi rotto

596 Tavolo : X = Y: studio

A X = aula; Y = cucina
B X = ristorante; Y = divano
C X = cucina; Y = scrivania
D X = piatto; Y = pietanza
E X = aula; Y = acquaio

597 Gatto : X = Donna : Y.
La proporzione può essere completato da:

A X = felino; Y = mano
B X = zampa; Y = aspetto
C X = zampa; Y = gamba
D X = gamba; Y = artiglio
E X = mano; Y = braccio

598 Quale è l'opposto di "patologico"?

A Sano
B Selettivo
C Testardo
D Prevedibile
E Instabile

599 Interrogazione : studente = X : Y

A X = docente; Y = compito
B X = voto; Y = registro
C X = medico; Y = paziente
D X = interrogatorio; Y = accusato
E X = informazione; Y = guida

600 Si considerino vere le due affermazioni:

- **ogni cosa tima è maza;**
- **qualche cosa zeba non è maza.**

Si scelga fra le seguenti l'affermazione che segue necessariamente dalle premesse:

A nulla segue
B nessuna cosa zeba è tima
C qualche cosa zeba non è tima
D ogni cosa zeba è tima
E qualche cosa zeba è tima

601 Cartuccia : X = Gasolio : Y

A X = motore; Y = fucile
B X = diesel; Y = iniettore
C X = fucile; Y = stampante
D X = autocarro; Y = iniettore
E X = stampante; Y = autocarro

602 Individua l'elemento estraneo

A Eradna
B Ereviv
C Erirpa
D Erera
E Ererroc

603 Sul comodino di Paolo ci sono tre libri. È dunque vero che sul comodino di Paolo:

A c'è un libro
B ci sono solo tre libri
C non ci sono quattro libri
D ci sono solo libri
E non ci sono solo libri

604 Indicare la parola da scartare.

A Bicchiere
B Parabrezza
C Ruota
D Bottiglia
E Provetta

605 Cercare le due parole mancanti nella frase, in modo che il rapporto esistente tra le prime due parole sia uguale al rapporto esistente tra le altre due

....sta a TRE come ORDINALE sta a ....

1 Cardinale 2 Anno 3 Due 4 Trapezio

5 Piramide 6 Sei 7 Terzo 8 Settimana

A 1; 7
B 2 ; 8
C 4; 5
D 1; .6
E 3; 6

606 Marina ha dichiarato: «Per ogni domanda di questo test, verrà data almeno una risposta che è sbagliata». In quale dei seguenti casi la sua previsione si è sicuramente verificata?

A C'è una domanda a cui tutti i candidati hanno sbagliato risposta
B Ogni studente ha sbagliato risposta ad almeno una domanda
C Non tutte le domande hanno una risposta
D C'è uno studente che ha sbagliato tutte le risposte
E Nessuno studente ha risposto esattamente a tutte le domande

607 Si considerino vere le due affermazioni:

- **qualche cosa ruda non è sima;**
- **nessuna cosa niba è ruda.**

Si scelga fra le seguenti l'affermazione che segue necessariamente dalle premesse:

A nulla segue
B ogni cosa niba è sima
C nessuna cosa niba è sima
D qualche cosa niba è sima
E qualche cosa niba non è sima

608 Un atteggiamento caratterizzato da un gusto eccessivo per l'introspezione, da un'eccessiva analisi dell'Io e da una elevata stima di sé è detto:

A egotismo
B egoismo
C edonismo
D egomorfismo
E misoginia

609 Trovare l'intruso:

A deltoide
B trapezio
C femore
D bicipite
E quadricipite

610 Si considerino vere le due affermazioni:

- **ogni cosa brussa è tirra;**
- **qualche cosa brussa è mofa.**

Si scelga fra le seguenti l'affermazione che segue necessariamente dalle premesse:

A nulla segue
B ogni cosa mofa è tirra
C qualche cosa mofa non è tirra
D nessuna cosa mofa è tirra
E qualche cosa mofa è tirra

611 Quale delle seguenti frasi contiene un errore di grammatica?

A Leggere libri nutre lo spirito
B Fausto non avrebbe certamente gradito tale atteggiamento se fosse stato presente in quella occasione
C Nonostante la giornata faticosa, Ugo andò a trovare l'amico in ospedale
D Bernardo adorava venire a visitare sua cugina laggiù al mare
E Pur amando molto l'arte, guardando quel quadro provai una sensazione di disinteresse

612 Il termine "pruderie" è sinonimo di:

A perbenismo
B prudenza
C cautela
D ponderatezza
E accortezza

613 Scartare la serie contenente un termine anomalo.

A dimensione, estensione, volume, mole, angolo
B arroganza, prepotenza, superbia, alterigia, insolenza
C cultura, civiltà, sapere, scienza, erudizione
D malattia, morbo, infermità, affezione, patologia
E epilogo, conclusione, esito, risoluzione, finale.

614 Freddo : ghiacciato = X : Y

A X = felicità, Y = gioia
B X = umido, Y = bollente
C X = frigorifero, Y = freddo
D X = brutto, Y = orrendo
E X = inverno, Y = pioggia

615 Trova l'elemento che non è coerente con gli altri:

A fico
B papaya
C mango
D uva
E giglio

616 Completare la seguente proporzione. Sciame : ape = X : Y

A X = lupo, Y = branco
B X = poco, Y = molto
C X = marmellata, Y = miele
D X = folla, Y = individuo

617 Individuare quale delle seguenti frasi contiene una forma verbale passiva.

A Antonella ha abitato a Milano
B Antonella è stata a Genova
C Antonella è simpatica a tutti
D Ad Antonella piace il gelato
E Antonella è molto ammirata

618 L'espressione manzoniana "non era nato con un cuor di leone" rappresenta un chiaro esempio di:

A iperbole
B litote
C eufemismo
D ironia
E parabola

619 Si considerino vere le due affermazioni:

- **ogni cosa bezza è murra;**
- **qualche cosa tona non è murra.**

Si scelga fra le seguenti l'affermazione che segue necessariamente dalle premesse:

A qualche cosa tona non è bezza
B nessuna cosa tona è bezza
C nulla segue
D ogni cosa tona è bezza
E qualche cosa tona è bezza

620 Un contrario di *grullo* è:

A sveglio
B prezzato
C laconico
D titubante
E gioviale

621 Maria ha un atteggiamento supponente nei confronti degli altri. In altre parole:

A Maria è una persona conciliante
B Maria è una persona sensibile
C Maria è una persona arrogante
D Maria è una persona cattiva
E Maria è sola

622 Date le seguenti inferenze, indicare quella/e corretta/e.

1. Se Carlo ha vinto la gara, allora o Mario è arrivato secondo oppure Sergio è arrivato terzo. Sergio non è arrivato terzo. Quindi, se Mario non è arrivato secondo, allora Carlo non ha vinto la gara.

2. Se Carlo ha vinto la gara, allora o Mario è arrivato secondo oppure Sergio è arrivato terzo. Mario è arrivato secondo. Quindi, se Carlo non ha vinto la gara, allora Sergio non è giunto terzo.

3. Se Carlo ha vinto la gara, allora Mario è arrivato secondo e Sergio è arrivato terzo. Mario è arrivato terzo. Pertanto Carlo non ha vinto la gara.

A Tutte e tre
B Solo la 1
C Solo la 2
D La 1 e la 3
E La 1 e la 2

623 Quale delle seguenti frasi contiene un errore di grammatica?

- A L'erba del vicino cresce sempre più rapidamente della propria
- B Pur avendo più volte visitato quel posto provai una sensazione di estraneità
- C Nonostante fosse stata una serata piacevole, Giovanni si era recato al bar per consolarsi
- D Francesco amava molto venire a visitare le sue zie lassù in montagna
- E Enrico non avrebbe certamente gradito tale atteggiamento se fosse stato presente in quella occasione

624 Quattro delle seguenti parole hanno una radice etimologica comune. Individuate quella anomala.

- A Antiemetico
- B Antipatia
- C Antifonario
- D Antiquario
- E Antibiotico

625 Se studi e leggi supererai gli esami, ma se studi e non leggi non supererai gli esami. Pertanto, se studi, allora o leggi e supererai gli esami o non leggi e non supererai gli esami.
Ne consegue necessariamente che:

- A se leggi supererai gli esami
- B se studi supererai gli esami
- C se hai superato gli esami hai letto o hai studiato
- D se hai superato gli esami hai letto ma forse non hai studiato
- E nessuna delle altre risposte è corretta

626 Oggetto dell'eziologia è lo studio:

- A della civiltà egizia
- B delle parentele
- C delle cause
- D delle emozioni
- E degli animali

627 Quale parola NON è logicamente legata alle altre?

- A Ortodosso
- B Ortolano
- C Ortopedia
- D Ortoclasio
- E Ortogonale

628 Quale di queste espressioni NON è un palindromo?

- A Attici di città
- B Anilina
- C Radar
- D Amore a Roma
- E Avida di vita desiai ogni amore vero ma ingoiai sedativi da diva

629 Una avvenimento desueto è:

- A un avvenimento insolito
- B un avvenimento consueto
- C un avvenimento mansueto
- D un avvenimento passato
- E un avvenimento futuro

630 Un periodo claudicante:

- A è caratterizzato da un linguaggio aulico
- B è stilisticamente perfetto
- C è incompleto o male espresso
- D ha la tipica costruzione soggetto - verbo - complemento oggetto
- E nessuna delle precedenti

631 Quale delle seguenti coppie di parole ha una sua coerenza interna?

- A Neoplasia - Inestetismo della pelle
- B Diplopia - Vista
- C Eresia - Erezione
- D Malvasia - Bicchiere
- E Quesito senza soluzione univoca o corretta

632 Quale parola completa la serie: dotto, resa, mito, falce, sole, lago, ...

- A casa
- B natura
- C giorno
- D scherzo
- E sindacato

633 Si considerino vere le due affermazioni:

- **qualche cosa rega è zuda;**
- **ogni cosa sgaba è rega.**

Si scelga fra le seguenti l'affermazione che segue necessariamente dalle premesse:

- A nessuna cosa sgaba è zuda
- B ogni cosa sgaba è zuda
- C nulla segue
- D qualche cosa sgaba è zuda
- E qualche cosa sgaba non è zuda

634 "Io son molte volte andato meco medesimo considerando [...] quanto grande sia l'acutezza dell'ingegno umano; e mentre io discorro per tante e tanto meravigliose invenzioni trovate da gli uomini [...] e poi fo riflessione sopra il saper mio [...] mi sento poco meno che infelice". In questo brano di Galileo, la persona che parla:

A va spesso in giro riflettendo fra sé e sé
B cerca di capire i motivi della sua infelicità
C riconosce i suoi limiti nei confronti delle infinite possibilità di conoscenza
D misura la grandezza dell'ingegno umano
E si meraviglia per le invenzioni fatte dall'uomo

635 Completa la seguente frase scegliendo la parola corretta: In presenza di acne ... è necessario rivolgersi al dermatologo.

A acclamata
B conclamata
C declamata
D proclamata
E reclamata

636 Indica a quale parte del discorso corrisponde la definizione che segue: "parte invariabile del discorso che serve a specificare e precisare il significato della parola alla quale è riferita"

A Aggettivo
B Pronome
C Preposizione
D Articolo
E Avverbio

637 Discorso : candidato = X : Y

A X = carta; Y = albero
B X = pianista; Y = concerto
C X = melodia; Y = sinfonia
D X = monologo; Y = attore
E X = albero; Y = foresta

638 Individuare, tra i seguenti, un contrario di "fagocitare".

A Divorare
B Assorbire
C Trovare
D Suonare
E Espellere

639 Completa la seguente frase scegliendo la parola corretta: Questo ufficio rimane in attesa delle decisioni che la S.V. riterrà di ...

A asserire
B esimere
C esumare
D assumere
E desumere

640 Se Alice viene alla festa allora vengono Bice e Camillo, ma se Alice non viene alla festa, allora vengono Camillo e Doriana. Alla festa si presenta Camillo. Cosa si può dire con certezza?

A Non si sa se verrà anche Bice
B Doriana è presente
C Bice sicuramente non viene
D Alice e Doriana arrivano insieme
E Alice sicuramente non c'è

641 Indicare la parola da scartare.

A Mozzarella
B Yogurt
C Olio
D Panna
E Ricotta

642 Completa la seguente frase scegliendo la parola corretta: La ... di un contratto è regolata dal codice civile.

A resipiscenza
B retroazione
C rescissione
D repressione
E reviviscenza

643 Fra gli animali che seguono ve ne è uno che non trova adeguato inserimento:

A Giraffa
B Volpe
C Visone
D Ermellino
E Castoro

644 Una persona icastica è:

A una persona dai modi diretti ed efficaci
B una persona nervosa
C una persona che odia le immagini
D una persona sincera
E una persona pensierosa

645 Individuare la coppia di termini che completa la proposizione data:

Sbadiglio : sonnolenza = X : Y

- A X = Dormire, Y= Sogno
- B X = Risata, Y = Divertimento
- C X = Viso, Y = Espressione
- D X = Impazienza, Y = Ribellione
- E X = Raffreddore, Y = Starnuto

646 Qual è il termine da scartare?

- A Orecchino
- B Braccialetto
- C Rossetto
- D Anello
- E Spilla

647 Il fenomeno della specializzazione delle Scienze [individuazione di sei discipline fondamentali, con compiti, metodi e strutture ben distinte, cioè matematica, astronomia, fisica, chimica, biologia e sociologia, e altre in esse comprese] - fin dall'inizio del secolo XIX - non faceva che riprodurre, entro l'organizzazione delle ricerche, una delle più tipiche situazioni che si venivano imponendo nella nascente industria per evidenti ragioni economiche: la suddivisione del lavoro. Come questa mirava a incrementare la produzione delle merci, così quella si rendeva necessaria per incrementare la produttività scientifica. Il primo vantaggio della specializzazione è una precisa delimitazione dei campi di indagine perché permette al singolo ricercatore di assimilare in breve tempo le tecniche ivi solitamente applicate e quindi di metterle subito a profitto dell'indagine. Ma vi è anche un altro aspetto, non meno importante. Con le ricerche specialistiche nascono anche i linguaggi appositamente costruiti da ogni scienza per denotare tutte e sole le proprietà che essa intende prendere in considerazione nei fenomeni indagati: linguaggi che favoriscono in misura notevolissima l'esattezza delle espressioni, il rigore dei ragionamenti, la chiarificazione dei principi che stanno alla base delle singole teorie.
Tale specializzazione e tecnicizzazione dei linguaggi scientifici ha però avuto anche un'altra conseguenza assai meno positiva. E invero è stata proprio essa a far sorgere nello scienziato specialista una tendenza a rinchiudersi nella propria disciplina, senza nemmeno chiedersi se questa necessitasse di una qualunque integrazione o di un coordinamento con il lavoro dei ricercatori impegnati in altri campi di indagine. Si ebbe così un frantumarsi della scienza in tante scienze particolari, dando luogo a un mosaico di risultati concreti, ove non era rintracciabile, se non con grande difficoltà, un disegno fornito della benché minima organicità.

(L. Geymonat, *Lineamenti di filosofia delle scienze*, 1986)

Relativamente a quanto riportato nel testo è possibile ritenere che il fenomeno della specializzazione delle Scienze:

- A abbia ostacolato la produttività nel campo scientifico
- B abbia favorito l'utilizzazione di un linguaggio scientifico comprensibile a tutti
- C abbia favorito una visione globale delle scienze della natura
- D nessuna delle altre alternative proposte è deducibile
- E abbia ostacolato il coordinamento tra i campi di indagine delle diverse discipline scientifiche

648 Completare la seguente proporzione.

Monco : X = Y : capo

- A X = generale, Y = zoppo
- B X = arto, Y = acefalo
- C X = mano, Y = testa
- D X = anarchia, Y = piede
- E X = moncherino, Y = caporale

649 Indicare la parola da scartare.

- A Celermente
- B Mediante
- C Facilmente
- D Infine
- E Lentamente

650 Si considerino vere le due affermazioni:

- **qualche cosa straffa non è bibba;**
- **nessuna cosa bibba non è raza.**

Si scelga fra le seguenti l'affermazione che segue necessariamente dalle premesse:

A nulla segue
B ogni cosa straffa è raza
C qualche cosa straffa non è raza
D nessuna cosa straffa è raza
E qualche cosa straffa è raza

651 Che cosa significa *compitare*?

A Calcolare mediante conteggio
B Angustiare, affliggere
C Valutare in base a dati conosciuti o facilmente intuibili
D Mortificarsi
E Pronunciare le parole intervallando le singole sillabe con pause

652 Per «apostata» si intende colui che:

A fa commercio di beni sacri
B intenzionalmente compie il male
C rinnega il proprio credo
D mente consapevolmente
E infrange l'obbligo del celibato ecclesiastico

653 In un ipotetico linguaggio in codice, alla parola SPECIFICA corrisponde il codice SPEFECIFIFIFICAFA e alla parola IGNORATO corrisponde il codice IFIGNOFORAFATOFO. Come si scriverà, nel medesimo codice, la parola MAIL?

A MAFIFIL
B MAFAIFIL
C MAFAFIIL
D MFAAIFIL
E MAIL

654 Individua il termine estraneo:

A poliglotta
B polipeptidico
C politematico
D poliomielitico
E polinsaturo

655 Sinonimo di "mendace" è:

A mendicante
B maligno
C ingannevole
D aggressivo
E povero

656 Se Scuola sta a X come Ospedale a Y, che cosa sono rispettivamente X e Y?

A X= insegnante, Y= medico
B X= studente, Y= insegnante
C X= insegnante, Y= malato
D X= bidello, Y= studente
E X= medico, Y= infermiere

657 Individuare nella seguente serie il termine NON omogeneo:

A canzone
B sonetto
C endecasillabo
D poema
E ballata

658 TEATRO è l'anagramma di:

A attrice
B tromba
C tecnico
D attore
E retro

659 ... sta a sala operatoria come bracciante sta...

A frutta – campo
B chirurgo – frutta
C infermiere – trattore
D chirurgo – campo
E ospedale – terra

660 Cane : X = Uomo : Y. La proporzione può essere completato da:

A X = alluce; Y = mignolo
B X = zampa; Y = artiglio
C X = zampa; Y = arto
D X = gamba; Y = mano
E X = piede; Y = braccio

661 **Completa la seguente frase scegliendo la parola corretta:**
Gli estratti batterici possono ... da utile stimolo immunitario.

- A fondare
- B fondere
- C forgiare
- D fungere
- E pungere

662 **Indica la coppia di termini che completa correttamente la proporzione: Alti : x = Belli : y**

- A x = brutti, y = intelligenti
- B x = simpatici, y = attraenti
- C x = bassi, y = brutti
- D x = brutti, y = simpatici
- E x = attraenti, y = intelligenti

663 **Individuare l'abbinamento non corretto di un vizio con una virtù:**

- A violenza/mansuetudine
- B avarizia/generosità
- C ira/accidia
- D superbia/umiltà
- E invidia/benevolenza

664 **Quali tra i termini proposti completano correttamente la seguente proporzione?**
Scintilla : incendio = X : Y

- A X = luce; Y = sole
- B X = virus; Y = pandemia
- C X = sigaretta; Y = pipa
- D X = piromane; Y = bosco
- E X = fuoco; Y = acqua

665 **Le seguenti parole presentano il proprio ordine sconvolto: in quattro di esse si cela il nome di una pianta, una fa eccezione: quale?**

- A Tubella
- B Tanopla
- C Tonebot
- D Cilesa
- E Qeucira

666 **Quale tra i seguenti è un contrario di onta?**

- A Calma
- B Vicina
- C Onore
- D Certa
- E Sana

667 **Completa i termini mancanti della proporzione:**

x : mente = medico : y

- A x = psicologo, y = corpo
- B x = infermiere, y = insegnante
- C x = psichiatra, y = medicine
- D x = idee, y = infermiere
- E x = brutti, y = psicologo

668 **Trova l'elemento che non è coerente con gli altri:**

- A lago
- B fiume
- C acqua
- D stagno
- E fiore

669 **Individuare fra i seguenti un sinonimo di "fittizio".**

- A Replicato
- B Trafitto
- C Irrigidito
- D Simulato
- E Inalterato

670 **Inverti l'ordine delle lettere delle parole che seguono e individua quale non indica una disciplina sportiva:**

- A otoun
- B teksab
- C ordnedodor
- D sinnet
- E oiclac

671 **Si considerino vere le due affermazioni:**

- **ogni cosa strifa è rusa;**
- **qualche cosa strifa è moza.**

Si scelga fra le seguenti l'affermazione che segue necessariamente dalle premesse:

- A nulla segue
- B qualche cosa moza non è rusa
- C ogni cosa moza è rusa
- D qualche cosa moza è rusa
- E nessuna cosa moza è rusa

672 **Un aereo della compagnia AME e uno della compagnia LIA devono atterrare in un aeroporto dotato di cinque piste d'atterraggio, numerate da 1 a 5. Ogni aereo può utilizzare una sola pista d'atterraggio e nessuna pista può essere utilizzata da più di un aereo.**

Si sa che:

- **l'aereo AME non utilizza la pista 1 oppure l'aereo LIA utilizza la pista 2;**
- **l'aereo AME utilizza la pista 1.**

Quale fra le seguenti conclusioni segue necessariamente dalle premesse?

A L'aereo LIA utilizza la pista 2
B L'aereo AME non utilizza la pista 1
C L'aereo LIA non utilizza la pista 2
D L'aereo LIA utilizza la pista 1
E Nessuna delle altre risposte è corretta

673 **Si considerino vere le due affermazioni:**

- **nessuna cosa falda è tama;**
- **qualche cosa tama non è zagga.**

Si scelga fra le seguenti l'affermazione che segue necessariamente dalle premesse:

A nulla segue
B ogni cosa falda è zagga
C qualche cosa falda è zagga
D nessuna cosa falda è zagga
E qualche cosa falda non è zagga

674 **Tre escursionisti dormono in una baita dotata di cinque letti, numerati da 1 a 5.**

Si sa che:

- **Marco occupa il letto 1 o 2;**
- **Marco occupa il letto 2 oppure Matteo occupa il letto 3;**
- **Matteo occupa il letto 3 oppure Lia occupa il letto 4;**
- **Marco non occupa il letto 1.**

Quale fra le seguenti conclusioni segue necessariamente dalle premesse?

A Lia non occupa il letto 4
B Matteo occupa il letto 2
C Marco occupa il letto 3
D Marco non occupa il letto 2
E Nessuna delle altre risposte è corretta

675 **Alessandro, Luca e Roberto si fanno radere dallo stesso barbiere. La scorsa settimana tutti e tre si sono fatti radere, ma non si sono incontrati perché hanno preso appuntamento in un giorno diverso, compreso tra il lunedì e il venerdì.**

Si sa che:

- **Se Alessandro si è fatto radere giovedì, allora Luca si è fatto radere martedì o Roberto mercoledì;**
- **Se Alessandro si è fatto radere giovedì, allora Luca si è fatto radere lunedì o Roberto mercoledì;**
- **Se Alessandro non si è fatto radere giovedì, allora Luca si è fatto radere martedì o Roberto mercoledì;**
- **Se Alessandro non si è fatto radere giovedì, allora Luca si è fatto radere lunedì o Roberto mercoledì.**

Quale fra le seguenti conclusioni segue necessariamente dalle premesse?

A Luca si è fatto radere martedì
B Roberto si è fatto radere mercoledì
C Luca si è fatto radere lunedì
D Alessandro si è fatto radere giovedì
E Alessandro non si è fatto radere giovedì.

676 **Si considerino vere le due affermazioni:**

- **ogni cosa rada è muda;**
- **qualche cosa zida non è muda.**

Si scelga fra le seguenti l'affermazione che segue necessariamente dalle premesse:

A nulla segue
B nessuna cosa zida è rada
C qualche cosa zida non è rada
D ogni cosa zida è rada
E qualche cosa zida è rada

677 **Sul biglietto del tram di un'azienda di trasporti urbani si legge: "Questo titolo di viaggio ha una validità di 90 minuti dalla prima timbratura. Consente di viaggiare su tutta la rete di superficie urbana e di effettuare un solo viaggio sulle linee della metropolitana. Se la prima timbratura è effettuata sulla linea di superficie, è possibile nel corso della validità del titolo di viaggio accedere anche alle linee della metropolitana. Se**

la prima timbratura avviene sulle linee della metropolitana, la validità cessa all'uscita dalle stesse. Nei giorni festivi la validità del titolo di viaggio è in ogni caso di 90 minuti".

Quale fra i seguenti viaggiatori sta rischiando la multa, nel caso il suo titolo di viaggio venisse controllato e supponendo che abbia effettuato solo gli spostamenti riportati?

- A Gianni, che ha timbrato salendo sul tram alle 8:58 di un martedì e si trova alle 10:22 su un autobus
- B Luigi, che ha timbrato salendo sulla metropolitana alle 18:58 di un mercoledì e si trova alle 19:32 su un tram
- C Enza, che ha timbrato salendo sul tram alle 10:48 di una domenica e si trova alle 11:12 in metropolitana
- D Franca, che ha timbrato salendo su un autobus alle 17:19 di un venerdì e si trova alle 18:38 in metropolitana
- E Anna, che ha timbrato salendo in metropolitana alle 16:26 di una domenica e si trova alle 17:43 su un autobus

678 In un aeroporto, lo speaker dice: "i viaggiatori in attesa al gate 7 diretti ad Amsterdam sono pregati di procedere al check-in".

Quindi:

- A Fausto, che è al gate 7 e sta leggendo il giornale mentre aspetta Mara in arrivo da Bruxelles, può continuare a leggerlo
- B Mattia, che è al gate 7 e deve volare a Lisbona, non può andare al bar posto vicino al gate 6
- C Andrea, che è al gate 7 ed è diretto ad Amsterdam, ma non ha sentito l'annuncio perché sta ascoltando musica con gli auricolari, non deve preoccuparsi
- D tutti coloro che si trovano al gate 7 e non sono diretti ad Amsterdam devono restare in attesa
- E Solo chi si trova al gate 7 ed è diretto ad Amsterdam può effettuare il check-in

679 Si considerino vere le due affermazioni:

- **nessuna cosa digga non è mazafa;**
- **qualche cosa mazafa è gafarra.**

Si scelga fra le seguenti l'affermazione che segue necessariamente dalle premesse:

- A nulla segue
- B ogni cosa digga è gafarra
- C qualche cosa digga è gafarra
- D nessuna cosa digga è gafarra
- E qualche cosa digga non è gafarra

680 Si considerino vere le due affermazioni:

- **qualche cosa mobba non è duga;**
- **ogni cosa mobba è traffa.**

Si scelga fra le seguenti l'affermazione che segue necessariamente dalle premesse:

- A qualche cosa duga non è traffa
- B ogni cosa duga è traffa
- C qualche cosa duga è traffa
- D nessuna cosa duga è traffa
- E nulla segue

681 Un pasticcere vuole preparare una torta e la vuole farcire con crema alla vaniglia e/o al cioccolato, inoltre se non usa la crema alla vaniglia intende aggiungere cannella mentre se usa la crema al cioccolato aggiunge pere caramellate.

Quale fra le seguenti è una torta che il cuoco può preparare?

- A Una torta che degli ingredienti elencati contenga solo crema al cioccolato e cannella
- B Una torta che degli ingredienti elencati contenga solo cannella e pere caramellate
- C Una torta che degli ingredienti elencati contenga crema alla vaniglia e crema al cioccolato e non pere caramellate
- D Una torta che degli ingredienti elencati non contenga né crema alla vaniglia né pere caramellate
- E Una torta che degli ingredienti elencati contenga solo crema alla vaniglia

682 **Date le seguenti inferenze, indicare quella/e corretta/e.**

1. **Se Dario ha gli occhi azzurri, allora o Nino li ha marroni oppure Rocco li ha neri. Nino ha gli occhi marroni. Quindi, se Dario non li ha azzurri, allora Rocco non ha gli occhi neri.**
2. **Se Dario ha gli occhi azzurri, allora o Nino li ha marroni oppure Rocco li ha neri. Rocco non ha gli occhi neri. Quindi, se Nino non li ha marroni, allora Dario non ha gli occhi azzurri.**
3. **Se Dario ha gli occhi azzurri, allora Nino li ha marroni e Rocco li ha neri. Nino ha gli occhi neri. Quindi Dario non ha gli occhi azzurri.**

A Tutte e tre

B Solo la 1

C Solo la 2

D La 1 e la 3

E La 2 e la 3

683 **La mamma di Filippo e Martina ha trovato nella dispensa un barattolo di marmellata completamente svuotato. Sa per certo che è stato uno dei figli a mangiarla, e che non sono stati entrambi. Inoltre, sa che se è stata Martina, allora o non ha fatto i compiti o non ha portato il cane al parco, se è stato Filippo, allora ha usato il PC a lungo, ma se Martina non ha portato il cane al parco, Filippo non può avere usato il PC a lungo, perché serviva a Martina per fare i compiti.**

Se le precedenti affermazioni sono corrette, quale deduzione segue necessariamente?

A Se Martina ha fatto i compiti, Filippo ha mangiato la marmellata

B Se Filippo ha mangiato la marmellata, Martina ha portato il cane al parco

C Non può essere stata Martina a mangiare la marmellata

D Se Filippo non ha usato il PC a lungo, Martina ha fatto i compiti

E Filippo ha mangiato la marmellata

684 **Nel 2021 nel paese di Piovarolo si sono verificate precipitazioni tutti i giorni pari dei mesi dispari, mentre nei mesi pari non ha piovuto soltanto nel fine settimana (sabato e domenica), con l'eccezione di tutti i sabati di giugno e di tutte le domeniche di agosto, che sono stati piovosi.**

Quale fra i seguenti, di conseguenza, a Piovarolo, nel 2021, non è stato un giorno piovoso?

A Domenica 14 marzo

B Sabato 7 agosto

C Giovedì 2 dicembre

D Sabato 20 novembre

E Martedì 12 ottobre

685 **A un torneo di rugby, in base alle partite previste dal tabellone, può succedere che:**

- **la vincente sarà la Nuova Zelanda o il Sudafrica, oppure l'Inghilterra arriverà seconda;**
- **l'Inghilterra arriverà o seconda o quarta, oppure l'Irlanda sarà terza;**
- **la Francia arriverà seconda, oppure il Sudafrica vincerà il torneo o la Nuova Zelanda non sarà terza.**

Se l'esito del torneo rispettasse contemporaneamente tutte le condizioni date, quale fra i seguenti potrebbe essere l'ordine delle prime tre classificate?

A Nuova Zelanda, Francia, Irlanda

B Francia, Inghilterra, Irlanda

C Sudafrica, Inghilterra, Irlanda

D Sudafrica, Francia, Irlanda

E Irlanda, Francia, Nuova Zelanda

686 **Se Luca è contento, Anna è felice. Se Sonia è felice, Marco è allegro. Si sa inoltre che o Luca è contento, o Sonia è felice.**

È quindi certamente vero che:

A Anna e Sonia sono felici

B Marco è allegro

C Luca è contento e Marco è allegro

D o Anna è felice o Marco è allegro

E Marco è allegro e Anna è felice

687 Si considerino vere le due affermazioni:
- **qualche cosa nara non è zabba;**
- **nessuna cosa zabba non è adra.**

Si scelga fra le seguenti l'affermazione che segue necessariamente dalle premesse:

A ogni cosa nara è adra
B qualche cosa nara non è adra
C nessuna cosa nara è adra
D qualche cosa nara è adra
E nulla segue

688 In un maneggio, almeno un cavallo non è zoppo, tutti i cavalli neri sono zoppi, non è vero che almeno un cavallo non è un puledro.
Quale fra le seguenti affermazioni segue necessariamente dalle premesse?

A Nessun puledro è zoppo
B Tutti i cavalli zoppi sono neri
C Almeno un puledro non è zoppo
D Almeno un cavallo zoppo non è un puledro
E Almeno un puledro è zoppo

689 Si considerino vere le due affermazioni:
- **ogni cosa muda è feppa;**
- **ogni cosa muda è loba.**

Si scelga fra le seguenti l'affermazione che segue necessariamente dalle premesse:

A ogni cosa loba è feppa
B ogni cosa loba non è feppa
C nulla segue
D nessuna cosa loba è feppa
E qualche cosa loba è feppa

690 Anna, Beatrice e Federica sono tre atlete centometriste e si sfidano su una pista d'atletica a 5 corsie. In ogni corsia può correre una e una solo di loro.
Sono vere le seguenti affermazioni:
- **Se Anna non corre nella corsia 1, allora Beatrice corre nella corsia 2;**
- **Federica corre nella corsia 2;**
- **È falso che contemporaneamente Anna corre nella corsia 1 e Beatrice non corre nella corsia 3.**

Quale fra le seguenti conclusioni segue necessariamente dalle premesse?

A Beatrice corre nella corsia 3
B Anna non corre nella corsia 1
C Anna corre nella corsia 2
D Beatrice corre nella corsia 2
E Nessuna delle altre risposte è corretta

Soluzioni

Quesito	Risposta	Quesito	Risposta	Quesito	Risposta	Quesito	Risposta	Quesito	Risposta	Quesito	Risposta	Quesito	Risposta	Quesito	Risposta	Quesito	Risposta	Quesito	Risposta
1	C	2	E	3	B	4	C	5	A	6	B	7	D	8	B	9	E	10	C
11	D	12	E	13	B	14	D	15	A	16	A	17	B	18	B	19	A	20	A
21	D	22	D	23	B	24	A	25	E	26	C	27	D	28	E	29	C	30	E
31	D	32	E	33	B	34	B	35	E	36	B	37	E	38	E	39	D	40	C
41	A	42	E	43	C	44	C	45	D	46	B	47	D	48	A	49	D	50	D
51	A	52	E	53	E	54	E	55	D	56	D	57	D	58	A	59	D	60	A
61	A	62	B	63	A	64	A	65	D	66	C	67	A	68	B	69	B	70	B
71	E	72	D	73	E	74	C	75	A	76	B	77	C	78	D	79	A	80	A
81	B	82	D	83	A	84	B	85	A	86	B	87	A	88	A	89	A	90	E
91	D	92	D	93	A	94	D	95	B	96	B	97	D	98	A	99	A	100	D
101	D	102	B	103	D	104	E	105	A	106	E	107	A	108	B	109	B	110	B
111	C	112	A	113	A	114	A	115	B	116	C	117	C	118	B	119	D	120	D
121	A	122	C	123	A	124	D	125	C	126	C	127	D	128	A	129	B	130	B
131	E	132	D	133	A	134	D	135	C	136	B	137	B	138	B	139	C	140	B
141	E	142	C	143	D	144	A	145	A	146	B	147	C	148	D	149	E	150	C
151	C	152	C	153	B	154	A	155	A	156	A	157	B	158	D	159	B	160	D
161	A	162	A	163	E	164	E	165	A	166	B	167	B	168	E	169	E	170	E
171	A	172	D	173	D	174	A	175	B	176	C	177	D	178	E	179	E	180	B
181	A	182	A	183	D	184	E	185	E	186	E	187	C	188	A	189	E	190	B
191	D	192	B	193	B	194	B	195	B	196	A	197	A	198	D	199	C	200	D
201	C	202	B	203	E	204	C	205	E	206	D	207	B	208	D	209	B	210	E
211	A	212	D	213	B	214	B	215	B	216	C	217	A	218	C	219	C	220	B
221	B	222	E	223	C	224	B	225	C	226	A	227	C	228	E	229	A	230	E
231	B	232	D	233	C	234	C	235	D	236	D	237	A	238	B	239	E	240	D
241	A	242	C	243	C	244	C	245	C	246	C	247	B	248	A	249	D	250	C
251	D	252	A	253	C	254	A	255	D	256	E	257	B	258	E	259	E	260	C
261	A	262	C	263	D	264	A	265	B	266	C	267	A	268	B	269	C	270	C
271	E	272	B	273	D	274	B	275	D	276	B	277	A	278	C	279	A	280	C
281	C	282	C	283	E	284	B	285	E	286	A	287	A	288	B	289	D	290	A
291	A	292	B	293	B	294	D	295	A	296	C	297	A	298	C	299	B	300	B

Quesito	Risposta	Quesito	Risposta	Quesito	Risposta	Quesito	Risposta	Quesito	Risposta	Quesito	Risposta	Quesito	Risposta	Quesito	Risposta	Quesito	Risposta	Quesito	Risposta
301	D	302	D	303	E	304	E	305	C	306	C	307	D	308	D	309	E	310	B
311	A	312	C	313	D	314	D	315	D	316	A	317	C	318	C	319	C	320	D
321	B	322	C	323	A	324	E	325	C	326	D	327	A	328	B	329	A	330	B
331	A	332	A	333	D	334	C	335	E	336	D	337	C	338	C	339	D	340	E
341	D	342	D	343	D	344	D	345	C	346	A	347	D	348	E	349	A	350	B
351	D	352	E	353	D	354	D	355	D	356	B	357	D	358	C	359	E	360	D
361	B	362	E	363	D	364	C	365	D	366	C	367	A	368	D	369	C	370	B
371	C	372	A	373	D	374	B	375	D	376	B	377	C	378	D	379	C	380	B
381	B	382	C	383	C	384	D	385	C	386	C	387	C	388	A	389	A	390	C
391	B	392	A	393	B	394	A	395	D	396	D	397	A	398	D	399	C	400	C
401	A	402	A	403	C	404	C	405	D	406	C	407	D	408	E	409	B	410	C
411	D	412	E	413	D	414	E	415	B	416	B	417	A	418	A	419	C	420	C
421	B	422	B	423	C	424	A	425	E	426	E	427	E	428	C	429	C	430	B
431	C	432	C	433	A	434	E	435	B	436	E	437	A	438	C	439	B	440	B
441	D	442	B	443	B	444	C	445	C	446	B	447	A	448	B	449	A	450	A
451	A	452	D	453	A	454	D	455	D	456	D	457	D	458	A	459	E	460	E
461	A	462	E	463	D	464	B	465	C	466	C	467	E	468	C	469	A	470	B
471	E	472	A	473	E	474	D	475	D	476	C	477	C	478	C	479	D	480	E
481	C	482	D	483	E	484	E	485	A	486	D	487	E	488	D	489	D	490	A
491	C	492	E	493	B	494	E	495	B	496	C	497	B	498	E	499	D	500	A
501	B	502	B	503	C	504	E	505	C	506	A	507	D	508	A	509	A	510	E
511	C	512	E	513	D	514	B	515	B	516	B	517	C	518	A	519	D	520	C
521	B	522	B	523	A	524	A	525	E	526	B	527	A	528	C	529	A	530	A
531	B	532	E	533	B	534	C	535	D	536	E	537	D	538	A	539	A	540	B
541	A	542	D	543	C	544	E	545	D	546	A	547	D	548	D	549	D	550	D
551	D	552	D	553	A	554	A	555	E	556	B	557	B	558	C	559	A	560	C
561	A	562	A	563	C	564	D	565	A	566	B	567	D	568	E	569	B	570	B
571	A	572	E	573	C	574	E	575	B	576	E	577	A	578	D	579	C	580	D
581	E	582	D	583	C	584	B	585	E	586	C	587	A	588	C	589	C	590	D
591	B	592	A	593	D	594	C	595	A	596	C	597	C	598	A	599	D	600	C
601	E	602	D	603	A	604	C	605	A	606	D	607	A	608	A	609	C	610	E
611	D	612	A	613	A	614	D	615	E	616	D	617	E	618	B	619	A	620	A
621	C	622	D	623	D	624	D	625	E	626	C	627	B	628	D	629	A	630	C
631	E	632	E	633	C	634	C	635	B	636	E	637	D	638	E	639	D	640	A
641	C	642	C	643	A	644	C	645	B	646	C	647	E	648	B	649	B	650	E
651	E	652	C	653	B	654	D	655	C	656	A	657	C	658	D	659	D	660	C
661	D	662	C	663	C	664	B	665	C	666	C	667	A	668	E	669	D	670	C
671	D	672	A	673	A	674	E	675	B	676	C	677	B	678	A	679	A	680	C
681	E	682	E	683	B	684	B	685	A	686	D	687	D	688	C	689	E	690	A

parte seconda

RAGIONAMENTO NUMERICO

Questa parte raccoglie esercizi riconducibili all'ambito del **ragionamento numerico** e **quantitativo**. Le principali tipologie di quesiti presentate nelle prossime pagine sono:

- problemi di logica numerica;
- matrici di numeri;
- calcolo delle probabilità;
- successioni di numeri e lettere;
- interpretazione di grafici e tabelle.

Le domande di ragionamento numerico e quantitativo sono espressamente previste per chi deve svolgere il **TOLC-PSI**, mentre sono presenti in misura modesta nella sezione di logica del **TOLC-SU**.

Le domande su grafici e tabelle possono comparire nelle prove CISIA sia per quanto riguarda il TOLC-PSI, sia nel TOLC-SU, in cui grafici e tabelle sono talvolta utilizzati nei quesiti della sezione dedicata alla conoscenze acquisite negli studi; sono inoltre ben rappresentate nei **test autonomi di ateneo**.

A seguire, sono proposte batterie di quesiti relativi a **diagrammi insiemistici** e alla **logica figurale**. Essi sono raramente presenti nelle prove a cui questo volume si rivolge, ma riteniamo utile che il lettore familiarizzi anche con queste tipologie per non trovarsi impreparato qualora dovesse incontrarle.

Data la variabilità dei programmi considerati dagli atenei, si invita il lettore a verificare con cura sul **bando di concorso dell'università di proprio interesse** le tipologie di domande previste nel suo test.

Quesiti di ragionamento quantitativo, successioni numeriche, grafici e tabelle

691 Tre sorelle hanno un'età complessiva pari a 75 anni. La maggiore delle tre ha un'età pari ai tre mezzi dell'età della minore delle tre. La sorella di mezzo ha cinque anni in meno della sorella maggiore. Quanti anni ha la sorella maggiore?

A 25
B 26 e 3 mesi
C 32
D 30
E 20

692 Vengono lanciati due dadi a sei facce numerate da 1 a 6. Qual è la probabilità che escano due numeri tali che l'uno NON sia multiplo dell'altro?

A 1/4
B 4/9
C 1/3
D 1/6
E 7/18

693 Se:

@ + # = # + $

$ = 3 + 5

Allora @ è uguale a:

A non ci sono elementi sufficienti per rispondere
B 5
C 7
D 3
E 8

694 Alla festa di compleanno di Marika sono stati invitati tutti gli amici di infanzia, tutti i compagni di scuola e tutti i colleghi del conservatorio. Gli amici di infanzia sono la metà più uno dei compagni di scuola e il numero di colleghi del conservatorio è uguale a quello degli amici di infanzia meno tre. Sapendo che Marika ha fatto stampare 47 inviti e che non vi sono elementi comuni ai tre gruppi di persone, quanti sono i suoi compagni di scuola?

A 13
B 24
C 20
D 26
E 10

695 Stefano compra da un amico un maglione scontato del 30%. L'amico gli fa un ulteriore sconto sul prezzo scontato del 20%. Di quale sconto totale sul prezzo iniziale ha beneficiato Stefano?

A 50%
B 72%
C 36%
D 66%
E 44%

696 Individuare il numero da sostituire al punto interrogativo:

8	×	6	:	3	16
+		+		+	
	+		:	8	6
–		–		×	
5	+	5	–	3	7
34		?		72	

A 17 B 31 C 9 D 7 E 18

697 **Se:**
§ x @ = 1
§ = 5/3
@ + 2/5 = #
Allora # è uguale a:

- A 1
- B –1
- C 3/5
- D 0
- E 2/5

698 **Individuare il numero mancante:**
48, 50, 51, 53, 54, …

- A 57
- B 56
- C 59
- D 58
- E 60

699 **Individuare il numero da sostituire al punto interrogativo:**

8	+	2	×	6	60
-		×		:	
1	+		-	2	19
+		:		+	
7	-	4	+		11
14		10		?	

- A 5
- B 11
- C 19
- D 8
- E 6

700 **Se:**
@ + @ + @ = # – #
Allora @ è uguale a:

- A –1
- B) 3
- C 0
- D non ci sono elementi sufficienti per rispondere
- E 1

701 **Lanciando tre dadi qual è la probabilità di ottenere due 5 e un numero diverso da 5?**

- A 15/36
- B 15/216
- C 216/15
- D 5/36
- E 6/25

702 **Qual è la somma che, impiegata per 3 mesi a un tasso di interesse del 7%, frutta € 700?**

- A € 40.000
- B € 4.000
- C € 30.000
- D € 49.000
- E € 20.000

703 **Individuare il numero mancante:**
17 20 23 26 29 32 35 ?

- A 37
- B 38
- C 40
- D 41
- E 32

704 **La somma di tre numeri è 1000. Il primo è due terzi del secondo e il secondo è tre quinti del terzo. I tre numeri sono:**

- A 200; 300; 500
- B 200; 200; 600
- C 200; 400; 400
- D 500; 200; 300
- E 150; 350; 500

705 **Individuare il numero mancante.**

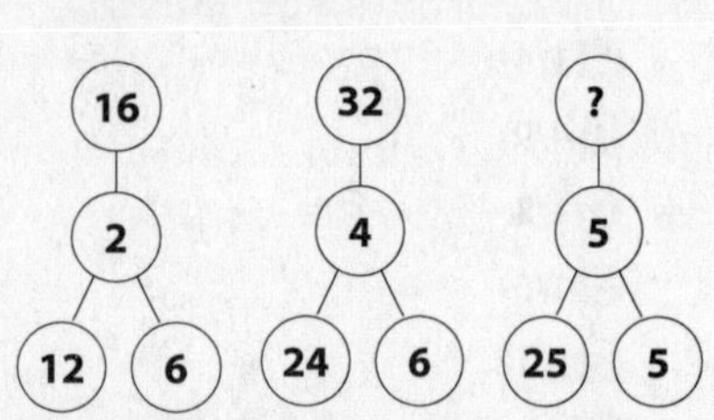

A 20 B 34 C 40 D 5 E 12

706 **Individuare il numero mancante:**
31, 28, 31, …, 31, 30, 31, 31

A 29 B 31 C 30 D 28 E 32

707 **Il 12% di 2.500.000 è:**

- A 30%
- B 30.000
- C 300.000
- D 3.000.000
- E 3.000

708 **La dose giornaliera efficace di un certo antibiotico è di 50 mg/kg di peso corporeo per gli adulti; di 75 mg/kg per i ragazzi dai 7 ai 15 anni; di 100 mg/kg per i bambini fino ai 6 anni. Il misurino dosatore (mis.) inserito nella confezione dello sciroppo contiene 150 mg dell'antibiotico. Quanti misurini è necessario somministrare ogni 8 ore a un bambino di 5 anni che pesa 18 kg, per raggiungere il dosaggio giornaliero efficace?**

A 1 mis.
B 2 mis.
C 3 mis.
D 4 mis.
E 6 mis.

709 **Individuare il numero mancante:**
2, 4, 7, 6, 12, 15, 14, 28, 31, ...?

A 29
B 30
C 27
D 62
E 34
F

710 **Un pittore dispone di sei colori e vuole colorare un suo disegno in tanti modi quanti sono possibili combinando due colori, senza mai ripetere le combinazioni: quanti disegni colorerà?**

A 15 B 21 C 14 D 12 E 20

711 **Individuare il numero mancante:**
7, 9, 5, 13, ..., 29

A 1
B 3
C 4
D 10
E −3

712 **Il compito in classe assegnato a 20 studenti è difficile: 12 studenti non riescono a fare nulla; la prima metà degli esercizi è risolta da 6 studenti. Quanti studenti risolvono il compito in modo esatto?**

A 2 su 20
B Non più di 6
C Non più di 8
D 8 su 20
E Nessuna delle risposte precedenti è corretta

713 **Una bottiglia piena di vino costa 10 euro. Il vino costa 9 euro più della bottiglia vuota. Il vuoto della bottiglia costa:**

A quanto il vino
B 9 euro
C solo 1 euro
D 50 centesimi
E nulla

714 **Individuare l'elemento mancante:**
L, 7, O, 10, R, 13, ...?

A 16
B V
C U
D N
E 17

715 **Due colleghi di lavoro intendono acquistare una barca e decidono di ripartire in parti uguali l'investimento. Scoprono che se si aggiungesse nell'acquisto un altro collega, in regime di equa ripartizione, per ciascuno di loro la quota si ridurrebbe di 35.000 euro. A quanto ammonta il costo totale della barca?**

A 210.000 euro
B 150.000 euro
C 600.000 euro
D 240.000 euro
E 315.000 euro

716 **Da un mazzo di 52 carte da gioco vengono estratte contemporaneamente due carte. Qual è la probabilità che siano entrambe di cuori?**

A 3/51
B 1/4
C 13/204
D 1/16
E 1/8

717 **Individuare il numero mancante:**
5, 9, 27, 25, 25, 29, ..., 85, 85, 89

A 87
B 32
C 58
D 33
E 47

RAGIONAMENTO NUMERICO

718 **Completare correttamente la seguente successione numerica:**

5, 41, 311, 2201, ?

- A 20002
- B 12200
- C 55555
- D 23001
- E 30030

719 **Individuare il numero da sostituire al punto interrogativo:**

5	×	3	+	3	18
×		×		×	
5	×		–		?
+		+		+	
5	+	3	+	5	13
30		21		20	

- A 15
- B 6
- C 5
- D 25
- E 30

720 **Individuare il numero mancante:**

8, 10, 20, 18, 20, 40, 38, 40, 80, ...?

A 66 B 78 C 74 D 82 E 68

721 **Se 4 dattilografe scrivono 24 pagine in 10 minuti, quante dattilografe sarebbero teoricamente necessarie per scrivere 240 pagine in 6000 secondi?**

A 24 B 12 C 8 D 6 E 4

722 **Uno studente impiega solitamente 20 minuti per recarsi a scuola procedendo a una velocità media di 15 km/h. Una mattina, non avendo sentito la sveglia, parte da casa con 5 minuti di ritardo rispetto al solito. A che velocità deve andare per recuperare il ritardo e arrivare a scuola alla solita ora?**

- A 10 km/h
- B 25 km/h
- C 30 km/h
- D 20 km/h
- E 12 km/h

723 **Individuare il numero mancante:**

3 9 13 26 29 87 ?

- A 56
- B 48
- C 23
- D 90
- E 92

724 **Lungo la fascia di frontiera tra due nazioni si sente parlare in due sole lingue. C'è un paese nel quale il 60% degli abitanti parla la lingua A e l'80% parla la lingua B. Quale percentuale parla entrambe le lingue?**

- A 60%
- B 40%
- C 70%
- D 20%
- E I dati non sono sufficienti per rispondere

725 **Individuare il numero da sostituire al punto interrogativo:**

	:	16	×	3	?
:		+		×	
	+	14	–	7	15
–		:		–	
3	+	5	+	8	16
9		6		13	

- A 18
- B 92
- C 12
- D 4
- E 40

Nel grafico seguente è riportata la sopravvivenza ottenuta con due diversi tipi di terapia in una malattia sempre mortale in pochi mesi se non trattata, in due gruppi di pazienti confrontabili come numerosità e caratteristiche cliniche. La terapia A è meno costosa e di più facile attuazione; le due terapie possono essere utilizzate in successione senza influenzarsi reciprocamente in senso negativo.

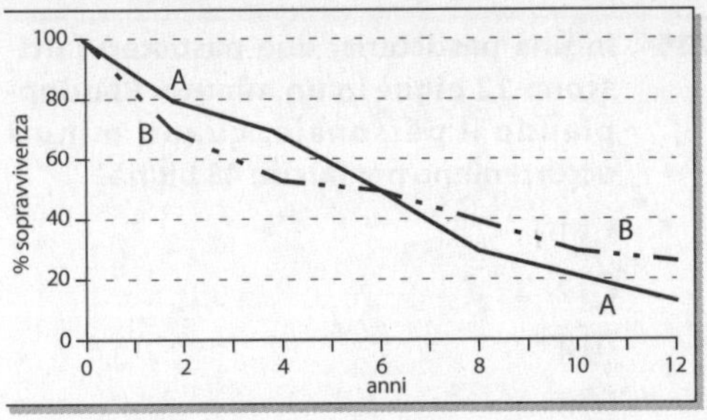

726 **Si può dedurre che (UNA sola risposta è CORRETTA):**

- **A** il costo maggiore della terapia B è ampiamente compensato dai risultati superiori a lungo termine
- **B** la terapia A è comunque di grande importanza nel trattamento della malattia X, se non la si considera come rigidamente alternativa a quella B
- **C** la terapia B deve essere sempre di prima scelta
- **D** la terapia A consente risultati illusori
- **E** bisogna correggere le indicazioni dei due tipi di trattamento

727 **Si può dedurre che (UNA sola risposta è CORRETTA):**

- **A** se le due terapie possono essere utilizzate in successione senza influenzarsi reciprocamente in senso negativo, la terapia A può essere preferita come trattamento iniziale
- **B** le due terapie sono in pratica equivalenti, in quanto vantaggi e svantaggi iniziali e a distanza si elidono
- **C** in base ai dati disponibili non può essere tratta alcuna conclusione
- **D** la terapia B è sempre da preferirsi
- **E** la terapia A deve essere definitivamente abbandonata in quanto i suoi risultati a distanza diventano meno competitivi con quelli del trattamento B

728 **Su un terrazzo vi sono diversi tavoli e sedie che fra tutti hanno 37 gambe. Tre di essi hanno 3 gambe, tutti gli altri ne hanno 4. Quanti mobili vi sono sul terrazzo?**

- **A** 7
- **B** 8
- **C** 9
- **D** 10
- **E** non è possibile stabilirlo

729 **In una scatola ci sono tre carte. Una è rossa da entrambi i lati, una è bianca da entrambi i lati e la terza è rossa da un lato e bianca dall'altro. Dalla scatola viene estratta una carta e messa sul tavolo. La faccia che compare è rossa. Qual è la probabilità che anche la faccia nascosta sia rossa?**

- **A** 1/3
- **B** 2/3
- **C** 1/6
- **D** 1/12
- **E** 2/8

730 **Quale tra le seguenti frazioni indica il numero più alto?**

A 5 / 6 **B** 3 / 4 **C** 9 / 8 **D** 5 / 4 **E** 6 / 6

731 **Se 5 infermieri preparano 15 sacche per terapia parenterale in 30 minuti, quanti infermieri sarebbero teoricamente necessari per prepararne 150 in 9000 secondi?**

- **A** 30
- **B** 15
- **C** 5
- **D** 10
- **E** 20

732 **Quale, tra le seguenti frazioni, è la maggiore?**

- **A** 1/2
- **B** 3/10
- **C** 4/9
- **D** 5/11
- **E** 6/11

733 **Utilizzando l'alfabeto inglese, individuare le lettere mancanti:**

a, b, c, c, b, a, b, c, d, d, c, b, c, d, e, ?,?

- **A** f, e
- **B** e, d
- **C** d, e
- **D** e, f
- **E** f, g

734 Individuare il numero da sostituire al punto interrogativo:

6	:		+	7	10
x		–		–	
1	×	1	×	5	5
+		+		+	
8	–		+	3	4
14		?		5	

A 8 B 11 C 9 D 13 E 12

735 Individuare l'elemento mancante.

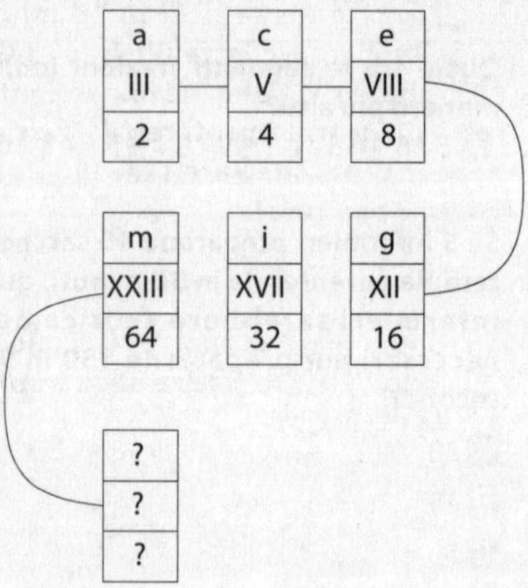

A n / VVV / 64

B o / XXX / 128

C o / XXIX / 128

D p / XXX / 128

E o / XXX / 120

736 In una pasticceria, due pasticceri farciscono 12 bignè in un minuto. Raddoppiando il personale, quanti minuti occorreranno per farcire 48 bignè?

A 1
B 2
C 4
D 6
E Non abbiamo sufficienti dati per stabilirlo

737 Individuare la lettera mancante:

D, F, H, J, L, ...?

A K B W C M D N E O

738 Un aeroplano parte da Parigi diretto a Milano viaggiando alla velocità di 690 km/h. Dopo mezz'ora dalla partenza del primo aereo, da Milano decolla un aeroplano diretto a Parigi alla velocità di 810 km/h. Ipotizzando che gli aerei seguano la medesima rotta e che Milano disti da Parigi 1.000 km, a quale distanza da Parigi si incontreranno i due aerei?

A 345 km
B 301,3 km
C 646,3 km
D 698,7 km
E 460 km

739 Individuare il numero mancante:

4, 5, 9, 14, 23, 37, ...?

A 60
B 51
C 53
D 75
E 27

740 Se:

@ · 2 = # + 9

@ = 17

Allora # è uguale a:

A 18 B 33 C 34 D 25 E 30

741 **In un museo sono presenti soltanto quadri, sculture e mosaici. Sapendo che il numero di quadri sta a quello delle sculture come 3 sta a 4, che il numero di mosaici sta a quello dei quadri come 5 sta a 3 e che nel museo ci sono 36 sculture, qual è il numero totale di opere d'arte presente nel museo?**

A 117 B 99 C 123 D 90 E 108

742 **Se:**

@ + # = $ − #

 # = 2

$ = 3

Allora @ è uguale a:

A −1 B 0 C −2 D 1 E 2

743 **Individuare tra le alternative proposte quella che contiene un'inesattezza rispetto a quanto indicato nel testo dell'esercizio.**

Ten. Col. Mauro Fabrici, Caserma La Pigna, primo battaglione

Gen. Alfredo Girolamo, Caserma Napoleone, nona armata

Serg. Nicola Ilacqua, Caserma Prima, sesto battaglione

Col. Mario Nicosia, Caserma Nunziata, primo corpo scelto

Serg. Remo Zanetti, Caserma La Torre, secondo battaglione

A Ten. Col. Mauro Fabrici, Caserma La Pigna, primo battaglione

B Gen. Alfredo Girolamo, Caserma Napoleone, nona armata

C Serg. Nicola Ilacqua, Caserma Prima, sesto battalione

D Col. Mario Nicosia, Caserma Nunziata, primo corpo scelto

E Serg. Remo Zanetti, Caserma La Torre, secondo battaglione

744 **Se la base di un triangolo diminuisce del 10% e l'altezza relativa alla base aumenta del 10%, allora l'area del nuovo triangolo rispetto all'area del triangolo iniziale risulta essere:**

A diminuita dell'1%

B diminuita del 10%

C invariata

D aumentata del 10%

E aumentata del 100%

745 **Individuare il numero mancante.**

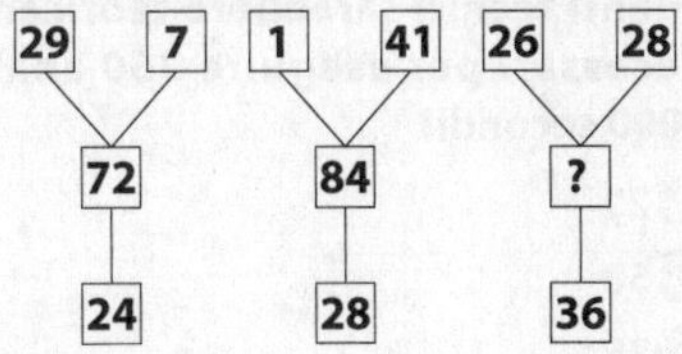

A 105 B 90 C 144 D 108 E 96

746 **Vanni, Gennaro e Mauro hanno acquistato 24 libri da regalare agli amici. Vanni e Gennaro sono in grado di impacchettare 24 libri in 40 minuti. Vanni ne impacchetta il triplo di Gennaro che, a sua volta, ne impacchetta la metà di Mauro. Quanti regali riuscirebbero a impacchettare i tre lavorando insieme per 1 ora?**

A 15 B 36 C 54 D 45 E 24

747 **Un padre ha 50 anni e il figlio 26. Quando l'età del padre sarà tripla di quella del figlio?**

A Mai

B 14 anni fa

C Fra 14 anni

D Non è possibile stabilirlo

E 21 anni fa

748 **Un istituto superiore ha 100 docenti divisi su 4 succursali che hanno almeno 15 docenti per ogni succursale. Allora una e una sola delle seguenti affermazioni è sempre vera (a prescindere dalla distribuzione tra le succursali):**

A esistono 2 succursali con almeno 25 docenti ciascuna

B se esiste una succursale con 15 docenti, ne esiste un'altra con almeno 70 docenti

C se esiste una succursale con 15 docenti, ne esiste un'altra con almeno 50 docenti

D se esiste una succursale con 15 docenti, ne esiste un'altra con almeno 15 docenti

E Nessuna delle altre alternative proposte

749 **Se 5 tecnici di laboratorio eseguono 25 analisi di sedimenti urinari in 10 minuti, quanti tecnici sarebbero teoricamente necessari per eseguire 250 analisi in 6000 secondi?**

A 20

B 50

C 25

D 5

E 10

750 **Individuare il numero mancante:**

312, 306, 299, 291, 282, …?

A 270

B 275

C 280

D 268

E 272

751 **Date le relazioni sotto riportate, individuare il valore di ○.**

□³ = 27; □³ + □ – ⊙ + ○ = 90; □ – ⊙ = 28

A ?= 5

B ?= 15

C ?= 35

D ?= 20

E Nessuna delle precedenti alternative è corretta

752 **Individuare l'elemento mancante.**

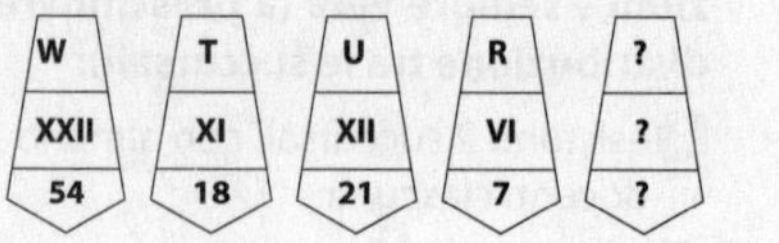

A 

B 

C 

D 

E 

753 **Un'urna contiene 14 palline rosse, 17 bianche e 15 nere. Qual è la probabilità di pescare una pallina nera alla seconda estrazione, sapendo che nella prima estrazione viene pescata una pallina bianca (che non viene reimmessa nell'urna) e che nella terza estrazione viene pescata un'altra pallina bianca?**

A 0,32

B 88%

C 1,5

D 1/3

E 0,66

754 **Claudio costruisce un puzzle riuscendo a posizionare ogni giorno 1/3 dei pezzi rimasti e, dopo tre giorni, gli rimangono 80 tasselli. Da quanti pezzi è composto il puzzle complessivamente?**

A 2160

B 27/8

C 250

D 270

E 800

755 **Individuare il numero da sostituire al punto interrogativo:**

6	×	3	+	4			22
+		–		:			
2	×	1	+	4			6
–		+		+			
1	+	8	–				5
7		10		**?**			

A 1 B 5 C 3 D 7 E 8

756 **Un medico prescrive al paziente 5 pillole da prendere una ogni ora. Quanto tempo impiegherà il paziente a consumare tutte le pillole?**

A 1 ora

B 2 ore

C 3 ore

D 4 ore

E 5 ore

757 **Per riempire d'acqua un serbatoio ci sono tre rubinetti. Ogni rubinetto se aperto da solo impiegherebbe 2 ore a riempire il serbatoio. Se vengono aperti tutti e 3 contemporaneamente, quanto tempo impiegano a riempire il serbatoio?**

A 33 minuti

B 80 minuti

C 40 minuti

D 60 minuti

E 120 minuti

758 **Un vecchio disco di vinile a 33 giri è inciso nella zona compresa tra i diametri di 20 e 10 cm. Il suo ascolto dura 2 minuti primi e 30 secondi. Quanti è lungo il percorso compiuto dalla puntina del giradischi dall'inizio alla fine dell'ascolto?**

A 20 cm

B 10 cm

C 8 cm

D 6 cm

E 5 cm

759 **Se Antonio pesa 70 kg e Giuseppe pesa 65 kg:**

A Antonio è più alto di Giuseppe

B è molto probabile che Antonio e Giuseppe abbiano la stessa altezza

C Antonio e Giuseppe hanno certamente altezze diverse

D le altezze dei due sono proporzionali al loro peso

E tutte le risposte precedenti sono errate

760 **Indica quale delle seguenti frazioni è quella con valore maggiore:**

A 10/15

B 14/15

C 9/10

D 19/20

E 10/11

761 **Un collezionista aveva raccolto molte monete d'oro, ma non voleva far sapere a nessuno quante fossero. Così il giorno in cui un amico gli chiese: "So che hai molte monete d'oro, ma quante ne hai?", il collezionista gli rispose: "Se divido le monete in due mucchi di numero non uguale, allora moltiplicando per ottantatré volte la differenza fra i due numeri ottengo un numero uguale alla differenza fra i quadrati dei due numeri". L'amico non riuscì a risolvere il problema. Sei più bravo tu a scoprire quante erano le monete?**

A 38

B 64

C 70

D 83

E 86

762 **Una formica cammina su una zolletta di zucchero a forma di cubo. Ogni lato della zolletta misura 1 cm. Se la formica parte da un vertice e vuole arrivare al vertice diagonalmente opposto, qual è la distanza minima che deve percorrere?**

A 1,5 cm

B 2 cm

C 2,2 cm

D 2,5 cm

E 3 cm

763 **Individuare il numero mancante.**

9	6	3
9	24	12
2	5	?

A 6

B 2

C 5

D 9

E 12

RAGIONAMENTO NUMERICO

764 **Un quadrato è composto da 3 file, ognuna di esse è composta da 3 tessere messe una accanto all'altra. Qual è il numero totale dei lati delle tessere che toccano un'altra tessera?**

A 12

B 28

C 36

D 24

E 32

765 **Se uno studente è contemporaneamente il 5° miglior studente ed il 5° peggior studente della sua classe, da quanti studenti è composta la classe?**

A 5

B 6

C 7

D 9

E 10

766 **In un gruppo di 32 turisti, 14 hanno passaporto spagnolo, 19 hanno passaporto ungherese e 4 non hanno passaporto né ungherese né spagnolo. Quanti turisti hanno sia passaporto spagnolo che ungherese?**

A 7

B 1

C 3

D 5

E 6

767 **Un tale compra un oggetto a 300 euro, lo vende a 310 euro, lo ricompra a 320 euro, e infine lo rivende a 330 euro. Quanto ha guadagnato?**

A 0 euro

B 10 euro

C 20 euro

D 30 euro

E 300 euro

768 **Individuare il numero da sostituire al punto interrogativo, fare prima operazioni di moltiplicazione o divisione e poi somma o sottrazione:**

6	×	5	:			15
+		+		+		
3	+	4	+	5		12
−		+		−		
2	+	?	−			8
7				5		

A 5
B 4
C 3
D 8
E 1

769 **Andando a Rimini, ho incrociato 3 signore. Ogni signora portava due buste. In ogni busta v'erano 2 penne. Quante penne e quante signore andavano a Rimini?**

A 9 e 3
B 2 e 3
C 6 e 3
D 0 e 0
E Nessuna delle risposte precedenti

770 **Un uomo ha l'età doppia di suo figlio, e il prodotto delle loro età è 20 volte la somma delle loro età. Che età ha il padre?**

A 70 anni
B 50 anni
C 40 anni
D 60 anni
E 80 anni

771 **Individuare il numero mancante.**

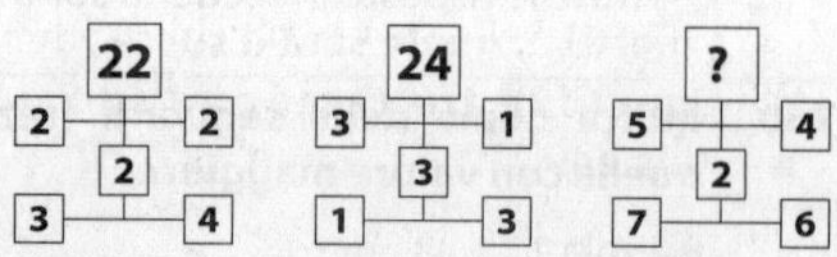

A 26
B 32
C 44
D 87
E 15

772 **Tre campane suonano a intervalli di 5 minuti, 6 minuti e 10 minuti, rispettivamente. Se suonano insieme alle 8 di mattina, dopo quanto tempo suoneranno di nuovo insieme?**

A 10 minuti

B 19 minuti

C 30 minuti

D 65 minuti

E Non è possibile calcolarlo

773 **Una banda musicale marcia formando un quadrato di 6 × 6 elementi. Arrivata in piazza, di dispone su 3 file, formando un rettangolo, per suonare. Di quanti elementi è composta ciascuna fila?**

A 6

B 9

C 12

D 16

E 24

774 **Individuare il numero mancante.**

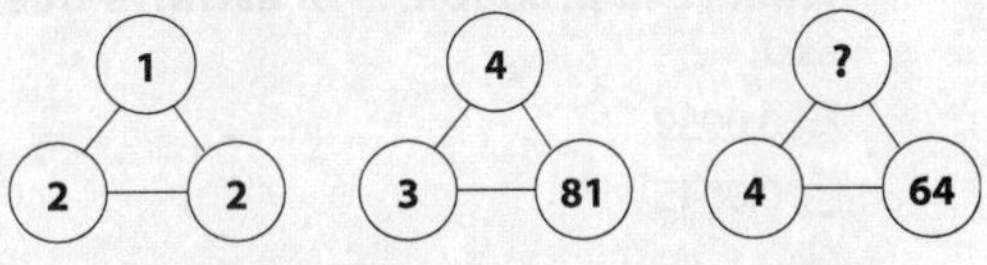

A 4 B 7 C 9 D 32 E 3

775 **Tre campane suonano a intervalli di 3 minuti, 8 minuti e 12 minuti, rispettivamente. Se suonano insieme alle 10 di mattina, quale sarà il successivo orario in cui le tre campane suoneranno insieme?**

A Alle 10 e 38 minuti

B Alle 11

C Alle 10 e 30 minuti

D Alle 10 e 24 minuti

E Alle 10 e 12 minuti

776 **32 operaie attaccano le etichette a 256 capi di vestiario in 20 minuti. Lavorando allo stesso ritmo, quante ore saranno necessarie affinché 4 operaie attacchino 128 etichette?**

A 5 ore e 20 minuti

B 1 ora e 40 minuti

C 1 ora e mezza

D 1 ora e 20 minuti

E 1 ora e 10 minuti

777 **Completare correttamente la seguente successione: F; Q; H; P; L; O; N; ?**

A M

B N

C L

D O

E P

778 **Se in un certo lotto di produzione 2 lavatrici su 1.000 sono difettose, quante lavatrici si può stimare NON siano difettose su 2.500 provenienti dal medesimo lotto?**

A 2.498

B 1.245

C 2.495

D 500

E 5

779 **In una scuola elementare, composta da 215 alunni, sono stati attivati due corsi pomeridiani. Si sa che 134 alunni frequentano il corso di spagnolo, 121 il corso di nuoto, 22 nessuno dei due corsi.**

Quanti alunni frequentano entrambi i corsi?

A 59

B 72

C Non si può stabilire perché i dati sono insufficienti

D 62

E 193

PARTE SECONDA

780 **Un fiorista ha a disposizione 672 rose, 816 margherite e 624 garofani. Vuole confezionare mazzi tutti uguali in modo da esaurire tutti i fiori a disposizione e in modo che ciascun mazzo contenga Il massimo numero di fiori della stessa tipologia. Quanti fiori conterrà ciascun mazzo?**

- A 48
- B 17
- C 96
- D 44
- E 13

781 **Un uomo ha l'età doppia di suo figlio, e il prodotto delle loro età è 20 volte la somma delle loro età. Che età ha il figlio?**

- A 10 anni
- B 15 anni
- C 20 anni
- D 30 anni
- E 40 anni

782 **Un chimico mescola l'argento con l'oro così che per 10 grammi di lega vi sono 90% d'oro puro e 10% di argento. Un giorno aggiunge altro argento fino ad ottenere una lega ancora meno pura. Se l'orefice era partito con 10 grammi di lega fatta per il 90% di oro puro e il 10% di argento, quanto argento ha dovuto aggiungere per arrivare ad una lega con il 50% di argento?**

- A 8 grammi
- B 6 grammi
- C 22 grammi
- D 50 grammi
- E 10 grammi

783 **Alle Olimpiadi degli animali si svolge la gara di corsa tra un granchio e una tartaruga, sulla distanza di 7 cm. Il granchio, ogni secondo, fa quattro passi avanti seguiti da 3 passi indietro; tutti i passi sono di 1 cm. La tartaruga procede ad una velocità costante di 1 cm/s. Chi vince la gara?**

- A non arrivano mai
- B il granchio
- C il granchio mangia la tartaruga
- D arrivano insieme
- E la tartaruga

784 **Qual è il numero da inserire nella casella indicata con "?" per completare il seguente rettangolo?**

1	2	3	6	3
3	4	4	5	4
6	8	4	10	7
6	8	10	20	**?**

- A 7
- B 9
- C 11
- D 15
- E 20

785 **Un esperimento consiste nel lanciare due dadi. Quante sono le combinazioni possibili la cui somma è 10?**

- A 1
- B 2
- C 3
- D 4
- E 5

786 **Un gioco consiste nell'estrarre successivamente, con reimmissione nel mazzo, due carte da un mazzo di 52 carte. Individuare la probabilità di estrarre due assi.**

- A 0,0059
- B 0,0045
- C 0,1
- D 0,01
- E 0,0044

787 **Individuare il numero da sostituire al punto interrogativo:**

42	:	6	×	4	28
–		–		+	
	:	4	+		16
×		×		×	
2	+	13	:	3	5
28		26		**?**	

A 9 B 16 C 28 D 39 E 48

788 A che numero si arriva per il tramite delle frecce?

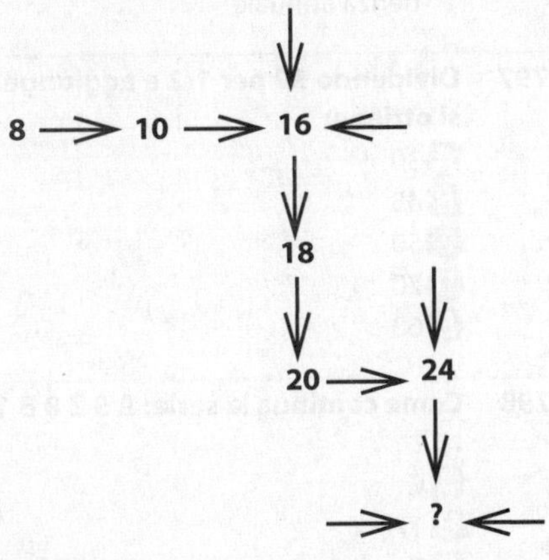

A 28
B 30
C 26
D 15
E 36

789 Se la lancetta dei minuti ha passato da tre minuti quella delle ore, dopo quanto la raggiungerà ancora?

A Dopo 60 minuti e quattro secondi
B Dopo 60 minuti
C Dopo 57 minuti
D Dopo 62 minuti
E Dopo 65 minuti

790 Se lo spazio di tempo tra adesso e le 20 è il triplo dello spazio di tempo tra adesso e il momento nel quale mancherà esattamente un'ora e mezzo all'ora che è esattamente a metà strada tra adesso e le 20, che ora è adesso?

A le 9
B le 10
C le 11
D le 12
E le 13

791 Quanti secondi si impiegano per percorrere 4 chilometri e mezzo se si viaggia alla velocità di 120 chilometri all'ora?

A 9 secondi
B 135 secondi
C 90 secondi
D 35 secondi
E 250 secondi

792 Data la serie numerica: 9, 16, 21, 28, 33, 40, 45,.... quale dovrebbe essere il numero successivo?

A 52
B 53
C 54
D 55
E 56

793 Individuare il numero mancante.

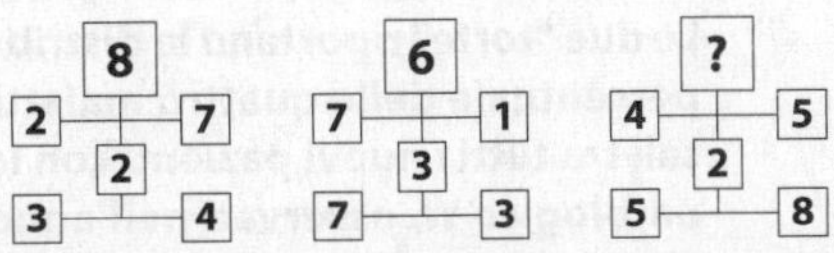

A 11
B 1
C 3
D 15
E 4

794 I coniugi Bianchi hanno 3 figli maschi e ciascuno di loro ha 4 nipoti (figli di fratelli o sorelle). Sapendo che non vi sono altri parenti nella famiglia Bianchi, quanti sono in tutto i nipoti (figli dei figli) dei coniugi Bianchi?

A 3
B 4
C 8
D 6
E Non è possibile stabilirlo

795 Se in un certo istante, alla fine della giornata manca ancora il doppio dei 2/5 del tempo già trascorso, che ore saranno in quell'istante?

A 13:20
B 14:10
C 16:00
D 12:55
E 13:55

796 **In una determinata area nella quale sono registrati tutti i nuovi casi che ogni anno presentano lo stato patologico W, che può essere causato da differenti malattie (A, B, C, D), il loro numero per milioni di abitanti dell'area in questione, definito come incidenza annua per milione di abitanti, inizialmente 100, in 20 anni è aumentato dell'80%. Il fenomeno è legato a numerose cause, le più importanti delle quali sono un importante invecchiamento della popolazione generale e la riduzione delle cause di morte competitiva.**
Le due "torte" riportano la distribuzione percentuale delle quattro malattie causali tra tutti i nuovi pazienti con lo stato patologico W, osservati nell'anno d'inizio (A1, B1...) dello studio e dopo 20 anni, nell'ultimo anno del periodo considerato (A2, B2...).
Si può dedurre che tra i nuovi pazienti che annualmente presentano lo stato patologico W (UNA sola risposta è CORRETTA):

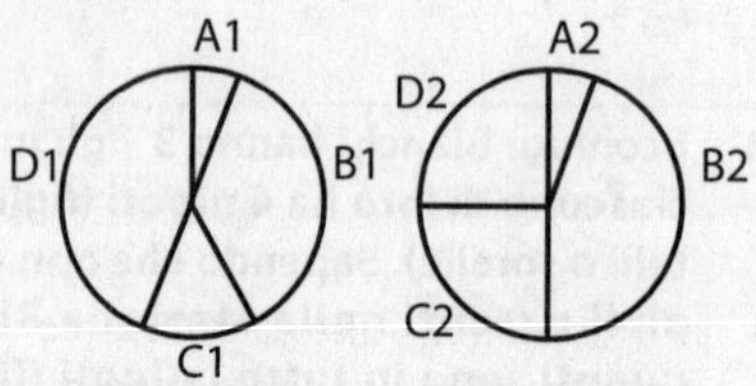

A1 = 5 %	A2 = 5 %
B1 = 35 %	B2 = 45 %
C1 = 15 %	C2 = 25 %
D1 = 45 %	D2 = 25 %

A l'aumento di incidenza dello stato patologico W è inarrestabile
B la riduzione del numero di nuovi casi nell'ultimo anno di osservazione rispetto al primo con stato patologico W e malattia D è degno di nota
C nell'ultimo anno di osservazione rispetto al primo tra i nuovi pazienti con stato patologico W, l'incremento più consistente si è verificato per la malattia C
D il numero di nuovi casi che ogni anno presentano lo stato patologico W nell'ultimo anno del periodo in esame era aumentato in maniera analoga per tutte e quattro le malattie causali
E nel periodo considerato tutte le malattie che causano lo stato patologico W hanno presentato modificazioni di incidenza annuale

797 **Dividendo 30 per 1/2 e aggiungendo 10 si ottiene:**
A 30
B 45
C 50
D 70
E 60

798 **Come continua la serie: A 5 Z 8 B 11 V 14 ...?**
A C
B 17
C T
D U
E 20

799 **Individuare il numero da sostituire al punto interrogativo, fare prima operazioni di moltiplicazione o divisione e poi somma o sottrazione:**

?	×	8	−		+	2	20
+		×		:		+	
	+	4	+	3	−	2	8
+		×		×		+	
	×		×	5	+	6	21
x		:		+		+	
2	−	2	+	4	+	5	9
12		16		14		15	

A 1 B 2 C 3 D 4 E 5

800 **Individuare il numero mancante: 4, 16, 22, 6, 24, 30, 14, 56, 62, ...?**
A 46
B 38
C 208
D 44
E 54

801 **Completare correttamente la seguente successione numerica: ?, 8, 7, 13, 8, 7, 13, ?**
A 13, 7
B 13, 8
C 14, 6
D 7, 7
E 14, 8

802 **Individuare il numero mancante.**

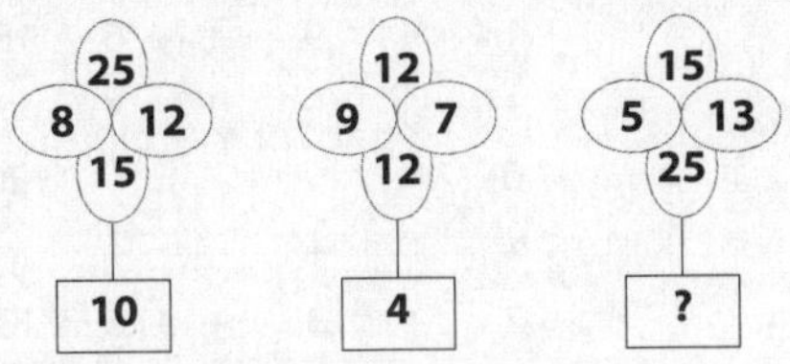

A 22 B 8 C 11 D 6 E 5

803 **Individuare il numero mancante identificato dal punto interrogativo.**

15	−	6	:	3	3
−		×		+	
9	×	...	+	3	30
+		:		:	
1	×	2	+	...	8
7		?		1	

A 13
B 9
C 11
D 8
E 19

804 **Cinque persone si inviano messaggi con il telefono cellulare. Ciascuno invia un messaggio a tutti gli altri. Quanti sono i messaggi inviati in totale?**

A 5
B 25
C 20
D 10
E 18

805 **Indicare tra le alternative proposte quella che risulta identica a quella data letta al contrario (cioè da destra verso sinistra).**
Sequenza: 74J685B51CEF

A FEC51B586J47
B FEC15B586J47
C FEC51B686J47
D FEC15B685J47
E 74J685B51CEF

806 **Individuare il numero da sostituire al punto interrogativo:**

	:	3	+		25
+		×		+	
9	−	4	×	8	40
:		+		−	
6	×	9	−	4	50
?		21		6	

A 9
B 12
C 18
D 13
E 21

807 **La mediana è il valore a cui una metà delle osservazioni è inferiore e l'altra metà superiore. Quindi la mediana della serie {1, 18, 3, 14, 3, 14, 4, 6, 13} sarà:**

A 14
B 6
C 4
D 10
E 3

808 **Un contadino alleva polli e conigli. Se possiede 55 capi che hanno complessivamente 160 zampe quanti sono i conigli?**

A 30
B 25
C 20
D 15
E Quesito senza soluzione univoca o corretta

809 **Indica quale delle seguenti frazioni è quella con valore maggiore:**

A 3/5
B 5/6
C 6/7
D 11/12
E 5/7

810 **Quale numero completa la serie: 15, 45, 33, 21, 27, ...?**

A 47

B 35

C 23

D 17

E 36

811 **Sei operaie confezionano centoventi paia di guanti in venti giorni. Quanti giorni occorrono a tre operaie per confezionare trenta paia di guanti dello stesso tipo?**

A Dodici

B Venti

C Diciotto

D Trenta

E Dieci

812 **In una gara ciclistica è presente un tratto di strada in discesa. Un ciclista raddoppia il tratto di strada percorso ogni secondo; in 20 secondi arriva a percorrere tutto il tratto. Quanti secondi impiega per percorrere la metà?**

A 10

B 19

C 2

D 11

E Dipende dalla lunghezza del tratto in discesa

813 **Quale tra le seguenti stringhe di lettere è uguale a VVZVXVZZVYVZZZ**

A VVZVXVZZVXVZZZ

B VVZVXVZZVYVZZZ

C VVZVXVVZVYVZZZ

D VVZLXVZZVYVZZZI

E VVZLXVVZVYVZZZI

814 **Indicare la lettera che completa la serie: CEG, GLO, OS...**

A D B V C Z D P E V

815 **Individuare il numero da sostituire al punto interrogativo:**

1	×	9	+	6	15
+		−		×	
6	×		−		**?**
−		+		+	
2	+	3	+	6	13
5		8		42	

A 12 B 6 C 9 D 24 E 18

816 **Individuare tra le alternative proposte quella che contiene un'inesattezza rispetto a quanto indicato nel testo dell'esercizio.**

Sig. Alfredo Albissoni, via Pigafetta 34/b, 17100 Savona

Sig.ra Laura Bellisario, via Cimabue 24, 20100 Milano

Dott. Mauro Marenghi, corso Irpinia 12, 90100 Palermo

Sig.ra Enrica Carla Noselli, viale Abruzzi 32/c, 06100 Perugia

Dott.ssa Maria Cristina Rovani, via Procida 21, 05018 Orvieto

A Sig. Alfredo Albissoni, via Pigafetta 34/d, 17100 Savona

B Sig.ra Laura Bellisario, via Cimabue 24, 20100 Milano

C Dott. Mauro Marenghi, corso Irpinia 12, 90100 Palermo

D Sig.ra Enrica Carla Noselli, viale Abruzzi 32/c, 06100 Perugia

E Dott.ssa Maria Cristina Rovani, via Procida 21, 05018 Orvieto

817 **La statua di un putto in una fontana zampilla acqua riempiendo la vasca sottostante della portata di un cubo che ha un lato lungo 1 metro, in 1 giorno. Quanti mesi impiegherebbe per riempire una fontana della portata di un cubo di quattro metri di lato?**

A Uno e mezzo

B Poco più di due

C Tre

D Quasi quattro

E Poco meno di due

818 **Due bambine, Sara e Romina, hanno in totale 24 caramelle e decidono di sfidarsi in una gara di indovinelli: per ogni risposta sbagliata il pegno sarà una caramella. Dopo 4 risposte errate date da Romina, Sara ha il doppio delle caramelle rispetto all'amichetta. All'inizio della gara quante caramelle aveva ogni bambina?**

A 10 e 14
B 11 e 13
C 12 e 12
D 8 e 16
E 18 e 6

819 **Un tale compra un oggetto a 20 euro e lo vende a 25 euro; lo ricompra a 30 euro e lo rivende a 35 euro. Quanti euro guadagna?**

A 0
B 5
C 10
D 15
E 20

820 **Individuare il numero mancante:**

2, 14, 98, 686, ...?

A 2212
B 3617
C 4802
D 3142
E 3332

821 **Individuare il numero mancante:**

17 14 7 21 18 9 27 ?

A 81
B 30
C 24
D 32
E 68

822 **In un'aula vi sono 85 studenti. Prendendone due a caso, non si troveranno mai due studenti che non hanno entrambi almeno un telefonino. Quanti studenti nell'aula hanno certamente almeno un telefonino?**

A 1
B 42
C 49
D 84
E 82

823 **Nella città Beta vi sono due discoteche. Sapendo che la probabilità che una discoteca sia aperta è uguale a 1/2, calcolare la probabilità che:**

a) entrambe siano aperte;

b) una sia chiusa e una sia aperta;

c) siano entrambe chiuse.

Dire inoltre qual è la somma di tali probabilità.

A $\frac{1}{4}; \frac{1}{4}; \frac{1}{4}; \frac{3}{4}$

B $\frac{1}{4}; \frac{1}{4}; \frac{1}{2}; 1$

C $\frac{1}{4}; \frac{1}{2}; \frac{1}{4}; 1$

D $\frac{1}{2}; \frac{1}{4}; \frac{1}{4}; 1$

E $\frac{1}{4}; \frac{1}{2}; \frac{1}{4}; \frac{3}{4}$

824 **Scartare l'intruso.**

A 11
B 27
C 31
D 29
E 17

825 **Individuare il numero da sostituire al punto interrogativo:**

8	:	2	×	3	12
+		+		×	
	−	10	+		?
:		−		:	
4	+	2	+	2	13
6		10		12	

A 16
B 8
C 14
D 12
E 6

826 **In un esame, 16 studenti sono stati respinti e il 90% è stato promosso. Quanti studenti si sono presentati all'esame?**

A 160
B 116
C 84
D 190
E 90

827 **Tre campane suonano ad intervalli di 8 minuti, 12 minuti e 9 minuti, rispettivamente. Se suonano insieme alle 8 di mattina, dopo quanto tempo suoneranno di nuovo insieme?**

A 16 minuti
B 24 minuti
C 29 minuti
D 36 minuti
E 72 minuti

828 **A che numero si arriva per il tramite delle frecce?**

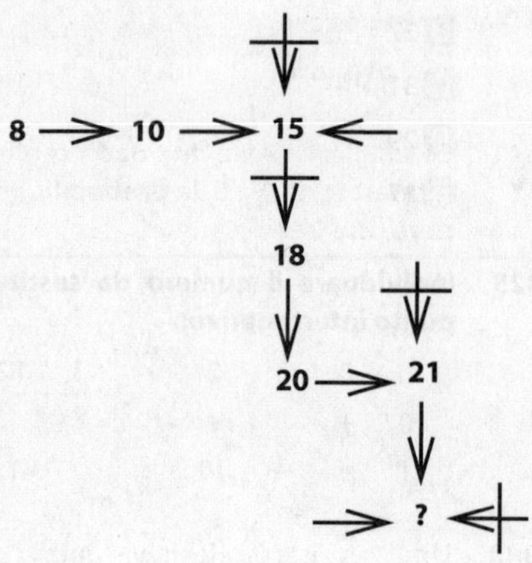

A 22
B 23
C 24
D 26
E 28

829 **Di quanto aumenta il numero 28175 inserendo uno zero tra la cifra delle decine e la cifra delle centinaia?**

A 252900
B 252000
C 252800
D 252300
E 252100

830 **Indicare tra le alternative proposte quella che contiene una sequenza di segni identica a quella data.**

Sequenza: @@&&@&@&@@&@&@

A @&@&@&@&@@&@&@
B @@&&@&@@@&@&&@
C @@&@&&@&@@&@&@
D @@&&@&@&@@&@&@
E @@&&@&@&@@@&&@

831 **Mario dice a Franco: "Se mi dai due libri, ne avremo lo stesso numero". Franco risponde: "Se me ne dai due tu, io ne avrò il doppio dei tuoi". Quanti libri hanno rispettivamente Mario e Franco?**

A 12 e 12
B 10 e 14
C 8 e 14
D 10 e 12
E 15 e 15

832 **Risolvete le seguenti operazioni sostituendo a ogni simbolo un numero:**
A+A+A=BC
BC+BC+BC=EB

A A=8, B=2, C=4, E=7
B A=4, B=1, C=5, E=7
C A=11, B=8, C=2; E=7
D A=3, B=5, C=4, E=9
E A=8, B=2, C=5, E=6

833 **Individuare il numero mancante.**

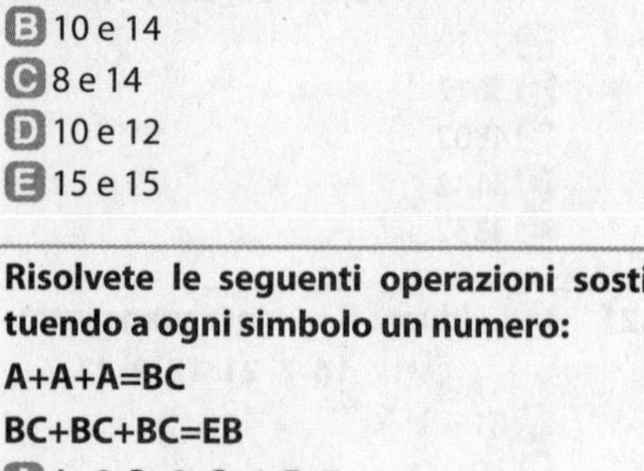

A 5 B 6 C 7 D 8 E 9

PARTE SECONDA

834 **In un'urna ci sono quattro tipi di occhiali colorati: rossi, neri, gialli e verdi. Quanti occorre prenderne al buio affinché se ne abbiano almeno due dello stesso colore?**

A 7 B 6 C 5 D 8 E 4

835 **Marta va dal salumiere e acquista 2 pezzi di formaggio, spendendo in tutto 2 euro e 10 centesimi. Un pezzo formaggio costa un euro in più dell'altro. Qual è il prezzo di ogni pezzo di formaggio?**

A Un pezzo costa 2 euro e l'altro 10 centesimi
B Un pezzo costa 1 euro e 75 centesimi e l'altro 35 centesimi
C Un pezzo costa 1 euro e 55 centesimi e l'altro 55 centesimi
D Un pezzo costa 1 euro e 25 centesimi e l'altro 95 centesimi
E Un pezzo costa 1 euro e 75 centesimi e l'altro 75 centesimi

836 **Individuare il numero da sostituire al punto interrogativo:**

13	×		+	2	41
+		×		×	
7	+		:	3	**?**
:		–		+	
4	×	7	–	19	9
5		26		25	

A 18
B 4
C 15
D 3
E 6

837 **Una somma di denaro deve essere divisa tra tre persone; alla prima spettano i 2/3 della somma, alla seconda spetta 1/5 di quanto spetta alla terza. Se alla seconda spettano 100 euro, a quanti euro ammonta la somma?**

A 9000
B 1500
C 1800
D 4500
E 4000

838 **Se: 10 = 5, 8 = 4, 6 = 3, 4 = ?**

A 1
B 3
C 16
D 4
E 7

839 **Completare la seguente serie:**
1, 3, 3, 9, 27, ...

A 240
B 264
C 256
D 243
E 254

840 **Immagina su un tavolo una carta da gioco coperta e la seguente serie di 5 carte scoperte: 1 di quadri; 2 di fiori; 3 di cuori; 4 di cuori; 5 di fiori. Scegli tra le seguenti quale possa essere, su basi logiche, l'unica carta coperta:**

A 6 di fiori
B 6 di quadri
C 7 di cuori
D 6 di picche
E 7 di quadri

841 **Se lancio insieme due dadi, con le facce numerate da 1 a 6, la probabilità di ottenere due 6 è:**

A 0,016
B 0,028
C 0,05
D 0,5
E 1

842 **Una "non-stop televisiva" inizia alle ore 21:00 del 25 ottobre, e prosegue ininterrottamente per 400 ore. Quando termina?**

A Alle ore 13:00 dell'11 novembre
B Alle ore 13:00 del 12 novembre
C Alle ore 13:00 del 10 novembre
D Alle ore 23:00 dell'11 novembre
E Alle ore 23:00 del 10 novembre

PARTE SECONDA

843 Andrea possiede un mazzo di carte: su ogni carta sono segnati due numeri, uno su ogni faccia. Nel suo mazzo, dietro ogni numero pari c'è un multiplo di 3. Ne consegue che, nel mazzo di carte di Andrea:

A nessuna carta può avere su un lato un numero doppio di quello che c'è sul lato opposto
B se su un lato c'è 15, sull'altro lato non ci può essere 7
C nessuna carta può avere lo stesso numero su entrambi i lati
D ci può essere una carta che contiene 11 su un lato e 18 sull'altro
E una carta può contenere 3 su un lato e 5 sull'altro

844 Se A >B e B = C, quale delle seguenti relazioni è vera ?

A A < C
B A ≤ C
C A ≥C
D A = C
E A > C

845 Se X ≥ Y e X ≤ Z, quale delle seguenti relazioni è vera ?

A Y > Z
B Y ≤ Z
C Y< Z
D Y ≥ Z
E Y = Z

846 Individuare il numero mancante:

1280, 320, 80, 20, ...?

A 6
B 4
C 8
D 2
E 5

847 Utilizzando l'alfabeto inglese, individuare le lettere mancanti:

d, c, e, e, d, f, f, e, g, ?, ?

A g, f
B e, f
C g, h
D f, g
E h, g

848 Individuare il numero mancante:

32 8 12 48 12 16 64 16 ?

A 32
B 20
C 23
D 12
E 36

849 In un torneo di calcio a quattro squadre con 3 punti per la vittoria, 1 punto per il pareggio e 0 punti per la sconfitta, la prima classificata, dopo tre incontri, ha totalizzato 7 punti perché:

A non ha mai perso
B ha subito una sola sconfitta
C ha pareggiato 2 volte
D ha sempre vinto
E ha perso solo una volta

850 Completare la serie:

N, 4, P, 16, R, 256, ___, ___.

A O, 276
B T, 65536
C Q, 1024
D 276, O
E T, 16384

851 Per trasportare la propria bicicletta sul treno bisogna pagare 3,50 euro. I tesserati della FIAB hanno diritto a una tessera che permette di portare la bici sul treno per 12 mesi a un prezzo di 42 euro. La tessera costa 18 euro. Facendo 100 viaggi l'anno sul treno, un tesserato della FIAB quanto può risparmiare?

A 200 euro
B 290 euro
C 302 euro
D 180 euro
E 280 euro

852 Indicare tra le alternative proposte quella risulta identica a quella data letta al contrario (cioè da destra verso sinistra).

Sequenza: 916DC8A3997FE

A FE7993A8CD619
B EF7993A8DC619
C EF7993A8CD619
D EF7939A8CD619
E EF79938ACD619

853 **Se il sestuplo di z diviso 3 è uguale al quadruplo di 10/2 quanto vale z?**

A 10
B 8
C 5
D 12
E 9

854 **Sofia ha 14 anni, Chiara ha un anno meno di Davide e tre anni più di Simone il quale ha quattro anni più di Giacomo e un anno in più di Sofia, Francesco è il più piccolo e ha un anno meno di Giacomo. Quanti anni ha Davide?**

A 17
B 19
C 29
D 18
E 16

855 **Inserire nel settore il numero mancante.**

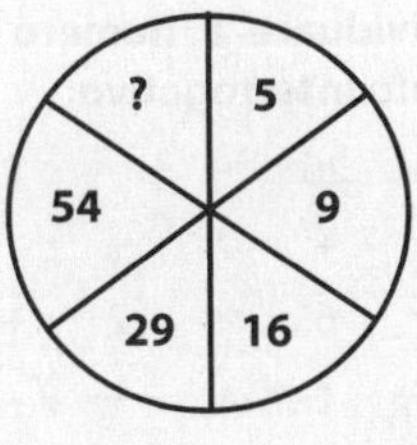

A 103
B 110
C 105
D 108
E 106

856 **Completa la serie con il numero che manca: 4 9 ,19, ?, 79, 159.**

A 41
B 39
C 40
D 38
E 3

857 **Mamma, papà e due bambini devono attraversare un fiume con una barchetta che può trasportare al massimo un adulto o in alternativa due bambini. Quanti viaggi di attraversamento dovranno fare per arrivare tutti dall'altra parte del fiume?**

A 8
B 9
C 10
D 11
E 12

858 **In un viale lungo 600 metri c'è una panchina ogni 120 metri da un lato e una panchina ogni 100 metri dall'altro lato. Quante panchine ci sono in totale su entrambi i lati?**

A 12
B 11
C 13
D 14
E 15

859 **7 muratori iniziano a ristrutturare un gruppo di appartamenti e prevedono di completare il lavoro in 16 giorni. Due giorni dopo l'inizio del lavoro, altri 7 muratori vengono ad aggiungersi agli altri. In quanti giorni sarà finito il lavoro?**

A 3
B 10
C 5
D 7
E 9

860 **Quale numero va inserito nella casella vuota?**

5	7	6	10
3	7	4	5
2	0	2	5
1	7	2	

A 0
B 1
C 2
D 3
E 4

RAGIONAMENTO NUMERICO

861 Una pizza piccola del diametro di 8 cm costa 3,99 euro. Una pizza grande del diametro di 14 cm viene venduta in offerta a 10,39 euro. Di quanto è scontata in percentuale la pizza grande (arrotondare)?

A 10%
B 12%
C 15 %
D 18 %
E 20 %

862 Quale lettera completa la seguente serie (alfabeto inglese): A .. D .. I .. L .. Q .. ?

A Y
B U
C T
D V
E W

863 Ci sono tre scatole piene di frutta, chiuse da coperchio. In un coperchio c'è scritto "MELE", in un altro c'è scritto "SUSINE" e nel terzo c'è scritto "MELE E SUSINE". Nessuno dei coperchi corrisponde al vero contenuto delle scatole. Quanti frutti è sufficiente estrarre per mettere il coperchio al posto giusto su ogni scatola?

A 0
B 1
C 2
D 3
E 4

864 Individuare il numero mancante:
27, 48, 18, 27, 48, ...?

A 24
B 28
C 18
D 44
E 48

865 Un falegname deve fissare con chiodi una lastra a forma di ettagono regolare con lato di 25 cm. Per fissarla bene il carpentiere mette 26 chiodi per lato. Quanti chiodi sono necessari in tutto?

A 189 B 180 C 170 D 175 E 182

866 Andrea e Raffaello possiedono ciascuno un certo numero di palline da tennis. Andrea ne ha meno di Raffaello. Andrea dice che se Raffaello gliene dà otto delle sue, il numero diventa uguale. Raffaello dice che se invece è Andrea a dargliene otto, il numero delle sue palline quintuplica rispetto a quelle di Andrea. Quante palline ha Raffaello?

A 24 B 32 C 36 D 38 E 40

867 Individuare tra le alternative proposte quella che contiene un'inesattezza rispetto a quanto indicato nel testo dell'esercizio.

AB45-8754-QW36-8754
AZ43-6574-ER64-4712
RT22-5127-BV34-3366
GF49-0542-ER69-9135
PO51-6132-ST42-0341

A AB45-8754-QV36-8754
B AZ43-6574-ER64-4712
C RT22-5127-BV34-3366
D GF49-0542-ER69-9135
E PO51-6132-ST42-0341

868 Individuare il numero da sostituire al punto interrogativo:

26	-		:		1
+		+		×	
6	×	2	+	6	18
:		–		:	
8	–	5	:	3	1
4		6		?	

A 17
B 34
C 22
D 9
E 13

869 Utilizzando l'alfabeto inglese, individuare le lettere mancanti:
d, e, w, v, f, g, u, t, h, i, s, ?, ?

A t, j
B j, r
C r, l
D r, j
E x, y

870 **Un telefonino acquistato con il 20% di sconto è stato pagato 144 euro. Qual era il prezzo di listino del telefonino?**

A 170
B 180
C 124
D 190
E 108

871 **Nel cassetto dell'armadio del corridoio, Francesca ha 9 paia di guanti neri, 8 paia di guanti arancioni e 3 paia di guanti verdi. Trovandosi al buio e dovendo essere sicura di prenderne un paio dello stesso colore, quanti calze guanti estrarre dal cassetto?**

A 3
B 4
C 5
D 7
E 10

872 **Un collezionista aveva raccolto molte monete d'oro, ma non voleva far sapere a nessuno quante erano. Così il giorno in cui un amico gli chiese: "So che hai molte monete d'oro, ma quante ne hai?", il collezionista gli rispose: "Se divido le monete in due mucchi di numero non uguale, allora moltiplicando per cinquantacinque volte la differenza fra i due numeri ottengo un numero uguale alla differenza fra i quadrati dei due numeri". L'amico non riuscì a risolvere il problema. Sei più bravo tu a scoprire quante erano le monete?**

A 42
B 48
C 52
D 55
E 65

873 **Una lumaca deve superare un muro alto 12 metri. Di giorno sale per 4 metri, ma di notte quando dorme scivola giù di 3 metri. Quanti giorni impiegherà il ragno ad arrivare in cima al muro?**

A 5
B 9
C 12
D 10
E 7

874 **Con quale lettera continua la seguente progressione:**

S .. S .. O .. N .. D .. U .. ?

A B
B D
C G
D R
E S

875 **Tre bambini mangiano 3 torte in 3 ore. Quante torte mangiano 6 bambini in 6 ore?**

A 6
B 9
C 12
D 18
E 24

876 **Leonardo e Tommaso si trovano distanti fra loro 55 km e decidono di incontrarsi. Leonardo corre ad 8 km/h verso Tommaso; Tommaso cammina a 3 km/h verso Leonardo. Se partono allo stesso momento, quanti km percorrerà Leonardo prima di incontrare Tommaso?**

A 38
B 37
C 35
D 42
E 40

877 **Una classe di bambini si dispone a cerchio. Il 5º bambino si trova esattamente di fronte al 16º. Quanti sono i bambini della classe?**

A 20
B 21
C 22
D 23
E 24

878 **Individuare il numero mancante:**

67, 39, 13, ? , 39, 13, 67

A 13
B 67
C 37
D 39
E 17

RAGIONAMENTO NUMERICO

879 **Individuare il numero che segue logicamente:**

9,10, 8, 11, 7, 12,?

A 14
B 5
C 13
D 6
E 15

880 **Individuare il numero mancante:**

23, 15, 27, 18, 31, 21, 35, ...?

A 24
B 22
C 19
D 33
E 32

881 **Individuare il numero mancante:**

19 11 44 37 148 142 568 ?

A 142
B 114
C 563
D 562
E 112

882 **Due biciclette si muovono una verso l'altra con velocità media rispettivamente pari a 9 km/h e 11 km/h. Se la distanza iniziale è di 2 km, dopo quanti secondi i due mezzi si incontrano?**

A 6
B 30
C 25
D 360
E 200

883 **In una comunità di 5000 persone il 5% dei membri viene colpito da una malattia infettiva, che richiede il ricovero nel 50% dei casi; quanti ricoveri sono avvenuti?**

A 50 B 100 C 125 D 150 E 200

884 **L'1/1/1995 era domenica; che giorno della settimana sarà l'1/1/2001?**

A Martedì
B Lunedì
C Domenica
D Sabato
E Quesito senza soluzione univoca o corretta

885 **In uno stagno c'è una bellissima pianta acquatica: una ninfea. Questa ninfea si riproduce raddoppiando ogni giorno la propria estensione; in 30 giorni arriva a copri re tutto lo stagno. Quanto tempo impiega per coprirne la metà?**

A 2 giorni
B 7 giorni
C 15 giorni
D 29 giorni
E Dipende dalla grandezza dello stagno

886 **A un concorso 8 candidati furono ammessi alle prove orali, l'80% fu eliminato allo scritto. Quanti erano i candidati?**

A 20 B 130 C 40 D 50 E 80

887 **Apriamo, a caso, un vocabolario e osserviamo che la pagina di destra è la 111, poi solleviamo alcuni centimetri di fogli e, sempre a destra, leggiamo 777. Quanti fogli pari vi sono fra le due letture?**

A 332
B 333
C 334
D 665
E 222

888 **Per riempire d'acqua una vasca ci sono due rubinetti. Il primo impiega 3 ore e il secondo impiega 4 ore. Se si aprono assieme, quanto tempo impiegano a riempire la vasca?**

A Meno di 77 minuti
B Tra 80 e 99 minuti
C Tra 100 e 110 minuti
D Tra 120 e 130 minuti
E Oltre 130 minuti

889 **Giuseppe dipinge una parete in 6 ore; Francesco lavora con un ritmo doppio di Giuseppe; Dario dipinge la stessa parete in 12 ore. Lavorando insieme, quanti minuti impiegano a dipingere la parete?**

A 91
B 103
C 108
D 112
E 117

890 **Individuare tra le alternative proposte quella che contiene un'inesattezza rispetto a quanto indicato nel testo dell'esercizio.**

Illustre Presidente

dott. Francesco Maria Taddei

Corso dei Mille

20100 – Milano

tel. +39 2 3365221 – fax +39 2 3365584

A Illustre Presidente

B dott. Francesco Mario Taddei

C Corso dei Mille

D 20100 – Milano

E tel. +39 2 3365221 – fax +39 2 3365584

891 **Qual è il numero che completa la serie: 3, 9, 15, 21, 27, ...?**

A 41 B 33 C 35 D 36 E 44

892 **Individuare il numero mancante:**

49, 35, 55, 42, 61, 49, 67, 56, ...?

A 49

B 67

C 63

D 59

E 73

893 **Un assicuratore riesce a stipulare 12 nuove polizze vita alla settimana; quanto tempo impiega per stipularne 84?**

A 5 settimane

B 8 settimane

C 7 settimane

D 1 mese

E 32 giorni

894 **Se a ogni generazione la popolazione mondiale si quadruplicasse, partendo da Adamo ed Eva, dopo quante generazioni si arriverebbe a 2048 persone?**

A 3

B 4

C 5

D 6

E 7

895 **In un sacchetto ci sono biglie di colori diversi: rosso, marrone, verde e giallo. Tu devi estrarne una a caso. Se quelle rosse sono 20, quelle marroni sono la metà di quelle rosse, quelle verdi sono pari al numero di quelle marroni più quelle gialle, e se la probabilità di estrarne una verde è del 40%, quante probabilità hai di estrarne una gialla?**

A 15%

B 7,5%

C 20%

D 11%

E 30%

896 **Andrea ha quattro volte le biglie di Sandro più una; Piero ha il doppio delle biglie di Sandro più dieci; Sandro ha dieci biglie in meno di Andrea. Chi ha più biglie?**

A Sandro

B Tutti hanno le stesse biglie

C Piero

D Andrea

E Nessuno dei tre

897 **Una lotteria prevede 1000 biglietti dei quali 500 sono vincenti e 500 no. Acquistandone 2, qual è la probabilità che entrambi siano vincenti?**

A 1/40

B 2 · (500/1000)

C (500/1000) · (499/999)

D (500+499)/(1000+999)

E 1/500

898 **Un armadio costa 1.100 euro IVA esclusa. Viene venduto con uno sconto del 10%. Qual è il prezzo di vendita IVA inclusa, sapendo che l'aliquota IVA è del 20%?**

A 1.188

B 1.210

C 1.200

D 1.120

E 1.118

899 **Indica nella seguente successione il numero mancante (254; 126,? ; 30; 14;):**

- A 56
- B 44
- C 62
- D 98
- E 53

900 **In una lavanderia, quattro impiegati stirano 8 giacche in 16 minuti. Se due impiegati vanno in ferie, quanti minuti occorreranno agli impiegati rimasti per stirare quattro giacche?**

- A 16
- B 13
- C 32
- D 36
- E 64

901 **Ci sono sei appezzamenti di terreno confinanti: A confina con B e con C, C confina anche con D e con E mentre D confina anche con F. Qual è il numero di appezzamenti che è necessario attraversare per raggiungere F da B?**

- A 2
- B 5
- C 4
- D 6
- E Non è possibile andare da F a B

902 **Individuare il numero mancante.**

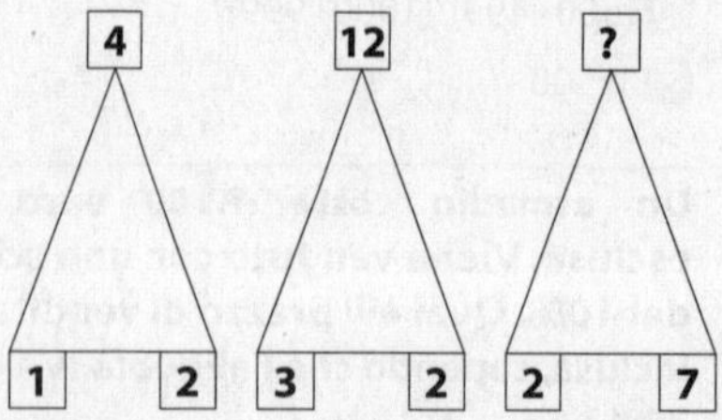

- A 16
- B 20
- C 22
- D 28
- E 32

903 **In una scuola milanese gli studenti studiano l'inglese e/o il francese. Il 70% studia l'inglese e il 60% studia il francese. Quale percentuale di studenti studia entrambe le lingue?**

- A 65%
- B 10%
- C 30%
- D 40%
- E i dati del problema sono insufficienti per rispondere

904 **In un ufficio, durante la pausa pranzo, 20 impiegati stanno seduti, 7 mangiano il formaggio. Con questi dati si può concludere con certezza che il numero totale N degli impiegati è:**

- A $N > 20$
- B $N < 20$
- C $N \geq 20$
- D $N > 27$
- E $N = 27$

905 **In un ristorante 15 avventori stanno seduti, 10 mangiano una torta. Con questi dati si può concludere con certezza che il numero totale N degli avventori è:**

- A $N = 25$
- B $N > 15$
- C $N < 15$
- D $N \geq 15$
- E $N > 25$

906 **All'aeroporto della città di Lonza nel 2011 sono atterrati 1.200 aerei che hanno sbarcato complessivamente 23.000 passeggeri. Nel 2010 gli aerei atterrati erano stati 1.000 e i passeggeri sbarcati 15.000. Nell'arco dell'anno sono aumentati percentualmente in quantità maggiore gli aerei atterrati o i passeggeri sbarcati?**

- A I dati non permettono di rispondere in quanto non viene fornito il numero di passeggeri sbarcati da ciascun aereo
- B I dati non permettono di rispondere in quanto non è possibile confrontare numericamente "aerei" e "passeggeri"
- C Sono aumentati entrambi del 20%
- D Gli aerei atterrati
- E I passeggeri sbarcati

907 **Un'auto percorre 20.000 km nel corso di un lungo viaggio. Per ridurre i consumi le cinque ruote vengono intercambiate con regolarità.**

Quanti chilometri avrà percorso ogni gomma alla fine del viaggio?

A 15.000
B 10.000
C 16.000
D 5.000
E 4.000

908 **Utilizzando l'alfabeto inglese, individuare le lettere mancanti:**

f, a, b, g, a, b, h, a, b, i, a, b, ?, ?

A j, b
B k, a
C j, a
D j, k
E k, j

909 **Individuare il numero mancante:**

54, 67, 50, 63, 46, 59, 42, 55, ...?

A 38
B 34
C 28
D 48
E 35

910 **In un momento di difficoltà economica l'utile X della ditta Berni diminuisce del 15%. Trascorso il periodo di difficoltà, la ditta Berni registra un aumento del proprio utile del 15%. Si può concludere che l'utile finale Y è:**

A comunque cresciuto del 15%
B uguale a X
C minore di X
D maggiore di X
E in ogni caso pari a zero

911 **Individuare il numero da sostituire al punto interrogativo:**

?	+		:	8	5
:		×		:	
13	+	6	−	2	17
+		+		+	
	×	12	:	4	12
7		18		8	

A 39
B 13
C 69
D 52
E 6

912 **Qual è la probabilità di ottenere lo stesso numero quando si lanciano due dadi?**

A 0
B 1/6
C 1/12
D 1/36
E 1/120

913 **Individuare il numero mancante:**

405, 135, 45, 15, ...?

A 8
B 4
C 6
D 5
E 3

914 **Individuare il numero mancante.**

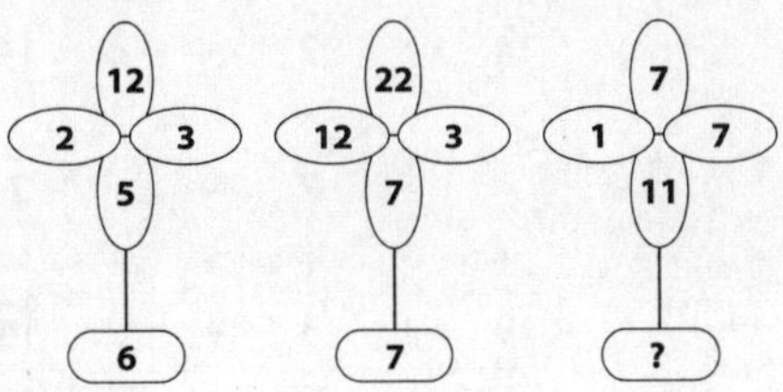

A 8
B 7
C 6
D 5
E 4

915 **Indicare il numero che completa la serie: 43, 38, 39, 34, 35, 30, 31,...**

A 33 B 25 C 32 D 26 E 34

916 **Quale valore si ottiene dal rapporto fra i due risultati?**

$$18 \times 7/6 =$$
$$15 \times 1/5 =$$

A 7
B 21
C 3
D 21/7
E 7/21

917 **Indicare la coppia di lettere mancante:**

ZS	VR	UQ	?

A SO
B PU
C SV
D TP
E LM

918 **Il costo della pizza è determinato dalla somma dei costi di 5 elementi. Se ogni elemento aumenta del 10% di quanto aumenta il costo della pizza?**

A Del 50%
B Del 5%
C Del 10%
D Del 2%
E I dati forniti non sono sufficienti per rispondere

919 **Individuare il numero da sostituire al punto interrogativo:**

4	×	2	+	6	14
×		×		×	
	×	7	−		?
+		+		+	
9	+	3	+	2	14
33		17		50	

A 14
B 6
C 22
D 25
E 34

920 **A una conferenza 15 persone prendono appunti, 8 hanno i capelli biondi. Con questi dati si può concludere con certezza che il numero totale N degli ascoltatori a quella conferenza è:**

A $N = 23$
B $N > 15$
C $N < 15$
D $N \geq 15$
E $N > 23$

921 **Un libro che costa 30 euro è scontato del 12%. A quanto ammonta lo sconto?**

A 31,5
B 2,5
C 31,8
D 3,6
E 6,4

922 **Individuare il numero mancante.**

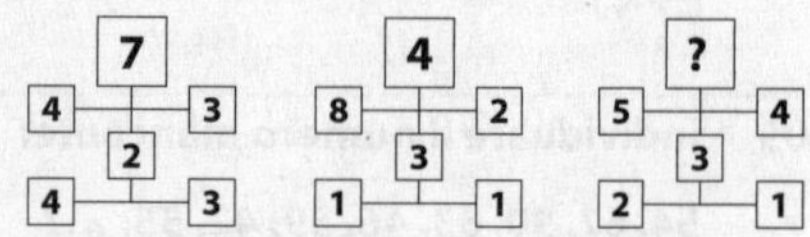

A 12 B 1 C 3 D 6 E 4

923 **Se 24 uomini su 80 sono calvi, quanti uomini su 400 non sono calvi?**

A 56
B 68
C 260
D 280
E 292

924 **Se Mario = 10; Giovanna = 16; Ciro = 8; Serena è.....**

A 12
B 24
C 18
D 6
E 13

925 Qual è la probabilità che in una famiglia i primi 4 figli siano tutti maschi?

A 1/16
B 1/3
C 1/8
D 1/12
E Nessuna delle altre alternative è corretta

926 Individuare il numero mancante: 3, 6, 9, 15, 24, 39, ...?

A 57 B 49 C 81 D 127 E 63

927 Il direttore di un progetto informatico sa che, per realizzare il lavoro di cui è responsabile, sono necessari 8 giorni utilizzando tutti i programmatori che ha attualmente a disposizione. Se potesse avere altri due programmatori, il lavoro verrebbe compiuto in 7 giorni. Tuttavia, la sua software house, anziché fornire altri due programmatori, sottrae tutte le risorse dal progetto, lasciando un solo programmatore. Quanti giorni impiegherà il programmatore rimasto a realizzare il progetto, nell'ipotesi che tutti avessero lo stesso ritmo di lavoro?

A 72
B 112
C 56
D 87
E 135

928 Un'urna contiene 50 gettoni, bianchi e neri. Sapendo che la probabilità di estrarre un gettone bianco è il 40%, il numero di gettoni neri contenuti nell'urna è

A 10 B 30 C 20 D 15 E 25

929 Marco deve prendere 6 pillole, una ogni due ore. Quanto tempo impiegherà Marco a consumare tutte le pillole?

A 2 ore
B 6 ore
C 12 ore
D 10 ore
E 8 ore

930 Da un'urna contenente 15 palline numerate da 1 a 15, viene estratta, a occhi bendati, una pallina.

Supponendo che tutte le palline abbiano la stessa probabilità di essere estratte, qual è la probabilità che esca un numero divisibile per quattro (evento "X")?

A P(X) = 1/4
B P(X) = 1/3
C P(X) = 1/5
D P(X) = 1/15
E P(X) = 2/15

931 All'aeroporto della città di Lonza nel 2021 sono atterrati 1.200 aerei che hanno sbarcato complessivamente 23.000 passeggeri. Nel 2020 gli aerei atterrati erano stati 1.000 e i passeggeri sbarcati 15.000. Nell'arco dell'anno sono aumentati percentualmente in quantità maggiore gli aerei atterrati o i passeggeri sbarcati?

A I dati non permettono di rispondere in quanto non viene fornito il numero di passeggeri sbarcati da ciascun aereo
B I dati non permettono di rispondere in quanto non è possibile confrontare numericamente "aerei" e "passeggeri"
C Sono aumentati entrambi del 20%
D Gli aerei atterrati
E I passeggeri sbarcati

932 Individuare il numero mancante.

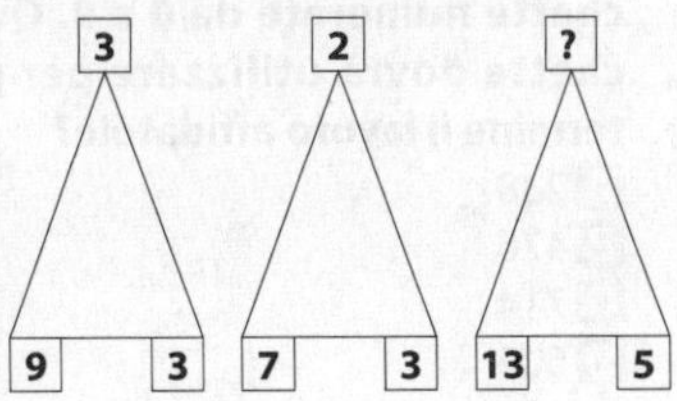

A 1
B 4
C 7
D 8
E 9

PARTE SECONDA

933 **Tre architetti firmano insieme un progetto. Sapendo che, lavorando singolarmente, ciascuno di loro impiegherebbe rispettivamente 10, 8 e 9 giorni per terminare il progetto, in quanto tempo lo porteranno a termine lavorando insieme?**

- A Circa 2 giorni
- B Circa 1 giorno
- C Circa 4 giorni
- D Circa 8 giorni
- E Circa 3 giorni

934 **Tre colleghe hanno un'età complessiva pari a 75 anni. La maggiore delle tre ha un'età pari ai tre mezzi dell'età della minore delle tre. La collega di mezzo ha cinque anni in meno della collega maggiore. Quanti anni ha la collega maggiore?**

- A 18
- B 22
- C 46
- D 30
- E 33

935 **Data la sequenza 8TG96S3JYK90ASCX4 individuare l'alternativa che la riproduce fedelmente se aggiunta di seguito alla seguente: 8TG96S3**

- A JYK90ASCX4
- B 3JYK90ASCX4
- C JYK90ASX4
- D YJK90ASCX4
- E JKY98ASOX4

936 **Un'infermiera deve numerare 238 provette in serie progressiva (1, 2, ... , 9, 10, 11, ... , 99, 100, 101, ... ,238); le sono state messe a disposizione solo etichette numerate da 0 a 9. Quante etichette dovrà utilizzare per portare a termine il lavoro affidatole?**

- A 238
- B 476
- C 714
- D 606
- E 999

937 **Un sarto, in ritardo nella consegna di una giacca fantasia per un cliente, ha bisogno di una serie di quattro bottoni uguali. Dà incarico al figlio di recarsi in solaio e portargli quattro bottoni dello stesso colore scelti in un cassetto contenente 84 bottoni blu, 32 turchesi, 28 celesti e 4 verdi, tutti della stessa forma e grandezza. Poiché il figlio del sarto nella penombra non riesce a distinguere i colori, quanti bottoni dovrà prendere come minimo per averne sicuramente quattro dello stesso colore?**

- A 8
- B 4
- C 13
- D 16
- E 12

938 **Se quattro operaie confezionano 9 manufatti in 20 minuti, quante operaie sarebbero teoricamente necessarie per confezionarne 90 in 12000 secondi?**

- A 20
- B 9
- C 8
- D 4
- E 12

939 **Marco ha tre figurine più di Giorgio e la metà di Andrea; Giorgio ne ha 10 meno di Guido mentre i quattro amici insieme ne 169 figurine. Quante figurine possiede Guido?**

- A 66
- B 45
- C 55
- D 40
- E 27

940 **Una grande scatola contiene 3 scatole, ognuna delle quali contiene a sua volta 2 scatole più piccole e ognuna di queste scatole più piccole contiene altre 3 minuscole scatole. Quante scatole ci sono in tutto?**

- A 9
- B 18
- C 27
- D 28
- E 21

941 **Individuare il numero da sostituire al punto interrogativo:**

64	:	2	−	12		20
:		+		×		
8	×	8	−	?		
−		−		+		
2	+	3	+	2		14
6		7		50		

A 56 B 58 C 52 D 50 E 34

942 **In un gruppo di 12 persone, ognuna può studiare, lavorare o fare entrambe le cose. Se 9 persone studiano e 7 lavorano, quante sono le persone che contemporaneamente svolgono entrambe le attività?**

A 12 B 7 C 3 D 2 E 4

943 **Utilizzando l'alfabeto inglese, individuare le lettere mancanti:**

d, y, d, z, e, y, e, z, f, y, f, ?, ?

A y, g B z, g C g, y D z, y

944 **Un treno che corre a 30 km/h precede un treno che corre a 50 km/h. Di quanti km distano l'uno dall'altro i due treni se occorreranno 15 minuti al treno più rapido per raggiungere il più lento?**

A 7 B 8 C 2,5 D 5 E 3,5

945 **Delle risposte date a un questionario, 12 sono sbagliate e il 60% sono esatte. Quante risposte sono state date?**

A 24 B 42 C 18 D 30 E 20

946 **Vincenzo e Giovanni vogliono spedire le 24 cartoline che hanno acquistato in Grecia in tempo utile per prendere il traghetto che li ricondurrà in Italia. Entrambi sanno che insieme sono in grado di applicare 24 francobolli in 40 secondi. Vincenzo ne applica il triplo di Giovanni che, a sua volta, ne applica la metà di Massimo, il terzo compagno di viaggio. Quanti francobolli riuscirebbero ad applicare i tre lavorando insieme per 1 minuto?**

A 15 B 36 C 54 D 45 E 24

947 **Individuare il numero mancante.**

5		**?** ▲
25		**49**
20		**7**
6	**36**	**30**

A 46 B 42 C 12 D 8 E 54

948 **Un ragazzo chiede una mela a un contadino. "Potrai avere tutte quelle che ho nel cappello se risolvi l'indovinello: se le moltiplico per 3 e aggiungo 3 al prodotto e divido la somma per 3 e sottraggo 3 al quoziente il risultato è 5. Bimbo bello, quante mele ho nel cappello?".**

A 5
B 7
C 9
D 6
E 8

949 **Se 3 uomini bevono 3 litri di vino in 3 giorni, quanti litri berranno 9 uomini in 9 giorni?**

A 18
B 27
C 36
D 63
E 72

950 **Prendere 1.000 e aggiungere 40. Aggiungere ancora 1000 poi aggiungere 30. Aggiungere ancora 1000 poi aggiungere 20. Aggiungere ancora 1000 infine aggiungere 10. Si ottiene il numero:**

A 5.100
B 4.100
C 3.800
D 4.130
E 4.400

RAGIONAMENTO NUMERICO

951 **Quale lettera completa correttamente la serie: C; E; I; P; ?**

A Z
B Q
C U
D V
E W

952 **La probabilità di ottenere due volte 6 in due lanci di dado è:**

A 2/6
B 1
C 1/36
D 1/12
E 1/6

953 **La somma di due numeri interi è uguale a 6 volte le loro differenza e il loro prodotto è 25 volte il loro quoziente. Quali sono i due numeri?**

A 3 e 5
B 6 e 12
C 5 e 9
D 7 e 5
E 8 e 2

954 **Ho sette sfere che apparentemente sembrano tutte uguali ma in realtà una ha peso maggiore rispetto alle altre. Con una bilancia a due piatti, qual è il numero minimo di pesate necessario per individuare sicuramente la sfera più pesante:**

A 2
B 3
C 1
D 4
E 5

955 **In un gruppo di adulti composto da 75 persone vi sono 15 donne. Qual è la percentuale di uomini all'interno del gruppo?**

A 30%
B 150%
C 20%
D 70%
E 80%

956 **Un'automobile che viaggia alla velocità di 100 km/h percorre circa:**

A 300 metri in un secondo
B 100 metri in un secondo
C 30 metri in un secondo
D 10 metri in un secondo
E 90 metri in un secondo

957 **Individuare il numero mancante.**

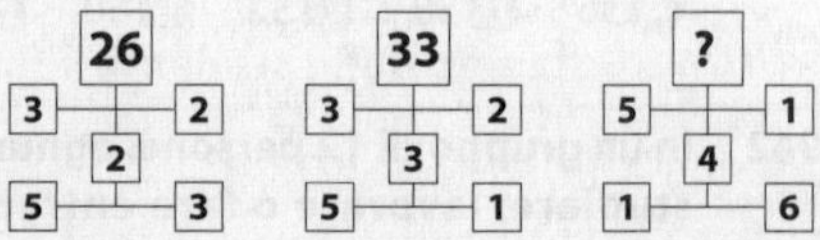

A 33
B 26
C 52
D 39
E 48

958 **Un muratore costruisce 5/7 di un muro utilizzando 350 mattoni. Quanti mattoni verranno utilizzati per completare allo stesso modo la restante parte di muro?**

A 50 B 490 C 25 D 70 E 140

959 **Un pensionato ha passato la sua vita per un quarto da ragazzo, per un ottavo da giovane, per metà al lavoro. Da 9 anni non lavora più. Quanti anni ha adesso?**

A 64
B 66
C 68
D 72
E 74

960 **Il direttore di un progetto edilizio sa che, per realizzare il lavoro di cui è responsabile, se impiegherà tutti i muratori che ha attualmente a disposizione saranno necessari 8 mesi. Inoltre, se potesse avere altri due muratori, il lavoro verrebbe compiuto in 7 mesi. Nel frattempo la cooperativa vince l'appalto per un progetto edilizio più importante, lasciando al direttore del progetto un solo muratore. Quanti mesi impiegherà il muratore rimasto a realizzare il progetto, nell'ipotesi che tutti avessero lo stesso ritmo di lavoro?**

A 72
B 112
C 56
D 87
E 135

---

961 Uno studente, per andare dalla propria abitazione all'università, percorre 1/5 del tragitto a piedi, 2/3 in autobus e i rimanenti 8 chilometri in bicicletta. Qual è la distanza, espressa in chilometri, tra l'abitazione dello studente e l'università?

A 90
B 120
C 60
D 30
E 45

---

962 Una scatola contiene 6 palline blu,12 palline verdi e 24 palline gialle. Si supponga di essere bendati in modo da non poter sbirciare nella scatola, quante palline dovreste prendere per essere sicuri di averne almeno una coppia dello stesso colore?

A 6
B 4
C 3
D 2
E 5

---

963 A cosa corrisponde la media aritmetica dei numeri 3, 4, 5, 6, 7?

A 0 **B** 5 **C** 2 **D** 3 **E** 8

---

964 In un piccolo villaggio vivono 33 famiglie, ognuna delle quali possiede almeno 1 o 2 o 3 biciclette. Sapendo che il numero delle famiglie che possiede 1 bici è uguale al numero delle famiglie che ne possiedono 3, sai dire quante biciclette ci sono in totale nel villaggio?

A 20
B 51
C 33
D 15
E 66

---

965 Individuare il numero da sostituire al punto interrogativo:

7	−	3	×	6	24
+		×		−	
4	+		−	5	11
×		:		+	
2	×	3	:		1
22		12		?	

A 4
B 7
C 12
D 9
E 6

---

966 In un sistema elettorale maggioritario puro (cosiddetto "all'inglese"), basato su collegi uninominali aventi tutti lo stesso numero di elettori, è teoricamente possibile conquistare il 51% dei seggi con circa il 26% dei voti popolari. In pratica però è impossibile che tutti i collegi abbiano lo stesso numero di elettori; di conseguenza la percentuale minima di voti popolari che può garantire il 51% dei seggi:

A resterà sempre del 26%
B l'assunto è errato: per avere il 51% dei seggi occorre comunque avere più del 51% dei voti
C sarà maggiore del 26%
D dipende dai cosiddetti collegi marginali
E sarà minore del 26%

---

967 Quale delle tre serie di lanci di una moneta ha maggiori probabilità di presentarsi? 1) testa, croce, testa, croce, testa, croce 2) croce, testa, testa, croce, croce, testa 3) croce, croce, croce, testa, testa, testa.

A Sono tutte e tre equiprobabili
B Non è possibile deciderlo sulla base delle informazioni fornite
C La 1)
D La 2)
E La 3)

RAGIONAMENTO NUMERICO

968 **Individuare il numero mancante:**

40, 33, 26, 19, ...?

A 13
B 12
C 26
D 25
E 80

969 **Un insetto è rimasto intrappolato in una vasca da bagno profonda 40 cm. Di giorno risale pian piano di 10 cm, ma di notte quando prende sonno scivola giù di 8 cm. In quanti giorni riuscirà a risalire la vasca?**

A 9
B 21
C 13
D 16
E 18

970 **Nel parco alcuni bambini stanno correndo in bicicletta. Altri, più piccoli, vanno sul triciclo. Se insieme vi sono 18 fra biciclette e tricicli e le ruote sono in tutto 46, quanti sono i tricicli?**

A 8
B 9
C 10
D 11
E 12

971 **Utilizzando l'alfabeto inglese, individuare le lettere mancanti:**

k, k, l, m, m, n, o, o, p, q, ?, ?

A q, p
B q, q
C r, s
D q, r

972 **Un rappresentante ha percorso la strada dalla città A alla città B in *x* ore. Nel viaggio di ritorno, lungo la stessa strada, la sua velocità media è raddoppiata. Quale delle seguenti espressioni rappresenta il numero totale di ore impiegate dal rappresentante per effettuare l'intero viaggio?**

A $2/3\,x$
B $3/2\,x$
C $5/3\,x$
D $2x$
E $3x$

973 **Mediamente il 60% del peso dell'uomo è costituito da acqua. Nel corso della vita questa percentuale varia e tende a ridursi dalla nascita alla vecchiaia. Si supponga che una sostanza, ad esempio un farmaco, sia capace di diffondersi liberamente in tutta l'acqua corporea. Per ottenerne un'identica concentrazione in un bambino, in un adulto e in un anziano, se ne dovrà somministrare una quantità, relativamente al peso corporeo:**

A maggiore nell'anziano che nel bambino
B maggiore nell'adulto che nel bambino
C minore nell'adulto che nell'anziano
D maggiore nel bambino che nell'adulto
E identica nei tre soggetti

974 **Completare la seguente serie numerica:**

10, 8, 20, 24, 40, ?, ?, 216, 160

A 42; 88
B 72; 80
C 65; 82
D 72; 66
E 76; 80

975 **Se un maglione pesa come una calcolatrice più una borsa, cinque calcolatrici pesano come un maglione più una borsa, un vaso pesa come un maglione più una calcolatrice e una borsa pesa 300 grammi, quanto pesa il vaso?**

A 300 grammi
B 150 grammi
C 200 grammi
D 600 grammi
E 450 grammi

976 **Se in una classe composta da 30 ragazzi sono 10 quelli interessati a un seminario sull'orientamento, con la stessa proporzione quanti sono in media gli studenti interessati in un liceo composto da 15 classi, ciascuna formata da 25 ragazzi?**

A 375
B 275
C 300
D 250
E 125

977 **Nella classe di Asdrubale ci sono 37 allievi. Tutti si sono iscritti ad almeno una delle due attività extracurriculari (musica e pallavolo). Alla fine 15 fanno musica e 28 fanno pallavolo. Quanti allievi, frequentando entrambe le attività, hanno la necessità di programmare gli orari per evitare sovrapposizioni?**

A 13
B 6
C 9
D 16
E 22

978 **Individuare il numero da sostituire al punto interrogativo:**

	−	22	×	2	22
:		−		×	
3	×		+	6	?
+		−		:	
4	−	3	×	4	4
15		17		3	

A 33
B 6
C 16
D 12
E 18

979 **Individuare il numero mancante:**

12, 14, 17, 21, 26, ...?

A 32
B 30
C 33
D 21
E 35

980 **Completare la successione seguente in base all'alfabeto italiano.**

?, N, L, H, F

A M
B P
C Q
D R
E C

981 **Individuare il numero mancante:**

200 C 105 XXXV 40 X 15 ?

A 20 B 5 C 3 D III E VII

982 **Se tre uomini possono mangiare tre polli in tre giorni, quanti polli mangiano 6 uomini in 6 giorni?**

A 6 B 12 C 9 D 18 E 24

983 **Lungo il perimetro di una palestra si prevede di disporre degli attrezzi a distanza di 3 metri l'uno dall'altro. Data una palestra quadrata, di perimetro pari a 90 m, quanti attrezzi in più saranno necessari per una palestra quadrata di area quadrupla?**

A 90
B 60
C 30
D 120
E Il quadruplo

984 **Il signor Rossi, per ricordarsi il numero del suo bancomat, sperando che un eventuale ladro non sia bravo in matematica, ha scritto le seguenti informazioni:**

- **La somma delle prime due cifre è 15**
- **L'ultima cifra è 2 o 4 o 6**
- **La somma della prima e dell'ultima è 10**
- **La somma delle cinque cifre è 22**
- **Tutte le cifre sono diverse e non c'è zero**
- **La quarta cifra è pari**

Qual è il numero del suo bancomat?

A 32589
B 45728
C 75329
D 81556
E 87142

985 **Individuare il numero mancante:**

98, 91, 84, 77, 70, ...?

A 67 B 60 C 63 D 61 E 65

986 **Un sacchetto contiene due monete, una ha testa su entrambi i lati, l'altra ha testa e croce. Viene estratta una moneta e sul lato che si vede c'è una testa. Quale è la probabilità che anche l'altro lato sia testa?**

A 2 su 3
B 1 su 3
C 2 su 2
D 3 su 4
E 1 su 2

RAGIONAMENTO NUMERICO

987 I componenti di una banda avanzano schierati formando un quadrato. Quando si fermano per suonare, il numero delle colonne aumenta di 3, formando quindi un rettangolo. Quanti sono i componenti della banda?

A 23
B 33
C 36
D 39
E 42

988 Completare la seguente sequenza:

2 - 4 - ... - 16 - 32 - ?

A 8
B 9
C 10
D 11
E 12

989 In un armadio ci sono 5 paia di calzini bianchi, 3 paia di calzini verdi e 4 paia di calzini rossi. Tirando fuori a caso quanti calzini si devono prendere per essere sicuri di averne un paio dello stesso colore?

A 2
B 3
C 4
D 5
E 6

990 Individuare il numero da sostituire al punto interrogativo:

8	×	4	+	3	35
×		×		×	
2	×		–		?
+		+		+	
5	+	4	+	5	13
21		32		20	

A 9
B 11
C 16
D 5
E 7

991 Un cerchio può essere diviso al massimo in 4 parti con due tagli. In quanti pezzi può essere diviso al massimo con tre tagli?

A 5
B) 6
C 7
D 8
E 21

992 Completare la seguente sequenza: 22, 19, 16, 13, 10, ..

A 8 B 9 C 13 D 7 E 12

993 Gigi ha nove volte gli anni di Carlo. Fra cinque anni ne avrà quattro volte. Quanti anni ha attualmente Gigi?

A 36 B 24 C 27 D 18 E 30

994 A Venezia un lampione è piantato nell'acqua. Il lampione è per metà conficcato sotto terra, un terzo è sott'acqua e quello che sporge dall'acqua è lungo 2 metri. Quanto è lungo in tutto il lampione?

A 15 m B 6 m C 18 m D 12 m E 5 m

995 Un carpentiere può avvitare 65 viti in un'ora. Se in un giorno lavorativo di 8 ore si devono avvitare 10920 viti di quanti carpentieri si avrà bisogno?

A 14 B 17 C 18 D 21 E 22

996 Guido possiede sei anelli di una catena. Se tagliare e aprire un anello costa 10 centesimi di euro e richiuderlo costa 25 centesimi, quanto costerà riunire i sei pezzi per formare una sola catena (ogni anello deve essere incastrato con un altro), calcolando che Guido vuole spendere il meno possibile?

A 1 euro
B 1 euro e 25 centesimi
C 1 euro e 5 centesimi
D 1 euro e 50 centesimi
E 1 euro e 60 centesimi

997 In un'urna ci sono 3 tipi di cioccolatini: fondente, bianco e al latte. Quanti occorre prenderne al buio affinché se ne abbiano almeno due dello stesso gusto?

A 2 B 5 C 4 D 9 E 7

998 Una maglia acquistata con il 20% di sconto è stata pagata 128 euro. Qual era il prezzo di listino della maglia?

A 169
B 148
C 160
D 153
E 108

999 Luca dice a Mauro: "Se mi dai una biglia, ne avremo lo stesso numero". Mauro risponde: "Se me ne dai una tu, io ne avrò il doppio delle tue". Quante biglie hanno Luca e Mauro?

A 2 e 10
B 3 e 11
C 4 e 8
D 5 e 7
E 6 e 6

1000 Individuare il numero mancante.

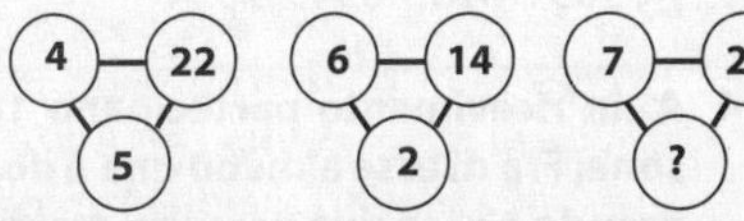

A 6
B 4
C 3
D 8
E Nessuna delle precedenti

1001 Uno studente universitario, dopo aver superato tre esami, ha la media del 28. Nell'esame successivo lo studente prende 20. Qual è la sua media dopo il quarto esame?

A 27
B 26
C 25
D 24
E 20

1002 Un liceo ha 75 professori suddivisi su 3 succursali che hanno almeno 15 professori per ogni succursale. Allora una e una sola delle seguenti affermazioni è sempre vera (a prescindere dalla distribuzione tra le succursali):

A esistono 2 succursali con almeno 25 professori ciascuna
B se esiste una succursale con 15 professori, ne esiste un'altra con almeno 45 professori
C se esiste una succursale con 15 professori, ne esiste un'altra con almeno 50 professori
D se esiste una succursale con 15 professori, ne esiste un'altra con almeno 15 professori
E Nessuna delle altre alternative proposte

1003 Se casa = 3, mondo = 11, gente = 7, figli = …

A 6
B 3
C 5
D 10
E 2

1004 Individuare il numero da sostituire al punto interrogativo:

48	:		+	7	11
×		–		-	
1	×	4	×	5	20
–		+		+	
18	–		+	3	15
30		?		5	

A 12
B 14
C 4
D 16
E 8

1005 Individuare il numero mancante:

24 48 43 86 81 162 ?

A 127 B 157 C 183 D 164

1006 Se il 30% di *x* è 210, allora il 75% di *x* è pari a:

A 47
B 158
C 525
D 560
E 700

1007 Individuare il numero mancante.

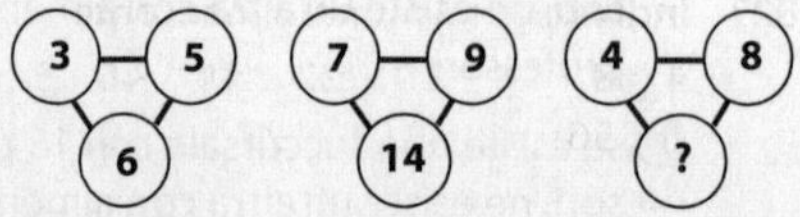

A 12 B 9 C 32 D 10 E 8

1008 Fausto ha una strana abitudine che ne rallenta parecchio il passo: cammina muovendo sempre due passi in avanti e uno indietro. Dovendo raggiungere l'abitazione dell'amico Giovanni, che dista solo 20 passi, quanti ne compierà effettivamente per giungervi?

A 28 B 44 C 66 D 58 E 34

1009 Una palla è talmente elastica che, dopo ogni rimbalzo sul terreno, raggiunge i 2/5 dell'altezza precedente. Da quale altezza è stata fatta cadere se dopo 4 rimbalzi raggiunge ancora i 32 centimetri?

A 5 m B 10 m C 25 m D 12,5 m

1010 In un tamponamento a catena in autostrada sono coinvolte 11 automobili. I paraurti danneggiati sono in tutto:

A 18
B 21
C 20
D 11
E 9

1011 Un camion, andando in salita, copre una distanza di 55 km a 35 km/h. Nel ritornare, in discesa, copre la stessa distanza a 63 km/h. Qual è la velocità media complessiva in km/h (andata e ritorno)?

A 41
B 43
C 45
D 47
E 49

1012 Il pasto servito a mensa a 30 studenti era abbondante. Dodici studenti non riuscirono a terminare il primo piatto mentre i tre quarti del pasto furono consumati solo da 8 studenti. Quanti studenti riuscirono a terminare il pasto?

A 18
B 3/4
C Non più di 8
D 8 su 30
E Nessuna delle precedenti alternative è corretta

1013 Individuare tra le alternative proposte quella che contiene un'inesattezza rispetto a quanto indicato nel testo dell'esercizio.

8841-6752-3214-0542
6325-5587-2254-8397
4512-9865-0035-5541
6666-6854-1257-9135
5051-6235-8349-9054

A 8841-6752-3214-0542
B 6325-5587-2254-8397
C 4512-9866-0035-5541
D 6666-6854-1257-9135
E 5051-6235-8349-9054

1014 A un ricevimento partecipano 100 persone. Fra di esse almeno una è donna. Se prendo a caso due persone, tra di esse vi sarà sempre almeno un uomo. Quanti sono gli uomini?

A 50 B 77 C 90 D 88 E 99

1015 Individuare il numero mancante: 83, 76, 69, 62, 55, ...?

A 48 B 46 C 51 D 47 E 43

1016 Una madre ha 9 volte l'età della propria figlia. Fra 5 anni avrà 5 volte la sua età. Quanti anni ha?

A 40 B 51 C 45 D 56 E 38

1017 Individuare il numero mancante:

3 6 10 30 35 140 146 ?

A 152
B 151
C 292
D 730
E 530

1018 **Marco ha tre dischi più di Flavio e la metà di Andrea; Flavio ne ha 10 meno di Guido, mentre i quattro amici insieme hanno 169 dischi. Quanti dischi possiede Guido?**

A 65 B 33 C 66 D 40 E 30

1019 **Fra due anni una bambina avrà il doppio degli anni che aveva 5 anni fa. Quanti anni ha ora?**

A 5 anni
B 7 anni
C 12 anni
D 10 anni
E 15 anni

1020 **Un numero è due volte la somma delle cifre che lo compongono. Qual è?**

A 11 B 21 C 16 D 18 E 28

1021 **Individuare il numero da sostituire al punto interrogativo:**

36	−	3	:	11	3
−		−		+	
18	:	2	+	9	18
−		+		:	
	+	8	−		5
17		9		?	

A 4 B 9 C 5 D 12 E 6

1022 **Individuare il numero mancante:**

537, 525, 532, 520, 527, 515, 522, ?

A 513 B 510 C 499 D 507 E 504

1023 **Il fatturato di un'azienda è passato da 40 a 60 milioni di euro. Calcolare l'incremento percentuale del fatturato.**

A + 20
B 30%
C 40
D – 20%
E 50%

1024 **In una comitiva composta da 14 ragazzi tutti appassionati di sport, 10 ragazzi praticano il nuoto, 6 il tennis ed un certo numero pratica invece entrambe le discipline sportive. Quanti sono i ragazzi che si dedicano ad entrambi gli sport?**

A 6 B 14 C 4 D 2 E 10

1025 **Dovendo numerare le case di una via dal numero 1 al numero 100, quanti numeri nove occorrono?**

A 9 B 19 C 37 D 20 E 23

1026 **Individuare il numero mancante:**

50 54 27 28 32 16 17 ?

A 20 B 34 C 22 D 18 E 21

1027 **Individuare il numero mancante**

4 8 10 20 22 44 46 ?

A 56 B 48 C 23 D 92 E 108

1028 **Individuare il numero mancante:**

7 XXI 18 IX 27 XXIV 12 ?

A XXXVI
B 24
C 29
D 30
E XXII

1029 **Individuare il numero mancante:**

18, 711, 234, 513, 72, ...?

A 73
B 245
C 147
D 39
E 621

1030 **Per riempire d'acqua una vasca ci sono tre rubinetti. Il primo impiega, da solo, 2 ore a riempire la vasca, il secondo ne impiega 3, il terzo ne impiega 4. Se vengono aperti tutti e 3 contemporaneamente, quanto tempo impiegano a riempire la vasca?**

A 32 minuti
B 46 minuti
C 55 minuti
D 60 minuti
E 90 minuti

1031 **5 7 14 16 32 34 68 ?**

A 70
B 66
C 2
D 136
E 84

1032 Un vecchio disco di vinile a 45 giri è inciso nella zona compresa tra i diametri di 12 e 6 cm. Il suo ascolto dura 4 minuti primi e 15 secondi. Quanto è lungo il percorso compiuto dalla puntina del giradischi dall'inizio alla fine dell'ascolto?

A 12 cm
B 6 cm
C 8 cm
D 4,5 cm
E 3 cm

1033 Indica quale delle seguenti frazioni è quella con valore maggiore:

A 10/15
B 14/15
C 9/10
D 19/20
E 10/11

1034 Individuare il numero mancante:

313, 322, 308, 317, 303, 312, ...?

A 301
B 276
C 249
D 298
E 297

1035 Federico acquista una motocicletta da un concessionario, pagandola 4.200 euro. Sapendo che il concessionario ha applicato lo sconto del 30% sul prezzo di listino, qual era il prezzo di listino della motocicletta?

A 6.200
B 5.600
C 6.000
D 6.800
E 5.800

1036 Un quadrato è composto da 4 file, ognuna di esse è composta da 4 tessere messe una accanto all'altra. Qual è il numero totale dei lati delle tessere che toccano un'altra tessera?

A 16
B 24
C 36
D 48
E 64

1037 Se uno sciatore è contemporaneamente il 6° miglior sciatore ed il 6° peggior sciatore di una gara, quanti sono gli sciatori in gara?

A 6
B 8
C 13
D 11
E 12

1038 In un gruppo di 33 turisti, 15 hanno passaporto britannico, 20 hanno passaporto italiano e 3 non hanno passaporto né italiano né britannico. Quanti turisti hanno sia passaporto britannico che italiano?

A 2
B 3
C 4
D 5
E 8

1039 Massimo compra una chitarra a 280 euro, la vende a 310 euro, la ricompra a 305 euro, ed infine la rivende a 340 euro. Quanto ha guadagnato?

A 45 euro
B 60 euro
C 65 euro
D 340 euro
E 0 euro

1040 Una donna ha l'età doppia di sua figlia, e il prodotto delle loro età è 10 volte la somma delle loro età. Che età ha la madre?

A 30 anni
B 70 anni
C 40 anni
D 60 anni
E 80 anni

1041 Individuare il numero da sostituire al punto interrogativo:

17	+	5	−	12	10
+		×		×	
	×	2	−	2	**?**
−		−		+	
	−	3	+	2	9
19		7		26	

A 17
B 18
C 5
D 9
E 22

1042 Individuare il numero mancante:

27, 54, 65, 60, 120, 131, 126, 252, 263, ...?

A 287 B 316 C 258 D 242 E 255

1043 Individuare il numero mancante:

8 24 12 72 18 162 27 ?

A 270 B 9 C 324 D 81 E

1044 Andando a Civitavecchia, ho incrociato 2 vecchiette. Ogni vecchietta portava due borsette. In ogni borsetta v'erano 2 ovette. Quante ovette e quante vecchiette andavano a Civitavecchia?

A 2 e 2
B 4 e 2
C 8 e 2
D 0 e 0
E Nessuna delle risposte precedenti

1045 Aldo, Bruno e Carlo sono tre fratelli che hanno complessivamente 47 anni. Bruno è nato 3 anni dopo Aldo, Carlo è nato 2 anni dopo Bruno. Posta *x* l'età di Aldo, quale delle seguenti equazioni risolve il problema?

A $x + x - 3 + x - 2 = 47$
B $x + (x - 3) + (x - 3 - 2) = 47$
C $x(x + 3) + (x + 2) + 47 = 0$
D $x(x + 3)(x + 2) = 47$
E $x(x + 3)(x - 2) = 47$

1046 Tre campane suonano a intervalli di 2 minuti, 13 minuti e 4 minuti, rispettivamente. Se suonano insieme alle 7 di mattina, quale sarà l'orario in cui suoneranno di nuovo insieme?

A Le 7 e 13 minut
B Le 7 e 26 minuti
C Le 7 e 52 minuti
D Le 8 e 10 minuti
E Non è possibile calcolarlo

1047 Una banda musicale marcia formando un quadrato di 4 × 4 elementi. Arrivata in piazza, di dispone su 2 file, formando un rettangolo, per suonare. Di quanti elementi è composta ciascuna fila?

A 4 B 6 C 8 D 10 E 12

1048 Lanciando un dado, che probabilità c'è di ottenere un numero maggiore di 2?

A 1/3
B 2/3
C 2/6
D 1/2
E 1/10

1049 Individuare il numero mancante.

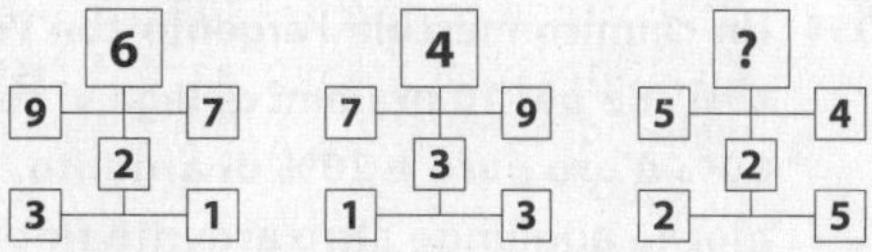

A 11 B 1 C 3 D 15 E 4

1050 Tre campane suonano a intervalli di 4 minuti, 12 minuti e 9 minuti, rispettivamente. Se se suonano insieme alle 8 di mattina, dopo quanto tempo suoneranno di nuovo insieme?

A 16 minuti
B 24 minuti
C 29 minuti
D 36 minuti
E 72 minuti

RAGIONAMENTO NUMERICO

1051 Individuare il numero mancante.

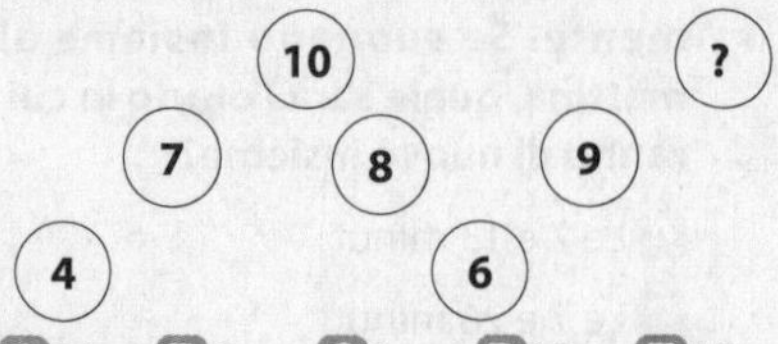

A 14 B 6 C 8 D 12 E 15

1052 Un orologio viene venduto con il 18% di sconto sul prezzo di listino, che equivale a un risparmio di € 72. Qual è il prezzo di listino dell'orologio?

A € 380
B € 410
C € 385
D € 400
E € 350

1053 In uno stagno c'è una ninfea. Questa ninfea si riproduce raddoppiando ogni giorno la propria estensione. Se la ninfea impiega 20 giorni per ricoprire tutto lo stagno, quanti giorni impiega per ricoprirne la metà?

A 2 B 3 C 4 D 16 E 19

1054 Un chimico mescola l'argento con l'oro così che per 10 grammi di lega vi sono 80% d'oro puro e 20% di argento. Un giorno aggiunge altro argento fino ad ottenere una lega ancora meno pura. Se l'orefice era partito con 10 grammi di lega fatta per il 80% di oro puro e il 20% di argento, quanto argento ha dovuto aggiungere per arrivare ad una lega con il 50% di argento?

A 6 grammi
B 8 grammi
C 12 grammi
D 50 grammi
E 10 grammi

1055 Alle Olimpiadi degli animali si svolge la gara di corsa tra un gambero e una lumaca, sulla distanza di 7 cm. Il gambero, ogni secondo, fa quattro passi avanti seguiti da 3 passi indietro; tutti i passi sono di 1 cm. La lumaca procede ad una velocità costante di 1 cm/s. Chi vince la gara?

A La lumaca
B Il gambero
C Arrivano insieme
D Non arrivano mai
E Il gambero mangia la lumaca

1056 "e come non seguir bruti a viver, canoscenza ma virtute per fatti foste". Mettere in ordine la seguente frase e indicare da quante lettere è composta la quarta parola

A 3 B 1 C 5 D 4 E 2

1057 Lanciando due dadi, qual è la probabilità di ottenere due numeri uguali?

A 1/36
B 1/6
C 1/4
D 2/9
E 1/5

1058 Un esperimento consiste nel lanciare due dadi. Quante sono le combinazioni possibili la cui somma è 11?

A 1
B 3
C 2
D 4
E 6

1059 Un gioco consiste nell'estrarre successivamente, con reimmissione nel mazzo, due carte da un mazzo di 40 carte da briscola. Individuare la probabilità di estrarre due assi.

A 1/100
B 1/10
C 1/100
D 1/40
E 2/40

1060 Individuare il numero da sostituire al punto interrogativo:

64	:	8	×	2	16
×		×		×	
	+	2	−	4	0
:		−		+	
	−	3	+	2	?
16		13		10	

A 13 B 8 C 2 D 7 E 40

1061 Individuare il numero mancante:

5 X 12 XXIV 26 LII 54 ?

A 6 B 52 C XXII D CVIII

1062 Undici giocatori di una squadra di calcio sono invitati dall'arbitro, prima della partita, a stringere la mano degli undici della squadra avversaria. Quante sono in tutto le strette di mano?

A 66
B 100
C 121
D 88
E 78

1063 Trovare i 2/9 di 54.

A 14
B 68
C 12
D 24
E 18

1064 Un aereo parte da Parigi per New York nello stesso istante in cui un altro aereo parte da New York per Parigi. I due velivoli percorrono la stessa rotta in direzioni opposte e il primo mantiene una velocità media doppia rispetto al secondo. Quando i due aerei si incontreranno, quale dei due sarà più distante da Parigi?

A Per i due aerei la distanza da Parigi sarà la stessa
B L'aereo partito da Parigi
C L'aereo partito da New York
D Dipende dall'orario di partenza
E I dati sono insufficienti per rispondere

1065 Individuare il numero che completa correttamente la seguente successione di numeri:

81, 69, 57, 45, ...?

A 29
B 28
C 33
D 49
E 35

1066 Data la sequenza ASE4FG9ZU9AS4DTU6 individuare l'alternativa che la riproduce fedelmente se aggiunta di seguito alla seguente:

ASE4FG9

A ASE4DUS6
B ZU9SA4DTU6
C ZU9AS4DTU6
D 9UZAS4DTU6
E Z0ZAS4DUS6

1067 Individuare l'alternativa che completa correttamente la seguente successione di lettere:

B; E; H; M; ?

A T B P C R D Q E S

1068 Individuare l'alternativa che completa correttamente la seguente successione di numeri:

10; 15; 13; 12; 16; 9; 19; 6; ?

A 5
B 21
C 18
D 13
E 22

1069 Se quattro pizzaioli sfornano 9 pizze in 20 minuti, quanti pizzaioli servirebbero per fare 90 pizze in 12000 secondi?

A 4
B 40
C 14
D 20
E 9

1070 Individuare il numero mancante.

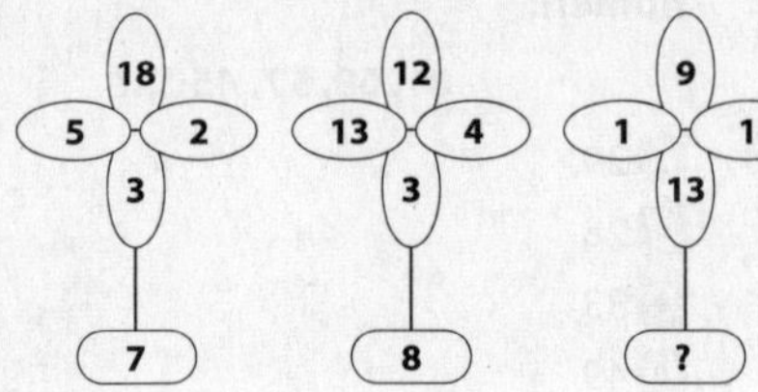

A 9

B 12

C 6

D 5

E 10

1071 Individuare tra le alternative proposte quella che contiene un'inesattezza rispetto a quanto indicato nel testo dell'esercizio.

Ascoli Piceno; 69523; ZA0367; V; 09-11-65

Pisa; 54962; AC2351; Z; 21-10-72

Livorno; 187567; AB2654; B; 25-02-64

Lissone; 33215; CB1212; C; 09-01-51

Brindisi; 50421; BV321; V; 12-09-73

A Ascoli Piceno; 69523; ZA0367; V; 09-11-65

B Pisa; 54962; AC2351; Z; 21-10-72

C Livorno; 187567; AB2654; B; 25-02-64

D Lissone; 33215; CB1212; C; 09-01-61

E Brindisi; 50421; BV321; V; 12-09-73

1072 Individuare il numero da sostituire al punto interrogativo:

27	:	9	+	2	5
:		×		×	
3	×	2	×	3	18
–		–		+	
	+	3	+		?
7		15		8	

A 11 B 7 C 3 D 17 E 4

1073 Una imbarcazione con un prezzo di listino pari a 40.000 euro viene venduta con uno sconto del 30%.

A quanto è ammontato lo sconto?

A 13.333 euro

B 1.200 euro

C 12.000 euro

D 3.000 euro

E 28.000 euro

1074 La recinzione di un vigneto prevede che si piantino alberi di vite a distanza di 6 metri l'uno dall'altro. Quanti alberi di vite in più sono necessari per recintare un vigneto quadrato di area quadrupla rispetto a un altro vigneto quadrato che ha il perimetro pari a 120 metri?

A 20

B 120

C 80

D 60

E 40

1075 Se X e Y stanno tra loro come 5 sta a 6 e la loro somma vale 22, quanto vale X?

A 11

B Non è possibile determinarlo univocamente, con i dati a disposizione

C 9

D 10

E 12

1076 Individuare il numero mancante: 5, 6, 8, 8, 11, 10, 14, ...?

A 24

B 11

C 14

D 12

E 16

1077 Il numero 7 che parte è di 28?

A 1/4

B 1/3

C 2/3

D 3/3

E 3/28

1078 La distanza tra la città C e la città D è di 400 km. Alle 8 di mattina un treno parte da C diretto a D e, viceversa, un treno parte da D diretto ad C. Un'ora dopo, il primo treno ha percorso metà del tragitto. Sapendo che il secondo viaggia a 2/5 della velocità del primo, quanto sono distanti i due treni alle 9 del mattino?

A 60 km

B Alle 9 del mattino i due treni si sono già incontrati

C 120 km

D 40 km

E Non è possibile determinarlo univocamente con i dati a disposizione

1079 Se:

4 · # + 1 = 7 · (# – 2)

Allora # è uguale a:

A 0 B 9 C 13 D 5 E 1/2

1080 Individuare la lettera mancante:

Y, V, S, P, M, ...

A J B I C K D H E C

1081 Il 5% del 10% di un numero n vale 100. Quanto vale n?

A 1.000

B 20.000

C 10.000

D 15.000

E 5.000

1082 Completare la seguente sequenza di numeri:

1, 3, 6, 10, ?, 21

A 15

B 24

C 18

D 36

E 12

1083 Individuare il numero da sostituire al punto interrogativo:

	–	37	–	22	40
:		–		–	
9	×	4	+	6	42
–		–		:	
	+	3	+	4	?
4		30		4	

A 99

B 2

C 14

D 21

E 9

1084 Utilizzando l'alfabeto inglese, completare correttamente la seguente successione di lettere:

R; Q; E; F; P; O; G; H; N; ?; ?

A M, I B J, I C L, M D K, L E M, Y

1085 Individuare tra le alternative proposte quella che contiene un'inesattezza rispetto a quanto indicato nel testo dell'esercizio.

Rodolfo Malnacci; 23 anni; 80 kg; 1,83 cm; biondo

Silvio Martelli; 21 anni; 69 kg; 1,68 cm; bruno

Tommaso Bisaccia; 20 anni; 73 kg; 1,76 cm; biondo

Francesco Altieri; 22 anni; 80 kg; 1,81 cm; rosso

Antonio Spampinato; 24 anni; 74 kg; 1,70; biondo

A Rodolfo Malnacci; 23 anni; 80 kg; 1,83 cm; biondo

B Silvio Martelli; 21 anni; 69 kg; 1,68 cm; bruno

C Tommaso Bisacia; 20 anni; 73 kg; 1,76 cm; biondo

D Francesco Altieri; 22 anni; 80 kg; 1,81 cm; rosso

E Antonio Spampinato; 24 anni; 74 kg; 1,70; biondo

1086 **Disporre in ordine crescente i numeri: A = 2/3; B = 3/4; C = 4/5;**

A C, B, A
B B, C, A
C C, A, B
D A, B, C
E A, C, B

1087 **Quale numero completa la serie?**
7, 70, 14, 35, ?

A 10
B 350
C 40
D 100
E 28

1088 **Tutto ciò che possiede un allevatore sono 20 cavalli. Il giovedì notte un ladro ne ruba un terzo. Il venerdì un sesto dei cavalli fugge. Il lunedì successivo l'allevatore compra altri dieci cavalli. Quante pecore possiede alla fine l'allevatore?**

A 12 B 11 C 20 D 0 E 18

1089 **Matteo e Luisa sono sposati da 40 anni, hanno 3 figli, Giulia di 27 anni, Gigi di 25 anni e Riccardo di 18 anni. Giulia è sposata con Tommaso e hanno un bimbo di 12 mesi che si chiama Roberto, Gigi è fidanzato con Giorgia e Riccardo è ancora single. Se tu sei Tommaso chi sei per Riccardo?**

A Il nipote
B Il cognato
C Lo zio
D Il genero
E Il nonno

1090 **Individuare il numero mancante:**

3	7	9
6	6	7
18	42	

A 63
B 27
C 44
D 14
E 32

1091 **Individuare il numero mancante.**

10	18	22
16	32	?
6	10	13

A 72
B 22
C 24
D 32
E 36

1092 **Se lo spazio di tempo tra adesso e le 21 è il triplo dello spazio di tempo tra adesso e il momento nel quale mancherà esattamente un'ora e mezzo all'ora che è esattamente a metà strada tra adesso e le 21, che ora è adesso?**

A mezzanotte
B le 10
C le 12
D le 9
E le 13

1093 **Tre allarmi suonano a intervalli di 1 minuto, 5 minuti e 6 minuti, rispettivamente. Se suonano insieme alle ore 23.00, dopo quanto tempo suoneranno di nuovo insieme?**

A 1 ora e 5 minuti
B 1 ora e 6 minuti
C 28 minuti
D 36 minuti
E 30 minuti

1094 **Di quanto aumenta il numero 39175 inserendo uno zero tra la cifra delle decine e la cifra delle centinaia?**

A 351900
B 351000
C 351800
D 351300
E 359100

1095 **Risolvete le seguenti operazioni sostituendo a ogni simbolo un numero:**
YZ + YZ + YZ = KZ
X+ X + X = YZ

A X=8, Y=2, Z=4, K=7
B X=8, Y=4, Z=2, K=7
C X=12, Y=7, Z=3; K=5
D X=5, Y=3, Z=6, K=12
E X=8, Y=2, Z=5, K=6

1096 In una boccia di vetro ci sono tre tipi di gomme da masticare: rosse, gialle e blu. Quante occorre prenderne al buio affinché se ne abbiano almeno tre dello stesso colore?

A 5
B 6
C 7
D 8
E 4

1097 Maurizio va dal tabaccaio e acquista 2 sigari cubani, spendendo in tutto 1 euro e 10 centesimi. Un sigaro costa 1 euro in più dell'altro. Qual è il prezzo di ogni sigaro?

A Un sigaro costa 1 euro e l'altro 10 centesimi
B Un sigaro costa 75 centesimi e l'altro 35 centesimi
C Un sigaro costa 1 euro e 5 centesimi e l'altro 5 centesimi
D Un sigaro costa 1 euro e 25 centesimi e l'altro 75 centesimi
E Un sigaro costa 1 euro e 75 centesimi e l'altro 25 centesimi

1098 Quale numero prosegue la serie:
131, 114, 97, 80, 63, ...?

A 47
B 46
C 41
D 39
E 57

1099 Una somma di denaro deve essere divisa tra tre persone; alla prima spettano i 1/3 della somma, alla seconda spetta 1/4 di quanto spetta alla terza. Se alla seconda spettano 80 euro, a quanti euro ammonta la somma?

A 7000
B 800
C 600
D 1500
E 1200

1100 Se: 12 = 6, 7 = 5, 2 = 3, 5 = ?

A 5
B 4
C 3
D 8
E 6

1101 Completare la seguente serie:
1, 2, 2, 4, 8, 32, ...

A 40
B 64
C 128
D 256
E 1544

1102 Lanciando contemporaneamente due dadi, con le facce numerate da 1 a 6, la probabilità di ottenere due 4 è:

A 1/4
B 1/36
C 1/25
D 1/2
E 1/72

1103 Individuare il numero da sostituire al punto interrogativo:

6	:	1	:	6	1
×		×		×	
	×		−	2	**?**
+		+		+	
4	+	3	+	11	18
40		11		23	

A 19
B 46
C 12
D 6
E 8

1104 Se X < Y e X = Z, quale delle seguenti relazioni è vera ?

A Y = Z
B Y < X
C Y ≤ Z
D Y ≥ Z
E Y > Z

1105 Completare correttamente la serie di numeri:

0, 1, 3, 6, 10, 15, ?

A 18 B 20 C 21 D 22 E 25

1106 Determinare quel numero per il quale la somma del suo terzo e del suo quarto è uguale a 7.

A 12
B 15
C 13
D 14
E 17

1107 Completare la serie:

O, 2, Q, 4, S, 16, … , …

A U, 276
B U, 256
C Q, 256
D 256, U
E T, 216

1108 Il biglietto d'ingresso al cinema costa 8 euro. I tesserati dell'associazione XYZ hanno diritto ad una tessera che permette di andare al cinema per 1 anno al prezzo agevolato di 6 euro; la tessera ha un costo di 15 euro. Quanto può risparmiare un tesserato dell'associazione XYZ andando al cinema 30 volte?

A 60 euro
B 45 euro
C 30 euro
D 35 euro
E 40 euro

1109 Individuare la lettera mancante:

C, F, I, N, Q, …?

A O
B R
C Z
D S
E T

1110 Individuare quale tra le seguenti affermazioni NON è necessariamente derivata dall'esperienza:

A il calore dilata i corpi
B il tutto è maggiore della parte
C gli esseri viventi sono mortali
D giorno e notte hanno durata variabile
E i cavalli hanno quattro zampe

1111 Individuare il numero da sostituire al punto interrogativo:

12	+	23	:	7	5
+		−		+	
	−		×	2	36
:		×		×	
7	+	4	−	6	5
7		?		54	

A 6 B 37 C 16 D 19 E 22

1112 Una colonna è alta 30 metri più un terzo di colonna: qual è la sua misura in metri?

A 40 B 45 C 50 D 90 E 120

1113 Inserire nel settore il numero mancante.

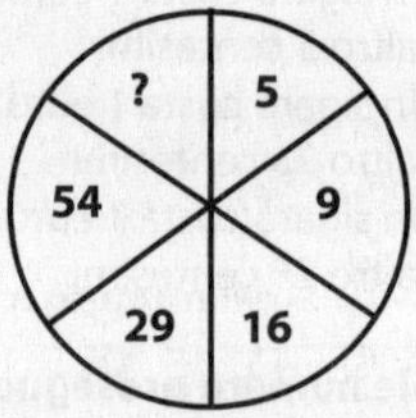

A 103
B 110
C 105
D 108
E 106

1114 Completa la serie con il numero che manca:

4, 9 ,19, ?, 79, 159.

A 41
B 39
C 40
D 38
E 3

1115 Filippo, Duilio e due ragazze devono attraversare un fiume con una barchetta che può trasportare al massimo un maschio o in alternativa due ragazze. Quanti viaggi di attraversamento dovranno fare per arrivare tutti dall'altra parte del fiume?

A 7 B 9 C 11 D 13 E 15

1116 **In un viale lungo 300 metri ci sono tre alberi ogni 60 metri da un lato e due alberi ogni 50 metri dall'altro lato. Quanti alberi ci sono in totale su entrambi i lati?**

A 28
B 40
C 32
D 30
E 35

1117 **7 imbianchini iniziano a pitturare un gruppo di appartamenti e prevedono di completare il lavoro in 16 giorni. Due giorni dopo l'inizio del lavoro, altri 7 imbianchini vengono ad aggiungersi agli altri. In quanti giorni sarà finito il lavoro?**

A 4
B 9
C 6
D 7
E 8

1118 **Individuare il numero mancante:**
LXXX 40 45 15 XX 5 10 ?

A II
B 2
C 50
D 5

1119 **Quale numero va inserito nella casella vuota?**

5	7	6	10
3	7	4	5
2	0	2	5
1	7	2	

A 0 B 1 C 2 D 3 E 4

1120 **Annacarla sta sostenendo un esame a test e non conosce la risposta esatta di tre quesiti. Se ogni domanda è corredata da quattro risposte alternative (delle quali una sola è corretta), qual è la probabilità che rispondendo casualmente Annacarla indovini tutte e 3 le risposte mancanti?**

A 1/12 B 1/32 C 1/64 D 1/4 E 1/16

1121 **Completa la seguente serie:**

A-5, B-15, C-25, D-35, E-40, F-...

A F-45 B F-50 C F-40 D F-25 E F-80

1122 **Due squadre di calcio (ciascuna con 11 giocatori) entrano in campo. Tutti i giocatori di ciascuna delle due squadre stringono la mano ai giocatori della squadra avversaria. Alla fine quante strette di mano ci sono state?**

A 55 B 45 C 65 D 57 E 59

1123 **Qual lettera completa la seguente serie (alfabeto inglese): A .. D .. I .. L .. Q .. ?**

A Y B U C T D V E W

1124 **Individuare il numero mancante:**

4, 24, 28, 5, 30, 34, 11, 66, 70, ...?

A 37 B 44 C 47 D 24 E 62

1125 **Ci sono tre scatole piene di frutta, chiuse da coperchio. In un coperchio c'è scritto "PERE", in un altro c'è scritto "LIMONI" e nel terzo c'è scritto "PERE E LIMONI". Nessuno dei coperchi corrisponde al vero contenuto delle scatole. Quanti frutti è sufficiente estrarre per mettere il coperchio al posto giusto su ogni scatola?**

A 0 B 1 C 2 D 3 E 4

1126 **Un falegname deve fissare con chiodi una lastra a forma di esagono regolare con lato di 15 cm. Per fissarla bene il carpentiere mette 21 chiodi per lato. Quanti chiodi sono necessari in tutto?**

A 121 B 315 C 90 D 126 E 132

1127 **Tre ciclisti, Aldo, Giovanni e Giacomo, partono insieme e percorrono varie volte un circuito a velocità costante. Aldo percorre ogni giro in 6 minuti, Giovanni in 7 minuti, Giacomo in 8 minuti. Quando si incontreranno nuovamente tutti e tre sulla linea di partenza, quanti giri avrà percorso Aldo?**

A 21 B 24 C 28 D 84 E 168

RAGIONAMENTO NUMERICO

1128 **Individuare il numero mancante.**

2	4	12
3	5	?
1	1	4

A 16 B 22 C 5 D 17 E 14

1129 **Quale serie di segni posta nell'ordine davanti ai seguenti numeri 12; 17; 9; 17; 18 dà come risultato 15?**

A − + − + −

B + − + − +

C + + − − −

D − − + + +

E + + − − +

1130 **Con il contenuto di una bottiglia si riempiono 3 bicchieri e 3 tazze; con il contenuto di 2 bottiglie si riempiono 9 tazze. Quanti bicchieri occorrono per riempire una tazza?**

A 1 B 1,5 C 2 D 2,5 E 3

1131 **Individuare il numero da sostituire al punto interrogativo:**

9	+	6	:	5	3
+		+		×	
	×	4	-		10
×		−		+	
2	×	3	−	4	2
?		7		14	

A 3 B 2 C 24 D 36 E 18

1132 **Aldo e Riccardo possiedono ciascuno un certo numero di penne. Aldo ne ha meno di Riccardo. Aldo dice che se Riccardo gliene dà otto delle sue, il numero diventa uguale. Riccardo dice che se invece è Aldo a dargliene otto, il numero delle sue penne quintuplica rispetto a quelle di Aldo. Quante penne ha Riccardo?**

A 28 B 32 C 42 D 36 E 44

1133 **Un palmare acquistato con il 25% di sconto è stato pagato 165 euro. Qual era il prezzo di listino del palmare?**

A 200 euro

B 220 euro

C 225 euro

D 198 euro

E 208 euro

1134 **Nel cassetto dell'armadio del corridoio, Francesca ha 5 paia di calze nere, 4 paia di calze bianche e 6 paia di calze rosse. Trovandosi al buio e dovendo essere sicura di prenderne un paio dello stesso colore, quante calze dovrà estrarre dal cassetto?**

A 3 B 4 C 5 D 7 E 10

1135 **Individuare il numero mancante.**

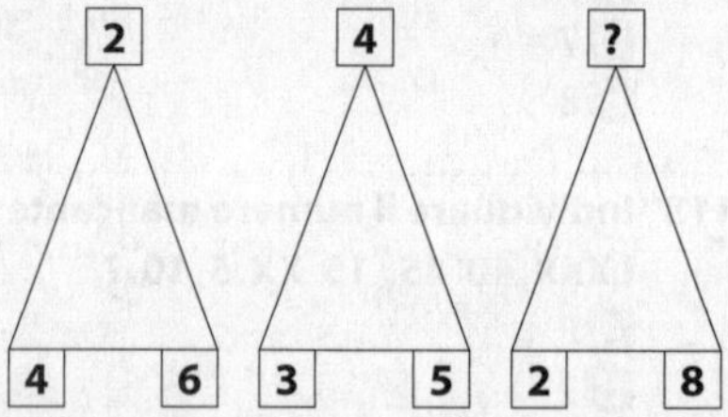

A 3 B 6 C 8 D 5 E 12

1136 **Un ragno deve superare un muro alto 30 metri. Di giorno sale per 3 metri, ma di notte quando dorme scivola giù di 2 metri. Quanti giorni impiegherà il ragno ad arrivare in cima al muro?**

A 30 B 27 C 24 D 31 E 33

1137 **Un ciclista copre una distanza di 15 km in 30 minuti. Se nel viaggio di ritorno il ciclista raddoppia la velocità, quanti minuti impiegherà a ripercorrere i 15 km?**

A 18 B 20 C 15 D 12 E 10

1138 **Nel parco alcuni bambini stanno correndo in bicicletta. Altri, più piccoli, vanno sul triciclo. Se insieme vi sono 36 fra biciclette e tricicli e le ruote sono in tutto 92, quanti sono i tricicli?**

A 16 B 18 C 20 D 22 E 24

1139 Nella sua vita, Carlo ha abitato per un ottavo del tempo a Roma, per un quarto del tempo a Milano, per la metà del tempo a Bologna e gli ultimi 5 anni ha abitato a Padova. Quanti anni ha Carlo?

A 32 B 34 C 48 D 40 E 66

1140 Con quale lettera continua la seguente progressione:

S .. S .. T .. R .. U .. Q .. ?

A Z
B V
C G
D R
E S

1141 Cinque operai tinteggiano 5 stanze in 5 ore. Quante stanze tinteggiano 10 operai in 10 ore?

A 5
B 50
C 20
D 10
E 16

1142 Tre amici spendono al ristorante 92 euro. Se il primo ha pagato il doppio del secondo e il terzo la metà del primo, quanto ha pagato il primo amico?

A 52 euro
B 38 euro
C 36 euro
D 46 euro
E 42 euro

1143 Una lepre ed una tartaruga si trovano distanti fra loro 55 km e decidono di incontrarsi. La lepre corre ad 8 km/h verso la tartaruga; la tartaruga corre a 3 km/h verso la lepre. Se partono allo stesso momento, quanti km percorrerà la lepre prima di incontrare la tartaruga?

A 32 B 34 C 36 D 38 E 40

1144 Una gruppo di studenti si dispone a cerchio. Il 2° ragazzo si trova esattamente di fronte al 13°. Quanti sono i ragazzi del gruppo?

A 18 B 20 C 22 D 26 E 23

1145 In un'università del Centro Italia gli studenti studiano l'inglese e/o il tedesco. Il 65% studia l'inglese e il 55% studia il tedesco. Quale percentuale di studenti studia entrambe le lingue?

A 30%
B 10%
C 20%
D 40%
E i dati del problema sono insufficienti per rispondere

1146 Qual è la somma fra i due risultati?

$$432 \div 432 =$$

$$438 \div 438 =$$

A 1
B 3/2
C 4/2
D 6/6
E 1,8

1147 Continua la serie:

A, 5, Z, 8, B, 11, V, 14, ...

A C
B 17
C T
D U
E 20

1148 Con la dizione "tempo di dimezzamento plasmatico", si indica quello spazio di tempo in cui la quantità di un farmaco che si trova nel plasma si riduce della metà; questa diminuzione può avvenire attraverso l'escrezione o attraverso il decadimento biologico. Al tempo zero viene iniettato in un paziente un farmaco che ha un tempo di dimezzamento plasmatico di 8 ore. Dopo 24 ore si trovano nel plasma del paziente ancora 10 milligrammi del farmaco.

Quanti milligrammi del farmaco sono stati iniettati nel paziente?

A 40 milligrammi
B 80 milligrammi
C 160 milligrammi
D 200 milligrammi
E 400 milligrammi

1149 Individuare il numero da sostituire al punto interrogativo:

52	:	13	×	3	12
−		+		×	
	+		:	2	15
:		−		+	
2	×	11	+	2	23
13		?		8	

A 7
B 12
C 4
D 6
E 14

1150 In una fabbrica quattro operai specializzati costruiscono 8 biciclette in 16 giorni. Due operai vanno in ferie. Quanti giorni occorreranno agli operai che restano al lavoro per costruire quattro biciclette?

A 16
B 8
C 4
D 32
E 64

1151 Individuare il numero mancante:

5, 11, 17, 23, 29, ...?

A 31
B 35
C 39
D 40
E 23

1152 Ho cinque monete che apparentemente sembrano tutte uguali ma in realtà una ha peso maggiore rispetto alle altre. Con una bilancia a due piatti, qual è il numero minimo di pesate necessario per individuare sicuramente la moneta più pesante:

A 2
B 3
C 4
D 5
E 1

1153 Indicare tra le alternative proposte quella che contiene una sequenza di numero identica a quella data.
Sequenza: 3383838838838

A 3383838833838
B 3383838388838
C 3383838838388
D 3338838838838
E 3383838838838

1154 Tre amici – Carlo, Piero e Nicola – acquistano della frutta al mercato. Ognuno di loro sceglie un frutto diverso e spende una somma differente. Sapendo che:

- **Carlo preferisce le pesche ma non è lui che spende più di tutti;**
- **Nicola non ha acquistato kiwi e non ha speso 1,70 euro;**
- **i kiwi costano 2,85 euro e Carlo non ha speso tale somma;**
- **le albicocche costano 2,42 euro;**

quale affermazione è sicuramente vera?

A Nicola non ha acquistato albicocche
B Nicola ha speso 2,85 euro
C Piero ha acquistato albicocche
D Piero non ha speso 2,42 euro
E Carlo ha speso 2,42 euro

1155 In un momento di difficoltà economica l'utile X della ditta Rossi diminuisce del 20%. Trascorso il periodo di difficoltà, la ditta Rossi registra un aumento del proprio utile del 20%. Si può concludere che l'utile finale Y è:

A maggiore di X
B uguale a X
C minore di X
D in ogni caso pari a zero
E comunque cresciuto del 20%

1156 Individuare il numero da sostituire al punto interrogativo:

	+	7	:	2	?
:		×		×	
	×	3	×	3	27
+		−		+	
4	×	2	+	12	20
21		19		18	

A 6 B 8 C 14 D 26 E 29

1157 Un ciclista che corre a 30 km/h precede un altro ciclista che corre a 50 km/h. Di quanti km distano inizialmente l'uno dall'altro i due ciclisti se occorreranno 15 minuti al più veloce per raggiungere il più lento?

A 20 B 10 C 5 D 4 E 2,5

1158 Completare correttamente la seguente successione numerica: 6, 42, 321, 2220, ?

A 20003
B 12210
C 44455
D 21001
E 10030

1159 Un'ameba spaziale cade in un lago. Ogni giorno raddoppia la sua estensione e in 100 giorni diventa così grande da ricoprire l'intera superficie del lago. In quanti giorni ne aveva coperto un quarto?

A Dopo 25 giorni
B Dopo 98 giorni
C Dopo 50 giorni
D Dopo 2 giorni
E Dopo 8 giorni

1160 Completare correttamente la seguente successione numerica: ?, 9, 5, 18, 9, 5, 18, ?

A 5, 18
B 18, 9
C 18, 5
D 5, 5
E 18, 18

1161 Completare correttamente con uno dei 5 termini proposti la frase: "Qualsiasi sia il valore di X, se X è ... di Y e Y è .... di Z, allora X è .... di Z".

A maggiore
B logaritmo
C radice quadrata
D la metà
E diverso

1162 Individuare il numero mancante:

III 10 XXIV 45 LXXIII 108 CL ?

A 199
B 185
C 178
D 142

1163 Individuare il numero da sostituire al punto interrogativo:

3	×	6	:	9	2
×		+		−	
	+	12	:		3
+		:		×	
8	−	2	×	4	24
?		9		8	

A 12
B 35
C 9
D 18
E 24

1164 Andrea, Barbara e Carlo organizzano un torneo di tennis tra loro. Ciascuno dei tre gioca sei partite con ciascuno degli altri due. Andrea vince quattro volte contro Barbara, ma perde cinque volte contro Carlo, il quale vince tre volte contro Barbara. Sapendo che per ogni partita vinta vengono assegnati due punti e per ogni partita persa ne viene sottratto uno, chi ha vinto il torneo e con quanti punti?

A Andrea con 14 punti
B Barbara con 9 punti
C Andrea con 10 punti
D Barbara con 13 punti
E Carlo con 12 punti

1165 Se:

§ · @ = 1

§ = 5/3

@ + 2/5 = #

Allora # è uguale a:

A 1 B –1 C 3/5 D 0 E 2/5

1166 In un'aula scolastica, durante la ricreazione, 14 studenti stanno seduti, 8 mangiano la pizza. Con questi dati si può concludere con certezza che il numero totale N degli studenti è:

A $N > 14$
B $N < 14$
C $N \geq 14$
D $N > 22$
E $N = 22$

1167 La somma di due numeri è 15. La loro differenza è 5. I due numeri sono:

A 10 e 10
B 20 e 5
C 10 e 5
D 25 e 5
E 10 e 20

1168 In un ristorante 19 avventori stanno seduti, 8 bevono un caffè. Con questi dati si può concludere con certezza che il numero totale N degli avventori è:

A N = 27
B N > 19
C N < 19
D N ≥ 19
E N > 27

1169 Il costo del gelato è determinato dalla somma dei costi di 4 elementi. Se ogni elemento aumenta del 15% di quanto aumenta il costo del gelato?

A Del 30%
B Del 60%
C Del 15%
D Del 20%
E I dati forniti non sono sufficienti per rispondere

1170 Individuare la coppia mancante:

Z, 7, U, 11, S, 15, Q, 19, …, …?

A O, 23
B Q, 21
C 23, O
D S, 17
E V, 19

1171 A una conferenza, 18 persone prendono appunti, 5 hanno gli occhi verdi. Con questi dati si può concludere con certezza che il numero totale N degli ascoltatori a quella conferenza è:

A N = 23
B N > 18
C N ≥ 18
D N < 18
E N > 23

1172 A una conferenza 10 persone prendono appunti, 8 portano gli occhiali. Con questi dati si può concludere con certezza che il numero totale N degli ascoltatori a quella conferenza è:

A N = 18
B N > 10
C N < 10
D N ≥ 10
E N > 18

1173 Individuare il numero da sostituire al punto interrogativo:

7	+		:	15	1
×		+		−	
2	×		−	4	22
+		−		+	
14	+	3	−	12	5
28		?		23	

A 18 B 13 C 6 D 25 E 8

1174 Individuare il numero mancante.

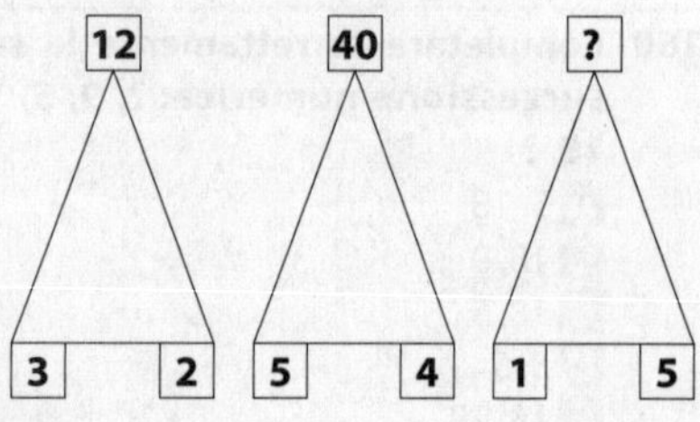

A 24
B 8
C 32
D 34
E 10

1175 Un motociclista deve percorrere 15000 chilometri. Per risparmiare il battistrada egli usa le tre gomme che ha a disposizione cambiandole ad intervalli regolari. Alla fine del viaggio quanti chilometri avrà percorso ogni gomma?

A 5000
B 7500
C 4000
D 12000
E 10000

1176 Se il peso di Nando fosse superiore di 0,04 quintali, sarebbe pari al doppio di quello di Ottorino. Paolo ha un peso pari a un quarto della differenza di peso tra Nando e Mario il quale pesa 300 hg più di Ottorino che, se salisse sulla bilancia insieme a Paolo, vedrebbe il suo peso aumentare dell'8%. Quanto pesa Mario?

A 800 hg
B 60 kg
C 4.000 gr
D 70 kg
E 50 kg

1177 Utilizzando l'alfabeto inglese, individuare le lettere mancanti:

e, v, f, u, g, t, h, s, ?, ?

A i, r
B i, s
C i, t
D h, r
E m, n

1178 Un maglione che costa 60 euro è scontato del 14%. A quanto ammonta lo sconto?

A 17,5
B 14,0
C 51,6
D 8,4
E 7,4

1179 Se 12 donne su 100 sono bionde, quante donne su 300 non sono bionde?

A 36
B 34
C 240
D 264
E 224

1180 Se Carlo=10; Ermanno=14; Aldo=8; Maurizio è ...

A 16
B 14
C 22
D 8
E 12

1181 Individuare tra le alternative proposte quella che contiene un'inesattezza rispetto a quanto indicato nel testo dell'esercizio.

Tonno; cod. 23423; q.tà 512; scad. may04; scaffale A.24

Sardine; cod. 4587; q.tà 102; scad. jun07; scaffale A.24

Curry; cod. 69875; q.tà 53; scad. jan05; scaffale B.10

Tomato Juice; cod. 52369; q.tà 103; scad. sep09; scaffale C.12

Sale; cod. 74698; q.tà 87; scad. mar04; scaffale B.09

A Tonno; cod. 23423; q.tà 512; scad. may04; scaffale A.24
B Sardine; cod. 4581; q.tà 102; scad. jun07; scaffale A.24
C Curry; cod. 69875; q.tà 53; scad. jan05; scaffale B.10
D Tomato Juice; cod. 52369; q.tà 103; scad. sep09; scaffale C.12
E Sale; cod. 74698; q.tà 87; scad. mar04; scaffale B.09

1182 Se A = B e B < C e C = (1 / 2) D, allora:

A A > D
B A < D
C A = D
D B > D
E B = 2 D

1183 Individuare il numero da sostituire al punto interrogativo:

	+	3	:	2	?
+		+		×	
	×	4	+	6	38
:		×		:	
3	×	2	−	4	2
13		14		3	

A 4 B 17 C 24 D 26 E 38

1184 Completare la seguente serie:

G – M – M – L – S - ?-

A Z B F C A D V E N

1185 Individuare il numero mancante:

3, 6, 9, 15, 24, 39, ...?

A 57 B 49 C 81 D 127 E 63

PARTE SECONDA

1186 In un lancio contemporaneo di due dadi quante volte è più probabile che la loro somma sia sette piuttosto che due?

A Tre volte
B Una volta
C Cinque volte
D Quattro volte
E Sei volte

1187 Indicare tra le alternative proposte quella che contiene una sequenza di lettere identica a quella data.
Sequenza: ODDODDOOODOODOO

A ODDODOOODOODDOO
B ODODDDOOODOODOO
C ODDODDOODOOODOO
D ODDODDOOODOOODO
E ODDODDOOODOODOO

1188 In una scatola ci sono 50 penne; non tutte sono penne rosse. Se però si prendono due penne qualsiasi dalla scatola, almeno una delle due è rossa. Quante sono le penne rosse contenute nella scatola?

A 19 B 26 C 25 D 49 E 39

1189 Qual è la probabilità che in una famiglia i primi 5 figli siano tutte femmine?

A 1/32
B 1/2
C 1/16
D 0
E Nessuna delle altre alternative è corretta

1190 Una scatola contiene 250 biglie, rosse e blu. Sapendo che la probabilità di estrarre una biglia rossa è il 60%, il numero di biglie blu contenute nella scatola è:

A 120 B 100 C 90 D 80 E 125

1191 Se al doppio di un numero si aggiunge 4, si ottiene il triplo del numero considerato diminuito di 4. Di che numero si tratta?

A 10
B 8
C 11
D 9
E 6

1192 Da un'urna contenente 15 palline numerate da 1 a 15, viene estratta, a occhi bendati, una pallina. Supponendo che tutte le palline abbiano la stessa probabilità di essere estratte, qual è la probabilità che esca un numero divisibile per tre (evento "X")?

A P(X) = 1/4
B P(X) = 1/5
C P(X) = 1/3
D P(X) = 1/15
E P(X) = 2/15

1193 Indicare tra le alternative proposte quella che contiene una sequenza di lettere identica a quella data.
Sequenza: YLYYYLLYLLYYLL

A YLYYLYLYLLYYLL
B YLYYYLLYLLYYLL
C YLYYYLLYLLYLYL
D YLYYYLLLYLYYLL
E YLYYYLLYYLLYYLL

1194 Tre ingegneri devono completare insieme un progetto. Sapendo che, lavorando singolarmente, ciascuno di loro impiegherebbe rispettivamente 18, 9 e 3 giorni per terminare il progetto, in quanto tempo lo porteranno a termine lavorando insieme?

A 6 giorni
B 4 giorni
C 1 giorno
D 3 giorni
E 2 giorni

1195 Tre fratelli hanno un'età complessiva pari a 75 anni. Il maggiore dei tre ha un'età pari ai tre mezzi dell'età del minore dei tre. Il fratello di mezzo ha cinque anni in meno del fratello maggiore. Quanti anni ha il fratello maggiore?

A 29
B 32
C 31
D 30
E 27

1196 Individuare il numero mancante:
3, 5, 7, 7, ..., 11, 21, 19

A 16
B 13
C 12
D 15
E 14

1197 Data la sequenza 8VG963SYJZ99AF-VX2 individuare l'alternativa che la riproduce fedelmente se aggiunta di seguito alla seguente: 8VG963S

A YJZ99AFVX2

B YJZ90AFVX2

C YZJ99AFVX2

D YZK90AFVX2

E YJZ99AFVX

1198 Una bibliotecaria deve numerare 218 libri in serie progressiva (1, 2, ... 9, 10, 11, ... 99, 100, 101, ... 218); le sono state messe a disposizione solo etichette numerate da 0 a 9. Quante etichette dovrà utilizzare per portare a termine il lavoro affidatole?

A 518

B 367

C 613

D 546

E 436

1199 Quale delle tre serie di lanci di una moneta ha maggiori probabilità di presentarsi? 1) testa, croce, testa, croce, testa, croce; 2) croce, testa, testa, croce, croce, testa; 3) croce, croce, croce, testa, testa, testa

A Sono tutte e tre equiprobabili

B Non è possibile deciderlo sulla base delle informazioni possedute

C La numero 3

D La numero 1

E La numero 2

1200 Individuare il numero mancante:

6, 10, 14, 18, 22, ...

A 26

B 33

C 25

D 28

E 24

1201 Un nano spaziale raddoppia la sua altezza ogni giorno. Al nono giorno comincia a ridurre la sua altezza con una velocità doppia. Dopo quanti giorni dall'inizio sarà ritornato alla sua altezza di prima:

A 15

B 12

C 10

D 13

E 14

1202 Se A + B = C e C – D = A, allora:

A 2B = A

B C = B

C 3D = C

D C > D

E B = D

1203 In un cassetto vi sono maglioni blu, rossi, gialli e verdi. Se si è al buio, quanti maglioni occorre prendere come minimo per averne sicuramente due dello stesso colore?

A 2 B 9 C 5 D 4 E 8

1204 Carlo e Giorgio investono 10.000 euro ciascuno in titoli di Stato che rendono il 10% annuo. Dopo un anno Carlo vende i titoli di Stato e i relativi interessi per comprare un'azione il cui rendimento a distanza di un anno del suo acquisto, è stato pari al 5%, mentre Giorgio reinveste tutti i suoi fondi (capitale più interessi) ancora in titoli di Stato che rendono sempre il 10%. Dopo due anni dal momento del primo acquisto di titoli di Stato i due investitori fanno i conti: quanti euro ha Giorgio in più rispetto a Carlo?

A 500

B 5%

C 550

D 1000

1205 Completare la seguente serie numerica: 11, 7, 22, 21, 44, ?, ?, 189, 176

A 42; 88

B 63; 88

C 35; 77

D 63; 66

E 28; 55

PARTE SECONDA

1206 Individuare il numero da sostituire al punto interrogativo:

35	+		:		7
:		−		×	
5	×	5	−	8	17
×		:		:	
3	×	3	−	2	7
21		3		?	

A 9 B 14 C 28 D 16 E 7

1207 Individuare il numero mancante:

41, 33, 25, 17, ...?

A 11 B 9 C 16 D 25 E 10

1208 A quanto ammonta l'incremento percentuale del prezzo di un deodorante da uomo che passa da 5 euro al flacone a 72 euro la dozzina di flaconi?

A 10%
B 20%
C 5%
D 15%
E 25%

1209 Completare la successione seguente in base all'alfabeto italiano.

?, M, I, G, E

A M
B O
C N
D P
E C

1210 Un titolo azionario di valore iniziale pari a 400, nell'arco di una settimana favorevole ha un incremento del 7%. La settimana successiva, a seguito di condizioni avverse del mercato, il titolo perde il 7%. A questo punto, il valore del titolo è:

A superiore a 428
B compreso tra 400 e 428
C pari a 400
D inferiore a 400

1211 Lungo il perimetro di una scuola si prevede di disporre dei lampioni a distanza di 3 metri l'uno dall'altro. Data una scuola quadrata, di perimetro pari a 60 m, quanti lampioni in più saranno necessari per una scuola quadrata di area quadrupla?

A 30
B 10
C 20
D 60
E Il quadruplo

1212 Sei pasticcieri sfornano centoventi torte in venti giorni. Quanti giorni occorrono a tre pasticcieri per sfornare sessanta torte dello stesso tipo:

A dodici
B venti
C diciotto
D trenta
E dieci

1213 Individuare tra le alternative proposte quella che contiene un'inesattezza rispetto a quanto indicato nel testo dell'esercizio.

5421-7314-9461-0154

6665-4293-7245-8843

8136-8732-1654-2243

8996-8964-9643-7546

2137-6147-4532-3258

A 5421-7314-9461-0154
B 6665-4293-7245-8848
C 8136-8732-1654-2243
D 8996-8964-9643-7546
E 2137-6147-4532-3258

1214 Se x è il numero mancante nella seguente sequenza
1, 1; 9, 3; 25, 5; 49, 7; x, 9; . . .
quante tra le seguenti conclusioni sono corrette?

- $x > 9$
- $x > 98$
- $x < 100$
- $x < 50$

A 2
B 4
C 3
D 1
E 0

1215 Individuare il numero mancante:
4, 12, 33, 26, 78, 99, 92, 276, 297, ...?

A 302
B 290
C 312
D 294
E 296

1216 Se tre ragazzi possono leggere tre libri in tre giorni, quanti libri leggono 9 ragazzi in 6 giorni?

A 6
B 18
C 9
D 12
E 16

1217 Completare la seguente sequenza:
1 - 3 - ... 15 - 31 - ?

A 7
B 8
C 10
D 11
E 25

1218 Gli abitanti di Timbuctù sono 420.000 e i 4/7 sono di sesso femminile. Se ogni 250 abitanti di sesso maschile ci sono 200 persone minorenni di sesso femminile, qual è il rapporto tra abitanti di sesso femminile maggiorenni e non?

A 3/2
B 5/3
C 2/5
D 40%
E 2/3

1219 Un sacchetto contiene tre monete, una ha testa su entrambi i lati, le altre due hanno testa e croce. Viene estratta una moneta e sul lato che si vede c'è una testa. Quale è la probabilità che anche l'altro lato sia testa?

A 4 su 5
B 2 su 3
C 3 su 4
D 2 su 4
E 3 su 5

1220 Individuare il numero da sostituire al punto interrogativo:

16	−		×		39
+		×		×	
2	+	16	×	2	36
:		−		×	
9	+	16	−	6	24
2		32		?	

A 4
B 13
C 6
D 36
E 22

1221 I componenti di una banda avanzano schierati formando un quadrato. Quando si fermano per suonare, il numero delle colonne aumenta di 4, formando quindi un rettangolo. Quanti sono i componenti della banda?

A 22
B 25
C 16
D 29
E 40

1222 In un armadio ci sono 5 paia di calzini bianchi, 3 paia di calzini verdi e 4 paia di calzini rossi. Tirando fuori a caso quanti calzini si devono prendere per essere sicuri di averne un paio di colore verde?

A 9
B 8
C 11
D 13
E 3

RAGIONAMENTO NUMERICO

PARTE SECONDA

1223 Un quadrato può essere diviso al massimo in 4 parti con due tagli. In quanti pezzi può essere diviso al massimo con quattro tagli?

A 7
B 9
C 11
D 8
E 14

1224 Completare la seguente sequenza: 10, 4, 3, 11, 15, ...

A 11
B 12
C 13
D 16
E 18

1225 Giorgio ha nove volte gli anni di Corrado. Fra cinque anni ne avrà quattro volte. Quanti anni ha attualmente Giorgio?

A 25
B 32
C 27
D 20
E 36

1226 Se quattro pizzaioli, lavorando allo stesso ritmo, impiegano 2 ore per preparare 100 pizze, quanto impiegherebbe uno solo di essi a preparare 150 pizze?

A 2 ore
B 4 ore
C 8 ore
D 12 ore

1227 Un bastone è piantato in uno stagno. Il bastone è per metà conficcato sotto terra, un terzo è sott'acqua e quello che sporge dall'acqua è lungo 9 centimetri. Quanto è lungo in tutto il bastone?

A 48 cm
B 50 cm
C 52 cm
D 54 cm
E 56 cm

1228 Individuare il numero mancante:

4, 12, 36, ...

A 54
B 72
C 242
D 108
E 98

1229 Un giardiniere può piantare 17 rose in un'ora. Se in un giorno lavorativo di 8 ore si devono piantare 1224 rose di quanti giardinieri si avrà bisogno?

A 15
B 7
C 14
D 9
E 12

1230 Attilio possiede sei anelli di una catena. Se tagliare e aprire un anello costa 20 centesimi di euro e richiuderlo costa 35 centesimi, quanto costerà riunire i sei pezzi per formare una sola catena (ogni anello deve essere incastrato con un altro), calcolando che Attilio vuole spendere il meno possibile?

A 1 euro
B 1 euro e 45 centesimi
C 1 euro e 65 centesimi
D 1 euro e 55 centesimi
E 1 euro e 75 centesimi

1231 Se la lancetta dei minuti ha passato da un minuto quella delle ore, dopo quanto la raggiungerà ancora?

A Dopo 60 minuti
B Dopo 59 minuti
C Dopo 60 minuti e un secondo
D Dopo 64 minuti
E Dopo 66 minuti

1232 L'azienda Epsilon produce cappelli e guanti. Nel 2021 ha esportato complessivamente 15.000 pezzi, di cui il 20% in Europa. Sapendo che il 70% dei pezzi esportati al di fuori dell'Europa è costituito da cappelli, calcolare il numero di guanti esportati al di fuori dell'Europa nel 2021.

A 900
B 3600
C 2100
D 8400
E 3000

1233 In un'urna ci sono 3 tipi di penne: rosse, nere e blu. Quante occorre prenderne al buio affinché se ne abbiano almeno tre dello stesso colore?

A 2
B 5
C 7
D 9
E 11

1234 Ci sono dieci pile di dieci monete da 50 centesimi ciascuna. Uno dei mucchietti è fatto di tutte monete false, ma non sapete quale. È noto però il peso di una moneta buona e si sa che una moneta falsa pesa un grammo in più del dovuto. Qual è il numero minimo di pesate necessarie a determinare qual è il mucchietto di monete false:

A una sola pesata
B tre pesate
C cinque pesate
D sette pesate
E non è possibile con alcuna pesata

1235 Una bottiglia di liquore pregiato acquistata con il 30% di sconto è stata pagata 91 euro. Qual era il prezzo di listino della maglia?

A 120 B 39 C 130 D 145 E 110

1236 Individuare il numero mancante:

2, 4, 16, ...?

A 96 B 512 C 66 D 272 E 256

1237 Luigi dice a Massimo: "Se mi dai una moneta, ne avremo lo stesso numero". Massimo risponde: "Se me ne dai una tu, io ne avrò il doppio delle tue". Quante monete hanno Luigi e Massimo?

A 4 e 8
B 3 e 11
C 2 e 10
D 5 e 7
E 6 e 6

1238 Utilizzando l'alfabeto inglese, individuare le lettere mancanti:

b, e, g, j, l, o, q, t, ?, ?

A v, y B u, w C w, y D u, v E x, z

1239 Individuare il numero da sostituire al punto interrogativo:

5	+	13	:	3		6
×		−		+		
	+	11	−	5		12
−		+		:		
	+	8	:	2		6
?		10		4		

A 8 B 14 C 6 D 26 E 4

1240 Individuare il numero mancante nella seguente serie:

42 39 37 34 ?

A 33
B 31
C 43
D 32
E 38

1241 Se *x* è uguale al 50% del 10% di *z* e *y* è uguale al 10% del 50% di *z*, vale di più *x* o *y*?

A *x*
B *y*
C *x* è pari a *y*
D Dipende dal valore di *z*
E Non è possibile rispondere

1242 Il numero 9 che parte è di 12?

A 3/4
B 4/3
C 3/2
D 2/3
E 3/9

1243 Utilizzando l'alfabeto inglese, individuare le lettere mancanti:

d, d, x, e, e, w, f, f, v, g, g, ?, ?

A h, u
B h, v
C u, h
D h, i
E i, m

1244 Individuare il numero mancante:

10, 12, 10, 14, 16, 14, 18, ...?

A 22 B 16 C 14 D 10 E 20

1245 Trovare i 3/7 di 56.

A 18
B 62
C 24
D 28
E 20

1246 Individuare il numero mancante.

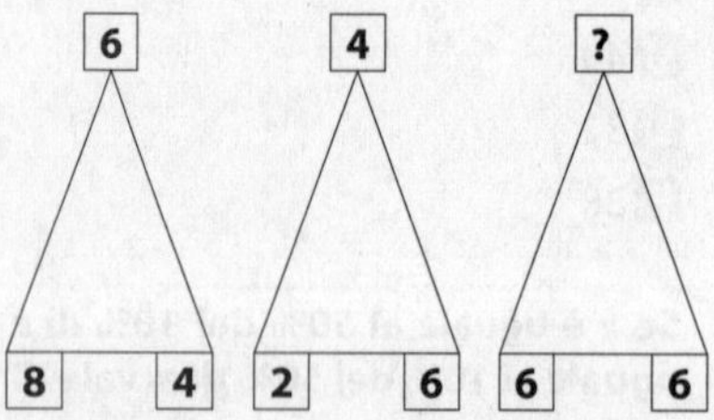

A 5
B 4
C 6
D 3
E 8

1247 Individuare il numero da sostituire al punto interrogativo:

14	+	14	:	2	14
−		−		+	
2	×		+		?
×		+		:	
3	+	9	:	4	3
36		15		4	

A 6
B 17
C 32
D 14
E 30

1248 Lanciando tre dadi, qual è la probabilità che la somma dei numeri risultanti sia pari a tre?

A 1/216
B 1/36
C 1/6
D 3/6
E 3/216

1249 Due amici, Andrea e Massimiliano, partecipano a una gara podistica di 30 km. Andrea percorre l'intero tragitto a una velocità media di 15 km/h e arriva al traguardo sessanta minuti prima di Massimiliano. A quale velocità media Massimiliano ha percorso l'intera distanza?

A 12 km/h
B 10 km/h
C 13 km/h
D 30 km/h
E 3 km/h

1250 Due colleghi sono stati assunti nello stesso giorno: uno aveva il doppio dell'età dell'altro. Anni dopo la Ditta fallisce: in quel momento il maggiore ha 20 anni più del minore. A quale età è stato assunto il minore?

A 35 anni
B 30 anni
C 25 anni
D 20 anni
E 15 anni

1251 Individuare l'alternativa che completa correttamente la seguente successione di numeri:

11; 13; 14; 11; 17; 9; 20; 7; ?

A 5
B 21
C 18
D 13
E 23

1252 Una automobile con un prezzo di listino pari a 42.000 euro viene venduta con uno sconto del 22%.

A quanto è ammontato lo sconto?

A 32.760 euro
B 8.200 euro
C 9.240 euro
D 12.420 euro
E 10.800 euro

1253 La recinzione di un frutteto prevede che si piantino alberi di mele a distanza di 4 metri l'uno dall'altro. Quanti alberi di mele in più sono necessari per recintare un frutteto quadrato di area quadrupla rispetto a un altro frutteto quadrato che ha il perimetro pari a 80 metri?

A 16 B 80 C 20 D 12 E 18

1254 Se X e Y stanno tra loro come 3 sta a 4 e la loro somma vale 49, quanto vale X?

A 7 B 12 C 14 D 21 E 28

1255 Individuare la lettera mancante:

S, Z, E, M, ...

A U B S C T D R E V

1256 Data la sequenza OPE6FC9Z08AS4-DUS6 individuare l'alternativa che la riproduce fedelmente se aggiunta di seguito alla seguente: OPE6FC9

A AS4DUS6
B Z08AS4OUS6
C Z08AS4DUS6
D Z08AS4DS6
E 9Z08AS4DUS6

1257 La distanza tra le città A e B è di 200 km. Alle nove di mattina un treno parte da A diretto a B e, viceversa, un treno parte da B diretto ad A. Un'ora dopo, il primo treno ha percorso metà del tragitto. Sapendo che il secondo viaggia a 2/5 della velocità del primo, quanto sono distanti i due treni alle 10 del mattino?

A Non è possibile determinarlo univocamente con i dati a disposizione
B Alle 10 del mattino i due treni si sono già incontrati
C 60 km
D 100 km
E 40 km

1258 Se:

$$4 \cdot \# + 1 = 7 \cdot (\# - 2)$$

Allora # è uguale a:

A 0 B 9 C 13 D 5 E 1/2

1259 Renato parte in automobile da Milano alle ore 14.00 diretto a Roma (distanza 600 km). Dopo aver viaggiato per due ore alla velocità media di 125 km/h si ferma a bere un caffè. Riparte dopo 30 minuti e viaggia fino a Roma alla velocità media di 100 km/h. A che ora giunge a Roma?

A Alle 20.30
B Alle 19.30
C Alle 18.30
D Alle 19.00
E Alle 20.00

1260 Gianni ha 10 paia di guanti accoppiati: Se perde 7 guanti, quale è il maggior numero di paia di guanti accoppiati che gli possono rimanere?

A 6 B 7 C 4 D 3 E 5

1261 Indicare il numero mancante nella seguente serie: 42 - 39 - 37 - 34 - ?

A 32
B 31
C 38
D 42
E 33

RAGIONAMENTO NUMERICO

1262 Trovare il 15% di 50.

- A 7,5
- B 75
- C 0,75
- D 0,075
- E 750

1263 Individuare il numero da sostituire al punto interrogativo:

	:	5	×	3	**?**
–		×		+	
4	×	8	–	6	26
:		–		:	
	+	9	:	3	6
9		31		3	

A 9 B 51 C 8 D 25 E 36

1264 Se in una certa zona la piovosità media è di 360 millimetri all'anno, quanto piove mediamente in due anni e cinque mesi?

- A 870 millimetri
- B 270 millimetri
- C 1050 millimetri
- D 570 millimetri
- E 820 millimetri

1265 Individuare il numero mancante:
264, 259, 253, 246, 238, ...?

- A 231
- B 227
- C 224
- D 229
- E 219

1266 Quale numero completa la serie?
4, 120, 8, 60, ?, 30, 32, 15

- A 12
- B 20
- C 14
- D 22
- E 16

1267 Completare la seguente sequenza di numeri:
2, 4, 7, 11, ?, 22

- A 16
- B 17
- C 18
- D 19
- E 20

1268 Un aeroplano parte da A diretto verso B che dista 1.600 km. Quando deve percorrere gli ultimi 600 km del viaggio ha ancora mezz'ora di tempo per non arrivare in ritardo. Per riuscirci il comandante sa di dover aumentare del 20% la velocità di crociera. In quanto tempo l'aeroplano ha percorso il primo tratto del viaggio?

- A Un'ora e mezza
- B Cinquanta minuti
- C Mezz'ora
- D Un'ora
- E 1.000 km/h

1269 Tutto ciò che possiede un allevatore sono 40 maiali. Il lunedì un incendio ne uccide la metà. Il martedì un sesto dei maiali fugge. Il mercoledì l'allevatore compra altri dieci maiali. Quante pecore possiede alla fine l'allevatore?

- A 40
- B 22
- C 26
- D 0
- E 50

1270 Matteo e Luisa sono sposati da 30 anni, hanno 3 figli, Marta di 27 anni, Gigi di 25 anni e Marco di 18 anni. Marta è sposata con Antonio e hanno un bimbo di 12 mesi che si chiama Roberto, Gigi è fidanzato con Giorgia e Marco è ancora single. Se tu sei Antonio chi sei per Marco?

- A Il genero
- B Il cognato
- C Il nipote
- D Lo zio
- E Il nonno

1271 Individuare il numero mancante:

5	9	7
8	4	6
40	63	

A 42 B 65 C 88 D 14 E 32

1272 Individuare l'alternativa che completa correttamente la seguente successione di lettere:

C; F; I; N; ?

A T B Q C R D P E S

1273 Utilizzando l'alfabeto inglese, completare correttamente la seguente successione di lettere:

D; Y; D; Z; E; Y; E; Z; F; Y; F; ?; ?

A Y; G
B Z; G
C G; Y
D Z; Y
E Z; E

1274 Individuare il numero da sostituire al punto interrogativo:

22	–		×	3	?
×		–		+	
5	+	9	:	7	2
:		+		–	
10	+		:	4	6
11		10		6	

A 6
B 17
C 15
D 22
E 21

1275 Se in un certo lotto di produzione due lampadine su mille sono difettose, quante non lo sono su duemilacinquecento lampadine provenienti dal medesimo lotto?

A 2495
B 500
C 1245
D 5
E

1276 Individuare il numero mancante:

72, 83, 69, 80, 66, 77, 63, 74, ...?

A 68
B 65
C 62
D 60
E 54

1277 Individuare il numero che completa correttamente la seguente successione di numeri:

81, 70, 59, 48, ...?

A 29
B 28
C 37
D 49
E 33

1278 Mario legge 30 pagine al giorno più di Christian che, a sua volta, ne legge un terzo più di Ernesto. Sapendo che Ernesto legge 60 pagine al giorno, qual è il numero minimo di giorni necessari ai tre amici riuniti per leggere tutto il materiale di una ricerca composto complessivamente da 1.000 pagine?

A 4 giorni
B 6 giorni
C 7 giorni
D 8 giorni
E 5 giorni

1279 Giacomo ha visto i 4/9 di un film. Sapendo che ne ha visti 88 minuti, per quanti minuti ancora deve rimanere davanti allo schermo per arrivare a vedere la fine del film?

A 110
B 198
C 121
D 99
E 132

1280 Sandro, Paolo e Maurizio lavorano in un magazzino. Per fare l'inventario, Sandro da solo impiega 16 ore, Paolo da solo impiega 48 ore e Maurizio da solo impiega 24 ore.

Quanto tempo impiegherebbero i tre insieme per fare l'inventario del magazzino?

A 10 ore
B 4 ore
C 8 ore
D 12 ore
E 24 ore

1281 Nicola e Tommaso pelano 27 patate in dieci minuti. Sapendo che Tommaso pela un quinto di patate in meno rispetto a Nicola e che quest'ultimo ne pela 12 in più di Simona in un'ora, quante patate riuscirebbero a sbucciare i tre lavorando insieme per due ore?

- A 40
- B 240
- C 480
- D 520
- E 420

1282 Data la sequenza di terne di numeri: (10, 20, 24) (16, 32, 36) (26, ?, ?) qual è la coppia di numeri mancante da sostituire ai punti interrogativi?

- A 40, 44
- B 52, 56
- C 52, 72
- D 48, 52
- E 52, 44

1283 Durante un brindisi fra sei amici, ognuno fa toccare il proprio calice una sola volta con il calice di ciascuno degli altri. Quanti cin-cin si ascoltano?

- A 30
- B 36
- C 15
- D 18
- E 100

1284 3 6 10 30 35 140 146 ?

A 152 B 151 C 292 D 712 E 730

1285 Utilizzando l'alfabeto inglese, individuare le lettere mancanti:

a, m, b, m, c, m, d, m, e, ?, ?

- A m, g
- B f, m
- C f, g
- D m, f
- E f, f

1286 Completare la seguente successione numerica: ?; ?; 20; 17; 34; 31; 62

- A 9; 13
- B 9; 6
- C 10; 16
- D 13;10
- E 14; 15

1287 Individuare il numero da sostituire al punto interrogativo, fare prima operazioni di moltiplicazione/divisione e poi somma/sottrazione:

44	:		+		23
:		×		+	
	×	6	+		17
−		−		+	
4	+	8	+		14
18		16		?	

A 15 B 16 C 25 D 27 E 19

1288 Individuare il numero da sostituire al punto interrogativo, fare prima operazioni di moltiplicazione/divisione e poi somma/sottrazione:

?	×		+		+		40
:		×		+		×	
9	+	4	+	7	+	5	25
+		−		+		:	
9	×	2	+	3	−	20	1
		10		15		2	

- A 9
- B 8
- C 7
- D 6
- E 5

1289 Individuare il numero da sostituire al punto interrogativo, fare prima operazioni di moltiplicazione/divisione e poi somma/sottrazione:

40	:	5	−	2	−	6	0
X		×		×		+	
2	×	5	×	4	−	10	30
−		+		+		+	
	:		+		−		?
50		30		10		20	

A 2 B 0 C 4 D 1 E 3

1290 Se il valore di un'azione in borsa è sceso del 10% in un giorno ed è salito del 10% il giorno successivo, quale variazione percentuale dovrà registrare ora per tornare al valore di partenza?

A Un aumento pari al 10%
B Nessuna variazione perché è già tornato al valore di partenza
C Un aumento di poco superiore all'1%
D Non è possibile stabilirlo perché dipende dal valore di partenza dell'azione
E Un aumento pari al 15%

1291 Qual è l'ordine per valore crescente delle frazioni sotto riportate?
a = 152/150 b = 3/7 c = 8/11 d = 5/8

A b < d < c < a
B c < b < d < a
C d < b < a < c
D b < c < d < a
E c < a < b < d

1292 Qual è la probabilità che estraendo una carta da un mazzo di quaranta carte contenente quattro assi, si peschi un asso?

A 0,4 B 0,1 C 4 D 0,01 E 1/40

1293 Una tipografia acquista una macchina per la stampa a colori al prezzo di 90.000 euro e un computer per l'elaborazione delle immagini a 15.000 euro. Il prezzo pagato per l'acquisto del computer che frazione è del prezzo pagato per la macchina da stampa?

A $\frac{1}{3}$
B $\frac{1}{9}$
C $\frac{90}{15}$
D $\frac{1}{6}$
E $\frac{4}{3}$

1294 Individuare il numero da sostituire al punto interrogativo, fare prima operazioni di moltiplicazione/divisione e poi somma/sottrazione:

?	:		+		15
:		+		+	
3	×	8	:	12	2
–		+		+	
2	×		:	5	4
		30		27	

A 90 B 60 C 30 D 15 E 27

1295 Individuare il numero da sostituire al punto interrogativo, fare prima operazioni di moltiplicazione/divisione e poi somma/sottrazione:

15	:	3	–	2	+	5	8
:		+		×		+	
	×	**?**	×		:		5
+		+		×		+	
3	×	2	+	4	+	5	10
6				16		20	

A 5 B 6 C 7 D 8 E 9

1296 Individuare il numero da sostituire al punto interrogativo, fare prima operazioni di moltiplicazione/divisione e poi somma/sottrazione:

	×		+		**?**
×		+		×	
3	×	3	+	2	11
+		+		–	
	+	7	–	3	9
26		15		13	

A 40
B 43
C 52
D 48
E 64

RAGIONAMENTO NUMERICO

PARTE SECONDA

1297 Individuare il numero da sostituire al punto interrogativo, fare prima operazioni di moltiplicazione/divisione e poi somma/sottrazione:

3	×	10	×	5	×	2	300
×		×		×		×	
20	+		+		+		?
+		−		−		+	
	+		+	30	+	40	120
90		180		120		60	

A 70 B 65 C 75 D 80 E 60

1298 Di quale numero 35 è il 10%?

A 0,35
B 3,5
C 3/5
D 350
E 3500

1299 Se dodici chili di zucchine costano 24 euro, quanto costa una zucchina dal peso di 250 grammi?

A 0,2 euro
B 0,5 euro
C 1,2 euro
D 1 euro
E 3 euro

1300 Individuare il numero da sostituire al punto interrogativo, fare prima operazioni di moltiplicazione/divisione e poi somma/sottrazione:

12	×		+		+	5	?
:		+		×		×	
2	×	5	×	3	−	5	25
+		−		+		+	
6	×		+	2	+	5	25
12		4		20		30	

A 35 B 33 C 34 D 36 E 37

1301 Un gioco per computer è stato scontato del 20% e viene così venduto a 80 euro. Quanto costava senza lo sconto?

A Più di 100 euro
B Meno di 100 euro
C 100 euro
D Non ci sono dati sufficienti per determinarlo
E 50 euro

1302 Individuare il numero da sostituire al punto interrogativo, fare prima operazioni di moltiplicazione/divisione e poi somma/sottrazione:

70	:	2	−	5	+	3	33
×		×		+		×	
?	+		+		+		20
:		−		+		×	
10	×	2	×	2	+	3	43
		14		14		27	

A 1 B 3 C 5 D 2 E 4

1303 Silvia ha appena vinto 180.000 euro alla lotteria. Decide di donare il 50% della vincita ai genitori e il 20% di quello che rimane alla sorella tenendosi il resto. Che quota della vincita totale si è tenuta Silvia?

A 2/3
B 30%
C 10%
D 25%
E 40%

1304 Individuare il numero da sostituire al punto interrogativo, fare prima operazioni di moltiplicazione/divisione e poi somma/sottrazione:

80	:	4	+		+	6	28
×		×		×		+	
1	+	9	+		+		16
:		−		+		+	
4	+	16	+		−	13	17
20		20		?		20	

A 26 B 15 C 20 D 32 E 40

1305 Completare la seguente successione numerica:

480 96 24 8 4 ?

A 2
B 16
C 4
D 20
E 1

1306 Completare la seguente successione numerica:

5 7 14 16 32 34 68 ?

A 70
B 66
C 2
D 136
E 84

1307 Completare la seguente successione numerica:

50 54 27 28 32 16 17 ?

A 20
B 34
C 22
D 18
E 21

1308 Utilizzando l'alfabeto inglese, completare correttamente la seguente successione di lettere:

R; Q; E; F; P; O; G; H; N; ?; ?

A M, I
B J, I
C L, M
D K, L
E M, Y

1309 Completare la seguente successione numerica:

24 48 16 12 60 10 3 ?

A 12
B 24
C 28
D 27
E 22

1310 Completare la seguente successione numerica:

3 6 10 30 35 140 146 ?

A 152
B 151
C 292
D 712
E 730

1311 Completare la seguente successione numerica:

39 13 6 30 10 3 15 ?

A 45
B 9
C 5
D 10
E 3

1312 Completare la seguente successione numerica:

17 20 23 26 29 32 35 ?

A 37
B 38
C 40
D 45
E 41

1313 Completare la seguente successione numerica:

4 8 10 20 22 44 46 ?

A 56
B 48
C 23
D 92
E 108

1314 Utilizzando l'alfabeto inglese, completare correttamente la seguente successione di lettere:

C; Y; C; Z; D; Y; D; Z; E; Y; E; ?; ?

A Y; G
B Z; F
C G; Y
D Z; Y
E Z; E

RAGIONAMENTO NUMERICO

1315 **Completare la seguente successione numerica:**

?; ?; 20; 16; 32; 28; 56

A 9; 13
B 9; 6
C 10; 16
D 14;10
E 14; 15

1316 **Individua, tra quelle proposte, la sequenza numerica esatta intuendo la logica in cui si susseguono i numeri:**

2345; 3456; 4567; ….. ; 6789

A 5678
B 6432
C 8901
D 7654
E 5987

1317 **Completare correttamente la seguente successione numerica:**

74; 38; 67; 46; 60; 54; 53; 62; ?; ?

A 46; 68
B 46; 70
C 67; 46
D 61; 55
E 55; 61

1318 **Utilizzando l'alfabeto italiano, completare correttamente la seguente successione di lettere:**

A; D; A; C; F; C; ?; ?

A E; H
B F; C
C H; N
D M; I
E O; L

1319 **Completare correttamente la seguente successione numerica:**

44; 67; 98; ?; ?; 130; 108; 131

A 72; 97
B 76; 99
C 79; 101
D 99; 76
E 77; 88

1320 **Completare la seguente successione numerica:**

2; 8; 4; 7; 8; 6; 16; 5; ?; ?

A 32; 4
B 4; 32
C 24; 6
D 6; 24
E 36; 8

1321 **Completare correttamente la seguente successione, utilizzando l'alfabeto italiano:**

V; 24; Q; 25; L; 49; E; 74; ?; ?

A B; 135
B Z; 123
C Q; 132
D Z; 135
E V; 128

1322 **Completare correttamente la seguente successione, utilizzando l'alfabeto italiano:**

11; O; 13; M; 12; I; 14; G; 13; E; ?; ?

A C; 12
B 14; B
C 15; C
D 12; D
E 16; E

1323 **Completare correttamente la seguente successione numerica:**

6; 12; 9; 18; 15; 30; 27; 54; 51; ?

A 99
B 57
C 102
D 48
E 120

1324 **Completare correttamente la seguente successione numerica:**

262; 226; 228; 204; 168; 170; ?; ?

A 146; 110
B 104; 146
C 140; 150
D 110; 180
E 151; 108

1325 Qual è il numero mancante?
2 1 ? 2 4 3 5
A 6
B 7
C 3
D 10
E 9

1326 Il triplo di y diviso 2 è uguale al quadruplo di 3/2. Quanto vale y?
A 4
B 3
C 7
D 1
E 6

1327 Si dispone di una bilancia a due piatti con il braccio destro che misura il doppio del braccio sinistro. Se nel piatto destro vengono posti 6 pesi tutti uguali fra loro, quanti pesi dello stesso tipo devono essere posizionati nel piatto sinistro affinché la bilancia risulti in equilibrio?
A 3 B 12 C 24 D 26 E 36

1328 Quali, tra i termini proposti, completano correttamente la seguente proporzione verbale?
triangolo : X = Y : cubo
A X = tre; Y = rettangolo
B X = solido; Y = piano
C X = angoli; Y = lati
D X = piramide; Y = quadrato
E X = geometria; Y = algebra

1329 Indicare in quale delle seguenti alternative viene rispettata la regola di alternanza "vocale-consonante".
A opapekatapekatppekat
B opapekatuqpekat
C poapekatapekatupekat
D opapekataupekat
E opapekatapekatupekat

1330 13 Quale numero completa la serie 5, 12, 19, 26, 33,...?
A 48
B 42
C 47
D 39
E 40

1331 Quale numero è tanto superiore a 160 quanto inferiore a 220?
A 190
B 195
C 200
D 205
E 210

1332 Data la proporzione x : 12 = 15 : 20, quanto vale x?
A 9
B 12
C 16
D 8
E 10

1333 Se:
& + & = § - ¿
& = @ + ¿
¿ = §
@ = –8
allora ¿ è uguale a:
A 8 B 4 C –8 D 16 E 6

1334 Il gruppo di lettere LLEUDIO (A) OIDUELL può essere considerato simmetrico con A al centro. Quale dei seguenti gruppi di lettere è analogamente simmetrico?
A DOCIDEM (A) MEDCIOD
B DOCIDME (A) MEDICOD
C DOCIDEM (A) MEDICOD
D DOCIDEM (A) MEDCITD
E DOCDIEM (A) MEDCIOD

1335 Uno scultore vuole creare un enorme cubo composto da tanti piccoli cubetti di legno. Ha a disposizione 359 piccoli cubetti, tutti uguali. Quanti cubetti utilizzerà lo scultore per creare l'opera più grande possibile?
A 359
B 256
C 216
D 343
E 316

1336 Completare correttamente la seguente successione di lettere, utilizzando l'alfabeto italiano:
B; U; D; T; F; S; H; ?
A P B R C T D Q E Z

RAGIONAMENTO NUMERICO

1337 Un operaio specializzato nella posa di mosaici dispone di 702 tessere quadrate, tutte delle stesse dimensioni. Ha costruito con esse, affiancandole, il quadrato più grande possibile. Quante sono le tessere non utilizzate?

A 26
B 77
C 27
D 25
E 20

1338 Per potare una vite Marco impiega tre giorni, cioè due meno di Carlo e uno più di Federico. Se i tre lavorassero insieme in un giorno poterebbero più o meno di una vite?

A Più di una vite
B Esattamente una vite
C Molto meno di una vite
D Poco meno di una vite
E Non ci sono dati sufficienti per rispondere

1339 Un albero cresce ogni anno di 1/6 della sua altezza. Se dopo 2 anni l'altezza è 3 m, qual era all'incirca l'altezza iniziale?

A 2.40 m
B 2.20 m
C 2.10 m
D 2.30 mo
E 2.00 m

1340 Un terzo dei tram di Milano è fermo per sciopero. Affinché Giovanni arrivi al lavoro in tempo occorre che almeno 80 tram siano destinati alla linea 24 che egli percorre abitualmente. Sapendo che i tram di Milano sono complessivamente 660 e che l'azienda tramviaria destina, durante lo sciopero, un quinto dei tram circolanti alla linea 24, Giovanni riuscirà ad arrivare in tempo al lavoro malgrado prenda il tram durante lo sciopero?

A Sì
B No
C Dipende da quanto dura lo sciopero
D Dipende da dove si trova il suo ufficio
E Non ci sono dati sufficienti per rispondere

1341 Posto che, secondo una regola nascosta, a PIPA corrisponde 16 e ad ARANCIA corrisponde 28, che numero corrisponde a LANCIA?

A 40
B 36
C 22
D 24
E 18

1342 Da un'urna contenente 15 palline numerate da 1 a 15 viene estratta, a occhi bendati, una pallina. Supponendo che tutte le palline abbiano le stesse probabilità di essere estratte, qual è la probabilità che esca un numero maggiore di 7?

A 7/15
B 1/3
C 9/14
D 1/4
E 8/15

1343 Se:

$ + 2 · £ + @ = 4 £

$ = £

@ = 3

allora £ è uguale a:

A 4 B 5 C 6 D 2 E 3

1344 Un'auto con un prezzo di listino pari a 40.000 euro viene venduta con uno sconto del 60%. A quanto è ammontato lo sconto?

A 16.000 euro
B 24.000 euro
C 20.000 euro
D 6.000 euro
E 18.000 euro

1345 Le piastrelle (quadrate) del pavimento (rettangolare) di un locale di dimensioni 4 × 6 = 24 metri quadrati sono costate complessivamente 600 euro. Sapendo che il costo unitario delle piastrelle è di 4 euro, quanto misura il lato della piastrella?

A 4 cm
B 20 cm
C 30 cm
D 40 cm
E 50 cm

1346 Se a un certo numero *n* viene sommato 8, il risultato è pari a otto volte il numero *n* iniziale.

Quanto vale *n*?

A 8/7
B 7/8
C 3/4
D 4/3
E 1

1347 Qual è il numero mancante?

3 ? 9 10 15 15 21

A 3
B 9
C 6
D 10
E 5

1348 In un numero di quattro cifre, la somma delle prime due cifre è uguale alla quarta, la differenza fra la quarta e la prima è uguale alla terza e il triplo della seconda è uguale alla terza. Quale di questi numeri soddisfa tutte le condizioni date?

1) 9119
2) 1267
3) 1001
4) 1112

A 3
B 2
C 1
D 4
E Nessuna delle altre alternative è corretta

1349 Completare correttamente la seguente successione numerica:

10; 19; 17; ?; 24; 11; ?; 7

A 15; 31
B 15; 7
C 31; 7
D 26; 31
E 7;15

1350 In un ingranaggio a due ruote dentate, una ruota ha 300 denti e l'altra 60. Se la ruota più grande compie 2 giri, quanti giri avrà compiuto la ruota più piccola?

A 2 B 4 C 10 D 12 E 15

1351 Mina deve distribuire un bonus di produzione di 6.000 euro tra i suoi quattro dipendenti. Progetta di destinarne la metà a Iginia, un quarto a Ghila, un quinto a Aimée e un decimo a Antimina. Così facendo:

A le resterebbero 175 euro non distribuiti
B esaurirebbe il bonus, dividendolo tra i quattro dipendenti
C le resterebbero 300 euro non distribuiti
D supererebbe il bonus complessivo di 175 euro
E supererebbe il bonus complessivo di 300 euro

1352 Se:

¿ + ¿ + ¿ = # + ¿

¿ = 5

allora # è uguale a:

A 7
B -8
C 13
D 10
E -10

1353 I 900 seggi di un parlamento sono ripartiti fra 10 partiti politici. Non ci sono due partiti con uno stesso numero di seggi e il 10°, quello con il minor numero di seggi, ne ha 25. Collocando i partiti in ordine decrescente per numero di seggi, qual è il più alto numero di seggi che il quinto partito può avere?

A 155
B 151
C 29
D 153
E 156

1354 Individuare tra le alternative proposte quella che contiene una differenza rispetto alle righe seguenti:

FGTF-34SD-DXCD-3ESD
WSRT-2369-SXDC-XZSD
HYGF-DRFC-WSTF-3DRC

A FGTF-34SD-DXCD-3ESD
B HYGF-DRFC-WSTF-3DRC
C WSRT-2369-TXDC-XZSD
D FGTF-34SD-DXCD-3ESD
E WSRT-2369-SXDC-XZSD

RAGIONAMENTO NUMERICO

1355 Individuate il numero mancante nella seguente serie:
7 21 63 189 ?

A 569
B 767
C 567
D 345
E 456

1356 Due treni si incrociano viaggiando, in direzione opposta, rispettivamente alla velocità di 70 km/h e di 90 km/h.

Dopo 45 minuti i due treni sono distanziati tra loro di circa:

A 120 km
B 30 km
C 100 km
D 20 km
E 15 km

1357 Una strada lunga 85 metri ha in totale 36 platani posti su entrambi i lati. Sapendo che i platani sono tra loro equidistanti, a quale distanza è posto un platano dall'altro?

A Circa 2,4 metri
B 5 metri
C Circa 4,7 metri
D 3,75 metri
E 4 metri

1358 Quattro amici devono completare insieme la pittura di una cancellata. Sapendo che, lavorando da solo, ciascuno di loro impiegherebbe rispettivamente 30, 20, 6 e 10 giorni per terminare il lavoro, in quanto tempo lo porteranno a termine lavorando insieme?

A Circa 3 giorni
B Circa 2 giorni
C Circa 5 giorni
D Circa 10 giorni
E Circa 16 giorni

1359 Indicare in quale delle seguenti alternative è presente una sola volta il gruppo di lettere "KLVD" (esattamente come riportato tra virgolette).

A JKXKLVDLKLVDFLMKDFOXD
B KKLVDDVLKLVDLVDOXD
C KJKFKLKLLVDFLMKDFOXD
D KJKLVDLKLVDFLMKDFOXD
E KJKLFKLKLVDFLMKDFOXD

1360 All'ingresso dello stadio si contano 8 file di persone in attesa. Ogni fila è composta di 3 persone in più della precedente. Nella prima fila vi sono 15 persone. Quante ce ne sono nell'ultima?

A 39
B 15
C 30
D 36
E 28

1361 Le ruote di un veicolo hanno un diametro di 60 cm, aderiscono perfettamente al terreno e compiono 10 giri in un secondo. A quale velocità viaggia più o meno il veicolo?

A 68 km/h
B 28 km/h
C 108 m/s
D 38 km/h
E 8 km/h

1362 Qual è la probabilità di estrarre una figura da un mazzo di 40 carte?

A 1/5
B 1/2
C 1/10
D 1/4
E 3/10

1363 Arturo vuole piantare degli alberi attorno alla sua villa di campagna. Lasciando fra un albero e l'altro la distanza di 8 metri, sono necessari 100 alberi. Quanti ne occorrerebbero se la distanza tra 2 alberi consecutivi aumentasse di 2 metri?

A 62
B 20
C 80
D 75
E 84

1364 **Un quadrato è costituito di 49 piccoli quadrati bianchi tutti uguali tra di loro. Vengono colorati in rosso i quadrati che ne costituiscono il bordo.**

Quanti quadrati restano bianchi?

A 36
B 16
C 35
D 25
E 21

1365 **Completare correttamente la seguente successione numerica:**

13; 18; ?; 15; 19; 12; 22; 9; ?

A 16; 12
B 21; 24
C 25; 16
D 21; 25
E 16; 25

1366 **Quanti numeri di quattro cifre diverse si possono formare con 1, 3, 5, 8, 9?**

A 625
B 80
C 120
D 90
E 60

1367 **Roberto ha 3 anni più di Alfonso che ha il doppio dell'età di Rita. La somma dell'età di tutti e tre è pari a 58 anni. Che età ha Alfonso?**

A 22 anni
B . 28 anni
C 20 anni
D 25 anni
E 11 anni

1368 **Una strada lunga 102 metri ha in totale 36 platani posti su entrambi i lati. Sapendo che i platani sono tra loro equidistanti, a quale distanza è posto un platano dall'altro?**

A 2 metri
B 3 metri
C Circa 2,8 metri
D 6 metri
E Circa 5,7 metri

1369 **Un fruttivendolo ha venduto 200 mele in settembre e 270 in ottobre. A quanto ammonta l'incremento percentuale delle vendite da un mese all'altro?**

A 55%
B 70%
C 40%
D 27%
E 35%

1370 **Completare correttamente la seguente successione numerica:**

11; 20; 18; ?; 25; 12; ?; 8

A 14; 28
B 16; 32
C 31; 13
D 32; 8
E 27; 8

1371 **Un orologio segna le ore 3. La lancetta dei minuti forma con quella dell'ora un angolo retto. Dopo circa quanti minuti le due lancette saranno sovrapposte, cioè formeranno un angolo nullo?**

A Dopo circa 12 minuti
B Dopo circa 17 minuti
C Dopo circa 15 minuti
D Dopo circa 14 minuti
E Dopo circa 16 minuti

1372 **Gianluca, Vincenzo e Piero sono tre pasticcieri e ognuno di loro cucina 300 bignè rispettivamente in 4, 6 e 12 ore. Per un grande evento, è stato richiesto loro di produrre 4.500 bignè. Quante ore impiegheranno complessivamente a produrli?**

A 60
B 75
C 25
D 30
E 24

1373 In modalità "prestazioni elevate", il consumo di energia di un computer portatile aumenta del 25% rispetto all'utilizzo normale. Di quanto diminuisce la durata della batteria nell'utilizzo "prestazioni elevate" rispetto all'utilizzo normale?

A 33%
B 40%
C 25%
D 20%
E 30%

1374 Se LIC significa cifra (singola) divisibile per 4, LEC significa cifra (singola) divisibile per 5 e LAC significa cifra (singola) divisibile per 9, allora con quale scrittura può essere espresso il numero 89?

A LAC LEC
B LEC LAC
C LIC LAC
D LIC LIC
E LAC LAC

1375 Completare correttamente la seguente successione numerica:

19; 22; 31; 58; ?

A 174 B 67 C 81 D 139 E 116

1376 A quale percentuale corrisponde la frazione 36/200?

A 3,6%
B 18%
C 36%
D 20%
E 180%

1377 Un paio di pantaloni costava 64 euro e con i saldi il suo prezzo attuale è pari ai 3/4 del prezzo iniziale. A quanto ammonta lo sconto applicato?

A 16 euro
B 48 euro
C 12 euro
D 20 euro
E 22 euro

1378 Se il sestuplo di z diviso 3 è uguale al quadruplo di 10/2 quanto vale z?

A 10
B 8
C 5
D 12
E 9

1379 Se:

¿ + 3 + ¿ = # + 4

¿ = -9 + #

allora ¿ è uguale a:

A 15
B 20
C –10
D 10
E 16

1380 Individuare i numeri che completano correttamente la seguente successione:

13; 21; 10; 26; 7; 31; 4; 36; ?; ?

A 41; 3
B 1; 39
C 40; 1
D 1; 41
E 2; 12

1381 Per un aumento del 9% sul prezzo degli immobili, un appartamento viene a costare 130.800 euro. Quanto costava prima dell'aumento?

A 120.000 euro
B 110.000 euro
C 95.300 euro
D 115.200 euro
E 112.500 euro

1382 Una lega di ottone è costituita da 3 parti di rame e 2 parti di zinco. Qual è la quantità di rame contenuta in un blocco di ottone del peso di 75 kg?

A 45 kg
B 50 kg
C 40 kg
D 48 kg
E 52 kg

1383 Un gruppo di persone si presenta alla prova di un concorso. Il 70% di loro supera l'esame. Le persone del gruppo che non sono state promosse sono 7 donne e 8 uomini. Di quante persone era formato il gruppo che si è presentato all'esame?

A 60

B 85

C 105

D 50

E 35

1384 Uno studente ha a disposizione 2 ore per svolgere una prova d'esame. Quando `e trascorso il 79% del tempo, quanto manca al termine della prova?

A 25'12"

B 25'20"

C 25'48"

D 25'36"

E 25'36"

1385 A una maratona si sono iscritte 150 persone, di cui: 98 uomini, 105 italiani, 119 biondi e 129 allenati. Qual è il minimo numero di uomini italiani, biondi e allenati?

A 45

B 10

C 21

D 31

E 52

1386 Quante strette di mano si scambiano quattro persone?

A 9

B 4

C 6

D 7

E 10

1387 Un'asta di metallo lunga 1 metro è sospesa per il suo centro. A 40 cm dall'estremità sinistra è agganciato un peso di 30 kg, mentre all'estremità opposta è agganciato un peso di 6 kg. Cosa è necessario fare per equilibrare l'asta e mantenerla in posizione orizzontale?

A Aggiungere, al peso agganciato a destra, un ulteriore peso di 2 kg

B Aggiungere, al peso agganciato a sinistra, un ulteriore peso di 6 kg

C Aggiungere, al peso agganciato a sinistra, un ulteriore peso di 30 kg

D Nulla, l'asta è già in equilibrio

E Aggiungere, al peso agganciato a destra, un ulteriore peso di 24 kg

1388 Quale numero completa la serie?
4 - 6 - 12 - 10 - ?

A 5

B 6

C 8

D 3

E 13

1389 Quali dei numeri proposti integrano la serie?
116 - 112 -... - 104 - 100 - ...

A 106; 96

B 108; 96

C 108; 98

D 106; 98

E 96; 108

1390 Il quintuplo di quale numero, aumentato di 23, è uguale a 208?

A 49

B 43

C 45

D 47

E 37

1391 Se si moltiplica un numero per 112 e si divide poi il risultato per 28 si ottiene 36. Il numero è:

A 7

B 11

C 8

D 4

E 9

RAGIONAMENTO NUMERICO

PARTE SECONDA

1392 Un romanzo storico ha 15 capitoli di 22 pagine ciascuno; 7 pagine di ogni capitolo contengono tavole illustrate e fotografie. Di quante pagine di solo testo è composto il romanzo storico?

A 240
B 180
C 226
D 260
E 225

1393 In un laboratorio di mineralogia si sta procedendo alla classificazione di alcuni minerali sulla base delle loro proprietà fisiche.

Sapendo che la terza parte dei minerali è di ematite, la quarta parte di quarzo e 15 minerali sono di cromite, quanti sono complessivamente i minerali da classificare?

A 38
B 36
C 35
D 31
E 32

1394 Mara ha 14 anni in meno di sua sorella Cinzia, che ha 6 anni in più di suo fratello Marco, che ha 20 anni. Quanti anni ha Mara?

A 10
B 12
C 16
D 14
E 9

1395 Con quali delle seguenti figure geometriche NON è possibile pavimentare una superficie piana?

A Esagoni regolari
B Rettangoli
C Quadrati
D Pentagoni regolari
E Triangoli equilateri

1396 Una strada lunga 104 metri ha in totale 28 platani posti su entrambi i lati. Sapendo che i platani sono tra loro equidistanti, a quale distanza è posto un platano dall'altro?

A 5 metri
B Circa 7,4 metri
C Circa 3,7 metri
D 8 metri
E 4 metri

1397 Un'asta di metallo lunga 1 metro è sospesa per il suo centro. A 40 cm dall'estremità sinistra è agganciato un peso di 15 kg, mentre all'estremità opposta è agganciato un peso di 3 kg. Cosa è necessario fare per equilibrare l'asta e mantenerla in posizione orizzontale?

A Aggiungere, al peso agganciato a sinistra, un ulteriore peso di 15 kg
B Aggiungere, al peso agganciato a destra, un ulteriore peso di 3 kg
C Nulla, l'asta è già in equilibrio
D Aggiungere, al peso agganciato a destra, un ulteriore peso di 12 kg
E Aggiungere, al peso agganciato a sinistra, un ulteriore peso di 3 kg

1398 Il piccolo Federico gioca con 550 tessere quadrate di legno colorato, tutte delle stesse dimensioni. Ha costruito con esse il quadrato più grande possibile; quante tessere ha avanzato Federico?

A 21
B 19
C 25
D 23
E 22

1399 In una libreria vi sono 140 libri, tra Gialli, di Informatica, Narrativa e Scienze, suddivisi su 7 scaffali.

Su ogni scaffale, 3 libri sono di Informatica. Quanti libri Gialli, di Narrativa e di Scienze sono presenti nella libreria?

A 120
B 121
C 115
D 119
E 117

1400 Se:

¿ - ¥ + 5 = O - O + ¿

allora ¥ è uguale a:

A 2
B 5
C 0
D -5
E non ci sono elementi sufficienti per rispondere

1401 La media aritmetica dei numeri A e B è 28. Se C = 4, qual è la media aritmetica di A, B e C?

A 20
B 28
C 24
D 26
E 16

1402 Qual è la probabilità di estrarre da un mazzo di 52 carte da gioco, una carta che NON sia di picche?

A 75%
B 50%
C 25%
D 90%
E 60%

1403 Utilizzando l'alfabeto italiano, completare correttamente la seguente successione di lettere:

E; A; U; Q; N; ?

A H
B V
C T
D E
E L

1404 Il piccolo Alessio sta giocando con 529 tessere di legno colorato, tutte a forma di triangolo equilatero e aventi le stesse dimensioni. Costruisce con tutte le tessere, affiancandole, un grande triangolo equilatero. Considerando il lato di ogni tessera come unità di misura u, quanto vale il perimetro del triangolo ottenuto?

A 12 u
B 46 u
C 23 u
D 69 u
E 72 u

1405 Osservando le lancette di un suo orologio, Ernesto nota che esso ha accumulato esattamente un'ora di ritardo in tre giorni esatti. Tra quanto tempo, a partire da questo istante, l'orologio segnerà di nuovo l'ora esatta, se continuerà a funzionare con lo stesso ritmo?

A 36 giorni
B 72 giorni
C 33 giorni
D 48 giorni
E 24 giorni

1406 Un orologio segna le ore 3. La lancetta dei minuti forma con quella delle ore un angolo retto. Dopo circa quanti minuti le due lancette formeranno un nuovo angolo retto?

A Dopo 33 minuti
B Dopo 30 minuti
C Dopo 31 minuti
D Dopo 60 minuti
E Dopo 32 minuti

1407 Se si riduce l'altezza di un rettangolo del 20% e si incrementa la base del 20%, allora l'area del nuovo rettangolo rispetto all'area del rettangolo iniziale risulta essere:

A diminuita del 40%
B invariata
C diminuita del 4%
D aumentata del 20%
E aumentata del 10%

1408 Si consideri un numero di tre cifre dove la cifra delle centinaia è uguale alla somma di quella delle decine con quella delle unità. Se si somma questo numero con quello ottenuto scambiando la cifra delle decine con quella delle unità e si divide il risultato per la somma delle cifre del numero dato, si ottiene un numero:

A maggiore di 100
B che dipende dal numero di partenza
C maggiore di 50 ma minore di 100
D uguale a 50
E minore di 50

PARTE SECONDA

1409 In un gruppo di amici, ogni 2 donne ci sono 3 uomini. Gli uomini hanno un'età media di 27 anni e 2 mesi, le donne hanno un'età media di 26 anni e 4 mesi. Qual è l'età media del gruppo di amici?

A 26 anni e 4 mesi
B 27 anni
C 26 anni e 8 mesi
D 26 anni e 6 mesi
E 26 anni e 10 mesi

1410 La recinzione di un vigneto prevede che si piantino pali a distanza di 6 m l'uno dall'altro. Quanti pali in più sono necessari per recintare un vigneto quadrato di area quadrupla rispetto a un altro vigneto quadrato che ha il perimetro pari a 120 m?

A 80
B 40
C 20
D 60
E 32

1411 Quale delle seguenti alternative contiene una lettera ripetuta esattamente cinque volte?

A JVCCVVJJVCJC
B PMNDDNMPNMPDPD
C XXGAAXGAAXAAXG
D JHZZHSZSSHHZ
E Nessuna delle altre alternative è corretta

1412 Se animale = 14, anima = 10, ghiaia = 12, ghiaccio = ?

A 16
B 8
C 14
D 18
E 12

1413 Il piccolo Giorgio sta giocando con 256 tessere di legno colorato, tutte a forma di triangolo equilatero e aventi le stesse dimensioni. Ha costruito con tutte le tessere, affiancandole, un grande triangolo equilatero; qual è il rapporto tra il lato del triangolo ottenuto e quello di ciascuna tessera?

A 10:1 B 20:1 C 16:1 D 15:1 E 14:1

1414 Daniela possiede 9 timbri apparentemente identici, uno dei quali è però più pesante degli altri. Avendo a disposizione una bilancia a due piatti, quante pesate saranno sufficienti per essere certi di individuarlo?

A 4 B 2 C 3 D 5 E 6

1415 Claudia ha letto i 5/8 di un libro. Sapendo che ha letto 360 pagine, di quante pagine è composto il libro?

A 546 B 623 C 541 D 576 E 596

1416 All'ingresso del cinema si contano 6 file di persone in attesa. Ogni fila è composta di 3 persone in più della precedente. Nella prima fila vi sono 15 persone. Quante ce ne sono nell'ultima?

A 27 B 15 C 33 D 24 E 30

1417 Arturo vuole piantare degli alberi attorno alla sua villa di campagna. Lasciando fra un albero e l'altro la distanza di 8 metri, sono necessari 50 alberi. Quanti ne occorrerebbero se la distanza tra 2 alberi consecutivi aumentasse di 2 metri?

A 25 B 40 C 10 D 35 E 20

1418 Gli iscritti a una scuola di lingue straniere sono passati da 250 a 350 unità. Quanto vale l'incremento percentuale delle iscrizioni?

A 25% B 30% C 33% D 35% E 40%

1419 In un gruppo di 5 amici, 4 hanno un'età media di 23 anni. Sapendo che l'età media del gruppo dei 5 ragazzi è 25 anni, qual è l'età del quinto amico?

A 26 anni
B 29 anni
C 27 anni
D 28 anni
E 33 anni

1420 Uno studente universitario, dopo aver superato due esami, ha la media di 24. Nell'esame successivo lo studente prende 21. Qual è la sua media dopo il terzo esame?

A 23 B 23,5 C 22 D 22,5 E 24

1421 **Un segmento di 42 cm è diviso in due parti proporzionali ai numeri 2 e 5. Quanto misura la parte più corta?**

A 15 cm
B 30 cm
C 21 cm
D 12 cm
E 6 cm

1422 **Giovanni entra in camera da letto al buio, per non svegliare sua moglie Luisa. Nel suo cassetto vi sono 7 paia di calze indistinguibili al tatto, di cui quattro paia blu e tre paia grigie. Quella mattina gli va bene uno qualsiasi dei due colori. Qual è il numero minimo di calze che deve prendere per essere sicuro di averne almeno due dello stesso colore?**

A 5 B 2 C 4 D 3 E 7

1423 **Se:**

& + 4 + @ = § + 3

& = −12 + §

allora @ è uguale a:

A −5 B 11 C 22 D −11 E 10

1424 **Aldo e Mario mangiano 8 mele in 15 minuti. Aldo ne mangia il triplo di Mario che a sua volta ne mangia un terzo di Gino. Quante mele potrebbero mangiare i tre insieme in un'ora?**

A 56 B 20 C 32 D 28 E 44

1425 **Se TUP significa cifra (singola) divisibile per 5, TAP significa cifra (singola) divisibile per 2 e TIP significa cifra (singola) divisibile per 7, allora con quale scrittura può essere espresso il numero 74?**

A TUP TAP
B TIP TAP
C TAP TAP
D TIP TUP
E TAP TUP

1426 **Qual è la differenza tra i 2 risultati delle operazioni seguenti?**

5614 / 2   5612 / 2

A 0,5 B 2 C 4 D 1 E 2,5

1427 **Si sa che, nei dadi da gioco, la somma dei numeri sulle facce opposte è sempre uguale a 7. Se Luigi lancia tre dadi e per due dei tre dadi escono i numeri 3 e 6, quale numero sarà uscito sul terzo dado, sapendo che la somma delle tre corrispondenti facce nascoste è pari a 7?**

A 3 B 2 C 1 D 5 E 4

1428 **Il ragionier Rossi arriva in ufficio sempre puntuale alle ore 9. Egli ogni giorno esce da casa alle 8.45 e si incammina verso il posto di lavoro mantenendo la velocità costante di 5 km/h. Oggi, purtroppo, a causa di un contrattempo, esce di casa alle 8.50; che velocità deve mantenere il ragionier Rossi per poter arrivare in ufficio alle 9?**

A 25/3 km/h
B 7,5 km/h
C 6 km/h
D 12 km/h
E 20/3 km/h

1429 **Un aliscafo ha percorso i 5/17 del suo tragitto abituale. Sapendo che ha percorso 50 miglia, quanto è lungo l'intero tragitto?**

A 500 miglia
B 130 miglia
C 170 miglia
D 120 miglia
E 850 miglia

1430 **Gaspare, Gustavo e Guglielmo acquistano insieme 6 kg di caramelle, spendendo rispettivamente 16 euro, 24 euro, 40 euro. Se la distribuzione delle caramelle viene fatta in proporzione alla cifra versata, qual è la quantità che spetta a Gustavo?**

A 1,5 kg
B 1,8 kg
C 2,5 kg
D 3 kg
E 1.200 g

1431 Se:

@ + @ = § - ç

§ = – 1

@ = 1

allora ç è uguale a:

A –3 B –1 C 3 D 1 E 0

1432 Completare correttamente la seguente successione numerica:

22; 44; 26; 38; 30; 32; ?; ?

A 36; 26
B 26; 33
C 32; 26
D 34; 28
E 34; 26

1433 Individuare tra le alternative proposte quella che contiene una differenza rispetto alle righe seguenti:

47TR-1867-VWLK-5782

QASZ-34DF-D5TG-6YSW

4413-1857-BPDX-4291

1214-6789-HFGG-JJKN

A 4413-1857-BPDX-4291
B 47TR-1867-VWLK-5782
C QASZ-34DF-D5TG-6YSW
D 4413-1857-BPDY-4291
E 1214-6789-HFGG-JJKN

1434 Sei camini hanno legna da ardere per 18 ore. Se i camini fossero 9, quante ore durerebbe la legna?

A 18 B 13 C 12 D 21 E 16

1435 Individuare tra le alternative quella che contiene un'inesattezza rispetto a:

Passeri Carla, Via Enrico Martini 6/A, Crema (CR)

Carbone Daniela, Piazza Roma 16, Isola Di Capo Rizzuto (KR)

Oppido Antonio, Via Saffo 17, Crotone (KR)

A Carbone Daniela, Piazza Roma 16, Isola Di Capo Rizzuto (KR)
B Oppido Antonio, Via Saffo 17, Crotone (KR)
C Passeri Carla, Via Enrico Martini 6/A, Crema (CR)
D Carbone Daniela, Piazza Roma 16, Isola Di Capo Rizzuto (CR)
E Oppido Antonio, Via Saffo 17, Crotone (KR)

1436 Un maglione costava 56 euro e con i saldi il suo prezzo attuale è pari ai 3/4 del prezzo iniziale. A quanto ammonta lo sconto applicato?

A 16 euro
B 42 euro
C 14 euro
D 25 euro
E 40 euro

1437 Individuare l'alternativa che riporta una successione di elementi identica alla sequenza UUVUVUUVUVVUV.

A UUVUVUUVVVVUV
B UUVUVVUVUUVUV
C UUVUVUUVUVVUV
D UUVUUVUVVVUV
E UUVUVUUVUVVUV

1438 Se:

@ – & = 100

@ + & = 150

allora @ e & valgono rispettivamente:

A 125 e 125
B 150 e 50
C 25 e 125
D 100 e 50
E 125 e 25

1439 Un piccolo appartamento con un prezzo pari a 90.000 euro viene venduto per una somma diminuita dei 3/5. A quanto è ammontato lo sconto?

A 50.000 euro
B 36.000 euro
C 54.000 euro
D 48.000 euro
E 18.000 euro

1440 In una carta topografica, la distanza tra due località è 42,5 cm. Se la scala è di 1 : 900.000, quanto distano nella realtà le due località?

A 382,5 km
B 191,25 km
C 90 km
D 330 km
E 132,5 km

1441 **Se:**
$ + 10 + £ = % + & + £
$ = %
allora & è uguale a:
(A) 20 (B) 10 (C) 5 (D) -10 (E) 12

1442 **Il custode di un acquario conta ripetutamente i pesci nelle vasche, il cui numero è compreso tra 50 e 100. Sia che li conti a 3 a 3, sia che li conti a 4 a 4, o a 5 a 5, o a 6 a 6, ne avanza sempre 1.**
Di quanti pesci è composto l'acquario?
(A) 99 (B) 87 (C) 82 (D) 61 (E) 71

1443 **Doriana ha comprato delle fragole per dividerle con i colleghi di lavoro. Se ognuno, Doriana compresa, ne prende 8 avanzano 7 fragole. Se Doriana non prendesse alcun frutto per sé, ognuno dei suoi colleghi avrebbe 11 fragole. Quanti sono i colleghi di Doriana?**
(A) 9 (B) 7 (C) 5 (D) 8 (E) 6

1444 **Qual è la differenza tra i 2 risultati delle operazioni seguenti?**
4716 / 2 e 4714 / 2
(A) 0,5 (B) 1 (C) 4 (D) 2,5 (E) 2

1445 **In una famiglia con due soli figli, i genitori hanno un'età media di 50 anni, mentre i due figli hanno, rispettivamente, 24 e 16 anni. Qual è l'età media dell'intera famiglia?**
(A) 40 anni (B) 30 anni (C) 35 anni (D) 38 anni (E) 32 anni

1446 **Se:**
© + ! = ! – §
! = – 5
© = 20
allora § è uguale a:
(A) 14 (B) –20 (C) –10 (D) 10 (E) 20

1447 **Completare correttamente la seguente successione numerica:**
87; 73; 103; 89; ?; 105; 135; ?
(A) 75; 121
(B) 75; 165
(C) 118; 120
(D) 119; 165
(E) 119; 121

1448 **In un club sportivo tennistico si hanno le seguenti percentuali di uomini e donne che praticano il tennis: - uomini 60% - donne 40% Se il totale degli iscritti è 130, quante sono le donne che praticano il tennis?**
(A) 48 (B) 78 (C) 50 (D) 88 (E) 52

1449 **Se un elaboratore processa 1 milione di informazioni al secondo, quanto tempo impiegano tre elaboratori a processare 900 milioni di operazioni?**
(A) 3 minuti
(B) 500 secondi
(C) 5 minuti
(D) 15 minuti
(E) 8 minuti

1450 **Mari e oceani coprono i 7/10 della superficie terrestre. Sapendo che le terre emerse occupano circa 150 milioni di km^2, quanto misura la superficie (terre più oceani) totale della Terra?**
(A) 350 milioni di km^2
(B) 500 milioni di km^2
(C) 500 km^2
(D) 500.000.000.000 m^2
(E) 1.050 milioni di m^2

1451 **Un partito politico ha una percentuale di votanti, omogenea su scala nazionale, del 25%. Quanti elettori di quel partito vivono in una città di 1.500.000 abitanti?**
(A) 375.000
(B) 37.000
(C) 381.250
(D) 250.000
(E) 300.000

1452 **Di quanto aumenta il numero 930 se tra le decine e le centinaia si inserisce la cifra 3?**
(A) 8.400
(B) 8.700
(C) 8.600
(D) 8.300
(E) 8.500

1453 **Federico ha già trascorso i 6/7 delle sue vacanze. Sapendo che dal loro inizio sono passati 72 giorni, quanti giorni di vacanza gli restano?**

A 18 B 12 C 66 D 84 E 24

1454 **Se è vero che tutte le matite che ho sono rosse eccetto due, tutte le matite che ho sono blu eccetto due, tutte le matite che ho sono nere eccetto due. Quante matite ho?**

A Uno
B Due
C Tre
D Quattro
E Cinque

1455 **In un gruppo di 100 signori riuniti a convegno, non tutti portano la cravatta. Però, comunque se ne scelgano due, uno almeno di essi la porta. In quanti hanno la cravatta?**

A 49 B 50 C 51 D 98 E 99

1456 **Un tappezziere acquista 2 rotoli di carta da parati rispettivamente di 32 e 38 metri. Da essi taglia alcuni pezzi, tutti della stessa lunghezza, per cui gli avanzano 4 metri dal primo rotolo e 6 metri dal secondo. Quanti pezzi ha tagliato in tutto?**

A 15 B 12 C 8 D 13 E 17

1457 **Il personale di un ufficio sbriga in una giornata lavorativa 200 pratiche. In un certo giorno l'organico dell'ufficio, a causa di ferie e malattie, è ridotto del 20%. Quante pratiche verranno sbrigate quel giorno nell'ufficio?**

A 80
B 240
C 160
D 370
E Dipende dal numero di persone che lavorano nell'ufficio

1458 **La differenza tra la variazione percentuale del prodotto interno lordo italiano registrata nel 2020 e quella registrata nel 2019 è pari al 3,3%; operando un confronto analogo tra i valori relativi al 2021 e al 2020 si osserva una differenza pari allo 0,9%. Sommando gli incrementi del 2019 e del 2021 si ottiene una percentuale pari all'1,8%. Quali sono stati, rispettivamente, gli incrementi del prodotto interno lordo italiano nel 2019, 2020 e 2021?**

A 0%; 3,3%; 1,8%
B –1,2%; 2,1%; 3%
C 1%; 4,3%; 5,2%
D 1,8%; 3,3%; 3,6%
E 2,4%; 4,2%; 5,1%

1459 **La società WWW, per fornire un incentivo ai propri tre dipendenti, decide di conferire a ognuno di loro un premio pari all'1% della quota di fatturato compresa tra 20 e 25 milioni di euro e uno pari al 2% per l'eventuale quota eccedente i 25 milioni. Quale sarà l'esborso complessivo della società WWW per i premi ai dipendenti se il fatturato risulterà di 27 milioni di euro?**

A 40.000.000 euro
B 270 mila euro
C 1,62 milioni di euro
D 420.000 euro
E 0,9 milioni di euro

1460 **Un negoziante acquista 300 confezioni di prezzemolo surgelato. A causa di un guasto alla cella frigorifera durante il trasporto, deve buttare 1/3 delle confezioni. Mentre scarica le confezioni rimanenti, una scatola che conteneva 1/10 del prezzemolo rimasto cade in un tombino e va perduta. Durante la notte un ladro si introduce in negozio e ruba metà del prezzemolo rimasto, provocando anche un piccolo incendio che distrugge 60 delle confezioni residue. Il numero di confezioni messe in vendita dallo sfortunato commerciante che frazione è del numero di confezioni iniziali?**

A 30
B 1/8
C 1/5
D 1/10
E 1/25

In base al grafico riportato, rispondere alle successive domande.

Andamento delle vendite di quattro editori dal 2016 al 2021

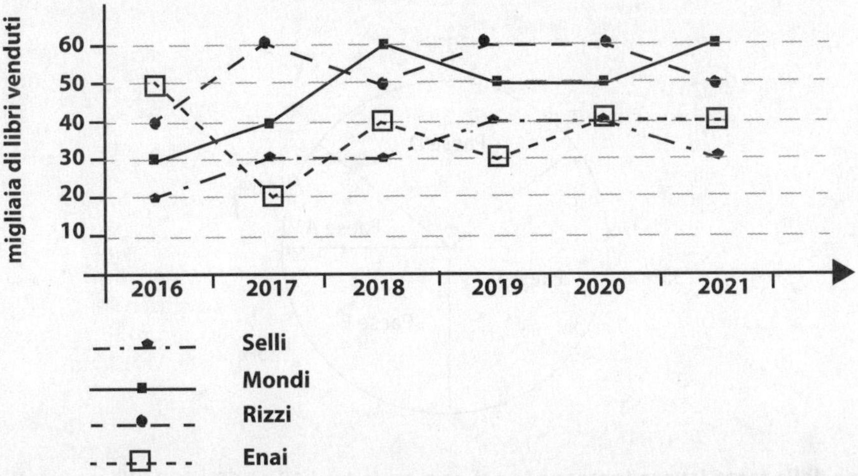

1461 **In quale anno si è avuta la vendita del minor numero di libri considerando tutti e quattro gli editori?**

A 2016
B 2017
C 2018
D 2020
E 2021

1462 **Tra il 2020 e il 2021 i libri venduti da Mondi sono aumentati del:**

A 10%
B 15%
C 20%
D 25%
E in una percentuale che non è possibile calcolare

1463 **In quale anno si è avuta la vendita del maggior numero di libri considerando tutti e quattro gli editori?**

A 2017
B 2018
C 2019
D 2020
E 2021

1464 **Nei 5 anni considerati, quanti libri in più sono stati venduti dalla Rizzi rispetto alla Mondi?**

A 290.000
B 320.000
C 20.000
D 30.000
E 40.000

1465 **Dal 2016 al 2017 di quanto è diminuita percentualmente la vendita di libri di Enai?**

A 30% B 60% C 20% D 80% E 40%

Risolvere il seguente problema.

1466 **Un'amaca costa 100 euro se acquistata a prezzo intero e viene scontata del 10% se acquistata insieme a una tenda che costa tre volte il prezzo dell'amaca (non scontato). Quanto spende chi, approfittando dell'offerta, acquista sia la tenda sia l'amaca?**

A 390 euro
B 400 euro
C 360 euro
D 440 euro
E 660 euro

PARTE SECONDA

Sulla base delle tabelle e dei grafici seguenti si risponda alle relative domande.

La somma delle popolazioni di 4 Paesi è pari a 3.000.000 di unità ed è ripartita nel seguente modo

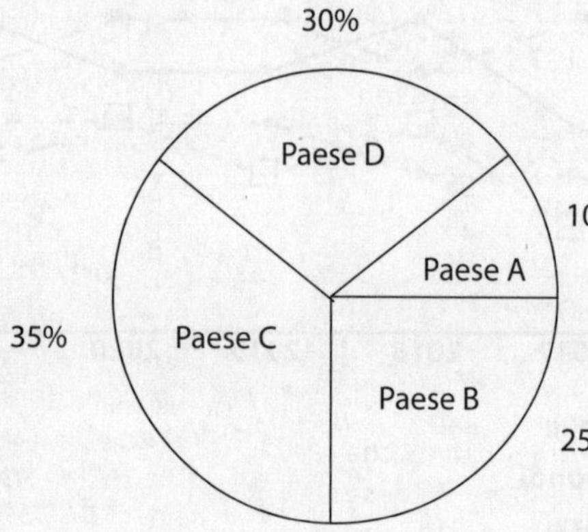

Ripartizione della forza lavoro (persone in età compresa tra i 18 e i 65 anni) all'interno di ogni Paese

Paese	Numero occupati	Numero disoccupati
Paese A	100.000	50.000
Paese B	200.000	100.000
Paese C	250.000	100.000
Paese D	220.000	180.000

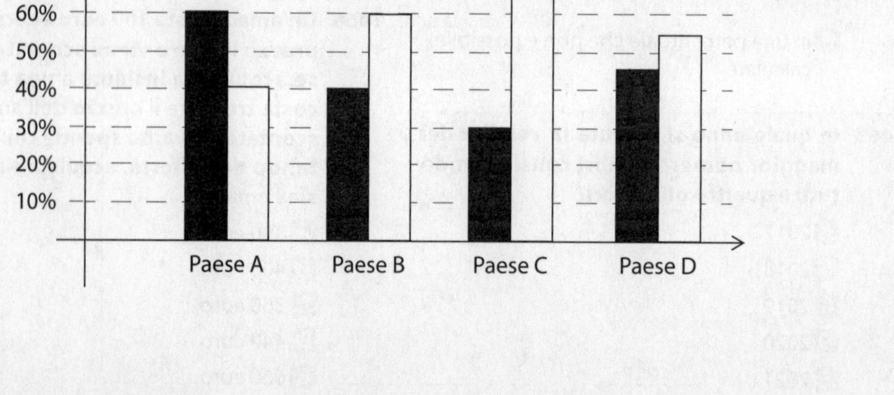

1467 **Che percentuale è la forza lavoro totale dei quattro Paesi rispetto alla popolazione totale degli stessi quattro?**

A 12% B 24% C 30% D 40% E 46%

1468 **Quale percentuale, rispetto alla popolazione totale del Paese D, è rappresentata dagli uomini in età compresa tra i 18 e i 65 anni dello stesso Paese?**

A 15%
B 45%
C 20%
D 10%
E 35%

1469 **Che percentuale è la popolazione che non rientra nella forza lavoro nel Paese B rispetto al totale della popolazione dello stesso Paese?**

A 40%
B 45%
C 55%
D 60%
E 65%

1470 **Quale percentuale, rispetto alla popolazione totale dei quattro Paesi, è rappresentata dalle donne in età compresa tra i 18 e i 65 anni?**

A Poco meno del 20%
B Poco meno del 24%
C Poco meno del 10%
D Poco più del 40%
E Poco meno del 5%

1471 **Quale percentuale, rispetto alla popolazione totale del Paese C, è rappresentata dagli uomini in età compresa tra i 18 e i 65 anni?**

A 30%
B 25%
C 20%
D 15%
E 10%

Sulla base delle tabelle e dei grafici seguenti si risponda alle relative domande.

Tabella 1– andamento delle esportazioni e delle importazioni della Forza e Coraggio S.p.A.

Anno	Esportazioni (in milioni di euro)	Importazioni (in milioni di euro)
2018	1 000	600
2019	1 200	600
2020	1 500	400
2021	1 000	600

Grafico 1 – ripartizione della produzione di grano nel 2021 tra Francia, Germania e Italia

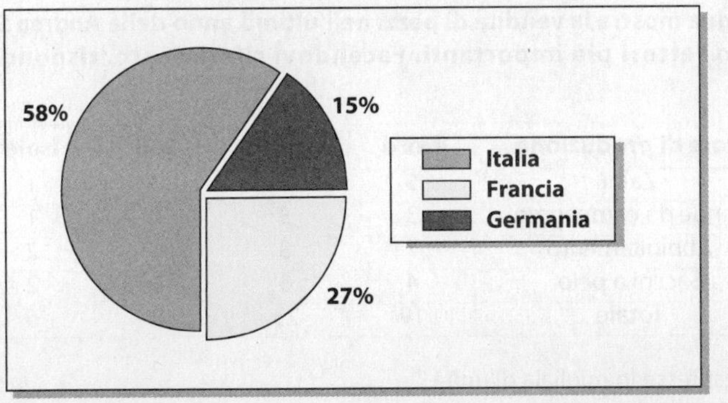

Tabella 2 – laureati impiegati per tipologia di impiego

Tipologia di impiego: LAVORO AUTONOMO	% di laureati impiegati
Imprenditore Libero professionista	28,9%
Lavoratore in proprio	1,2%
Altro	5,7%
Totale	35,9%

Tipologia di impiego: LAVORO DIPENDENTE	% di laureati impiegati
Dirigente	1,4%
Insegnante	14,0%
Quadro tecnico Funzionario	9,2%
Impiegato pubblico	31,1%
Altro	8,4%
Totale	64,1%

Tabella 3 – aziende a confronto: Pala e Manca

Azienda	Fatturato (miliardi di euro)	n. impiegati	% esportazioni su fatturato 2021	% importazioni su fatturato 2021
Pala s.r.l.	6,5	24	8%	12%
Manca S.p.A.	10,2	52	14%	2%

1472 Il numero degli impiegati nel settore pubblico è:

A 31.000 unità circa
B 1 500 unità circa
C 14.000 unità circa
D nulla si può dire riguardo al numero assoluto di impiegati nel settore pubblico
E 17.000 unità

1473 Se in Francia nel 2021 la produzione di grano è stata pari a 1 350 tonnellate, a quanto ammontava la produzione tedesca dello stesso prodotto nello stesso anno?

A 1.000 tonnellate circa
B 750 tonnellate circa
C 500 tonnellate circa
D 600 tonnellate circa
E 650 tonnellate circa

1474 In termini assoluti, le esportazioni della Forza e Coraggio S.p.A. nel 2021, rispetto a quelle delle società Pala S.r.l. e Manca S.p.A. nello stesso anno, sono state:

A superiori a quelle della società Pala e inferiori a quelle della società Manca
B superiori a quelle della società Manca e inferiori a quelle della società Pala
C inferiori sia a quelle della società Manca sia a quelle della società Pala
D superiori sia a quelle della società Manca sia a quelle della società Pala
E pari a quelle della società Pala

Sulla base della tabella seguente si risponda alle relative domande.

La tabella che segue mostra la vendita di pezzi nell'ultimo anno della Andrea S.p.A. nelle quattro aree dei quattro settori più importanti. Facendovi riferimento, rispondete alle seguenti domande.

Settore di produzione	Nord	Centro	Sud	Isole	Totale
Zaini	5	6	2	1	14
Tende da campeggio	3	3	1	1	8
Abbigliamento	7	8	4	2	21
Sacchi a pelo	4	6	1	2	13
Totale	19	23	8	6	56

Le quantità sono espresse in migliaia di unità

1475 **In quale area sono stati venduti più pezzi di abbigliamento dalla Andrea S.p.A.?**

A Nord
B Isole
C Sud
D Centro
E Non è possibile rispondere in base a questi dati

1476 **I pezzi totali venduti al Nord e al Centro che percentuale sono dei pezzi totali venduti dalla Andrea S.p.A.?**

A 66% B 50% C 80% D 75% E 70%

1477 **Gli zaini venduti al Nord e al Sud che percentuale sono del totale degli zaini venduti dalla Andrea S.p.A.?**

A 60% B 50% C 30% D 40% E 70%

1478 **I pezzi totali venduti al Sud che percentuale sono dei pezzi totali venduti dalla Andrea S.p.A.?**

A Più del 20%
B Poco meno del 15%
C Poco più del 15%
D Poco più del 18%
E Poco meno del 13%

1479 **Le tende da campeggio vendute al Sud e nelle Isole che percentuale sono del totale delle tende da campeggio vendute dalla Andrea S.p.A.?**

A 20%
B 12,5%
C 33%
D 15%
E 25%

Sulla base del grafico seguente si risponda alle relative domande.

Nel grafico seguente è riportato il numero di pazienti visitati privatamente dai dottori Rossi, Bianchi e Green nell'ultimo anno.

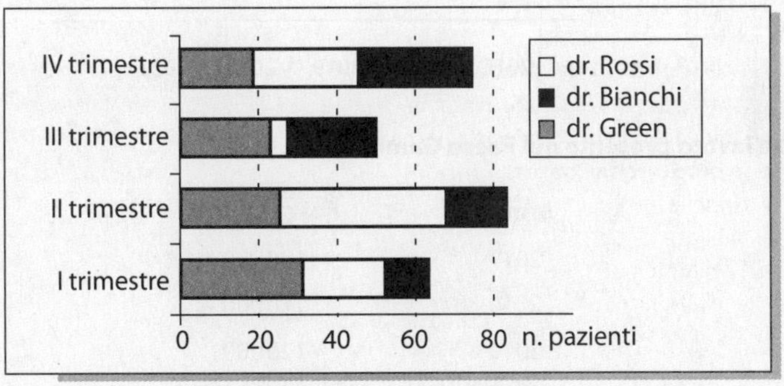

1480 **Con riferimento al grafico, a quanto ammonta il numero complessivo di pazienti visitati dai tre medici nell'anno?**

A Circa 400
B Circa 200
C Circa 270
D Circa 150
E Circa 340

1481 **Con riferimento al grafico, in quale trimestre il dr. Green ha visitato il minor numero di pazienti?**

A Nel I trimestre
B Nel II trimestre
C Nel III trimestre
D Nel IV trimestre
E I dati forniti sono insufficienti per rispondere

1482 **Con riferimento al grafico, in quale trimestre il dr. Rossi ha visitato il maggior numero di pazienti?**

A Nel I trimestre
B Nel II trimestre
C Nel III trimestre
D Nel IV trimestre
E I dati forniti sono insufficienti per rispondere

1483 **Con riferimento al grafico, quale delle seguenti affermazioni è falsa?**

A Nell'ultimo anno il dr. Bianchi ha aumentato ogni trimestre il numero di pazienti visitati
B Il dr. Rossi ha visitato più pazienti nel primo trimestre rispetto al terzo trimestre
C I pazienti visitati da Bianchi nel quarto trimestre sono stati meno di 40
D Nell'ultimo anno il numero di pazienti visitati dal dr. Green è diminuito ogni trimestre
E Il numero di pazienti visitati dal dr. Green nel secondo trimestre è minore del numero di pazienti visitati dal dr. Rossi nel terzo trimestre

PARTE SECONDA

Sulla base delle tabelle e dei grafici riportati, rispondere alle successive domande.

Grafico 1: andamento nel Paese Gamma del tasso di disoccupazione calcolato come rapporto tra i disoccupati e la forza lavoro.

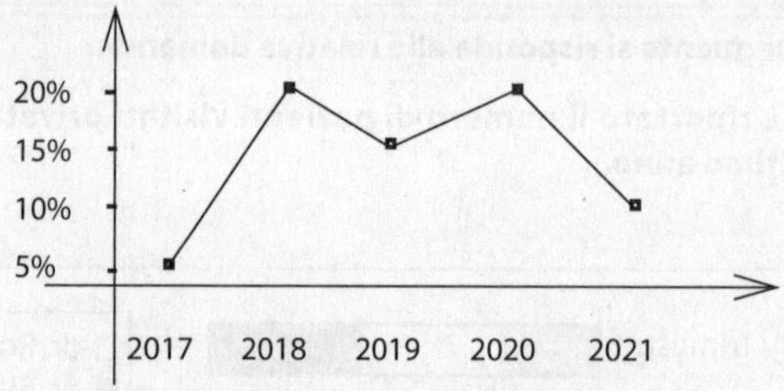

Tabella 1: forza lavoro presente nel Paese Gamma

Anno	Forza lavoro
2017	100000
2018	110000
2019	120000
2020	110000
2021	130000

Tabella 2: popolazione presente nel Paese Gamma

Anno	Popolazione
2017	180000
2018	190000
2019	190000
2020	200000
2021	180000

Tabella 3: percentuale degli iscritti all'ufficio di collocamento rispetto al numero di disoccupati del Paese Gamma

Anno	Iscritti
2017	60%
2018	70%
2019	80%
2020	70%
2021	50%

1484 In quale anno si è registrata la più alta percentuale di forza lavoro rispetto alla popolazione presente nel Paese Gamma?

- A 2021
- B 2020
- C 2019
- D 2018
- E 2017

1485 Quanti sono i disoccupati nel Paese Gamma nell'anno 2020?

- A 11.000
- B 15.000
- C 22.000
- D 40.000
- E 45.000

1486 Qual è la percentuale degli iscritti all'ufficio di collocamento rispetto alla popolazione nel 2019?

- A Circa il 20,5%
- B Circa il 15,8%
- C Circa il 12,2%
- D Circa il 7,6%
- E Circa il 28,8%

1487 In quale anno si è registrata nel Paese Gamma la più alta percentuale di disoccupati rispetto alla popolazione dell'anno?

- A 2017
- B 2018
- C 2019
- D 2020
- E 2021

1488 Nel 2021 quante persone risultano iscritte all'ufficio di collocamento?

- A 10.000
- B 6.500
- C 9.000
- D 8.000
- E 4.000

Rispondere alle seguenti domande.

1489 Qual è la percentuale di sconto applicata a un articolo che viene venduto a 22.000 euro a fronte di un prezzo originario di 25.000 euro?

- A 20%
- B – 3.000
- C 12%
- D 22/25
- E 15%

1490 Daniele ha prestato una certa somma a Giovanni con l'impegno da parte di quest'ultimo di restituire il 15% della somma prestata ogni mese. Se dopo tre mesi Giovanni ha restituito 990 euro, quanto dovrà ancora ridare a Daniele?

- A € 1.010
- B € 1.110
- C € 2.200
- D € 1.210
- E € 550

RAGIONAMENTO NUMERICO

Sulla base del grafico riportato, rispondere alle successive domande.
Nel grafico è riportato il quantitativo di pezzi venduti dell'azienda Grossi durante lo scorso anno. I dati vengono distinti per prodotto (A, B e C) e per quadrimestre.

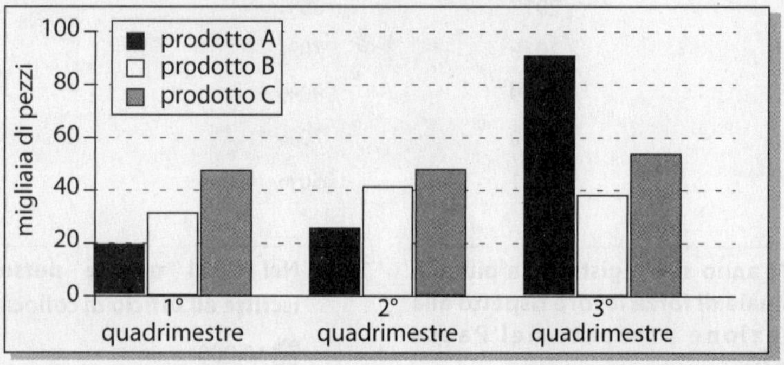

1491 Con riferimento al grafico, quale prodotto ha aumentato maggiormente le vendite tra il 1° e il 3° quadrimestre?

A Il prodotto B
B Il prodotto C
C I prodotti B e C hanno avuto la medesima crescita
D Il prodotto A
E Non è possibile rispondere

1492 Con riferimento al grafico, qual è stata la variazione percentuale nel numero di pezzi venduti del prodotto B passando dal 1° al 2° quadrimestre?

A Circa il 35%
B 0
C Circa il 10%
D Circa il 90%
E Circa il 65%

1493 Con riferimento al grafico, quale delle seguenti affermazioni è vera?

A Lo scorso anno l'azienda Grossi ha venduto più pezzi del prodotto A rispetto al prodotto B
B Nel primo quadrimestre le vendite del prodotto C sono state inferiori rispetto a quelle del prodotto A
C Il quadrimestre durante il quale l'azienda Grossi ha venduto meno pezzi è il secondo
D Lo scorso anno l'azienda Grossi ha venduto complessivamente più pezzi dell'anno precedente
E Nel terzo quadrimestre l'azienda Grossi ha venduto più di 40 mila pezzi del prodotto B

1494 Con riferimento al grafico, quale prodotto e in quale periodo dell'anno ha venduto il maggior numero di pezzi tra i seguenti?

A Il prodotto B nel 2° quadrimestre
B Il prodotto A nel 2° quadrimestre
C Il prodotto C nel 3° quadrimestre
D Il prodotto C nel 1° quadrimestre
E Il prodotto B nel 3° quadrimestre

Rispondere alle seguenti domande.

1495 Tutti gli studenti di una classe praticano almeno uno sport tra lo sci e il nuoto. Il 60% degli studenti sa sciare e l'80% sa nuotare. Quale percentuale di studenti sa sia sciare sia nuotare?

A 40%
B 20%
C 140%
D 60%
E Non è possibile rispondere

1496 In un Paese in cui la tassa sul reddito è del 20% del reddito stesso, un contribuente paga 3.000 euro di tassa. A quanto ammonta il suo reddito?

A € 15.000
B € 29.000
C € 150.000
D € 120.000
E € 12.000

Sulla base del grafico riportato, rispondere alle successive domande.

Nel grafico seguente è riportato l'andamento delle nuove assunzioni di personale presso l'ospedale San Gaudenzio negli ultimi sei mesi.

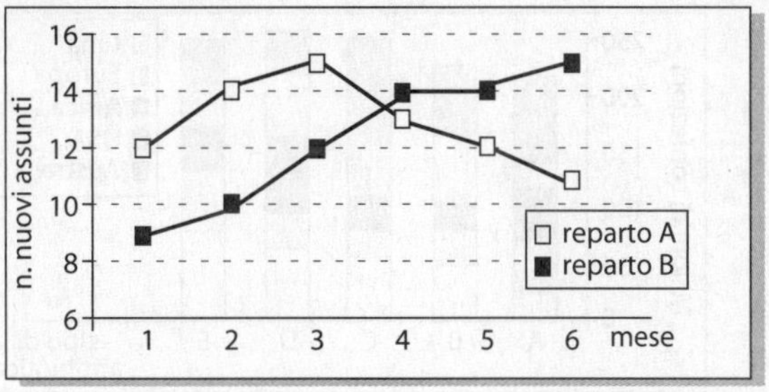

RAGIONAMENTO NUMERICO

1497 Con riferimento al grafico, quanti sono stati i nuovi assunti nel reparto B nell'ultimo semestre?

- A 75
- B 74
- C 67
- D 71
- E 72

1498 Con riferimento al grafico, quali sono i mesi nei quali vi è stato il maggior numero di assunti?

- A Mesi 2 e 6
- B Mesi 1 e 2
- C Mesi 2 e 5
- D Mesi 5 e 6
- E Mesi 3 e 4

1499 Con riferimento al grafico, in quale tra i seguenti mesi vi è stato il maggior numero di nuovi assunti nel reparto A?

- A Mese 4
- B Mese 6
- C Mese 2
- D Mese 1
- E Mese 5

1500 Con riferimento al grafico, quale delle seguenti affermazioni è vera?

- A In ogni mese dell'ultimo semestre vi sono state più assunzioni nel reparto A rispetto al reparto B
- B Nell'ultimo semestre le assunzioni all'ospedale San Gaudenzio sono aumentate rispetto al passato
- C Nel mese 4 vi sono state complessivamente più assunzioni rispetto al mese 3
- D Il mese in cui vi sono state più assunzioni nel reparto B è il mese 6
- E Nel mese 2 vi sono state 22 nuove assunzioni

Rispondere alle seguenti domande.

1501 Il 30% di 120 è:

- A 1
- B 60
- C 36
- D 84
- E 40

1502 Una pianta alta 1 metro cresce di 1/5 della sua altezza ogni anno. Dopo quanti anni la pianta supererà i due metri di altezza?

- A 3
- B 2
- C 4
- D 5
- E 6

Sulla base del grafico riportato, rispondere alle successive domande.

Nel grafico è riportato il numero di confezioni di antibiotici vendute lo scorso anno da una multinazionale farmaceutica nel mondo.

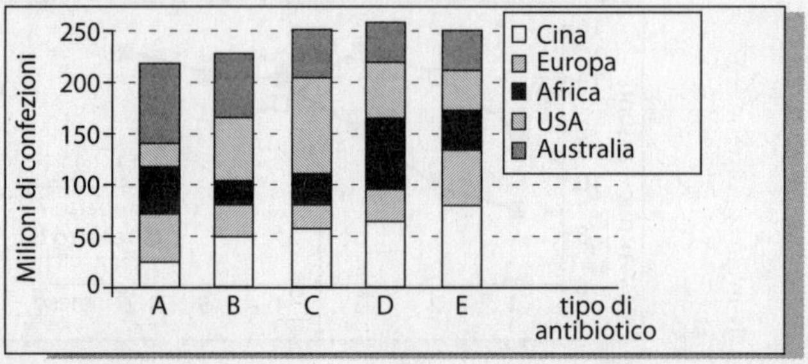

1503 Con riferimento al grafico, quale antibiotico ha venduto il maggior numero di confezioni in Africa?

A Antibiotico A

B Antibiotico B

C Antibiotico C

D Antibiotico D

E Antibiotico E

1504 Con riferimento al grafico, in quale area geografica la multinazionale farmaceutica ha venduto il maggior numero di confezioni dell'antibiotico A?

A Africa

B Australia

C Cina

D USA

E Europa

1505 Con riferimento al grafico, quante confezioni di antibiotico C sono state vendute negli USA?

A Circa 100 mila

B Circa 1 milione

C Circa 1.000 migliaia

D Circa 10 milioni

E Circa 100 milioni

Rispondere alle seguenti domande.

1506 Una locomotiva ha percorso i 5/18 del suo tragitto abituale. Sapendo che ha percorso 50 chilometri, quanto è lungo l'intero tragitto?

A 180 chilometri

B 900 chilometri

C 450 chilometri

D 250 chilometri

E 300 chilometri

1507 Il geometra Neri guadagna 16.000 euro l'anno, il pediatra Gialli 20.000 e l'avvocato Rosa 28.000

Il guadagno di Neri che percentuale è del guadagno di Gialli?

A 80%

B 160%

C 40%

D 60%

E 16%

1508 Se il lato di un quadrato viene allungato del 50%, di quanto aumenta la sua area?

A 50%

B 100%

C 25%

D 225%

E 125%

Sulla base del grafico riportato, rispondere alle successive domande.

Distribuzione dei dipendenti di un'azienda

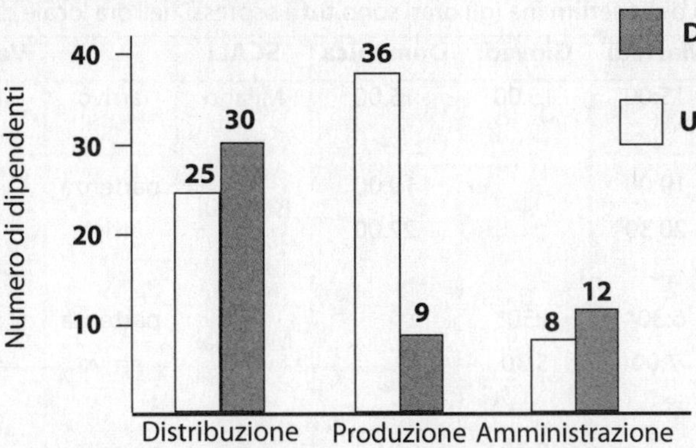

1509 Le donne che lavorano in amministrazione, che percentuale sono del totale dei dipendenti dell'azienda?

A 12%
B 10%
C 8%
D 20%
E 24%

1510 Gli uomini che lavorano in azienda sono:

A il 50% dei lavoratori totali dell'azienda
B poco meno del 50% dei lavoratori totali dell'azienda
C più del 50% dei lavoratori totali dell'azienda
D 51 unità
E circa l'80% dei lavoratori totali dell'azienda

1511 Gli uomini che lavorano in produzione, che percentuale sono del totale dei dipendenti dell'azienda?

A 36%
B 9%
C 45%
D 30%
E 33%

Rispondere alle seguenti domande.

1512 Un concessionario di auto usate ha in vendita 265 autovetture. Di queste, i 2/5 sono state prodotte all'estero; quante sono le autovetture di produzione nazionale?

A 3/5 B 159 C 106 D 89 E 124

1513 Una tanica contiene 8 litri di una soluzione di un certo acido e acqua. Togliendo 4 litri e reintegrandoli con 4 litri di acqua, si ottiene una soluzione al 30%. Qual era la percentuale iniziale di acido?

A 60%
B 90%
C 50%
D 30%
E Dipende dal tipo di acido in soluzione

1514 L'attrazione di un parco divertimenti è un veicolo su rotaia che avanza a 120 km/h; in tre occasioni inverte istantaneamente la direzione di marcia per 5 secondi a 60 km/h riprendendo poi, ognuna delle tre volte, la direzione e la velocità originaria. Quanto misura il percorso sapendo che il veicolo impiega un minuto a completarlo?

A 0,5 km
B 1.250 m
C 45 sec
D 1 km
E 1,5 km

RAGIONAMENTO NUMERICO

Nel rispondere alle seguenti domande si tenga conto della tabella sotto riportata.

Fausto deve andare per lavoro a Hong Kong. Nella tabella seguente sono riportati i programmi di viaggio possibili, in base ai giorni della settimana (gli orari sono tutti espressi nell'ora locale dello scalo).

SCALI		Martedì	Giovedì	Domenica	SCALI		Venerdì	Lunedì
Milano	partenza	15:00	15:00	15,00	Milano	arrivo	8:30	9:00
		↓		↓				
Istanbul	arrivo	19:00	↓	19:00	Istanbul	partenza	↑	↑
	partenza	20,30		22:00		arrivo		
		↓						
Mumbai	arrivo	6:30*	4:30*		Mumbai	partenza	5:30	6:00
	partenza	7:00	5:30	↓		arrivo	5:00	4:30
			↓				↑	
Bangkok	arrivo	↓	8:30		Bangkok	partenza	2:00	↑
	partenza		9:30			arrivo	1:30*	
							↑	
Hong Kong	arrivo	12:00	12:00	11:00*	Hong Kong	partenza	23:00	23:00

*del giorno successivo

Istanbul è un'ora avanti rispetto a Milano // *Mumbai* è 5 ore avanti rispetto a Milano

Bangkok è 6 ore avanti rispetto a Milano // *Hong Kong* è 7 ore avanti rispetto a Milano

1515 Quante ore effettive di volo impiega l'aereo del martedì tra Mumbai e Hong Kong?

A 5 B 3 C 7 D 4 E 2

1516 Se Fausto prende il volo da Hong Kong di ritorno del lunedì, che ore saranno a Milano quando atterrerà Mumbai?

A Le 24:00 di domenica
B Le 9:30 di lunedì
C Le 23:30 di domenica
D Le 9 di lunedì
E Le 22:30 di domenica

1517 Quante ore effettive di volo impiega l'aereo del giovedì per arrivare da Milano a Mumbai?

A 13 ore e 30 minuti
B 8 ore e 30 minuti
C 5 ore e 30 minuti
D 18 ore e 30 minuti
E 6 ore e 30 minuti

1518 Quante ore effettive di volo impiega l'aereo della domenica per arrivare da Istanbul a Hong Kong?

A 13
B 6
C 7
D 8
E 5

1519 Se Fausto prende il volo di ritorno da Hong Kong del venerdì, che ore saranno a Milano quando atterrerà a Bangkok?

A Le 20:30 di giovedì
B Le 19:30 di giovedì
C Le 18:30 di giovedì
D Le 07:30 di venerdì

PARTE SECONDA

Sulla base del grafico riportato, rispondere alle successive domande.

Il grafico seguente riporta le unità prodotte nei tre stabilimenti Rixi, Tawi e Seki durante i primi sei mesi dell'anno.

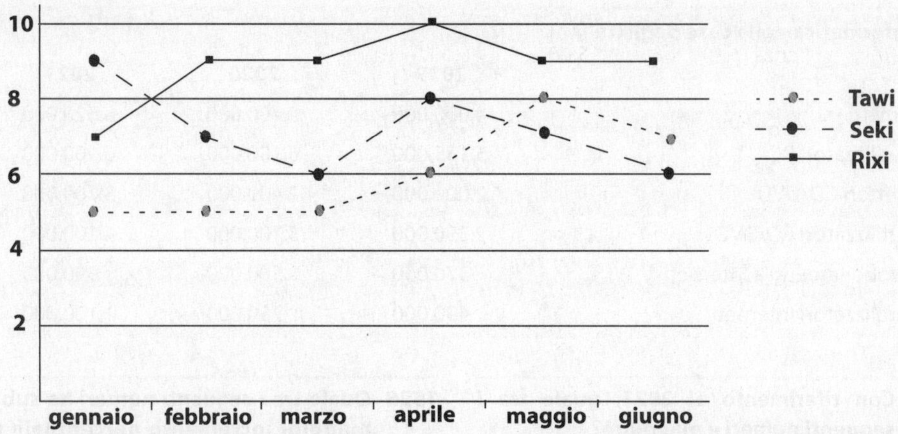

1520 Quando si è registrata, complessivamente la minore produzione?

A Gennaio

B Marzo

C Maggio

D Aprile

E Febbraio

1521 Quale delle seguenti affermazioni è corretta?

A A gennaio nello stabilimento Rixi si sono prodotte 2 unità in più rispetto allo stabilimento Seki

B A marzo nello stabilimento Tawi si è prodotta 1 unità in più rispetto allo stabilimento Seki

C A aprile nello stabilimento Tawi si sono prodotte 2 unità in meno rispetto allo stabilimento Rixi

D A maggio nello stabilimento Rixi si sono prodotte 2 unità in meno rispetto allo stabilimento Seki

E A giugno nello stabilimento Rixi si sono prodotte 3 unità in più rispetto allo stabilimento Seki

1522 In quali mesi si è registrata, complessivamente la maggiore produzione?

A Maggio e giugno

B Aprile e maggio

C Marzo e aprile

D Febbraio e marzo

E Gennaio e giugno

Risolvere i seguenti problemi.

1523 Cinque persone si dividono equamente una somma di denaro. Se il denaro, anziché per cinque, fosse stato diviso per quattro, ciascuno avrebbe ricevuto 40 euro in più. A quanto ammontava la somma di denaro da dividere?

A 800 euro

B 250 euro

C 300 euro

D 620 euro

E 900 euro

1524 In un numero di due cifre, la cifra delle unità è il doppio di quella delle decine: scambiando l'ordine delle cifre si ottiene un secondo numero che supera di 18 il primo. Qual è il primo numero?

A 42 B 36 C 48 D 24 E 15

Sulla base della tabella riportata, rispondere alle successive domande.

Un istituto di ricerca ha recentemente effettuato uno studio sull'utilizzo dell'informatica nelle case degli italiani, rilevando i dati riportati nella tabella seguente:

L'informatica nelle case degli Italiani	2019	2020	2021
Numero PC	4.000.000	4.700.000	5.620.000
N. utilizzatori PC	5.135.000	6.100.000	6.900.000
N. lettori CD/DVD	2.000.000	2.400.000	3.700.000
N. utilizzatori CD/DVD	2.350.000	3.100.000	4.100.000
N. abbonamenti a Internet	370.000	500.000	990.000
N. utilizzatori Internet	490.000	750.000	1.100.000

1525 Con riferimento al 2021, quale tra i seguenti numeri è maggiore?

A N. utilizzatori Internet
B N. utilizzatori di PC
C N. utilizzatori CD/DVD
D N. lettori CD/DVD
E N. abbonamenti a Internet

1526 Quale tra i seguenti numeri ha subito il maggior incremento percentuale tra il 2020 e il 2021?

A N. utilizzatori di PC
B N. lettori CD/DVD
C N. utilizzatori CD/DVD
D N. abbonamenti a Internet
E N. utilizzatori Internet

Risolvere i seguenti problemi.

1527 In un rettangolo la somma dei lati misura 50 m e la loro differenza 10 m. Quanto valgono, rispettivamente, il perimetro e l'area del rettangolo?

A 50 m e 500 m^2
B 120 m e 600 m^2
C 100 m e 500 m^2
D 100 m e 600 m^2
E Non è possibile rispondere con i dati del problema

1528 Una persona sta correndo lungo una strada a 18 km/h e nella strada perpendicolare a essa c'è un killer appostato. Nel momento in cui la sua vittima è a 15 metri dal centro dell'incrocio, il killer spara due colpi che vanno a 200 m/sec: un colpo subito e un altro dopo un secondo, sempre mirando al centro dell'incrocio, 400 metri davanti a lui. Quale dei due colpi andrà a bersaglio?

A Il secondo
B Nessuno dei due
C Tutti e due
D Il primo
E Nessuna delle precedenti alternative è corretta

1529 In una gara di corsa, due amici partono con un vantaggio di 200 metri il primo rispetto al secondo. Se la velocità del primo è pari alla metà di quella del secondo, a quale distanza si deve trovare il traguardo perché i due amici arrivino insieme?

A 600 metri dal punto da cui parte il secondo
B Non è possibile stabilirlo
C 300 metri dal punto da cui parte il primo
D 400 metri dal punto da cui parte il secondo
E 1 km dal punto da cui parte il secondo

1530 Un'urna contiene in totale 300 palline di colore giallo, blu, rosso e verde. Le palline gialle sono un terzo del totale, le blu sono metà delle gialle e le rosse sono i due terzi delle verdi. Quante sono le palline verdi?

A 90
B 60
C 150
D 100
E 110

1531 Un ladro scippa quella che da dietro sembra essere una ragazza e fugge a piedi alla velocità di 18 km/h. In realtà la "ragazza" è il campione mondiale di pugilato, noto per i suoi lunghi capelli biondi, che, dopo i primi trenta secondi di sbigottimento, comincia a rincorrere il malfattore alla propria velocità massima cronometrata durante gli allenamenti: 25,2 km/h. Quanto tempo impiegherà l'atleta a raggiungere lo sventurato scippatore?

A 1 minuto e 15 secondi
B 1 minuto
C 2 minuti
D 2 minuti e 30 secondi
E Il ladro non sarà mai raggiunto

1532 In un cortile vi sono polli e conigli: in totale le teste sono 50 e le zampe 140. Quanti sono i polli e quanti i conigli?

A 15 e 35
B 20 e 30
C 30 e 20
D 35 e 15
E 35 e 20

1533 L'attrezzatura di 3 carabinieri sommozzatori costa 21.000 euro, di 5 carabinieri paracadutisti costa 25.000 euro e di 6 carabinieri scelti costa 18.000 euro. Quanto costa fornire l'attrezzatura a un Gruppo antiterroristico formato da 10 sommozzatori, 25 paracadutisti e 50 carabinieri scelti?

A 345.000 euro
B 450.000 euro
C 255.000 euro
D 155.000 euro
E 645.000 euro

1534 Una persona distratta è alla guida di un'automobile che dista da un incrocio 3 km. Sulla strada che interseca quella su cui viaggia l'auto sono in arrivo un'autobotte che viaggia a 80 km/h e che dista 4 km dall'incrocio e una motocicletta che viaggia a 120 km/h e che dista 2 km. Sapendo che l'auto viaggia a una velocità di 60 km/h e che non si fermerà a dare la precedenza, come dovrebbe, cosa accadrà?

A L'auto si scontrerà con l'autobotte
B L'auto si scontrerà con la motocicletta
C L'auto si scontrerà sia con l'autobotte sia con la motocicletta
D L'auto passerà indenne l'incrocio
E Nessuna delle precedenti alternative

1535 In un test composto da 80 domande vengono assegnati i seguenti punteggi: +2 punti per ogni risposta esatta, 0 punti per ogni risposta non data e −1 punto per ogni risposta errata. Se la sufficienza si raggiunge con 60 punti, qual è il numero massimo di domande a cui si può non dare risposta per non pregiudicare la sufficienza?

A 30
B 56
C 46
D 50
E 40

1536 Nella lettura di un libro, Giovanni procede dapprima a un ritmo di 10 pagine al giorno. Poi la storia diventa più avvincente e il ritmo di lettura, a partire dal quinto giorno, raddoppia giorno dopo giorno. Se le pagine che compongono il libro sono 320, quanti giorni impiega Giovanni complessivamente per leggere tutto il libro?

A 8
B 9
C 12
D 7
E 10

RAGIONAMENTO NUMERICO

1537 L'operaio A impiega 5 minuti in più dell'operaio B per confezionare un prodotto. Quanti prodotti ha confezionato l'operaio A in 3 ore se, in questo tempo, ne ha confezionati 6 in meno rispetto all'operaio B?

A 27
B 12
C 9
D 6
E 3

1538 In una carta topografica la distanza tra due città è di 4 cm. Sapendo che la scala è di 1:900.000, quanto distano nella realtà le due città?

A 7 km
B 72 km
C 52 km
D 48 km
E 36 km

1539 Un numero è sempre divisibile per 4 se:

A la somma delle sue cifre è divisibile per 4
B il numero formato dalle sue due prime cifre è divisibile per 4
C il numero formato dalle sue due ultime cifre è divisibile per 4
D la sua ultima cifra è pari
E la sua ultima cifra è 4 oppure 8

1540 Si consideri una griglia quadrata composta da quattro righe e quattro colonne. All'interno di tale griglia, qual è il numero massimo di caselle che possono essere annerite senza che esse vengano a formare una linea orizzontale, verticale o diagonale di quattro?

A 11 B 4 C 12 D 8 E 9

PARTE SECONDA

Soluzioni

Quesito	Risposta	Quesito	Risposta	Quesito	Risposta	Quesito	Risposta	Quesito	Risposta	Quesito	Risposta	Quesito	Risposta	Quesito	Risposta	Quesito	Risposta	Quesito	Risposta
691	D	692	E	693	E	694	B	695	E	696	E	697	A	698	B	699	B	700	C
701	B	702	A	703	B	704	A	705	C	706	A	707	C	708	D	709	B	710	A
711	E	712	A	713	D	714	C	715	A	716	A	717	A	718	B	719	D	720	B
721	E	722	D	723	D	724	B	725	A	726	B	727	A	728	D	729	B	730	D
731	D	732	E	733	B	734	A	735	B	736	B	737	D	738	C	739	A	740	D
741	E	742	A	743	C	744	A	745	D	746	C	747	B	748	D	749	D	750	E
751	C	752	C	753	D	754	D	755	B	756	D	757	C	758	E	759	E	760	D
761	D	762	C	763	C	764	D	765	D	766	D	767	C	768	D	769	D	770	D
771	C	772	C	773	C	774	E	775	D	776	D	777	B	778	C	779	D	780	D
781	D	782	A	783	B	784	C	785	C	786	A	787	D	788	B	789	D	790	C
791	B	792	A	793	A	794	D	795	A	796	C	797	D	798	A	799	C	800	A
801	B	802	C	803	B	804	C	805	B	806	D	807	B	808	B	809	D	810	E
811	E	812	B	813	B	814	C	815	E	816	A	817	B	818	C	819	C	820	C
821	C	822	D	823	C	824	B	825	C	826	A	827	E	828	D	829	A	830	D
831	B	832	A	833	E	834	C	835	C	836	E	837	C	838	E	839	D	840	B
841	B	842	A	843	E	844	E	845	B	846	E	847	A	848	B	849	A	850	B
851	B	852	C	853	A	854	B	855	A	856	B	857	B	858	C	859	D	860	A
861	C	862	C	863	B	864	C	865	D	866	B	867	A	868	B	869	D	870	B
871	B	872	D	873	B	874	B	875	C	876	E	877	C	878	B	879	D	880	A
881	C	882	D	883	C	884	B	885	D	886	C	887	B	888	C	889	B	890	B
891	B	892	E	893	C	894	C	895	E	896	C	897	C	898	A	899	C	900	A
901	A	902	D	903	C	904	C	905	D	906	E	907	C	908	C	909	A	910	C
911	A	912	D	913	D	914	D	915	D	916	A	917	D	918	C	919	E	920	D
921	D	922	E	923	D	924	A	925	A	926	E	927	B	928	B	929	D	930	C
931	E	932	B	933	E	934	D	935	A	936	D	937	C	938	D	939	D	940	D
941	E	942	E	943	B	944	D	945	D	946	C	947	B	948	B	949	B	950	B
951	D	952	C	953	D	954	A	955	E	956	C	957	C	958	E	959	D	960	B
961	C	962	B	963	B	964	E	965	B	966	E	967	A	968	B	969	D	970	C
971	D	972	B	973	D	974	B	975	D	976	E	977	B	978	D	979	A	980	B
981	D	982	B	983	C	984	E	985	C	986	A	987	C	988	A	989	C	990	A

Quesito	Risposta	Quesito	Risposta	Quesito	Risposta	Quesito	Risposta	Quesito	Risposta	Quesito	Risposta	Quesito	Risposta	Quesito	Risposta	Quesito	Risposta	Quesito	Risposta
991	C	992	D	993	C	994	D	995	D	996	C	997	C	998	C	999	D	1000	C
1001	B	1002	D	1003	A	1004	B	1005	B	1006	C	1007	D	1008	D	1009	D	1010	C
1011	C	1012	E	1013	C	1014	E	1015	A	1016	C	1017	D	1018	D	1019	C	1020	D
1021	C	1022	B	1023	E	1024	D	1025	D	1026	E	1027	D	1028	A	1029	E	1030	C
1031	A	1032	E	1033	D	1034	D	1035	C	1036	D	1037	D	1038	D	1039	C	1040	D
1041	E	1042	C	1043	C	1044	D	1045	B	1046	C	1047	C	1048	B	1049	B	1050	D
1051	D	1052	D	1053	E	1054	A	1055	B	1056	B	1057	B	1058	C	1059	A	1060	D
1061	D	1062	C	1063	C	1064	A	1065	C	1066	C	1067	B	1068	E	1069	A	1070	C
1071	D	1072	B	1073	C	1074	A	1075	D	1076	D	1077	A	1078	C	1079	D	1080	A
1081	B	1082	A	1083	C	1084	A	1085	C	1086	A	1087	E	1088	D	1089	B	1090	A
1091	E	1092	C	1093	E	1094	A	1095	A	1096	C	1097	C	1098	B	1099	C	1100	E
1101	D	1102	B	1103	B	1104	E	1105	C	1106	A	1107	B	1108	B	1109	E	1110	B
1111	C	1112	B	1113	A	1114	B	1115	B	1116	C	1117	D	1118	B	1119	A	1120	C
1121	B	1122	A	1123	C	1124	C	1125	B	1126	D	1127	C	1128	A	1129	D	1130	C
1131	C	1132	B	1133	B	1134	B	1135	D	1136	B	1137	C	1138	C	1139	D	1140	B
1141	C	1142	D	1143	E	1144	C	1145	C	1146	C	1147	A	1148	B	1149	D	1150	A
1151	B	1152	A	1153	E	1154	D	1155	C	1156	E	1157	C	1158	B	1159	B	1160	B
1161	A	1162	A	1163	B	1164	E	1165	A	1166	C	1167	C	1168	D	1169	C	1170	A
1171	C	1172	D	1173	A	1174	E	1175	E	1176	A	1177	A	1178	D	1179	D	1180	A
1181	B	1182	B	1183	B	1184	E	1185	E	1186	E	1187	E	1188	D	1189	A	1190	B
1191	B	1192	C	1193	B	1194	E	1195	D	1196	B	1197	A	1198	D	1199	A	1200	A
1201	B	1202	E	1203	C	1204	C	1205	B	1206	C	1207	B	1208	B	1209	B	1210	D
1211	C	1212	B	1213	B	1214	A	1215	B	1216	B	1217	A	1218	E	1219	A	1220	D
1221	C	1222	C	1223	C	1224	D	1225	C	1226	D	1227	D	1228	D	1229	D	1230	C
1231	D	1232	B	1233	C	1234	A	1235	C	1236	E	1237	D	1238	A	1239	D	1240	D
1241	C	1242	A	1243	C	1244	E	1245	C	1246	C	1247	E	1248	A	1249	B	1250	D
1251	E	1252	C	1253	A	1254	D	1255	C	1256	C	1257	C	1258	D	1259	E	1260	A
1261	A	1262	A	1263	B	1264	A	1265	D	1266	E	1267	A	1268	D	1269	D	1270	B
1271	A	1272	B	1273	B	1274	C	1275	A	1276	D	1277	C	1278	A	1279	A	1280	C
1281	C	1282	B	1283	C	1284	E	1285	D	1286	D	1287	E	1288	A	1289	C	1290	C
1291	A	1292	B	1293	D	1294	B	1295	A	1296	B	1297	D	1298	D	1299	B	1300	A
1301	C	1302	D	1303	E	1304	C	1305	C	1306	A	1307	E	1308	A	1309	B	1310	E
1311	C	1312	B	1313	D	1314	B	1315	D	1316	A	1317	B	1318	A	1319	B	1320	A
1321	B	1322	C	1323	C	1324	A	1325	C	1326	A	1327	B	1328	D	1329	E	1330	E
1331	A	1332	A	1333	A	1334	C	1335	D	1336	B	1337	A	1338	A	1339	B	1340	A
1341	D	1342	E	1343	E	1344	B	1345	D	1346	A	1347	E	1348	A	1349	A	1350	C
1351	E	1352	D	1353	B	1354	C	1355	C	1356	A	1357	B	1358	A	1359	E	1360	D
1361	A	1362	E	1363	C	1364	D	1365	E	1366	C	1367	E	1368	D	1369	E	1370	B
1371	E	1372	D	1373	D	1374	C	1375	D	1376	B	1377	A	1378	A	1379	D	1380	D
1381	A	1382	A	1383	D	1384	A	1385	A	1386	C	1387	D	1388	A	1389	B	1390	E

Quesito	Risposta	Quesito	Risposta	Quesito	Risposta	Quesito	Risposta	Quesito	Risposta	Quesito	Risposta	Quesito	Risposta	Quesito	Risposta	Quesito	Risposta	Quesito	Risposta
1391	E	1392	E	1393	B	1394	B	1395	D	1396	D	1397	C	1398	A	1399	D	1400	B
1401	A	1402	A	1403	A	1404	D	1405	C	1406	A	1407	C	1408	A	1409	E	1410	C
1411	C	1412	A	1413	C	1414	B	1415	D	1416	E	1417	B	1418	E	1419	E	1420	A
1421	D	1422	D	1423	B	1424	A	1425	B	1426	D	1427	D	1428	B	1429	C	1430	B
1431	A	1432	E	1433	D	1434	C	1435	D	1436	C	1437	E	1438	E	1439	C	1440	A
1441	B	1442	D	1443	C	1444	B	1445	C	1446	B	1447	E	1448	E	1449	C	1450	B
1451	A	1452	A	1453	B	1454	C	1455	E	1456	A	1457	C	1458	B	1459	B	1460	D
1461	A	1462	C	1463	D	1464	D	1465	B	1466	A	1467	D	1468	C	1469	D	1470	B
1471	E	1472	D	1473	B	1474	A	1475	D	1476	D	1477	B	1478	B	1479	E	1480	C
1481	D	1482	B	1483	E	1484	A	1485	C	1486	D	1487	D	1488	B	1489	C	1490	D
1491	D	1492	A	1493	A	1494	C	1495	A	1496	A	1497	B	1498	E	1499	C	1500	D
1501	C	1502	C	1503	D	1504	B	1505	E	1506	A	1507	A	1508	E	1509	B	1510	C
1511	D	1512	B	1513	A	1514	B	1515	B	1516	C	1517	B	1518	C	1519	B	1520	B
1521	E	1522	B	1523	A	1524	D	1525	B	1526	D	1527	D	1528	A	1529	D	1530	A
1531	A	1532	C	1533	A	1534	A	1535	D	1536	A	1537	B	1538	E	1539	C	1540	C

Quesiti di logica figurale e diagrammi insiemistici

1541 Individuare la figura da scartare.

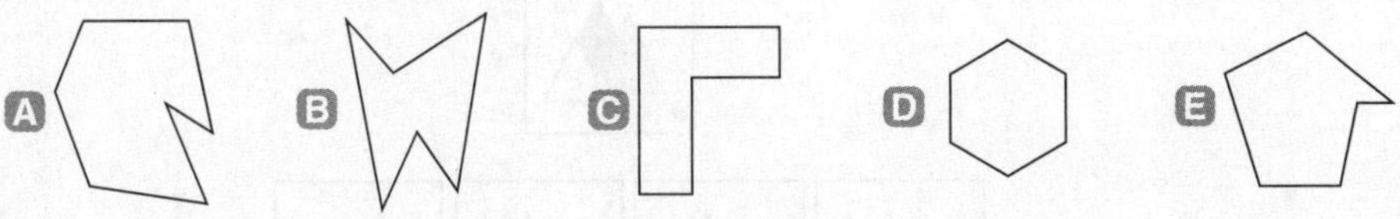

1542 Individuare la figura da scartare.

1543 Scartare una delle quattro rappresentazioni grafiche.

1544 Individuare la figura da scartare.

1545 Individuare la figura da scartare.

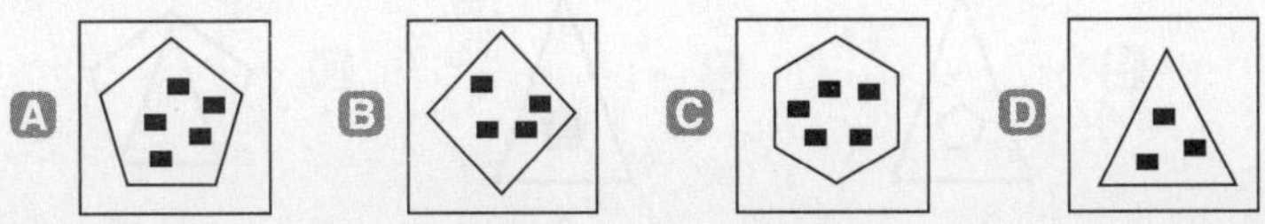

1546 Individuare la figura che completa la serie:

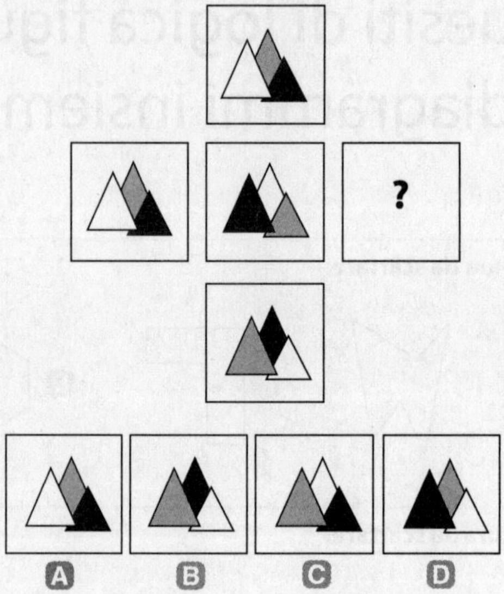

1547 Individuare la figura mancante.

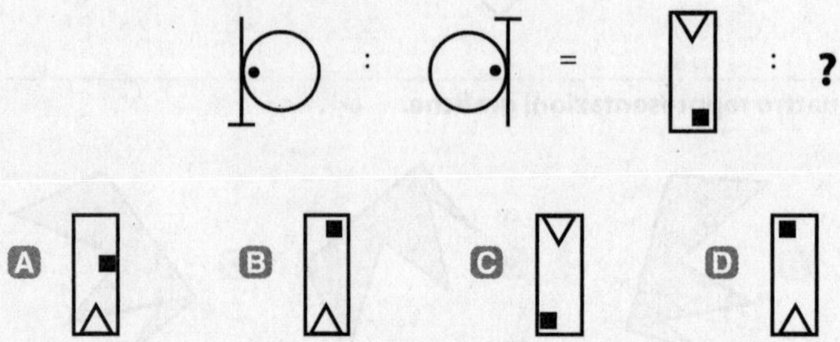

1548 Individuare la figura mancante.

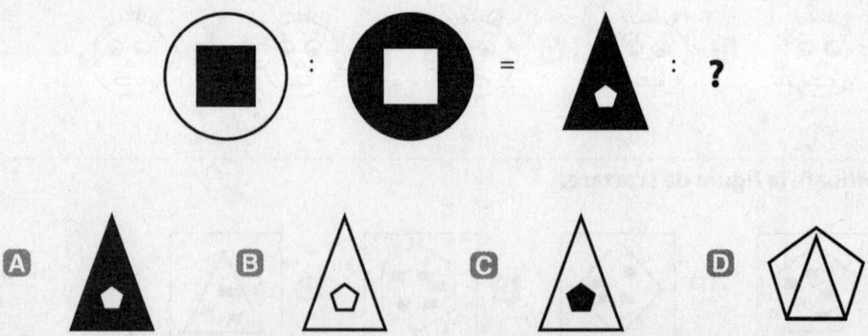

1549 Individuare la figura che completa correttamente la seguente serie.

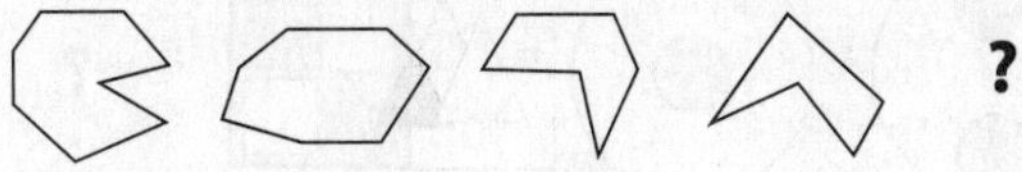

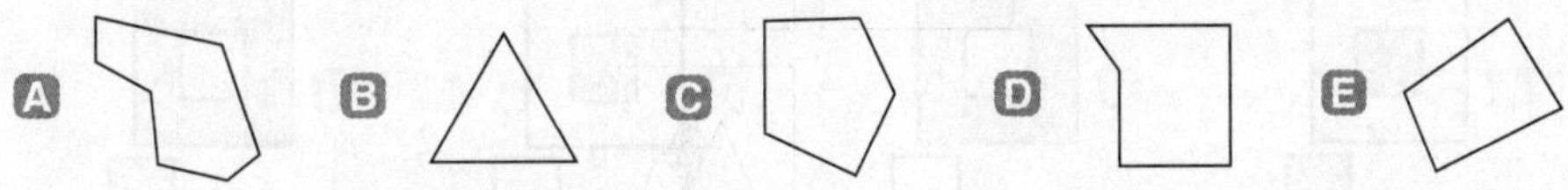

1550 Individuare la figura mancante.

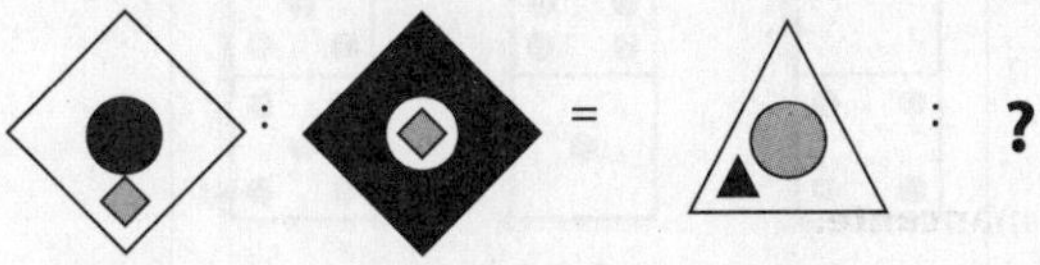

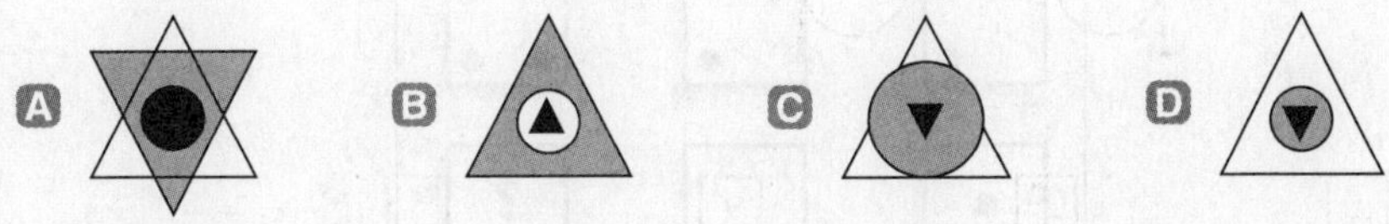

1551 Individuare la figura mancante.

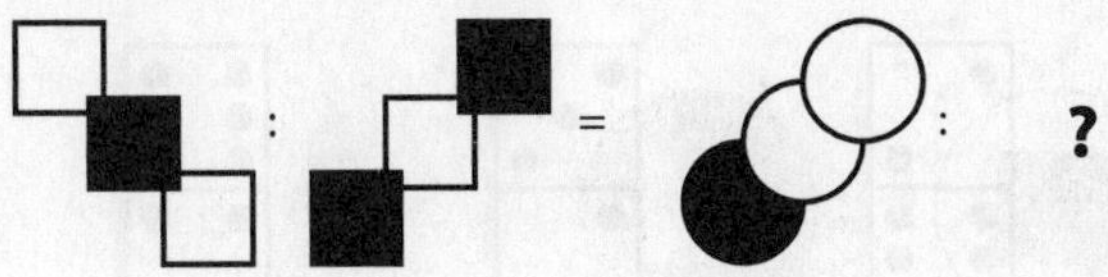

1552 Individuare la figura mancante.

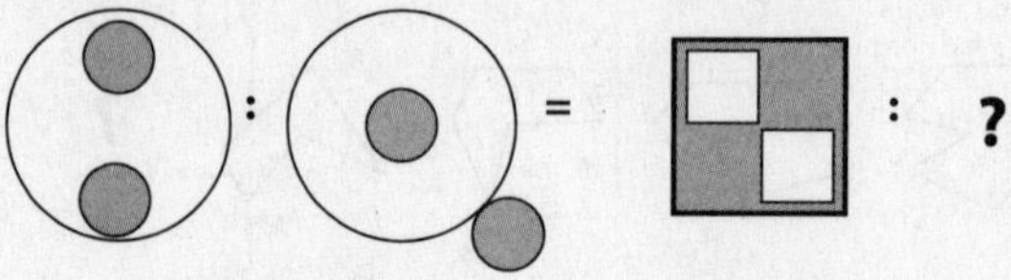

A 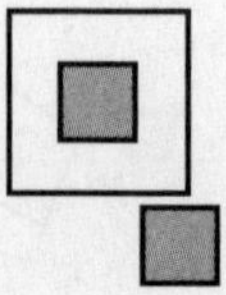

B 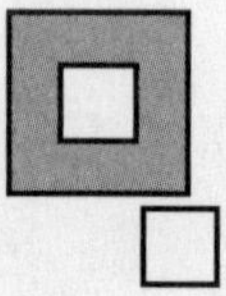

C 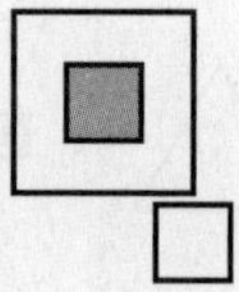

D 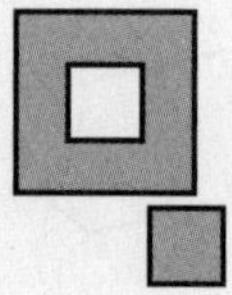

1553 Individuare la tessera mancante.

A 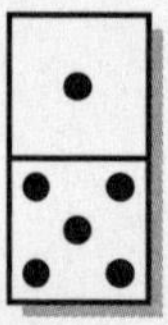

B 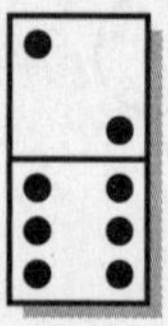

C 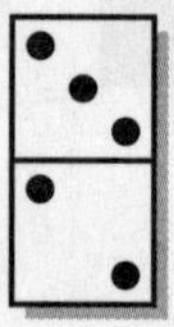

D 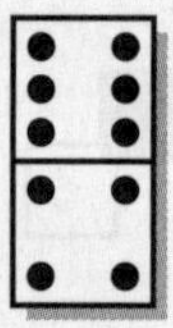

E 

1554 Individuare la tessera mancante.

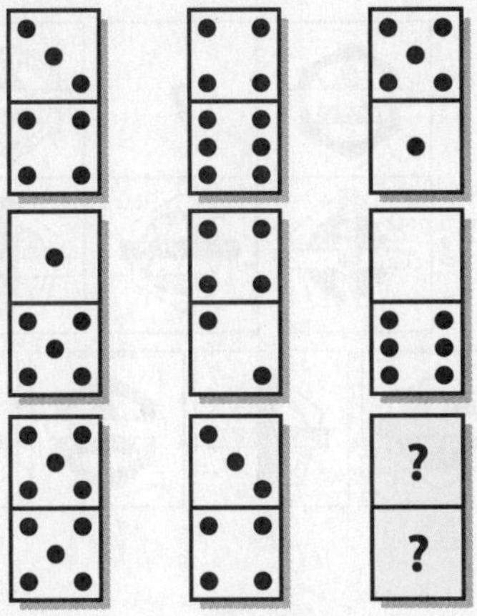

A 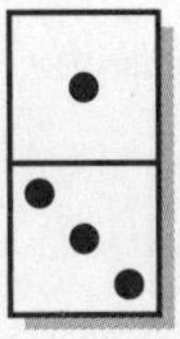

B 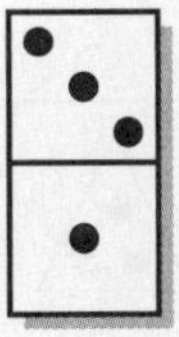

C 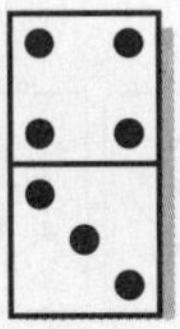

D 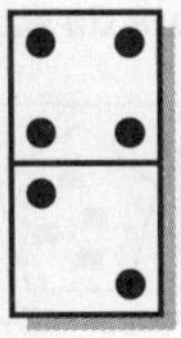

1555 Individuare la tessera mancante

A 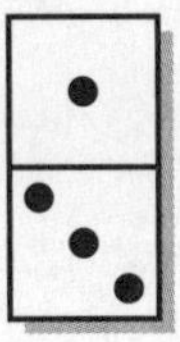

B 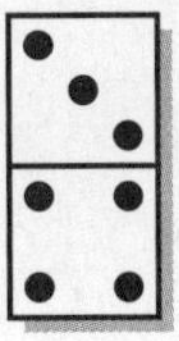

C 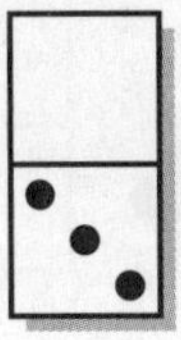

D 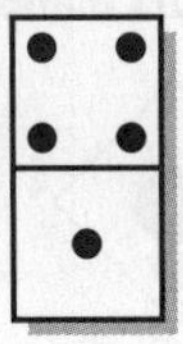

1556 Individuare la figura che completa la serie:

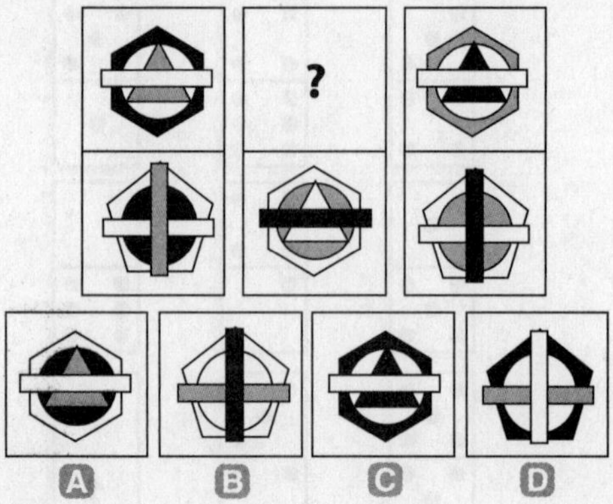

1557 Individuare la figura da scartare:

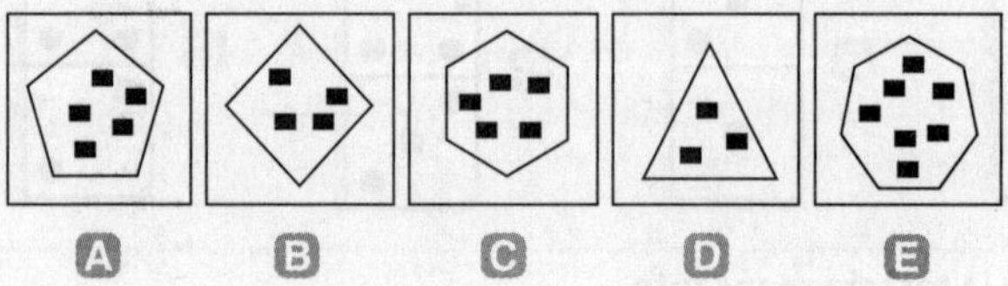

1558 Individuare la figura che completa correttamente la seguente serie.

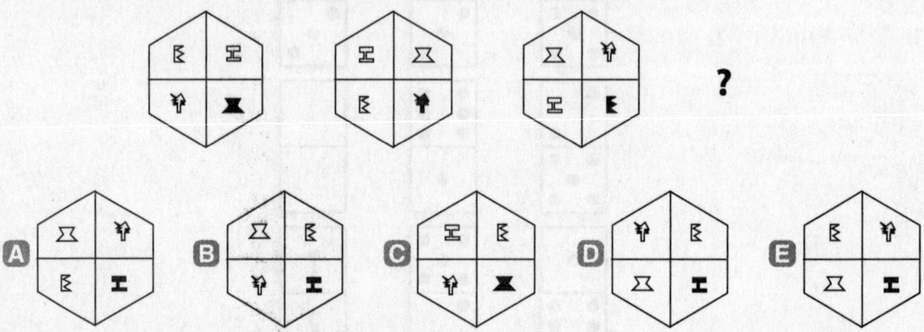

1559 Individuare la figura mancante.

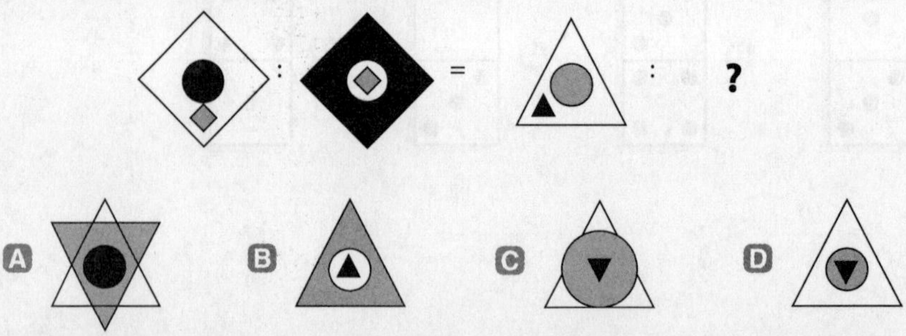

1560 Individuare la figura mancante.

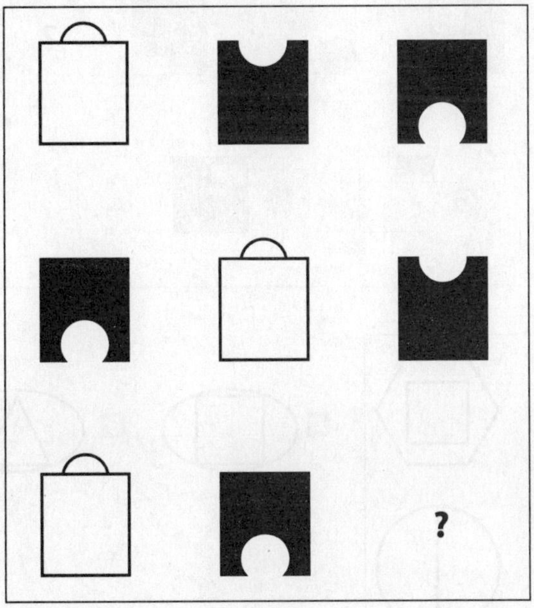

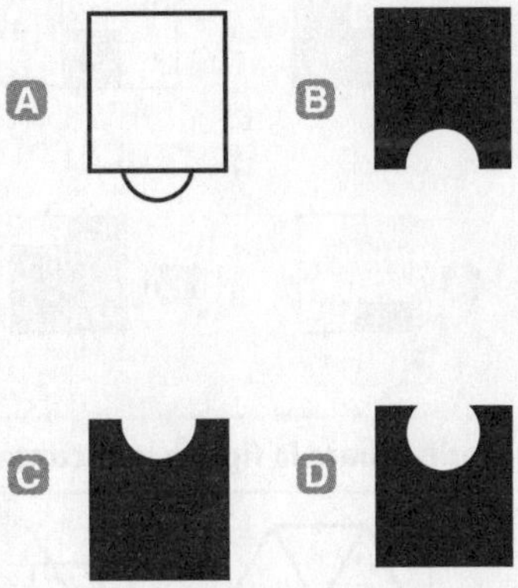

1561 Individuare la figura mancante.

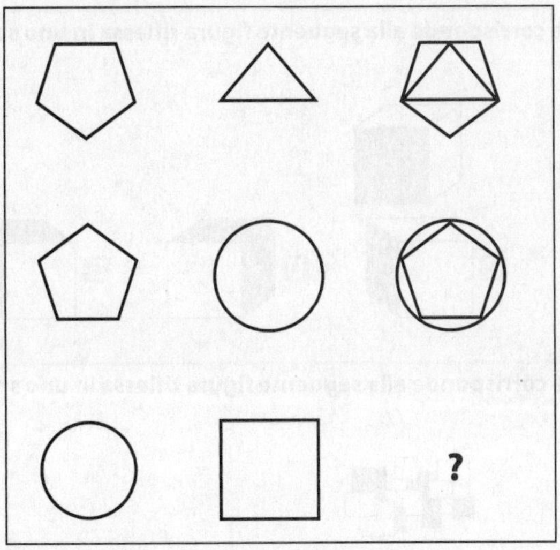

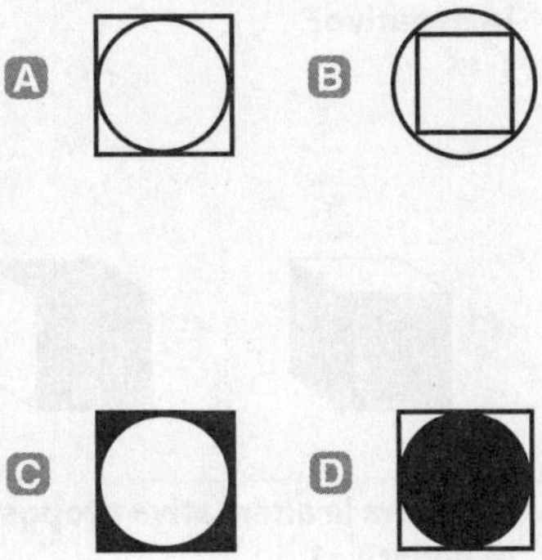

1562 Individuare la figura mancante.

A 

B 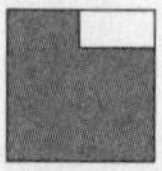

C 

D 

1563 Individuare la figura mancante.

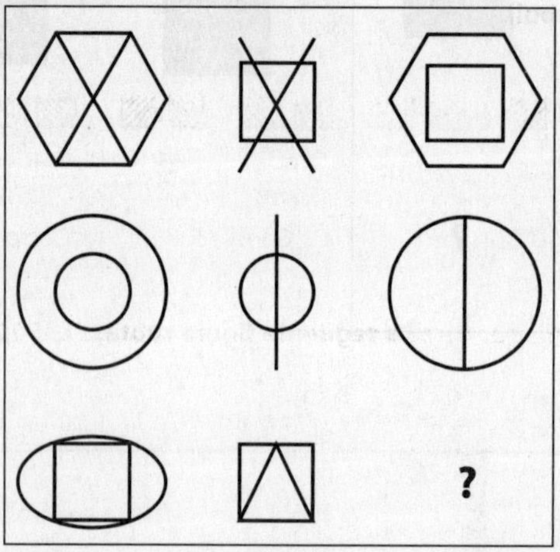

A 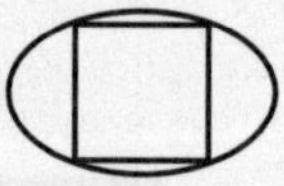

B 

C 

D 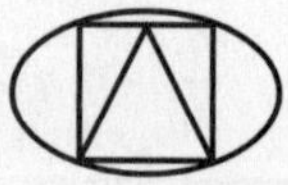

1564 Quale tra le alternative proposte corrisponde alla seguente figura riflessa in uno specchio e in negativo?

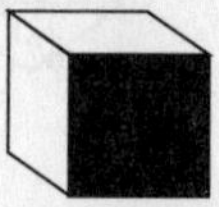

A 

B 

C 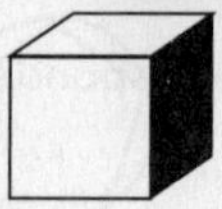

D 

E 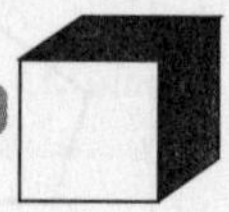

1565 Quale tra le alternative proposte corrisponde alla seguente figura riflessa in uno specchio e in negativo?

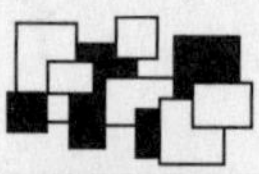

A 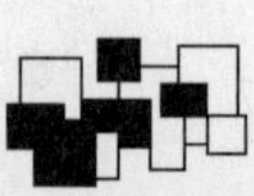

B 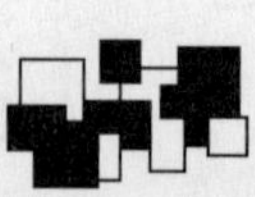

C 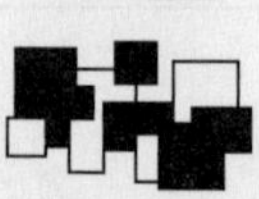

D 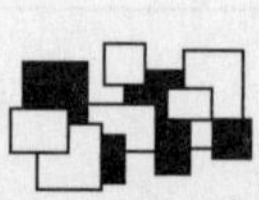

E 

1566 Quale tra le alternative proposte corrisponde alla seguente figura ruotata di 135° in senso orario?

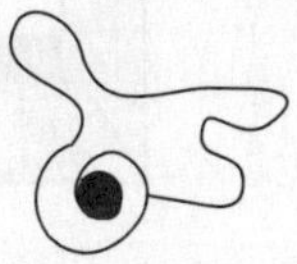

1567 Scartare una delle otto coppie di simboli.

A Coppia 1 B Coppia 3 C Coppia 7 D Coppia 5 E Coppia 6

1568 Quale tra le alternative proposte corrisponde alla seguente figura ruotata di 210° in senso orario?

1569 Quale tra le alternative proposte corrisponde alla seguente figura ruotata di 225° in senso antiorario?

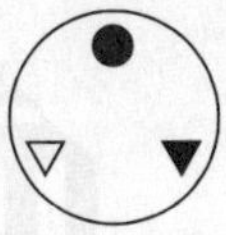

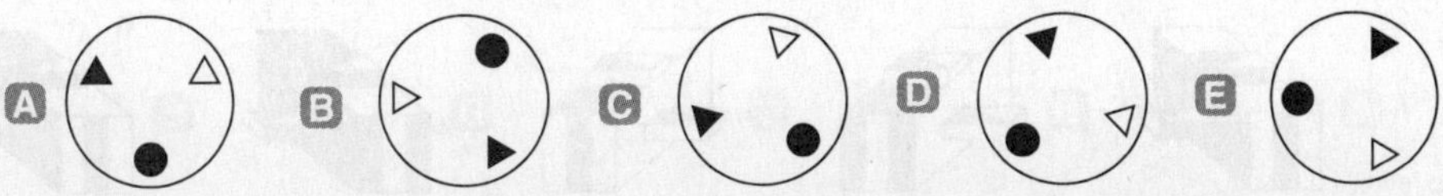

1570 Quale tra le alternative proposte è identica alla seguente figura?

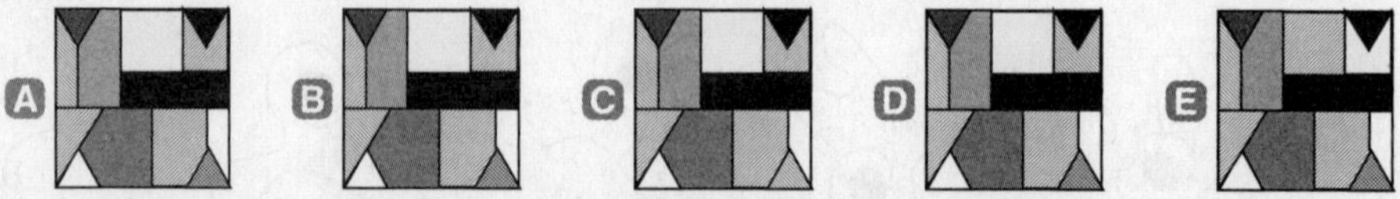

1571 Quale tra le alternative proposte è identica alla seguente figura?

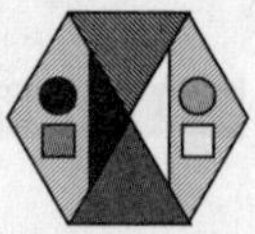

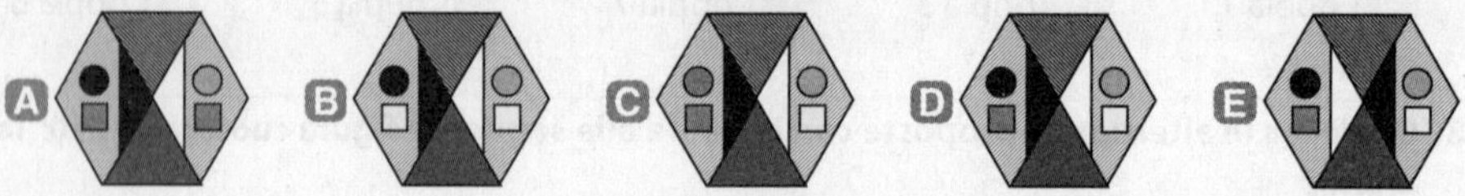

1572 Quale tra le alternative proposte è identica alla seguente figura?

1573 Quale tra le alternative proposte corrisponde alla seguente figura in negativo?

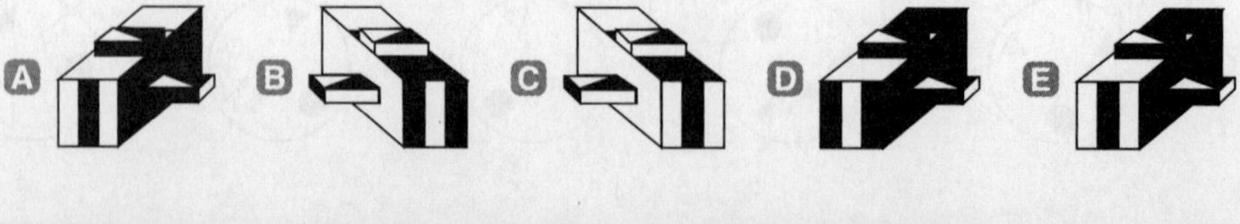

1574 Individuare la figura mancante.

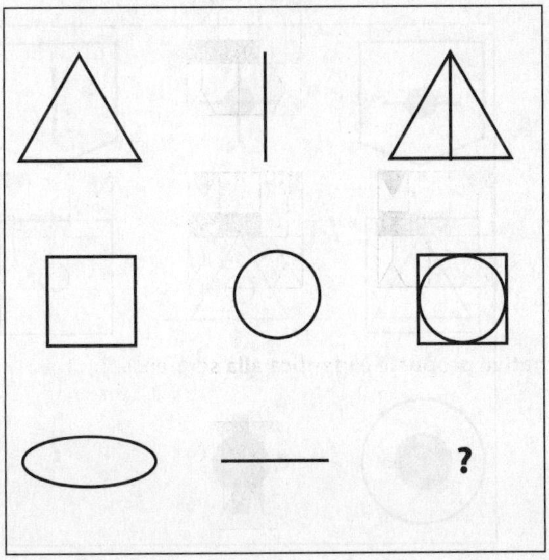

A 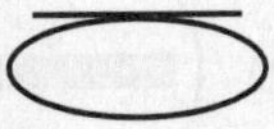
B 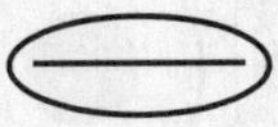
C 
D 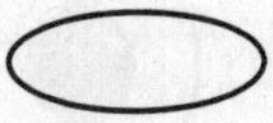

1575 Individuare la figura mancante.

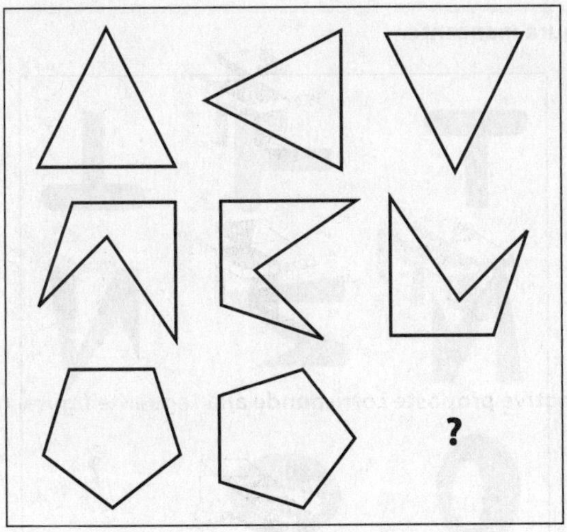

A 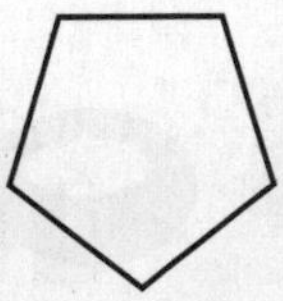
B 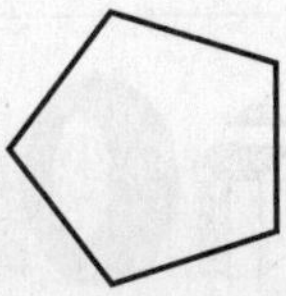
C 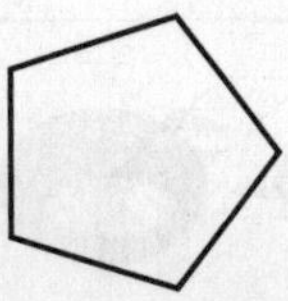
D 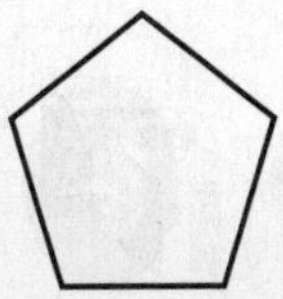

1576 Individuare la figura mancante.

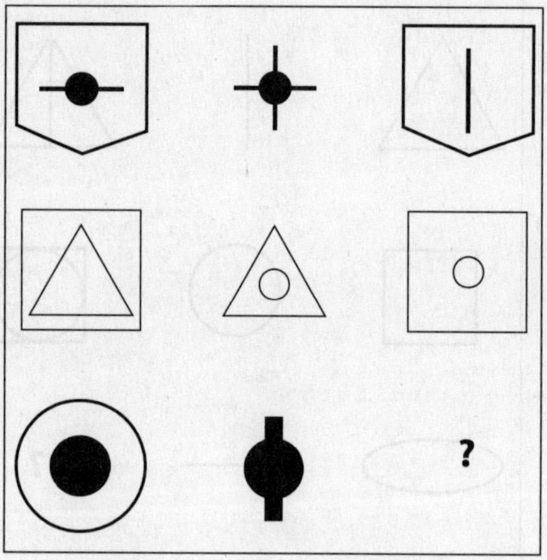

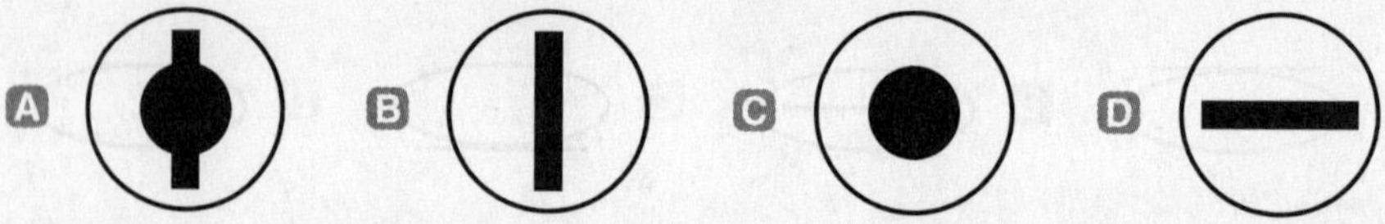

1577 Individuare la figura mancante.

1578 Individuare la figura mancante.

A  B  C  D 

1579 Scartare una delle otto terne di simboli.

1 2 3 4 5 6 7 8

A Terna 1 B Terna 3 C Terna 7 D Terna 5 E Terna 6

1580 Individuare la figura mancante.

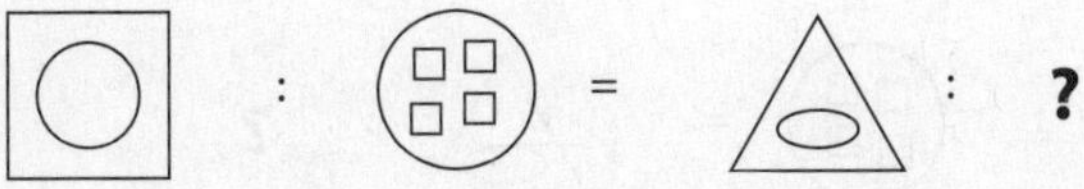

A  B 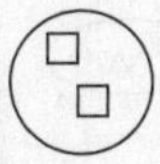 C  D 

1581 Individuare la figura mancante.

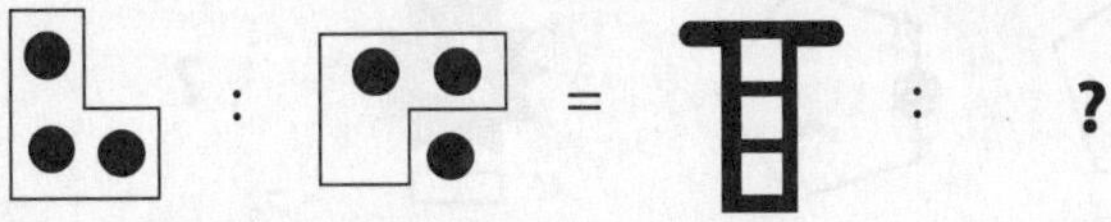

A 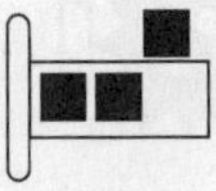 B  C  D 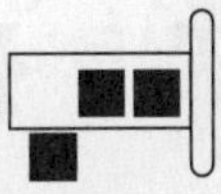

1582 Individuare la figura mancante.

1583 Individuare la figura mancante.

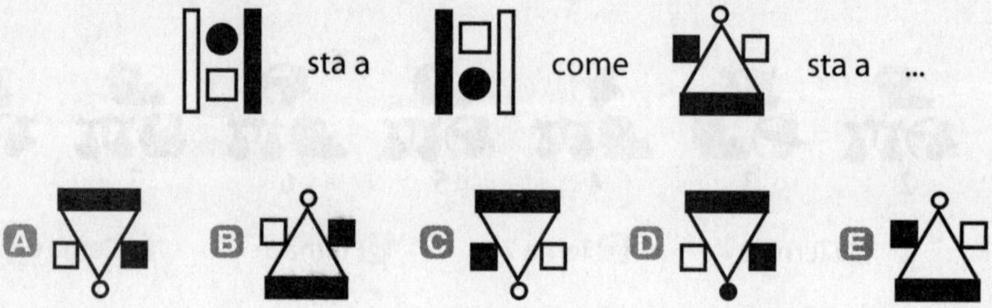

1584 Individuare la figura mancante.

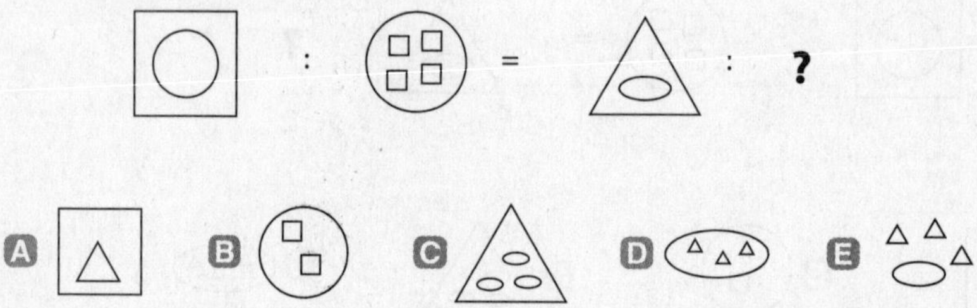

1585 Individuare la figura mancante.

1586 Individuare la figura mancante.

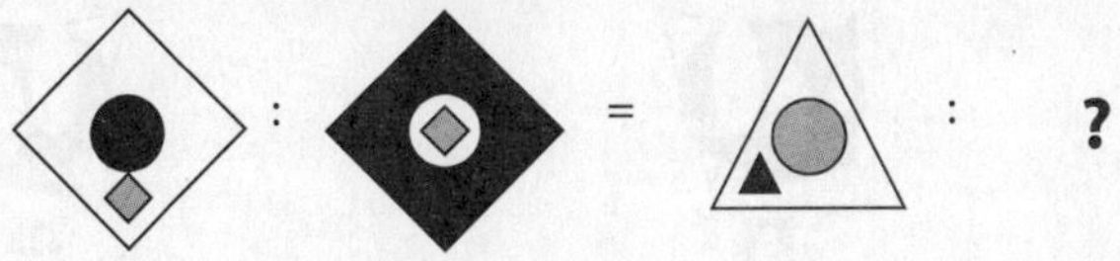

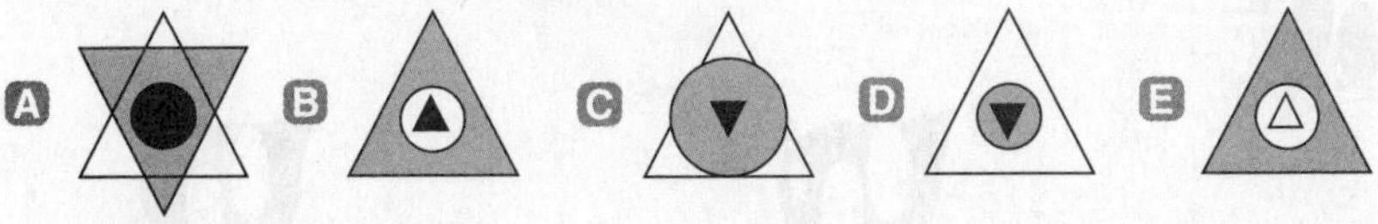

1587 Individuare la figura mancante.

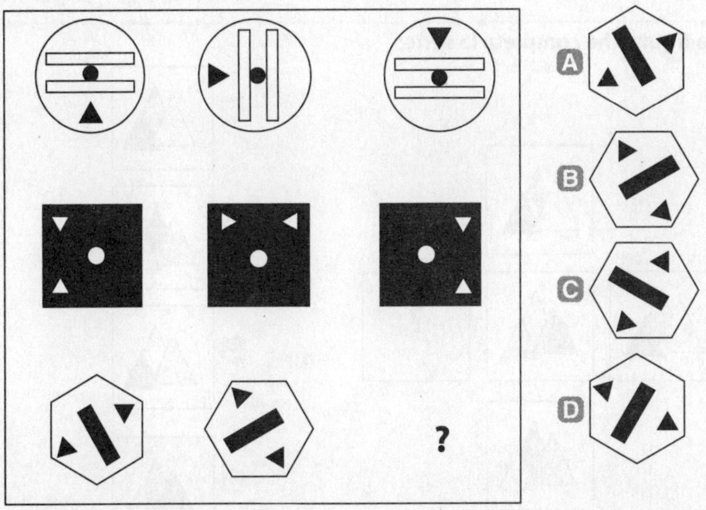

1588 Individuare la figura mancante.

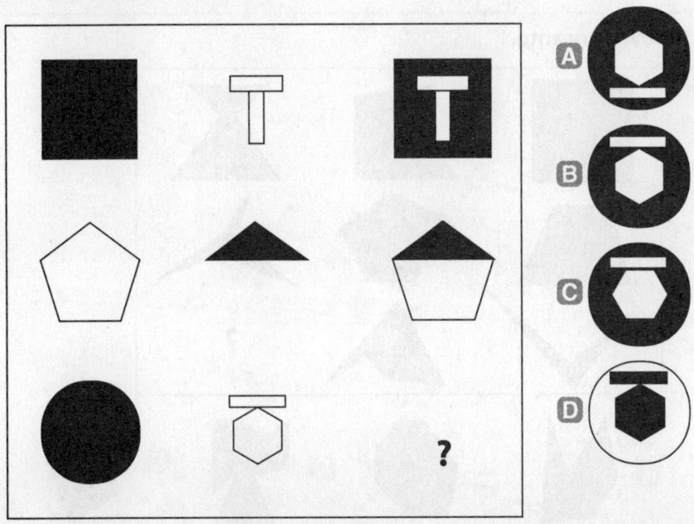

1589 Quale tra le figure a destra è uguale a quella di sinistra, ma riflessa e in negativo?

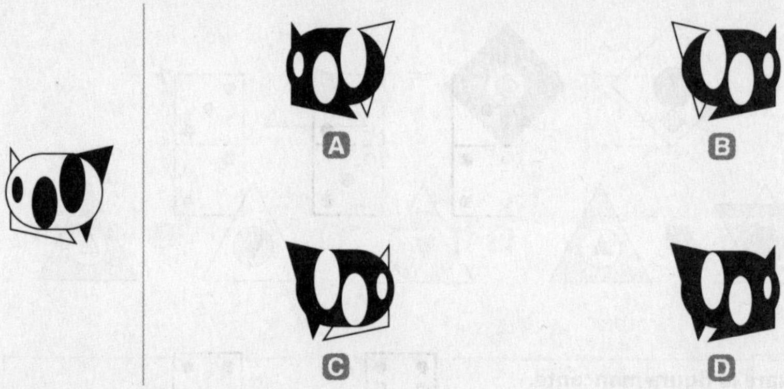

1590 Individuare la figura che completa la serie:

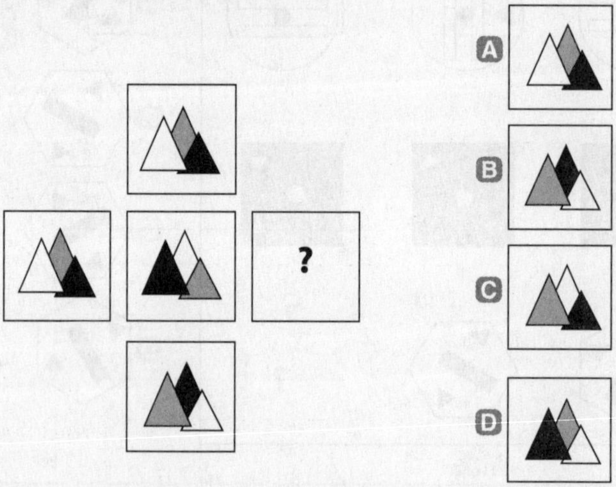

1591 Individuare la figura mancante.

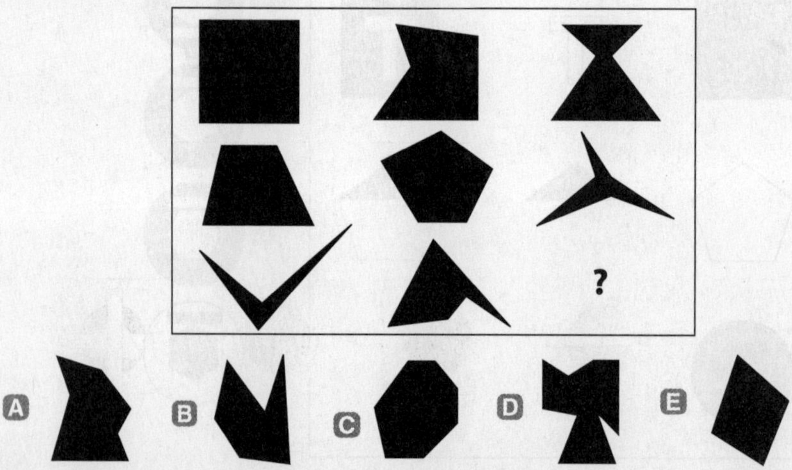

1592 Individuare la tessera mancante.

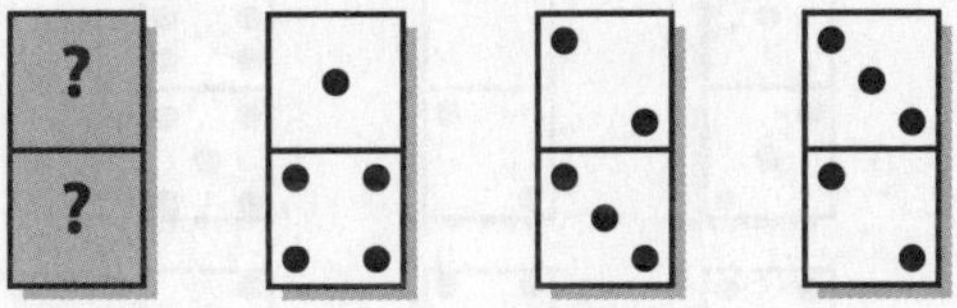

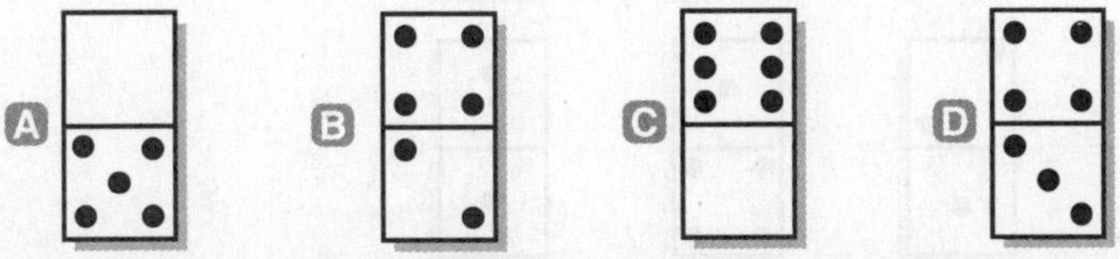

1593 Individuare la figura mancante.

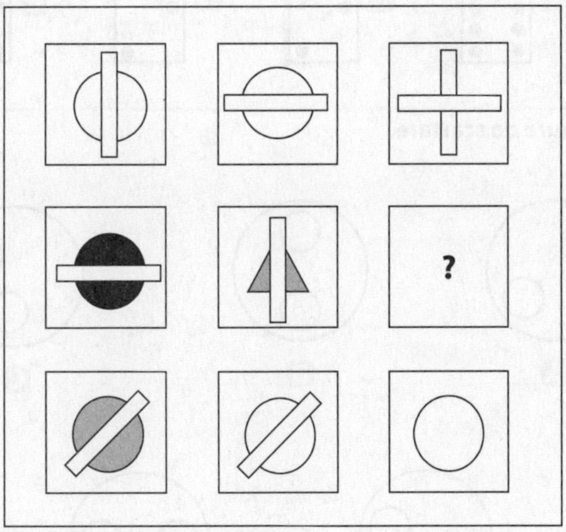

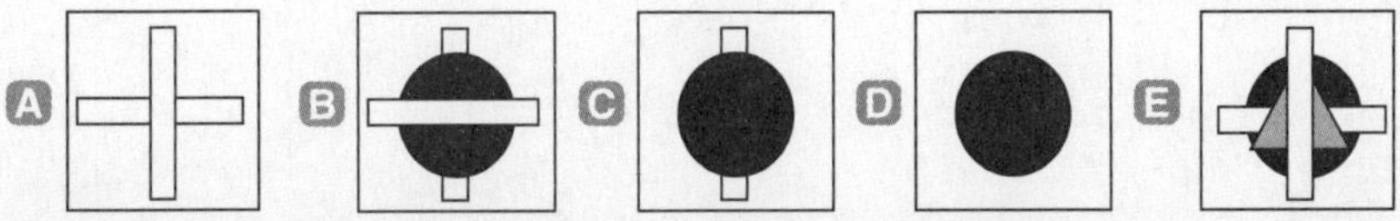

1594 Individuare la tessera mancante.

A
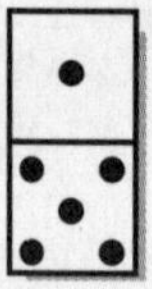
B
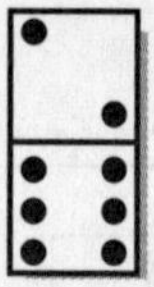
C
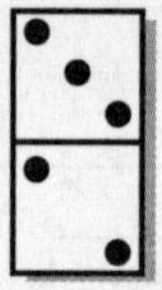
D
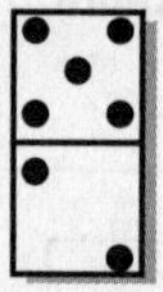
E
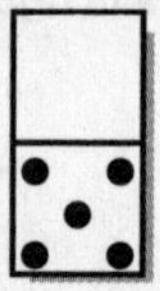

1595 Individuare la figura da scartare.

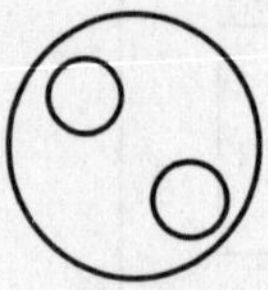
A

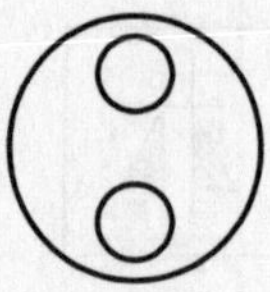
B

C

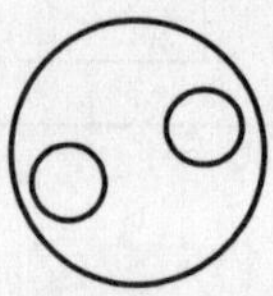
D

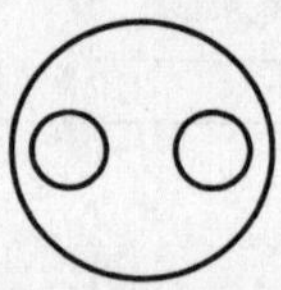
E

1596 Individuare la tessera mancante.

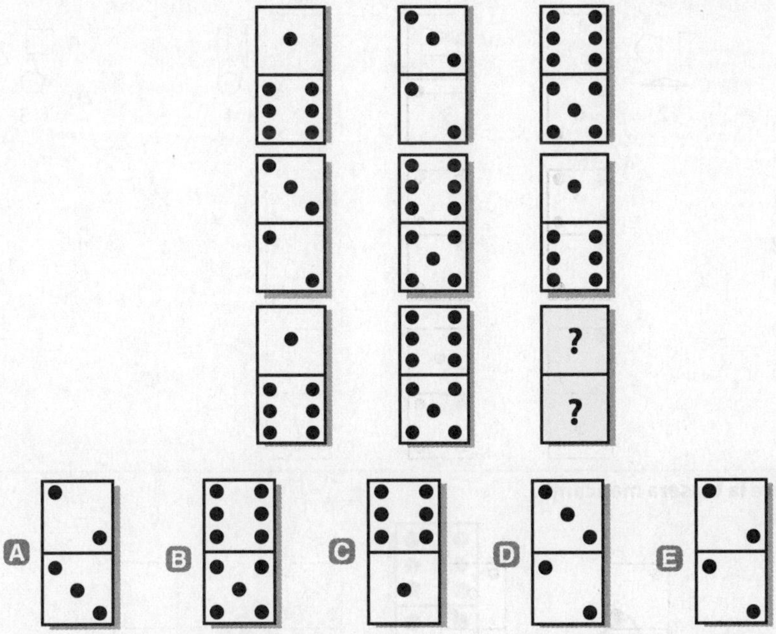

1597 Individuare la tessera mancante.

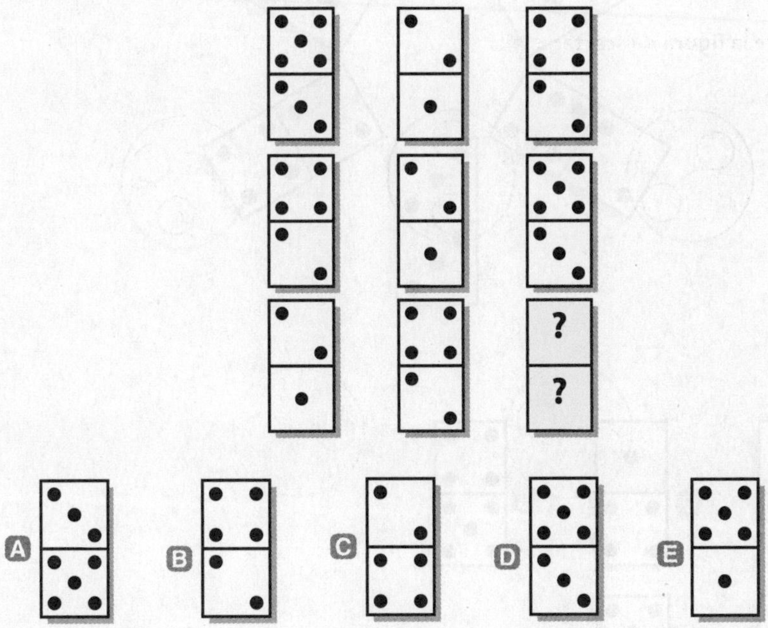

1598 Scartare una delle cinque terne di simboli.

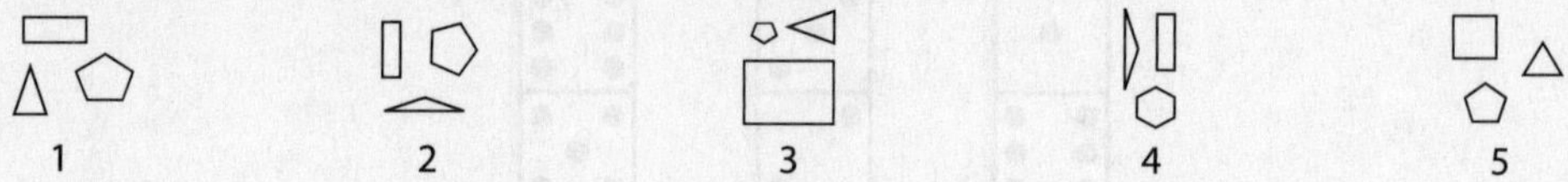

- **A** Terna 1
- **B** Terna 2
- **C** Terna 3
- **D** Terna 4
- **E** Terna 5

1599 Individuare la tessera mancante.

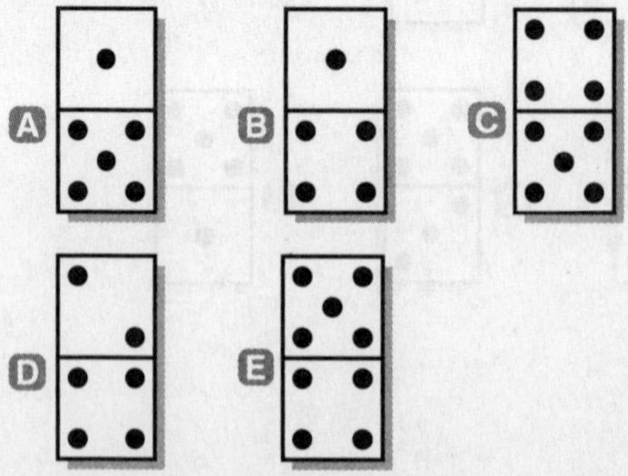

PARTE SECONDA

1600 Individuare, tra le alternative proposte, la versione in negativo della seguente figura.

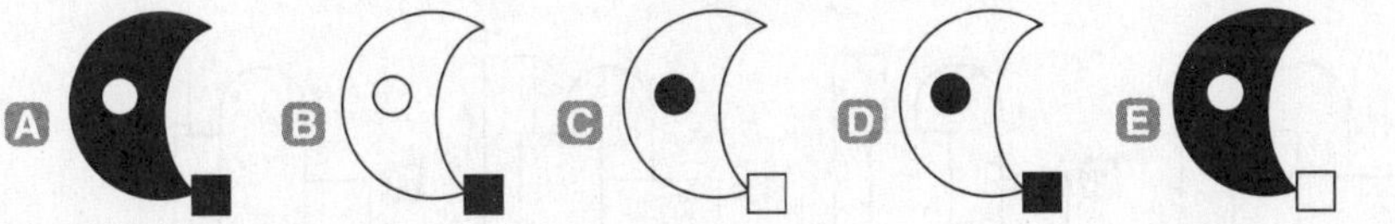

1601 Individuare, tra le alternative proposte, la versione in negativo della seguente figura.

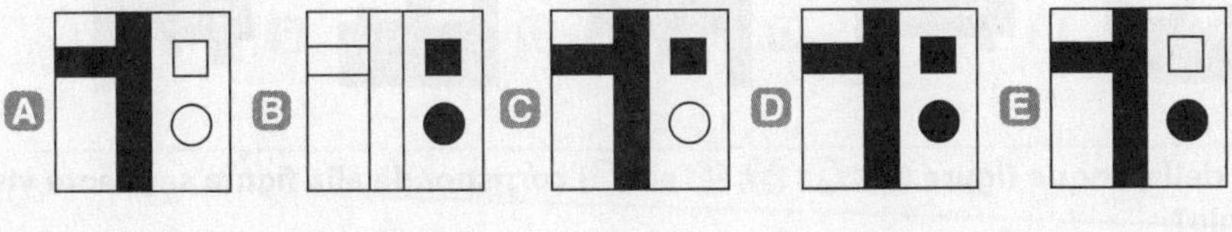

1602 Individuare la figura mancante.

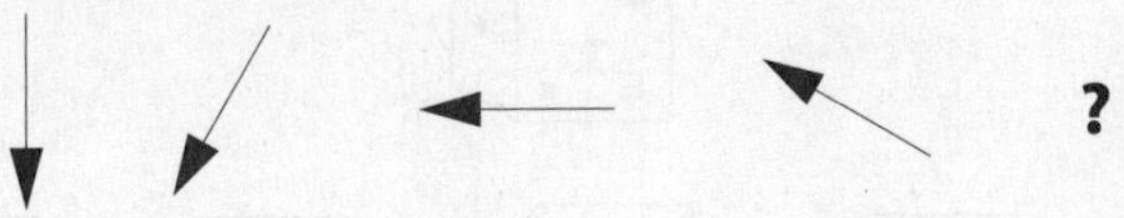

1603 Quale delle cinque figure (A, B, C, D ed E) corrisponde alla composizione seguente vista allo specchio?

1604 Quale delle quattro figure (A, B, C e D) corrisponde alla composizione seguente vista allo specchio?

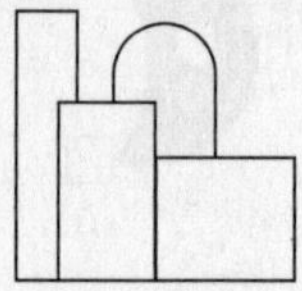

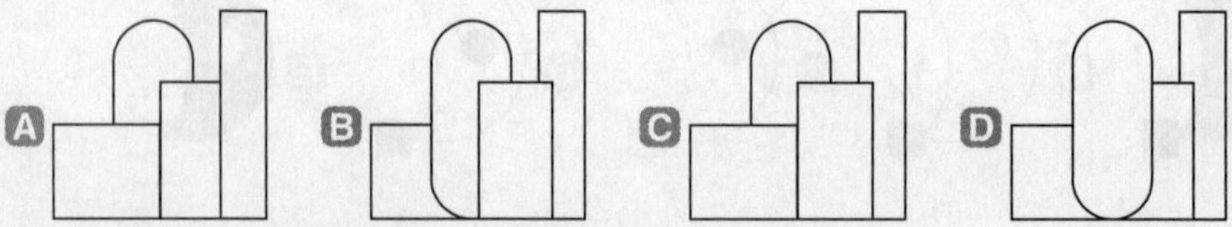

1605 Se la seguente figura venisse ruotata di 180° in senso orario e poi riflessa su uno specchio, quale sarebbe il suo riflesso?

1606 Quale delle cinque figure (A, B, C, D ed E) corrisponde alla figura seguente vista allo specchio?

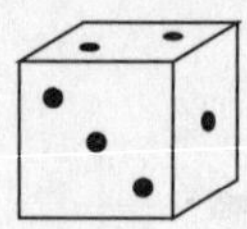

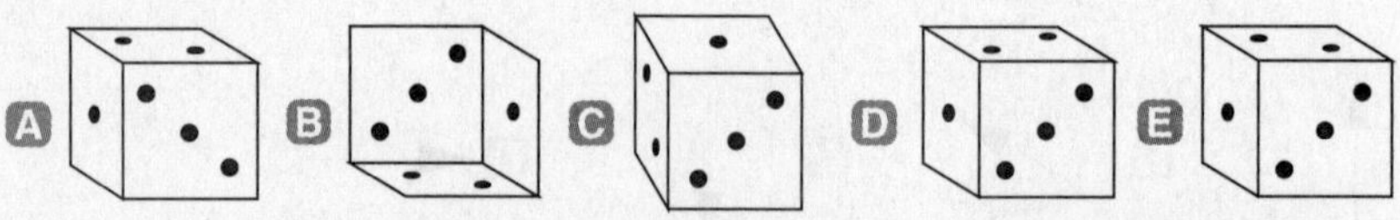

1607 Individuare, tra le alternative proposte, la versione in negativo della seguente figura.

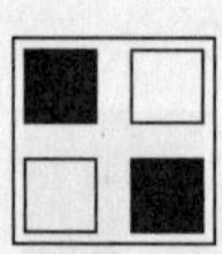

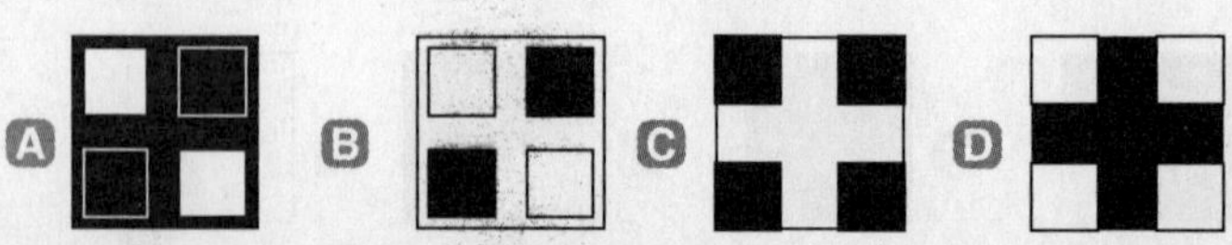

1608 Quale tra le figure a destra è uguale a quella di sinistra ruotata di 80°?

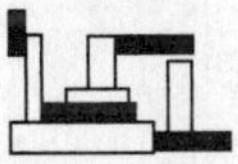

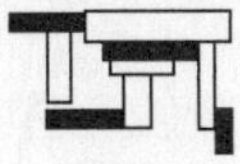

A

B

C

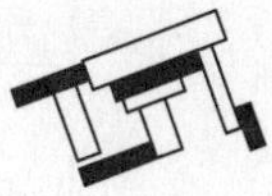

D

1609 Individuare la figura mancante.

A 

B 

C 

D 

E 

1610 Individuare gli elementi della figura incognita sapendo che i numeri in essa contenuti assumono valori da 1 a 15 (15 + 1 = 1 e non 16) e che possono essere presenti i seguenti simboli grafici: ● ❍ ❑ ■ ☼ ▼.

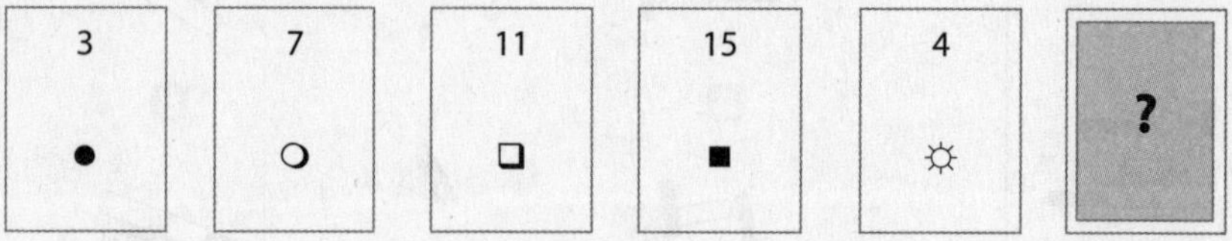

A 7 ▼ B 7 ❍ C 8 ▼ D 13 ❑ E 9 ▼

1611 Nell'esercizio seguente, individuare gli elementi delle figure incognite sapendo che i numeri in esse contenuti assumono valori da 1 a 15 (15 + 1 = 1 e non 16) e che possono essere presenti i seguenti simboli grafici: ● ❍ ❑ ■ ☼ ▼.

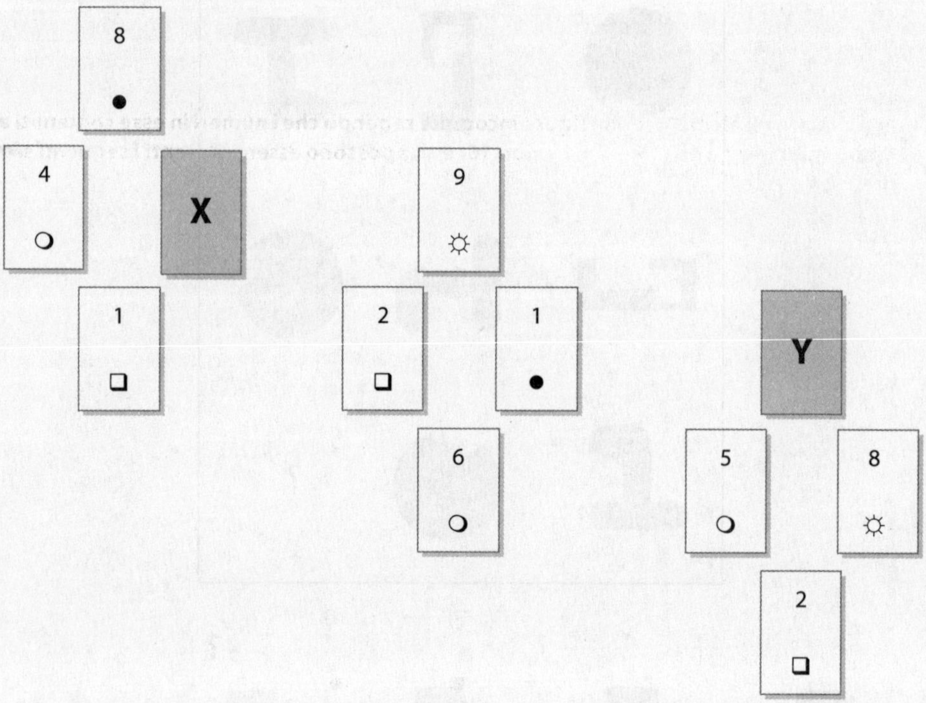

A X = 2 ☼ ; Y = 8 ●

B X = 5 ☼ ; Y = 8 ❑

C X = 5 ❍ ; Y = 4 ●

D X = 3 ☼; Y = 15 ●

E X = 3 ● ; Y = 12 ❑

1612 Individuare la figura mancante.

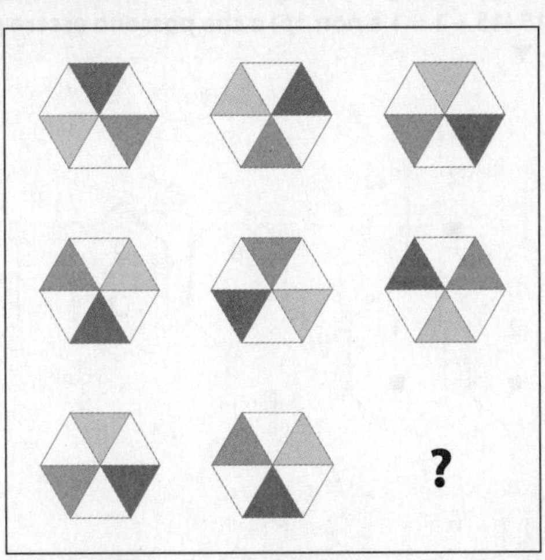

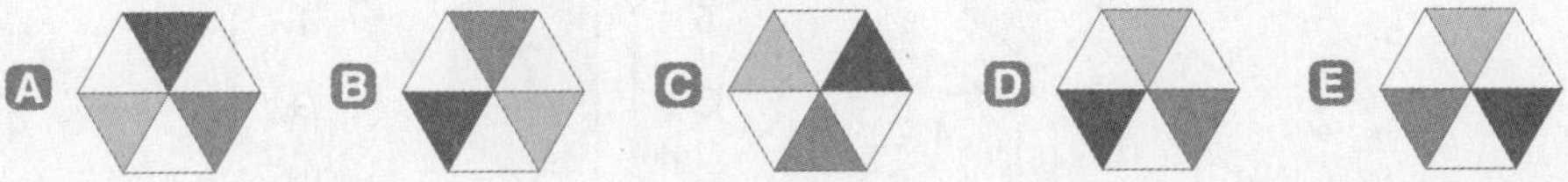

1613 Individuare gli elementi delle figure incognite sapendo che i numeri in esse contenuti assumono valori da 1 a 15 (15 + 1 = 1 e non 16) e che possono essere presenti i seguenti simboli grafici: ● ○ □ ■ ☼ ▼

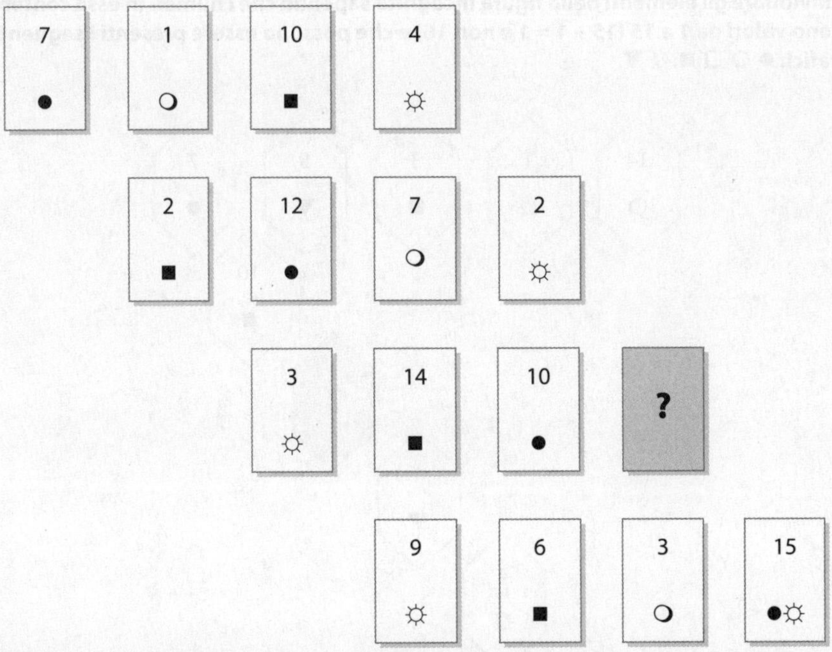

A 1 ■ B 16 ○ C 6 ○ D 1 ○

1614 **Individuare gli elementi della figura incognita sapendo che i numeri in essa contenuti assumono valori da 1 a 15 (15 + 1 = 1 e non 16) e che possono essere presenti i seguenti simboli grafici: ● ❍ ❑ ■ ☼ ▼**

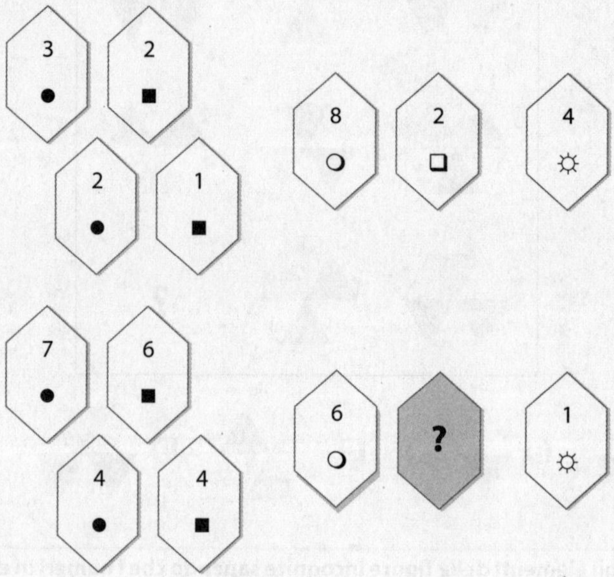

A 7 ❑ **B** 1 ❍ **C** 4 ❑ **D** 6 ❑ **E** 5 ■

1615 **Individuare gli elementi della figura incognita sapendo che i numeri in essa contenuti assumono valori da 1 a 15 (15 + 1 = 1 e non 16) e che possono essere presenti i seguenti simboli grafici: ● ❍ ❑ ■ ☼ ▼**

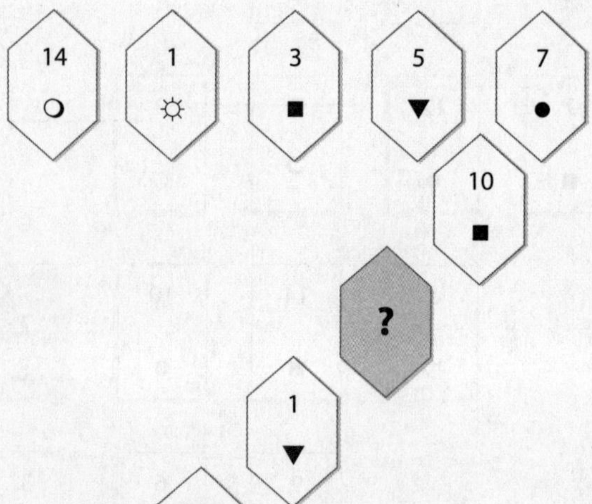

A 7 ❑ **B** 10 ❍ **C** 11 ❑ **D** Nessuna delle precedenti

1616 Individuare gli elementi della figura incognita sapendo che i numeri in essa contenuti assumono valori da 1 a 15 (15 + 1 = 1 e non 16) e che possono essere presenti i seguenti simboli grafici: ● ○ ❑ ■ ☼ ▼

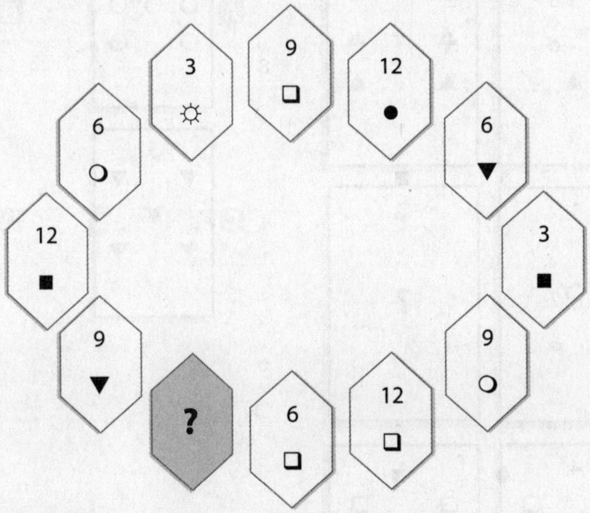

A 9 ○ **B** 3 ● **C** 12 ● **D** 6 ❑ **E** 3 ❑

1617 Individuare gli elementi della figura incognita sapendo che i numeri in essa contenuti assumono valori da 1 a 15 (15 + 1 = 1 e non 16) e che possono essere presenti i seguenti simboli grafici: ▲ ▼● ○ ■ ❑

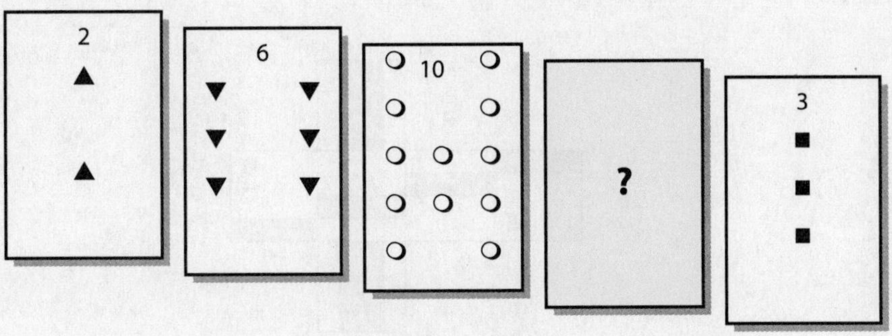

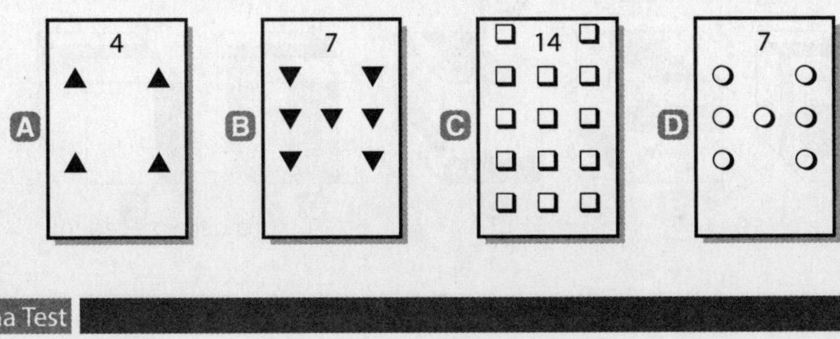

1618 Individuare gli elementi della figura incognita sapendo che i numeri in essa contenuti assumono valori da 1 a 15 (15 + 1 = 1 e non 16) e che possono essere presenti i seguenti simboli grafici: ▲ ▼● ○ ■

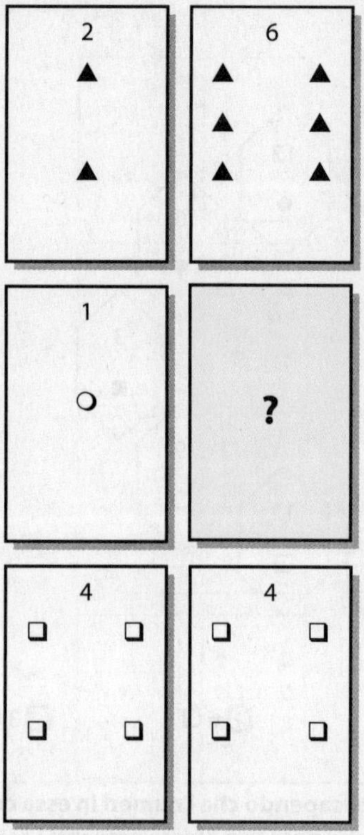

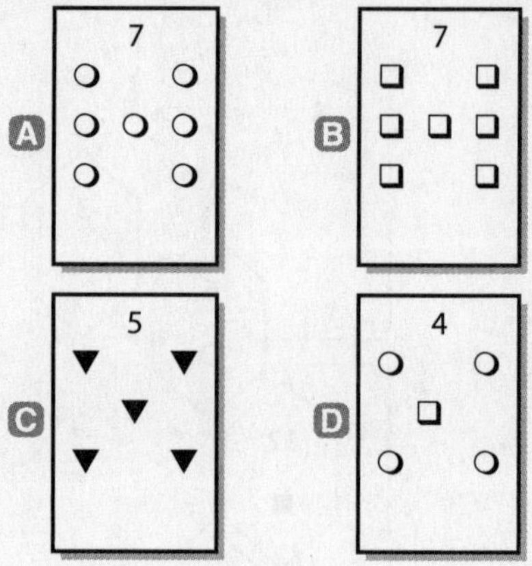

1619 Quale dei cinque cubi (A, B, C, D ed E) corrisponde alla composizione volumetrica della figura piana sotto riportata?

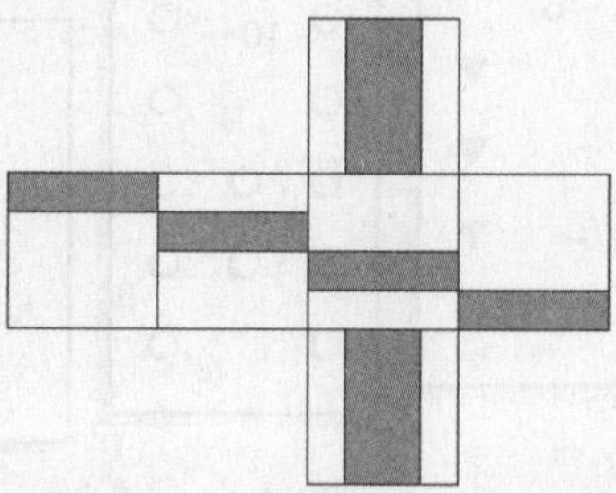

A B C D E

1620 **Individuare gli elementi della figura incognita sapendo che i numeri in essa contenuti assumono valori da 1 a 15 (15 + 1 = 1 e non 16) e che possono essere presenti i seguenti simboli grafici: ▲ ▼● ○ ■**

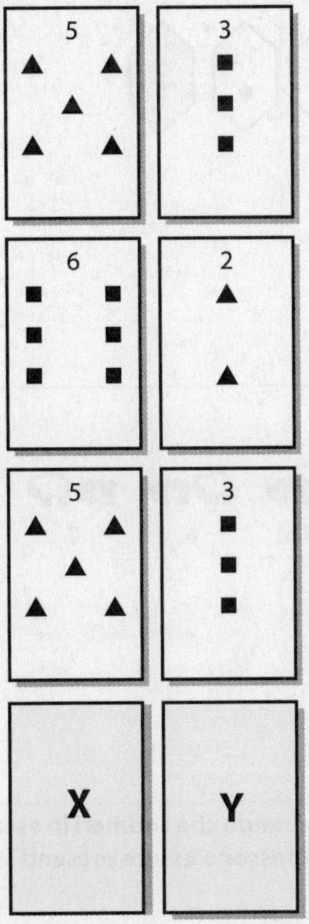

A 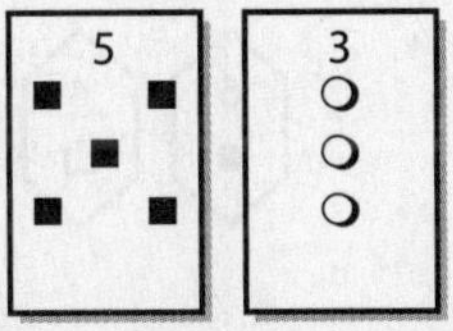

B 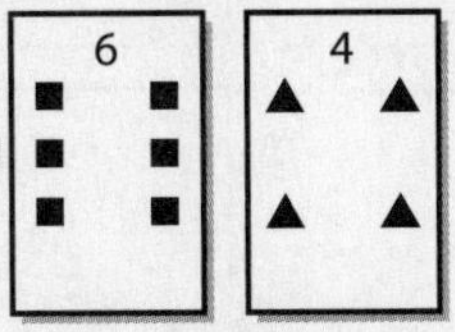

C 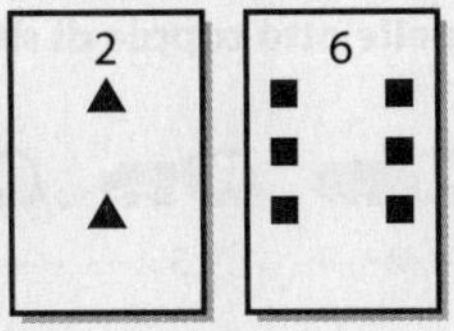

D 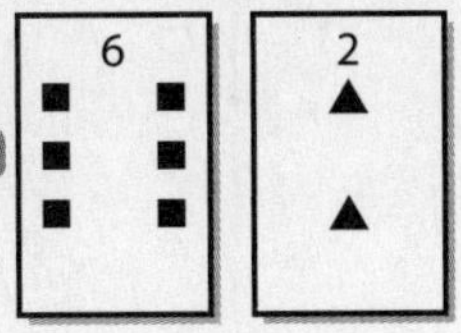

1621 **Quale delle quattro figure (A, B, C e D) corrisponde alla composizione volumetrica della figura piana sottoriportata?**

A 

B 

C 

D 

FIGURE E INSIEMI

1622 Individuare gli elementi della figura incognita sapendo che i numeri in essa contenuti assumono valori da 1 a 15 (15 + 1 = 1 e non 16) e che possono essere presenti i seguenti simboli grafici: ▲ ▼● ○ ■ ❑

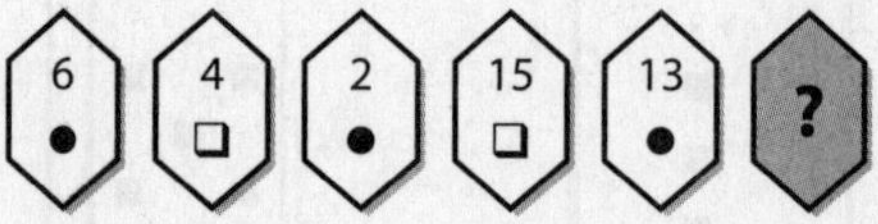

A) 2 ●
B) 11❑
C) 1 ❑
D) 12 ○

1623 Scartare una delle otto coppie di simboli.

A) Coppia 1
B) Coppia 3
C) Coppia 7
D) Coppia 5
E) Coppia 6

1624 Individuare gli elementi della figura incognita sapendo che i numeri in essa contenuti assumono valori da 1 a 15 (15 + 1 = 1 e non 16) e che possono essere presenti i seguenti simboli grafici: ▲ ▼● ○ ■ ❑

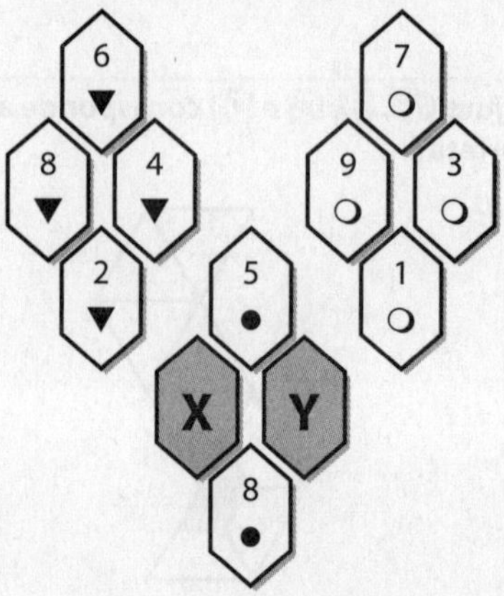

A) X = 5 ● ; Y = 5 ●
B) X = 2 £● ; Y = 8 ❑
C) X = 2 ● ; Y = 5 ●
D) Nessuna delle precedenti

1625 **Individuare gli elementi della figura incognita sapendo che i numeri in essa contenuti assumono valori da 1 a 15 (15 + 1 = 1 e non 16) e che possono essere presenti i seguenti simboli grafici: ▲ ▼● ❍ ■ ❑**

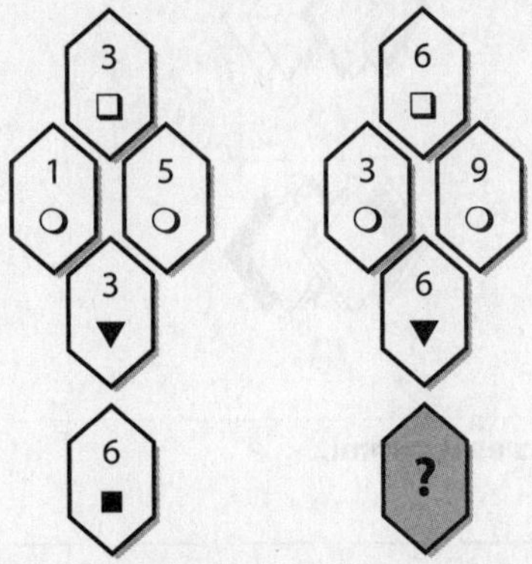

A 12 ?   **B** 8 ?   **C** 14 ?   **D** 10 ?

1626 **Individuare la figura mancante.**

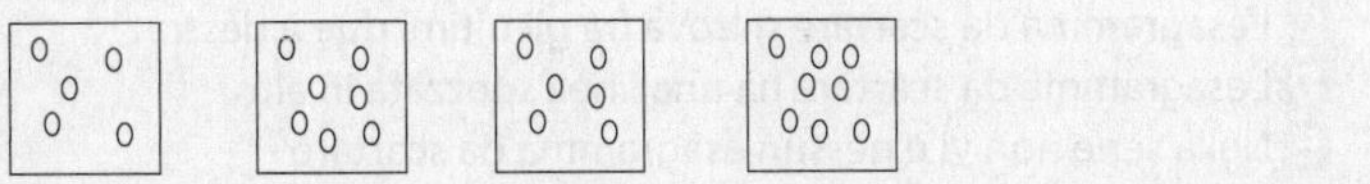

A   **B**   **C**   **D**

1627 **Individuare gli elementi della figura incognita sapendo che i numeri in essa contenuti assumono valori da 1 a 15 (15 + 1 = 1 e non 16) e che possono essere presenti i seguenti simboli grafici: ▲ ▼● ❍ ■ ❑**

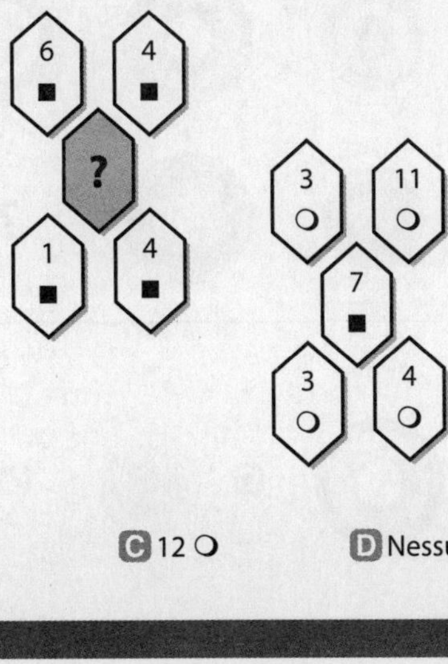

A 5 ❍   **B** 8 ❍   **C** 12 ❍   **D** Nessuna delle precedenti

1628 Quale tra le figure a destra è uguale a quella di sinistra, ma riflessa e in negativo?

A

B

C

D

1629 Scartare uno dei dodici esagrammi.

A L'esagramma da scartare ha una linea spezzata in meno
B L'esagramma da scartare ha una linea spezzata in più
C L'esagramma da scartare si trova fra gli ultimi due a destra
D L'esagramma da scartare ha una linea spezzata in alto
E Nella serie non vi è nessun esagramma da scartare

1630 Individuare la figura mancante.

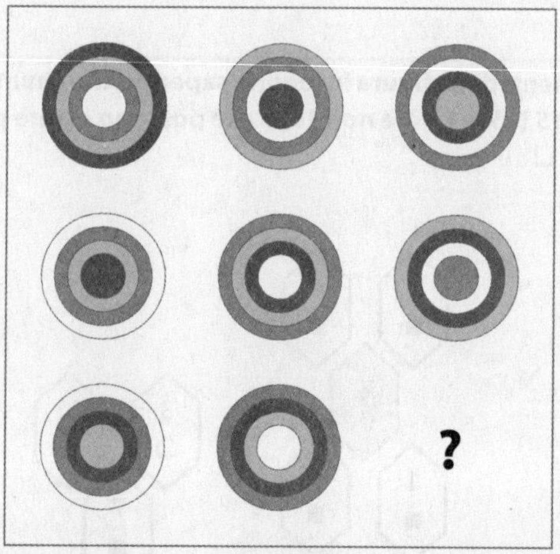

A  B  C  D  E 

1631 Scartare uno dei dodici esagrammi.

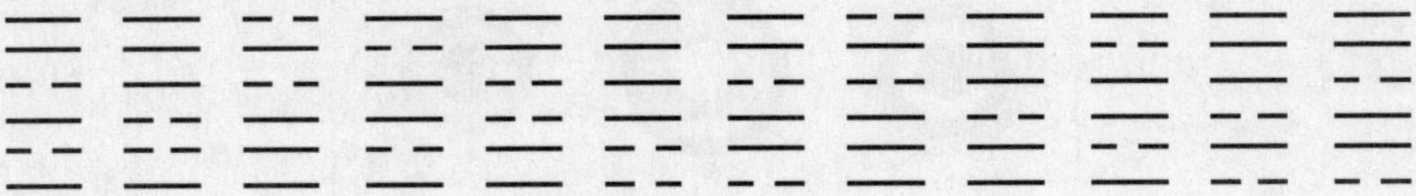

A L'esagramma da scartare ha una linea spezzata in meno

B L'esagramma da scartare ha una linea spezzata in più

C L'esagramma da scartare si trova fra gli ultimi tre a destra

D L'esagramma da scartare ha una linea spezzata in alto

E Nella serie non vi è nessun esagramma da scartare

1632 Scartare uno dei dodici esagrammi.

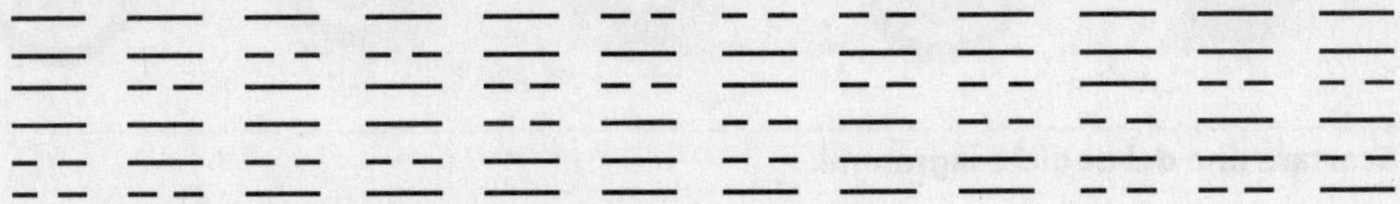

A L'esagramma da scartare ha una linea spezzata in meno

B L'esagramma da scartare ha una linea spezzata in più

C L'esagramma da scartare si trova fra i primi tre a sinistra

D L'esagramma da scartare ha una linea spezzata in basso

E Nella serie non vi è nessun esagramma da scartare

1633 Scartare uno dei dodici esagrammi.

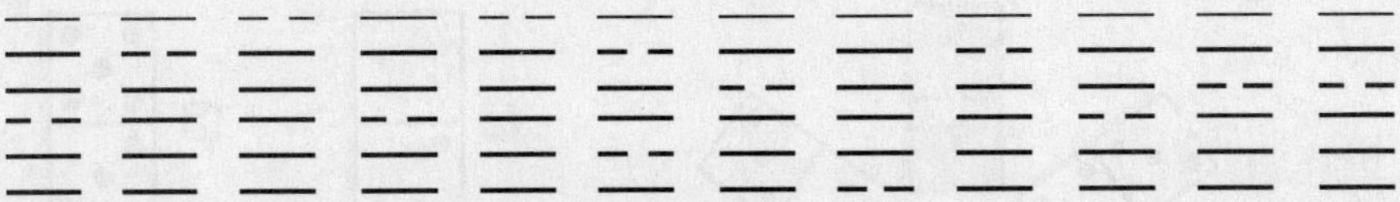

A L'esagramma da scartare ha una linea spezzata in meno

B L'esagramma da scartare ha una linea spezzata in più

C L'esagramma da scartare si trova fra gli ultimi tre a destra

D L'esagramma da scartare ha una linea spezzata in alto

E Nella serie non vi è nessun esagramma da scartare

1634 Individuare la figura mancante.

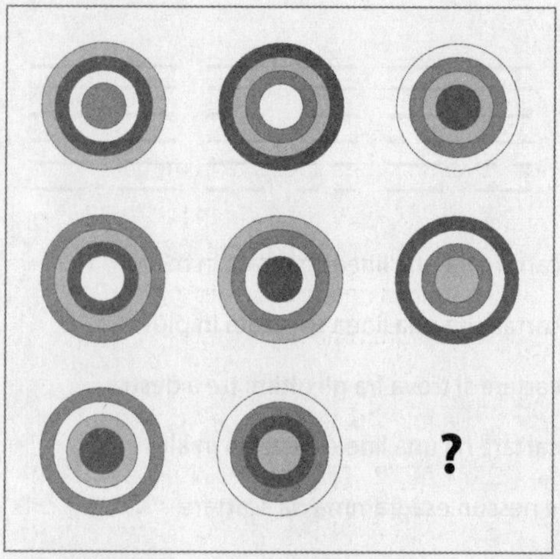

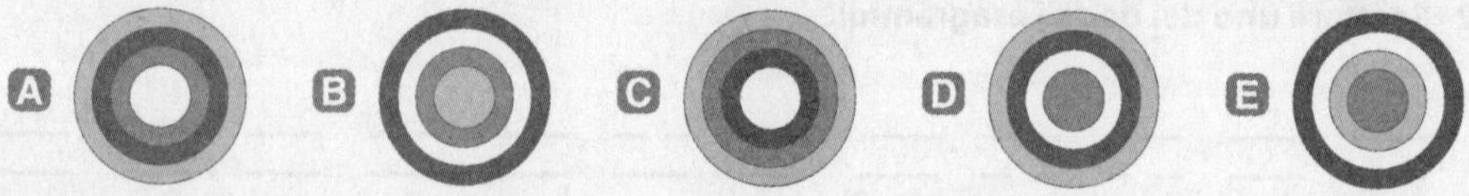

1635 Scartare uno dei dodici esagrammi.

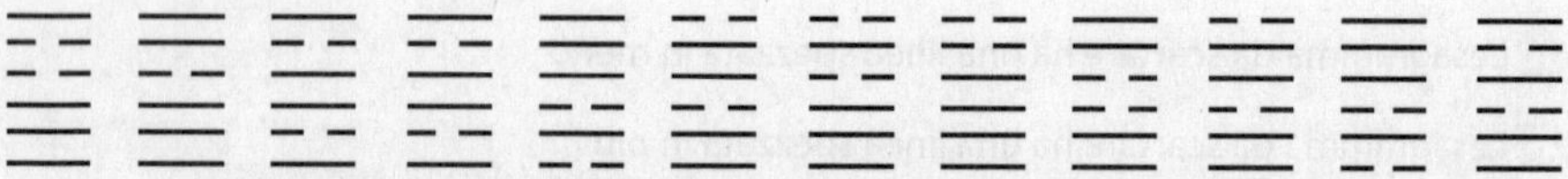

- (A) L'esagramma da scartare ha una linea intera in meno
- (B) L'esagramma da scartare ha una linea spezzata in più
- (C) L'esagramma da scartare si trova fra i primi tre a sinistra
- (D) L'esagramma da scartare ha una linea spezzata in alto
- (E) Nella serie non vi è nessun esagramma da scartare

1636 BIndividuare la tessera mancante.

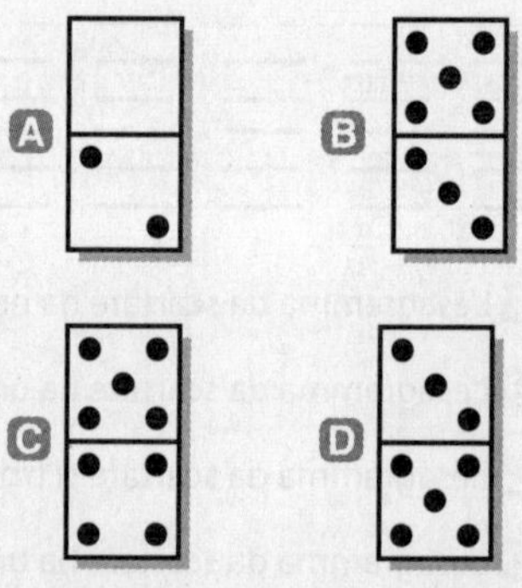

1637 Scartare uno dei dodici esagrammi.

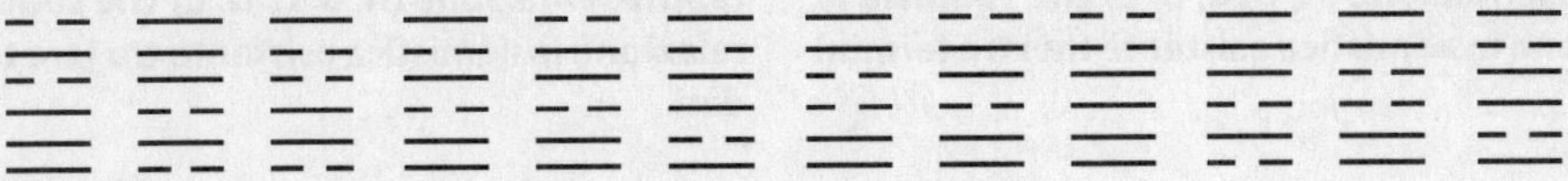

- Ⓐ L'esagramma da scartare ha una linea spezzata in meno
- Ⓑ L'esagramma da scartare ha una linea spezzata in più
- Ⓒ L'esagramma da scartare si trova fra gli ultimi tre a destra
- Ⓓ L'esagramma da scartare ha una linea spezzata in alto
- Ⓔ Nella serie non vi è nessun esagramma da scartare

1638 Scartare uno dei dodici esagrammi.

- Ⓐ L'esagramma da scartare ha un quadratino nero in meno
- Ⓑ L'esagramma da scartare ha un quadratino nero in più
- Ⓒ L'esagramma da scartare si trova fra gli ultimi tre a destra
- Ⓓ L'esagramma da scartare è il secondo da sinistra
- Ⓔ Nella serie non vi è nessun esagramma da scartare

1639 Scartare uno dei dodici esagrammi.

- Ⓐ L'esagramma da scartare ha un quadratino nero in meno
- Ⓑ L'esagramma da scartare ha un quadratino bianco in più
- Ⓒ L'esagramma da scartare si trova fra gli ultimi tre a destra
- Ⓓ L'esagramma da scartare è il terzo da sinistra
- Ⓔ Nella serie non vi è nessun esagramma da scartare

1640 Scartare uno dei dodici esagrammi.

- Ⓐ L'esagramma da scartare ha un quadratino nero in meno
- Ⓑ L'esagramma da scartare ha un quadratino bianco in più
- Ⓒ L'esagramma da scartare si trova fra gli ultimi tre a destra
- Ⓓ L'esagramma da scartare è il terzo da sinistra
- Ⓔ Nella serie non vi è nessun esagramma da scartare

Per ciascuno degli esercizi seguenti, indicare la rappresentazione (A, B, C, D, E) che soddisfa la relazione insiemistica esistente tra i tre termini dati.

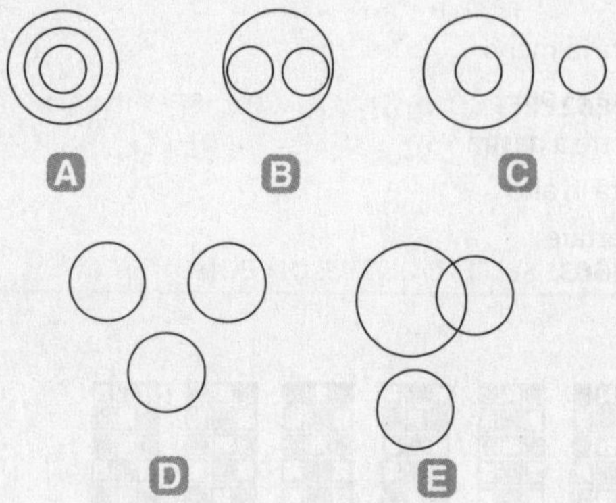

1641 Senegal, Africa, Dakar
A
B
C
D
E

1642 America Meridionale, America Settentrionale, Europa
A
B
C
D
E

1643 Polonia, Germania, Europa
A
B
C
D
E

1644 Lago Bajkal, Lago Balaton, Russia
A B C D E

1645 Italia, San Marino, Europa
A B C D E

1646 Washington, Washington DC, Canada
A B C D E

Per ciascuno degli esercizi seguenti, indicare la rappresentazione (A, B, C, D, E) che soddisfa la relazione insiemistica esistente tra i tre termini dati.

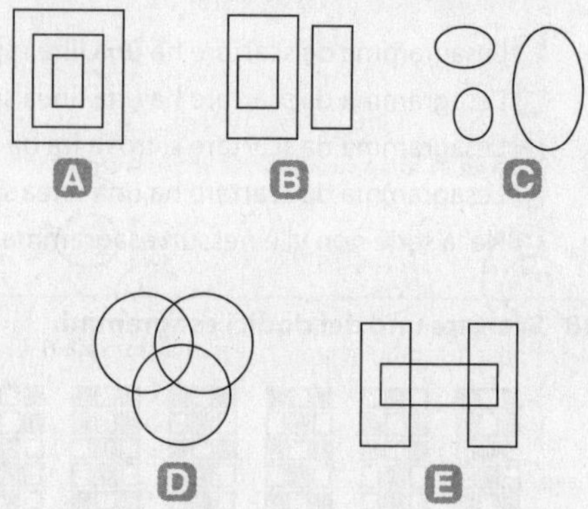

1647 BOLOGNESI, ANZIANI, PERSONE CALVE
A B C D E

1648 CAPPELLI, OGGETTI DI LANA, GIACCHE
A B C D E

1649 LAUREATI, INGEGNERI, ANALFABETI
A B C D E

1650 PASTICCINI, CANNONCINI, DOLCI
A B C D E

1651 STILISTI, VESTITI, SFILATE
A B C D E

1652 ARTISTI, MUSICISTI, VIOLINISTI
A B C D E

1653 PIZZERIE, PANETTIERI, PANE
A B C D E

1654 PRETI, UOMINI, CHIESE
A B C D E

1655 OGGETTI VERDI, CAPPELLI, OGGETTI DI LANA
A B C D E

1656 BIONDI, SINGLE, PERSONE SPOSATE
A B C D E

1657 Identificare il diagramma che rappresenta correttamente i seguenti insiemi:

- **Numeri compresi tra 2 e 25.**
- **Numeri compresi tra 5 e 8.**
- **Numeri pari divisibili per 9.**

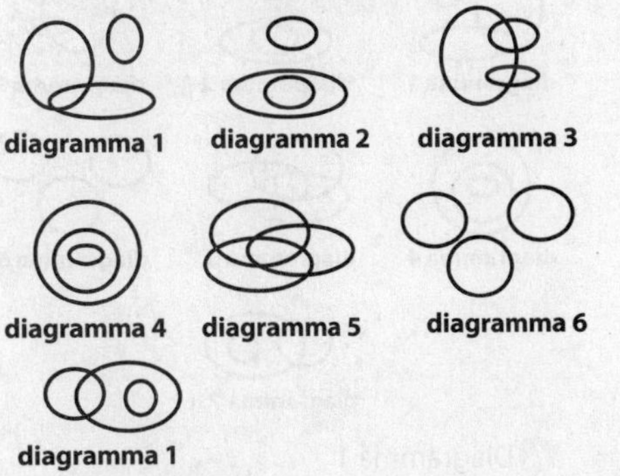

A Diagramma 4
B Diagramma 2
C Diagramma 7
D Diagramma 1
E Diagramma 5

Per ciascuno degli esercizi seguenti, indicare la rappresentazione (A, B, C, D, E) che soddisfa la relazione insiemistica esistente tra i tre termini dati.

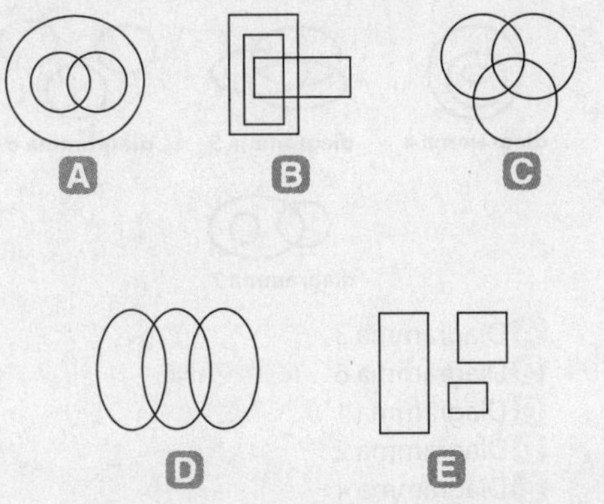

1658 LIBRI, ROMANZI GIALLI, LIBRI MONDADORI
A B C D E

1659 ITALIANI, ABITANTI DI ROMA, NUOTATORI
A B C D E

1660 INSALATA, CAROTE, MELE
A B C D E

1661 BARBIERI, PERSONE ALTRUISTE, PERSONE CON GLI OCCHIALI
A B C D E

1662 PERSONE SIMPATICHE, SPORTIVI, SCIATORI
A B C D E

1663 SEDIE, OGGETTI DI LEGNO, CUCCHIAI
A B C D E

1664 AVVOCATI, TEDESCHI, BEVITORI DI BIRRA
A
B
C
D
E

1665 LAMPIONI, STRADE, LAMPADINE
A
B
C
D
E

1666 Individuare il diagramma che soddisfa la relazione insiemistica esistente tra i termini dati: Schermi, Tastiere, Processori

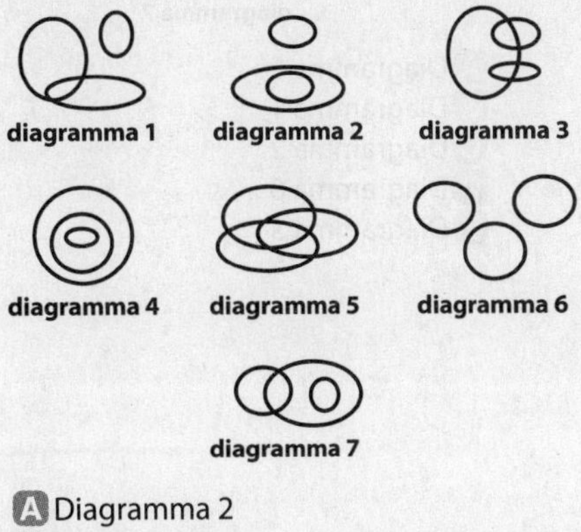

A Diagramma 2
B Diagramma 1
C Diagramma 6
D Diagramma 3
E Diagramma 4

1667 Individuare il diagramma che soddisfa la relazione insiemistica esistente tra i termini dati: Liberi professionisti, Sposati, Laureati

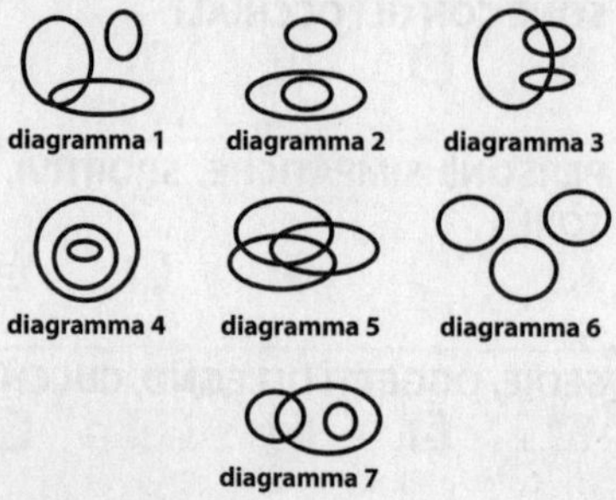

A Diagramma 1
B Diagramma 4
C Diagramma 2
D Diagramma 3
E Diagramma 5

1668 Individuare il diagramma che soddisfa la relazione insiemistica esistente tra i termini dati: Fumo, Polmoni, Laringe

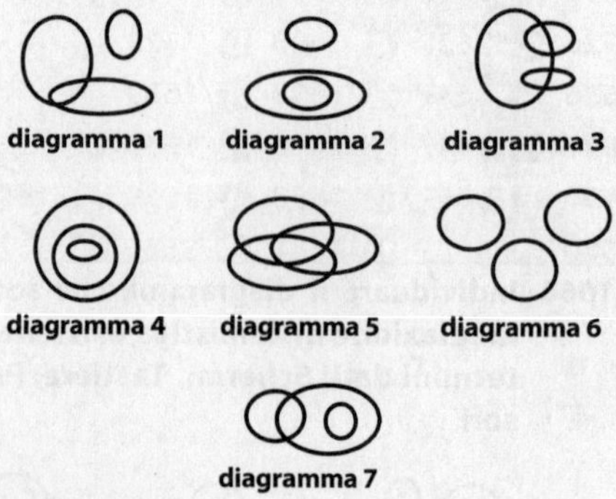

A Diagramma 5
B Diagramma 1
C Diagramma 2
D Diagramma 6
E Diagramma 3

1669 Individuare il diagramma che soddisfa la relazione insiemistica esistente tra i termini dati: Sorelle, Parenti, Appartamenti

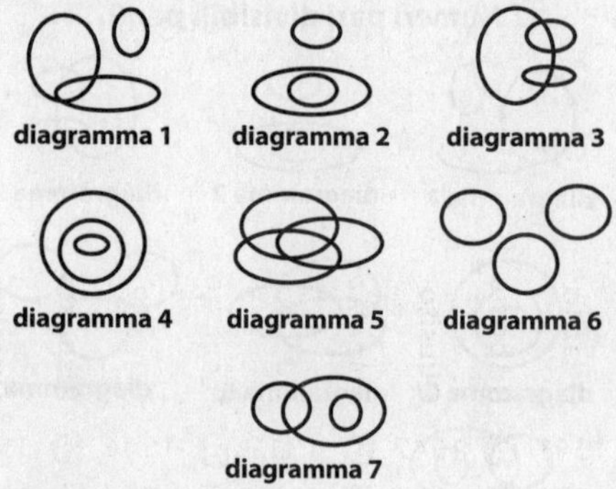

A Diagramma 1
B Diagramma 6
C Diagramma 2
D Diagramma 3
E Diagramma 5

1670 Individuare il diagramma che soddisfa la relazione insiemistica esistente tra i termini dati: Anni luce, Watt, Volt

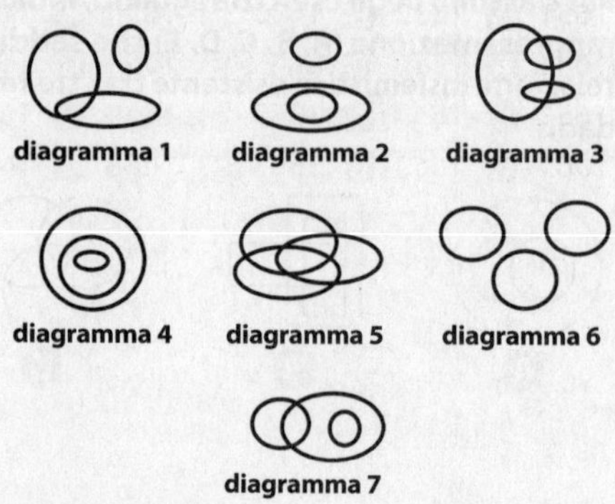

A Diagramma 3
B Diagramma 6
C Diagramma 1
D Diagramma 2
E Diagramma 4

Soluzioni

Quesito	Risposta	Quesito	Risposta	Quesito	Risposta	Quesito	Risposta	Quesito	Risposta	Quesito	Risposta	Quesito	Risposta	Quesito	Risposta	Quesito	Risposta	Quesito	Risposta
1541	A	1542	D	1543	B	1544	B	1545	C	1546	B	1547	D	1548	C	1549	E	1550	B
1551	D	1552	B	1553	E	1554	A	1555	B	1556	D	1557	C	1558	D	1559	B	1560	C
1561	A	1562	C	1563	B	1564	E	1565	B	1566	C	1567	E	1568	A	1569	C	1570	A
1571	D	1572	B	1573	E	1574	B	1575	D	1576	B	1577	A	1578	C	1579	C	1580	D
1581	C	1582	C	1583	A	1584	D	1585	C	1586	B	1587	A	1588	B	1589	B	1590	B
1591	B	1592	A	1593	E	1594	E	1595	C	1596	D	1597	D	1598	D	1599	A	1600	D
1601	A	1602	A	1603	B	1604	C	1605	B	1606	E	1607	A	1608	C	1609	C	1610	C
1611	D	1612	B	1613	C	1614	D	1615	D	1616	B	1617	C	1618	A	1619	A	1620	D
1621	D	1622	B	1623	C	1624	C	1625	A	1626	C	1627	A	1628	D	1629	B	1630	D
1631	A	1632	B	1633	B	1634	A	1635	C	1636	B	1637	B	1638	A	1639	D	1640	C
1641	A	1642	D	1643	B	1644	C	1645	B	1646	D	1647	D	1648	E	1649	B	1650	A
1651	C	1652	A	1653	C	1654	B	1655	D	1656	E	1657	C	1658	A	1659	B	1660	E
1661	C	1662	B	1663	D	1664	C	1665	E	1666	C	1667	E	1668	D	1669	C	1670	B

parte terza

COMPRENSIONE DEL TESTO E CONOSCENZA DELLA LINGUA ITALIANA

Nelle prove di ammissione dell'area Psicologia e dei corsi delle aree Educazione e Sociologia – che si tratti delle prove CISIA **TOLC-PSI** o **TOLC-SU**, o dei **test di ateneo** – hanno sempre largo spazio le domande relative alla comprensione di testi. Si suggerisce dunque a tutti i lettori di svolgere tutti i quesiti delle prossime pagine.

Quesiti di comprensione dei brani e conoscenza della lingua

Leggere il brano e rispondere alle relative domande

Il dolore è ancora un mistero. Tuttavia, due nuovi studi appena pubblicati sulla rivista «Science» aprono alcuni spiragli sulla sua comprensione.

Il primo studio si occupa di empatia, ovvero di quello strano fenomeno per cui soffriamo a causa di un dolore che sta provando una persona a cui siamo affettivamente legati. Tania Singer, dell'istituto di neurologia dell'University College di Londra, e i suoi colleghi volevano capire cosa succede realmente nel cervello di chi prova questa sensazione e perciò hanno preso in esame 16 coppie di fidanzati. La donna è stata messa in una macchina per la risonanza magnetica, in modo da poter osservare cosa accadeva al suo cervello quando una breve scossa elettrica colpiva il dorso della sua mano o di quella del suo fidanzato che si trovava nella stessa stanza. La donna non poteva vedere il viso dell'uomo, tuttavia poteva sapere in anticipo, grazie ad un indicatore, a chi dei due stava per arrivare la scossa e se si sarebbe trattato di una scossa lieve o di una di maggiore intensità. Quando ad essere colpita era la sua mano, nel cervello della donna si attivavano alcune regioni cerebrali conosciute per essere legate alla sensazione del dolore. E fin qui nulla di nuovo. Ma le immagini della risonanza magnetica hanno mostrato che quando la scarica si dirigeva sulla mano dell'uomo amato, il cervello attivava più o meno le stesse zone. Il dolore provato e quello immaginato sulla pelle del compagno, in sostanza, non erano molto differenti tra di loro. La componente emotiva e quella sensoriale interagiscono tra loro molto intensamente, commenta l'autore dell'editoriale che accompagna la ricerca. Forse più intensamente di quanto ci si aspettasse.

Ma non è tutto. I ricercatori hanno anche visto che lo stesso tipo di attivazione neuronale si riscontra non solo nel caso dell'empatia, ma anche in quello dell'anticipazione del dolore: sapere in anticipo che si proverà dolore già lo fa sentire.

Questo aspetto sembra essere confermato dalla seconda ricerca pubblicata su *Science*. I ricercatori dell'Università del Michigan hanno analizzato in questo caso l'effetto placebo, ovvero quell'altro strano fenomeno per cui su alcune persone (e in alcuni casi) una sostanza senza alcun effetto farmacologico (la cosiddetta «acqua fresca») produce un effetto benefico come se fosse un farmaco. Il placebo è stato descritto per la prima volta in un dizionario medico inglese del 1811, ma solo nel XX secolo è stato studiato in modo scientifico. Un caso famoso è quello comparso nel 1976 sul «New England Journal of Medicine». Si trattava di un americano che, affetto da una malattia reumatologica invalidante, decise di non curarsi con gli antinfiammatori che gli avevano prescritto, ma con la vitamina C, convinto che lo avrebbe «disintossicato». L'uomo ottenne di alleviare i suoi dolori tra lo sconcerto dei medici. «L'effetto placebo è ben conosciuto – spiega Alessandro Nobili, farmacologo dell'istituto Mario Negri di Milano – tanto che viene normalmente usato come elemento di confronto nelle sperimentazioni dei farmaci. Dando ad alcuni pazienti il farmaco e ad altri il placebo si vede se l'effetto della sostanza chimica è superiore all'idea di curarsi e di farsi del bene».

Si sapeva anche che il placebo funziona in modo particolare contro il dolore. Rimaneva da capire se questo effetto è solo un'illusione della psiche o ha un corrispettivo fisiologico. La nuova ricerca entra nel cuore del problema. Ad alcune persone è stata applicata una crema che non aveva nessun effetto dimostrato, ma che veniva presentata come un potente antidolorifico, dopodiché venivano colpite da una scossa elettrica o da una sensazione di bruciatura mentre la risonanza magnetica mostrava cosa stava avvenendo nel loro cervello. Tutti coloro che mostravano una grande attività della corteccia prefrontale prima dello stimolo doloroso presentavano poi un'attività ridotta nelle regioni cerebrali coinvolte nella sensazione di dolore al momento della scossa e quindi sentivano effettivamente meno dolore. I ricercatori affermano che questo dimostrerebbe che l'anticipazione del sollievo dal dolore è legata alla riduzione del dolore stesso: in altre parole, sapere che si sentirà meno dolore fa sì che effettivamente si senta meno dolore.

«Conoscevamo già le endorfine, mediatori chimici che vengono rilasciati stimolando alcune zone del cervello e che hanno la capacità di combattere il dolore – spiega il professor Vito Cagli, medico internista – ora abbiamo una prova in più del fatto che c'è un aspetto fisiologico nel placebo». Si sa che per alcune patologie il placebo funziona più che per altre: dolore, depressione, ansia, asma, allergie cutanee, ovvero quelle malattie che hanno una componente di natura psicogena. In alcuni casi risponde addirittura il 40% dei pazienti. Tuttavia, l'uso del placebo come terapia è molto limitato perché, dice Cagli, il suo effetto non è prevedibile né quantificabile. Per ora ci accontentiamo di sapere qualcosa in più sul suo funzionamento.

1671 Sulla base di quanto affermato nel testo, si può ricavare che l'empatia:

A è strettamente legata all'effetto placebo

B funziona solo fra fidanzati

C non può essere misurata con la risonanza magnetica

D non è stata sperimentalmente dimostrata

E deriva dall'interazione fra componenti sensoriali ed emotive

1672 Il brano consente di dedurre che l'autore è:

A un medico

B una ricercatrice

C una docente universitaria

D una psicologa

E nessuna delle precedenti alternative è corretta

1673 Una sola delle deduzioni tratte dall'articolo NON È sufficientemente SUFFRAGATA dal testo. Quale?

A Il placebo non è considerato una terapia con ampie possibilità di utilizzo in quanto i suoi effetti non sono né prevedibili né quantificabili

B Non basta sapere che si sentirà meno dolore per sentirne realmente di meno

C Sono quasi due secoli che in medicina si parla di "effetto placebo"

D La capacità di ridurre la sensazione del dolore è posseduta anche da una sostanza prodotta dal cervello

E L'esperimento svolto dai ricercatori dell'Università del Michigan ha mostrato che l'effetto placebo ha un corrispettivo fisiologico

In base alle informazioni contenute nel brano seguente, rispondere alle relative domande.

[1] Bramante e i suoi collaboratori – Peruzzi, Antonio da Sangallo, Raffaello – progettano i nuovi monumenti della Roma cristiana secondo la stessa misura gigantesca dei monumenti antichi: il nuovo San Pietro, che è un enorme tempio a pianta centrale, coronato da una cupola grande come il Pantheon, il nuovo Palazzo Vaticano, che avrebbe dovuto presentare verso la città una facciata colossale a logge, come il Settizonio (un frammento di questa facciata è il loggiato del cortile di San Damaso); il cortile a gradoni per collegare il Palazzo Vaticano con la Villa del Belvedere, lungo più di 300 metri e organizzato come un unico ambiente prospettico.

[2] Il tessuto umile e aggrovigliato della città medioevale è tagliato senza esitazione per far posto a nuove strade rettilinee e a nuovi edifici regolari (anche qui come a Ferrara si valuta il contrasto tra la città medioevale e la città moderna; ma si distrugge il tessuto medioevale, sovrapponendo i nuovi tracciati regolari a quelli antichi irregolari). Presso le rive del Tevere si aprono due strade diritte: via della Lungara e via Giulia (dove Bramante comincia a costruire l'immenso Palazzo dei Tribunali); ai limiti dell'abitato si ripristina il rettifilo romano del Corso, e si progetta un nuovo sistema di tre strade rettilisnee (il Corso, via Ripetta e via del Babuino), che convergono a Porta del Popolo dove si entra in città da nord. Questo ambizioso programma è modificato e interrotto dagli avvenimenti decisivi – politici, religiosi e culturali – dei primi decenni del Cinquecento.

[3] Nel 1513 muore Giulio II e nel 1514 Bramante. Il nuovo papa Leone X, della famiglia Medici, divide i suoi interessi tra Roma e Firenze; la vita culturale romana è dominata da Raffaello, che dirige una vasta organizzazione di esecutori e svolge contemporaneamente molti compiti diversi: segue i lavori urbanistici e edilizi, sorveglia il ritrovamento delle opere d'arte e delle iscrizioni antiche, esegue pitture e decorazioni, allestisce spettacoli teatrali, fornisce i modelli di scrittura alla cancelleria papale. Questo metodo di lavoro collettivo – contrastante con l'individualismo dei più importanti artisti e scrittori del tempo – sembra adatto a realizzare finalmente uno stile moderno coerente e trasmissibile. Ma nel 1520 Raffaello muore a trentasette anni e nello stesso periodo cambia bruscamente l'equilibrio politico e culturale: nel 1519 Carlo V è eletto imperatore; nel 1520 la scomunica di Lutero rende inevitabile lo scisma protestante; nel 1521 muore Leone X e i suoi successori devono ormai difendere l'indipendenza di Roma dalla crescente potenza imperiale. Nel 1527 Roma e il Vaticano sono occupati da un esercito protestante agli ordini di Carlo V, che saccheggia la città come al tempo dei barbari.

1674 In base a [1] e [2], il progetto coordinato da Bramante:

A prevedeva una coesistenza armonica tra città medioevale e città moderna
B preferiva i tracciati rettilinei a quelli irregolari
C prevedeva la costruzione del palazzo dei Tribunali lungo il rettifilo romano del Corso
D prevedeva un sistema di tre strade rettilinee situate a sud di Roma
E presentava interventi analoghi a quelli realizzati con il rinnovamento urbanistico di Ferrara

1675 Il programma per Roma di Bramante e dei suoi collaboratori:

A venne portato a termine nei primi due decenni del 1500
B venne portato a termine grazie a un nuovo metodo di lavoro
C contrapponeva nuove e più ridotte proporzioni rispetto a quelle caratteristiche di monumenti antichi come il Pantheon
D subì diverse modifiche in rapporto agli avvenimenti politici e religiosi
E viene vanificato dal sacco di Roma

1676 Tra gli ostacoli alla realizzazione del progetto di Bramante, il brano NON indica:

A la morte dell'artista
B la morte di papa Giulio II
C l'elezione di Carlo V a imperatore
D la scomunica di Lutero e lo scisma protestante
E dal tessuto umile e aggrovigliato del piano urbano cittadino

1677 Il Pantheon citato nel paragrafo [1] è:

A il mausoleo progettato da Bramante per Giulio II
B il nome del nuovo palazzo Vaticano
C un monumento simbolo dell'architettura rinascimentale fiorentina
D un tempio romano di epoca imperiale
E una basilica paleocristiana

1678 Stando al testo, dopo la morte di Bramante e Giulio II:

A il nuovo artefice degli interventi urbanistici a Roma è Raffaello, rivale di Bramante
B sono i collaboratori di Bramante a ridefinire lo stile dei nuovi palazzi romani
C è Raffaello, già collaboratore di Bramante, il nuovo protagonista della vita culturale romana
D Raffaello svolge contemporaneamente molti compiti diversi e non riesce a dirigere la vasta organizzazione di esecutori
E diversi giovani architetti emergenti, tra i quali Raffaello, Peruzzi e Antonio da Sangallo, si contendono il favore del nuovo Papa

1679 Il metodo di lavoro di Raffaello, descritto nel paragrafo [3]:

A era in sintonia con l'individualismo di altri importanti uomini di cultura del suo tempo
B ebbe modo di essere trasmesso e diffuso nella seconda metà del Cinquecento
C prevedeva di seguire contemporaneamente più compiti in diversi ambiti culturali
D si ispirava alla meticolosità organizzativa di Bramante
E gli permise di ridefinire il volto di Roma in modo armonico e complessivo

COMPRENSIONE DEL TESTO

1680 Il cortile che collega il Palazzo del Vaticano con la Villa del Belvedere:

A è situato nella parte nord di Roma
B è organizzato secondo più prospettive
C ha dimensioni imponenti
D si trova vicino alle rive del Tevere
E è porticato sui lati lunghi

1681 In base a quanto ricostruito nel paragrafo [3], si può affermare che la centralità della figura di Raffaello nelle vicende artistiche romane:

A dura più di 10 anni, dalla morte di Bramante a quella di Leone X
B dura meno di 5 anni e ha fine con la morte di Giulio II
C si impone alla morte di Bramante e si protrae nei pontificati di Giulio II e di Leone X
D dura poco più di 5 anni, dalla morte di Bramante a quella di Raffaello stesso
E ha termine quando l'artista deve lasciare la città per sfuggire al saccheggio di Roma

1682 Nel contesto del paragrafo [2], l'espressione «tessuto umile e aggrovigliato» può essere riformulata al meglio come:

A l'intreccio di vie strette e disordinate
B la stoffa dimessa e ingarbugliata
C il tracciato vecchio e sporco delle strade
D la mappatura antica e difforme
E l'abito inzaccherato e di poco pregio

1683 Nella frase «anche qui come a Ferrara si valuta il contrasto tra la città medioevale e la città moderna» (paragrafo [2]) *qui*:

A si riferisce alla città di Ferrara
B è un pronome che indica il progetto di Bramante
C è un pronome che indica il progetto di Raffaello
D è un connettivo logico del discorso
E è un avverbio che rimanda alla città di Roma

Leggere il brano seguente e rispondere alle relative domande

MAL DI TEST

«Il suo colore preferito?, chiede una delle tante domande del test. [...]

Questionari, d'ogni genere, si moltiplicano e arrivano da ogni parte [...] Non è il caso di deplorare il fenomeno con la patetica predica sulla parcellizzazione della vita e dell'individuo nella società contemporanea; rispondere a test era un gioco non disdegnato da scrittori come Proust e Thomas Mann, che è difficile accusare di superficialità. [...] Anche se le domande sono numerose, si pensa di sbrigarle rapidamente, sia perché le risposte devono essere telegrafiche sia perché si è persuasi di avere idee, opinioni, gusti, convinzioni, amori, odi, pensieri. [...]

Ma invece, sin dai primi passi, si annaspa. Come si fa a indicare il poeta preferito? Leopardi o Baudelaire? Già in quest'alternativa c'è una violenza invadente, o forse questa è una nobile scusa per la propria irresolutezza. Anche considerando – ma è un modo per trarsi un po' d'impaccio – fuori categoria Dante o Shakespeare, come autori per i quali la definizione di poeta è troppo restrittiva, altri si affollano subito, legittimi e imperiosi; lasciar fuori Petrarca è un disagio troppo grande, [...]

E gli scrittori? Due – indiscutibili – sono due non scrittori, due entità sovrapersonali e plurime, lo Spirito Santo e Omero, se è vero che hanno scritto la Bibbia e l'Iliade e l'Odissea. Ma gli altri?

E subito una gran confusione, come in certi pasticci sentimentali in cui si finisce per non sapere chi si ama di più e non si sa che pesci pigliare. [...]

Sino a questo punto si tratta, tutt'al più, di una patologica indecisione critica o di una incoercibile ma felice vocazione poligamica; forse è bene non saper scegliere fra chi si ama, è certo giusto non scegliere tra i propri figli, anche avendone cento come Priamo. Le cose saranno certo più chiare per quel che riguarda non la finzione letteraria, bensì la vita, la realtà; uno saprà certo dire cosa ama, odia, tiene o desidera di più, i luoghi che preferisce e quelli che aborre. [...]

Man mano che si prosegue nel questionario, si è risucchiati in un vortice di incertezza; non sono tanto le idee, i gusti, le predilezioni a traballare, quanto lo stesso io chiamato a declinarli, che si sente improvvisamente astratto, irreale [...] Come si può dunque osare indicare, nella risposta alla domanda numero 16, il tratto principale del proprio carattere, se quelle botte e risposte fanno anzitutto dubitare di avere un carattere? L'io si frantuma e le sue qualità svaporano.

Non si può farne una colpa alla computerizzazione che governa il mondo. Quella logica non snatura la vita, come protestano i nostalgici del buon tempo antico, ma ne dice forse la verità, mette a nudo il meccano di cui siamo fatti [...]
Il gesto di narrare crea, finge e costruisce un'identità, mentre chi risponde ai test sente di perderla, come un accusato dinanzi al poliziotto o al giudice che lo interroga.»

Claudio Magris, *Utopia e disincanto*, 2001

1684 UNA SOLA delle osservazioni sullo scritto di Magris è correttamente DEDOTTA dal testo. Quale?

- A È evidente che tra i poeti e gli scrittori Magris ama Leopardi e Baudelaire, Omero, Virgilio e Dante
- B Se è difficile scegliere tra le letture predilette, non lo è meno scegliere tra le persone, gli oggetti e gli eventi in mezzo a cui viviamo
- C Il compilare un questionario agli scrittori di qualche valore è sempre sembrato un gioco poco serio, da intellettuali superficiali e disoccupati
- D La logica del nostro mondo computerizzato non rispetta l'originalità dell'individuo del quale disgrega l'unità naturale
- E Rispondere ai test, come il narrare storie, mette a rischio di disperdersi e di trasferire la propria identità nella propria opera

1685 Individuate la considerazione che NON trova conferma nello scritto di Magris:

- A il tono di questa pagina è leggero e arioso, ma l'indagine sulla condizione non solo dello scrittore, ma dell'uomo in generale, è, nella sostanza, seria
- B lo scrittore rifugge dal luogo comune che attribuisce alla società contemporanea la responsabilità di ogni misfatto ai danni dell'individuo
- C Magris osserva, come per inciso, che di fronte a chi ha il compito di giudicare noi o le nostre azioni rimaniamo disorientati e non riconosciamo più noi stessi
- D non è detto che la vocazione alla poligamia sia sempre un male; ci sono affetti tra i quali è bene non stabilire graduatorie
- E se i test hanno l'effetto di creare una confusione mentale e affettiva in chi era ben sicuro di sé, la loro attendibilità sarà molto limitata

1686 Il titolo originale dello scritto (di cui è stata citata qui una parte) è spiritoso: Mal di test. Qual è L'UNICO DEI TITOLI sotto elencati che potremmo dare alla selezione che ne è stata fatta?

- A Abbasso i test
- B Salviamo i nostri gusti
- C Guardiamoci dalle mode
- D I test: uno specchio rivelatore
- E I test: un meccano per scrittori

Leggere il brano e rispondere alle tre domande seguenti

«Cos'è l'intuizione, dopotutto? È un fatto facilmente osservabile che talvolta le persone raggiungono improvvisamente, d'emblé, la soluzione del problema che li assilla ed esse hanno allora un'esperienza "aha!" variamente graduata per intensità. Non vi è alcun dubbio sulla genuinità del fenomeno e, d'altronde, le soluzioni che le persone raggiungono quando hanno di queste esperienze, quando cioè emettono giudizi ________, sono molto spesso corrette.

Dati affidabili sono ________ a questo proposito per i campioni di scacchi. Mostrate una figura di scacchi, relativa ad una situazione intermedia nel corso della partita, ad un campione o ad un grande campione: dopo averla osservata per soli cinque, dieci secondi, sarà generalmente in grado di proporre una mossa risolutiva, molto spesso proprio la mossa che è oggettivamente la migliore ipotizzabile in quella situazione. Se invece la stessa configurazione gli si presenta nel corso di una partita contro un forte avversario, non vorrà fare quella stessa mossa immediatamente e potrà indugiare alcuni minuti e magari anche mezz'ora per decidere se la sua prima intuizione sia o non sia effettivamente corretta; comunque nell'ottanta o novanta per cento dei casi il suo primo impulso gli avrà indicato la mossa più opportuna.
La spiegazione della profonda intuizione del campione di scacchi è ben nota agli psicologi e non é veramente sorprendente, ne è più complicata di quanto non sia la spiegazione della nostra abilità, in termini di secondi, nel riconoscere uno dei nostri amici incontrandolo per strada mentre ci rechiamo al lavoro.

COMPRENSIONE DEL TESTO

Ora, in qualsiasi campo si sia raggiunta una considerevole esperienza, abbiamo acquisito un gran numero di "amici", un gran numero di stimoli immediatamente ______________. [...]

Quasi ogni persona di istruzione superiore può distinguere, ricordandone il significato, da cinquantamila a centomila parole. Nel corso degli anni abbiamo "fatto amicizia" con cinquanta o centomila di esse. Qualsiasi entomologo professionista ha una paragonabile capacità di riconoscere gli insetti che incontra, e lo stesso dicasi di un botanico per le piante. In ogni settore di specializzazione, la padronanza di un'elaborata rete di criteri di distinzione è uno degli strumenti ______________ dell'esperto e la principale fonte delle sue intuizioni. [...]

Per quale motivo dovremmo credere che il meccanismo di riconoscimento ci dia la spiegazione della maggioranza delle esperienze "aha!" di cui è testimonianza la storia della creatività? Un motivo importante è che le valide esperienze "aha!" accadono solo alle persone in possesso delle appropriate cognizioni: Raymond Poincaré giustamente osservava che l'ispirazione viene solo alle menti preparate. Al giorno d'oggi disponiamo anche di alcuni dati che indicano quanto tempo sia necessario per preparare una mente umana ad un'attività creativa di livello mondiale. [...]

I dati ______________ raccolti da John P. Hayes per i campioni di scacchi ed i compositori e, in modo leggermente meno sistematico, per i pittori e i matematici indicano che dieci anni è il numero magico: quasi nessuno, nelle discipline citate, ha raggiunto una prestazione a livello mondiale senza avere prima trascorso almeno dieci anni di studio intensivo e di strenua applicazione.

Che dire allora degli *enfants prodige*? Mozart compose capolavori forse a partire dai suoi diciassette anni, certo non prima. [...] Certamente bisogna dire che Mozart aveva già iniziato a comporre all'età di quattro anni... Mozart resta comunque il tipico esempio di questi *enfants prodige* le cui biografie sono state studiate da Hayes e il suo esempio conferma che *condicio sine qua non* per ottenere un'opera rilevante è la diligente applicazione alla propria disciplina per almeno una decina d'anni o più».

Herbert A. Simon, *La ragione nelle vicende umane*

1687 Dal testo di Herbert A. Simon sono state espunte sei parole elencate qui sotto in diverse successioni. INDICARE la serie che corrisponde alle esigenze logiche del testo.

- **A** Empirici, fondamentali, intuitivi, disponibili, riconoscibili
- **B** Fondamentali, disponibili, intuitivi, riconoscibili, empirici
- **C** Intuitivi, riconoscibili, empirici, fondamentali, disponibili
- **D** Intuitivi, disponibili, riconoscibili, fondamentali, empirici
- **E** Empirici, fondamentali, riconoscibili, disponibili, intuitivi

1688 UNA SOLA delle seguenti affermazione è rigorosamente deducibile dal testo. Quale?

- **A** Gli psicologi sono in grado di spiegare le capacità intuitive delle persone eccezionalmente dotate, ma la spiegazione è particolarmente complicata
- **B** La storia della creatività attesta che lo studio intensivo e l'applicazione non bastano a produrre opere valide a livello mondiale
- **C** L'esempio di un enfant prodige come Mozart vanifica ogni tentativo di analizzare in modo convincente le condizioni dei meccanismi creativi
- **D** Si inganna sempre chi è convinto di aver risolto un problema complesso grazie ad una intuizione improvvisa
- **E** Le biografie di molti degli enfants prodige confermano che la creatività non può esplicarsi senza un lungo e approfondito studio

1689 UNA delle seguenti affermazioni NON è coerente con le informazioni che si possono ricavare dal testo: individuatela.

A Il caso degli enfants prodige studiati da Hayes attesta il carattere innato delle intuizioni che caratterizzano alcuni individui geniali

B I campioni di scacchi si affidano all'intuizione immediata soprattutto nelle partite contro avversari non troppo impegnativi

C Gli esperti nei campi scientifici più diversi hanno intuizioni che sono strumenti validi e preziosi per il loro lavoro.

D È molto difficile che un matematico abbia intuizioni geniali se non si è applicato alla sua disciplina per almeno dieci anni

E Secondo Poincaré, le esperienze "aha!" accadono solo alle persone in possesso delle cognizioni appropriate

Leggere il brano e rispondere alle domande

L'oggetto firmato, con firma visibile, è stato ideato per distinguere, ma attualmente esprime una sublime forma di omologazione. Il «dernier cri» si consuma precipitosamente e, nell'arco di due mesi, si sprofonda dall'eccellenza al consueto.

La mania della griffe assomiglia a tante altre stranezze patologiche che infestano l'umanità dell'acritico consumismo. Vi partecipano, con uguale colpa o indifferenza, uomini e donne di tutte le età. Nei pezzi ricchi della Terra qualcuno o qualcosa ci confonde. Specialmente quelli con poca inventiva e, sorprendentemente, gli adolescenti soffrono dei nuovi malanni della civiltà dell'ossessione.

La sconclusionatezza risiede nella mancanza di voglia di libertà più che nella mancanza di possibilità di libertà. Così, inaspettatamente, anche senza dittatore pochi riescono a non cedere al fascino della divisa e del distintivo. Epilogo tragico, già profetizzato trent'anni fa dal solito Pasolini: «Nessun centralismo fascista è riuscito a fare ciò che ha fatto il centralismo della civiltà dei consumi. Il fascismo proponeva un modello, reazionario e monumentale, che però restava lettera morta. Oggi l'adesione ai modelli imposti dal Centro è totale e incondizionata. La "tolleranza" della ideologia edonistica voluta dal nuovo potere è la peggiore delle repressioni della storia umana».

Senza sapere riconoscere la porta, l'autogol è inevitabile. Il risultato è spaventoso. Pashmine o kefiah, eskimi o loden, rosso Valentino o blue jeans, Armani o Versace, un tatuaggio o un piercing, teste pelate o treccine e altri distintivi, finiscono per essere gli elementi di identificazione e di riconoscibilità, visto che le parole e le idee si sputtanano nei «geroglifici» della comunicazione cellulare.

Ognuno degli irreggimentati "griffe victims" è convinto di scegliere e invece soccombe, non si cura della propria essenza perché troppo intento alla buona riuscita della propria rappresentazione. Ma almeno entrerà in un quadro dove, con la faccia del Che, con un seno rifatto da un grande chirurgo, con un paio di scarpe Nike o circa, con una borsa con firma vera o tarocca, troverà i suoi simili, identici o somiglianti e marcerà con loro.

Aveva sciaguratamente ragione Oscar Wilde: «Non c'è alternativa: o si è un'opera d'arte o si indossa un'opera d'arte».

Mina, *La fuga impossibile dei ragazzi in divisa*, www.lastampa.it, 21 febbraio 2004

1690 Quale delle seguenti interpretazioni del pensiero di Mina è arbitraria?

A Oggi noi tutti, più che la mancanza di possibilità di essere liberi, mostriamo la poca voglia di esserlo

B L'ideologia edonistica si è dimostrata più forte di quella fascista

C Sono le persone con poca inventiva quelle più sensibili alla griffe

D Chi si dedica alla propria immagine invece che alla propria essenza si illude di scegliere liberamente

E Scegliere una "divisa" piuttosto che un'altra è già un evitare l'omologazione

1691 Tra le seguenti note esplicative dei termini sottolineati nel testo sopra riportato, UNA NON È CORRETTA. Quale?

A Omologazione: adeguamento alla mentalità, alle opinioni, ai modi di vita prevalenti in una determinata società

B Inventiva: capacità di immaginare, creatività

C Centralismo: metodo di governo in cui le funzioni principali sono esercitate dagli organi del potere centrale

D Ideologia: insieme delle concezioni culturali, politiche, religiose ecc., con cui una classe dominante giustifica i propri interessi

E Rappresentazione: l'atto con il quale la coscienza riproduce in sé un oggetto esterno o uno stato d'animo

In base alle informazioni contenute nel brano seguente, rispondere alle relative domande.

Se mi assumessi il risultato e dicessi al lettore: «Tale è il mio carattere», … **[1]**… credere, se non addirittura che lo inganno, almeno che mi inganno. Ma raccontandogli particolareggiatamente quanto m'è occorso **[A]**, quanto ho fatto, tutto ciò che ho pensato, tutto ciò che ho sentito, non posso indurlo in errore **[2]** (a meno che, per qualche ragione, non lo voglia e anche volendo non vi riuscirei facilmente in questo modo. Sta in lui di riunire quegli elementi e di determinare l'essere che compongono **[3]** il risultato sarà l'opera sua; e se allora s'ingannerà, tutto lo sbaglio sarà suo. Ora, a tal fine non basta che i miei racconti siano fedeli al vero, **[4]** pure che siano esatti. Spetta a me giudicare l'importanza dei fatti. Non credo, ma penso piuttosto di dover esporre tutti gli episodi verificatisi con tale sincerità … **[5]**… esporre anche le cose più spiacevoli. Mi ci sono applicato sin qui con tutto il mio coraggio, né me ne stancherò in seguito; ma i ricordi dell'età di mezzo sono sempre meno vivaci di quelli della prima giovinezza. Ho cominciato col trarre da questi il miglior partito che m'è stato possibile, e se gli altri mi tornano alla mente con la medesima forza, forse qualche lettore … **[6]** … ma io non sarò scontento del mio lavoro. Da questa mia impresa non ho da temere che un'unica cosa: non dire troppo o dir menzogne, bensì di non dire tutto e di tacere qualche verità. **[7]** sia avanti con gli anni, mi sento più giovane di un ragazzino.

1692 Quale parola va inserita in corrispondenza dei puntini indicati con [1]?

- **A** può
- **B** poteva
- **C** potesse
- **D** potrebbe
- **E** avrebbe potuto

1693 Nel brano è stata omesso il segno di chiusura per la parentesi che inizia in corrispondenza di [2]. La chiusura di parentesi va inserita dopo la parola:

- **A** voglia
- **B** volendolo
- **C** riuscirei
- **D** facilmente
- **E** questo

1694 Nel testo è stato dimenticato un punto interrogativo. Dopo quale parola deve essere inserito? (Le parole proposte sono a conclusione di altrettante frasi.)

- **A** inganno
- **B** esatti
- **C** fatti
- **D** giovinezza
- **E** verità

1695 In corrispondenza del numero [3] manca un segno di punteggiatura?

- **A** Sì, una virgola
- **B** Sì, i due punti
- **C** Sì, un punto
- **D** Sì, un punto esclamativo
- **E** No, non manca nessun segno

1696 La parola omessa al numero [4] è:

- **A** anche
- **B** voglio
- **C** dovrà
- **D** occorre
- **E** credete

1697 La parola omessa al numero [5] è:

- **A** da
- **B** di
- **C** che
- **D** quale
- **E** senza

1698 La parte omessa al numero [6] è:

- **A** annoiato
- **B** s'annoierà
- **C** reagiranno con noia
- **D** si sarà annoiato
- **E** s'annoierebbe

1699 In corrispondenza del numero [7] manca una parola:

- **A** Anche
- **B** Quando
- **C** Affinché
- **D** Però
- **E** Benché

PARTE TERZA

1700 L'espressione *quanto m'è occorso* (al punto [A]) significa:

A ciò che mi è venuto in aiuto
B quello che mi è capitato
C la quantità che mi è stata necessaria
D quello che mi è servito
E il numero delle cose utili

1701 Stando al brano si può dedurre che la voce narrante sia quella:

A di un giovane ragazzino
B di un vecchio malvivente
C di un prete di mezza età
D di un uomo anziano
E di un personaggio immaginario

Leggere il brano seguente e rispondere alle relative domande

Se lo scientismo sostiene che è la scienza a offrire l'unica visione giusta della realtà e l'unica strada giusta per la soluzione dei problemi dell'umanità, potremmo definire (un po' paradossalmente) filosofismo la tesi per cui questi compiti possono essere perseguiti invece dalla filosofia in isolamento dai metodi e dai risultati delle scienze.

Di filosofismo in questo senso, nel nostro Paese ce n'è stato e ce n'è ancora in abbondanza. Si potrà osservare che questo è un vecchio discorso, e che oggi ormai siamo ben vaccinati contro le pretese filosofiche di legiferare sulla natura del mondo fisico, o sull'inevitabile evoluzione di quello sociale e culturale; siamo persino pronti, si potrebbe aggiungere, ad abbandonare le dottrine circa l'intrinseca inferiorità dei (pragmatici) concetti scientifici, rispetto ai (si suppone più profondi) concetti filosofici. [...]

(Oggi) dobbiamo riconoscere che la scienza è tra noi e distilla, elabora, difende a ogni istante filosofia (buona e cattiva) quanto qualunque dipartimento di humanities [...]. Il superamento della contrapposizione tra sapere scientifico-tecnico e umanistico-filosofico di cui parlano gli organizzatori del convegno «Scienza e filosofia: il pensiero concreto» appare quindi da un lato un dato di fatto, ma dall'altro un'ardua scommessa.

Abbiamo infatti un "dato" che appare bisognoso di una cornice teorica adeguata e ancora in larga parte da edificare. Che a questa edificazione partecipino fianco a fianco scienziati e filosofi di fama può essere una condizione necessaria. Che sia sufficiente è tutt'altro che scontato. Ma ogni lunga marcia inizia con un primo passo.

Michele Di Francesco, *La filosofia rinasce dialogando con la scienza*, «Il Sole 24 ore», 5/5/2002

1702 M. Di Francesco guarda con curiosità al proposito che sembra animare intellettuali fino a ieri contrapposti. Tra le riflessioni che la sua analisi ha suggerito, UNA NON È COERENTE con le parole dell'articolo riportato. Quale?

A Il superamento della contrapposizione tra scienza e filosofia è oggi teoricamente acquisito ma non si è ancora tradotto in precisi programmi operativi
B La filosofia si è spesso arrogata, soprattutto in passato, il diritto di interpretare teoreticamente il mondo confinando la scienza nella sfera pratica
C La scienza a sua volta è stata, ed a volte è tutt'ora convinta di avere il monopolio del sapere e di possedere lei sola gli strumenti per risolvere i problemi dell'umanità
D Oggi i filosofi e gli scienziati più illuminati si giovano delle scoperte gli uni degli altri e affrontano problemi comuni metodologici, teoretici e pratici
E La collaborazione è ormai avviata, e le personalità di coloro che si adoperano a fondare il nuovo sapere costituiscono una sicura garanzia di pronta e piena riuscita

1703 Sono riportate qui alcune prese di posizione polemiche suscitate dallo scritto di Di Francesco. Individuate la sola che È IN ACCORDO con la posizione espressa nell'articolo citato:

A che sia la scienza ad affrontare coraggiosamente argomenti tradizionalmente filosofici evita tanta cattiva, e quindi inutile, filosofia
B se vuole salvare la sua specificità, e quindi la sua funzione, la filosofia deve difendere la sua caratteristica esclusiva di profondità concettuale
C il pensiero concreto non ha ancora uno statuto teoretico a cui sostenersi, e la situazione attuale ci permette di sperare, ma non ci assicura, che riesca a darselo
D i concetti elaborati dagli scienziati si impongono perché il loro carattere pragmatico li rende operativi e ne evidenzia la validità
E almeno elaborare le leggi che regolano l'evoluzione del mondo sociale e culturale è pretesa esclusiva, anche oggi, della filosofia

COMPRENSIONE DEL TESTO

In base alle informazioni contenute nel brano seguente, rispondere alle relative domande.

[1] La critica storica ha ormai confutato l'opinione un tempo comune secondo la quale non vi sarebbe stato alcun reale progresso scientifico e tecnologico nell'età medioevale. Il periodo successivo al secolo XII fu infatti caratterizzato da uno sviluppo rapido e pressoché ininterrotto che non si esaurì neppure con il sopraggiungere della grande crisi economica e demografica dovuta alla peste nera. Sul piano culturale, con il sorgere delle università si crearono dei centri per lo studio delle scienze naturali, studio che si basava in gran parte (ma non esclusivamente) sulle opere degli antichi greci. La tecnologia ricevette un forte impulso dallo sfruttamento di forze naturali quali l'acqua e il vento, dall'adozione di macchinari tessili e di una metallurgia più efficiente, nonché dal diffondersi di invenzioni più recenti come l'orologio meccanico, la bussola e la polvere da sparo, che aprirono una nuova era nella produzione, nel commercio e nella strategia militare. Naturalmente, si può obiettare che era ancora necessario smantellare buona parte delle dottrine elaborate nell'Alto Medioevo perché le nuove idee e i nuovi metodi si potessero affermare nel campo della scienza e della medicina e, inoltre, che bisognava rivoluzionare le pratiche dell'artigianato medioevale perché si potesse sviluppare una società moderna. Ciononostante, le conquiste raggiunte in ciascun campo verso la fine del secolo XV costituirono un salto di qualità, rispetto agli standard prevalenti all'epoca di Carlo Magno, paragonabile soltanto a quello provocato dall'avvento della scienza e della tecnologia nel secolo XIX. Senza questo stadio intermedio, non avremmo avuto né la rivoluzione scientifica del secolo XVII, né la rivoluzione industriale del secolo XVIII.

[2] Il riconoscimento di questi progressi è determinante per l'impostazione iniziale del nostro lavoro, in quanto sarebbe un errore attribuire tutti i mutamenti fondamentali della scienza e della tecnologia sia all'originalità senza precedenti del pensiero moderno, sia esclusivamente al gioco deterministico dei fattori economici. Nessuno di questi campi conobbe mai un momento di profonda e violenta transizione; al contrario, i cambiamenti si verificarono gradualmente a mano a mano che nuovi metodi e nuove idee mostrarono la loro validità; alcuni orientamenti dell'età medioevale ebbero applicazione concreta, mentre altri vennero abbandonati.

[3] Contrariamente a quel che si può credere, neppure il fenomeno delle nuove invenzioni – che pure fu un attributo fondamentale della scienza e della tecnologia dell'Europa occidentale durante la prima fase dell'età moderna – produsse, se non raramente, mutamenti repentini nella vita economica o scientifica. Un aspetto basilare della progressiva differenziazione tra il mondo medioevale e quello moderno forma il tema centrale di questo capitolo. Si tratta del rapporto tra il filosofo e l'artigiano, o, in termini moderni, tra lo scienziato e il tecnico. Troppo spesso si è ritenuto, in maniera alquanto sbrigativa, che la frattura esistente nella società medioevale tra le due rispettive funzioni fosse essa stessa, in gran parte, la causa sia della sterilità della scienza che del livello rudimentale della tecnica. Si è finito in tal modo con il concludere che un duplice progresso ha avuto origine in tempi moderni dalla consapevolezza dei forti legami e della comunanza di interessi tra queste due funzioni: la scienza ha smesso di essere speculativa e la tecnologia è divenuta oggetto di analisi più serie. Di qui, il luogo comune che lo sviluppo tecnologico richieda un parallelo incoraggiamento della scienza "pura" e costituisca il requisito essenziale di una produzione efficiente. Il pericolo implicito in questa concezione è l'idea che la tecnologia si sviluppi sempre e soltanto se "guidata" dalla scienza, e, per converso, che la scienza avanzi soltanto se stimolata dai bisogni tecnici.

[4] Ma, nel passato, le cose andarono ben diversamente. Nel Medioevo e nel Rinascimento, tale relazione tra lo studio e il controllo della Natura a scopi umani venne riconosciuta solo in alcuni casi, tra cui quello dell'utilità di appurare le proprietà delle erbe nella cura delle malattie. Tuttavia questa connessione non venne ignorata per mera ottusità mentale, ma perché le condizioni oggettive le toglievano ogni reale valore. In effetti, le forme di ricerca scientifica allora in voga e i confusi processi di un artigiano tradizionale avevano così poco in comune che certamente nessun vantaggio sarebbe risultato da una più stretta collaborazione. Solo in alcuni casi molto limitati, la ricerca scientifica si rivelava utile a scopi pratici, come per esempio nell'applicazione dell'astronomia alla navigazione oceanica nel secolo XV, oppure determinati bisogni pratici suggerivano ai filosofi "naturali" concreti problemi da risolvere.

[5] Benché la descrizione sistematica dei procedimenti commerciali sia cominciata soltanto nel corso del secolo XVII, buona parte delle nostre conoscenze in fatto di tecnologia dell'età medioevale e della prima fase dell'età moderna risale ai resoconti dei mestieri dell'epoca redatti da uomini di cultura. Che tali scrittori, malgrado l'interesse che portavano per questo argomento, non siano stati in grado di fornire un'analisi esauriente delle tecniche degli artigiani, ci dà la misura della frattura esistente tra la teoria e la pratica. Era dunque necessaria una lunga serie di mutamenti indipendenti e interi stadi di sviluppo sia nella scienza che nella tecnologia perché queste due discipline potessero completarsi a vicenda. Lo scienziato doveva ancora imparare l'importanza di un esame rigoroso dei fatti, del metodo sperimentale e della prudenza nella formulazione di teorie generali. Soltanto dopo aver acquisito una rigorosa base sperimentale, meccanica, fisica e chimica egli poté chiarire i relativi procedimenti tecnici. D'altra parte, perché la scienza trovasse pratica applicazione era pur sempre necessario un certo livello di organizzazione tecnica ed economica.

[6] Lo sviluppo di una produzione su larga scala, la ricerca di nuove fonti energetiche, di macchinari più elaborati, e di procedimenti chimici più complessi, gli effetti della competizione e la ricerca di un'autosufficienza nazionale, tutte queste cose messe insieme contribuirono a suscitare l'esigenza dell'analisi scientifica e di tecniche più sistematiche. Durante il periodo in questione la scienza si sviluppò in modo del tutto indipendente dalla tecnologia; solo negli ultimi anni la figura dello scienziato sperimentale fu finalmente in grado, in alcuni casi, di assumersi l'iniziativa di nuove invenzioni. Verso la fine del secolo XVIII questa grave frattura tra scienza e tecnologia cominciò a colmarsi, e tra le due discipline ebbe inizio una fase reale di collaborazione; ma fino a quel momento i loro rispettivi problemi e il loro autonomo sviluppo erano stati più importanti di qualsiasi occasionale interconnessione.

1704 Quale tra i seguenti sarebbe il titolo che meglio esprime le idee del brano?

- **A** Il progresso scientifico nel Medioevo
- **B** Il rapporto tra scienza e tecnologia nell'età moderna
- **C** Scienza e tecnologia dall'epoca medioevale all'epoca moderna
- **D** Le scoperte scientifiche dal Medioevo all'età moderna
- **E** Il rapporto tra filosofia e artigianato nel Medioevo

1705 Nel brano trovano espressione tutte le seguenti affermazioni tranne una. Quale?

- **A** Sono rari i casi in cui, nel Medioevo e nel Rinascimento, la ricerca scientifica si è rivelata utile a scopi pratici
- **B** La connessione tra scienza e tecnica nel periodo medioevale e rinascimentale venne ignorata a causa della sostanziale separazione di metodi e processi utilizzati nei due rami
- **C** Le nostre conoscenze relative alla tecnologia medioevale derivano da descrizioni dei mestieri, stilate dai dotti dell'epoca
- **D** L'utilizzo delle erbe nella cura delle malattie è un esempio efficace delle frequenti applicazioni concrete della ricerca scientifica medioevale
- **E** Descrizioni sistematiche dei procedimenti commerciali risalgono solo al Seicento

---

1706 Il genere testuale del brano è:

- **A** regolativo
- **B** polemico
- **C** narrativo
- **D** argomentativo
- **E** tecnico

1707 Nel paragrafo [2], riferendosi al «*gioco deterministico dei fattori economici*» l'autore intende:

- **A** ricordare il ruolo fondamentale, in ogni epoca, dei finanziamenti alla ricerca scientifica
- **B** affermare che il mutamento nella struttura economica della società fu la determinante leva per l'improvviso sviluppo della scienza in epoca moderna
- **C** rivendicare il ruolo che la tecnologia ebbe per lo sviluppo dell'economia in termini moderni
- **D** affermare che fu una combinazione di fattori puramente economici a consentire il superamento delle dottrine elaborate nel Medioevo
- **E** escludere una lettura dei progressi scientifici e tecnologici quali conseguenze di fenomeni esclusivamente di tipo economico

1708 L'autore propone la propria analisi come:

A fondata su interpretazioni di documenti spesso trascurati dalla ricerca storica

B in aperta rottura con le teorie prevalenti nella critica storica

C coerente con alcune acquisizioni consolidate nella critica storica

D un riconoscimento del carattere inedito e rivoluzionario del pensiero moderno

E nessuna delle precedenti risposte è corretta

1709 L'autore ritiene che:

A le nuove invenzioni della prima fase dell'età moderna contribuirono a migliorare rapidamente la vita economica e scientifica dell'Europa occidentale

B il progresso scientifico e tecnologico avanza rapidamente in corrispondenza delle scoperte più rilevanti, per poi attenuare il proprio sviluppo e attraversare fasi statiche durante le quali i progressi vengono assimilati e pienamente utilizzati

C il periodo dal Medioevo all'epoca moderna rappresenta uno stadio intermedio, in termini di sviluppo scientifico e tecnologico, che ha favorito la rivoluzione scientifica del secolo XVII e quella industriale del secolo XVIII

D la frattura tra scienza e tecnica nel Medioevo rappresenta la causa dell'astrattezza della ricerca scientifica e della rudimentalità dei processi tecnologici del periodo

E una collaborazione più intensa tra scienza e tecnica nel periodo medioevale avrebbe sensibilmente beneficiato entrambe

1710 Nelle ultime due righe del paragrafo [1], nell'espressione «né la rivoluzione scientifica» il monosillabo *né* è:

A particella pronominale

B avverbio di moto da luogo

C complemento partitivo

D complemento di specificazione

E congiunzione

1711 Sulla base del paragrafo [5] è possibile dedurre che:

A gli artigiani medievali tenevano segrete le loro tecniche

B le tecniche degli artigiani sono state descritte minuziosamente in resoconti dell'epoca

C sono stati gli stessi artigiani a lasciare scritti relativi alle tecniche che utilizzavano

D spesso gli scienziati formulavano teorie generali senza averle opportunamente sottoposte a prove sperimentali

E solo un dialogo ravvicinato e un lavoro congiunto di scienziati e tecnici permise di colmare la frattura tra scienza e tecnologia

1712 Secondo quanto riportato dal brano, la frattura tra scienza e tecnologia:

A cominciò a colmarsi soltanto verso la fine dell'Ottocento

B necessitava di organizzazione tecnica ed economica per essere superata

C fu caratteristica del secolo XIX

D era imputabile alle scarse relazioni tra scienziati e tecnici

E era stata evidenziata dai resoconti degli uomini di cultura dell'epoca

1713 I «filosofi naturali» citati al termine del paragrafo [5] sono:

A gli scienziati teorici del XV secolo

B gli uomini di cultura che stesero resoconti sui mestieri di età medioevale

C gli intellettuali secondo cui la scienza deve guidare la tecnica

D gli artefici della rivoluzione scientifica del XVII secolo

E gli artigiani di età rinascimentale

PARTE TERZA

Leggere il brano e rispondere alle relative domande

«Leggendo che cinque milioni di pensionati percepiscono al lordo meno di un milione al mese, e immaginando che la gran parte di loro siano sposati, mi sono chiesto come mai in Italia questi dieci milioni di settantenni poveri non abbiano ancora organizzato la marcia su Roma (1) dei vecchietti. E, aiutati magari dai figli e dai nipoti, non facciano scoppiare il Sessantotto al contrario, con bivacchi e occupazioni, e non scaglino le loro dentiere contro i politici allo stesso modo in cui Enrico Toti (2) scagliò la sua stampella. Se si mette da parte l'indignazione, che è una pessima consigliera, soprattutto nel giornalismo, ci si accorge che questi vecchietti poveri sono per la gran parte esercenti, venditori ambulanti, lavoratori autonomi, gestori di bar, meccanici, panettieri e pescivendoli. Costituiscono insomma quel "tessuto" sociale così fitto soprattutto nelle città meridionali, da Catania sino a Roma. È l'Italia straordinariamente vasta del piccolo commercio al dettaglio. E trattandosi di settantenni è chiaro che stiamo parlando del boom economico, quell'Italia furba che si rimboccava le maniche, l'Italia estrosa ed estroversa ma cafona e illegale, quella che si dava da fare in tutti i modi e mai si fidava dello Stato che, per chi veniva dalla seconda guerra mondiale (3), era lo Stato dell'otto settembre (4) e del tutti a casa, lo Stato del privilegio sbracato e dell'ingiustizia di classe. Quest'esercito di pensionati è dunque in gran parte ciò che resta dell'Italia che dichiarava un reddito inferiore a ciò che effettivamente percepiva, che si arrangiava e risparmiava, e investiva costruendo dovunque case di ogni genere, sempre affidate ai geometri e mai agli ingegneri, l'Italia dell'illegalità diffusa che sempre era in guerra con lo Stato e perciò evadeva le tasse ed era orgogliosa di evaderle. E se oggi quegli ex giovanotti settantenni percepiscono pensioni così ridicole è anche perché versavano contributi più bassi di quelli che avrebbero dovuto versare in base al reddito effettivo. Sono dati questi sulle pensioni che, invece di indignare, dovrebbero favorire l'intelligenza di un Paese complicato e dovrebbero metterci in guardia dalle crociate (5) moralistiche contro un'evasione fiscale che non era composta solo dall'evasione del ricco, dai conti in nero dell'imprenditore truffatore o del boss mafioso. C'è stata in questo Paese un'evasione fiscale diffusa alla quale si deve la protezione del piccolo benessere e la vitalità del piccolo risparmio, un'evasione che ha garantito il futuro molto più e molto meglio della pensione. Molti di quei ragazzi che evadevano sono oggi vecchietti poveri ma tranquilli che non assaltano i supermercati e si accontentano di pensioni insufficienti a pagare affitto, acqua, luce e telefono, proprio perché hanno assicurato, grazie all'evasione fiscale, una casetta (abusiva e sanata) a se stessi e magari pure ai figli».

Francesco Merlo, *Il paradiso dei vecchietti in nero*, "Corriere della sera", 7/9/2000

1714 Tra le seguenti considerazioni che riassumono alcune delle tesi sostenute da Francesco Merlo, individuate QUELLA CHE TRAVISA il pensiero dell'autore:

- **A** è perfettamente comprensibile che molti attuali ultrasettantenni, che hanno vissuto il dramma della guerra, lo sbandamento dopo l'armistizio e le difficoltà del dopoguerra, non abbiano nutrito nella loro giovinezza grande fiducia nello Stato
- **B** gli Italiani, negli anni del dopoguerra e del boom economico, si diedero da fare con slancio e con estro, senza eccessivi scrupoli, risparmiando, investendo e costruendo case spesso abusive, che negli anni successivi sarebbero state prima o poi soggette a sanatoria
- **C** soprattutto nel Meridione, l'evasione fiscale e l'abitudine di eludere le norme, diffusa tra piccoli commercianti ed esercenti, ha favorito modesti risparmi e permesso quella sicurezza e quel minimo di benessere di cui ora godono pensionati che altrimenti sarebbero alla fame
- **D** quando si scopre quanti sono i pensionati a meno di un milione lordo al mese, viene naturale chiedersi come mai essi non si ribellino e vivano poveri ma tranquilli: messa da parte l'indignazione, la riflessione su questo fenomeno ci può permettere di comprendere meglio il nostro Paese
- **E** le pensioni basse che gli attuali "vecchietti" percepiscono dipendono dallo scarso riconoscimento, da parte dello Stato, del lavoro che essi hanno svolto e dalla svalutazione dei contributi, a loro tempo consistenti, che essi hanno pagato

COMPRENSIONE DEL TESTO

1715 Delle note esplicative numerate, poste in calce all'articolo di Francesco Merlo, UNA contiene un'informazione ERRATA:

- A (1) marcia su Roma: episodio del 1924, determinante per la presa del potere da parte dei Fascisti
- B (2) Enrico Toti: eroe della prima guerra mondiale; bersagliere, durante la battaglia per la conquista di Gorizia scagliò morendo la stampella contro il nemico
- C (3) seconda guerra mondiale: il conflitto che ha coinvolto il mondo dal 1939 al 1945
- D (4) otto settembre: il giorno del 1943 in cui venne reso noto l'armistizio firmato dal governo Badoglio con gli Alleati
- E (5) crociate: spedizioni militari dell'Europa cristiana nel Medioevo; per estensione, azione collettiva ispirata da ideali e princìpi politici o morali

Leggere il brano seguente e rispondere alle relative domande

«La realtà storica è unica, le diverse discipline e scienze operano su di essa, la interpretano e la rappresentano attraverso specifici linguaggi, artistici, tecnici, comuni, matematici, scientifici, musicali, filosofici. Dietro ogni linguaggio c'è un'epistemologia, una particolare struttura logica che coglie una prospettiva, un punto di vista, ma l'acquisizione dei diversi sistemi concettuali deve essere coerente. È solo l'unità delle prospettive che forma il patrimonio culturale, che consente di cogliere sistemi, connessioni e relazioni nel tutto.

Interdisciplinarità non significa allora fine delle discipline né annullamento delle differenze. Annullare una disciplina potrebbe comportare la riduzione di una parte della realtà. L'interdisciplinarità non è un complesso di conoscenze, è una metodologia, anche didattica, una *forma mentis*, un modo diverso non solo di costruire conoscenze e d'insegnare, ma anche di comprendere e di vivere la realtà, l'ambiente socio-culturale e storico-geografico che ci circonda.

Uno dei più rilevanti problemi del nostro tempo è proprio la *sintesi delle conoscenze*, possibile solo in una visione interdisciplinare complessiva che riconduca anche le scienze e la tecnologia alla ricerca sull'uomo. La sintesi interdisciplinare non è mai una somma, né il risultato di esemplificazioni: è l'interazione di linguaggi diversi, tradotti, confrontati, interconnessi e armonizzati attraverso la scoperta di analogie e differenze.

La cultura della complessità si sviluppa in una sofferta *dicotomia* tra umanisti e scienziati, che non sembra ancora riuscire a conciliare la differenziazione e l'autonomizzazione con l'interconnessione sistemica. Scienza e tecnologia debbono tornare a essere strumenti finalizzati all'uomo, alla sua felicità e libertà, per prevenire quella eliminazione della libertà personale, quella dittatura non più fisica, ma mentale, ipotizzata da Orwell in *1984*, attraverso il tentativo di rendere immortale il Grande Fratello.

La scuola deve confrontarsi sulla dicotomia tra la cultura umanistica e quella scientifico-tecnologica, e i docenti non possono delegare ai singoli studenti il problema, rimasto insoluto all'interno del loro team, di far interagire linguaggi, significati, messaggi ed epistemologie.»

Salvucci, *I limiti delle discipline*, Iter, 2001, Treccani

1716 Tra le seguenti affermazioni UNA NON È STATA DEDOTTA dal testo di L. Salvucci:

- A i linguaggi specifici delle diverse discipline sono espressione di rappresentazioni della realtà da prospettive diverse
- B l'interdisciplinarità consiste nel correlare i diversi sistemi espressivi senza ignorarne o sminuirne le differenze
- C la struttura logica è identica per tutti i linguaggi e in tutti gli approcci conoscitivi e tale identità permette di operare un'armonizzazione senza appiattimenti
- D tra i linguaggi disciplinari esistono differenze e analogie che è essenziale riconoscere se si vuole giungere non ad una somma ma ad una sintesi
- E il patrimonio culturale di un individuo consiste nella consapevolezza delle relazioni tra le differenti prospettive concettuali

1717 UNA SOLA delle seguenti affermazioni PUÒ essere dedotta dal testo di Salvucci:

- A non è lecito finalizzare la scienza, che è autonoma, e la tecnologia alla felicità dell'uomo
- B differenziazione e autonomizzazione possono essere conciliate ed è interesse di tutti che si lavori in questa direzione
- C quando non vi riescano i docenti, saranno gli studenti a mettere in relazione le diverse discipline e metodologie
- D l'interdisciplinarità permette straordinarie acquisizioni conoscitive in ogni campo
- E la tecnologia minaccia sempre inevitabilmente la libertà degli uomini, come dichiara Orwell nel suo *1984*

1718 Tra le spiegazioni del significato delle parole qui riportate e sottolineate nel testo UNA È INESATTA:

- **A** epistemologia: analisi delle strutture della realtà
- **B** *forma mentis*: abituale modo di pensare
- **C** sintesi: composizione di elementi molteplici in una visione unitaria
- **D** dicotomia: divisione in due parti, separazione tra atteggiamenti mentali diversi
- **E** interconnessione: connessione tra due o più elementi

Leggere il brano e rispondere alle relative domande

[…] I bambini non (ri)conoscono e dunque non vogliono il costume da Pulcinella o Arlecchino, ma preferiscono e s'impuntano su quelli di Dragonball, Eminem o i personaggi del piccolo schermo. Cambia insomma il Carnevale dei bambini, che sempre più spesso chiedono la divisa da Carabiniere, come nell'omonima fiction, o i vestiti da rapper come nella pubblicità con Linus.

La triste scoperta arriva da uno studio realizzato da Eta Meta Research, condotto su quattro focus group composti da bambini (tra i 7 e i 13 anni) e su 110 responsabili di negozi di giocattoli e centri commerciali che vendono costumi, per individuare i nuovi personaggi di riferimento per il Carnevale.

Dunque in soffitta anche i robot e Goldrake, di gran moda solo qualche anno fa. I modelli sono cambiati ancora, ma comunque a dettarli è sempre la tv. Il 67% dei bambini, secondo lo studio, non sa nemmeno bene quali sono e da dove vengono le maschere tradizionali del carnevale. Su alcuni personaggi, poi, le risposte non sono certo confortanti: in media solo il 9% sa chi era Arlecchino e che si tratta di una maschera italiana. Non sono pochi i bambini che lo hanno identificato con un nemico dei Power Ranger (21%) o un vecchio personaggio dei cartoni animati (17%). Non è certo andata meglio a Pulcinella: per il 39% è addirittura un fantasma, mentre il 5% lo identifica con il personaggio di uno spot per una mozzarella. Personaggi più "moderni" come Zorro e Sandokan non se la sono cavata molto meglio: il primo, infatti, è soprattutto il personaggio di un film con Banderas, o l'eroe di un cartone animato, per il 55%, mentre Sandokan è «il personaggio di un vecchio telefilm che ogni tanto si rivede in Tv» per il 62%.

Quali sono insomma le maschere da mandare in pensione? Quelle che piacciono a mamma e papà. I costumi che proprio non sembrano più interessare i bambini, secondo i responsabili dei negozi che vendono costumi di carnevale, sono quelli delle tradizionali maschere italiane. Arlecchino e Pulcinella, insomma, sono assolutamente "out" (con un calo di richieste del 40% rispetto ai due anni precedenti). Basta anche con gli animali e gli insetti come gatti e coccinelle (calati del 30-35% rispetto ai due anni precedenti). Non va meglio per i personaggi delle fiabe, a partire da Biancaneve, ma senza dimenticare la Fata Turchina (decremento del 30% circa), o per quelli della letteratura d'avventura, come i Tre Moschettieri o i pirati (decremento del 25%). A salvarsi, o meglio, a contenere le perdite, sono alcune categorie, come i super eroi (che presentano un calo del 10% circa); salgono, invece i personaggi delle fiction.

Dunque tra i costumi più richiesti, la divisa da Carabiniere, come nella fiction di Canale 5, corredata di tutto, dalla pistola alle manette (come conferma il 47%). Anche nel Carnevale per eccellenza, quello di Rio in Brasile, sono sempre in numero maggiore le maschere legate alla fiction. […]

tratto da *Pulcinella fermato dai "Carabinieri"*, www.panorama.it, 23 febbraio 2004

1719 In base a quanto affermato nel brano, le maschere "da mandare in pensione":

- **A** non sono legate a personaggi televisivi
- **B** vengono a volte confuse dai bambini con personaggi della pubblicità
- **C** evidenziano un fenomeno tipicamente italiano
- **D** sono soprattutto quelle dei supereroi
- **E** hanno origine da vecchi telefilm che ogni tanto vengono riproposti in televisione

1720 Quale delle seguenti conclusioni è deducibile dal testo?

- **A** Oggi la televisione ha preso definitivamente il posto dei fumetti
- **B** I cartoni animati hanno più presa sui bambini degli spot pubblicitari
- **C** In alcuni casi anche un personaggio musicale può diventare un modello per una maschera
- **D** Anche al Carnevale di Rio, in Brasile, la fiction dei "Carabinieri" ha ispirato i costumi di molti
- **E** Difficilmente le ricerche di mercato sono attendibili

COMPRENSIONE DEL TESTO

Leggere il brano seguente e rispondere alle relative domande

«Gli eventi iniziali elementari, che schiudono la via dell'evoluzione ai sistemi profondamente conservatori rappresentati dagli esseri viventi, sono microscopici, fortuiti e senza alcun rapporto con gli effetti che possono produrre nelle funzioni teleonomiche.

Ma una volta inscritto nella struttura del DNA, l'avvenimento singolare, e in quanto tale essenzialmente imprevedibile, verrà automaticamente e fedelmente interpretato e tradotto, cioè contemporaneamente moltiplicato e trasposto in milioni o miliardi di esemplari. Uscito dall'ambito del puro caso, esso entra in quello della necessità, delle più inesorabili determinazioni. [...]

I linguisti moderni hanno insistito sul fatto che il linguaggio simbolico dell'uomo non può essere assolutamente ridotto ai mezzi di comunicazione molto diversi (uditivi, tattili, visivi ecc.) impiegati dagli animali. Tale atteggiamento è senza dubbio giustificato.

Ma da questo ad affermare che, nell'evoluzione, vi è stata una discontinuità assoluta, che il linguaggio umano *fin dalle origini* non doveva assolutamente nulla, ad esempio, a un sistema di richiami e di avvertimenti vari come quelli che si scambiano le scimmie antropomorfe, mi sembra davvero un passo troppo lungo da compiere o comunque un'ipotesi inutile. [...]

Secondo Chomsky, tutte le lingue umane presenterebbero la stessa struttura profonda, la stessa forma. Le straordinarie prestazioni che la lingua rappresenta e insieme permette sono evidentemente associate al notevole sviluppo del sistema nervoso centrale in *Homo sapiens*, sviluppo che, del resto, rappresenta il suo carattere anatomico più distintivo.

Si può ora affermare che l'evoluzione dell'uomo, a partire dai più lontani antenati che noi conosciamo, si è verificata soprattutto a livello del progressivo sviluppo della scatola cranica, quindi del cervello. [...]»

È impossibile non supporre che, tra l'evoluzione del sistema nervoso centrale dell'uomo e quella della prestazione davvero unica che lo caratterizza, non sia esistito un rapporto strettissimo per cui il linguaggio non sarebbe stato solo il prodotto, ma una delle condizioni essenziali di tale evoluzione.

L'ipotesi che mi sembra più verosimile è che la comunicazione simbolica più rudimentale, apparsa prestissimo nella nostra stirpe, abbia rappresentato, grazie alle possibilità radicalmente nuove che offriva, una di quelle "scelte" iniziali che impegnano l'avvenire di una specie creando una nuova pressione selettiva. [...]

L'ipotesi sopra riportata non avrebbe di per sé che l'unico merito di essere attraente e logica, se non fosse anche chiamata in causa da certi dati relativi al linguaggio attuale.

La facilità con cui un bambino in due o tre anni (dopo il primo anno di vita) quasi per gioco acquisisce la piena padronanza della lingua non cessa mai di sbalordire l'osservatore adulto.

[...] da questo a pensare che, nel bambino, l'apprendimento del linguaggio appare così miracolosamente spontaneo perché si inscrive nella trama stessa di uno sviluppo epigenetico, una funzione del quale è proprio quella di accoglierlo, vi è solo un passo che da parte mia non esito a compiere. [...]

La capacità linguistica non può essere considerata una sovrastruttura. Si deve ammettere che, nell'uomo moderno, esiste una stretta simbiosi tra le funzioni conoscitive e il linguaggio simbolico che esse richiamano e tramite il quale si esprimono, simbiosi che può essere solo il prodotto di una lunga evoluzione comune.

Secondo Chomsky e la sua scuola, l'analisi linguistica condotta in profondità rivela, sotto l'estrema diversità delle lingue umane, una 'forma' comune a tutte. Questa forma, secondo Chomsky, deve dunque essere considerata *innata* e caratteristica della nostra specie. [...] Tale concezione ha scandalizzato filosofi e antropologi che scorgono in essa un ritorno alla metafisica cartesiana. Io non me ne sento invece affatto turbato, a patto di accettarne il contenuto biologico implicito.

da Jacques Monod, *Il caso e la necessità*, Mondadori, Milano, 1997

1721 UNA di queste affermazioni CONTRADDICE, nella lettera e nello spirito, il passo citato dell'opera di Monod: quale?

A All'origine dell'evoluzione della specie umana c'è un evento casuale
B Di un universo in cui ha spazio il caso non si può tracciare alcuna storia ragionata
C Monod nega che l'uomo risponda a un progetto divino
D Monod nega fermamente la validità di ogni ipotesi creazionista
E Per Monod le categorie dello scienziato sono il caso e la necessità

1722 **Il significato di alcuni termini sottolineati nello scritto di Monod è spiegato qui di seguito. Individuare LA SPIEGAZIONE SCORRETTA.**

- A Antropomorfe: che hanno forma simile a quella umana
- B Simbiosi: esistenza in comune, con vantaggio reciproco
- C Metafisica: dottrina che riguarda ciò che va oltre la fisica
- D Anatomico: che riguarda il corpo, la struttura fisica
- E Sovrastruttura: struttura superiore da cui si generano quelle inferiori

1723 **Dal VII capitolo del libro di Monod, da cui è tratto il passo sopra citato, sono state ricavate alcune considerazioni a commento e chiarimento delle tesi esposte. UNA di queste considerazioni tuttavia È INCONCILIABILE con le tesi sostenute da Monod. Quale?**

- A La facilità con cui un bambino, in due o tre anni, acquista la padronanza di una lingua non cessa di stupire l'osservatore adulto: è una considerazione che va a sostegno dell'idea che l'apprendimento primario del linguaggio si iscrive nella trama di uno sviluppo epigenetico
- B Gli studi dei linguisti moderni, anziché come confutazione dell'ipotesi evoluzionistica, possono essere letti come conferma di un'interpretazione secondo cui la capacità linguistica ha contribuito in modo decisivo all'evoluzione anche fisica dell'uomo
- C Tra la capacità linguistica, l'accrescimento del cervello e lo sviluppo del sistema nervoso centrale c'è un rapporto di influenze reciproche estremamente complesso che ha determinato e caratterizzato l'evoluzione della specie umana
- D Data l'impossibilità di assimilare il linguaggio simbolico dell'uomo agli strumenti comunicativi delle varie specie animali, non possiamo non riconoscere elementi di discontinuità radicale nell'ambito dei processi evolutivi
- E L'acquisizione di una capacità di comunicazione simbolica, cioè del linguaggio, ha creato, a favore dello sviluppo del cervello, una pressione selettiva potente e orientata che ha favorito a sua volta l'evoluzione del sistema nervoso centrale

Leggere il brano seguente e rispondere alle relative domande

Abbiamo incontrato scienziati che amano abbastanza la propria disciplina da non volerla privare dell'intelligenza delle donne. Ancora troppo pochi. Era il Natale del 2000, in Italia si discuteva dell'esito della Commissione Dulbecco che doveva suggerire se e come autorizzare la ricerca sulle cellule staminali. Per una donna il dibattito aveva una comicità surreale: ventiquattro signori, alcuni votati al celibato, litigavano sull'eventuale uso di embrioni senza consultare chi normalmente li fa, li partorisce, li accudisce e li trasforma in persone umane. Basta dare un'occhiata alle ricerche sulle carriere femminili nei centri di ricerca statali, per vedere che le donne non contano. Anche nelle discipline in cui sono più numerose degli uomini, non fanno "massa critica", smentendo così la teoria che sta dietro alle pari opportunità. Rimangono bassa manovalanza, quasi mai raggiungono posti di responsabilità. Rispetto al mondo della letteratura e delle arti, dove l'autorevolezza intellettuale e la creatività delle donne non sono più messe in discussione, il mondo scientifico è piuttosto conservatore. Dalla pubblicazione nel 1997 su «Nature» dell'articolo di Christine Wennerås e Agnes Wold, biologhe dell'università di Göteborg, si sa che gli esperti chiamati dal Consiglio svedese per la ricerca medica ad approvare i progetti finanziati con fondi pubblici applicano alle candidate un fattore di discriminazione di 2,6. Nel senso che le ricerche proposte da donne ricevono finanziamenti soltanto se ottengono un punteggio di 2,6 volte superiore a quelle proposte da uomini. L'effetto di questa prassi, diffusa ovunque e non solo nella Svezia delle pari opportunità, è stato da un lato la discriminazione, dall'altro il perpetuarsi fino a pochi anni fa di una ricerca medica scriteriata, proprio nel senso di priva di criteri oggettivi, per cui il corpo-standard era quello maschile. I genetisti hanno propagandato questa visione. Dopo la pubblicazione nel febbraio scorso della mappa del genoma, sono diventati più cauti. Era ora. Il libro *The Century of the Gene* elenca i vicoli ciechi imboccati storicamente dai genetisti. È emblematico James Bonner che nel 1965 pubblica un trattato sull'embriogenesi. A proposito dello sviluppo dell'embrione, Bonner ne colloca il programma genetico nel nucleo dello spermatozoo. Nella sostanza, questa posizione non rappresenta una novità: dopo duemila e passa anni, Bonner prende ancora per buona la tesi che Eschilo, nelle Eumenidi, attribuisce ad Apollo: «Non è colei che ha partorito, la madre del bambino che si dice sia stato da lei stessa generato: ella ha solo nutrito il seme che le è stato insediato. Vero creatore è colui che ha cosparso il seme».

1724 L'argomento centrale del brano è:

- **A** l'atteggiamento maschilista diffuso nel mondo della ricerca scientifica
- **B** il confronto tra la situazione femminile nel campo delle arti e nel campo economico/scientifico
- **C** le rivendicazioni femminili circa la gestione del potere nel mondo della ricerca scientifica
- **D** la ricerca scientifica nei centri di ricerca statali
- **E** la differenza fra i centri di ricerca svedesi e quelli italiani

1725 Quale delle seguenti affermazioni NON è concorde con quanto affermato nel brano?

- **A** La commissione Dulbecco aveva come oggetto la ricerca sulle cellule staminali
- **B** Nell'università di Göteborg le ricerche proposte da uomini sono più facilmente finanziate con fondi pubblici rispetto a quelle proposte da donne
- **C** L'esito della ricerca di James Bonner sull'embriogenesi ha radici culturali molto lontane nel tempo
- **D** Rispetto al mondo letterario e artistico quello scientifico è piuttosto conservatore
- **E** La pubblicazione della mappa del genoma non ha per nulla modificato la visione maschilista vigente in ambito scientifico

1726 In base al contenuto del brano, si può affermare con certezza che chi lo ha scritto:

- **A** ha studiato all'università di Göteborg
- **B** considera le ricercatrici scientifiche meno potenti dei loro colleghi maschi
- **C** detesta la letteratura greca
- **D** è un genetista
- **E** ha fatto parte della Commissione Dulbecco

1727 Perché nel brano, la ricerca medica è definita "scriteriata"?

- **A** Perché tendenzialmente conservatrice
- **B** Perché dimentica le sue radici umanistiche
- **C** Perché priva di criteri oggettivi
- **D** Perché finanziata secondo criteri eticamente scorretti
- **E** Perché discriminante nei confronti delle donne

In base alle informazioni contenute nel brano seguente, rispondere alle relative domande.

[1] La moda: altro elemento che non era mai stato preso in considerazione. [...] **[2]** Ora, nel Trecento come nel Novecento, nessuno va genericamente abbigliato secondo la moda del suo tempo, ma di un preciso momento del suo tempo. **[3]** È proprio della moda superarsi di continuo e, anche se uno è poco attento a queste cose, il suo abbigliamento di oggi non sarà mai come quello di dieci anni fa. **[4]** Perché dunque non servirsi di questo elemento, quando sia presente in un'opera d'arte, per stabilirne il tempo di esecuzione? **[5]** Se vi sono dipinti o rilievi figurati di data certa che ci possano servire da punto di appoggio, se – soprattutto – potremo contare su qualche tipo di «bellimbusto» che funzioni da termometro della moda del momento, il gioco è fatto.

[6] Qualcuno ci accuserà di frivolezza, altri – soprattutto in Italia – di brutale positivismo; non importa: siamo convinti che la moda è parte integrante di una figurazione e a volte la condiziona in modo vistoso. **[7]** Non solo, ma essa ha certamente a che fare con la nascita di certi ideali di bellezza fisica che possono influenzare direttamente l'arte stessa. **[8]** Il tipo di bellimbusto opulento e massiccio che è alla moda in Italia nella prima metà del Trecento ha ispirato molti capolavori di Tino da Camaino, del giovane Simone Martini, dei Lorenzetti ecc.; «le fronti sbocciate come bulbi giganteschi» dei maestosi idoli femminili di Piero della Francesca, che tutti conserviamo nella memoria, sono in stretto rapporto proprio con le esigenze della moda, che spingeva le donne del Quattrocento a radersi i capelli per mostrare una fronte più alta.

[9] D'altra parte, non è impossibile che l'abito attillato che viene in uso dalla seconda metà del Trecento in poi abbia contribuito a formare quella concentrazione di interessi per le strutture reali del corpo umano che esploderà agli inizi del Quattrocento; mentre al tempo in cui uomini e donne andavano vestiti indistintamente in abiti lunghi e larghi come grandi tonache, non si arrivava neppure a rendersi conto – e lo ha osservato il Gombrich – della diversità di forme tra il corpo dell'uomo e quello della donna.

1728 In «Ora, nel Trecento come nel Novecento, nessuno va genericamente abbigliato secondo la moda del suo tempo, ma di un preciso momento del suo tempo [2]», *ora* è:

A un avverbio che modifica il verbo *va*

B una preposizione impropria che introduce il pronome indefinito *nessuno*

C un elemento che serve a scandire il ragionamento

D un elemento che indica un tempo e un luogo preciso

E un elemento che indica un tempo presente già menzionato prima e che sarà ripreso successivamente

1729 Al periodo [4]: *stabilirne il tempo di esecuzione* significa:

A fissare il clima culturale in cui fu progettata l'opera d'arte

B determinare la data in cui era di moda un certo tipo di abbigliamento

C determinare il periodo di tempo necessario all'artista per completare la sua opera

D determinare la data in cui l'opera d'arte è stata realizzata

E fissare nella memoria di chi guarda o legge il periodo storico in cui era in voga un certo abbigliamento e fu realizzata l'opera d'arte

1730 La migliore riformulazione dell'espressione *dipinti o rilievi figurati di data certa* al periodo [5], è:

A immagini di cui si conosca con precisione la data in cui furono realizzate

B immagini realizzate in una data precisa ma non conosciuta

C raffigurazioni artistiche dipinte, ma non scolpite, in un determinato periodo

D raffigurazioni dipinte o scolpite in un lasso di tempo ristretto

E immagini artistiche risalenti a un qualche periodo imprecisato

1731 La sintesi più efficace del brano nel suo complesso è:

A così andavano vestiti gli uomini e le donne nel Medioevo

B il cambiamento della moda può contribuire a datare le opere d'arte e a spiegarne alcune caratteristiche

C il gusto estetico degli artisti non è soggetto alla moda

D l'arte condiziona il modo di abbigliarsi delle persone nei diversi periodi storici

E l'abbigliamento e le acconciature influenzano gli artisti

1732 L'artista Piero della Francesca è ricordato nel periodo [8] per le sue raffigurazioni di:

A divinità femminili con i capelli rasati sulla fronte

B donne particolarmente eleganti ma con bitorzoli simili a bulbi sul viso

C divinità classiche con la testa simile a un bulbo

D donne dalla fronte molto spaziosa

E figure femminili acconciate con i capelli corti sulla fronte

1733 L'espressione *Nella prima metà del Trecento* del periodo [8] indica:

A il periodo 1351-1400

B il periodo tra l'inizio e la metà del sec. XIII

C il periodo 301-350 circa

D i primi cinquant'anni del sec. XIV

E l'anno 1350

1734 Nel brano l'autore svolge un discorso:

A di tipo argomentativo, ovvero presenta una serie concatenata di argomenti al fine di sostenere una tesi

B di tipo narrativo, ovvero racconta una storia o un frammento di essa

C di tipo regolativo, ovvero orienta o determina il comportamento del lettore

D di tipo espositivo, ovvero illustra fatti e concetti con lo scopo di arricchire le conoscenze del lettore

E di tipo narrativo-espositivo, ovvero racconta una storia al fine di divertire e istruire il lettore

1735 L'espressione *il gioco è fatto* del periodo [5], nel contesto del brano corrisponde a dire:

A l'analisi stilistica ha avuto successo
B abbiamo trovato un modo per datare le opere d'arte
C la datazione delle opere d'arte è come un gioco
D la moda è un gioco che cambia a seconda delle epoche storiche
E sulla relazione tra arte e moda non c'è più niente da scoprire

1736 Con l'immagine del *bellimbusto* che può funzionare da *termometro della moda del momento* [5], l'autore vuole indicare:

A il busto in marmo o in gesso di un uomo particolarmente avvenente
B la raffigurazione di un uomo abbigliato e acconciato con accuratezza secondo la moda dominante del suo tempo
C l'immagine di un uomo che da altre fonti sappiamo essere stato molto elegante ai suoi tempi
D la raffigurazione di un uomo che, per ragioni varie, presumiamo ci possa indicare quali abiti o acconciature fossero in voga in quel preciso momento
E un busto maschile che ci fornisce indicazioni su abiti, acconciature e accessori eleganti ad una data epoca

1737 Secondo l'autore, *l'abito attillato* [9] che diviene di moda nella seconda metà del Trecento:

A può aver accresciuto l'interesse degli artisti per la moda
B ha segnato l'avvio della distinzione tra moda maschile e femminile
C può aver favorito l'interesse degli artisti per l'anatomia del corpo umano
D ha svelato ai contemporanei le differenze tra i sessi
E ha indotto gli artisti a raffigurare con maggiore precisione la realtà

Leggere il brano e rispondere alla relativa domanda

«Possiamo dire che due vocazioni opposte si contendono il campo della letteratura attraverso i secoli: l'una tende a fare del linguaggio un elemento senza peso, che aleggia sopra le cose come una nube, o meglio un pulviscolo sottile, o meglio ancora come un campo d'impulsi magnetici; l'altra tende a comunicare al linguaggio il peso, lo spessore, la concretezza delle cose, dei corpi, delle sensazioni.
Alle origini della letteratura italiana - e europea - queste due vie sono aperte da Cavalcanti e da Dante. L'opposizione vale naturalmente nelle sue linee generali, ma richiederebbe innumerevoli specificazioni, data l'enorme ricchezza di risorse di Dante e la sua straordinaria versatilità [...]. Nella Vita Nova, Dante tratta la stessa materia del suo maestro e amico, e vi sono parole, motivi, concetti che si trovano in entrambi i poeti: quando Dante vuole esprimere leggerezza, anche nella Divina Commedia, nessuno sa farlo meglio di lui; ma la sua genialità si manifesta nel senso opposto, nell'estrarre dalla lingua tutte le possibilità sonore ed emozionali e d'evocazione di sensazioni, nel catturare nel verso il mondo in tutta la varietà dei suoi livelli e delle sue forme e dei suoi attributi, nel trasmettere il senso che il mondo è organizzato in un sistema, in un ordine, in una gerarchia dove tutto trova il suo posto. Forzando un po' la contrapposizione potrei dire che Dante dà solidità corporea anche alla più astratta speculazione intellettuale, mentre Cavalcanti dissolve la concretezza dell'esperienza tangibile in versi [...].
L'essermi soffermato su Cavalcanti m'è servito a chiarire meglio (almeno a me stesso) cosa intendo per "leggerezza". La leggerezza per me si associa con la precisione e la determinazione, con la vaghezza e l'abbandono al caso [...]. La gravità senza peso di cui ho parlato a proposito di Cavalcanti riaffiora nell'epoca di Cervantes e di Shakespeare: è quella speciale connessione tra melanconia e umorismo, che è stata studiata in Saturn and Melancholy....Come la melanconia è la tristezza diventa leggera, così lo humour è il comico che ha perso la pesantezza corporea, quella dimensione di carnalità umana che pur fa grandi Boccaccio e Rabelais [...].
Melanconia e humour mescolati e inseparabili caratterizzano l'accento del Principe di Danimarca che abbiamo imparato a riconoscere in tutti o quasi i drammi shakespeariani sulle labbra dei tanti avatars (cioè incarnazioni) del personaggio Amleto. [...] Non è una melanconia compatta e opaca, ma un velo di particelle minutissime d'umori e sensazioni, un pulviscolo d'atomi come tutto ciò che costituisce l'ultima sostanza della molteplicità delle cose. Confesso che la tentazione di costruirmi uno Shakespeare seguace dell'atomismo lucreziano è per me molto forte, ma so che sarebbe

arbitrario. Il primo scrittore del mondo moderno che fa esplicita professione d'una concezione atomistica dell'universo nella sua trasfigurazione fantastica, lo troviamo solo alcuni anni dopo, in Francia: Cyrano de Bergerac».

Italo Calvino, *Lezioni Americane*, "Lezione I: Leggerezza"

1738 (A) Don Chisciotte, l'eroe di Cervantes, è malinconico e insieme comico.
(B) Tristezza e umorismo caratterizzano il linguaggio di Amleto.
(C) È suggestivo, ma sarebbe una forzatura illecita, leggere Shakespeare come un seguace dell'atomismo classico.
(D) Amleto, principe malinconico ma dotato di humour, è unico e inconfondibile nel teatro shakespeariano.
(E) Sulla via aperta da Cavalcanti ci sono Cervantes e Shakespeare. Altra è la via aperta da Dante.
UNA sola delle seguenti possibilità può essere RIGOROSAMENTE dedotta dal testo di Calvino: quale?

A Solo E
B Sia B sia A
C Solo D
D Sia C sia E
E Sia A sia C

In base alle informazioni contenute nel brano seguente, rispondere alle successive domande.

Plank ha dimostrato che per stabilire una legge sull'irradiamento termico concordante con l'esperienza, bisogna utilizzare un metodo di calcolo la cui incompatibilità con i principi della meccanica classica diventa sempre più evidente. Grazie a questo metodo, Plank ha introdotto nella fisica l'ipotesi dei quanti che, in seguito, è stata oggetto di verifiche brillanti. Con questa ipotesi dei quanti, egli ha capovolto la meccanica classica, nel caso in cui masse sufficientemente piccole si spostano con velocità che toccano valori assai piccoli e accelerazioni sufficientemente grandi. Di modo che oggi non possiamo più considerare valide le leggi del movimento di Galileo e Newton se non come leggi-limite. Tuttavia, nonostante gli sforzi più tenaci dei teorici, non si è potuto fino ad oggi pervenire a sostituire i principi della meccanica con altri che corrispondano alla legge dell'irradiamento termico di Plank, o all'ipotesi dei quanti. Benché non esista più alcun dubbio che abbiamo ricondotto il calore ad un movimento molecolare, nondimeno dobbiamo confessare che noi ci troviamo oggi, davanti alle leggi fondamentali di questo movimento, nella stessa situazione degli astronomi prima di Newton davanti ai movimenti dei pianeti.

Ho fatto allusione a un insieme di fatti nello studio teorico dei quali i principi vengono meno. Si può egualmente presentare il caso in cui principi nettamente formulati conducano a conseguenze che escono totalmente o quasi totalmente dai limiti del dominio dei fatti attualmente accessibili alla nostra esperienza. Può darsi che, in questo caso, un lavoro di ricerche empiriche di lunghi anni sia necessario per sapere se i principi corrispondono alla teoria della realtà. La teoria della relatività ce ne offre un esempio.

L'analisi delle idee fondamentali di tempo e di spazio ci ha mostrato che il teorema della costanza della velocità della luce nel vuoto, che si deduce dall'ottica dei corpi in movimento, non ci costringe affatto ad accettare la teoria generale che tiene conto della circostanza che, nelle esperienze eseguite sulla terra, non notiamo mai nulla del movimento di traslazione terrestre. Si fa uso, in questo caso, del principio di relatività che dice: le leggi naturali non cambiano di forma, quando si passa dal sistema iniziale di coordinate (riconosciuto corretto) ad un nuovo sistema concepito come animato da un movimento di traslazione uniforme in rapporto a se stesso. Questa teoria ha già ricevuto dall'esperienza verifiche notevoli e ha condotto, in unione con il complesso dei dati raccolti, ad una semplificazione della rappresentazione teorica.

Ma, d'altra parte, dal punto di vista teorico, questa teoria non dà intera soddisfazione, perché il principio della relatività sopra enunciato dà la preferenza al movimento uniforme. Se è vero che partendo dal punto di vista fisico non si può attribuire un senso assoluto al movimento uniforme, la questione di sapere se questa affermazione deve estendersi egualmente ai movimenti non uniformi, sorge spontanea. È stato provato che se si prende come base il principio di relatività esteso in questo senso, si ottiene una estensione molto caratterizzata della teoria di relatività e si è condotti così a una teoria generale della gravitazione, comprendente la dinamica.

Abbiamo stabilito che la fisica induttiva pone delle questioni alla fisica deduttiva e viceversa e che la risposta a queste questioni esige la tensione di tutti gli sforzi.

COMPRENSIONE DEL TESTO

1739 Cosa ha reso possibile l'introduzione dell'ipotesi dei quanti da parte di Plank?

A L'incompatibilità della meccanica classica con i principi dell'irradiamento termico

B La sua dimostrazione che per le leggi sull'irradiamento occorre usare metodi di calcolo in contrasto con i principi della meccanica classica

C La scoperta dell'irradiamento termico

D La scoperta dei quanti

E La conoscenza dei modelli di Newton

1740 Newton si trovava di fronte ai movimenti dei pianeti come i fisici moderni si trovano di fronte alle leggi:

A della meccanica classica

B dell'irradiamento termico

C fondamentali della fisica

D fondamentali del movimento molecolare

E della fisica quantistica

1741 Secondo l'autore, il teorema della costanza della velocità della luce nel vuoto:

A si deduce dalle circostanze generali

B non ci costringe ad accettare una teoria generale

C ci costringe ad accettare che non si nota mai il movimento della terra

D deriva dal teorema della relatività

E è immediatamente evidente

1742 Il principio della relatività dà preferenza:

A al moto uniformemente accelerato

B al punto di vista teorico

C al punto di vista fisico

D ad un concetto esteso di movimento

E al moto uniforme

1743 Il carattere del brano è:

A storico

B fisico

C descrittivo

D ottimista

E polemico

In base alle informazioni contenute nel brano, rispondere alle successive domande.

Il termine "buco nero" (black hole) è di origine molto recente. Esso fu coniato nel 1969 dal fisico americano John Wheeler come descrizione efficace di un'idea risalente ad almeno due secoli prima, epoca in cui c'erano due teorie della luce: una, quella preferita da Newton, diceva che la luce era composta da particelle, mentre secondo l'altra essa era costituita da onde. Noi oggi sappiamo che in realtà entrambe le teorie sono corrette.

In virtù della dualità onda-particella della meccanica quantistica, la luce può essere considerata come formata sia da onde sia da particelle. Nella teoria ondulatoria non era chiaro in che modo la luce rispondesse alla gravità. Se però la luce è composta da particelle, ci si poteva attendere che essa risentisse della gravità nello stesso modo in cui ne risentono palle di cannone, razzi e pianeti. Dapprima si ritenne che la luce avesse una velocità di propagazione infinitamente grande, cosicché la gravità non fosse in grado di rallentarla, ma la scoperta, per opera di Romer, che la luce si propaga a velocità finita comportava che la gravità potesse avere un effetto importante.

Sulla base di questo assunto, un docente di Cambridge, John Michel, pubblicò nel 1783 "*Philosophical transactions of the Royal Society of London*" un saggio in cui sottolineava che una stella di massa e densità sufficientemente grandi avrebbe avuto un campo gravitazionale così forte che la luce non avrebbe potuto sfuggirne; qualsiasi raggio di luce emesso dalla superficie della stella sarebbe stato trascinato all'indietro dall'attrazione gravitazionale della stella prima di potersi spingere molto lontano. Michel suggerì che poteva esistere un gran numero di stelle con tali caratteristiche. Pur non essendo in grado di vederle, poiché la luce che ne emana non potrebbe giungere fino a noi, potremmo però ancora percepirne l'attrazione gravitazionale.

Noi chiamiamo oggi tali oggetti celesti buchi neri, poiché proprio questi essi sono: vuoti neri nello spazio. Un suggerimento simile fu fatto qualche anno dopo dallo scienziato francese Pierre-Simon de Laplace, a quanto pare indipendentemente da Michel. Fatto abbastanza interessante, Laplace lo incluse solo nella prima e nella seconda edizione della "*Exposition du sistème du monde*", lasciandolo fuori dalle edizioni successive, forse per essersi convinto che era un'idea assurda. (Si deve aggiungere che nel corso dell'ottocento la teoria corpuscolare della luce cadde in discredito; sembrava che la teo-

PARTE TERZA

ria ondulatoria potesse spiegare tutto, e nella teoria ondulatoria non era affatto chiaro che la luce dovesse risentire dell'azione della forza di gravità). In realtà nella teoria della gravità di Newton è un po' contraddittorio trattare la luce a somiglianza di palle di cannone, poiché la velocità della luce è fissa. (Una palla di cannone sparata dalla terra verso l'alto sarà rallentata dalla gravità e infine si arresterà e invertirà il suo moto, mentre un fotone continuerebbe a muoversi verso l'alto a velocità costante. In che modo, quindi, la gravità newtoniana potrebbe incidere sulla luce?). Una teoria coerente del modo in cui la gravità incide sulla luce si ebbe solo quando Einstein propose la relatività generale nel 1915. E anche dopo di allora dovette passare molto tempo prima che si comprendessero le implicazioni della teoria per le stelle di grande massa.

Per capire in che modo potrebbe formarsi un buco nero, dobbiamo innanzitutto capire il ciclo di vita di una stella. Una stella si forma quando una grande quantità di gas (per lo più idrogeno) comincia a contrarsi in conseguenza della sua attrazione gravitazionale. Nel corso del collasso gli atomi di gas entrano in collisione fra loro sempre più frequentemente e a velocità sempre maggiori: il gas si riscalda. Infine, la temperatura sarà così elevata che quando gli atomi di idrogeno si urtano non rimbalzano più ma si fondono assieme a formare elio. Al calore liberato in questa reazione, che è simile all'esplosione di una bomba a idrogeno controllata, si deve lo splendore della stella. Anche questo calore aggiuntivo aumenta la pressione del gas finché questa è sufficiente a controbilanciare l'attrazione gravitazionale, e il gas smette di contrarsi. È un po' come nel caso di un palloncino: c'è un equilibrio tra la pressione dell'aria al suo interno, la quale cerca di farlo espandere, e la tensione della gomma, la quale cerca di rimpicciolirlo. Grazie a un meccanismo simile a questo, le stelle rimangono stabili per molto tempo, ossia fino a quando il calore generato dalle reazioni nucleari al loro interno controbilanciano l'attrazione gravitazionale. Infine, però, la stella esaurirà le sue riserve di idrogeno e di altri combustibili nucleari. Paradossalmente, quanto maggiore è la scorta di combustibile con cui la stella comincia la sua evoluzione, tanto prima lo esaurirà. Questo perché quanto maggiore è la massa di una stella tanto più elevata deve essere la sua temperatura per controbilanciare la sua attrazione gravitazionale. e quanto più calda è una stella tanto più rapidamente consumerà il suo combustibile. Il sole ha probabilmente abbastanza combustibile per alimentare le sue reazioni nucleari per altri cinque miliardi di anni circa, ma stelle di massa maggiore possono dar fondo a tutto il loro combustibile in soli cento milioni di anni, un periodo molto minore dell'età attuale dell'universo. Quando una stella esaurisce il suo combustibile, comincia a raffreddarsi e a contrarsi. Si cominciò a capire che cosa potrebbe accadergli soltanto alla fine degli anni Venti.

Nel 1928 uno studente universitario indiano, Subrahmanyan Chandrasekhar, partì per l'Inghilterra per andare a studiare a Cambridge con l'astronomo britannico sir Arthur Eddington, un esperto sulla relatività generale. (Secondo una testimonianza, all'inizio degli anni Venti un giornalista disse a Eddington di aver sentito dire che al mondo c'erano solo tre persone che capivano la relatività generale. Eddington rimase un istante sovrappensiero, e poi rispose: "sto cercando di immaginare chi possa essere la terza"). Durante il viaggio dall'India alla Gran Bretagna, Chandrasekhar calcolò quale massa avrebbe dovuto avere una stella per poter resistere al collasso gravitazionale dopo aver consumato tutto il suo combustibile. L'idea era questa: quando la stella si contrae, le particelle di materia vengono a trovarsi molto vicine l'una all'altra; perciò, secondo il principio di esclusione di Pauli, devono avere velocità diverse. In conseguenza di questo fatto esse si allontanano l'una dall'altra, cosicché la stella tende a espandersi. Una stella può perciò mantenersi a un raggio costante in virtù di un equilibrio tra l'attrazione gravitazionale e la repulsione derivante dal principio di esclusione, esattamente come, nella prima parte della sua vita, la gravità era bilanciata dal calore.

1744 In base al brano, le interazioni tra la gravità e le stelle di grande massa si compresero:

- **A** quando Einstein propose la relatività generale
- **B** molto tempo prima del 1915
- **C** grazie a Newton
- **D** dopo il 1915 grazie alla pubblicazione del saggio di Michel

---

1745 Secondo l'autore, nel corso dell'800, la teoria della luce più accreditata era:

- **A** quella preferita da Newton
- **B** quella che non riusciva a chiarire come la luce risentisse dell'azione della forza di gravità
- **C** quella corpuscolare
- **D** quella suggerita da Einstein
- **E** quella di Pierre Simon - de Laplace

COMPRENSIONE DEL TESTO

1746 Quali sono le forze in gioco nella stabilità di una stella?

A) Da una parte l'attrazione gravitazionale, dall'altra la tensione superficiale
B) Da una parte il calore, dall'altra la repulsione derivante dal principio di esclusione di Pauli
C) Da una parte dapprima il calore e poi il principio di esclusione, dall'altra l'attrazione gravitazionale
D) Da una parte la massa, dall'altra il principio di esclusione

1747 Dal brano si deduce che l'età dell'universo è:

A) maggiore del tempo che stelle di massa maggiore a quella del sole impiegherebbero a esaurire tutto il loro combustibile
B) pari a cento milioni di anni
C) pari a circa cinque miliardi di anni
D) minore di quella del sole

In base alle informazioni contenute nel brano seguente, rispondere alle sucessive domande.

Disperata e violenta: sono questi i due aggettivi che gli storici e i critici d'arte usano con più frequenza per descrivere la breve vita di Michelangelo Merisi da Caravaggio, uno dei massimi protagonisti della pittura barocca, morto nel 1610, a trentasette anni, sulla strada che lo riportava a Roma, da dove era fuggito quattro anni prima, dopo esser stato condannato a morte in seguito a un omicidio commesso durante una rissa di strada. Realistica e morale è invece la coppia di aggettivi con cui viene generalmente connotata l'opera dell'artista lombardo di nascita ma romano di formazione stilistica. In questa duplice caratterizzazione la ricerca del reale si contrappone a quella dell'ideale e la tensione morale, l'approfondimento dei motivi quotidiani o degli esiti trascendenti, alla ricerca del bello. Lo stacco rispetto al formalismo tardo-manieristico e alla contemporanea elaborazione artistica dei Carracci è talmente marcato da giustificare, per la pittura caravaggesca, la definizione di rivoluzionaria.
Una delle opere che illustrano i motivi caratteristici della pittura caravaggesca più matura è *La morte della Madonna.* Dipinta fra il 1605 e il 1606 per la cappella Cherubini della chiesa di Santa Maria del Popolo a Roma, l'opera fu rifiutata dal clero della chiesa. Un critico dell'epoca biasimò il quadro perché raffigurava la Madonna come una "donna morta gonfia" e probabilmente fu proprio questo aspetto dell'opera a spingere il clero che l'aveva commissionata al rifiuto. In effetti la tela non presenta nessuna delle tipiche connotazioni dei soggetti sacri del tempo. In primo piano si vede la Madonna morta, vestita di rosso, deposta su una lettiga, pianta da una giovane donna disperata seduta al suo fianco e da alcuni uomini che stanno intorno, assiepati. L'interno è buio, dominato da un drappo rosso che sovrasta l'ambiente, la luce illumina solo la defunta, la giovane donna piangente e le teste calve degli uomini in lacrime. Sono umili che piangono un'umile, una popolana che non ha nulla di sacro, ma Dio è lì tra loro, la vera devozione e la vera fede sono fra loro. Caravaggio in quest'opera non fa che ribadire il suo pensiero morale, calando nel quotidiano la rappresentazione delle tematiche religiose e trascendenti, riproponendo il modulo espressivo e figurativo già usato sei anni prima nella *Vocazione di San Matteo*, ambientata in una taverna romana, a un tavolo di giocatori. Destò ancora una volta più scandalo che ammirazione ma continuò a cercare di rappresentare su tela la presenza di Dio fra gli uomini, fra i popolani, gli umili, i balordi e i disperati che frequentava quotidianamente e tra cui si confondeva.

1748 Dal brano si può dedurre che Caravaggio nacque nel:

A) 1606
B) 1573
C) 1583
D) 1586
E) 1567

1749 Nel brano l'opera del Caravaggio viene definita:

A) realistica e morale
B) disperata e violenta
C) ideale e volta al bello
D) quotidiana e trascendente
E) realistica e figurativa

1750 Chi definì la Madonna morta dipinta da Caravaggio "donna morta gonfia"?

A) Un critico manierista del Cinquecento
B) Un sacerdote di Santa Maria del Popolo
C) Un critico del Settecento che biasimò l'opera
D) Un critico del Seicento
E) Un critico del Seicento che apprezzò l'opera

1751 Cosa accomuna, secondo il brano, *La morte della Madonna* e la *Vocazione di San Matteo*?

- **A** Entrambi furono dipinti nel 1605-1606
- **B** Entrambi furono dipinti per la cappella Cherubini
- **C** L'ambientazione in una taverna
- **D** La presenza di uomini in lacrime
- **E** Il modulo espressivo e figurativo usato da Caravaggio

1752 Quale delle seguenti frasi del brano non è riportata correttamente?

- **A** Caravaggio in quest'opera non fa che ribadire
- **B** Lo stacco rispetto al formalismo tardo-manieristico
- **C** Uno dei massimi protagonisti della pittura secentesca
- **D** Sono umili che piangono un'umile
- **E** L'opera fu rifiutata dal clero della chiesa

Leggere il seguente testo e rispondere alle relative domande.

Alla fine di questo secolo può essere interessante riflettere sul futuro della scienza e discutere la concezione della natura quale è emersa negli ultimi decenni. La questione è in realtà un po' più controversa di quanto si sia soliti immaginare: a parere di alcuni siamo vicini alla "fine della scienza", prossimi alla teoria del "tutto"; il mio invece è un punto di vista opposto. Credo, infatti, che ci troviamo all'inizio di una nuova epoca. La scienza classica poneva l'accento sulla stabilità, sull'equilibrio; ora, a tutti i livelli di osservazione, ci imbattiamo in fluttuazioni, biforcazioni, processi evolutivi. L'ideale classico consisteva in una visione geometrica della natura; ora vediamo che in essa giocano un ruolo essenziale elementi che possiamo definire "narrativi". (...)

Tradizionalmente, la probabilità era considerata come una conseguenza della nostra ignoranza, veniva associata alle limitazioni della nostra mente. Ora possiamo sostenere che la probabilità è una conseguenza della nostra maniera di descrivere la natura. In prossimità delle biforcazioni, alcune molecole possono decidere il destino di miliardi di molecole.

È per esprimere questo concetto che il termine "auto-organizzazione" è diventato piuttosto comune.

Si tratta di una nuova prospettiva che non investe soltanto la scienza pura (...)

"In natura, il mantenimento dell'organizzazione non è, e non può essere, conseguito attraverso una gestione centralizzata: l'ordine è mantenuto solo attraverso l'auto-organizzazione. I sistemi auto-organizzati prevedono l'adattamento all'ambiente dominante, cioè reagiscono alle modifiche dell'ambiente con una risposta termodinamica che rende i sistemi estremamente flessibili e resistenti alle perturbazioni indotte dall'esterno. Dovrà essere sviluppata una tecnologia completamente nuova per sfruttare, nell'ambito dei processi tecnici, l'alta capacità di guida e regolazione dei sistemi auto-organizzati. La superiorità dei sistemi auto-organizzati è illustrata dai sistemi biologici, capaci di creare prodotti complessi con un'accuratezza, un'efficienza e una velocità ineguagliabili".

da Ilya Prigogine, *Nell'universo delle probabilità un solo punto fermo: l'incertezza*, in "Telèma", 14, 1998.

1753 Una delle seguenti informazioni NON consegue alle informazioni riportate nell'articolo di Ilya Prigogine. Quale?

- **A** L'adattamento all'ambiente dominante nei sistemi auto-organizzati è particolarmente pronto e efficace
- **B** Il ricorso alla categoria di probabilità non è dovuto ad una insufficienza provvisoria dei nostri mezzi di informazione
- **C** La scienza classica con la sua pretesa di dimostrare con precisione geometrica la meccanica dei fenomeni non ha più niente da dirci
- **D** Flessibilità e resistenza, accuratezza e velocità produttive sono caratteristiche che coesistono nei sistemi auto-organizzati
- **E** L'osservazione della natura rivela oggi allo scienziato processi evolutivi che non possono essere tradotti in leggi universali e necessarie

1754 Una delle frasi seguenti contrasta logicamente con la concezione di fondo a cui è ispirato il testo di Prigogine. Quale?

- **A** Come nel campo della fisica, anche in quello dell'economia evoluzionistica la non linearità, le biforcazioni e le instabilità giocano un ruolo importante
- **B** Occorrono nuovi strumenti teorici e sperimentali: dobbiamo sviluppare la matematica dei sistemi non lineari, che è ancora agli inizi
- **C** Bisogna riconsiderare la validità delle "leggi di natura", classiche o quantistiche che siano
- **D** Con la rivoluzione tecnologica si potrà ottenere una conoscenza della natura diversa ma non meno certa nelle predizioni e universalmente necessaria di quella classica
- **E** Anche i sociologi erano fino a mezzo secolo fa convinti che il comportamento dell'uomo tendesse a seguire linee e percorsi predicibili

Leggere il brano seguente e rispondere alle relative domande

Per trovare un'utilitaria di massa dobbiamo attendere la seconda metà degli anni Cinquanta: è infatti del 1954 l'introduzione sul mercato italiano di uno dei simboli del miracolo economico: la Fiat "600". La "600" presentava l'importante novità di non essere solo una versione in miniatura delle automobili di maggior cilindrata e dimensioni, ma di possedere caratteristiche proprie, fortemente differenziate rispetto ai modelli maggiori. La forma a guscio della "600" (e della successiva "500"), così diversa dalla forma delle auto dell'epoca, fu alla base del suo enorme successo. Ma la diffusione della "600", frutto delle migliori condizioni economiche della popolazione italiana e dell'efficacia delle scelte della Fiat, non poteva non porre un problema: la differenziazione dei modelli. Come hanno osservato molti sociologi, nelle società di massa, quando una classe sociale comincia a migliorare il proprio tenore di vita, tende a desiderare consumi sempre meno standardizzati e sempre più personalizzati. Le merci, allora, diventano status symbol, cioè simboli della condizione sociale dei loro proprietari: vengono acquistate, infatti, non solo per la loro funzione e utilità, ma anche – o soprattutto – perché chi le possiede possa mostrare agli altri il proprio benessere e il proprio potere. Questo meccanismo ebbe importanti conseguenze sulle caratteristiche delle utilitarie. Innanzitutto si assistette all'offerta di un numero altissimo di modelli, che si differenziavano tra loro non tanto per le loro caratteristiche tecniche di fondo (cilindrata, dimensioni, consumi), ma per aspetti secondari ed estetici (la forma della carrozzeria, l'offerta di qualche gadget in più). Per esempio, la principale concorrente della "600", l'Autobianchi "Bianchina", faceva riferimento a una concezione opposta a quella dell'utilitaria della Fiat: essa ritornava a essere una macchina "miniaturizzata", che riprendeva cioè la forma delle macchine maggiori, diminuendone le dimensioni. La Bianchina venne, non a caso, acquistata soprattutto da coloro che aspiravano a un'ulteriore crescita sociale e che desideravano possedere merci simili a quelle delle classi più agiate. In secondo luogo, le singole marche cominciarono a variare l'offerta all'interno della stessa fascia produttiva. Nacquero così le varie versioni di un singolo modello: le coupé (le sportive), le cabriolet (le versioni con il tetto apribile), le familiari (caratterizzate da bagagliai più ampi); oppure vennero prodotti nuovi modelli che si discostavano di poco da quelli precedenti: è il caso della Fiat "500", che presentava caratteristiche estetiche e tecniche simili alla "600", pur con cilindrata, prezzo e dimensioni inferiori.

1755 Quando fu introdotta sul mercato italiano la Fiat "600", secondo quanto desumibile dal brano?

- **A** Nel secondo decennio della seconda metà del XX secolo
- **B** Durante la guerra fredda
- **C** Nel primo lustro della prima metà del XX secolo
- **D** Nel primo decennio della seconda metà del XX secolo
- **E** Nel primo dopoguerra

1756 Quale delle seguenti fu la principale antagonista della Fiat "600"?

- **A** La Due Cavalli
- **B** La Fiat "500"
- **C** La "Bianchina"
- **D** La cabriolet Autobianchi
- **E** La coupé Fiat

PARTE TERZA

1757 In base a quanto riportato nel brano, il successo dell'utilitaria NON era legato:

A al suo rappresentare uno status symbol
B alle caratteristiche tecniche
C all'efficacia delle scelte aziendali
D al miglioramento del tenore di vita della popolazione italiana
E alle caratteristiche estetiche

1758 Quale dei seguenti può essere un titolo adeguato del brano?

A L'utilitaria e il boom economico
B L'evoluzione della società italiana attraverso le automobili
C La preistoria dell'utilitaria
D Crisi e rinascita dell'utilitaria
E Psicologia dei consumi

1759 In base a quanto riportato nel brano, è possibile affermare che la differenziazione dei modelli delle utilitarie:

A disorientò la crescente domanda di auto standardizzate
B rispose al desiderio di personalizzazione del bene da acquistare
C incise soprattutto sulle caratteristiche tecniche delle automobili
D fu una strategia vincente specifica delle case automobilistiche italiane
E fu dettata da ragioni di economia di scala

Leggere il brano seguente e rispondere alle relative domande

Nozione matematica di primaria importanza, i numeri furono introdotti, più o meno consapevolmente, fin dall'antichità al fine di poter operare su quantità di elementi costituenti insiemi o su quantità esprimenti misure di entità materiali. La prima numerazione scritta risale al 3500 a.C. presso i Sumeri, in Mesopotamia. La numerazione posizionale attuale, con nove cifre e lo zero, è stata elaborata in India intorno al V secolo d.C., ma il decimale non era sconosciuto agli egiziani, ai babilonesi, ai cinesi e persino ai maya. Tuttavia la prima esposizione sistematica è del matematico indiano Brahmagupta nel VII secolo d.C. Furono poi gli Arabi - con il matematico Muhammad ibn Al-Khwarizimi (780-850) - durante la loro dominazione a utilizzarli (come concetto ma non come scrittura) e solo molto più tardi, con la possibilità di fare risultati di aritmetica pratica, fu Leonardo Fibonacci (1170-1230) a diffonderli nell'Europa medioevale, con il suo trattato "Liber abaci". Essendo notoriamente "usati" dagli arabi, impropriamente si chiamarono "numeri arabi", invece la scrittura vera e propria era quella indiana. L'arabo Muhammad ibn Al-Khwarizimi intorno all'810 scrisse anche un libro di matematica coniando un termine che in italiano divenne "algebra".

1760 Secondo l'autore del brano, la nozione di "numero":

A permetteva di esprimere unità di misura
B risale all'antichità
C fu introdotta prima dell'alfabeto
D permetteva di operare solo su oggetti concreti
E è stata introdotta inconsapevolmente

1761 Nel brano si afferma che la numerazione decimale:

A risale al popolo arabo
B è stata elaborata in India
C ebbe la sua prima esposizione sistematica nel Medioevo
D è una conquista del pensiero di Leonardo Fibonacci
E è attestata presso i Sumeri

1762 I numeri "arabi" sono detti così:

A perché hanno norme d'uso diverse da quelle attualmente utilizzate con i numeri occidentali
B per distinguerli dai numeri "indiani"
C perché sembravano segni incomprensibili quando furono introdotti in Occidente
D perché inventati dagli arabi
E ma in realtà derivano dalla scrittura indiana

1763 Il termine "algebra":

A fu coniato dall'indiano Brahmagupta
B era in uso anche presso il popolo Maya
C è di origine araba
D fece la sua prima comparsa nel trattato "Liber abaci"
E deriva dal nome Al-Khwarizimi

COMPRENSIONE DEL TESTO

1764 La numerazione con nove cifre e lo zero:
- A risale al 3500 a.C.
- B risale al VII secolo d.C.
- C fu adottata dai romani
- D fu usata per la prima volta dagli arabi
- E si dice posizionale

Leggere il brano seguente e rispondere alle relative domande

I problemi se l'universo abbia avuto inizio nel tempo e se sia limitato nello spazio furono in seguito esaminati diffusamente dal filosofo Immanuel Kant nella monumentale Critica della ragion pura, la cui prima edizione uscì nel 1781. Kant chiamò questi problemi antinomie (ossia contraddizioni) della pura ragione, convinto com'era che esistessero argomenti altrettanto convincenti a sostegno della tesi che l'universo avesse avuto un inizio nel tempo, e dell'antitesi, che esso esistesse da sempre. Il suo argomento a favore della tesi era che, se l'universo non avesse avuto un inizio, ci sarebbe stato un periodo di tempo infinito prima di ogni evento, cosa che egli considerava assurda. L'argomento a favore dell'antitesi era che, se l'universo avesse avuto un inizio, ci sarebbe stato un periodo di tempo infinito prima della sua esistenza, cosicché ci si potrebbe chiedere perché mai l'universo avrebbe dovuto avere inizio in un qualsiasi tempo particolare piuttosto che in un altro. In realtà le due argomentazioni, a favore sia della tesi sia dell'antitesi, si innestano sullo stesso ragionamento. Entrambe si fondano sull'assunto inespresso che il tempo continui a ritroso per sempre, tanto nel caso che l'universo fosse o non fosse esistito dall'eternità. Come vedremo, però, prima dell'inizio dell'universo il concetto di tempo non ha alcun significato. Questa nozione fu proposta per la prima volta dallo stesso sant'Agostino [...] che disse invece che il tempo era una proprietà dell'universo creato da Dio, e che quindi, prima dell'inizio dell'universo, il tempo non esisteva. Quando la maggior parte delle persone credeva in un universo essenzialmente statico o immutabile, il problema se esso avesse o no avuto un inizio era in realtà una questione di competenza della metafisica o della teologia. Si poteva spiegare altrettanto bene ciò che si osservava sia con la teoria che l'universo esistesse da sempre sia con la teoria alternativa che esso fosse stato messo in movimento in un qualche tempo finito in passato, in modo tale da dare l'impressione che esso esistesse da sempre.

1765 Secondo quanto riportato nel brano, quando era dominante l'idea della staticità dell'universo, il problema del suo inizio era indagato:
- A da metafisica e matematica
- B da metafisica e teologia
- C con il metodo empirico
- D dalla ragione pura
- E da matematica e teologia

1766 Secondo quanto riportato nel brano, per Immanuel Kant il fatto che non si possa ammettere che ci sia un periodo di tempo infinito prima di ogni evento è un argomento a favore della tesi che l'universo:
- A sia immutabile
- B abbia avuto un inizio nel tempo
- C sia limitato nello spazio
- D esista da sempre
- E sia stato in fase di contrazione

1767 Secondo quanto riportato nel brano, per Immanuel Kant il fatto che non si possa ammettere un periodo di tempo infinito prima dell'esistenza dell'universo, è un argomento a favore della tesi che l'universo:
- A sia limitato nello spazio
- B abbia avuto un inizio nel tempo
- C sia mutabile
- D sia stato in fase di espansione
- E esista da sempre

1768 Secondo quanto riportato nel brano, per sant'Agostino il tempo:
- A esiste da quando l'uomo ne ha avuto percezione
- B esiste da sempre, in quanto caratteristica divina
- C esiste da quando esiste l'uomo, in quanto il tempo è pura percezione umana
- D esiste da prima che l'universo venisse creato
- E esiste da quando esiste il creato, in quanto il tempo si configura come una proprietà di quest'ultimo

PARTE TERZA

1769 Secondo quanto riportato nel brano, l'antinomia kantiana sull'inizio dell'universo, fonda sia la tesi sia l'antitesi:

A sull'assunto esplicito che il tempo scorra a ritroso per sempre
B sull'assunto esplicito che il tempo non possa scorrere a ritroso per sempre
C sull'assunto implicito che il tempo non possa scorrere a ritroso per sempre
D sull'assunto implicito che il concetto di tempo è un'antinomia
E sull'assunto implicito che il tempo scorra a ritroso per sempre

In base alle informazioni contenute nel brano seguente, rispondere alle relative domande.

[1] Il tempo ha cominciato a diradarli, eppure non si può ancora dire che siano pochi, a Ferrara, quelli che ricordano il dottor Fadigati: Athos Fadigati, l'otorinolaringoiatra che aveva studio e casa in via Gorgadello, a due passi da piazza delle Erbe, ed è finito così male, poveruomo, così tragicamente, proprio lui che da giovane, quando venne a stabilirsi nella nostra città dalla nativa Venezia, era parso destinato alla più normale, tranquilla, e per ciò stesso più invidiabile delle carriere.

[2] Fu nel '19, subito dopo l'altra guerra. Per ragioni d'età, io che scrivo non ho da offrire che una immagine piuttosto vaga e confusa dell'epoca. I caffè del centro rigurgitavano di ufficiali in divisa; ogni momento, lungo corso Giovecca e corso Roma (ribattezzato da qualche anno corso Martiri della Libertà), passavano camion sventolanti di bandiere rosse; sulle impalcature che ricoprivano la facciata in costruzione del palazzo delle Assicurazioni Generali, di fronte al lato nord del Castello, era steso un enorme, scarlatto telone pubblicitario, che invitava amici e avversari del socialismo a bere concordi l'APERITIVO LENIN; le zuffe fra contadini e operai massimalisti da una parte, ed ex combattenti dall'altra, scoppiavano quasi ogni giorno [...].

[3] Questo clima di febbre, di agitazione, di distrazione generale, entro cui si svolse la prima infanzia di tutti coloro che sarebbero diventati uomini nel ventennio successivo, dovette in qualche modo favorire il veneziano Fadigati. In una città come la nostra, dove i giovani di buona famiglia riluttarono più che in qualunque altro luogo a ritornare dopo la guerra alle professioni liberali, si capisce come egli potesse mettere radici facilmente, senza quasi farsi notare.

[4] Nel '25, comunque, quando la scalmana, anche da noi, cominciò a placarsi, e il fascismo, organizzandosi in grande partito nazionale, fu in grado di offrire vantaggiose sistemazioni a tutti i ritardatari, Athos Fadigati era già solidamente impiantato a Ferrara, titolare di un magnifico ambulatorio privato e per di più direttore del reparto orecchio-naso-gola del nuovo Arcispedale Sant'Anna.

[5] Aveva incontrato, come si dice. **[6]** Non più giovanissimo, e con l'aria, già allora, di non esserlo mai stato, piacque che fosse venuto via da Venezia (lo raccontò una volta lui stesso) non tanto per cercare fortuna in una città non sua, quanto per sottrarsi all'atmosfera angosciosa di una vasta casa sul Canal Grande, nella quale aveva visto spegnersi in pochi anni ambedue i genitori e una sorella molto amata. **[7]** Erano piaciuti i suoi modi molto cortesi, discreti, il suo evidente disinteresse, il suo ragionevole spirito di carità nei confronti dei malati più poveri. **[8]** Ma ancora prima che per queste ragioni, egli dovette raccomandarsi per come era: fisicamente, voglio dire. **[9]** Per quegli occhiali d'oro che scintillavano simpaticamente sul colorito terreo delle sue guance glabre, per la pinguedine niente affatto sgradevole di quel suo grosso corpo di cardiaco congenito, scampato per miracolo alla crisi della pubertà, e sempre avvolto, anche l'estate, di soffici lane inglesi (durante la guerra, a causa della salute, non aveva potuto prestare servizio che nella censura postale). **[10]** Ci fu certamente in lui, insomma, a prima vista, qualcosa che subito attrasse e rassicurò.

1770 Al punto [2] del brano, nella frase «ogni momento, lungo corso Giovecca e corso Roma (ribattezzato da qualche anno corso Martiri della Libertà), passavano camion sventolanti di bandiere rosse», *lungo* è:

A un aggettivo che modifica il nome *corso*
B una locuzione preposizionale che regge l'espressione *corso Giovecca e corso Roma*
C un avverbio di luogo
D un aggettivo che modifica, nell'inciso, il nome *momento*
E un avverbio di tempo

COMPRENSIONE DEL TESTO

1771 Al punto [1], il verbo *diradare* significa:

A rendere più corto
B rendere più numeroso
C rendere meno numeroso
D rendere meno frequente
E rendere più lontano

1772 Al punto [9], nella frase «Per quegli occhiali d'oro che scintillavano simpaticamente sul colorito terreo delle sue guance glabre, per la pinguedine niente affatto sgradevole di quel suo grosso corpo di cardiaco congenito, scampato per miracolo alla crisi della pubertà, e sempre avvolto, anche l'estate, di soffici lane inglesi», l'aggettivo *glabre* indica che le guance sono:

A dal colorito smorto
B dal colorito roseo
C naturalmente prive di peli
D dalla barba folta
E appena sbarbate

1773 La sintesi più corretta del brano nel suo complesso è:

A Il dottor Fadigati, trasferitosi a Ferrara alla vigilia della I guerra mondiale, ha avuto successo, ma poi è morto in disgrazia
B Il dottor Fadigati, trasferitosi a Ferrara poco dopo la fine della I guerra mondiale, ha incontrato l'amore della sua vita, ma la vicenda è finita male
C Athos Fadigati, medico di origini veneziane, benché si fosse ambientato con successo a Ferrara durante il ventennio fascista, in seguito è andato incontro a una fine tragica
D Il dottor Fadigati, per sottrarsi a una situazione angosciosa a Venezia, si è ben inserito a Ferrara dove ha svolto con successo per anni la professione medica
E Athos Fadigati, otorinolaringoiatra, dopo la II guerra mondiale emigrò a Ferrara; qui esercitò la professione, concludendo però i suoi giorni in disgrazia

1774 Quale tra le seguenti è la migliore riformulazione della frase: «*Nel '25, comunque, quando la scalmana, anche da noi, cominciò a placarsi...*» (punto [4])?

A Quando anche a Ferrara il clima politico agitato, seguito alla marcia su Roma, si spense...
B Quando, dopo l'omicidio di Matteotti, anche a Ferrara l'agitazione politica conobbe un picco d'intensità...
C Quando nel '25, anche a Ferrara, il caldo si fece più sopportabile...
D Quando, qui da noi in Italia, nel '25 anche i più scalmanati si moderarono...
E Quando, anche a Ferrara, dopo l'omicidio di Matteotti, con la fine dell'estate ripresero le piogge...

1775 Al punto [2] si fa riferimento:

A ai contrasti tra contadini e operai massimalisti, che preludono all'occupazione delle fabbriche del '21
B ai contrasti tra militari o reduci della Grande Guerra e militanti socialisti
C alla concordia tra le diverse componenti sociali, ritrovata dopo la guerra nel nome della ripresa economica
D alla ripresa economica del primo dopoguerra, testimoniata dall'aumento del traffico di camion
E alla polemica socialista, antiedonista e anticapitalista, rivolta simbolicamente contro la pubblicità

1776 L'*altra guerra* cui si fa riferimento al punto [2] è:

A la seconda guerra mondiale
B la terza guerra d'indipendenza
C la guerra di Crimea
D la prima guerra mondiale
E la guerra di Libia

1777 Al punto [2], nella frase: «Per ragioni d'età, io che scrivo non ho da offrire che una immagine piuttosto vaga e confusa dell'epoca», l'autore sta suggerendo che:

A non era ancora nato quando terminò la guerra e si deve affidare a ricordi altrui
B ha ricordi incerti e imprecisi relativamente al clima del dopoguerra
C scrive di un'epoca che non ha vissuto personalmente
D non bisogna fidarsi di quel che dirà sull'epoca in questione, perché non abitava lì
E è troppo vecchio per ricordare bene quel che succedeva allora

1778 Dicendo che «il fascismo, organizzandosi in grande partito nazionale, fu in grado di offrire vantaggiose sistemazioni a tutti i ritardatari», al punto [4], l'autore vuole suggerire che:

A nel ventennio fascista anche i treni che viaggiavano in ritardo erano ben accetti
B tutti trassero vantaggi dall'organizzazione del Partito nazionale fascista
C chi si accodò in ritardo al regime fascista ottenne sistemazioni lavorative privilegiate
D il Partito nazionale fascista poté avvantaggiare anche i suoi più tardivi iscritti e simpatizzanti
E l'istituzionalizzazione del fascismo eliminò tutti i privilegi

1779 Secondo l'autore in [7]-[9], il dottor Fadigati era:

A magro, calvo e di salute cagionevole
B rozzo, grasso e interessato agli affari
C pallido, discreto, dai modi rassicuranti
D spiritoso, giovanile, tendente all'obesità
E triste, determinato, attraente, ma rassicurante

Leggere il brano seguente e rispondere alle relative domande

La materia è costituita da atomi. I concetti di atomo, molecola e composto sono più o meno familiari, ma lo studente di chimica deve imparare a definirli in maniera precisa e univoca. Una porzione omogenea di materia formata da atomi della stessa specie costituisce una sostanza elementare, o elemento. Una porzione omogenea di materia formata da due o più specie di atomi costituisce invece un composto. L'atomo è la più piccola parte di un elemento che entra come parte intera e indivisibile nella costituzione della materia. La molecola è la più piccola parte di un elemento o di un composto che può esistere in natura. Le molecole possono essere costituite da un solo atomo, da due o più atomi uguali, o da atomi diversi in rapporti ben definiti (composti). Lo ione è un atomo o un gruppo di atomi che porta cariche positive o negative. La materia si può presentare in diversi stati fisici, o stati di aggregazione. Essi sono il risultato di due proprietà caratteristiche delle particelle che costituiscono la materia: a) il movimento (moto rettilineo uniforme), detto anche moto di traslazione, espressione dell'energia cinetica di cui le particelle sono dotate; b) le forze di reciproca interazione, che conferiscono alle particelle un'energia potenziale, da mettere in relazione con la natura stessa delle particelle e con la loro distanza. L'energia cinetica è in relazione diretta con la temperatura; le forze di attrazione, oltre a dipendere da diversi parametri (struttura, composizione ecc.), sono spesso correlate con la pressione. A seconda del tipo di energia che prevale (cinetica o potenziale), la materia si può presentare in tre diversi stati di aggregazione: gassoso, liquido, solido. Modificando opportunamente i parametri che agiscono su un sistema, si può avere la trasformazione fisica del suo stato di aggregazione (passaggio di stato). GAS: Allo stato gassoso la materia è presente in forma di molecole. L'energia cinetica è tale da vincere le forze di interazione intermolecolari e quindi esse sono in grado di muoversi liberamente in tutto lo spazio a disposizione. Un gas non ha né forma, né volume propri. LIQUIDO: Allo stato liquido le interazioni fra le particelle (molecole o ioni) hanno un'energia tale da limitare i movimenti traslazionali. Restano tuttavia possibili i moti rotazionali. Un liquido ha un volume proprio, ma non una forma propria e infatti tende ad assumere la forma del recipiente che lo contiene. I liquidi sono virtualmente incomprimibili. SOLIDO: Allo stato solido le interazioni sono piuttosto forti, tanto che i moti traslazionali e rotazionali sono impediti. Le particelle (molecole, ioni o atomi) occupano posizioni fisse nello spazio (es. reticolo cristallino) e gli unici movimenti consentiti sono piccole oscillazioni (vibrazioni) intorno a queste posizioni. I solidi hanno sia un volume che una forma definiti.

1780 Stando al brano, un gas:

A occupa una porzione definita di spazio

B è costituito non da atomi ma solo da molecole

C ha sempre un suo proprio reticolo cristallino

D non ha energia cinetica

E non ha volume proprio

1781 Stando al brano, un solido:

A occupa uno spazio definito

B non ha energia potenziale

C si può sempre comprimere

D presenta solo moto rotazionale delle particelle che lo costituiscono

E non ha molecole

1782 Indicare, tra le seguenti, l'unica affermazione corretta sulla base di quanto esposto nel brano.

A Atomo, molecola e materia, sono concetti equivalenti

B Se una molecola presenta atomi diversi in rapporti tra loro definiti, essa è la molecola di un composto

C La molecola non può mai risultare costituita da un solo atomo

D Una sostanza è elementare quando le sue molecole sono monoatomiche

E La molecola è l'unità di base della materia, sempre costituita da atomi della stessa specie

1783 In base al brano, indicare quale affermazione NON è corretta.

A Un elemento è formato da atomi della stessa specie

B Nella materia, l'energia cinetica è direttamente collegata alla temperatura

C L'atomo è la più piccola parte che può trovarsi in natura di un composto

D Una porzione omogenea di materia può risultare composta da atomi di due o più specie diverse

E La materia è costituita da atomi

1784 Secondo quanto riportato nel brano, lo stato fisico della materia:

A dipende dalla carica positiva o negativa dei suoi ioni

B dipende dall'energia cinetica e dall'energia potenziale delle particelle costituenti la materia stessa

C dipende dalla sua quantità

D) tutte le altre risposte sono corrette

E si differenzia dal suo stato di aggregazione

Leggere il brano seguente e rispondere alle relative domande

Nessuna epoca storica è stata più dipendente dalle scienze naturali e più permeata da esse del ventesimo secolo. Tuttavia nessuna epoca, dopo la ritrattazione di Galileo, si è trovata più a disagio con la scienza. Questo è il paradosso con cui deve scontrarsi lo storico di questo secolo. Ma prima di addentrarmi nel merito, occorre definire le dimensioni del fenomeno. Nel 1910 tutti i fisici tedeschi e inglesi messi insieme ammontavano a forse ottomila persone. Alla fine degli anni Ottanta il numero di scienziati e ingegneri impegnati effettivamente nella ricerca e nello sviluppo sperimentale nel mondo è stato stimato a circa cinque milioni, di cui quasi un milione negli USA, la potenza scientifica trainante, e un po' più di un milione negli Stati dell'Europa. Anche se gli scienziati, perfino nei Paesi sviluppati, continuavano a formare una frazione minuscola della popolazione, il loro numero saliva vistosamente e raddoppiò all'incirca nei vent'anni dopo il 1970, anche nelle economie più avanzate. Comunque, alla fine degli anni Ottanta, essi formavano la punta di un iceberg assai più grande: quello che si poteva definire la potenziale manodopera scientifica e tecnologica, riflesso della rivoluzione dell'istruzione della seconda metà del secolo. Esso rappresenta forse il 2% della popolazione mondiale e forse il 5% della popolazione nordamericana. I veri e propri scienziati sono sempre più selezionati per mezzo di ricerche avanzate, i cui risultati vengono esposti in una "dissertazione di dottorato" che è divenuta il biglietto d'ingresso nella professione.

Negli anni Ottanta il tipico Paese occidentale sviluppato sfornava qualcosa come 130-140 dottori di ricerca in ambito scientifico per ogni milione di abitanti. Questi Paesi spendevano somme molto elevate per le attività di ricerca, tratte per lo più dal bilancio dello Stato anche nei Paesi capitalistici. Le forme più costose della "grande ricerca scientifica" sono di fatto al di fuori della portata di qualunque singolo Paese tranne che degli USA (fino ai giorni nostri). C'è però una novità ancor più importante. Nonostante il fatto che il 90% delle pubblicazioni scientifiche (il cui numero raddoppia ogni 10 anni) compaia in quattro lingue europee (inglese, russo, francese e tedesco), la scienza eurocentrica è finita nel ventesimo secolo. L'Età della catastrofe e specialmente il temporaneo trionfo del fascismo trasferirono il suo centro di gravità negli USA, dove è poi rimasto. Fra il 1900 e il 1933 solo sette Premi Nobel per materie scientifiche sono stati assegnati agli USA che ne hanno invece ricevuti 77 tra il 1933 e il 1970. Gli altri Paesi di colonizzazione europea si sono affermati anch'essi come centri indipendenti di ricerca – Canada, Australia, la spesso sottovalutata Argentina – anche se alcuni di loro, per ragioni politiche o per la loro dimensione ridotta, esportano la maggior parte dei loro scienziati (Nuova Zelanda, Sudafrica). Nello stesso tempo il crescere degli scienziati non europei, specialmente di quelli dell'Asia orientale e del subcontinente indiano, è stato impressionante. Prima della seconda guerra mondiale solo un asiatico aveva vinto un Premio Nobel per le materie scientifiche (C. Raman, Premio Nobel per la fisica nel 1930); dopo il 1946 i Premi Nobel sono stati assegnati a più di dieci scienziati asiatici, tra i quali vi sono giapponesi, cinesi, indiani e pakistani, e questo dato non permette di valutare pienamente la crescita della scienza in Asia, così come il dato relativo ai Premi Nobel statunitensi prima del 1933 faceva torto alla crescita della scienza negli USA. Alla fine del secolo ci sono ancora aree del mondo che producono pochissimi scienziati in termini assoluti e ancor meno in termini relativi, ad esempio la maggior parte dell'Africa e dell'America latina. È tuttavia impressionante che almeno un terzo dei premi Nobel asiatici non compaiano come cittadini dei loro Paesi d'origine, ma come scienziati americani.

1785 Nel brano si afferma che la scienza eurocentrica è finita:

A solo alla fine della guerra fredda
B con l'emergere di quella asiatica
C prima del 1933
D nel XX secolo
E dopo il 1970

1786 Il brano è di natura:

A scientifica B polemica C letteraria
D storica E politica

1787 In base alle informazioni del brano, si può affermare con certezza che:

A nella seconda metà del ventesimo secolo la scienza aveva il suo centro di crescita e sviluppo in Europa
B rispetto al 1910 i fisici tedeschi e inglesi sono triplicati di numero
C all'inizio del 2000 anche l'Asia produrrà numerosi validi scienziati
D tra il 1900 e il 1970 agli USA è stato assegnato mediamente meno di un premio Nobel all'anno
E nella seconda metà del ventesimo secolo si è assistito a una sensibile crescita della scienza in Asia, sottostimata dal numero di premi Nobel assegnati a tale continente

1788 Quale tra le seguenti affermazioni NON è ricavabile dal brano?

A In vent'anni il numero delle pubblicazioni scientifiche è quadruplicato
B Il dottorato di ricerca rappresenta una sorta di biglietto di ingresso per la carriera scientifica
C Il numero di scienziati forse rappresenta, alla fine degli anni 80, il 2% della popolazione mondiale e il 5% della popolazione nordamericana
D I premi Nobel asiatici sono stati in gran numero attribuiti a scienziati che hanno preso cittadinanza americana
E Dopo Raman, nessuno scienziato indiano ha più ottenuto un premio Nobel

1789 Nel seguito del brano, l'autore verosimilmente parlerà:

A dei premi Nobel assegnati in campi diversi da quello scientifico
B delle più importanti scoperte scientifiche del ventesimo secolo
C del paradosso con cui deve fare i conti lo storico del ventesimo secolo e al quale l'autore fa riferimento all'inizio del brano stesso
D di come gli scienziati di altri Paesi ottengono la cittadinanza americana
E delle crisi degli scienziati italiani, penalizzati dal sistema universitario

COMPRENSIONE DEL TESTO

Leggere il brano seguente e rispondere alle relative domande

Due neurobiologi di rilievo internazionale per un libro che affronta il Sacro Graal delle scienze contemporanee: la coscienza, l'ultimo oggetto dei desideri della comunità scientifica del XXI secolo. Il libro propone una teoria dettagliata della coscienza fondata su basi empiriche.

Nessuna descrizione, per quanto esauriente, potrà mai spiegare una percezione fenomenica vissuta in prima persona. In altre parole, possiamo osservare come si vede un colore, ma non possiamo descrivere esaurientemente cosa si prova nel percepirlo. L'analisi degli autori quindi si fonda su un approccio sistemico: vista l'inutilità dell'analisi oggettiva dei gruppi di neuroni coinvolti, bisogna dedicarsi allo studio dei processi neuronali, l'attività neurale distribuita. La coscienza e i neuroni hanno infatti almeno due caratteristiche in comune: l'unitarietà integrata e l'estrema differenziazione. Infiniti stati di coscienza e infiniti stati neuronali, ma tutti hanno luogo in una coscienza unitaria e in un solo cervello.

Il libro, come è logico, si addentra in questioni molto tecniche di neurofisiologia e neurobiologia, ma il linguaggio utilizzato è sempre comprensibile. Lo scopo è comunque l'analisi, scientificamente corretta, attraverso teorie verificabili e sperimentali, del "mistero" della coscienza umana. Accogliendo la coscienza nella sfera dell'indagine scientifica, gli autori intendono rispondere a queste domande: Come emerge la coscienza, intesa come risultato dei processi neuronali e delle interazioni tra cervello, corpo e mondo? Come si spiegano neurologicamente le proprietà dell'esperienza cosciente? Come si possono intendere in termini neurali gli stati soggettivi? Come si collega questa descrizione scientifica della coscienza con il più ampio dominio del sapere e dell'esperienza umana?

Un'opera complessa, simile all'oggetto che cerca di descrivere, ambiziosa e che ha sollevato commenti contrastanti nel mondo accademico americano. Da leggere per una visione aggiornata, autorevole e integrata sul tema apparentemente più semplice di tutti: perché siamo coscienti? E, soprattutto, come?

PARTE TERZA

1790 Dalla lettura del brano si può dedurre che:

- A il libro recensito ha ricevuto l'unanime apprezzamento della comunità scientifica
- B la scienza è ormai in grado di spiegare in che modo siamo coscienti
- C l'autore del brano ha apprezzato il libro di cui parla
- D i due autori del libro segnalato hanno una formazione filosofica
- E anche la scienza contemporanea ha i suoi tabù

1791 Secondo quanto riportato nel brano, quale tra i seguenti NON è un intento degli autori del libro?

- A Elaborare una teoria della coscienza basata sull'attività dei singoli neuroni
- B Individuare una spiegazione di tipo neurologico all'esperienza cosciente
- C Analizzare il mistero della coscienza umana su basi scientifiche
- D Rispondere alle domande circa il modo in cui emerge la coscienza
- E Studiare i processi neuronali

1792 Secondo gli autori del libro:

- A la percezione fenomenica vissuta in prima persona può essere descritta e spiegata
- B la coscienza si caratterizza per l'unitarietà integrata mentre i neuroni danno vita a fenomeni estremamente differenziati
- C la coscienza è interamente riconducibile all'attività dei neuroni
- D non è possibile effettuare un'analisi scientifica fondata su teorie sperimentali del fenomeno "coscienza"
- E esistono caratteristiche simili tra stati di coscienza e attività neuronali

1793 Individuare, tra le serie di parole seguenti, l'unica in cui NON compaiono solo termini utilizzati nel brano.

A Neuroni, cervello, corpo, mondo, oggetto
B Neurobiologia, neurofisica, analisi, teoria, coscienza
C Analisi, differenziazione, esperienza, coscienza, percezione
D Descrizione, percezione, analisi, approccio, visione
E Descrizione, percezione, coscienza, differenziazione, esperienza

Leggere il brano seguente e rispondere alle relative domande

A coloro che nelle capanne e nei villaggi di metà del mondo lottano per infrangere le catene di una diffusa miseria promettiamo i nostri sforzi migliori per aiutarli a provvedere a se stessi, per tutto il tempo che sarà necessario, non perché i comunisti facciano altrettanto, non perché desideriamo il loro voto, ma perché questo è giusto. Se una società libera non riesce ad aiutare i molti che sono poveri, non riuscirà mai a salvare i pochi che sono ricchi. Alle Repubbliche sorelle a sud dei nostri confini offriamo una speciale promessa: di tradurre le nostre buone parole in fatti concreti, in una nuova alleanza per il progresso, di assistere gli uomini liberi e i governi liberi a spezzare le catene della povertà. Ma questa pacifica rivoluzione della speranza non deve servire alle mire predaci di potenze ostili. Che tutti i nostri vicini sappiano che ci uniremo a loro nell'opporci all'aggressione o alla sovversione in qualsiasi parte delle Americhe. E che ogni altra potenza sappia che questo emisfero intende rimanere padrone dei propri destini. A quell'assemblea di Stati sovrani che sono le Nazioni Unite, nostra ultima grande speranza in un'era in cui gli strumenti di guerra hanno di gran lunga e rapidamente oltrepassato gli strumenti di pace, rinnoviamo il nostro impegno ad appoggiarle, a impedire che esse divengano unicamente una tribuna per aspre polemiche, a rafforzarle come scudo dei Paesi nuovi e dei Paesi deboli e ad ampliare l'area in cui la loro parola può avere valore di legge. Infine, a quelle Nazioni che potrebbero divenire nostre avversarie offriamo non già un impegno bensì una richiesta: che entrambe le parti inizino ex novo la ricerca della pace, prima che le potenze tenebrose della distruzione scatenate dalla scienza travolgano tutta l'umanità in un deliberato o accidentale autoannientamento. (Tratto dal discorso di insediamento di J.F. Kennedy, 20 gennaio 1961)

1794 L'argomento principale del brano è relativo alla:

A politica finanziaria delle Nazioni Unite
B tutela delle leggi di mercato
C politica interna
D lotta al comunismo
E politica internazionale

1795 In base a quanto esposto nel brano, a chi era rivolta la "nuova alleanza per il progresso" promessa da Kennedy?

A Alle Repubbliche sorelle a sud del Paese di Kennedy
B Alle Repubbliche sorelle a nord dei confini statunitensi
C All'URSS
D Agli Stati sovrani delle Nazioni Unite
E A tutti gli oppositori del comunismo

1796 Quale delle seguenti affermazioni NON è deducibile dal brano?

A Occorre iniziare ex novo la ricerca della pace
B È giusto aiutare i molti che sono poveri
C Le Nazioni Unite sono l'ultima grande speranza per il mantenimento della pace
D È giusto aiutare i governi liberi a spezzare le catene della povertà
E Le Nazioni Unite saranno sempre uno strumento di pace controllato dalle Americhe

1797 Quale delle seguenti condizioni è verificata nel momento in cui Kennedy tiene il suo discorso d'insediamento?

A La scienza rischia di esercitare troppo potere sulla politica internazionale
B Soltanto gli avversari degli USA rischiano un deliberato o accidentale autoannientamento
C Grazie alle Americhe, gli strumenti di guerra hanno surclassato quelli di pace
D Grazie alle Nazioni Unite, gli strumenti di pace hanno oltrepassato quelli di guerra
E Gli strumenti di guerra hanno di gran lunga oltrepassato quelli di pace

Leggere il brano seguente e rispondere alle relative domande

La struttura e le tendenze attuali della famiglia in Italia sono in linea con quelle degli altri Paesi europei e in genere dei Paesi di cultura e di stile di vita occidentali, ma con caratteristiche differenziate che rendono da noi il quadro non del tutto coerente com'è invece negli altri Paesi. Lasciamo pure da parte i Paesi scandinavi dove abitudini e stili matrimoniali sono sempre stati abbastanza diversi e molto all'"avanguardia", ma consideriamo, ad esempio, la Francia. Qui il quadro è coerente e tutto denuncia un'accentuata disaffezione verso il matrimonio e l'istituzione familiare in generale: il matrimonio è sempre meno scelto come modo di vivere e perciò calano i matrimoni e anche per questo le nascite; sono diffusi e crescenti tanto la coabitazione quanto i divorzi; diminuisce la percentuale di divorziati che si risposano; è elevata e in aumento la percentuale di figli naturali; va crescendo la percentuale di famiglie con un solo genitore; è in forte calo la dimensione media familiare; aumenta sensibilmente l'età media dei componenti la famiglia. Si potrebbe già forse prefigurare per il futuro una famiglia costituita senza alcun legame formale e un'alta e crescente "mobilità coniugale" nel corso della vita di ognuno. In Italia invece il quadro non è coerente; ci sono elementi di disaffezione, che sono la forte diminuzione dei matrimoni e anche il più intenso calo delle nascite, ma ci sono anche elementi di non disaffezione: i divorzi restano molto pochi; la coabitazione in unioni consensuali è ridottissima e, in particolare, praticamente nulla la coabitazione giovanile; la percentuale di figli naturali è crescente ma tuttora bassissima così come la percentuale di famiglie con un solo genitore non vedovo; il numero dei divorziati che si risposa è molto elevato. E ancora: nelle indagini di opinione i giovani in maggioranza hanno dichiarato che il matrimonio è la forma più adeguata per vivere insieme (salvo poi scioglierlo se le cose non vanno). Nel 1987 l'8% di tutti gli intervistati ha detto che il calo dei matrimoni è un bene (il 19% nel 1983) e il 46% un male. È difficile dire come si disegnerà il futuro, anche perché, sia pure nel quadro di un modello occidentale di formazione delle famiglie, non vi è dubbio che emergano nettamente specificità nazionali legate alla tradizione e alla cultura dei singoli popoli. Se in Italia il calo dei matrimoni può essere visto come il fenomeno leader che da un lato è il sinonimo di un profondo e radicato cambio di mentalità e dall'altro è un evento che trascina dietro di sé, a cascata, tutta una serie di conseguenze (coabitazione, figli naturali ecc.), allora il futuro è di tipo nordeuropeo. Se invece il calo dei matrimoni è il frutto di una lunga fase congiunturale negativa legata a difficoltà contingenti (ad esempio l'elevata disoccupazione giovanile e la difficoltà a trovare casa), e se lo sviluppo della società nei prossimi anni farà scemare l'importanza dell'individuo come unità sociale di base, allora quella attuale potrebbe risultare solo una fase di aggiustamento. Il matrimonio, impegno reciproco e legalizzato di un uomo e di una donna davanti alla società visto in opposizione alla precarietà di unioni episodiche, non è mai stato un'istituzione inattaccabile né ben sopportata, ma sembra imperitura. La si vilipendia, si sogna di annientarla, ma essa perdura, anche perché la continuità delle tradizioni è quasi sempre riaffiorata sotto le apparenze degli elementi di rottura. Nel passato l'istituzione è stata emendata più volte e a renderla dinamica e vitale sono stati gli "emendamenti" che mutamenti tecnologici, cultura e costume hanno imposto agli individui e alla società. Per il futuro la risposta, ovviamente, verrà con gli anni, ma si deve essere ben consapevoli che in ogni caso le politiche adottate non sono certo neutrali rispetto alla soluzione che verrà trovata e alla conseguente risposta che verrà data.

1798 Qual è l'intento dell'autore del brano?

A) Confrontare la realtà francese relativa all'istituzione familiare con quella italiana

B) Illustrare le cause della forte diminuzione dei matrimoni in Italia

C) Interrogarsi sulle prospettive future della famiglia italiana, dopo averne esaminato le tendenze evolutive

D) Descrivere la situazione attuale relativa all'istituto del matrimonio in Italia

E) Ripercorrere la storia dell'istituzione del matrimonio in Italia

1799 Quale dei seguenti rappresenta un titolo adeguato del brano?

A) Fortuna e caduta del matrimonio in Italia

B) Il matrimonio visto dai giovani

C) Dove va la famiglia italiana?

D) La famiglia francese e quella italiana a nozze

E) L'Italia verso il futuro della "mobilità coniugale"

1800 La struttura e le tendenze attuali della famiglia italiana fanno rilevare:

- A un quadro coerente, paragonabile a quello della Francia
- B un quadro del tutto simile alla realtà dei Paesi scandinavi
- C un quadro di naturale evoluzione del matrimonio in coabitazione consensuale
- D un quadro facilmente interpretabile anche in relazione a prospettive future
- E un quadro non del tutto coerente a differenza di quello di altri Paesi europei di cultura e di stile di vita occidentali

1801 L'Italia e la Francia presentano dati tendenzialmente contrastanti relativamente:

- A alle nascite
- B all'età in cui ci si sposa
- C ai divorzi
- D alla difficoltà di trovare casa
- E alle famiglie con un solo componente

In base alle informazioni contenute nel brano seguente, rispondere alle domande successive.

[1] La crisi del debito che colpì numerosi Paesi in via di sviluppo ha avuto tre cause principali: una cattiva politica macroeconomica da parte dei Paesi debitori; una politica poco prudente di finanziamento da parte delle banche; e l'incremento dei tassi di interesse reali. L'aumento dei tassi di interesse reali fino a circa il 6% nel 1982 arrivò a sestuplicare l'onere reale degli interessi per i Paesi indebitati, modificando completamente la natura del problema del debito. Un simile incremento per un periodo così protratto non si era mai visto in precedenza. Durante le crisi precedenti, quando i prestiti venivano concessi a un tasso di interesse fisso, i tassi di interesse reali diminuivano a causa della deflazione. Ma quando il livello dei prezzi si stabilizzava, l'onere reale degli interessi rimaneva più elevato solo in proporzione alla diminuzione dei prezzi. Ed era comunque possibile che l'inflazione riducesse tale onere. In questa crisi, invece, il tasso di interesse reale aumentò in modo significativo e rimase elevato per molti anni, mostrando scarsi segni di diminuzione. L'inflazione, ormai, non portava alcun sollievo ai Paesi debitori.

[2] Il timore di un collasso finanziario negli Stati Uniti fu una delle principali motivazioni alla base dell'approccio iniziale alla crisi del debito. I pagamenti di interessi dai Paesi debitori eccedettero i nuovi prestiti negli anni 1984, 1985, e 1986. Le banche statunitensi ridussero la propria esposizione nei confronti dell'America Latina nel 1985. Nel 1982, le nove principali banche commerciali statunitensi avevano un ammontare di prestiti nei confronti dei Paesi in via di sviluppo pari al 250% del proprio capitale; alla metà del 1986, le stesse banche avevano un grado di capitalizzazione sufficiente a sopportare anche la completa perdita dei prestiti nei confronti dell'America Latina. Anche dopo che le banche aumentarono gli accantonamenti a riserva, esse continuarono a riportare in bilancio i prestiti ai Paesi in via di sviluppo al valore nominale. Il mercato secondario attribuiva invece a tali prestiti un valore decisamente inferiore.

[3] L'attuale strategia di approccio al problema del debito dei Paesi in via di sviluppo è basata sull'allungamento della scadenza effettiva del debito. Ogni metodo che consente di ridurre il flusso di fondi in uscita dai Paesi debitori aiuterà gli stessi Paesi a crescere economicamente nel breve periodo. Ma un ulteriore finanziamento non rappresenta la soluzione al problema del debito. Fino a quando i tassi di interesse reali resteranno intorno al 6%, i Paesi debitori avranno grandi difficoltà a uscire dal problema del debito. Vi sono due possibilità. O si continua con l'approccio corrente, o si ricorre a una qualche forma di cancellazione del debito. Per anni i Paesi in via di sviluppo hanno pagato il prezzo del debito nella forma di un basso tasso di crescita del PIL e di diminuzioni sostanziali dei salari reali. Milioni di persone residenti in questi Paesi rimangono a livelli di reddito ridotti semplicemente per gli interessi degli azionisti delle banche creditrici. Mediante una cancellazione del debito, i singoli Paesi e le istituzioni multilaterali potrebbero cominciare a pensare alle necessarie politiche di sviluppo orientate alla crescita. Ciò sarebbe possibile senza aumentare l'onere fiscale per i residenti dei Paesi sviluppati.

1802 Sulla base di quanto affermato nel testo, si può ricavare che per l'autore l'effetto più dannoso della crisi del debito:

A è il livello forzosamente basso dei salari reali percepiti dai residenti dei Paesi debitori
B sono i problemi connessi al rimborso del debito causati dall'elevato livello dei tassi di interesse
C è la drastica diminuzione delle prospettive di crescita nel lungo periodo dei Paesi debitori
D è la scarsa attenzione posta al problema dalle banche creditrici
E sono le perdite subite dalle banche internazionali

1803 Sulla base di quanto affermato nel paragrafo [1], si può affermare che:

A la crisi del debito si manifestò con meccanismi analoghi a quanto accaduto in precedenza
B la deflazione, in passato, aveva avuto anche effetti benefici per i Paesi debitori
C le banche creditrici avevano concesso prestiti sovrastimando l'inflazione attesa nei Paesi debitori
D un incremento dell'inflazione nei Paesi debitori analogo a quello che ha scatenato la crisi non si era mai visto
E il tasso di interesse fisso applicato dalle banche creditrici è stato del 6%

1804 Il brano fornisce informazioni che consentono di rispondere a una o più delle seguenti domande. Quali?
I) Vi sono stati errori di politica economica da parte dei Paesi debitori che hanno contribuito a determinare il problema del debito?
II)Vi sono attualmente dei provvedimenti volti a estendere la scadenza effettiva del debito?
III)Il mercato secondario del debito dei Paesi in via di sviluppo attribuisce al debito un valore pari a quello attribuito dalle banche che lo detengono?

A Solo la I)
B Solo la II)
C La I) e la III)
D La II) e la III)
E La I), la II) e la III)

1805 Sulla base dei dati riportati nel paragrafo [2], quale tra le seguenti affermazioni è corretta?

A Nel 1986 i nuovi prestiti statunitensi ai Paesi debitori furono incrementati rispetto all'anno precedente
B Nel 1986 le banche statunitensi cominciarono a ridurre la propria esposizione nei confronti dei Paesi dell'America Latina rispetto all'anno precedente
C Nel 1985 i Paesi debitori, complessivamente, pagarono meno interessi rispetto al 1982
D Nel 1984 i Paesi debitori, complessivamente, pagarono per gli interessi una somma maggiore rispetto all'ammontare di nuovi prestiti ricevuti
E Dal 1982 al 1986 l'esposizione delle banche creditrici aumentò costantemente

1806 Quale delle seguenti definizioni rappresenta meglio *l'approccio iniziale* alla crisi del debito (paragrafo [2])?

A Una pressione crescente verso i Paesi debitori perché pagassero gli interessi sul debito
B Un aumento dei tassi di interesse per favorire le banche creditrici
C Una diminuzione dell'assicurazione contro le perdite per le nove principali banche statunitensi
D Un crescente coinvolgimento dei Paesi OCSE per aiutare i Paesi debitori
E Un decremento dei nuovi prestiti e un aumento della capitalizzazione delle banche creditrici

1807 Se il brano dovesse continuare, quale sarebbe probabilmente l'argomento affrontato dall'autore?

A Le varie forme possibili di cancellazione del debito
B Le alternative alla cancellazione del debito per la soluzione del problema
C La reazione delle banche creditrici all'idea della cancellazione del debito
D Le prospettive realistiche per i Paesi debitori se le attuali politiche continuassero
E Gli effetti dell'aumento dei prestiti all'America Latina nel 1984

PARTE TERZA

1808 Il brano suggerisce che la crisi debitoria dei Paesi in via di sviluppo differiva da altre precedenti crisi debitorie in quanto l'aumento dei tassi di interesse:
I)era parzialmente cancellato da un aumento dei prezzi
II)era relativamente limitato se confrontato con la variazione dei prezzi
III)era più significativo e più duraturo

- A Solo la I)
- B Solo la III)
- C La I) e la II)
- D La I) e la III)
- E La II) e la III)

1809 Che significato dà alla frase in cui è inserita, alla quartultima riga del paragrafo [3], la parola *semplicemente*?

- A Che la riduzione dei livelli di reddito dei residenti è proporzionale a quella degli interessi dovuti
- B Che la riduzione dei livelli di reddito è pari agli interessi dovuti dalle banche creditrici agli azionisti
- C Che i livelli di reddito dei residenti sono mantenuti bassi per contenere gli interessi pagati dalle banche ai propri azionisti
- D Che per la sola esistenza degli elevati interessi che i Paesi debitori devono pagare alle banche creditrici, i livelli di reddito restano bassi
- E Che le banche creditrici applicano il medesimo tasso di interesse ai Paesi debitori e ai propri azionisti

1810 Nel paragrafo [1] ricorre la parola *onere*, che potrebbe essere sostituita con:

- A peso
- B compito
- C sconto
- D pagamento
- E fatica

1811 Alla penultima riga del paragrafo [2] la parola *esse*:

- A non è un pronome
- B è un pronome indefinito
- C vale come "le nove principali banche commerciali statunitensi"
- D vale come "tutte le banche"
- E è una particella pronominale

Leggere il brano seguente e rispondere alle relative domande

Come è facile intuire, un processo di decisione può attivarsi solo quando, a partire da un tempo e in uno spazio definiti, sussista la possibilità di indirizzare la propria azione avendo di fronte almeno due alternative di scelta. L'opzione potrà a sua volta essere compiuta grazie alla prefigurazione degli esiti di ciascuna delle scelte possibili, quindi in base al loro grado di convenienza o gradimento. Non avere la possibilità di scegliere tra diverse alternative significa dunque compiere una scelta forzata, ovvero attivare una vera e propria non-decisione.

Analogamente, quando i comportamenti sono guidati da schemi di riferimento fondati solo sull'impressione dell'analogia della specifica situazione con altre simili, ma senza disporre almeno dei principali dati di informazione che la caratterizzano in quel particolare spazio e in quel momento, la decisione sarà o inconsapevole o inerziale, cioè non sempre coerente con le necessità e con gli scopi di ottimizzazione degli esiti perseguiti. Schematicamente si può dire che le condizioni che determinano peculiarmente ogni processo di decisione sono tre: 1) la presenza, nel momento in cui si decide, di almeno due alternative di scelta; 2) la prefigurazione degli scenari e degli esiti specifici conseguenti a ciascuna delle scelte possibili, proprio al fine di selezionare quella preferibile; 3) la disponibilità di dati e/o di informazioni affidabili sui principali elementi costitutivi del problema.

Ovviamente, ci si può trovare a dover assumere una decisione in situazione di certezza dei risultati di ogni possibile scelta praticabile, ma anche in una situazione di incertezza o addirittura di rischio circa gli esiti che ne conseguiranno. In campo educativo, proprio per l'alta quantità dei fattori che contribuiscono a caratterizzare il rapporto di insegnamento e apprendimento e per la variabilità di molti di quei fattori e delle loro interazioni, è, se non impossibile, certamente molto raro trovarsi ad agire in condizioni di certezza dei risultati delle opzioni di scelta praticabili.

È assai più probabile che ci si trovi a operare in condizioni in cui l'esito di ogni possibile decisione derivi non solo dalle circostanze note ma anche dal gioco di fattori poco conosciuti o di variabili non sempre totalmente prevedibili. In tali diffuse circostanze, è opportuno valutare le probabilità che si verifichino talune delle evenienze non conosciute. In altri termini, la stima di ciò che accadrà dopo ciascuna delle scelte che si possono compiere dovrà dipendere da analisi non solo qualitative ma anche quantitative di tipo probabilistico. Assumono così un peso determinante la cultura professionale del docente, la sua capacità di cogliere con relativa facilità lo spazio e gli elementi del problema che deve risolvere, la conoscenza delle problematiche cui esso appartiene, la "memoria" delle soluzioni adottate e provate in circostanze simili. In altre parole, occorre disporre del più ampio e affidabile quadro informativo sulla specifica questione, che ci aiuti nella stima di previsione degli eventi che probabilmente seguiranno a ognuna delle possibili scelte, proprio al fine di compiere quella più soddisfacente.

1812 Secondo quanto sostenuto nel brano, per attivare un processo di decisione è necessario:

A lasciarsi guidare dall'intuizione
B poter scegliere tra almeno due alternative
C avere già preso decisioni simili a quella che ci si trova ad affrontare
D essere certi di non fare la scelta sbagliata
E conoscere esattamente le conseguenze legate a ciascuna delle scelte possibili

1813 In campo educativo, quale dei seguenti fattori NON è utile ad attenuare l'incertezza sugli esiti della decisione?

A La conoscenza del contesto e delle problematiche legate alla decisione in esame
B Una valutazione di tipo probabilistico
C Nessuna delle altre alternative è corretta
D La "memoria" delle soluzioni già adottate in analoghe situazioni
E L'esperienza e la cultura professionale del docente

1814 Una decisione è inconsapevole o inerziale:

A quando è obbligata
B quando la scelta si inserisce in una situazione di rischio
C se produce situazioni più problematiche di quelle di partenza
D quando non sono noti il contesto e i diversi fattori che caratterizzano il problema e le alternative di scelta
E quando si basa su valutazioni di tipo quantitativo-probabilistico

1815 Qual è il tema del brano?

A I concetti di tempo e di spazio
B I processi di valutazione, con particolare riferimento al rapporto docente-alunno
C Il processo di decisione, con particolare riferimento al campo educativo
D L'entropia e i suoi rischi
E Il concetto di probabilità

Leggere il brano seguente e rispondere alle relative domande

La commedia antica fu una diretta espressione della democrazia ateniese: essa era infatti una commedia politica, vale a dire trattava elementi di attualità che erano accaduti durante l'ultimo anno e che venivano proposti sulla scena in modo comico o deformato. Sulla scena comparivano non personaggi del mito eroico (come nella tragedia) o di fantasia, ma individui reali di cui veniva fatta la caricatura: uomini politici messi alla berlina, privati cittadini derisi per i loro vizi, poeti o filosofi sbeffeggiati. La commedia era dunque l'espressione della "parresia", cioè della libertà di parola, che era il diritto più caro a ogni cittadino democratico. Ma poiché alle rappresentazioni comiche assisteva la grande massa dei cittadini, la commedia era anche uno strumento per controllare e influenzare l'opinione pubblica. Scriveva un anonimo sostenitore dell'opposizione oligarchica: "Gli Ateniesi non permettono che si porti sulla scena comica il popolo o che se ne parli male perché non vogliono apparire in una luce negativa. Ma apprezzano e richiedono che si rivolgano attacchi personali contro privati cittadini, ben sapendo che chi viene deriso dai comici non è uno del popolo o della massa, ma un ricco o un nobile o un cittadino influente". Il massimo esponente della commedia antica fu Aristofane (circa 445 – poco dopo il 388 a.C.); egli esordì sulla scena deridendo ferocemente Cleone, l'uomo forte della democrazia, tanto che fu da questi querelato. Continuò però a bersagliarlo anche in seguito: nella commedia "I cavalieri" immagina che il potere sia conteso tra due personaggi infimi e volgari ("perché è da gente così" dice Aristofane al pubblico "che volete essere governati"): un conciapelli (che rappresenta Cleone, il quale esercitava questa professione nella vita reale) e un venditore di salsicce. Costoro gareggiano in furfanteria per conquistarsi la benevolenza del loro padrone, il vecchio Demo (il popolo), e alla fine prevale il più imbroglione dei due. Nella commedia "La pace" Aristofane immagina che un cittadino, Trigeo, salga a bordo di un enorme scarafaggio alato e dia la scalata al cielo per riportare sulla terra la Pace, che gli dei avevano recluso lontana dagli uomini per punirli; negli "Uccelli" immagina che due cittadini si alleino con gli uccelli per fondare una città perfetta tra cielo e terra, dove non arrivino i demagoghi che invece infestano Atene; nelle "Nuvole" deride il filosofo Socrate e la cultura dei giovanotti impomatati che seguono le lezioni dei sofisti. Ancora più paradossali sono due commedie, "Lisistrata" e "Le donne a parlamento": nella prima Aristofane descrive uno "sciopero" sessuale attuato dalle donne ateniesi e spartane, alleatesi per costringere i loro mariti a smettere di scannarsi in guerra e stipulare la pace; nella seconda descrive un colpo di Stato delle donne ateniesi che, davanti ai disastri provocati dall'incapacità dei loro mariti, prendono il potere e fondano una città ideale, in cui non esiste famiglia né proprietà privata e in cui prima di soddisfare una giovane gli uomini sono obbligati a farlo con una vecchia. La commedia antica era dunque il rispecchiamento, sia pure deformato comicamente, della vita politica ateniese e dei grandi eventi del tempo.

1816 Quale dei seguenti rappresenta un titolo adeguato del brano?

A Aristofane e la commedia antica

B La disputa tra Aristofane e Cleone

C La commedia e la tragedia ad Atene

D Aristofane e Cleone, commediografi dell'antica Atene

E Teatro e satira politica

1817 Qual è il titolo della commedia di Aristofane in cui si immagina che le donne, di fronte all'incapacità dei mariti, fondino una città ideale?

A Gli uccelli

B La pace

C Le donne a parlamento

D Le nuvole

E Lisistrata

1818 Dal brano si deduce che:

A le donne di Atene erano politicamente molto influenti

B l'abuso della parresia comportava pene severe

C la commedia nacque prima della tragedia

D ad Atene i politici non potevano svolgere alcun'altra professione

E i cittadini greci avevano diritto a svolgere azioni legali a propria tutela

1819 Dal brano si deduce che l'autore è verosimilmente:

A un politico

B un attore teatrale

C un filosofo

D un commediografo

E uno storico della letteratura

Leggere il brano seguente e rispondere alle relative domande

Nel 1955 la teoria della relatività ha compiuto mezzo secolo di vita. I fisici la considerano oggi una teoria classica, e l'epoca turbolenta in cui essa venne contrastata e attaccata sembra già lontana per sempre. Eppure, ancora nel 1921, un eminente fisico, von Laue, scriveva nella prefazione al suo dottissimo libro: "Molto ammirata e molto esecrata è oggi la relatività generale. Quelli che gridano di più da ambo le parti hanno una sola cosa in comune: un'assoluta ignoranza di ciò di cui parlano". Oggi però le grida sono cessate, la teoria della relatività è divenuta rispettabile e ha preso il suo posto di pietra angolare nella struttura della fisica moderna. Il suo creatore è considerato come "il più grande scienziato contemporaneo" e la sua fama è più diffusa di quella dei re e dei presidenti. Adesso è tempo di volgerci indietro, di passare in rivista le rivoluzioni di Einstein nel loro sviluppo e vedere quale sia stato il loro influsso sulla nostra epoca. Cerchiamo innanzitutto di eliminare gli effetti dei

pregiudizi, degli slogan senza senso ripetuti migliaia di volte dalla viva voce, dalla radio e dalla stampa. Uno di questi afferma che è impossibile che un uomo comune capisca le idee di Einstein. Egli è il grande sacerdote della scienza matematica e c'è solo una dozzina di persone che lo capiscano veramente. Non è facile combattere i pregiudizi. Io non posso neanche dire che l'affermazione che solo una dozzina di persone comprendono la teoria della relatività sia falsa.
Ma è un'affermazione senza senso, come quella che "solo una dozzina di uomini comprendono Beethoven". Questa analogia tra la matematica e la musica, tra Einstein e Beethoven, fa un certo effetto su chiunque sia amante della matematica e della musica. Come la musica, la matematica e la fisica matematica sono due creazioni artistiche. Come nella musica, dobbiamo fare distinzione tra tecnica e idee. Nessuno può suonare bene Beethoven – e nessuno può scrivere un lavoro scientifico sulla teoria della relatività – senza prima rendersi padrone della tecnica. Eppure, come si può provare una profonda emozione ascoltando Beethoven, pur senza conoscere nulla della tecnica dell'esecuzione, così è possibile provare un profondo piacere nell'apprendere le idee fondamentali della teoria della relatività pur ignorando completamente la tecnica matematica.

1820 L'autore del brano ritiene che:

- A non abbia senso affermare che solo una dozzina di persone possono comprendere la teoria della relatività
- B sia certamente falso che solo una dozzina di persone possono comprendere la teoria della relatività
- C non si possa affermare che più di una dozzina di persone possano comprendere la teoria della relatività
- D sia impossibile che un uomo comune capisca la teoria della relatività
- E per comprendere un lavoro scientifico sulla teoria della relatività bisogna rendersi padroni della tecnica matematica

1821 Basandosi solo su quanto affermato nel brano, si può affermare che la teoria della relatività è stata formulata:

- A nel diciannovesimo secolo
- B nel 1905
- C nel 1955
- D nel 1921
- E nel 1871

1822 Secondo l'autore del brano, ai nostri giorni la teoria della relatività di Einstein:

- A non è certo una pietra angolare della fisica moderna
- B è molto ammirata e molto esecrata
- C può essere compresa con la stessa facilità con cui si ascolta un brano musicale di Beethoven
- D fa parte della fisica classica ed è ormai superata da altre teorie fisico-matematiche
- E non è più attaccata e contrastata

1823 Dal brano si deduce che l'autore è verosimilmente:

- A vissuto nel periodo in cui Einstein formulava la teoria della relatività
- B un eminente fisico
- C un conoscitore della storia della teoria della relatività di Einstein
- D uno studioso della musica di Beethoven
- E un esperto della tecnica compositiva di Beethoven

Leggere il brano seguente e rispondere alle relative domande

Brevità: come virtù della scrittura professionale in genere e come elemento essenziale della scrittura on-line. Mi è venuto il dubbio di essere presa troppo alla lettera oppure di passare per una che predica bene e razzola male, visto che su questo mio sito, accanto a testi brevi, ci sono anche testi piuttosto lunghi, che chiedono al lettore molta pazienza e voglia di scrollare. Allora è forse venuto il momento di chiarire il mio pensiero circa la brevità dei testi destinati a Internet. E lo faccio concedendomi un bel testo lungo. La business writing, ovvero la scrittura di impresa, in Italia come disciplina non esiste, comincia solo ora ad acquisire un po' di consapevolezza. Quindi tutti noi scrittori e copy, quando abbiamo cominciato, ci siamo rivolti ne-

PARTE TERZA

cessariamente al mondo anglosassone. Un mondo pieno di regole, prescrizioni e manuali utili, prodighi di consigli di ogni tipo. Questo sito si ispira molto ai modelli americani: i piccoli decaloghi di consigli numerati vengono dritti dritti dai laboratori di scrittura delle università statunitensi e sono utilissimi per chi scrive e per chi legge. Ma il pragmatismo statunitense diventa pericoloso quando si trasforma in semplicismo, rigidità e dogmatismo. Forse è anche per questo che amo alternare testi brevi e testi lunghi: una specie di antidoto all'allettante modello americano. La brevità è uno di questi dogmi, forse "il" dogma della business writing. Nei manuali d'oltreoceano non è raro trovare frasi del tipo: «Ogni paragrafo non sia più lungo di venti righe, ogni frase non più di venti parole». Naturalmente le cose sono ben più complicate. Per lo scrittore professionale la brevità non è un dogma, ma un obiettivo, che va perseguito insieme ad altri, in primo luogo insieme alla chiarezza. L'accoppiata vincente è questa: brevità + chiarezza. Un testo breve ma incomprensibile non serve a nessuno, ancor meno di un testo chiaro, ma lunghissimo. Lo scrittore professionale non scrive per suo piacere. Scrive perché i suoi clienti o la sua azienda ottengano degli obiettivi precisi: comunicare bene con i dipendenti, descrivere con efficacia i propri prodotti e servizi, convincere fornitori e clienti, parlare con le istituzioni o con la stampa. Riuscirci facendo perdere agli interlocutori meno tempo possibile è naturalmente un bel valore aggiunto. Di qui l'importanza di testi brevi e sintetici, che arrivino dritti all'interlocutore e all'obiettivo. Ma la brevità non è un valore in sé. Altrimenti tutti i testi corti sarebbero buoni. È solo uno dei modi per scrivere testi comunicativi, chiari ed efficaci.

1824 In base a quanto sostenuto nel brano si può dedurre che le regole della business writing:

- A sono ormai tanto cristallizzate da non poter più essere messe in discussione
- B sono molto complesse e richiedono grandi competenze tecniche per essere applicate correttamente
- C sono sempre efficaci purché espresse in forma di decalogo
- D devono essere formulate in termini più dogmatici che pragmatici per poter essere applicate
- E hanno avuto origine nel mondo anglosassone

1825 Il brano è tratto da:

- A un manuale di comunicazione
- B un sito internet
- C un periodico specializzato
- D un'intervista radiofonica
- E una brochure aziendale per uso interno

1826 Secondo l'autrice del brano, l'efficacia di un testo scritto per Internet:

- A risiede nel bilanciamento tra brevità e chiarezza
- B risiede principalmente nell'effettivo interesse del lettore verso i contenuti trattati
- C è interamente affidata alla brevità
- D dipende principalmente dal corretto uso di link ipertestuali e di immagini
- E dipende direttamente dal piacere che prova il suo estensore a scrivere

1827 Dalla lettura del brano, si evince che l'autrice:

- A detesta il pragmatismo statunitense
- B è una creativa pubblicitaria
- C ritiene di non essere coerente con i suoi principi di scrittrice
- D svolge la professione di scrittrice di impresa on line
- E ritiene che sia indispensabile produrre testi anche lunghi, purché chiari

Leggere il brano seguente e rispondere alle relative domande

La pedagogia ha conosciuto fin dalle sue origini l'esigenza, o almeno l'opportunità di un rimando del proprio sapere ad altre scienze dell'uomo, in particolare all'etica, alla filosofia, alla psicologia, alla teologia. Va detto subito, però, che si è trattato, sempre, di un rimando caratterizzato dalla subordinazione di uno dei termini all'altro. Due sono le forme di relazione che è dato di registrare: a) della pedagogia asservita alla filosofia o ad altre scienze di derivazione filosofica o teologica; b) della pedagogia che asserve a se stessa ogni altra scienza dell'educazione. Oscillazione, dunque, della pedagogia dallo stato di "serva" a quello di "padrona"; senza mai pervenire alla conquista di una posizione di effettiva autonomia, e quindi alla conseguente relazione matura di comunicazione e di scambio interdisciplinare. Per lungo tempo la pedagogia viene enucleata come etica o logica ap-

COMPRENSIONE DEL TESTO

plicata, assunte, l'una e l'altra, a fondazione dell'educazione morale e intellettuale. A simile connotazione può essere ricondotto tutto il pensiero pedagogico classico: la pedagogia di Platone è dedotta dall'etica e dalla gnoseologia, e così quella di Aristotele; né in forme molto diverse viene proposta la pedagogia cristiana di Sant'Agostino e di San Tommaso, nonostante il maggiore impegno dei due filosofi nella trattazione del problema pedagogico, accompagnata da distinte indicazioni metodologiche e didattiche. Simile linea di tendenza resta peraltro quella stessa che orienta – sia pure con qualche lodevole eccezione (gli umanisti, Locke, Rousseau) – l'intera storia successiva della pedagogia (Kant, Fröbel, Ardigò, Gentile) fin quasi alle soglie della contemporaneità.

1828 Secondo l'autore del brano, la posizione oscillante – ora subordinata ora subordinante – che la pedagogia ha assunto nei confronti delle altre scienze umane:

- **A** ha impedito alla pedagogia di conquistare una sua effettiva autonomia disciplinare
- **B** non ha avuto significativi effetti dal punto di vista disciplinare, trattandosi sempre di rapporti di riferimento su argomenti delimitati
- **C** ha determinato la sua attuale e pervasiva sudditanza nei confronti della filosofia
- **D** ha impedito lo sviluppo del sapere pedagogico
- **E** ha reso possibile alla pedagogia la conquista di una effettiva autonomia

1829 Nel brano si nomina una sola volta la "scienza dell'educazione", lasciando chiaramente intendere che quest'ultima:

- **A** coincide senz'altro con la pedagogia
- **B** è subordinata al complesso delle altre scienze umane
- **C** è formata dall'apporto di più scienze umane
- **D** non ha punti di contatto con la pedagogia
- **E** non è da includere nel novero delle scienze umane

1830 Dal brano si ricava che la pedagogia di Agostino:

- **A** rispetto a quella classica si occupa più di morale che di gnoseologia
- **B** prefigura gli sviluppi di quella umanista
- **C** non distingue tra metodologia e didattica
- **D** offre spunti metodologici e didattici
- **E** non si occupa dell'educazione intellettuale

1831 Secondo l'autore del brano, per lungo tempo la pedagogia:

- **A** ha rappresentato il fondamento di etica e gnoseologia
- **B** è stata considerata come applicazione dell'etica e della logica
- **C** ha oscillato, nella sua definizione, tra filosofia e logica
- **D** è stata studiata solo in riferimento a quanto elaborato da Platone e Aristotele
- **E** non ha avuto rapporti con l'educazione morale di matrice cristiana

Leggere il brano seguente e rispondere alle relative domande

I temi e i modi dell'opera di Kafka sono, nel loro fondo, quelli tipici dell'"avanguardia" europea e della "cultura della crisi": una visione del mondo non naturalistica, ma irrazionale e problematica; il senso di un mistero che ci avvolge e contro cui è inutile ribellarsi; un'angoscia esistenziale, che ha certo radici storiche, ma che le travalica in una disperazione senza tempo e senza luogo; una lucidissima volontà e capacità di rappresentazione (solo apparentemente "realistica") di un mondo caotico. Un esempio di come Kafka risolva in un'arte tutta personale questa sensibilità e questa poetica comuni è rappresentato da Il Processo: l'affascinante, ambigua storia di un uomo, processato da un tribunale ignoto per una colpa che non è mai precisata e, alla fine, ucciso da due emissari misteriosi del tribunale. Un romanzo che, come ogni opera di Kafka, rinvia a significati nascosti dietro la "lettera", ma che non li esplicita mai e, appunto per questo, è di conturbante ambiguità, leggibile secondo le chiavi più diverse (religiosa, sociale, esistenziale).

1832 Il brano giustifica tutte le seguenti affermazioni tranne una, quale?

- **A** Kafka è annoverabile tra gli esponenti dell'avanguardia europea
- **B** "Il Processo" di Kafka è la storia di un uomo processato per una colpa non precisata
- **C** È inutile, secondo Kafka, tentare di ribellarsi al senso di mistero che avvolge l'uomo
- **D** I temi caratteristici delle opere di Kafka rimandano alla rappresentazione di un mondo caotico, realistica solo in apparenza
- **E** "Il Processo" è l'unica opera di Kafka che si presti a una lettura polivalente, secondo molteplici chiavi: religiosa, sociale, esistenziale

1833 In base a quanto sostenuto nel brano, l'ambiguità tipica dell'opera di Kafka deriva:

- **A** dal fatto che l'Autore non esplicita mai il significato che si cela dietro alla "lettera" dei suoi testi
- **B** dalla visione caotica e problematica che l'Autore ha del mondo
- **C** dal senso di colpa che caratterizza i suoi personaggi
- **D** dall'angoscia esistenziale che avvolge i personaggi dei suoi romanzi
- **E** dal fatto che Kafka risolve tutta la sua arte in chiave assolutamente personale

1834 Dalla lettura del brano, si può concludere che Franz Kafka:

- **A** nella sua opera cerca di chiarire all'uomo le ragioni del caos che governa il mondo
- **B** ha fatto proprie e sviluppate in modo personale tematiche comuni alla poetica e alla sensibilità della cosiddetta "cultura della crisi"
- **C** non fu un esponente di quella corrente letteraria europea denominata "cultura della crisi", nonostante abbia trattato tematiche a essa comuni
- **D** dimostra una sensibilità opposta alla corrente letteraria europea denominata "cultura della crisi"
- **E** affronta con lucidità le radici storiche della cosiddetta "cultura della crisi"

1835 Il brano è di natura:

- **A** scientifica
- **B** sociologica
- **C** giuridica
- **D** letteraria
- **E** psicoanalitica

Leggere il brano seguente e rispondere alle relative domande

Anche se computer e microscopi ci permettono oggi di raccogliere informazioni fino a poco tempo fa considerate irraggiungibili, le conoscenze acquisite corrispondono tuttavia a meno dell'uno per cento di tutto quello che dovremmo sapere. Proprio quando i test in uso sembrano dimostrare che la mente funziona in un determinato modo, si scopre un nuovo test che prova esattamente il contrario o si trova un soggetto il cui cervello funziona in modo completamente diverso.

Grazie alle nostre ricerche ci siamo resi conto che la mente è infinitamente più complessa di quello che avevamo precedentemente supposto, e che un individuo con una mente "normale" ha potenziali e capacità maggiori di quello che pensavamo.

Alcuni esempi chiariranno il concetto. La maggior parte delle discipline scientifiche, anche se riguardanti campi diversi, ruota attorno allo studio della mente. I chimici hanno un particolare interesse per le complesse strutture chimiche che esistono e interagiscono nelle nostre menti; i biologi sono sempre in lotta con le funzioni biologiche del cervello; i fisici trovano paralleli con le loro ricerche sulle estreme possibilità dello spazio; gli psicologi stanno tentando di comprendere la mente in modo completo e trovano l'esperienza frustrante come se tentassero di mettere un dito su una piccola goccia di mercurio; i matematici che hanno elaborato modelli per i più sofisticati computer e per l'universo intero ancora non hanno trovato una formula per le operazioni che hanno luogo nelle nostre menti, regolarmente, giorno dopo giorno.

Quello che siamo riusciti a scoprire in questi ultimi dieci anni è che il nostro cervello è diviso in due parti, ciascuna delle quali svolge attività molto diverse; i modelli potenziali del cervello sono risultati inoltre molto più estesi di quanto si pensasse alla fine degli anni Sessanta e abbiamo anche capito che il cervello ha bisogno di tipi di alimenti molto differenti, se lo si vuole mantenere in vita.

Nei laboratori della California, fra la fine degli anni Sessanta e l'inizio degli anni Settanta, furono avviate delle ricerche che avrebbero cambiato la storia della nostra comprensione del cervello umano; quelle stesse ricerche avrebbero condotto Roger Sperry, del California Institute of Technology, al Premio Nobel e avrebbero recato a Robert Ornstein fama mondiale per il suo lavoro sulle onde del cervello e sulla specializzazione delle funzioni.

Furono proprio Sperry e Ornstein a scoprire che le due parti del cervello, o i nostri due cervelli, collegati da un sistema straordinariamente complesso di fibre nervose chiamato Corpus Callosum, hanno a che fare con tipi diversi di attività mentale.

1836 Dal brano si ricava che le due parti del cervello umano:

- A svolgono attività diverse
- B dipendono dall'ampiezza del Corpus Callosum
- C producono onde identiche
- D si mantengono vitali grazie agli stessi alimenti
- E risultano molto più estese di quanto si pensasse tre decenni fa

1837 Dal brano si deduce che:

- A gli psicologi fanno esperimenti con il mercurio
- B i fisiologi hanno scarso interesse a studiare il funzionamento del cervello
- C fino al 1960 il funzionamento del cervello umano era totalmente sconosciuto
- D il cervello utilizza lo zucchero come fonte di energia
- E lo studio della mente è il perno di molte discipline scientifiche

1838 La tesi di fondo sostenuta dall'autore del test è che:

- A il funzionamento del cervello, per quanto molto complesso, è identico in tutti gli individui
- B il funzionamento del cervello umano è ancora avvolto da molti misteri
- C il cervello ha una struttura più semplice di quanto non si pensasse nella prima metà del secolo scorso
- D esistono test in grado di chiarire in modo inequivocabile il funzionamento del cervello
- E la scienza riuscirà a risolvere ogni dubbio sul funzionamento del cervello

1839 Nel brano si afferma che:

- A Roger Sperry ebbe grande fama per le sue scoperte sulle onde del cervello
- B Sperry e Ornstein confutarono che le due parti del cervello sono collegate dal Corpus Callosum
- C Robert Ornstein vinse il Premio Nobel
- D i matematici non sono ancora in grado di rappresentare quali operazioni hanno luogo nella mente umana
- E nella seconda metà del XIX secolo, nei laboratori californiani, si fecero ricerche sull'attività cerebrale dell'uomo

1840 In quale periodo è stato scritto il brano?

- A Nel 1969
- B Negli anni Sessanta
- C Prima del 1970
- D Non vi è alcun riferimento univoco per poterlo dedurre
- E Dopo il 1970

Brano 7In base alle informazioni contenute nel brano seguente, rispondere alle relative domande.

[1] Dal primo gennaio del prossimo anno l'Europa cambia musica in materia di cibo. Diventa operativo un pacchetto di norme approvato nel novembre del 2015: il regolamento sul *novel food.* **[2]** Sono gli alimenti nuovi o insoliti, che non sono di casa sulle tavole degli europei ma non per questo non potrebbero prendere piede nei prossimi anni. Cibi a base di alghe, per esempio, oppure ottenuti da vegetali che si sono riprodotti in modi non tradizionali, o con strutture molecolari modificate. O

PARTE TERZA

ancora, gli insetti. **[3]** Dal prossimo anno, si potranno vendere liberamente in tutti gli Stati europei gli insetti commestibili o i prodotti che li hanno tra gli ingredienti, dopo aver ricevuto un'autorizzazione generale da parte della UE e non, come prima, un via libera da ciascun Paese comunitario. Anche in Italia, quindi, grilli, camule, formiche e cavallette non saranno più un tabù.

[4] Chi vorrà vendere insetti commestibili in Italia, troverà un numero di clienti sufficienti a giustificare l'investimento? Secondo una ricerca della Società Umanitaria di Milano e del suo Centro Studi per lo Sviluppo Sostenibile (CSS), sì.

[5] Il 47% degli intervistati si è dichiarato favorevole alla liberalizzazione degli insetti in tavola e il 28% è interessato a mangiarli. «Questi dati dimostrano una disponibilità maggiore di quanto ci aspettassimo» osserva Andrea Mascaretti, presidente del CSS. «Pensiamo che in Italia il primo ristorante di *sushi* è stato aperto negli anni Settanta a Roma. Ci sono voluti trent'anni perché diventasse comune. Con gli insetti potrebbe avvenire in minor tempo».

[6] L'impulso a integrare le diete con gli insetti arriva dalla comunità scientifica. Da anni i ricercatori hanno lanciato un allarme sulle conseguenze che la produzione di proteine da fonti animali potrebbe avere sull'ambiente, se dovesse sfamare i 9 miliardi di persone che abiteranno il pianeta nel 2050. Gli insetti sembrano una buona soluzione al problema. Già 2 miliardi di persone li consumano, hanno un buon apporto di proteine e la loro produzione risparmia acqua ed energia e inquina di meno. Per un chilo di carne bovina, ad esempio, si consumano da 7 a 10 chili di mangime.

[7] Se le ragioni della scienza sono chiare, i regolatori si domandano come reagiranno i consumatori. «Una grande sfida nell'introduzione delle proteine da insetti all'interno della catena alimentare umana sembra essere l'alternativa tra quello che si definisce "fattore disgusto" e l'accettazione pubblica degli insetti commestibili», si legge in un documento del Parlamento europeo.

[8] Per questo la Società Umanitaria ha interrogato i consumatori. Tra aprile e maggio ha intervistato un campione di 500 persone ed è emerso che in Italia abbattere il muro del rifiuto degli insetti non è impossibile. Circa la metà degli intervistati è concorde con la liberalizzazione del commercio. **[9]** La percentuale generale, 47%, è più alta tra chi mangia pietanze etniche (57%), ritiene importante rispettare l'ambiente (50%), fa viaggi all'estero o acquista prodotti a chilometro zero (49%). I giovani (nati tra il 1990 e il 2003) sono più propensi degli adulti (1934-1969). Tra gli uomini il consenso è al 58%, mentre tra le donne scende al 42%.

1841 Al punto [6], nella frase «Gli insetti sembrano una buona soluzione al problema. Già 2 miliardi di persone li consumano, hanno un buon apporto di proteine e la loro produzione risparmia acqua ed energia e inquina di meno», *la loro produzione* significa:

- **A** la produzione di 2 miliardi di persone
- **B** la produzione di insetti
- **C** la produzione di proteine
- **D** ciò che gli insetti producono
- **E** ciò che 2 miliardi di persone producono

1842 Al punto [7], nella frase «Se le ragioni della scienza sono chiare, i regolatori si domandano come reagiranno i consumatori», *se* introduce:

- **A** una frase coordinata alla principale
- **B** una alternativa a ciò che è espresso dalla principale
- **C** una condizione al verificarsi di ciò che è espresso nella frase principale
- **D** un'ipotesi
- **E** una domanda indiretta

1843 Al punto [5], l'espressione *liberalizzazione degli insetti in tavola* indica:

- **A** la liberazione di insetti sulle tavole
- **B** il libero commercio di insetti commestibili
- **C** la possibilità di acquistare e mangiare insetti non allevati
- **D** la liberazione delle tavole dagli insetti
- **E** il libero commercio di insetti in condizioni di non cattività

1844 Al punto [1], l'espressione *cambia musica* significa:

- **A** sceglierà un nuovo inno europeo
- **B** darà un'accelerata alla legislazione in materia alimentare
- **C** farà applicare le recenti leggi sui "cibi nuovi"
- **D** proporrà nuovi abbinamenti tra musica e degustazione
- **E** indicherà le musiche giuste per l'allevamento degli insetti commestibili

COMPRENSIONE DEL TESTO

1845 Qual è il senso dei punti [8]-[9]?

A Molti intervistati sono ambientalisti e non c'è da stupirsi se sono favorevoli
B La contrarietà ai "nuovi cibi" è meno radicata nelle donne adulte che però viaggiano molto
C I più favorevoli sono quelli che si preoccupano dell'ambiente e non hanno paura del diverso
D I più contrari sono i maschi adulti che viaggiano poco all'estero e non frequentano ristoranti etnici
E Oltre la metà degli intervistati è favorevole, quindi non sarà difficile superare la diffidenza degli altri

1846 Qual è il senso complessivo del brano?

A La diffidenza contro gli insetti commestibili sarà difficilmente superabile a causa del "fattore disgusto"
B In Italia i consumatori sono in maggioranza troppo tradizionalisti e chiusi per accettare facilmente questi "nuovi cibi""
C I consumatori italiani faticheranno ad accettare nuove imposizioni dalla UE, specie in campo gastronomico
D L'atteggiamento degli italiani nei confronti dei "nuovi cibi" potrebbe essere meno sfavorevole di quanto ci si aspetta
E Le ragioni degli scienziati a favore delle diete a base di insetti avranno poca presa sulle abitudini di consumo dei cittadini italiani

1847 A chi si riferisce l'espressione *i regolatori* (punto [7])?

A Agli scienziati
B Ai membri dei Parlamenti nazionali
C Ai cittadini intervistati
D Ai membri del Parlamento europeo
E Ai sondaggisti del CSS

1848 Al punto [3] *che* si riferisce:

A ai prodotti
B agli insetti commestibili
C a tutti gli Stati europei
D a nessuno dei precedenti: è una congiunzione
E agli insetti commestibili o ai prodotti

1849 Al punto [5], dichiarando «Pensiamo che in Italia il primo ristorante di sushi è stato aperto negli anni Settanta a Roma. Ci sono voluti trent'anni perché diventasse comune. Con gli insetti potrebbe avvenire in minor tempo», il Presidente del CSS intende dire che:

A i cambiamenti nell'alimentazione degli italiani sono sempre stati lenti, ma costanti
B ci vorranno almeno trent'anni prima che gli insetti siano accettati come cibo dagli italiani
C se il *sushi* ci ha messo così tanto ad affermarsi è perché non era tanto comune; gli insetti ci sono più famigliari, quindi ci metteranno meno
D prima che apra un ristorante con menu di soli insetti, il *sushi* dovrà passare di moda
E il primo ristorante con menu a base di insetti potrebbe aprire in meno di trent'anni

1850 Al punto [6] l'autore ci informa del fatto che:

A nel 2050 il regime attuale di consumi di carne sarà ecologicamente insostenibile
B allevare insetti per fini alimentari riduce l'effetto serra
C gli scienziati sono allarmati per l'integrazione delle diete a base di proteine animali
D molte persone invece di un chilo di carne bovina sono costrette a mangiare dai 7 a i 10 chili di mangime
E una dieta a base di insetti è una buona soluzione per il problema della fame nel mondo

Leggere il brano seguente e rispondere alle relative domande

Blakelok è un pittore americano del tardo '800 che divenne noto solo quando, a mezza età, perse la ragione e non fu più in grado di riconoscere le proprie opere. Tanto che da allora fu impossibile distinguerle da quelle che nel frattempo erano state copiate o imitate nello stile (da Innes, Ryder, Kitchell e altri). Solo dopo il 1970 a Brookaven, con l'aiuto di una tecnica radioisotopica molto usata in biologia e in metallurgia (l'autoradiografia), si è di-

PARTE TERZA

mostrato che i suoi dipinti autentici risultano inconfondibili per la costanza nell'uso dei materiali e per la tecnica di applicazione dei colori.
Questo è solo un esempio di come le tecniche radioanalitiche possano aiutare identificazione, conservazione e restauro delle opere d'arte sia antiche sia attuali, offrendo procedimenti di analisi molto sensibili e, quel che più conta, non distruttivi.
Sono già noti i metodi di datazione archeologica (al carbonio 14 o altri) o lo studio con l'analisi per l'attivazione dei colori. Oggi le tecniche di radioanalisi al servizio dell'arte sono ancora cresciute, mutuando metodologie da campi diversi, come la medicina e l'industria. Queste tecniche possono essere rivolte sia alla determinazione della struttura dell'oggetto (analisi morfologica) sia alla sua composizione (analisi chimica), e finalizzate tanto alla sua identificazione quanto alla sua conservazione.
La composizione strutturale si può studiare sfruttando la trasparenza dei corpi alla radiazione elettromagnetica ad alta energia, cioè con la radiografia o la Tac. La radiografia viene applicata ai quadri, e permette di mettere in evidenza tutti i componenti come la tela, la stesura di gesso, le colle e i pigmenti con i loro leganti; si può così conoscerne non solo la tecnica adottata e deciderne l'attribuzione nel caso di incertezza, ma anche lo stato di conservazione e programmare l'eventuale restauro con cognizione di causa. L'apparecchio a raggi X usato non differisce, a parte l'energia dei raggi, da quelli impiegati per la radiodiagnostica umana, così come la lastra radiografica è di un tipo comune, e viene messa a contatto con il dipinto creando fra i due strati una leggera depressione in modo da avere una perfetta aderenza. Quando l'opera sotto studio è tridimensionale, come una statua, un vaso, un sarcofago, si mutua invece dalla medicina la tomografia assiale computerizzata (Tac). Con essa si riesce a visualizzare la struttura interna dell'oggetto, altrimenti visibile solo con interventi distruttivi. Data la grande varietà dei campioni da esaminare, la Tac sulle opere d'arte ha subito, rispetto alla Tac clinica, notevoli variazioni: per statue e oggetti metallici di grandi spessori (fino a 30 centimetri) i normali raggi X di 0,1-0,3 MeV vengono sostituiti da raggi di 12 MeV. Le tecniche radioanalitiche che consentono l'analisi chimica sono invece quelle basate sulla fluorescenza indotta e sull'analisi per attivazione. La prima è normalmente più agevole della seconda perché si può eseguire con strumenti portatili. In sostanza essa consiste nello stimolare con radiazioni poco penetranti gli atomi superficiali dell'opera in esame. Gli atomi così stimolati rispondono emettendo a loro volta una radiazione che è come una loro carta di identità e si rivelano quindi come tipo e quantità. Normalmente la radiazione usata per la stimolazione consiste in raggi X o gamma e la tecnica si chiama "X Ray Fluorescence" (XRF), ma ultimamente è stata sviluppata una interessante variante, la Pixe alfa. In essa la stimolazione degli atomi viene realizzata con una sorgente di particelle alfa (da Po-210), che percorrono circa 5 centimetri in aria e non richiedono particolari precauzioni di radioprotezione, salvo il non venirne a contatto.

1851 Il brano tratta di un argomento di natura:

- A letteraria
- B artistica
- C storica
- D sanitaria
- E scientifica

1852 Qual è lo scopo del brano?

- A Descrittivo
- B Persuasivo
- C Informativo
- D Normativo
- E Promozionale

1853 Quale dei seguenti potrebbe essere un titolo adeguato per il brano?

- A Nuove frontiere per il metodo di datazione al carbonio 14
- B Risolto il giallo Blakelok
- C Due tecniche innovative: XRF e Pixe alfa
- D Radiochimica per analisi, tutela e attribuzioni di opere d'arte
- E L'elettromagnetica al servizio dell'arte nascosta

Leggere il brano seguente e rispondere alle relative domande

Il rame è una materia prima che consente un riutilizzo pressoché infinito, in quanto praticamente indistruttibile: questo avviene in modo tale che sia quasi impossibile stabilire se, nella preparazione del prodotto finito, sia stato utilizzato direttamente rame primario (quindi mai utilizzato) o una procedura di riciclo; esiste quindi la possibilità di risparmiare risorse ed energia allo stesso tempo. Il principale motivo per cui abbiamo questa opportunità è dovuto al fatto che oggi sono disponibili tecniche e procedimenti di elettroraffinazione che

COMPRENSIONE DEL TESTO

rimuovono le impurità, sia nobili che di base, indifferentemente dal minerale di nuova estrazione o dal rottame.
Facendo queste considerazioni potrebbe sembrare che il tasso di riciclo del metallo rosso nella ragione di circa il 40% rappresenti un quantitativo piuttosto modesto (il tasso di riciclo indica l'ammontare di materia prima trattata rispetto al totale prodotto nell'anno), ma dobbiamo considerare che, a causa dello sviluppo economico degli ultimi trent'anni, la quantità di rame oggetto di riciclo dai materiali di scarto è più bassa del volume di metallo effettivamente consumato; senza contare il fatto che l'impiego di rame avviene principalmente nella produzione di beni durevoli per utilizzo industriale, che verranno nuovamente immessi nel ciclo solamente dopo anni di sfruttamento. Se consideriamo che i prodotti che contengono rame hanno una vita media di 33 anni, attualmente siamo in grado di affermare che, rispetto all'anno di produzione, più dell'80% del rame è oggi oggetto di riciclo. Inoltre, analizzando l'andamento del riciclo nel passato, possiamo affermare anche che questo aumenta in periodi di alte quotazioni, cioè quando lo sviluppo e l'applicazione di nuove (e costose) tecnologie di recupero si rivelano remunerativi.
Il processo di riciclo attiva due diversi circuiti commerciali a seconda che il rame provenga da lavorazioni del metallo stesso (cascame) o dalla dismissione di impianti: in questo caso il circuito è decisamente più complesso, poiché inizia dal piccolo raccoglitore per arrivare all'industria di riciclo. Il rottame derivante dalle dismissioni rappresenta circa il 65% del totale; le industrie maggiormente coinvolte risultano essere quelle del settore energetico, sia quelle che si occupano di trasferimento di energia (elettrica) sia quelle utilizzatrici di impianti elettrici. Il circuito che riguarda gli scarti di produzione vede, invece, quasi sempre un collegamento diretto tra l'impresa che scarta e quella che si occupa della rifusione, ma non mancano casi in cui il riciclo avviene internamente, con notevoli vantaggi economici. I rottami vengono quindi distinti in due categorie: quelli passibili di rifusione diretta, assimilabili al rame raffinato, e quelli che per arrivare alla raffinazione impiegano un lasso di tempo maggiore. A causa del tempo necessario per percorrere il circuito, gli scarti sono piuttosto soggetti all'andamento delle quotazioni, le quali, peraltro, differiscono a seconda del tipo di rottame: il cascame ha maggior valore, mentre il metallo rosso proveniente dalle dismissioni è meno pregiato. È da rilevare che, comunque, il riciclo instaura una sorta di spirale valutativa verso il basso, poichè a ogni processo di riciclo il rame si declassa, fino ad arrivare al punto in cui deve subire un nuovo processo di raffinazione.

1854 Rispetto al totale del riciclo, a quanto ammonta, approssimativamente, il rame derivante dalle dismissioni?

A 2/3 B 2/5 C 1/3 D 1/6 E 1/5

1855 Secondo il brano qual è la causa che fa dipendere il quantitativo di rame da riciclare dalle quotazioni di mercato dello stesso?

A Le operazioni di stoccaggio
B Gli imprevisti
C Il lavoro necessario a raccoglierlo
D La differenza tra la quantità di rame oggetto di riciclo e il volume di metallo effettivamente consumato
E Il tempo necessario alla percorrenza dei circuiti commerciali

1856 Secondo il brano il rame viene principalmente impiegato:

A nel commercio
B nella produzione di beni durevoli per utilizzo industriale
C nel settore energetico
D nell'artigianato
E nelle industrie utilizzatrici di impianti elettrici

1857 Il "cascame" è:

A lo scarto che residua da lavorazioni precedenti
B una tecnica di impiego del rame
C il prodotto perso durante il trasporto
D un particolare prodotto finito
E il rottame derivante dalle dismissioni

1858 Secondo il brano quanti circuiti commerciali vengono attivati dal riciclo?

A Nessuno
B Tre
C Uno
D Quattro
E Due

1859 Secondo il brano è possibile riciclare il rame in modo tale che non si riesca quasi a stabilirne la provenienza?

A No
B Sì, ma una volta sola
C Sì
D Non ci sono elementi sufficienti per affermarlo
E Sì, ma esclusivamente il rame raffinato

1860 Il brano è stato verosimilmente scritto da:

A un esperto in materia di commercio mondiale di materie prime
B uno specialista in informatica
C un politico professionista
D un ricercatore
E un opinionista

1861 Secondo l'autore del brano il semplice riciclo del rame è sufficiente a soddisfarne il fabbisogno complessivo?

A Sì, sempre
B Sì, ma solo a fasi alterne
C No
D Non ci sono elementi sufficienti per giudicarlo
E Sì, ma solo se si considera la produzione di beni durevoli per utilizzo industriale

Leggere il brano seguente e rispondere alle relative domande

Spesso si divide la ricerca in due categorie: pura e applicata. La ricerca pura è solitamente definita come quella che produce nuove conoscenze, la ricerca applicata come quella che produce nuove tecnologie. Una descrizione semplice ma non sufficiente a caratterizzare come la scienza produca nuove tecnologie. Farò quindi un'ulteriore suddivisione della ricerca pura e applicata in due categorie che chiamerò ricerca fondamentale e ricerca strategica.

Le categorie "pura" e "applicata" connotano ciò che gli scienziati fanno: esplorare l'ignoto e risolvere dei problemi. Le categorie "fondamentale" e "strategica" connotano gli orizzonti temporali e le basi per sostenere vari programmi di ricerca.

Per quanto riguarda le nuove tecnologie, nella ricerca fondamentale si capisce poco o nulla delle eventuali applicazioni potenziali al momento in cui il lavoro viene svolto, mentre la ricerca strategica si aspetta delle applicazioni potenziali anche se prima di arrivarci rimangono parecchie incognite da esplorare e da capire.

Qui, un esempio potrebbe essere utile. Le fibre ottiche stanno rivoluzionando le comunicazioni. Questi fili di vetro sottili come un capello possono stendersi per migliaia di miglia sotto gli oceani per collegare i continenti e trasportare le comunicazioni via telefono, televisione e computer nel modo più efficace e meno costoso che l'uomo conosca. I puntelli forniti dalla ricerca "pura fondamentale" vengono dalla meccanica quantistica elaborata tra gli anni Venti e Quaranta, in particolare dagli studi di Einstein sulla stimolazione dell'emissione e dell'assorbimento (i cosiddetti coefficienti "A" e "B"). Il lavoro "fondamentale applicato" è consistito nello sviluppare il laser. La teoria che dimostrava la non impossibilità del laser era nota, ma non si sapeva se si sarebbero riuscite a creare le condizioni necessarie alla sua costruzione. Questa ricerca "pura strategica" ha richiesto molto lavoro sull'interazione della luce con i materiali. La comunicazione a fibre ottiche deriva dalla combinazione dei laser a stato solido avanzati con dei materiali avanzati.

Un altro esempio tratto dal mio campo, la fisica subnucleare, riguarda lo sviluppo di acceleratori compatti di elettroni usati nelle terapie antitumorali con fasci densi di raggi x. Negli ospedali di tutto il mondo ci sono migliaia di questi acceleratori da 10-12 milioni di volt, usati per trattare centinaia di migliaia di pazienti. La produzione di queste macchine e degli impianti a esse collegati rappresenta un affare da mezzo miliardo di dollari all'anno. Lo studio fondamentale puro non c'entrava affatto con questo prodotto, bensì con la fisica subnucleare. Lo studio fondamentale applicato aveva a che fare con la costruzione di acceleratori migliori. La ricerca pura strategica spaziava entro un ampio spettro di studi sugli effetti della radiazione sui tessuti biologici. Tutto ciò è confluito negli acceleratori usati nella pratica terapeutica.

Entrambi questi esempi hanno caratteristiche comuni. Sono radicati nella scienza fondamentale che porta a nuove conoscenze, che a loro volta producono ulteriore ricerca pura di natura strategica e/o ricerca fondamentale applicata che sviluppa nuove tecnologie. È un quadro che si potrebbe giudicare semplicistico, privo com'è di una sorta di terza dimensione che mostri come i risultati provenienti da più settori della scienza e della tecnologia confluiscano nell'elaborare nuove tecnologie e nuovi prodotti.

1862 Quale dei seguenti titoli meglio esprime il contenuto del brano?

A Terapie antitumorali e scienza
B Nuovi sistemi di comunicazione
C Einstein e le nuove tecnologie
D Ricerca e sviluppo di nuove tecnologie
E Fili di vetro sotto i nostri mari

1863 L'autore del brano lavora nel campo:

A della comunicazione
B della filosofia della scienza
C della fisica subnucleare
D dei computer
E dell'information technology

1864 Secondo il brano, nello sviluppo di nuove tecnologie, la ricerca pura fondamentale:

A ha sempre attinenza con la fisica subnucleare
B viene svolta in relazione a una applicazione ben precisa
C coincide con la ricerca pura strategica
D prevede ogni possibile applicazione
E precede la ricerca strategica applicata

1865 Confrontando i due esempi citati nel brano, quale delle seguenti proporzioni è corretta?

A L'interazione tra materiali e luce sta al laser come la fisica subnucleare sta agli acceleratori di elettroni
B La meccanica quantistica sta alle fibre ottiche come la fisica subnucleare sta agli acceleratori per le terapie antitumorali
C Il laser sta alle fibre ottiche come la fisica subnucleare sta agli acceleratori di elettroni
D I coefficienti A e B stanno alla televisione come gli acceleratori di elettroni stanno ai tumori
E L'idea del laser sta alla sua costruzione come la ricerca strategica sta alla ricerca applicata

Leggere il brano seguente e rispondere alle relative domande

Amerigo Ormea uscì di casa alle cinque e mezzo del mattino. La giornata si annunciava piovosa. Per raggiungere il seggio elettorale dov'era scrutatore, Amerigo seguiva un percorso di vie strette e arcuate, ricoperte ancora di vecchi selciati, lungo muri di case povere, certo fittamente abitate ma prive, in quell'alba domenicale, di qualsiasi segno di vita. Amerigo, non pratico del quartiere, decifrava i nomi delle vie sulle piastre annerite – nomi forse di dimenticati benefattori – inclinando di lato l'ombrello e alzando il viso allo sgrondare della pioggia. C'era l'abitudine tra i sostenitori dell'opposizione (Amerigo Ormea era iscritto a un partito di sinistra) di considerare la pioggia il giorno delle elezioni come un buon segno. Era un modo di pensare che continuava dalle prime votazioni del dopoguerra, quando ancora si credeva che col cattivo tempo, molti elettori dei democristiani [...] non avrebbero messo il naso fuori di casa. Ma Amerigo non si faceva di queste illusioni; era ormai il 1953, e con tante elezioni che c'erano state s'era visto che, pioggia o sole, l'organizzazione per far votare tutti funzionava sempre. Figuriamoci stavolta, che si trattava per i partiti del governo di far valere una nuova legge elettorale (la «legge truffa» l'avevano battezzata gli altri) per cui la coalizione che avesse preso il 50% +1 dei voti avrebbe avuto i due terzi dei seggi... Amerigo, lui, aveva imparato che in politica i cambiamenti avvengono per vie lunghe e complicate, e non c'è da aspettarseli da un giorno all'altro, come per un giro di fortuna; anche per lui, come per tanti, farsi un'esperienza aveva voluto dire diventare un poco pessimista."

1866 Quale delle seguenti affermazioni è deducibile dal brano?

A Secondo Ormea, in politica i cambiamenti non avvengono da un giorno all'altro
B Il seggio elettorale di Ormea si trovava nel centro storico
C L'organizzazione per far votare tutti nel 1953 era fortemente deficitaria
D Secondo Ormea, i giri di fortuna non esistono
E Il pessimismo di Ormea deriva dalle bocciature della sua candidatura

1867 **Quale delle seguenti affermazioni NON è contenuta nel brano?**

A Amerigo Ormea aveva un ombrello mentre si recava al seggio elettorale
B All'alba di domenica, la giornata si annunciava piovosa
C Amerigo Ormea, grazie alle precedenti esperienze, era diventato più ottimista
D Amerigo Ormea era iscritto a un partito di sinistra
E Amerigo Ormea era scrutatore alle elezioni del 1953

1868 **In base a quanto esposto nel brano, la nuova legge elettorale del 1953 era stata battezzata "legge truffa":**

A dalla Democrazia Cristiana
B dai partiti di governo
C dal movimento eurocomunista
D dai partiti dell'opposizione
E dalle persone poco interessate alla politica

1869 **In base a quanto esposto nel brano, dalle prime elezioni del dopoguerra:**

A la pioggia il giorno delle elezioni causava una percentuale di astensionismo al voto superiore al 50%
B molti politici non avevano smesso di credere che solo la pioggia il giorno delle elezioni avrebbe garantito loro la vittoria
C gli elettori democristiani più anziani erano soliti ammalarsi e quindi non uscire di casa in caso di pioggia
D gli elettori delle opposizioni continuavano a diminuire
E i sostenitori dell'opposizione consideravano la pioggia il giorno delle elezioni come un buon segno

Leggere il brano seguente e rispondere alle relative domande

"Il diffondersi del lavoro a breve termine, a contratto o occasionale, è stato accompagnato da un cambiamento nella struttura delle istituzioni moderne. Le grandi aziende hanno cercato di rimuovere le eccessive stratificazioni burocratiche, trasformandosi in organizzazioni più "piatte" e flessibili. I manager adesso pensano a organizzazioni simili a reti, piuttosto che a piramidi. "Le disposizioni a rete sono più mobili" delle gerarchie piramidali, dichiara il sociologo Walter Powell. "Rispetto ai rapporti fissi delle gerarchie, è molto più facile scomporle e ridefinirle". Questo significa che le promozioni e i licenziamenti tendono a non essere più basati su regole chiare e costanti e che nemmeno le mansioni lavorative sono ben definite; la rete ridefinisce costantemente la propria struttura. Il computer è stato lo strumento che ha reso possibile l'eliminazione delle lente e congestionate comunicazioni tipiche delle tradizionali catene di comando. Non per nulla il settore della forza lavoro in crescita più rapida è quello che si occupa di computer e di servizi di elaborazione dati; il computer oggi è usato praticamente in ogni genere di lavoro, in molti modi, da gente di tutti i tipi. Un dirigente IBM ha dichiarato a Powell che l'azienda flessibile «deve diventare un arcipelago di attività collegate». Quella dell'arcipelago è un'immagine che descrive bene le comunicazioni in una rete che si realizzano come viaggi tra isole, condotti però alla velocità della luce, grazie alla tecnologia moderna."

1870 **Secondo l'autore:**

A ogni azienda ha negli ultimi tempi intrapreso un processo di trasformazione organizzativa
B il computer è usato solo nei settori lavorativi in forte crescita
C il computer, sebbene molto importante nella trasformazione dell'organizzazione del lavoro, è uno strumento già in declino
D il diffondersi del computer ha determinato una crescita occupazionale del settore
E le disposizioni a rete sono più mobili e flessibili di quelle piramidali

1871 **Tutti i seguenti aspetti caratterizzano, secondo il brano, le istituzioni moderne tranne uno. Quale?**

A Mansioni lavorative non ben definite
B Regole chiare almeno per i licenziamenti
C Minore stratificazione burocratica
D Rapidità nei processi comunicativi
E Ampio utilizzo del computer

COMPRENSIONE DEL TESTO

1872 Dal brano si deduce che:

A l'aumentata velocità delle comunicazioni, resa possibile dal computer, è accompagnata dallo sviluppo dei servizi di elaborazione dati

B in IBM, la struttura piramidale ha preso il posto di quella a rete

C le aziende in cui si sono verificate le maggiori trasformazioni organizzative sono quelle produttrici di computer

D il ricorso al lavoro a breve termine è stato sostituito negli ultimi anni con il contratto occasionale

E le organizzazioni a rete hanno modificato il modo di pensare dei manager dell'IBM

1873 In base a quanto sostenuto nel brano, quale dei seguenti aggettivi meglio descrive la struttura delle aziende moderne?

A Costante

B Fissa

C Isolata

D Piatta

E Piramidale

Leggere il brano seguente e rispondere alle relative domande

La politica estera di Roma di questo periodo fu caratterizzata da due avvenimenti: la guerra contro Giugurta e quella contro Cimbri e Teutoni. Giugurta, che aveva ereditato il trono di Numidia insieme a due cugini alleati dei Romani, dopo aver fatto uccidere costoro si era proclamato unico re e aveva fatto uccidere i commercianti italici che avevano difeso i suoi nemici. Costretti dai cavalieri, che li accusavano di essersi fatti comprare dai doni di Giugurta, i senatori, nel 112 a.C., decisero di dichiarare una guerra che mostrò drammaticamente il livello al quale Roma si era ridotta: mentre i generali si lasciavano persino corrompere, i soldati vendevano le armi al nemico. Essendo ormai il Senato caduto nel discredito più assoluto, nel 107 a.C. i cavalieri e i popolari riuscirono a far eleggere console Caio Mario, homo novus, vale a dire appartenente a una famiglia non nobile e primo, al suo interno, a esercitare una magistratura. Per affrontare i gravi pericoli che incombevano su Roma, Mario riformò l'esercito rendendolo volontario. A questo punto, i possidenti non erano più costretti ad arruolarsi, ma potevano entrare nell'esercito tutti coloro che lo desideravano, cioè in primo luogo i proletari. Grazie al nuovo esercito, al valore di Mario e all'astuzia di un generale di nome Lucio Cornelio Silla, il regno di Numidia venne conquistato nel 105 a.C."

1874 In base a quanto sostenuto nel brano, Giugurta:

A era un usurpatore

B era alleato dei Teutoni contro Roma

C non aveva fratelli

D aveva più di 35 anni

E era erede del regno di Numidia

1875 In base a quanto sostenuto nel brano, i cavalieri:

A volevano vendicare i commercianti italici uccisi da Giugurta

B invidiavano i ricchi doni fatti da Giugurta ai senatori

C volevano la guerra contro Giugurta

D erano caduti nel discredito più assoluto

E accusavano i senatori di inettitudine

1876 In base a quanto sostenuto nel brano, Roma, nel 112 a.C.:

A aveva bisogno di nuove risorse finanziarie

B agì con la concordia delle classi sociali

C riformò l'esercito ridefinendo i censi

D non era in grado di condurre con successo una guerra

E non aveva reali interessi in Numidia

1877 Quale potrebbe essere un appropriato titolo del brano?

A La guerra giugurtina e Caio Mario

B La politica estera romana

C La carriera di un homo novus

D La carriera politica di Mario, un uomo super partes

E La riforma dell'esercito romano

Leggere il testo e rispondere alle relative domande

Eutanasia volontaria

[1] La maggior parte dei gruppi impegnati per modificare la legge in modo da consentire l'eutanasia si battono per l'eutanasia volontaria – vale a dire, l'eutanasia eseguita su richiesta della persona interessata.

PARTE TERZA

[2] Talvolta l'eutanasia volontaria è difficilmente distinguibile dal suicidio assistito. In *Jean's Way* Derek Humphry ha raccontato come la moglie Jean, morente per cancro, gli chiese di fornirgli i mezzi per porre termine alla sua vita dolcemente e senza dolore. Avevano considerato assieme le prospettive della situazione e discusso il tutto in anticipo. Derek si procurò delle pillole e le diede a Jean, che le prese e poco dopo morì.

[3] In altri casi chi desidera morire può non essere capace di uccidersi. Nel 1973 George Zygmaniak rimase coinvolto in un incidente motociclistico vicino alla sua casa nel New Jersey. Ricoverato, risultò totalmente paralizzato dal collo in giù. Inoltre soffriva molto. Disse al medico e al fratello, Lester, che non voleva vivere in queste condizioni e pregò entrambi di ucciderlo. Lester chiese al medico e allo staff ospedaliero quali fossero le prospettive di ripresa di George: gli fu risposto che erano nulle. Allora introdusse di nascosto una pistola nell'ospedale e disse al fratello: «Sono qui per porre termine alle tue sofferenze, George, va bene per te?». George, al momento incapace di parlare a causa di una operazione per consentirgli di respirare, fece un cenno di assenso. Lester gli sparò alla tempia.

[4] Il caso Zygmaniak si presenta come un chiaro esempio di eutanasia volontaria, anche se privo di alcune delle garanzie procedurali proposte dai sostenitori della legalizzazione dell'eutanasia volontaria. Ad esempio, le opinioni mediche circa le prospettive di guarigione furono ottenute solo in modo informale. Né ci fu un accurato tentativo di stabilire, alla presenza di testimoni indipendenti, che il desiderio di morire di George era fermo e razionale, basato sulla migliore informazione disponibile sulla sua situazione. Non fu un medico ad agire e una iniezione sarebbe stata certo meno stressante per gli altri. Ma queste opportunità erano precluse a Lester Zygmaniak perché la legislazione del New Jersey, come nella maggior parte degli Stati, considera questo tipo di uccisione pietosa alla stessa stregua dell'omicidio, e se egli avesse manifestato il suo proposito, non sarebbe stato in grado di portarlo a termine.

[5] L'eutanasia può essere volontaria anche se una persona non è in grado, come invece lo furono Humphry e Zygmaniak, di esprimere la volontà di morire nel momento in cui le pillole vengono prese o il grilletto tirato. Una persona può, mentre è in buona salute, stendere per iscritto una richiesta di eutanasia se, a causa di un incidente o di una malattia, dovesse diventare incapace di prendere o esprimere una decisione in tal senso con l'unica prospettiva di soffrire o restare priva dell'uso delle proprie facoltà mentali, e non ci fosse nessuna ragionevole speranza di guarigione. Nell'uccidere una persona che ha fatto una richiesta simile, l'ha confermata di tanto in tanto, ed è ora in uno degli stati descritti, si può affermare di stare agendo con il suo consenso.

1878 Qual è il senso del punto [1?]

A. Chi si batte per l'eutanasia volontaria è favorevole in generale a tutte le forme di eutanasia
B. Solo l'eutanasia volontaria prevede il consenso della persona interessata
C. Vi sono gruppi che si battono per l'eutanasia ma sono contrari a quella volontaria
D. Molti dei gruppi che si battono per l'eutanasia concentrano i loro sforzi su quella volontaria
E. In molti Stati la legge consente l'eutanasia ma non quella volontaria

---

1879 Al punto [2] *Jean's Way* è:

A. una trasmissione televisiva in cui Derek Humphry ha raccontato la propria esperienza di malato terminale
B. una trasmissione radiofonica in cui Jean ha raccontato la propria esperienza di malata terminale
C. uno dei gruppi impegnati per modificare la legge in modo da consentire l'eutanasia
D. un documentario che racconta casi di eutanasia non volontaria
E. un libro in cui l'autore racconta un'esperienza vissuta in prima persona insieme alla moglie, malata terminale

---

1880 In [5] è citata una nuova situazione in cui può ricorrere la richiesta di essere aiutati a morire:

A. sofferenze acute
B. trovarsi in buona salute ed esprimersi sull'interruzione della vita per quando sarà andata irreversibilmente persa la coscienza senza che vi siano ragionevoli speranze di guarigione
C. stati di coma
D. trattamenti medici aggressivi
E. le opinioni mediche a favore dell'interruzione dei trattamenti

COMPRENSIONE DEL TESTO

1881 Seguendo l'argomentazione sviluppata in In [4] e In [5], l'aggettivo *volontaria* aggiunto al sostantivo *eutanasia* esprime:

A il consenso e l'autorizzazione della persona che la chiede

B il gesto autonomo della persona che la esegue su di sé, tanto da assomigliare a un suicidio

C una decisione valida solo in presenza di coscienza

D una decisione meditata e ponderata lungo tutto il corso di una vita

E la decisione che l'autore prenderebbe per sé venendosi a trovare in determinate circostanze

1882 In [4] si afferma che *uccisione pietosa* e *omicidio* sono due espressioni equivalenti:

A nel New Jersey e nella maggior parte degli Stati

B per i parenti di George e Jean

C ovunque nel mondo

D per i medici

E per Lester Zygmaniak

1883 In [2], [3] e [4] il testo distingue tra *eutanasia volontaria* (caso George Zygmaniak) e *suicidio assistito* (caso Jean Humphry). La ragione è la seguente:

A nel caso di Jean non c'è coinvolgimento dei medici, al contrario del caso di George

B George è nell'impossibilità di procurarsi i mezzi per morire e anche di darsi la morte; Jean non può procurarsi i mezzi, ma compie da sola l'ultimo passo

C Jean ha le idee chiare sul da farsi, mentre non è dato sapere quanto ferma e razionale sia la volontà di George

D George muore per aver ricevuto un colpo di pistola alla tempia, Jean per aver ingerito delle pillole

E Lester uccide il fratello George; Jean muore a causa del cancro e solo indirettamente della ingestione delle pillole

1884 Nel punto [4] *se egli avesse manifestato il suo proposito, non sarebbe stato in grado di portarlo a termine* significa:

A se Lester avesse reso noto il suo desiderio di uccidersi gli sarebbe stato impedito

B se Lester avesse comunicato la sua intenzione di uccidere il fratello le autorità glielo avrebbero impedito

C se George avesse comunicato la sua intenzione di uccidersi i medici glielo avrebbero impedito

D George non ha potuto comunicare il proprio proposito perché il decorso della malattia era troppo veloce

E George non avrebbe potuto uccidersi dopo aver manifestato le proprie intenzioni, perché era paralizzato a causa dell'incidente

1885 Quale delle seguenti condizioni è ritenuta una "garanzia procedurale" della legalizzazione dell'eutanasia volontaria?

A La semplice richiesta della persona interessata

B Restare privi dell'uso delle facoltà mentali

C Discutere in anticipo

D Un desiderio fermo e razionale basato sulla migliore informazione disponibile della situazione

E Soffrire molto

1886 Riguardo alla frase al numero [3] «Disse al medico e al fratello, Lester, che non voleva vivere in queste condizioni e pregò entrambi di ucciderlo», quale affermazione è corretta?

A *Che* si riferisce alla parola *medico*

B *Che* si riferisce a Lester

C *Che* non si riferisce alla parola *fratello*

D Lester chiede di essere ucciso

E Il fratello chiede di essere ucciso

PARTE TERZA

1887 Al punto [2], nella frase «Derek Humphry ha raccontato come la moglie Jean, morente per cancro, gli chiese di fornirgli i mezzi per porre termine alla sua vita dolcemente e senza dolore»:

A *sua vita* significa *la vita di Derek*

B è presente un errore grammaticale, nella forma *fornirgli*

C *gli chiese* significa *chiese a Jean*

D *fornirgli* significa *fornire a Derek*

E non è presente alcun errore grammaticale

Leggere il brano seguente e rispondere alle relative domande

Al giorno d'oggi in America si sta diffondendo l'uso dell'espressione "capitalismo flessibile" per individuare un sistema che rappresenta qualcosa di più di una variazione su un vecchio modello. Tutta l'enfasi viene posta sulla flessibilità. Le rigidità burocratiche vengono messe sotto accusa, e lo stesso accade per i danni prodotti dalla cieca routine. Ai lavoratori viene chiesto di comportarsi con maggiore versatilità, di essere pronti a cambiamenti con breve preavviso, di correre continuamente qualche rischio, di affidarsi meno ai regolamenti e alle procedure formali. L'attenzione rivolta alla flessibilità sta cambiando il significato stesso del lavoro, e anche le parole per definirlo. L'etimologia del termine inglese "career ", per esempio, rimanda a una "strada per carri", e questa parola, applicata al lavoro, indicava in quale direzione un individuo doveva incanalare i propri sforzi in campo economico. Nell'inglese del Trecento la parola "job" indicava un "blocco" o un "pezzo", qualcosa che poteva essere spostato da una parte o dall'altra. Oggi la flessibilità sta riportando in auge questo significato arcaico della parola job, in quanto durante la propria vita le persone sono chiamate a svolgere "blocchi" o "pezzi" di lavoro (o di mansioni). Il risvolto della flessibilità che genera più confusione è forse il suo impatto sul carattere dei singoli individui. Il carattere indica soprattutto i tratti permanenti della nostra esperienza emotiva, e si esprime attraverso la fedeltà e l'impegno reciproco, o nel tentativo di raggiungere obiettivi a lungo termine. Ma com'è possibile perseguire obiettivi a lungo termine in un'economia che ruota attorno al breve periodo? Questa è una delle sfide che il nuovo capitalismo flessibile pone al carattere degli individui.

1888 Il brano è di natura:

A sociologica

B storica

C psicologica

D politica

E giuridica

1889 Dal pensiero dell'autore in merito ai termini "job" e "career" si comprende che:

A entrambi i termini sono ormai obsoleti

B "career" esprime meglio il concetto di flessibilità del nuovo capitalismo

C nessuna delle alternative proposte è esatta

D "job", nel suo significato arcaico, è più attuale di "career" se riferito al sistema del capitalismo flessibile

E i due termini sono sinonimi

1890 Quale delle seguenti conclusioni NON può essere dedotta dal brano?

A Mutamenti importanti nell'organizzazione di fenomeni sociali possono riflettersi anche sui termini utilizzati per descriverli

B Una minore avversione al rischio in ambito lavorativo può essere un fattore di successo in un sistema di capitalismo flessibile

C Svolgere diverse mansioni nell'arco della propria vita lavorativa non permette di fare carriera

D L'importanza di leggi e regolamenti sta diminuendo nel sistema capitalistico americano odierno

E La ripetizione, giorno dopo giorno, delle medesime attività lavorative non si concilia con le esigenze del capitalismo flessibile

COMPRENSIONE DEL TESTO

1891 **A quale delle seguenti domande il brano NON permette di dare risposta?**

A) Quale sarà l'impatto sul carattere degli individui del nuovo capitalismo flessibile?

B) Quali sono i principali elementi di novità introdotti dal capitalismo flessibile?

C) Quale differenza di significato hanno i termini "job" e "career" tra loro?

D) Qual è la principale sfida che il capitalismo flessibile pone al carattere dei singoli individui?

E) Quali sono le più importanti caratteristiche del sistema economico preesistente messe sotto accusa dal capitalismo flessibile?

Leggere il brano seguente e rispondere alle relative domande

Con la legge bancaria del 10 agosto 1893 venne creata la Banca d'Italia, sul ceppo della preesistente Banca Nazionale del Regno d'Italia, con cui vennero fuse le due banche d'emissione toscane. Alla nuova banca, che entrò in funzione il 1° gennaio 1894, venne affidata la liquidazione di un'altra banca di emissione, la Banca Romana, mentre restavano ancora in vita altre due banche di emissione, il Banco di Napoli e il Banco di Sicilia. Si chiudeva così una travagliata stagione bancaria e il nuovo istituto, pur non essendo ancora una vera e propria Banca Centrale, assunse ben presto preminenza e autorità. Oltre alle manovre sul tasso di sconto e agli interventi sui mercati dei cambi per mantenere la stabilità della lira, a partire dall'età giolittiana, la Banca d'Italia prestò molta attenzione alla solidità del sistema bancario italiano.

Un primo intervento di salvataggio venne operato nel 1907 e poi nel 1911, per alleviare le sofferenze della *Società bancaria italiana*, una banca mista troppo esposta con industrie che subirono i contraccolpi della crisi internazionale del 1907. Quindi nel 1914 la Banca d'Italia creò un istituto speciale di credito industriale, il *Consorzio sovvenzioni su valori industriali* (Csvi) che dispiegò prima una serie di interventi di salvataggio negli anni Venti, soprattutto in relazione al Banco di Roma, e poi un'intensa attività di finanziamento della spesa pubblica, soprattutto bellica, nella seconda metà degli anni Trenta e nei primi anni Quaranta.

Intanto, con la legge bancaria del 1926 la Banca d'Italia diventò l'unica banca di emissione e con la legge bancaria del 1936 le venne conferito lo status di vera e propria Banca centrale, cessando ogni rapporto con la clientela privata.

Nel secondo dopoguerra, sotto il governo di Einaudi prima e di Menichella poi, la Banca d'Italia fu in prima linea nel realizzare una politica di stabilità monetaria durante gli anni di grande espansione economica, ma nei travagliati anni Settanta non riuscì a sottrarsi alle pressioni inflazionistiche che venivano soprattutto dalla politica di spesa pubblica dello Stato.

1892 **In base a quanto esposto nel brano, nel secondo dopoguerra:**

A) Einaudi prima e Menichella poi furono ministri del Tesoro

B) la Banca d'Italia si impegnò per realizzare una politica di stabilità monetaria

C) la Banca d'Italia riuscì sempre a sottrarsi alle pressioni inflazionistiche

D) la Banca d'Italia si impegnò per realizzare una politica di stabilità finanziaria

1893 **In base a quanto esposto nel brano, quale delle seguenti alternative non può essere affermata con certezza?**

A) Il Csvi era un istituto speciale di credito industriale

B) L'inizio della guerra del 1914-1918 favorì la nascita del Csvi

C) Negli anni Trenta il Csvi finanziò la spesa pubblica

D) Negli anni Venti il Csvi salvò il Banco di Roma

1894 **Quale delle seguenti affermazioni è logicamente deducibile dal brano?**

A) Fino al 1926 la Banca d'Italia non ebbe rapporti con la clientela privata

B) Fino al 1936 la Banca d'Italia ebbe rapporti con la clientela privata

C) Fin dalla nascita la Banca d'Italia operò come banca centrale

D) Solo durante il fascismo la Banca d'Italia finanziò la spesa pubblica

1895 In base a quanto esposto nel brano, si può affermare con certezza che:

A la crisi internazionale del 1907 non causò contraccolpi all'economia italiana

B nel 1911 si verificò una grave crisi internazionale

C la crisi internazionale del 1907 causò gravi "sofferenze" alla Società bancaria italiana

D la crisi internazionale del 1907 causò gravi "sofferenze" alla Banca d'Italia

Leggere il brano seguente e rispondere alle relative domande

Gli analisti statunitensi sostenevano che i giganteschi movimenti di capitale degli ultimi anni si erano quasi completamente sganciati dall'economia reale. Allora perché la paura improvvisa di una recessione a livello mondiale? Una prima risposta è ovvia: la crisi dell'economia russa, asiatica e latinoamericana ridurrà le importazioni di queste regioni, cosa che colpisce i paesi esportatori. Ma non sarebbe il problema più grave. Le conseguenze più pesanti potrebbero venire dal peggioramento del clima del mercato interno. Le decisioni di consumo delle famiglie dipendono chiaramente dal livello del reddito, ma anche dalla percezione del futuro. Se tutti parlano di crisi, ci sarà la tendenza a risparmiare. Una tendenza rafforzata dalla caduta dei titoli azionari che, soprattutto negli Stati Uniti, costituiscono una parte rilevante del reddito delle famiglie. Effetti analoghi influenzano le decisioni di investimento delle imprese: con la crisi della borsa diventa più difficile reperire il capitale necessario. I piani di spesa vengono archiviati. In tempo di crisi le banche diventano più restie ad assumersi rischi e concedono più difficilmente finanziamenti, cosa che si ripercuote negativamente sulla produzione.

1896 L'argomento principale del brano è:

A la possibile recessione dell'economia a livello mondiale

B la crisi dell'economia russa

C il rapporto tra le decisioni di consumo delle famiglie e la loro percezione del futuro

D le conseguenze della caduta dei titoli azionari negli Stati Uniti

1897 Secondo l'autore del brano, da quali dei seguenti fattori dipende il clima del mercato interno?

a) Dalle decisioni di consumo delle famiglie

b) Dalla disponibilità delle banche ad assumersi rischi

c) Dalle decisioni di investimento delle imprese

A Dai fattori a) e b)

B Da tutti i fattori elencati

C Dai fattori a) e c)

D Dai fattori b) e c)

1898 Secondo l'autore del brano, quali dei seguenti fattori sono correlati alla recessione?

a) La riduzione delle importazioni dei Paesi russi, asiatici e latino-americani

b) Il livello di reddito delle famiglie

c) La caduta dei titoli azionari

d) La diminuzione degli investimenti delle imprese

A Tutti i fattori elencati

B I fattori a), b) e c)

C I fattori a) e d)

D Nessuna delle alternative precedenti: la responsabilità di un'eventuale e improvvisa recessione è da addebitare ai giganteschi movimenti di capitale degli ultimi anni

1899 Secondo quanto sostenuto nel brano, quale dei seguenti fattori influenza direttamente le decisioni di investimento delle imprese?

A La crisi dell'economia russa

B La disponibilità al credito delle banche

C L'inflazione

D Nessuna delle precedenti

Leggere il brano seguente e rispondere alle relative domande

Nella dottrina psicologica e pedagogica contemporanea assistiamo alla nascita di due prospettive relative al gioco; la prima costruisce un'autentica pedagogia dell'atteggiamento ludico, a carattere puerocentrico, che ha interpretato il gioco come primum della dinamica formativa.

Si tratta di una prospettiva che ha il suo modello storico in Frobel e che si è sviluppata attraverso l'esperienza attivistica: il principio regolatore dell'animazione sociale e culturale che si radica in una nuance poliforme dell'attività ludica, intrecciata indissolubilmente all'immaginazione, alla creatività, alla libertà. Accanto a questa corrente neo-frobeliana c'è un indirizzo di psicologia funzionalistica che si proietta sulla dimensione didattica, utilizzando il fenomeno del gioco in termini scientifici e sperimentali; è la linea della Montessori, di Decroly, di De Bartolomeis, che si è evoluta nel senso della pedagogia e delle sue recenti acquisizioni.

Queste due prospettive, puerocentrica e sperimentale, non esauriscono tout court le problematiche di una possibile teoria globale del gioco, e si può riconoscere una terza via, interpretativa e comprendente, che studia l'attività ludica in relazione con la psicologia dello sviluppo, e i temi ad essa collegati della vita cognitiva ed emotiva. Tale linea comprendente supera le istanze della pedagogia e della psicologia classicamente intese, e si svolge nel segno di una Weltanschauung molto più eclettica, aperta ai contributi di tutta la rubrica delle scienze umane.

Per Donald W. Winnicott il gioco rientra tra i fenomeni transizionali, quelle attività nelle quali il soggetto in età evolutiva esperisce il passaggio dalla dipendenza all'autonomia, imparando a star solo conservando una certa fiducia in una realtà positiva che lo protegge.

Secondo la riflessione di Winnicott il soggetto in età evolutiva, che è stato a sua volta oggetto di cure parentali da parte della madre, può gradualmente emanciparsi dalla sensazione di sentirsi un'entità non distinta dalla madre, entrando in una fase d'interazione e di elaborazione dei simboli radicati nella sua esperienza del mondo. Il gioco è un fenomeno transizionale come altre attività di tipo espressivo e creativo, che può servirsi di particolari giocattoli (come orsi di peluche o bambole) o oggetti usati per scopi ludici.

Il gioco partecipa pienamente di queste attività potenziali e sperimentali, con l'attivazione di una dimensione linguistica solipsistica e dell'immaginazione come chiave d'accesso alla realtà. Per questa via, Winnicott sembra sintetizzare i contributi più significativi della psicologia dello sviluppo; riconducibili a questo settore di studi sono i nomi di tre illustri modelli della cultura novecentesca, cioè Jean Piaget, Lev Semenovic Vigotskij, Melanie Klein.

1900 In base a quanto riportato nel brano, è possibile dedurre che il medico, psichiatra e pedagogista belga Decroly:

- A fonda la propria didattica sulla teoria dei centri d'interesse
- B si concentra sulla dimensione didattica, utilizzando il fenomeno del gioco in termini scientifici e sperimentali
- C interpreta il gioco come "primum" della dinamica formativa
- D sviluppa una teoria basata sul modello di Frobel
- E difende la prospettiva dell'atteggiamento ludico, a carattere puerocentrico

1901 Quale potrebbe essere il titolo del brano?

- A Teoria del gioco nella psicologia dello sviluppo
- B L'evoluzione della funzione del gioco
- C L'atteggiamento ludico nei bambini
- D L'importanza del gioco nella psicologia sociale
- E Gioco e simbologia degli affetti

1902 In base alle informazioni contenute nel brano, quale delle seguenti alternative è deducibile?

- A Il modello sperimentale si svolge nel segno di una Weltanschauung molto più eclettica rispetto al modello puerocentrico
- B La prospettiva di Melanie Klein si è sviluppata attraverso il principio regolatore dell'animazione sociale e culturale
- C Frobel difende un indirizzo di psicologia funzionalistica che si proietta sulla dimensione didattica
- D La prospettiva sperimentale, insieme alla prospettiva puerocentrica di Frobel, esaurisce tutte le problematiche di una possibile teoria globale del gioco
- E L'attività ludica può essere studiata in relazione alla psicologia dello sviluppo e ai temi della vita cognitiva ed emotiva

Leggere il brano seguente e rispondere alle relative domande

La metacognizione è la consapevolezza che l'individuo ha dei processi cognitivi, che si manifesta sia nella conoscenza delle operazioni e dei procedimenti di cui fa uso, sia nella capacità di osservarsi mentre esegue un compito, ponendolo sottocontrollo. Grazie all'attività metacognitiva, il soggetto è in grado di riconoscere che cosa sta facendo, interviene per sceglierela strategia più adatta in ogni fase del compito, ne controlla l'applicazione, verifica se i risultati sono soddisfacenti e se il lavoro può ritenersi concluso, e così via. Varie ricerche sperimentali hanno dimostrato che nell'esecuzione delle attività complesse riescono meglio quei soggetti che impiegano più tempo nelle fasi di riflessione e di controllo e, relativamente, un tempo minore in quelle di esecuzione. Gli apprendimenti innescati con largo impiego di capacità metacognitive sarebbero, inoltre, più duraturi. Per quanto riguarda in particolare la scrittura, molti sostengono che prendere coscienza dei propri processi cognitivi sarebbe una base importante per lo sviluppo di una competenza matura. Gli studenti, difatti, assumerebbero un ruolo più attivo e motivato nelle attività di composizione e, soprattutto, il loro sforzo per acquisire strategie più complesse acquisterebbe un significato grazie alla consapevolezza degli obiettivi cognitivi che si propongono, delle potenzialità delle strategie che ancora non padroneggiano e dei progressi via via realizzati. Si può concludere, di qui, che non è sufficiente che gli studenti imparino a usare delle tecniche. Occorre, anche, che ne divengano coscienti e acquisiscano la conoscenza del processo di composizione nelle sue varie componenti, così da essere in grado di governarlo. La scrittura non è infatti un'attività compatta e indivisibile, ma un'azione complessa che coinvolge una pluralità di operazioni: costituisce un processo. L'idea che essa comprenda più fasi risale tuttavia alla retorica classica, che distingueva, come è noto, cinque stadi operativi: l'*inventio* (reperimento delle idee e dei dati), la *dispositio* (organizzazione e ordinamento dei materiali in funzione dello sviluppo del discorso), l'*elocutio* (messa a punto verbale), la *memoria* (memorizzazione del discorso) e l'*actio* (esecuzione conclusiva). Di questi cinque stadi, solo i primi tre interessano direttamente la composizione. Gli ultimi due, infatti, sono riferiti all'esecuzione del testo, destinato a una pubblica performance orale nelle assemblee politiche o giudiziarie. Nel quadro di tale impostazione si collocano anche le proposte, più recenti, della manualistica neo-retorica, diffusa soprattutto in ambiente anglo-americano. Il modello classico viene qui però ulteriormente articolato, con l'attribuzione di uno spazio specifico all'attività di revisione del testo prodotto. Questa concezione tradizionale è alla base di tutte le elaborazioni successive, che si propongono tuttavia di superarne la staticità. Nell'impianto retorico vi è l'idea infatti che le diverse attività implicate nello scrivere si susseguano in modo rigidamente lineare e che ciascuna di esse rappresenti un momento chiuso del processo complessivo. Chi scrive, invece, non segue una sequenza di tipo rigorosamente progressivo, ma si muove con una certa libertà da uno stadio all'altro, torna su stadi precedenti, anticipa stadi successivi. Per esempio, dopo aver preparato la "scaletta" e aver dato inizio alla stesura del testo, può avere dei ripensamenti e modificare di conseguenza il piano in precedenza elaborato. Oppure, durante la fase di revisione, può cogliere un vuoto informativo e retrocedere alla ricerca di dati e idee. Le operazioni di scrittura, insomma, non vengono affrontate in sequenza lineare, ma piuttosto in maniera ricorsiva. Oggi si preferisce perciò considerare la composizione come un processo costituito di sotto-processi, ognuno dei quali si distingue per un compito specifico che viene affrontato (ad esempio elaborare idee, pianificare, revisionare), ma non è vincolato a una posizione rigida in una sequenza di atti scritturali. Chi scrive spezza l'azione complessiva in sotto-azioni, per ridurre la complessità del compito, ma si muove in modo elastico e flessibile fra le diverse componenti operative, coordinandole mediante un sistema di regolazione che gli permette di tenere sotto controllo l'insieme dell'attività.

1903 In base al contenuto del brano, quale delle seguenti affermazioni NON è corretta?

A La scrittura è un processo costituito da una molteplicità di operazioni

B Gli stadi detti "memoria" e "actio" riguardano direttamente la composizione di un testo scritto

C La retorica classica propone una concezione della scrittura caratterizzata da una certa staticità

D Suddividere un'azione in sotto-azioni può servire a governare la complessità

COMPRENSIONE DEL TESTO

1904 Dal brano si può dedurre che i manuali di neo-retorica prevedono una fase in più, rispetto alla partizione classica, che può essere anche considerata una parte della:

A elocutio
B inventio
C dispositio
D actio

1905 Sulla base di quanto scritto nel brano, si può definire la metacognizione come:

A una successione lineare di azioni cognitive, ciascuna propedeutica alla successiva
B l'insieme delle attività svolte da un soggetto nel raggiungimento di un obiettivo cognitivo
C ogni azione complessa che coinvolge una pluralità di operazioni, costituendo un processo
D l'insieme delle attività di comprensione, controllo e verifica che un soggetto compie rispetto a un processo cognitivo in cui è impegnato

1906 Secondo quanto riportato nel brano, nella retorica classica la fase di ordinamento dei dati e dei materiali presenti in un discorso corrisponde allo stadio denominato:

A actio
B memoria
C dispositio
D elocutio

1907 Quale tra le seguenti NON è, secondo quanto esposto nel brano, un'azione di tipo metacognitivo?

A Scelta della strategia cognitiva
B Consapevolezza del processo cognitivo
C Verifica dei risultati del processo cognitivo
D Esecuzione di attività complesse

1908 L'autore del brano afferma che:

A l'attività metacognitiva consente di scegliere le strategie più adatte nell'esecuzione di un compito, ma è un'attitudine spontanea, che non può essere appresa
B l'attività metacognitiva consente di riflettere sulle fasi del proprio operato, ma ne rallenta inevitabilmente i tempi di esecuzione
C lo svolgimento di attività complesse riesce meglio a quei soggetti che attivano processi metacognitivi
D lo svolgimento di attività complesse riesce meglio a quei soggetti che sanno dosare adeguatamente attività metacognitiva e rapidità di esecuzione

1909 Il brano è verosimilmente tratto da un:

A saggio di arte retorica per specialisti del settore
B saggio sui problemi e sulle tecniche di scrittura
C testo di filosofia
D articolo di psicologia sociale

1910 L'autore del brano afferma che:

A la metacognizione è un fattore importante per sviluppare in maniera più matura e compiuta la competenza della scrittura
B la consapevolezza dei processi cognitivi è fondamentale per la lingua orale, superflua per quella scritta
C il controllo esecutivo garantisce la qualità del processo compositivo
D la metacognizione è inversamente correlata con la durata degli apprendimenti innescati grazie a essa

1911 Secondo quanto scritto nel brano, nella retorica classica la fase dell'elocutio consiste:

A nella performance orale
B nell'ordinare idee e dati secondo una sequenza logica, coerente e coesa
C nella scelta della veste stilistica e linguistica da attribuire al materiale e ai dati raccolti in funzione dello scopo da raggiungere
D nella revisione del testo prodotto

1912 Secondo quanto scritto nel brano, attualmente si tende a considerare la composizione scritta come:

A un processo circolare, senza un preciso punto di inizio o finale

B un insieme di attività che si susseguono in maniera rigidamente lineare, ciascuna delle quali costituisce un momento chiuso del processo complessivo

C la sintesi, di matrice classica, di cinque stadi: l'inventio, la dispositio, l'elocutio, la memoria e l'actio

D un processo costituito di sotto-azioni, ciascuna con un compito specifico, da affrontarsi in modo elastico e flessibile

Leggere il testo e rispondere alle relative domande

Il "cosa", il "come" e i due tipi di Lettore Modello

[1] Consumo, successo, piacere della lettura rappresentano un reticolo di fenomeni non facilmente distinguibili l'uno dall'altro. Quello che ci interessa osservare qui è che essi non sono in alternativa a sperimentalismo mentre sono in alternativa ad avanguardia. Vorrei anzitutto mettere in evidenza alcuni punti che, a causa della loro ovvietà, rischiano di apparire come paradossali:

[2] Ogni artista aspira a essere letto. Non c'è corrispondenza privata di alcun artista che noi consideriamo "sperimentale" (da Joyce a Montale) che non dimostri come quell'autore, anche se sapeva di andare contro all'orizzonte d'attesa del proprio lettore comune e attuale, aspirasse a formare un proprio lettore futuro, capace di intenderlo e di gustarlo, segno che stava orchestrando la sua opera come sistema di istruzioni per un Lettore Modello che fosse in grado di capirlo, apprezzarlo e amarlo. Non esiste autore che desideri essere illeggibile o inguardabile. Caso mai, come Joyce, aspira a educare un «*ideal reader affected by an ideai insomnia*», ma spera con tutte le sue forze e agisce con tutta la sua abilità perché questo lettore possa un giorno esistere empiricamente.

[3] Ogni testo aspira a procurare il piacere della propria lettura appropriata. Il narratore di *feuilleton* vorrà un lettore che sappia sospirare e lacrimare, Robbe-Grillet vorrà un lettore capace di degustare il romanzo futuro, entrambi vogliono qualcuno a cui "piaccia" leggere (o guardare, o ascoltare) il proprio prodotto.

[4] Sembra che alcuni autori di narratività pura si disinteressino dello stile, aspirando a un lettore che apprezzi solo le *storie* che essi raccontano. **[5]** Si potrebbe qui distinguere tra aspirazione al piacere dell'enunciato e al piacere dell'atto dell'enunciazione. Ovvero, in termini più classici, tra piacere del *cosa* e piacere del *come*. Vale a dire tra piacere per il Mondo Possibile disegnato dalla storia che il testo racconta o piacere per la strategia del racconto. Ma non vedrei questa distinzione come una semplice distinzione, comune all'estetica tradizionale, tra piacere per la forma e piacere per il contenuto. La moderna narratologia ci dice che una storia, indipendentemente dal sistema semiotico a cui è affidata, può avere una propria forma e non è proibito immaginare un autore che preveda nel proprio Lettore Modello il piacere che consegue alla percezione di un mondo possibile ben organizzato.

[6] Ogni opera si propone almeno due *tipi di lettore*. Il primo è la vittima designata delle proprie strategie enunciative, il secondo è il lettore critico che gode del modo in cui è stato condotto a essere vittima designata. **[7]** Esempio palmare – ma non unico – di questa condizione della lettura, è il romanzo poliziesco, che sempre prevede un lettore di primo livello e un lettore di secondo livello. Il lettore di secondo livello deve godere non della storia raccontata ma del modo in cui la storia è stata raccontata. Ogni opera d'arte, oltre che di artigianato, rivolge al lettore la stessa domanda. Non si considerano qui i casi di opere più complesse in cui sono richiesti e prefigurati lettori di terzo, quarto, ennesimo livello. **[8]** Pertanto un criterio estetico accettabile e non dissonante coi principi dell'estetica moderna sarà di distinguere tra opere che mirano principalmente al piacere del lettore di primo livello e opere che mirano al piacere dei lettori di livello *n*. Le prime potranno essere definite come opere "gastronomiche", le seconde come opere a finalità estetica.

Umberto Eco, *Il testo, il piacere, il consumo*, in *Sugli Specchi e altri saggi*, 1985

1913 Nel periodo [1] il termine *reticolo* vuol dire:

A intreccio

B disordine

C elenco

D labirinto

E nessuna delle precedenti

COMPRENSIONE DEL TESTO

1914 Quale delle seguenti frasi riassume meglio l'idea centrale del paragrafo [3]?

- **A** Lo scopo di qualunque opera letteraria è quello di raggiungere un pubblico quanto più ampio possibile
- **B** Ogni autrice e ogni autore hanno in mente un Lettore Modello preciso, cui indirizzare la propria opera
- **C** Il piacere della lettura è connaturato all'atto stesso della lettura
- **D** Solo una lettura appropriata può risultare piacevole
- **E** Gli scrittori di qualunque genere letterario tendono a piegarsi al gusto dei lettori

1915 In [2] Joyce e Montale sono menzionati perché:

- **A** sono portati a esempio di come anche gli autori "sperimentali" si preoccupino di avere un pubblico in grado di capire e apprezzare le loro opere
- **B** nel carteggio che si scambiarono, si lamentano di non essere capiti dal loro pubblico
- **C** nella loro corrispondenza privata, parlano di letteratura "sperimentale" e d'avanguardia
- **D** ebbero un successo immediato nonostante il taglio sperimentale dei loro testi
- **E** sono noti per il loro disinteresse per l'accoglienza delle loro opere presso il grande pubblico

1916 Umberto Eco, al punto [4], afferma che *alcuni autori di narratività pura*:

- **A** sembrano prestare attenzione ai giudizi critici riguardanti lo stile delle loro opere
- **B** non sembrano prestare attenzione ai gusti letterari del loro pubblico
- **C** non sembrano prestare attenzione allo stile delle loro opere
- **D** nelle loro opere sembrano privilegiare la forma rispetto al contenuto
- **E** sembrano adottare uno stile volutamente grossolano

1917 Quale delle seguenti affermazioni è corretta, in riferimento a quanto si dice nel testo circa il romanzo poliziesco (punto [7])?

- **A** Nei romanzi polizieschi ci sono due tipi di vittime, quella ignara e quella consapevole
- **B** Il romanzo poliziesco è un genere letterario che prevede due livelli di lettura
- **C** Il romanzo poliziesco è un genere letterario che si rivolge a lettrici e lettori di tutti i tipi
- **D** Il romanzo poliziesco è un caso a parte, rispetto a quanto Eco sta sostenendo
- **E** Nel romanzo poliziesco prevale la storia rispetto al modo in cui è raccontata

1918 In [5], *enunciato* ed *enunciazione* indicano:

- **A** due aspirazioni del Lettore Modello
- **B** due principi della retorica classica
- **C** la storia raccontata e il modo in cui essa viene raccontata
- **D** la differenza tra il racconto scritto e quello orale
- **E** la storia raccontata e il perché essa viene raccontata

1919 I *punti* (paragrafo [1]) sui quali Umberto Eco dichiara di volersi soffermare sono:

- **A** così banali da rischiare di risultare incomprensibili
- **B** così assurdi da rischiare di risultare banali
- **C** così banali da rischiare di risultare assurdi
- **D** così ovvi da rischiare di risultare banali
- **E** così incomprensibili da rischiare di risultare assurdi

1920 Quando, al punto [7], Umberto Eco parla di *lettore di secondo livello*, si riferisce a:

- **A** lettrici e lettori non adatti all'estetica moderna
- **B** lettrici e lettori che apprezzano i meccanismi narrativi della storia
- **C** lettrici e lettori che apprezzano solo la storia narrata
- **D** lettrici e lettori che apprezzano opere "gastronomiche"
- **E** lettrici e lettori non interessati ai meccanismi narrativi della storia

1921 Nella frase «La moderna narratologia ci dice che una storia, indipendentemente dal sistema semiotico a cui è affidata, può avere una propria forma e non è proibito immaginare un autore che preveda nel proprio Lettore Modello il piacere che consegue alla percezione di un mondo possibile ben organizzato» i due aggettivi possessivi *propria* e *proprio*:

A indicano il medesimo possessore
B indicano entrambi come possessore *autore*
C *propria* ha come possessore *autore*
D *proprio* ha come possessore *storia*
E indicano possessori diversi

1922 Al punto [8] *gastronomiche* significa:

A caloriche
B di consumo
C raffinate
D eccezionali
E brutte

Leggere il brano seguente e rispondere alle relative domande

Gli uomini tendono a interpretare l'amore e il matrimonio in termini di possesso, come confermano gli studi su cerimonie nuziali, negoziati prematrimoniali, leggi sull'adulterio e canzoni d'amore. La violazione del diritto di proprietà degli uomini sulle "loro" donne può provocare gesti violenti. La grande maggioranza degli uxoricidi è dovuta al sospetto d'infedeltà o alla volontà della moglie di chiudere il rapporto: il rischio che una donna sia uccisa è più alto dopo l'abbandono di un partner violento che durante la convivenza. «Se non posso averla io, non l'avrà nessuno», pensano gli uxoricidi. Il rovesciamento dei ruoli non è molto frequente. E quando le donne uccidono i partner di solito è per reazione al dominio violento dell'uomo. Forse la possessività maschile è dovuta al fatto che gli uomini sono in forte competizione tra loro per la riproduzione e possono essere ingannati riguardo alla paternità. Tuttavia, gli uomini non aggrediscono le partner allo stesso modo in tutto il mondo. Ci sono grandi differenze culturali. In Papua Nuova Guinea un etnografo ha rivelato che nella tribù dei Lusi-kaliai quasi tutte le donne subiscono prima o poi percosse dal marito, mentre in quella dei Wape le violenze sono molto rare. Anche nelle nazioni sviluppate ci sono situazioni molto diverse: secondo l'OMS, il numero delle mogli aggredite dal marito oscilla dal 10 a più del 50 per cento. Ogni anno più di cento britannici uccidono le partner o le ex partner. […] Negli Stati Uniti sono circa mille le donne uccise dai partner o dagli ex partner ogni anno. La cifra è inferiore ai 1.400 omicidi all'anno dei primi anni Ottanta, ma in rapporto alla popolazione è pur sempre il doppio rispetto alla Gran Bretagna. Il dato sorprende perché allo stesso tempo sono aumentati l'impegno femminile nel mondo del lavoro e i divorzi richiesti dalle donne, entrambi fenomeni sgraditi agli uomini possessivi. La riduzione degli uxoricidi potrebbe essere dovuta alla maggiore protezione sociale garantita alle donne maltrattate. La riduzione del numero di uomini uccisi dalla moglie è stata ancora più netta. Evidentemente i programmi per la tutela femminile hanno salvato la vita più agli uomini che alle donne: se le donne hanno la possibilità di sfuggire a uomini violenti e dominanti, sono meno inclini a uccidere.

1923 Secondo il brano, una donna con un partner violento rischia di venire uccisa con:

A minore probabilità dopo l'abbandono del partner
B maggiore probabilità durante la convivenza
C minore probabilità durante i negoziati prematrimoniali
D la medesima probabilità sia durante sia dopo la convivenza
E maggiore probabilità dopo l'abbandono del partner

1924 Secondo il brano, le donne uccidono il partner:

A frequentemente, per l'infedeltà del marito
B raramente, quando non riescono a ottenere la separazione
C raramente, in genere per reazione alla violenza dell'uomo
D più frequentemente in Gran Bretagna che negli Stati Uniti
E quando riescono a raggiungere una certa stabilità economica

1925 Dal brano, si può dedurre che:

- **A** in Papua Nuova Guinea è più probabile per una donna subire violenza se appartiene alla tribù dei Lusi-kaliai
- **B** in Papua Nuova Guinea è più probabile per una donna subire violenza se appartiene alla tribù dei Wape
- **C** nei Paesi sviluppati le donne non sono mai oggetto di violenza
- **D** i Paesi sviluppati sono culturalmente omogenei per quanto riguarda la violenza sulle donne
- **E** negli Stati Uniti il numero di donne aggredite dai mariti raggiunge picchi del 50%

1926 Secondo il brano, rispetto agli anni Ottanta:

- **A** la percentuale di donne maltrattate negli Stati Uniti si è dimezzata rispetto alla Gran Bretagna
- **B** le donne maltrattate sono diminuite negli Stati Uniti
- **C** in Gran Bretagna vengono maltrattate più donne che negli Stati Uniti
- **D** la percentuale di donne maltrattate in Gran Bretagna è divenuta doppia rispetto agli Stati Uniti
- **E** la percentuale di divorzi è diminuita in Gran Bretagna

1927 I programmi di protezione femminile fanno diminuire:

- **A** il numero dei divorzi
- **B** più il numero di donne uccise da uomini che il numero di uomini uccisi da donne
- **C** il numero degli uomini possessivi e violenti
- **D** più il numero di uomini uccisi dalle donne che il numero di donne uccise da uomini
- **E** il numero di famiglie sotto la soglia di povertà

Leggere il brano seguente e rispondere alle relative domande

L'ambito della prassi educativa nel corso degli ultimi trent'anni è stato al centro di un dibattito teorico e culturale che ha portato a dilatare l'alone di significato che circonda il termine «didattica». Si può dire infatti che, fino alla metà degli anni Settanta, esso indicava solamente il complesso delle azioni che gli insegnanti mettevano in atto per tradurre il contenuto dei programmi scolastici in una forma accessibile agli allievi in un contesto di istruzione esclusivamente scolastico, secondo o meno, i propri convincimenti pedagogici. La riflessione epistemologica sulla scientificità della pedagogia, l'allargamento alle scienze dell'educazione, l'accento sull'efficienza come meccanismo tanto di selezione come di emancipazione, a seconda che si applichi alle èlite o agli svantaggiati, hanno portato a una riconcettualizzazione delle pratiche pedagogiche e quindi a una ridefinizione del campo della didattica. A ciò si aggiunga il mutato scenario socio-economico che ha allargato lo spettro delle età della formazione a tutto il corso della vita.

1928 Stando al contenuto del brano, negli ultimi decenni la didattica:

- **A** è molto cambiata, insieme alle pratiche pedagogiche
- **B** è stata soppiantata dalla formazione permanente
- **C** è stata oggetto di una radicale riflessione epistemologica, che ne ha sancito la scientificità
- **D** non è stata in alcun modo ridefinita
- **E** ha perso definitivamente importanza

1929 Quale delle seguenti affermazioni è logicamente deducibile dal brano?

- **A** La nuova didattica applica esclusivamente criteri di selezione e di emancipazione
- **B** La didattica resta pur sempre limitata alla formazione scolastica
- **C** Il meccanismo dell'efficienza è stato letale per la didattica
- **D** La riconcettualizzazione delle pratiche pedagogiche non ha riguardato la didattica
- **E** La didattica non è più limitata al solo contesto dell'istruzione scolastica

1930 Secondo quanto riportato nel brano, la riconcettualizzazione delle pratiche pedagogiche NON può essere ricondotta:

A alla riflessione epistemologica sulla scientificità della pedagogia
B ai cambiamenti nello scenario socio-economico
C all'allargamento della pedagogia alle scienze dell'educazione
D all'accento posto sull'efficienza come meccanismo elitario svantaggioso
E a nessuno dei fattori riportati nelle altre alternative

Leggere il brano seguente e rispondere alle relative domande

Un'educazione sensorio-motrice particolare è quella che deve preparare alla scrittura e alla lettura.La Montessori fa anzitutto compiere numerosi esercizi di disegno di contorno e di riempimento di figure geometriche con le matite, allo scopo di dare la necessaria pratica nel maneggio delicato dello strumento per scrivere. In seguito, per arrivare alla esecuzione dei segni alfabetici, fa toccare lievemente più volte la traccia delle lettere corsive minuscole ritagliate in carta vetrata e incollate su cartoncini lisci; quindi, usando la lezione in tre tempi di Séguin (1°-questo è…; 2°-dammi…; 3°-che cosa è questo?) ella fa gradualmente riconoscere tutto l'alfabeto.

1931 Quale alternativa indica correttamente il carattere del brano?

A Polemico
B Storico
C Pragmatico
D Enciclopedico
E Descrittivo

1932 Dal brano si ricava che il metodo Montessori per preparare alla scrittura e alla lettura:

A si basava esclusivamente, nella fase iniziale, sull'abilità di copiare bene, leggere e memorizzare i segni alfabetici
B era graduale e strutturato in tre tempi, corrispondenti ad altrettante acquisizioni psico-motorie
C era un'insegnamento che si sviluppava a partire dall'acquisizione di una abilità automatica di scrittura
D derivava direttamente da quello di Séguin
E era simultaneo di entrambe, anche se il processo di lettura precedeva quello di scrittura

1933 Stando al contenuto del brano, quale tra i seguenti supporti usa la Montessori per far riconoscere anche al tatto le lettere dell'alfabeto?

A Forbici
B Cartoncino in rilievo
C Matite
D Carta vetrata
E Figure geometriche

Leggere il brano seguente e rispondere alle relative domande

Al di là delle intenzioni del suo ideatore, Peter Pan è divenuto una creatura emblematica del mondo moderno, in cui è sempre più forte un certo "culto" della fanciullezza, come mito dell'eterna giovinezza. Laddove il mondo degli adulti appare sempre più brutto, cresce il desiderio di fermarsi sulla soglia, in una sorta di infantilismo sempre più dilagante del quale si può vedere un simbolo nel cantante Michael Jackson, bizzarro personaggio dotato di un ambiguo fascino e di una particolare voce "bianca". La "sindrome di Peter Pan", la volontà di non crescere, è diventata una vera e propria "malattia dell'anima". Lo psicologo americano Dan Kiley a essa ha dedicato addirittura un libro, uscito nella traduzione italiana nel 1985 (Gli uomini che hanno paura di crescere), in cui mette bene in luce il doloroso scontro con il "principio di realtà" che sempre più drammaticamente coinvolge gli adolescenti moderni, portandoli a opporre una resistenza strenua al fatto di dover diventare adulti. Secondo lui la causa di tutto questo è nella famiglia: «I genitori permissivi – osserva – hanno fatto sì che i bambini si convincessero che le regole, nel loro caso, non si applicassero mai». Le conseguenze sono a suo dire sconfortanti: «I ragazzi se seguono le orme di Peter Pan sono condannati ad accumulare sensazioni di isolamento dagli altri e di fallimento, via via che si compie l'ingresso definitivo in una società dotata di assai poca pazienza con gli adulti che si comportano da bambini. Irresponsabilità, ansia d'abbandono, solitudine, narcisismo sono le caratteristiche del personaggio Peter Pan e dei suoi, più o meno inconsapevoli, seguaci». C'è da aggiungere, al quadro psicologico fin qui tracciato, che esistono anche motivazioni "oggettive" al dilagare della sindrome di Peter Pan: le difficoltà di inserimento nel mondo del lavoro, la civiltà dei consumi e la congiuntura economica in realtà impediscono in qualche modo ai giovani di crescere, di entrare cioè nella pienezza della vita e nel mondo produttivo assumendosi la responsabilità e il controllo delle proprie scelte e del proprio destino. Dal canto loro, i giovani si adattano molto di buon grado a questo complesso di situazioni "sfavorevoli". Una recente indagine dell'ISTAT ha rilevato che quasi il 60% dei giovani fra i diciotto e i trentaquattro anni vive ancora a casa con i genitori, e molti di loro non lo fanno per necessità, né per studiare né per mancanza di lavoro o di alloggi, ma soprattutto perché lo trovano comodo e conveniente. Via via i genitori diventano più vecchi, mentre i figli "invecchiano" in casa senza diventare genitori.

1934 Secondo lo psicologo americano Dan Kiley, quali caratteristiche accomunano gli adolescenti di oggi che "seguono le orme di Peter Pan"?

- A Irresponsabilità, solitudine, modestia, angoscia
- B Irresponsabilità, isolamento, narcisismo, paura dell'abbandono
- C Allegria, spensieratezza, narcisismo
- D Irragionevolezza, solitudine, vanagloria, sicumera

1935 Una sola delle seguenti espressioni ricorre nel brano: quale?

- A Destino consumistico
- B Società dei consumi
- C Mondo dei consumi
- D Civiltà dei consumi

1936 Quale, tra le tesi seguenti, NON è sostenuta nel brano?

- A Gli adolescenti moderni faticano a inserirsi in una società poco indulgente verso gli adulti che si comportano come bambini
- B Il modello offerto dalla civiltà dei consumi concorre al rallentamento del processo di crescita verso la vita adulta
- C La "sindrome di Peter Pan" è una "malattia dell'anima" che va opportunamente curata
- D È sempre più frequente il fenomeno di figli che rimangono in casa con i genitori, invecchiano e non diventano genitori

1937 Quale affermazione tra le seguenti è vera, secondo il contenuto del brano?

- A Dan Kiley ritiene che la sindrome di Peter Pan colpisca il 60% dei giovani tra i 18 e i 34 anni
- B Lo psicologo statunitense autore del libro "La Sindrome di Peter Pan" ritiene che, tra le altre, la causa di essa sia da ricercarsi nelle difficoltà economiche generate dalla società dei consumi
- C Lo psicologo americano autore di un saggio sulla sindrome di Peter Pan, ritiene che la causa di essa sia da ricercarsi nell'educazione impartita da genitori permissivi
- D Secondo l'ISTAT è in aumento l'età media dei genitori, che risultano sempre più vecchi

1938 Secondo quanto riportato nel brano, gli odierni "Peter Pan":

- A sono seguaci consapevoli del personaggio emblema della volontà di non crescere
- B preferiscono assistere i genitori in casa quando invecchiano
- C si assumono la responsabilità delle loro scelte
- D scelgono di continuare a vivere con i genitori anche a prescindere da ragioni oggettive o difficoltà economiche

1939 Nel brano ricorre più volte il nome di Peter Pan e della sindrome omonima. A quale delle seguenti persone non viene associato né il personaggio né la malattia che da lui prende il nome?

- A A Michael Jackson
- B Al suo ideatore
- C Ai suoi figli
- D A Dan Kiley

1940 In quale senso le difficoltà economiche sono una concausa di comportamenti da sindrome di Peter Pan?

- A In quanto la povertà impedisce di diventare adulti
- B In quanto impediscono al giovane di esercitare il pieno controllo sulle scelte della propria vita pratica
- C In quanto le difficoltà economiche impediscono di studiare
- D In quanto impediscono ai giovani di rispettare le regole della società produttiva

1941 In che senso l'autore del brano afferma che Peter Pan è diventato un simbolo del mondo moderno?

A Nel senso che alcuni caratteri di accentuato infantilismo propri di Peter Pan sono incarnati da personaggi come il famoso cantante Michael Jackson

B Nel senso che rappresenta l'emblema del culto della fanciullezza e della volontà di non crescere

C Nel senso che l'aspetto esteriore delle ultime generazioni tende a rimanere sempre più a lungo giovanile, come se le persone non invecchiassero mai

D Nel senso che rappresenta la tendenza all'individualismo e all'autoreferenzialità

1942 Nel brano si afferma che lo stato psicologico "dell'eterna adolescenza" dipende:

A anche da sfavorevoli congiunture socio-economiche

B sempre e soltanto da una scelta dettata da comodità e convenienza

C sempre da una scelta autonoma dell'individuo

D anche da caratteristiche genetiche degli individui

1943 Secondo quanto contenuto nel brano:

A più del 60% dei giovani fra i 18 e i 34 anni vive ancora in casa con i genitori

B l'autore del brano stesso è Dan Kiley

C le motivazioni oggettive al dilagare della sindrome di Peter Pan sono elementi che incentivano i giovani a restare in famiglia

D la voce "bianca" di Michael Jackson è causata dalla sindrome di Peter Pan

Leggere il brano seguente e rispondere alle relative domande

Diversi studi hanno sottolineato la dimensione emotiva dei processi di apprendimento e di lavoro. In particolare, secondo lo psicoanalista Bion, ogni percorso di conoscenza è in primo luogo un'impresa emotiva: le emozioni, la confusione e il caos legati all'incontro con l'ignoto devono poter essere tollerati e tenuti nella mente perché i dati sensoriali, grezzi e concreti, dell'esperienza possano essere trasformati in elementi mentali, cioè visualizzati, pensati e messi in connessione fra loro. Non si apprende automaticamente un'esperienza: da un'esperienza si "può" imparare. Gli input esperienziali, i dati sensoriali non sono di per sé utilizzabili per il pensiero e la conoscenza, come precisa Bion, ma devono poter essere legati insieme dall'attività mentale del soggetto affinché diventino significati mentalizzabili e, quindi, pensabili. Un input esterno, per quanto sia ben strutturato e chiaro, non è conoscibile se all'interno della mente non si struttura una rappresentazione psichica, un simbolo, un'immagine interna che può dare significato al dato sensoriale. Diversi studi hanno ormai dimostrato che il processo psichico di costruzione di una rappresentazione psichica (un'immagine, un concetto ecc.) che codifichi la conoscenza di un oggetto mobilita, in modi squisitamente soggettivi, emozioni e sentimenti che non sono solo di curiosità, entusiasmo e piacere. Questo vuol dire che, comunque, il soggetto, per poter apprendere, deve confrontarsi con i sentimenti, anche quelli difficili e dolorosi, di confusione, inadeguatezza e rabbia che si attivano nell'incontro con l'oggetto di conoscenza, in qualche misura separato e con una sua struttura indipendente. Se emozioni e vissuti di dubbio o incertezza, inadeguatezza o frettolosa e superficiale onnipotenza sono tollerati e tenuti nella mente, i dati sensoriali possono diventare immagini, idee e concetti in grado di articolarsi insieme in un nuovo sapere. Il problema, infatti, è che la mente umana non è naturalmente attrezzata per la conoscenza, in quanto non è costituzionalmente in grado, per così dire, di tollerare l'ansia del non sapere e del non capire, ansia sempre presente nei processi di interazione e di conoscenza. Quando l'individuo incontra aree di ignoranza e di dubbio, è portato a difendersi ricorrendo a operazioni mentali e a fantasie molto primitive e irrealistiche che scindono, cioè allontanano da sé il dubbio, l'inadeguatezza, il disagio o negandoli attraverso una superficiale sicurezza, o trasformandoli nella persecutorietà di una realtà, che viene percepita come inconoscibile e intrasformabile, e perciò nemica. Il soggetto è spinto, inconsciamente, a liberarsi da vissuti e sentimenti difficili e inquietanti, scindendoli e proiettandoli all'esterno, vivendoli, cioè, come qualcosa di cattivo esterno a sé, che non promana dalla propria mente.

1944 Nel brano si afferma che:

A la vera causa dell'ansia umana risiede nel processo di interazione e conoscenza

B la conoscenza è sempre provocata dall'ansia

C uno stato ansioso è sempre insito nei processi di apprendimento

D il senso di inadeguatezza e di rabbia di fronte ai processi conoscitivi è naturale in soggetti poco propensi alla relazione

1945 Facendo riferimento al brano, tutte le seguenti affermazioni sono corrette tranne una. Quale?

A Non sempre si può apprendere da un'esperienza

B Un input esterno, se ben strutturato e chiaro, è sempre conoscibile

C Il processo di apprendimento comporta anche sentimenti di inadeguatezza

D Aree di ignoranza o dubbio possono spingere il soggetto a difendersi tramite una deformazione in senso persecutorio della realtà

1946 Nel brano sono presenti tutti i seguenti avverbi tranne uno. Quale?

A Costituzionalmente

B Particolarmente

C Squisitamente

D Inconsciamente

1947 In base a quanto scritto nel brano, in che modo reagisce l'individuo quando sperimenta l'inadeguatezza e il disagio prodotti dall'incontro con l'ignoto?

A Assorbendo mentalmente anche le emozioni più difficili e inquietanti

B Manifestando una condotta sempre aggressiva e disturbante

C Con la scissione e la proiezione all'esterno dei vissuti e dei sentimenti negativi

D Con una regressione a dinamiche mentali infantili

1948 Quale dei seguenti potrebbe essere un titolo adeguato del brano?

A Processo cognitivo ed emozioni

B La gestione educativa

C Apprendere dall'esperienza

D I processi psichici della relazione

In base alle informazioni contenute nel brano seguente, rispondere alle relative domande.

Roma: centro di diffusione della cultura mediterranea

[1] Roma fu un grande centro di diffusione culturale, certo non il solo, ma sicuramente il più importante. All'inizio del XVI secolo, Roma non era ancora una città degna di nota. In questo modo è stata vista da Rabelais nel suo primo viaggio nel 1532 e così viene descritta nella *Topographie* di Marliano e in numerose altre guide. Era una piccola città al centro di un'economia pastorale; disseminata e contornata da monumenti antichi, spesso semidistrutti, terribilmente sfigurati, più spesso ancora seppelliti sino alle fondamenta sotto la terra e le macerie. Nella parte abitata della città si trovavano case di mattoni, viuzze strette e sordide e vasti spazi vuoti.

[2] Tuttavia nel XVI secolo la città si trasformò, si riempì di vita e vennero costruiti palazzi e chiese; la popolazione crebbe, conservandosi anche nel XVII secolo, un'epoca generalmente tutt'altro che favorevole alle città mediterranee. Roma divenne, dunque, un immenso cantiere. Ogni artista vi trovava lavoro, a partire da un esercito di architetti: Baldassare Peruzzi di Siena (morto nel 1536), Sanmicheli di Verona (m. 1559), Jacopo Sansovino di Firenze (m. 1570), il Vignola (m. 1573) originario del nord della penisola (da cui sono venuti quasi tutti i grandi architetti italiani), Ligorio di Napoli (m. 1583), Andrea Palladio di Vicenza (m. 1580), Pellegrini di Bologna (m. 1596). L'Olivieri, un'eccezione, era romano (m. 1599). Al seguito di questi artigiani, architetti e scalpellini, si affrettava l'esercito dei pittori: esercito necessario in un'epoca in cui la pittura ornamentale raggiunse il suo apogeo. Volte e soffitti offrivano ai pittori uno spazio illimitato, sebbene venissero talvolta loro imposti temi strettamente definiti. La pittura sacra del barocco non è altro che la conseguenza logica della sua architettura.

[3] In quest'epoca venne terminata la basilica di San Pietro e fu edificata la Chiesa del Gesù, tra il 1568 e il 1575, da Jacopo Vignola, morto nel 1573, senza aver avuto il tempo di vedere compiuta la sua opera. Era stata edificata la prima chiesa gesuitica, che spesso doveva servire da modello in tutta la Cristianità. Ogni ordine avrebbe voluto possedere le sue chiese a Roma e fuori Roma, con decorazioni uniche e con le immagini delle loro devozioni particolari. Così nella città eterna, poi in tutto il mondo cristiano, vennero erette le prime chiese a cupole e ornate a volute, di una geometria sobria, e di cui il Val-de-Grâce, in Francia, è un esempio più tardo, ma ugualmente tipico.

[4] Il prodigioso sviluppo di Roma richiese spese ingenti. Stendhal comprese correttamente il problema quando notò che «solo quei Paesi che non dovettero temere per la loro autorità commissionarono le più grandi opere di pittura, di scultura, di architettura dei tempi moderni». Ciò ci riporta alla storia delle finanze pontificie. È un fatto accertato che i papi seppero trarre grandi risorse dal loro Stato ricorrendo utilmente al credito pubblico. Le loro politiche religiose e la loro politica in genere furono, nella Cristianità, sostenute solitamente più a loro vantaggio che a quello delle chiese nazionali; le chiese di Francia e di Spagna furono abbandonate alle cupidigie e alle esigenze finanziarie del Cristianissimo Re francese e del Re Cattolico di Spagna.

[5] Durante il mezzo secolo di cui ci stiamo occupando, lo Stato Pontificio fece grosse spese militari solo raramente (nel 1557 e negli ultimi tre anni della Lega Santa). Il papato poté, dunque, destinare una ricca somma alle Belle Arti. L'invasione del Mediterraneo da parte dell'argento americano facilitò questi ingenti investimenti. Dopo il 1560-1570 venne realizzato tutto ciò che Leone X e Giulio II avevano ideato. D'altro canto, gli ordini religiosi, il cui numero era stato notevolmente incrementato dall'onda della pietà cattolica, unirono i loro sforzi a quelli del papato. Dato che Roma era anche la capitale di questi piccoli Stati dentro lo Stato, vale a dire la loro vetrina, gesuiti, domenicani, carmelitani, francescani apportarono ciascuno il loro contributo finanziario e di emulazione artistica e copiarono, fuori da Roma, i risultati raggiunti nella capitale. Se vi fu un'espansione artistica e religiosa del barocco, fu grazie a questi ordini, in particolare quello di Sant'Ignazio. Fu per questa ragione che l'aggettivo "gesuitico" sembra più appropriato di "barocco" per designare questa espansione, nonostante le riserve che sono state avanzate al riguardo.

1949 Il brano afferma che – all'inizio del XVI secolo – Roma non era ancora una città degna di nota; questo anche perché:

- **A** l'epoca non era favorevole per le città mediterranee
- **B** era descritta come una città insignificante in alcune guide dell'epoca
- **C** il commercio non era sviluppato
- **D** i monumenti antichi erano danneggiati o parzialmente sepolti
- **E** la città era un immenso cantiere

1950 Le trasformazioni che riguardarono Roma nel XVI secolo avvennero principalmente perché:

- **A** c'erano molti artigiani disponibili a realizzare i vari progetti
- **B** ci fu un incremento notevole della popolazione
- **C** il papato e gli ordini religiosi finanziarono la costruzione di nuove chiese
- **D** molti architetti risiedevano in questa città
- **E** lo sviluppo del turismo favorì il rinnovamento urbano

---

1951 La sviluppo urbano e demografico di Roma nel XVI secolo:

- **A** fu un fenomeno analogo a quello di molte altre città europee
- **B** fu il culmine di un processo di lunga durata avviatosi a partire almeno dal Medioevo
- **C** fu una fase di breve respiro che si esaurì nel giro di pochi anni
- **D** si protrasse, anche in controtendenza rispetto al tempo e all'area considerati
- **E** fu significativo per la città ma restò un fenomeno di rilievo per lo più regionale

1952 **In base al contenuto del paragrafo [5], il maggior contributo che gli ordini religiosi diedero all'affermazione del Barocco fu il fatto che:**

- **A** diffusero i modelli realizzati a Roma fuori da Roma
- **B** erano impegnati a diffondere la pietà cristiana
- **C** la competizione tra gli ordini produsse molteplici stili architettonici
- **D** utilizzavano dei nuovi elementi architettonici nelle chiese
- **E** favorirono il ripristino dei monumenti antichi

1953 **Nel brano, relativamente alla trasformazione della Roma cinquecentesca, NON si afferma che:**

- **A** la pittura ornamentale tocca il suo culmine
- **B** ai pittori si poteva richiedere di svolgere temi prestabiliti
- **C** la pittura ebbe un ruolo spesso ancillare
- **D** si praticava la decorazione dei soffitti
- **E** l'architettura aprì ampi spazi alla pittura

1954 **I soldi necessari alla ricostruzione di Roma furono disponibili per le seguenti ragioni tranne una. Quale?**

- **A** Lo Stato Pontificio era stato impegnato in poche guerre alla fine del XVI secolo
- **B** L'argento americano cominciava a circolare nell'economia mediterranea
- **C** Il Papa utilizzava prevalentemente a Roma le risorse dell'intero Stato Pontificio
- **D** I re di Spagna e Francia si appropriavano delle finanze delle chiese nazionali
- **E** Il credito pubblico era disponibile

1955 **Il maggior contributo all'espansione artistica e religiosa barocca deriva:**

- **A** dagli ordini dei frati
- **B** dall'attività culturale dei gesuiti
- **C** dal trasferimento a Roma di architetti e pittori
- **D** dal papato della fine del XVI secolo
- **E** dall'influenza di Leone X e di Giulio II

1956 **Nel paragrafo [5], parlando di *piccoli Stati dentro lo Stato* si intendono:**

- **A** le diverse botteghe degli architetti citati, che lavoravano a Roma tra loro in competizione
- **B** gli Staterelli in cui era all'epoca divisa la penisola italiana
- **C** le diverse Chiese nazionali subordinate alla Chiesa di Roma e allo Stato pontificio
- **D** gli ordini religiosi che unirono i loro sforzi a quelli del papato
- **E** nessuna delle precedenti è corretta

1957 **Nel paragrafo [3] il monosillabo *che* si riferisce:**

- **A** a Jacopo da Vignola
- **B** alla Chiesa del Gesù
- **C** alla basilica di San Pietro
- **D** a niente: è una congiunzione
- **E** a opera

1958 **In [1] l'aggettivo *sordide* significa:**

- **A** spilorce
- **B** anguste
- **C** meschine
- **D** scoscese
- **E** sudicie

Leggere il brano seguente e rispondere alle relative domande

"Supponiamo che un individuo possa ricostruire elettronicamente un'immagine animata del suo oggetto del desiderio, che nella vita reale non può manipolare come meglio crede, magari semplicemente perché non suscita nell'altro un analogo stimolo. Ammettiamo che attraverso pratiche sessuali elettroniche quell'individuo possa piegare alla sua volontà quell'immagine. Se ciò accadesse nella vita reale sarebbe un'aggressione violenta, uno stupro e quell'individuo finirebbe in cella (si spera). Nel ciberspazio tutto è permesso, anche la proliferazione di patologie violente e crudeli, se pur virtuali. Questa sarebbe liberazione? Forse liberazione degli istinti più bassi. Se ciò può accadere è perché viviamo in una società che produce numerose frustrazioni tenute a freno da regole sociali e morali, ma che vengono liberate in ambienti virtuali (…) ma come agirebbe sul terreno reale un

PARTE TERZA

individuo abituato a realizzare le proprie aggressioni violente, a dettare ordini, a piegare alla propria volontà immagini virtuali di altre persone reali?

"Il potere teme la libertà dell'immaginazione (...) Non dimentichiamo che sia Stalin sia Hitler sono noti per aver bandito la pubblicazione dei racconti di fate" (Stenger, 1991). Forse sarebbe meglio capovolgere questa osservazione e constatare invece che il "potere" cerca di fornire proprio strumenti di evasione. In fin dei conti è più facile accettare di essere schiavi su questa terra se poi nel ciberspazio tutto è lecito. Il ciberspazio, dove il corpo è assente, potrebbe diventare un illusorio conforto per il corpo martoriato dallo stress e dallo sfruttamento che subisce nel mondo reale. Hitler e Stalin sarebbero stati ben contenti se avessero avuto a disposizione anche questa possibilità, oltre ai loro campi di sterminio di massa. Nella visione di Orwell i media entravano nel mondo reale per condizionare la vita concreta degli individui, con il ciberspazio il mondo reale può seguire tranquillamente il suo corso, purché l'individuo si riconosca nelle vaste possibilità e personificazioni del ciberspazio. Il ciberspazio rischia di essere veicolato come la "droga" più micidiale che sia mai stata inventata".

Da Alberto Pian, Computer, scuola e formazione, Centro scientifico editore, 1996, Torino

1959 È rigorosamente deducibile una sola delle seguenti affermazioni dal testo di Alberto Pian, quale?

A Le pratiche sessuali elettroniche neutralizzano le pulsioni violente degli individui aggressivi

B La libertà dell'immaginazione è sicuramente un pericolo per il potere

C Le regole sociali e morali possono produrre, ma anche frenare, le frustrazioni degli individui

D La visione di Orwell è una conturbante ma precisa profezia dell'uso dei media nelle società del nostro tempo

E Un individuo aggressivo nel ciberspazio non potrebbe non essere aggressivo anche nel mondo reale

1960 Delle seguenti affermazioni una non è coerente con le informazioni che si possono ricavare dal testo, quale?

A Che Hitler e Stalin abbiano messo al bando le fiabe non implica che non avrebbero favorito la diffusione delle pratiche di evasione nel ciberspazio

B L'abitudine ad evadere in un'altra dimensione, sia pur virtuale, rende l'individuo meno facilmente manipolabile dal potere

C L'abitudine ad evadere in un'altra dimensione, sia pur virtuale, può rendere l'individuo più docile e meno reattivo nel mondo reale

D Il ciberspazio non offre all'individuo, sfruttato e avvilito nella realtà, un conforto autentico e valido

E Oggi tiranni quali Hitler e Stalin potrebbero avvalersi di nuovi efficaci strumenti di potere, oltre ai campi di sterminio di massa

1961 Tra le definizioni sotto elencate una è scorretta, in quanto non coglie il significato che il termine ha assunto nel testo in cui queste parole compaiono sottolineate, individuatela.

A Manipolare: modificare, rielaborare

B Analogo: identico, uguale

C Stupro: atto di violenza carnale

D Frustrazioni: insoddisfazioni, delusioni

E Micidiale: che ha effetti mortali

Leggere il brano seguente e rispondere alle relative domande

Per me il palcoscenico non è un campo di battaglia dove si scontrano teorie, visioni del mondo o dichiarazioni di principio, ma uno strumento con cui giocare per saggiarne le potenzialità. Naturalmente anche nelle mie commedie compaiono personaggi che incarnano una fede o una filosofia di vita – mi annoierei a portar sulla scena solo degli idioti – ma non ho scritto i miei testi in funzione del loro messaggio. Se un messaggio esiste, è solo perché le mie opere trattano di esseri umani, e il pensiero, la fede, la riflessione non sono del tutto estranei alla natura umana.

Friederich Dürrenmatt, *Le scintille del pensiero*, ed. Casagrande, 2003

1962 Per Friederich Dürrenmatt, drammaturgo e scrittore svizzero, comporre opere teatrali comporta (UNA delle proposizioni seguenti NON È DEDOTTA correttamente dal testo citato):

A escludere sempre dalla scena i personaggi senza una esemplare concezione della vita

B dar vita a personaggi che incarnino aspetti della nostra umanità

C saggiare giocando le possibilità che offre il palcoscenico

D non proporsi come banditori di messaggi filosofici o morali

E non escludere la possibilità che nell'opera sia insito un messaggio

1963 Dal pensiero citato si può dedurre che (UNA deduzione È ARBITRARIA):

A i personaggi idioti annoiano Dürrenmatt

B nelle opere di Dürrenmatt sono presenti esseri umani di vario tipo

C la fede e il pensiero sono sempre necessariamente connessi a tutti gli esseri viventi

D dove agiscono esseri umani è naturale si esprimano anche pensieri e riflessioni

E comunicare un messaggio non è il fine dell'arte drammatica di Dürrenmatt

Leggere il brano seguente e rispondere alla relative domande

I giovani europei di oggi sono gli stanchi, spesso inconsapevoli eredi d'una tradizione che ignorano. Sono la quarta generazione, ed è una generazione "orfana" del nazionalismo e dell'avanguardia della prima, del fascismo e del nazismo della seconda, dell'ideologia globalmente contestatrice della terza. La quarta generazione ha l'ego debole che arricchisce gli psicanalisti. Vive nel gruppo, ha bisogno di appoggiarsi, di imitare, di gridare insieme per sentirsi esistere (da Franco Ferrarotti, «Naziskin, la generazione orfana», Il sole 24 ore, 3 giugno 1993).

1964 Se è vero che «chi vede una stella cadente è fortunato», allora è necessariamente vera anche una delle affermazioni seguenti. Quale?

A Le stelle cadenti sono in realtà dei meteoriti che impattano sull'atmosfera terrestre

B Solo chi vede una stella cadente è fortunato

C Chi crede nelle stelle cadenti è un superstizioso

D Se la fortuna è cieca, non può vedere le stelle cadenti

E Se vedi una stella cadente, sei fortunato

1965 Il senso generale del brano è che (SOLO UNA, delle cinque considerazioni proposte, è CORRETTA):

A la mancanza di ideologie fa cercare una identità nel gruppo e nelle manifestazioni collettive come rito rassicurante

B la violenza dei giovani è generata soprattutto in Europa dalla caduta degli ideali delle generazioni precedenti

C i gruppi violenti sono il prodotto di una errata politica dell'ego degli psicanalisti della quarta generazione

D la organizzazione in gruppi di pari non consente il rafforzamento dell'ego e il nascere di nuove ideologie

E i giovani europei di oggi, conoscendo perfettamente le tradizioni delle generazioni precedenti, hanno appreso ad odiarle

Leggere il brano seguente e rispondere alla relativa domanda

«La globalizzazione può essere una forza positiva: quella delle idee sulla democrazia e quella della società civile hanno cambiato il modo di pensare della gente, mentre i movimenti politici globali hanno portato alla cancellazione del debito e al trattato sulle mine antiuomo. [...] I paesi che hanno tratto i vantaggi più significativi sono comunque quelli che si sono resi artefici del loro destino, riconoscendo il ruolo che il governo può svolgere nello sviluppo, anziché affidarsi al concetto fallace di un mercato che, autoregolandosi, riuscirebbe a risolvere da solo tutti i suoi problemi. Ma per milioni di persone la globalizzazione non ha funzionato.

Molti hanno visto peggiorare le loro condizioni di vita, hanno perso il lavoro, e con esso, ogni sicurezza. [...] Se continuerà a essere condotta così come è avvenuto in passato, se seguiteremo a non imparare nulla dai nostri errori, la globalizzazione non soltanto non riuscirà a promuovere lo sviluppo, ma continuerà a creare povertà e instabilità. [...] Per fortuna c'è una sempre maggiore consapevolezza di questi problemi e una crescente volontà politica di fare qualcosa.»

Joseph E. Stiglitz, *La globalizzazione e i suoi oppositori*, Einaudi 2002

1966 Stiglitz, vincitore nel 2001 del premio Nobel per l'economia, nel libro da cui è tratta questa citazione analizza il fenomeno della globalizzazione. Individuate IL SOLO dei giudizi qui elencati che NON È FONDATO su una attenta lettura del passo riportato:

- A ritiene che i vantaggi siano finora stati molto maggiori degli svantaggi, generalmente circoscritti
- B riconosce al fenomeno molti effetti positivi, non solo economici
- C tiene presenti gli effetti negativi prodotti in alcuni paesi in ambito sia economico sia sociale
- D ha un atteggiamento sostanzialmente fiducioso, anche perché constata una crescente consapevolezza dei problemi
- E vede crescere la volontà politica di agire per affrontare i rischi che si presentano e correggere gli errori compiuti

Leggere il brano seguente e rispondere alle relative domande

«La mostra che si è tenuta a Recanati, su Leopardi e la scienza, ha avuto il pregio di presentarci un Leopardi in cui "le due culture", quella umanistica e quella scientifica, oggi divise e troppo spesso incomunicanti, erano invece una cosa sola; un Leopardi attento agli sviluppi dell'astronomia («la più sublime, la più nobile tra le fisiche scienze»), e di ogni aspetto della fisica, della biologia, dell'arte della memoria; un Leopardi che, anche quando ironizzerà su certi aspetti e certe pretese delle scienze, non lo farà mai abbracciando una visione complessivamente antiscientifica, come avrebbero fatto invece, magari in suo nome, molti suoi interpreti novecenteschi.

È vero che Leopardi smascherò e derise la fiducia ottimistica, propria del suo tempo, in un progresso senza fine, in un costante miglioramento delle condizioni dell'uomo il cui merito andrebbe in primo luogo alla scienza, ma a ciò lo induceva la sua visione materialistica del mondo, che egli estendeva impietosamente anche alla sfera sociale e morale, e non certo un pregiudizio antiscientifico... Copernico e Galileo (a quest'ultimo sono dedicate alcune acute e bellissime riflessioni), con le loro scoperte, secondo Leopardi hanno dimostrato una volta per tutte che l'uomo non è al centro dell'universo, che questo non è stato creato per lui, e che nell'incedere cieco della natura, nel suo ciclo senza fine di creazione e distruzione, nel brulicare incessante di mille forme di vita, non è possibile intravedere nessuna sensata giustificazione di quel "finalismo" che gli uomini, illudendosi, tendono ad attribuirle. Una volta che le conoscenze hanno fatto "strage delle illusioni" non si può più tornare indietro, e non c'è consolazione che tenga. L'unico fragile conforto viene dalla distrazione, ottenuta con lo studio, l'arte, l'amore, le relazioni con i nostri simili, la quale permette all'uomo di dimenticare almeno per un poco il tedio in cui è immerso: «Tutto è follia fuorché il folleggiare. Tutto è degno di riso fuorché il ridersi di tutto». Ecco una bella citazione che sfata la leggenda di un Leopardi sempre cupo e misantropo.»

da A. Massarenti, *La leggerezza delle scienze*, «Il Sole-24 ore»

1967 Tra le definizioni qui riportate UNA NON È ADEGUATA al significato che assume la parola nel contesto:

- A brulicare: manifestarsi fitto e scomposto in continuo movimento
- B interpreti: persone capaci di tradurre da una lingua in un'altra
- C distrazione: atto dello svagarsi da un impegno intellettuale, o del distogliersi da pensieri o compiti impegnativi
- D tedio: senso della vanità di tutto ciò che ci circonda
- E materialistica: concezione secondo cui non esiste nulla che non sia costituito di materia

COMPRENSIONE DEL TESTO

1968 Tra le considerazioni che seguono, UNA SOLA È PIENAMENTE CONSEGUENTE al testo di Massarenti: qual è?

A Folleggiare e ridersi di tutto è l'unico comportamento possibile per chi, pur compresa la vanità del vivere, vuole salvare le illusioni giovanili

B La concezione teleologica dell'universo, distrutta oggi alla scienza, potrà un giorno essere recuperata proprio sulla base di nuove conoscenze scientifiche

C La conoscenza scientifica rende l'umanità migliore e meno infelice, affrancandola da credenze superstiziose e senza fondamento

D L'arte, lo studio, l'amore, l'amicizia possono almeno temporaneamente sconfiggere la noia dell'uomo che non si sente più al centro di un universo creato per lui

E Le scienze, e in particolare la più nobile di esse, l'astronomia, possono affascinare gli uomini di ingegno a cui offrono strumenti per rendere sempre migliore la condizione umana

Leggere il brano e rispondere alle due domande seguenti

«Il discorso scientifico è a volte più complesso, ambiguo, allusivo, di quanto gli stessi scienziati pensino. Nel discorso scientifico le metafore possono avere un ruolo creativo per far intuire e immaginare cose non dette o, addirittura, non completamente comprese. Ma possono anche portar fuori strada il destinatario - e qui ci riferiamo al discorso scientifico-didattico - che le interpreta in modo non previsto dal proponente. Le due forme più semplici, ma importanti per un discorso scientifico-didattico, sono la <u>catacresi</u>, il cui uso permette di <u>ovviare</u> a una lacuna del vocabolario, e le metafore <u>esegetiche</u> e pedagogiche. Alla prima categoria appartengono espressioni come "il letto del fiume" o come "l'atlante", cioè la prima vertebra che regge il capo e che prende il nome da Atlante, il gigante che regge il mondo; alla seconda espressioni come la "catena" dei trasportatori di elettroni nella catena mitocondriale interna, che evoca l'immagine di una catena umana che si passa secchi d'acqua per spegnere un incendio.

Nella costruzione delle idee scientifiche ha maggior importanza una terza forma di metafora, quella "costitutiva di teorie". Queste metafore, oltre ad avere un ruolo <u>genetico</u> fondamentale nella formulazione di un nuovo programma di ricerca, invitano a ricercare nuovi caratteri degli argomenti primari e secondari, nuovi rapporti, tecnicamente rilevanti, di somiglianza e di analogia. Howard Gruber chiama questo tipo di metafore "immagini di vasta portata" e mette in rilievo il ruolo della metafora dell'albero nello sviluppo delle idee di Charles Darwin; noi possiamo però anche ricordare la metafora dello stato bene ordinato a cui ricorre Linneo per descrivere l'ordinamento della natura, o quella del bricoleur che Francois Jacob utilizza per dare un'idea della <u>casualità</u>, della mancanza di progetto nel processo dell'evoluzione. Per tornare alle metafore esegetiche e pedagogiche, il loro scopo è quello di trasmettere informazioni dal dominio di origine (noto) al dominio target (ignoto).

Le metafore possono quindi fungere da modello per ragionare sul dominio target, anche se di esso abbiamo una conoscenza largamente incompleta. Tuttavia, ogni volta che nell'insegnamento si ricorre a un modello metaforico è bene ricordare che una metafora, un modello non sono la realtà, ma uno strumento cognitivo che ci permette di descrivere, di comprendere, di fare previsioni su alcuni aspetti della realtà considerata».

Bruno Bertolini, *Tra metafore e termini scientifici*, in "Iter" n.5, 1999

1969 Tra le definizioni delle espressioni qui riportate INDIVIDUATE QUELLA ERRATA, facendo riferimento al significato che assumono nel testo di Bruno Bertolini, nel quale sono sottolineate.

A Catacresi: uso di una parola al di là del suo significato proprio

B Ovviare: porre rimedio

C Casualità: principio interpretativo della realtà secondo rapporti di causa-effetto

D Genetico: che genera, produttivo

E Esegetiche: esplicative, interpretative

1970 Quattro delle frasi sotto elencate appartengono all'articolo di Bruno Bertolini da cui è stata stralciata la citazione sopra riportata; INDIVIDUATE LA FRASE che, indebitamente inserita tra queste, CONTRASTA logicamente con la concezione di fondo a cui è ispirato il testo stesso:

- **A** le metafore sono importanti, se non essenziali, al linguaggio scientifico
- **B** nei testi scientifici si possono trovare analogie, simboli, metafore che non sono ornamento del pensiero, ma una sua vera e propria condizione
- **C** nei momenti iniziali della nascita delle teorie scientifiche vengono spesso proposte metafore "costitutive di teorie" particolarmente composite
- **D** lo scienziato e il filosofo potranno giovarsi particolarmente della collaborazione dell'artista, abituato a visualizzare efficacemente la complessità
- **E** il ricorso al modello metaforico in pedagogia è pericoloso in quanto distoglie dall'attenzione alla realtà e va fatto solo in casi assolutamente eccezionali

In base alle informazioni contenute nel brano seguente, rispondere alle successive domande.

In uno studio pubblicato su *Molecular Psychiatry*, rivista del gruppo Nature, un gruppo di ricerca internazionale ha indagato le origini neurobiologiche alla base dei comportamenti ossessivi e degli stati emotivi alterati che colpiscono chi è affetto da dipendenza da oppioidi.

La nuova ricerca ha permesso di dimostrare che a giocare un ruolo fondamentale in questo senso sono i geni responsabili della sintesi di una classe di ormoni steroidei noti come "glucocorticoidi". A partire da questo elemento, i ricercatori hanno inoltre messo in evidenza che la somministrazione di "mifepristone", uno steroide sintetico, può essere utile per ridurre gli effetti della dipendenza.

"In questo lavoro abbiamo sviluppato una serie di algoritmi per analizzare il trascrittoma, ovvero la collezione di RNA messaggeri – gli mRNA – presente nelle cellule di individui affetti da dipendenza da oppioidi", spiega Federico Giorgi, professore al Dipartimento di Farmacia e Biotecnologie dell'Università di Bologna, tra gli autori dello studio. "I dati ottenuti mostrano che i geni per la sintesi dei glucocorticoidi sono fondamentali per l'attivazione dei circuiti neurali alla base degli stati di ansia e di stress collegati a questa dipendenza".

L'abuso e la dipendenza da oppioidi è un'emergenza pubblica in molte parti del mondo, a partire dagli Stati Uniti, dove ogni anno si registrano decine di migliaia di morti per overdose. Comprendere i meccanismi che collegano la dipendenza da queste sostanze ad alterazioni dell'umore, stati emotivi negativi ed elevati livelli di stress è quindi fondamentale per cercare di ridurne l'impatto.

Con questo obiettivo, il gruppo di ricerca internazionale autore dello studio – coordinato da studiosi del National Institute on Drug Abuse Intramural Research Program di Baltimora (Stati Uniti) – è riuscito a dimostrare che l'attivazione dei geni che regolano l'espressione dei glucocorticoidi altera le funzioni cerebrali e contribuisce a rafforzare il bisogno compulsivo di oppioidi.

Insieme a questa novità, i ricercatori hanno però mostrato anche che la somministrazione di una sostanza antagonista come lo steroide sintetico mifepristone è in grado di contrastare l'emergere di comportamenti legati alla dipendenza da oppioidi.

"Il mifepristone è un farmaco oggi già in uso per il trattamento dell'iperglicemia associata alla sindrome di Cushing ed ha inoltre mostrato risultati promettenti in pazienti affetti da depressione psicotica", dice ancora Giorgi. "Il suo utilizzo combinato con programmi di supporto psicologico potrebbe quindi rappresentare una strategia rapida ed efficace per il trattamento della dipendenza da oppioidi, in particolare per gli individui che fanno uso di queste sostanze per la gestione del dolore cronico e dello stress".

(da www.lescienze.it)

1971 La ricerca di cui tratta il testo ha avuto per oggetto:

- **A** i comportamenti ossessivi dei tossicodipendenti
- **B** i comportamenti ossessivi che causano gli stati emotivi alterati nei soggetti dipendenti da oppioidi
- **C** gli stati emotivi alterati causati da una dipendenza
- **D** le origini neurobiologiche dei comportamenti ossessivi che provocano gli stati emotivi alterati nei soggetti dipendenti da oppioidi
- **E** le origini neurobiologiche che provocano alterazioni degli stati emotivi e scatenano comportamenti ossessivi nei soggetti dipendenti da oppioidi

1972 Nel periodo «in questo lavoro abbiamo sviluppato una serie di algoritmi per analizzare il trascrittoma, ovvero la collezione di RNA messaggeri – gli mRNA – presente nelle cellule di individui affetti da dipendenza da oppioidi», quale tra i seguenti vocaboli può essere usato come sinonimo di *collezione*?

- A Sintesi
- B Insieme
- C Miscellanea
- D Eredità
- E Mescolanza

1973 Quale fra le seguenti affermazioni è coerente con il percorso seguito dalla ricerca, per come viene ricostruita nel brano?

- A Poiché il mifepristone si è dimostrato efficace nel trattare le alterazioni d'umore, gli studiosi ne hanno sperimentato l'applicazione alle alterazioni dovute alla dipendenza da oppioidi
- B Avendo dimostrato che i sintomi della dipendenza da oppioidi dipendono dall'espressione dei glucocorticoidi, gli studiosi hanno tra l'altro ipotizzato che il mifepristone potesse essere utili nel contrastarli
- C Avendo constato che il mifepristone ha efficacia nel contrastare gli effetti della dipendenza, gli studiosi hanno potuto dimostrare che gli stessi effetti dipendono dall'espressione dei glucocorticoidi
- D Visto che il mifepristone è efficace nella terapia del dolore, gli studiosi lo hanno utilizzato per trattare la dipendenza da oppioidi, e hanno così potuto constatare che effettivamente è un antagonista dei glucocorticoidi
- E Studiando gli antagonisti dei glucocorticoidi, gli studiosi hanno dimostrato che essi contrastano gli stati emotivi alterati causati dalla dipendenza

1974 Stando al testo, quale fra le seguenti affermazioni circa il mifepristone non è corretta?

- A È in grado di contrastare l'azione dei glucocorticoidi
- B Potrebbe essere utilmente somministrato a soggetti sottoposti a terapia del dolore
- C È uno steroide sintetico antagonista
- D È già stato testato in molti Paesi in cui la dipendenza da oppioidi è un'emergenza pubblica
- E Ha già avuto applicazioni nel trattamento di alterazioni dell'umore

1975 Nella frase «i ricercatori hanno però mostrato anche che la somministrazione di una sostanza antagonista...», *però* ha valore di:

- A congiunzione concessiva
- B avverbio di negazione
- C congiunzione avversativa
- D avverbio di valutazione
- E congiunzione conclusiva

In base alle informazioni contenute nel brano seguente, rispondere alle successive domande.

Obiettivo del nostro studio è dimostrare come le recenti teorie sulla cognizione incarnata, che godono di molteplici verifiche sperimentali, trovino i loro prodromi nel discorso antropologico, filosofico, fisiologico e scientifico del Settecento tedesco, al quale Herder contribuisce in maniera sostanziale, aprendo prospettive e visioni sempre nuove. La seconda metà del Settecento si configura quale momento in cui la concezione del mondo, fino ad allora univoca e canonizzata, si disarticola in una molteplicità di saperi, spesso contrapposti, che, per un verso, alimentano il bisogno di porre limiti e confini alle singole prospettive disciplinari, promuovendo un crescente relativismo e scetticismo, e dall'altro, permettono e alimentano la sopravvivenza di una visione della conoscenza di ascendenza umanistica che oggi diremmo 'organica'. In tal senso Herder fonda una ricerca della verità a partire da una visione del mondo basata sulla complessità, che richiede l'applicazione di ogni risorsa conoscitiva, nonché il dialogo tra le scienze e i saperi. Combattendo il dualismo intellettualistico che separava il pensiero astratto dalla sensazione e dall'emozione, Herder postulò con vigore l'inscindibile unitarietà di corpo e mente, individuo e società, assurgendo ad anticipatore dell'attuale neces-

sità di ricongiungere le prospettive della ricerca per affrontare, grazie alla conciliazione tra i saperi, la più grande delle frontiere conoscitive: l'essere umano e la sua mente.
(tratto da https://rosa.uniroma1.it)

1976 In base al testo, quale si può desumere sia l'opinione degli autori nei confronti delle teorie sulla cognizione incarnata citate in apertura?

A Dal testo non emerge una precisa opinione da parte degli autori dello studio, ma un atteggiamento neutrale che ricostruisce e analizza le diverse teorie e il loro sviluppo nel corso del tempo
B Gli autori sembrano condividere quanto sostenuto dalle teorie sulla cognizione incarnata e auspicano che possano trovare maggiore diffusione e nuovi sviluppi
C Gli autori esprimono complessivamente una posizione favorevole nei confronti di una visione organica della conoscenza e l'auspicio che anche i teorici della cognizione incarnata la possano fare propria
D L'intenzione degli studiosi è quella di mostrare come le teorie della cognizione incarnata non abbiano apportato allo studio della conoscenza contributi significativi, in quanto i loro risultati non fanno che recuperare quanto già espresso da numerose discipline nell'ambito culturale del Settecento tedesco
E L'auspicio degli autori è quello che i teorici e i ricercatori che hanno lavorato sulla conoscenza incarnata mettano ora a frutto i loro metodi applicandoli a un diverso oggetto di indagine: l'essere umano e la sua mente

1977 Nella frase «permettono e alimentano la sopravvivenza di una visione della conoscenza di ascendenza umanistica che oggi diremmo 'organica'», *che* è:

A pronome relativo riferito all'ascendenza umanistica
B pronome relativo riferito alla sopravvivenza di una visione della conoscenza
C pronome relativo riferito a una visione della conoscenza
D congiunzione comparativa riferita all'ascendenza
E congiunzione comparativa riferita alla visione

1978 Alla seconda riga del brano si incontra il termine *prodromi*. Quale fra i seguenti vocaboli può essere usato come suo sinonimo nel medesimo contesto?

A Fonti
B Maestri
C Cardini
D Precorrimenti
E Epigoni

1979 In base a quanto espresso nel testo, quale fra le seguenti affermazioni in merito alla figura di Herder è corretta?

A Mirava a una scienza che potesse ricondurre le sensazioni e le emozioni entro il dominio della ragione
B È stato uno dei principali artefici della riscoperta dell'Umanesimo nel Settecento tedesco
C Auspicava la sopravvivenza di un'unica scienza umanistica e organica
D Sosteneva la superiorità delle emozioni e delle sensazioni rispetto al pensiero astratto
E Ha sviluppato una concezione della conoscenza ancora per certi versi attuale

1980 Quale fra le seguenti formulazioni sintetizza più efficacemente quanto espresso nella parte centrale del brano circa la *concezione del mondo* che viene espressa nella seconda metà del Settecento?

A Si verifica una deriva relativista che frantuma la concezione del mondo tradizionale
B Dallo sviluppo delle conoscenze scientifiche conseguito da molte discipline, ha origine una concezione del mondo laica che comincia ad affermare il primato della ragione sulle sensazioni
C La concezione del mondo canonica, consolidatasi nei secoli precedenti, riesce ancora a imporre limiti agli sviluppi delle singole discipline scientifiche
D Si configura una concezione del mondo caratterizzata dalla frammentazione del sapere, con discipline concorrenti e tensioni contrastanti
E Si osserva la scissione tra la visione del mondo canonizzata che si pretendeva univoca e una concezione del sapere più dialettica

In base alle informazioni contenute nel brano seguente, rispondere alle successive domande.

L'incertezza non è sempre un male. Ci piacciono le sorprese, purché siano piacevoli. A molti diverte puntare qualche soldo sulle corse di cavalli e la maggior parte degli sport non avrebbe senso se sapessimo all'inizio chi vincerà. Alcuni futuri genitori ci tengono a non sapere il sesso del nascituro. La maggior parte di noi, sospetto, non vorrebbe conoscere in anticipo la data della propria morte, e tanto meno come si verificherà. Ma queste sono eccezioni. La vita è una lotteria. L'incertezza genera spesso dubbi e il dubbio ci fa sentire a disagio; quindi vogliamo ridurre, o meglio ancora eliminare, l'incertezza. Ci preoccupiamo di che cosa succederà. Teniamo d'occhio le previsioni del tempo, pur sapendo che il tempo è notoriamente imprevedibile e che le previsioni sono spesso sbagliate.

Quando guardiamo le notizie in televisione, leggiamo un giornale o navighiamo in rete, possiamo sentirci sopraffatti dalla nostra ignoranza su quello che succederà. Gli aerei precipitano a caso. Terremoti e vulcani devastano aree rurali e urbane. Il settore finanziario si espande e si contrae, e sebbene si parli di «ciclo di espansione e contrazione», sappiamo solo che dopo un'espansione viene una contrazione e dopo una contrazione viene un'espansione. Non abbiamo idea di quando l'una ceda il passo all'altra. Sarebbe come parlare di «ciclo di pioggia e sereno» e affermare che stiamo prevedendo le condizioni del tempo. Quando sono imminenti le elezioni teniamo d'occhio i sondaggi sperando di farci un'idea su chi possa vincere. Negli ultimi anni i sondaggi sembrano ancor meno affidabili del solito, ma tuttora riescono a rassicurarci o a infastidirci.

A volte non siamo semplicemente incerti; siamo incerti su quale debba essere l'oggetto della nostra incertezza. Molti di noi si preoccupano dei cambiamenti climatici, ma secondo una minoranza chiassosa è tutta una fandonia, perpetrata dagli scienziati (che in realtà non saprebbero organizzare una fandonia se ne andasse della loro vita), o dai cinesi, o magari dai marziani... scegliete la vostra teoria del complotto preferita. Anche i climatologi che hanno previsto i cambiamenti climatici, però, offrono poche certezze sui loro precisi effetti. Hanno comunque un'idea piuttosto chiara sulla natura generale di questi cambiamenti, che all'atto pratico è più che sufficiente per far suonare i campanelli d'allarme.

Non solo siamo incerti su ciò che ci riserva Madre Natura, ma non siamo nemmeno troppo sicuri di ciò che ci riserviamo noi stessi. Le economie mondiali stanno ancora vacillando per la crisi finanziaria del 2008, mentre le persone che l'hanno causata continuano per lo più ad agire come prima, il che probabilmente provocherà un disastro finanziario ancor più grande. Non sappiamo quasi niente di come prevedere l'andamento della finanza globale.

Dopo un periodo di relativa stabilità (storicamente insolita), la politica internazionale si sta incrinando sempre più e le vecchie certezze barcollano. Le «fake news» sommergono i fatti veri sotto un bombardamento di disinformazione e, com'è prevedibile, quelli che se ne lamentano con più forza sono spesso i responsabili stessi delle falsità. Internet, invece di democratizzare la conoscenza, ha democratizzato l'ignoranza e il fanatismo. Rimuovendo i guardiani, le porte sono rimaste a penzolare dai cardini.

Le faccende umane sono sempre state caotiche, ma anche in ambito scientifico la vecchia idea di una natura che obbedisce a leggi esatte ha lasciato il posto a una visione più flessibile. Possiamo trovare regole e modelli che sono approssimativamente veri (in certi ambiti «approssimativo» significa «con dieci cifre decimali», mentre in altri significa «compreso fra dieci volte più piccolo e dieci volte più grande») ma sono pur sempre provvisori, destinati a modifiche se e quando arrivano nuovi dati. La teoria del caos ci dice che perfino quando qualcosa obbedisce effettivamente a regole rigide, può lo stesso essere imprevedibile. La meccanica quantistica ci dice che, arrivando alle scale minime, l'universo è intrinsecamente imprevedibile. L'incertezza non è solo un segno di ignoranza umana; è ciò di cui è fatto il mondo.

Ian Stewart, *I dadi giocano a Dio? La matematica dell'incertezza*, Einaudi, Torino 2020

1981 **In «La maggior parte di noi, sospetto, non vorrebbe conoscere in anticipo la data della propria morte», *sospetto* è:**

A aggettivo

B verbo al participio passato

C sostantivo

D verbo al presente

E aggettivo sostantivato

1982 **In base al testo, qual'è l'opinione dell'autore circa i cambiamenti climatici?**

A È inutile preoccuparsi dei cambiamenti climatici, perché sono solo una delle molte ipotesi incerte che la scienza moderna elabora a partire da leggi flessibili, avendo abbandonato l'idea di una natura che risponde a leggi deterministiche

B Chi si preoccupa per i cambiamenti climatici è vittima di una delle numerose teorie del complotto e fake news che circolano in Internet

C Anche se gli scienziati non sono in grado di prevedere precisamente quali effetti potranno avere i cambiamenti climatici, è ragionevole preoccuparsene e cercare di correre ai ripari, perché è piuttosto sicuro che ci saranno e che avranno conseguenze negative

D La minoranza chiassosa che si mobilita per chiedere provvedimenti che possano contrastare i cambiamenti climatici agisce sulla base di teorie scientifiche cui andrebbe dato ascolto, ma deve confrontarsi con gli effetti sull'opinione pubblica di un bombardamento di disinformazione

E È necessario che la scienza riduca l'incertezza circa il possibile verificarsi di cambiamenti climatici e l'entità degli effetti che gli stessi potrebbero avere, altrimenti continueranno a circolare fake news e teorie del complotto che è impossibile screditare una volta per tutte

1983 **Nell'ultimo paragrafo, in «La meccanica quantistica ci dice che, arrivando alle scale minime, l'universo è intrinsecamente imprevedibile», *scale minime* è una espressione che indica:**

A le sostanze essenziali

B le minori frequenze elettromagnetiche

C le più piccole dimensioni

D le velocità prossime allo 0

E le molecole elementari

1984 **Perché, nel secondo paragrafo, l'autore traccia un paragone tra il «ciclo di espansione e contrazione» e il «ciclo di pioggia e sereno»?**

A Perché entrambi i cicli sono chiaramente caratterizzati da una situazione positiva (rispettivamente, l'espansione e il sereno) e una negativa (la contrazione e la pioggia), così che chiunque può ritenere auspicabile quella positiva e deprecabile quella negativa e condividere quindi le medesime aspettative

B Perché quello che sappiamo prevedere del ciclo finanziario è solo che dopo una contrazione ci sarà prima o poi un'espansione, così come dopo la pioggia prima o poi si rasserenerà

C Perché il paragone con qualcosa che conoscono tutti, come le condizioni meteorologiche, gli è utile per spiegare in termini più accessibili i meccanismi dei cicli finanziari

D Perché le previsioni del tempo elaborate dai meteorologi e le analisi finanziarie prodotte dagli analisti sono allo stesso modo inaffidabili e quasi sempre sbagliate

E Perché vuole introdurre nell'esposizione un elemento di leggerezza legato alla vita quotidiana di chiunque, in modo da dare al testo un respiro più disteso e un tono più accessibile

1985 L'oggetto principale del brano è l'incertezza. Quali fra le seguenti affermazioni riguardo all'incertezza non sono coerenti con le riflessioni che l'autore sviluppa nel brano?

1. Il più delle volte, nelle faccende della nostra vita, l'incertezza è un dato essenziale e piacevole.

2. Solo una parte dell'incertezza che sperimentiamo è frutto della nostra ignoranza.

3. In ultima analisi, non vi sono cose che possiamo considerare del tutto e definitivamente certe e prevedibili.

4. Il progresso scientifico può sia ridurre, sia aumentare il tasso di incertezza presente nella nostra comprensione dei fenomeni.

5. È soprattutto in ragione della nostra curiosità che siamo spinti a cercare di ridurre l'incertezza.

A La 1 e la 5
B La 1, la 3 e la 5
C La 2 e la 5
D La 1 e la 4
E La 4 e la 5

PARTE TERZA

PARTE TERZA

Soluzioni

Quesito	Risposta	Quesito	Risposta	Quesito	Risposta	Quesito	Risposta	Quesito	Risposta	Quesito	Risposta	Quesito	Risposta	Quesito	Risposta	Quesito	Risposta	Quesito	Risposta
1671	E	1672	E	1673	B	1674	B	1675	D	1676	E	1677	D	1678	C	1679	C	1680	C
1681	D	1682	A	1683	E	1684	B	1685	E	1686	D	1687	D	1688	E	1689	A	1690	E
1691	E	1692	D	1693	A	1694	C	1695	B	1696	D	1697	A	1698	B	1699	E	1700	B
1701	D	1702	E	1703	C	1704	C	1705	D	1706	D	1707	E	1708	C	1709	C	1710	E
1711	D	1712	B	1713	A	1714	E	1715	A	1716	C	1717	B	1718	A	1719	B	1720	C
1721	B	1722	E	1723	D	1724	A	1725	E	1726	B	1727	C	1728	C	1729	D	1730	A
1731	B	1732	D	1733	D	1734	A	1735	B	1736	D	1737	C	1738	D	1739	B	1740	D
1741	B	1742	E	1743	C	1744	D	1745	B	1746	C	1747	A	1748	B	1749	A	1750	C
1751	E	1752	C	1753	E	1754	C	1755	D	1756	C	1757	B	1758	A	1759	B	1760	B
1761	B	1762	E	1763	C	1764	E	1765	B	1766	B	1767	E	1768	E	1769	E	1770	B
1771	C	1772	C	1773	C	1774	A	1775	B	1776	D	1777	B	1778	D	1779	C	1780	E
1781	A	1782	B	1783	C	1784	B	1785	D	1786	D	1787	E	1788	E	1789	C	1790	C
1791	A	1792	E	1793	B	1794	E	1795	A	1796	E	1797	E	1798	C	1799	C	1800	E
1801	C	1802	C	1803	B	1804	E	1805	D	1806	E	1807	A	1808	B	1809	D	1810	A
1811	C	1812	B	1813	C	1814	D	1815	C	1816	A	1817	C	1818	E	1819	E	1820	A
1821	B	1822	E	1823	C	1824	E	1825	B	1826	A	1827	D	1828	A	1829	C	1830	D
1831	B	1832	E	1833	A	1834	B	1835	D	1836	A	1837	E	1838	B	1839	D	1840	E
1841	B	1842	C	1843	B	1844	C	1845	C	1846	D	1847	D	1848	A	1849	E	1850	A
1851	E	1852	C	1853	D	1854	A	1855	E	1856	B	1857	A	1858	E	1859	C	1860	D
1861	C	1862	D	1863	C	1864	E	1865	B	1866	A	1867	C	1868	D	1869	E	1870	E
1871	B	1872	A	1873	D	1874	E	1875	C	1876	D	1877	A	1878	D	1879	E	1880	B
1881	A	1882	A	1883	B	1884	B	1885	D	1886	C	1887	B	1888	A	1889	D	1890	C
1891	A	1892	B	1893	B	1894	B	1895	C	1896	A	1897	B	1898	A	1899	B	1900	B
1901	A	1902	E	1903	B	1904	A	1905	D	1906	C	1907	D	1908	C	1909	B	1910	A
1911	C	1912	D	1913	A	1914	B	1915	A	1916	C	1917	B	1918	C	1919	C	1920	B
1921	E	1922	B	1923	E	1924	C	1925	A	1926	B	1927	D	1928	A	1929	E	1930	D
1931	E	1932	C	1933	D	1934	B	1935	D	1936	C	1937	C	1938	D	1939	C	1940	B
1941	B	1942	A	1943	C	1944	C	1945	B	1946	B	1947	C	1948	A	1949	D	1950	C
1951	D	1952	A	1953	C	1954	D	1955	B	1956	D	1957	B	1958	E	1959	C	1960	B
1961	B	1962	A	1963	C	1964	E	1965	A	1966	A	1967	B	1968	D	1969	C	1970	E
1971	E	1972	B	1973	B	1974	D	1975	C	1976	B	1977	C	1978	D	1979	E	1980	D
1981	D	1982	C	1983	C	1984	B	1985	A										

parte quarta

CONOSCENZE SCIENTIFICHE

A quesiti di argomento scientifico è riservata una sezione della prova CISIA **TOLC-PSI** (nello specifico Matematica di base e Biologia), mentre non sono presenti quesiti scientifici nelle prove TOLC-SU.

Anche alcuni **test di ateneo** prevedono domande su conoscenze scientifiche di base, per le quali è utile svolgere gli esercizi di questa parte del volume. Per sapere tuttavia su quante e quali discipline esercitarsi, si invitano i lettori consultare il **bando ufficiale** del proprio ateneo.

Quesiti di matematica

1986 A quanto equivale la radice quadrata di 81/25?

A 9/25
B 40/12
C 27/10
D 9/5
E 25/9

1987 Un quadrato ha l'area di 10 cm^2. Se si aumenta un lato di 2 cm e si diminuisce l'altro di 2 cm si ottiene un rettangolo di area uguale a:

A 4 cm^2
B 8 cm^2
C 6 cm^2
D 12 cm^2
E 10 cm^2

1988 In un piano cartesiano l'equazione $y = x$ rappresenta:

A una retta parallela all'asse *y*
B una retta parallela all'asse *x*
C un punto del piano
D la bisettrice del I e III quadrante
E la bisettrice del II e IV quadrante

1989 Il logaritmo di *x* in base 7 è un numero *y* tale che:

A $y^7 = x$
B $x^7 = y$
C $10^y = 7$
D $7^y = x$
E $y^x = 7$

1990 Due cerchi hanno il raggio uno il doppio dell'altro. Allora il rapporto tra l'area del cerchio più grande e quella del cerchio più piccolo è:

A π B $\frac{1}{4}$ C 4 D 2 E $\frac{1}{2}$

1991 $10^3 \cdot 10^{-2} =$

A 10
B $9 \cdot 10^2$
C $9 \cdot 10$
D $10^{-3/2}$
E 1

1992 La distanza tra i punti P = (2; 2) e Q = (4; 4) vale:

A 4
B $2\sqrt{2}$
C 2
D 0
E $-2\sqrt{2}$

1993 $\frac{1}{a} + \frac{1}{b}$ con $a \neq 0$, $b \neq 0$ è uguale a:

A $\frac{1}{a+b}$
B $\frac{1}{a \cdot b}$
C $\frac{b}{a} + \frac{a}{b}$
D $\frac{a+b}{ab}$
E $\frac{a+b}{a^2b^2}$

CONOSCENZE SCIENTIFICHE

1994 Se due triangoli rettangoli sono simili tra loro, con rapporto di similitudine pari a 3, allora le rispettive aree stanno tra loro in rapporto uguale a:

A 9

B 81

C 6

D 3

E 27

1995 La disequazione $x(x+3)<0$ è soddisfatta per:

A $x<-3$

B $x>0$

C $-3 \leq x \leq 0$

D $-3<x<0$

E $x<-3$ e $x>0$

1996 Data l'equazione $5\log x = \log 32$, si può affermare che *x* è uguale a:

A $\frac{1}{2}$

B 2

C 5

D $\frac{4}{2^{-1/2}}$

E nessuna delle altre risposte è corretta

1997 Un numero è sempre divisibile per 4 se:

A la somma delle sue cifre è divisibile per 4

B il numero formato dalle sue due prime cifre è divisibile per 4

C la sua ultima cifra è pari

D il numero formato dalle sue due ultime cifre è divisibile per 4

E la sua ultima cifra è 4 oppure 8

1998 Il luogo dei punti del piano equidistanti da un punto dato è:

A una retta non passante per il punto dato

B una parabola

C una circonferenza

D un cerchio

E un'ellisse

1999 Un paio di scarpe è stato pagato 128 euro grazie a uno sconto del 20%. Qual era il prezzo di listino delle scarpe?

A 169 euro

B 148 euro

C 160 euro

D 153 euro

E 108 euro

2000 La millesima parte di 1000^{10}:

A 1^{10}

B 1000^{9}

C 1000^{11}

D 100^{27}

E 10^{29}

2001 Il quoziente tra i monomi $-4xy^5z$ e $-2xy^3z^{-3}$ risulta:

A $2y^2z^4$

B $2yz^{-2}$

C $2y^2z^{-2}$

D $-2y^2z^4$

E $-2yz$

2002 Il numero 0,(2):

A è reale, ma non razionale

B è uguale a $\frac{2}{9}$

C è uguale a $\frac{2}{99}$

D è uguale a $\frac{2}{90}$

E è uguale a $\frac{2}{900}$

2003 L'espressione $-\frac{2^6-x^2}{x-8}$ è uguale a:

A $16-x$

B $x-8$

C $x+8$

D $-x+8$

E $-32-x$

2004 $\sqrt[4]{\sqrt[3]{2}}$ **è uguale a:**

A 2

B $\frac{1}{2}$

C $\sqrt[12]{2}$

D $\sqrt[7]{2}$

E $\sqrt[12]{2^7}$

2005 La distanza tra i punti P = (−1; 0) e Q = (6; 0) vale:

A 5
B 7
C 6
D −7
E 0

2006 Stabilire quale fra le seguenti rette è parallela alla retta $y = -3x + 5$:

A $y = 5x - 3$

B $y = -\frac{1}{3}x + 5$

C $y = -3x - 7$

D $y = -9x + 15$

E $y = \frac{1}{3}x + 5$

2007 Per $x > 0$, $\log x + \log x + \log x$ è uguale a:

A $(\log x)^3$

B $\log x^3$

C $\log \frac{x}{3}$

D $3x^3$

E $3x$

2008 Qual è il minimo comune multiplo di 20, 15, 4 e 10?

A 49
B 30
C 45
D 300
E 60

2009 L'area di un triangolo è determinata dalla formula $A = \frac{bh}{2}$, dove b è la base e h è l'altezza del triangolo. Se la base è moltiplicata per 4 e l'altezza è divisa per 2, l'area del nuovo triangolo è:

A otto volte l'area precedente
B il doppio dell'area precedente
C la metà dell'area precedente
D quattro volte l'area precedente
E identica all'area precedente

2010 Quanto vale x se il 5% del 10% di x è uguale a 200?

A 200.000
B 100.000
C 50.000
D 25.000
E 40.000

2011 Il diametro di una sfera ha lunghezza 6 cm; approssimativamente, il volume della sfera è:

A 113 cm
B 111 cm^2
C 113 cm^3
D 904 cm^2
E 904 cm^3

2012 Le rette di equazioni $x = y$ e $x + y = 2$:

A si intersecano nei punti (1; 1) e (0; 0)
B non si intersecano
C si intersecano nel punto (1; 1)
D si intersecano nel punto (2; 0)
E si intersecano nel punto (0; 2)

2013 La disequazione $x^2 - 4x + 3 > 0$ è soddisfatta:

A per ogni x reale
B per $x > 3$
C per $x < 1$
D per $x < 1$ e $x > 3$
E per $1 < x < 3$

CONOSCENZE SCIENTIFICHE

2014 Un campo di forma circolare ha perimetro di 4000 metri. La misura della lunghezza di una palizzata esterna che lo circondi a distanza di un metro dal bordo è, in metri:

A più di 4000π

B $4000 + \pi$

C $4000 + 2\pi$

D $1 + \frac{4000}{\pi}$

E $1 + \frac{4000}{2\pi}$

2015 Il 4% del 20% di un numero è 1; qual è il numero?

A 80

B 24

C 125

D 16

E 20

2016 In quale delle seguenti forme può essere scritto il polinomio $x^2 + y^2 - 2xy - 1$?

A $(xy - x) \cdot (xy + x) - 1$

B $(x - y) \cdot (x + y) - 1$

C $(x + y + 1) \cdot (-xy - 1)$

D $(x + y + 1) \cdot (x + y - 1)$

E $(x - y)^2 - 1$

2017 Il triplo di 3^8 è:

A 3^9

B 9^8

C 9^{24}

D 3^{24}

E 9^9

2018 Raddoppiando il valore di x nell'equazione $y = 3x + 2$, y varia di:

A $3x$

B 2

C 3

D x

E $2x$

2019 Un triangolo equilatero ha il lato che misura 4. Allora:

A la sua altezza è $4\sqrt{3}$

B il suo perimetro è 8

C la sua area è $4\sqrt{3}$

D il suo perimetro è 16

E la sua area è 9

2020 Quale delle seguenti affermazioni relative alla funzione $f(x) = \log_2(x^2 + 1)$ è corretta?

A Il grafico di f è simmetrico rispetto all'asse delle y

B È una funzione crescente per ogni x reale

C Il grafico di f è simmetrico rispetto all'origine

D È una funzione sempre positiva

E Nessuna delle altre risposte è corretta

2021 Il campo di esistenza della funzione $f(x) = \log_{10}\frac{x}{x^2 - 1}$ è:

A tutto $\mathbb{R}$

B $x > 1$

C $-1 < x \leq 0$, $x > 1$

D $x < -1$, $0 < x < 1$

E $-1 < x < 0$, $x > 1$

2022 Dati due numeri reali a e b, con $0 < a \leq b$, si ha:

A $\frac{1}{a} \geq \frac{1}{b} > 0$

B $\frac{1}{a} \geq 0 > \frac{1}{b}$

C $\frac{1}{b} \geq \frac{1}{a} > 0$

D $\frac{1}{b} \geq 0 > \frac{1}{a}$

E $0 \geq \frac{1}{a} > \frac{1}{b}$

PARTE QUARTA

2023 **I possibili resti della divisione di un numero per 10 sono:**

A 0, 1, 2, 3, 4, 5, 6, 7, 8, 9
B tutti i numeri naturali maggiori di 10
C tutti i numeri naturali
D tutti i numeri naturali minori di 9
E nessuna delle altre risposte è corretta

2024 **Una città ha inizialmente una popolazione di 360.000 abitanti. Questa aumenta, dapprima, di 2/3; il nuovo numero aumenta, poi, del 50%; quanti sono gli abitanti, dopo questi aumenti?**

A 2.000.000
B 1.350.000
C 300.000
D 600.000
E 900.000

2025 **Se un insieme A ha 10 elementi e un insieme B ha 6 elementi, sapendo che l'insieme $A \cap B$ ha 4 elementi, quanti elementi ha $A \cup B$?**

A 12
B 14
C 16
D 20
E Non si può determinare

2026 **Qual è la centesima parte di 10^{12}?**

A 10^{10}
B 10^{-10}
C 10^{6}
D $\frac{10^{12}}{1000}$
E 10^{9}

2027 **La radice quadrata di 642.536 è circa:**

A 800
B 80
C 8000
D 200
E 400

2028 **$1 + 27^{2/3}$ vale:**

A 10
B 7
C 19
D 6
E 4

2029 **Aggiungendo al numero *S* la sua metà si ottiene il numero *T*. Quale percentuale di *S* è *T*?**

A 50%
B 66,6%
C 100%
D 120%
E 150%

2030 **Qual è il valore di $(0{,}000064)^{-1/3}$?**

A 12
B 24
C 25
D 28
E 16

2031 **Quale delle seguenti quaterne dà l'ordine crescente dei numeri $x = 10^{-2}$, $y = -10^{2}$, $z = \frac{1}{10^{-3}}$, $t = -10^{-4}$?**

A z, x, y, t
B t, z, x, y
C y, t, x, z
D t, z, y, x
E x, y, z, t

2032 **La somma $10^{-3} + 10^{-5}$ è:**

A uguale a 10^{-8}
B maggiore di 10^{-3}
C minore di 10^{-5}
D uguale a $2 \cdot 10^{-3}$
E minore di 10^{-3}

2033 La frazione generatrice di 0,75 è:

A $\frac{1}{75}$

B $\frac{7}{5}$

C $\frac{7{,}5}{50}$

D $\frac{100}{75}$

E $\frac{75}{100}$

2034 Dati i numeri $\frac{4}{14}$, $-\ln 1$, -2^{-2}, $\frac{14}{4}$, qual è il valore esatto della differenza fra il maggiore e il minore?

A $\frac{45}{14}$

B $\frac{47}{14}$

C 2,718

D 3,75

E 3,50

2035 Quanto vale il reciproco del numero $\sqrt{5}+2$?

A $\sqrt{5}-2$

B $\sqrt{2}+5$

C $2-\sqrt{5}$

D $\sqrt{3}$

E $\sqrt{7}$

2036 Le radici dell'equazione:

$$(x-a)(x+b)(x-c) = 0$$

sono:

A $-a, b, -c$

B $a, -b, c$

C $-a, -b, c$

D $\frac{1}{a}, \frac{1}{b}, \frac{1}{c}$

E a^2, b^2, c^2

2037 Centomila moltiplicato per un millesimo è uguale a:

A cento

B cento milioni

C un centomillesimo

D un centesimo

E un centomilionesimo

2038 La soluzione dell'equazione $8x + 4 = 6$ è:

A $x = \frac{1}{4}$

B $x = -4$

C $x = \frac{10}{8}$

D $x = 4$

E $x = \frac{5}{2}$

2039 Quali sono le radici dell'equazione $x^2 + 3x - 10 = 0$?

A 2, 5

B −2, −5

C 2, −5

D −2, 5

E Nessuna delle altre risposte è corretta

2040 Una grandezza *X* aumenta in un'ora del 20% del valore iniziale, e nell'ora successiva diminuisce del 20% del valore raggiunto nella prima ora. Una grandezza *Y* invece diminuisce in un'ora del 20% del valore iniziale, e nell'ora successiva aumenta del 20% del valore raggiunto nella prima ora. Al termine delle due ore:

A *X* e *Y* sono entrambe diminuite rispetto ai valori iniziali

B *X* e *Y* sono entrambe ritornate ai valori iniziali

C *X* e *Y* sono entrambe aumentate rispetto ai valori iniziali

D rispetto ai valori iniziali *X* è aumentata e *Y* è diminuita

E rispetto ai valori iniziali *X* è diminuita e *Y* è aumentata

2041 $\log_{10}2.567.010.000.000$ **è un numero compreso fra:**

A 12 e 13

B 0 e 1

C 10 e 11

D 25 e 26

E 15 e 16

2042 **Due grandezze sono inversamente proporzionali:**

A se la loro somma è costante

B se il loro rapporto è costante

C se il loro prodotto è costante

D se la rappresentazione grafica in un piano cartesiano risulta una retta passante per l'origine

E se la rappresentazione grafica nel piano cartesiano risulta una retta non passante per l'origine

2043 **Razionalizzando** $\frac{\sqrt{a}+\sqrt{b}}{\sqrt{a}-\sqrt{b}}$ **si ottiene:**

A $\frac{\sqrt{a}+\sqrt{b}}{a-b}$

B $\frac{a+b+2\sqrt{ab}}{a-b}$

C $\frac{(\sqrt{a}+\sqrt{b})^{1/2}}{a-b}$

D $\frac{(\sqrt{a}+\sqrt{b})^{3}}{a+b}$

E $\frac{(a+b)^{2}}{a-b}$

2044 **Lo 0,2 per mille di un numero è 0,4. Il numero è:**

A 1000

B 2000

C 4000

D 8000

E 16000

2045 **La metà di** 10^6 **è:**

A 10^3

B $0,2 \cdot 10^6$

C $5 \cdot 10^5$

D 5^6

E 10^5

2046 $a^m \cdot a^n$ **è uguale a:**

A a^{m+n}

B a^{m-n}

C na^m

D a^{2mn}

E Nessuna delle altre risposte è corretta

2047 **In un piano cartesiano due circonferenze con raggio uguale di lunghezza 5 e centri di coordinate (2; 2) e (10; 8) hanno:**

A infiniti punti in comune

B due punti in comune

C un punto in comune

D nessun punto in comune

E quattro punti in comune

2048 **Una circonferenza è un caso particolare di:**

A parabola

B iperbole

C ellisse

D retta

E conica degenere

2049 $\frac{10^{-12}}{10^3} =$

A 10^{-9}

B 10^{-15}

C 10^{-4}

D 10^{15}

E 10^{12}

CONOSCENZE SCIENTIFICHE

2050 Il 5% dei membri di una scuola di 5000 persone è stato colpito da una malattia infettiva che richiede il ricovero nel 50% dei casi: quanti ricoveri sono stati fatti?

A 100
B 115
C 125
D 135
E 250

2051 Se si fa ruotare un trapezio rettangolo intorno al lato ortogonale agli altri due, si genera:

A un tronco di cono
B un tronco di piramide
C un solido costituito da due coni uniti per la base
D un cono
E una piramide

2052 Il grafico di $f(x) = \log_{10}(x-2)$:

A giace sempre sopra l'asse x
B giace sempre sotto l'asse x
C giace tutto nel primo e secondo quadrante
D giace tutto nel primo e quarto quadrante
E nessuna delle altre risposte è corretta

2053 Quali sono tutti i valori di x per i quali è valida la disequazione $x^2 > 64$?

A $x > -8$
B $x < -8$ e $x > 8$
C $x < 8$ e $x > -8$
D $x > 8$
E $x < -8$

2054 Quanto vale l'espressione $\frac{1}{2} - \frac{1}{3} - \frac{1}{4} - \frac{1}{5}$?

A 76
B $-\frac{17}{60}$
C $\frac{1}{14}$
D $\frac{1}{12}$
E $\frac{1}{17}$

2055 Il 17% di 3.300 è:

A 33
B 73
C 273
D 561
E 630

2056 La funzione $f(x) = 10^x$:

A ammette funzione inversa e la sua funzione inversa è $g(x) = \log_{10}x$
B è definita solo per $x > 0$
C è una funzione dispari
D non ammette funzione inversa
E ammette come funzione inversa $g(x) = 2^{1/x}$

2057 In un esame, 16 studenti sono stati respinti e il 90% è stato promosso. Quanti sono gli studenti che si sono presentati all'esame?

A 160
B 116
C 84
D 120
E 190

2058 Un angolo è convesso se:

A è minore o uguale a un angolo retto
B è maggiore o uguale a un angolo retto
C non contiene i prolungamenti dei suoi lati
D è maggiore di un angolo piatto
E nessuna delle altre risposte è corretta

2059 1^{-23} è:

A negativo
B uguale a 1
C uguale a $\frac{1}{23}$
D uguale a $-\frac{1}{23}$
E nessuna delle altre risposte è corretta

2060 Quanto vale l'espressione $2^{-1} \cdot 2^5 \cdot 2^{-4}$?

A 20
B 1
C 2
D 64
E 32

PARTE QUARTA

2061 Il luogo dei punti equidistanti da due punti assegnati A e B è

A una retta parallela al segmento AB

B l'asse del segmento AB

C la circonferenza di centro A e passante per B

D la retta perpendicolare al segmento AB e passante per A

E la retta perpendicolare al segmento AB e passante per B

2062 Se una funzione *f* ammette inversa *g*, allora:

A i grafici di *f* e di *g* sono simmetrici rispetto alla bisettrice del I e III quadrante

B i grafici di *f* e di *g* sono simmetrici rispetto all'asse *x*

C i grafici di *f* e di *g* sono simmetrici rispetto all'origine

D i grafici di *f* e di *g* non hanno alcun legame

E i grafici di *f* e di *g* sono simmetrici rispetto alla bisettrice del II e IV quadrante

2063 Indicare quale fra le seguenti uguaglianze è corretta:

A $100^{-2} = 10^{-(2^2)}$

B $2^{(2^5)} = 2^{10}$

C $5^{(2^3)} = 5^{(3^2)}$

D $4^{1/2} = 2^{-1}$

E $3^{(2^0)} = 3^0$

2064 Il volume di una piramide è uguale:

A alla terza parte dell'area di base

B all'area di base per l'altezza

C all'area di base per l'altezza diviso tre

D al perimetro di base per l'altezza diviso tre

E al perimetro di base per l'apotema diviso due

2065 Dati i seguenti monomi

$$5xy^2,\ 15x^2yz,\ 10x^2y^2z^2$$

il loro M.C.D. (massimo comune divisore) è:

A $30x^2y^2z^2$

B $30xy$

C $15xyz$

D $5xy$

E xy

2066 Stabilire quale delle seguenti affermazioni è vera. I punti (–3; 0), (0; –3), (0; 0):

A sono i vertici di un triangolo equilatero

B sono allineati

C non sono i vertici di un triangolo rettangolo

D sono i vertici di un triangolo isoscele

E non possono essere i vertici di un triangolo

2067 Un trapezio isoscele è equivalente a un triangolo che:

A ha per base la base maggiore del trapezio e altezza uguale a quella del trapezio

B ha per base il doppio della base minore del trapezio e altezza uguale a quella del trapezio

C ha per base la somma delle basi del trapezio e altezza uguale a quella del trapezio

D ha per base la somma delle basi del trapezio e per altezza la metà dell'altezza del trapezio

E ha per base la somma dei lati obliqui del trapezio e altezza uguale a quella del trapezio

2068 Il numero *h* è il logaritmo decimale di:

A h^{10}

B 10^h

C $10h$

D $\frac{10}{h}$

E nessuna delle altre risposte è corretta

CONOSCENZE SCIENTIFICHE

2069 **Supponiamo di avere due eventi A e B disgiunti tali che risulti $P(A) = 0,3$ e $P(A \cup B) = 0,7$. Allora:**

A) $P(B) = 0,3$
B) $P(B) = 1$
C) $P(B) = 0,4$
D) la probabilità di B non è calcolabile
E) $P(B) < 0,4$

2070 **Quale delle seguenti affermazioni relative alla funzione $f(x) = 1 + \frac{1}{4 + x^2}$ è vera?**

A) È sempre maggiore di 1
B) Assume almeno due volte il valore 1
C) Non è simmetrica rispetto all'asse y
D) È negativa se $x < 0$
E) $f(0) = 2$

2071 **$-3 \cdot 10^{-3} =$**

A) 3
B) −3
C) −0,0003
D) −0,003
E) −0,3

2072 **Quale sarà il valore di n se $\log_2 n = 6$?**

A) 16
B) 32
C) 64
D) 148
E) Nessuna delle altre risposte è corretta

2073 **Il logaritmo decimale di 99,99 è:**

A) minore di 0
B) compreso tra 0 e 1
C) compreso tra 1 e 2
D) compreso tra 2 e 10
E) compreso tra 10 e 100

2074 **Il prodotto $(2 \cdot 10^2) \cdot (7 \cdot 10^5)$ corrisponde al numero:**

A) 1.400.000
B) 2.800.000.000
C) $1,4 \cdot 10^8$
D) $14 \cdot 10^6$
E) nessuno dei numeri precedenti

2075 **Il rapporto tra la misura del volume e la misura della superficie di una sfera di raggio r è:**

A) π
B) πr
C) $\frac{r}{3}$
D) r^2
E) $\frac{\pi}{3}$

2076 **Trovare l'area del triangolo compreso fra gli assi cartesiani e la retta di equazione $y = 5 - \frac{x}{2}$.**

A) $\frac{5}{4}$
B) $\frac{2}{5}$
C) 50
D) 25
E) Nessuna delle altre risposte è corretta

2077 **L'equazione $9 = \frac{3}{4}x$ ha come soluzione:**

A) $x = \frac{12}{9}$
B) $x = 3$
C) $x = \frac{27}{4}$
D) $x = 12$
E) $x = 108$

2078 **Per quali valori reali di x la funzione $y = (ax)^2 + 3$ ha valori positivi?**

A) Solo per $x = a$
B) Solo per $x = 3$
C) Nessuno
D) Per $x > 0$
E) Per qualsiasi valore di x

2079 **L'espressione $\frac{1}{6} - \frac{1}{4}$ è uguale a:**

A $\frac{1}{2}$

B $-\frac{1}{12}$

C $-\frac{1}{3}$

D $-\frac{1}{6}$

E $-\frac{1}{2}$

2080 **Se il rapporto tra un arco di circonferenza e il raggio è uguale a $\pi/4$:**

A l'angolo corrispondente è di 45°

B l'angolo corrispondente è di 90°

C non è possibile sapere qual è l'angolo corrispondente

D l'angolo corrispondente è di 360°

E l'angolo corrispondente è di π radianti

2081 **Un numero *a*, positivo, viene diviso per il numero *b*, positivo e minore di 1; il risultato è un numero:**

A minore *a*

B maggiore di *a*

C negativo

D immaginario

E nessuna delle altre risposte è corretta

2082 **L'espressione**

$4 \cdot 10^0 + 5 \cdot 10^1 + 3 \cdot 10^2 + 7 \cdot 10^3$ vale:

A 7354

B 7350

C 4735

D 4537

E 4357

2083 **Nell'insieme dei numeri reali, $8^{2/3}$ equivale a:**

A $\frac{16}{3}$

B 4

C $\frac{1}{12}$

D $\frac{64}{3}$

E 12

2084 **La retta di equazione $y = 3x + 2$ interseca l'asse delle *x* in un punto:**

A di ascissa negativa

B di ascissa positiva

C di ascissa nulla

D di ascissa uguale a $\frac{2}{3}$

E di ascissa uguale a $\frac{1}{2}$

2085 **Indicare per quali valori di *x* è soddisfatta $\frac{x-a}{b-a} > 0$ (con $a > b > 0$):**

A per $x < b$

B per $b < x < a$

C per nessun valore di *x*

D per $x < a$

E per $x = a$ e per $x = b$

2086 **$\log 3 + \log 3$ equivale a:**

A $\log 6$

B $\log 3$

C $\log 9$

D $\log \frac{1}{3}$

E $\log \frac{2}{3}$

CONOSCENZE SCIENTIFICHE

2087 **Per $b > 0$, $\log b^n$ equivale a:**

A $n \cdot \log b$

B $n + \log b$

C $\log bn$

D $\frac{1}{n} \cdot \log b$

E $(\log n)^2$

2088 **$(\sqrt[4]{5})^3$ è uguale a:**

A 5^{-1} B $5^{4/3}$ C $5^{3/4}$ D 5^{12} E $5\sqrt[4]{5}$

2089 **$\log_{10} 4 - \log_{10} 3 =$**

A $\log_{10}\frac{4}{3}$

B $\log_{10}(4-3)$

C $\log_{10} 4^3$

D $\log_{10} 3^4$

E Nessuna delle altre risposte è corretta

2090 **Quale delle seguenti uguaglianze è corretta?**

A $a^{-b} = -b^{-a}$

B $a^{-b} = -a^{-b}$

C $a^{-b} = \frac{a}{b}$

D $a^{-b} = \frac{1}{a^b}$

E $a^{-b} = \frac{1}{ab}$

2091 **$10^{\log_{10} 10^2}$ equivale a:**

A 100

B 200

C 2

D 4

E 10

2092 **Se il 35% di x è uguale a 175, il 60% di x vale:**

A 300

B 315

C 280

D 350

E 180

2093 **In quale delle seguenti quaterne di numeri sono elencati i valori in gradi sessagesimali degli angoli interni di un quadrilatero?**

A 45, 120, 90, 104

B 120, 72, 54, 115

C 102, 90, 85, 81

D 90, 100, 120, 60

E 177, 38, 91, 54

2094 **Delle risposte date a un questionario, 8 sono sbagliate e l'80% sono esatte. Quante risposte sono state date?**

A 88 B 72 C 48 D 80 E 40

2095 **Si considerino i seguenti sistemi di due equazioni in due incognite:**

$$1)\begin{cases} 2x + y = 1 \\ 2y + 4x = -1 \end{cases} \qquad 2)\begin{cases} x + y = 0 \\ y - x = 0 \end{cases}$$

$$3)\begin{cases} x + 3y = 0 \\ 2x + 6y = 0 \end{cases} \qquad 4)\begin{cases} x + y = 1 \\ y - x = 1 \end{cases}$$

Tra essi sono presenti sistemi che nel campo reale ammettono una e una sola soluzione, nessuna soluzione o infinite soluzioni. Indicare quale delle seguenti affermazioni è vera.

A Solo il sistema 1) non ha soluzioni e solo il 3) ne ha infinite

B Solo il sistema 2) non ha soluzioni e nessuno di essi ne ha infinite

C I sistemi 2) e 3) ammettono entrambi infinite soluzioni

D I sistemi 1) e 4) non hanno soluzioni

E Nessuno dei sistemi assegnati ha infinite soluzioni

2096 **La parabola $y = x^2 + 1$:**

A non interseca mai l'asse x

B ha per asse di simmetria la retta $x = 1$

C ha il fuoco nel punto $(0; 1)$

D ha come direttrice la retta $y = 1$

E è contenuta nel primo e quarto quadrante

2097 La reazione $ab = c$ (c costante) significa che:

A a e b appartengono alla stessa retta

B a e b appartengono alla stessa circonferenza

C a e b sono direttamente proporzionali

D a e b sono inversamente proporzionali

E a e b sono costanti

2098 Se $x + \frac{1}{x} = 2$ quanto vale $x^3 + \frac{1}{x^3}$?

A 2

B 5

C 4

D 3

E 6

2099 La funzione composta $h = f(g(x))$, con $g(x) = x^2 - 1$ e $f(x) = 3x + 2$, ha equazione:

A $h(x) = 3x^2 - 1$

B $h(x) = \frac{x^2 - 1}{3x + 2}$

C $h(x) = (x^2 - 1)(3x + 2)$

D $h(x) = 9x^2 + 12x + 3$

E $h(x) = x^2 + 3x + 1$

2100 Per qualsiasi valore del numero intero n, quale dei risultati delle seguenti espressioni è un numero naturale dispari?

I) $2n + 1$

II) $2n + 4$

III) $2n - 3$

A Solo la I e la III

B Solo la II

C Solo la III

D Solo la I e la II

E Solo la I

2101 L'espressione $\frac{5^9}{125^3}$ è equivalente a:

A $\frac{1}{5}$

B 1

C 125

D $\frac{1}{25}$

E 5^{-3}

2102 Sommando i quadrati di due numeri a e b si ottiene 58. Si sa poi che $ab = -21$.

Allora $(a - b)^2$ è uguale a:

A 16

B 79

C 36

D 100

E 37

2103 Se $x + y = 2$ e $x = 6$, quanto vale $2x + 4y$?

A 4

B –4

C 0

D 28

E –2

2104 In una classe di 30 alunni, ogni due maschi ci sono tre femmine. Detto M il numero dei maschi e F il numero delle femmine, stabilire quale tra le seguenti relazioni è corretta.

A $2M = 3F$

B $3M = 2F$

C $2M + 3F = 30$

D $12M + 18F = 30$

E $18M + 12F = 30$

2105 La disequazione $\frac{x - 1}{x + 1} \geq 0$ è soddisfatta:

A per $x < -1$ e $x > 1$

B per $x < -1$ e $x \geq 1$

C per $x \leq -1$ e $x \geq 1$

D per $x \leq -1$ e $x > 1$

E per $-1 < x \leq 1$

CONOSCENZE SCIENTIFICHE

2106 Quali sono le soluzioni dell'equazione $x^2 + x = 0$?

A 0, 0
B 0, −1
C −1, −1
D 1, −1
E L'equazione non ha soluzioni reali

2107 Quali sono le coordinate dei punti di intersezione della curva di equazione $y^2 = x + 24$ con la retta di equazione $x = 1$?

A $(1; 5), (1; -5)$
B $\left(1; \frac{5}{2}\right), \left(1; -\frac{5}{2}\right)$
C $\left(1; \frac{5}{4}\right), \left(1; -\frac{5}{4}\right)$
D $\left(1; \frac{5}{8}\right), \left(1; -\frac{5}{8}\right)$
E $(1; 25), (1; -25)$

2108 Se $e^x = 2$ allora:

A $x = e^{1/2}$
B $x = \ln 2$
C $x = \frac{2}{e}$
D x è indeterminato
E $x = \frac{10}{e}$

2109 Elevando al cubo un numero reale negativo, in valore assoluto minore di 1, si ottiene sempre un numero:

A uguale a 1
B positivo e minore di 1
C negativo e in valore assoluto maggiore di 1
D positivo e maggiore di 1
E negativo e in valore assoluto minore di 1

2110 $\log_{100} 10$ è uguale a:

A 10
B 20
C 100
D 1
E $\frac{1}{2}$

2111 Il sistema $\begin{cases} a_1x + b_1y = c_1 \\ a_2x + b_2y = c_2 \end{cases}$ ha un'unica soluzione soltanto se:

A $a_1b_2 - a_2b_1 = 0$
B $a_1c_2 - a_2c_1 = 0$
C $a_1c_2 - a_2c_1 \neq 0$
D $a_1b_2 - a_2b_1 \neq 0$
E $a_1b_2 - a_2b_1 \neq c_1c_2$

2112 Un padre ha 50 anni e il figlio 26. Quando l'età del padre è stata o sarà tripla di quella del figlio?

A Mai
B 14 anni fa
C Fra 14 anni
D Non è possibile stabilirlo
E Fra 24 anni

2113 L'equazione $6^x = -36$:

A ha due soluzioni irrazionali
B ha come radici 2 e − 2
C non ammette soluzioni nel campo reale
D ha come unica radice 2
E ha come unica radice − 2

2114 Per $a > 0$, $\log a + 2\log a =$

A $\log 3a$
B $(\log a)^3$
C $\log a^3$
D $\frac{1}{3}\log a$
E Nessuna delle altre risposte è corretta

2115 Si consideri la relazione $y = \frac{a}{x}$. Mantenendo costante il valore di *a*, se il valore di *x* dimezza:

A il valore di *y* è ridotto alla metà

B il valore di *y* raddoppia

C il valore di *y* risulta moltiplicato per *a*

D il valore di *y* resta costante

E nessuna delle altre risposte è corretta

2116 Le coordinate del punto medio del segmento di estremi (2; –1) e (8; 5) sono:

A (3; 3)

B (5; 3)

C $\left(\frac{7}{2}; \frac{7}{2}\right)$

D (5; 2)

E (–5; – 2)

2117 Calcolare M.C.D. e m.c.m. di 56, 39 e 12.

A 2184 e 1

B 3 e 924

C 1 e 924

D 1 e 2184

E 3 e 2148

2118 La retta di equazione $x - y = 3$ interseca la retta $x + y = 1$ nel punto di coordinate:

A (0; 0)

B (1; 2)

C (2; –1)

D (–1; 2)

E (2; 1)

2119 Se 96 : 16 = *x* : 13, quanto vale *x*?

A 78

B 99

C 93

D 81

E 104

2120 Se il rapporto tra *a* e *b* è uguale al rapporto tra *b* e *x*, il valore di *x* è:

A $x = ab$

B $x = \frac{a}{b}$

C $x = \frac{b^2}{a}$

D $x = \frac{a}{b^2}$

E $x = \frac{b}{a}$

2121 Per caratterizzare un triangolo, è necessario conoscerne alcuni elementi (quali angoli, lati ecc.). Quale dei seguenti insiemi di elementi NON consente di caratterizzare un unico triangolo?

A Un lato e gli angoli a esso adiacenti

B Un lato, un angolo a esso adiacente, e l'angolo a esso opposto

C Due lati e l'angolo compreso

D I tre angoli

E Nessuna delle altre risposte è corretta

2122 $1 \cdot 2^1 + 1 \cdot 2^3 + 1 \cdot 2^4 =$

A 26

B 7

C 10

D 18

E 13

2123 Quale sarà il risultato dell'espressione $\frac{10^3}{10^{-3}}$?

A 10^6

B 1

C 3

D 10

E 100

CONOSCENZE SCIENTIFICHE

2124 Il rapporto tra due potenze aventi la stessa base è una potenza che ha:

A non è possibile eseguire tale operazione

B stessa base ed esponente pari al prodotto degli esponenti

C stessa base ed esponente pari al rapporto degli esponenti

D stessa base ed esponente pari alla somma degli esponenti

E stessa base ed esponente pari alla differenza degli esponenti

2125 a^{-3} è equivalente a:

A $-\frac{3}{a}$

B $\frac{1}{a^3}$

C $-a^3$

D $\frac{-a}{3}$

E $\sqrt[3]{a}$

2126 La differenza $x^5 - x^3$ vale:

A x^2

B $x^{5/3}$

C $x^2(x^3 - 1)$

D $x^3(x^2 - 1)$

E $x^{3/5}$

2127 In un cubo la lunghezza della diagonale di una faccia è *d*. Se si ingrandisce il cubo raddoppiando *d*, allora la superficie totale del cubo:

A raddoppia

B quadruplica

C viene moltiplicata per 23

D viene moltiplicata per 22

E viene moltiplicata per 6

2128 Quale dei seguenti valori non è un numero irrazionale?

A π

B $8 \cdot 10^{-5}$

C $\sqrt[3]{2}$

D Log 2

E e

2129 Calcolare la somma dei primi 100 numeri naturali:

A 100

B 10100

C 5050

D 4950

E 5000

2130 Con quale delle seguenti espressioni può essere scritta la quantità 57.614.000?

A $57 \cdot 10^4 + 513 \cdot 100$

B $57 \cdot 10^3 + 614 \cdot 1000$

C $57 \cdot 10^2 + 613 \cdot 1000$

D $57 \cdot 10^6 + 614 \cdot 1000 + 0$

E $5700 \cdot 32$

2131 Tre orologi suonano, il primo ogni 3 ore, il secondo ogni 4 ore e il terzo ogni 5 ore. Oggi, martedì, suonano contemporaneamente alle ore 16. In quale giorno e a quale ora suoneranno ancora contemporaneamente la prossima volta?

A Giovedì, alle ore 4

B Mercoledì, alle ore 16

C Venerdì, alle ore 4

D Venerdì, alle ore 12

E Giovedì, alle ore 16

2132 Stabilire quale delle seguenti affermazioni è vera.

A $(x+3)^2 \geq 0$ per ogni x reale

B $(x+3)^2 > 0$ per ogni x reale

C $(x+3)^2 > 0$ per $x > -3$

D $(x+3)^2 > 0$ per $x < -3$

E $(x+3)^2 < 0$ per $x = -3$

2133 Se a, x e y sono tre numeri reali positivi, $\log_{10}2 + \log_{10}a - \log_{10}x - \log_{10}y$ è uguale a:

A $2\log_{10}\frac{a}{xy}$

B 0

C $\log_{10}\frac{2a}{xy}$

D $\log_{10}\frac{a}{xy}$

E nessuna delle altre risposte è corretta

2134 Il polinomio

$$7ab^5 + 3a^3b - 2a^2b^3 + a^4 + 6b^3$$

ha grado:

A 6

B 3

C 4

D 12

E 22

2135 La soluzione della disequazione

$$(x+3)(x+5) > (x+1)(x+9)$$

è:

A $x \leq 3$

B $x \geq 3$

C $x > 3$

D $x < 3$

E $0 < x < 3$

CONOSCENZE SCIENTIFICHE

Quesiti di biologia

2136 La centrale energetica della cellula, ove si svolgono le reazioni della catena respiratoria, è:

A il globulo rosso
B il mitocondrio
C l'epitelio alveolare
D il lisosoma
E il reticolo endoplasmatico

2137 Il corredo cromosomico caratteristico della specie umana è composto da:

A 23 coppie di cromosomi più i cromosomi sessuali
B 22 coppie di cromosomi più la coppia di cromosomi sessuali
C 23 cromosomi
D 46 cromosomi più XY
E 46 cromosomi più XX

2138 Quale delle seguenti affermazioni relative al codice genetico è vera?

A Ogni amminoacido è codificato da una o più coppie di nucleotidi
B Ogni nucleotide è codificato da uno o più amminoacidi
C Ogni tripletta di nucleotidi codifica più di un amminoacido
D Una sola delle 64 triplette ha il significato di STOP
E Ogni amminoacido è codificato da una o più triplette di nucleotidi

2139 Indicare quale delle seguenti caratteristiche è comune a virus, procarioti ed eucarioti:

A presenza di nucleo
B possibilità di replicazione autonoma
C presenza di ribosomi
D capacità biosintetiche autonome
E presenza di un programma genetico

2140 La funzione dell'insulina è:

A regolare la contrazione muscolare
B regolare la coagulazione del sangue
C prevenire le infezioni batteriche
D regolare il metabolismo del glucosio
E prevenire il rigetto di organi

2141 La guaina mielinica permette:

A una più rapida trasmissione dell'impulso elettrico del neurone
B il contenimento dei fasci di neuroni all'interno dei nervi
C l'assorbimento di sostanze nutritizie da parte di cellule della mucosa intestinale
D una resistenza maggiore delle cellule a stress meccanici
E il contenimento dei fasci di fibre muscolari

2142 L'esatto ordine degli stadi della vita di un insetto è:

A pupa, larva, uovo, adulto
B uovo, pupa, larva, adulto
C uovo, larva, pupa, adulto
D larva, uovo, pupa, adulto
E pupa, uovo, larva, adulto

2143 Nel corpo umano, l'ipotalamo è:

A un'area della corteccia cerebrale

B il principale centro di controllo del sistema endocrino

C un organo linfoide

D un nervo

E una regione dell'encefalo responsabile di funzioni "evolute" come il ragionamento e la costruzione del linguaggio

2144 Nell'uomo, un gene è formato da:

A DNA

B proteine

C RNA

D una sequenza di DNA legata a proteine e lipidi

E amminoacidi

2145 Indicare quale dei seguenti abbinamenti tra organulo cellulare e funzione è corretto:

A microtubulo - energia

B mitocondrio - movimento

C lisosoma - digestione

D apparato di Golgi - fotosintesi

E mitocondrio - fotosintesi

2146 I cromosomi sono formati da:

A DNA e proteine

B colesterolo

C proteine

D lipidi e proteine

E calcio e fosforo

2147 L'osmosi è il processo per cui:

A un sale passa da una soluzione meno concentrata a una più concentrata

B l'acqua passa da una soluzione più concentrata a una meno concentrata

C un sale passa da una soluzione più concentrata a una meno concentrata

D acqua e sale attraversano una membrana semipermeabile nella stessa direzione

E l'acqua passa da una soluzione meno concentrata a una più concentrata

2148 Solo una delle affermazioni seguenti è vera:

A l'acetilcolina è il neurotrasmettitore della giunzione neuromuscolare

B la noradrenalina è il neurotrasmettitore della giunzione neuromuscolare

C la dopamina è il neurotrasmettitore della giunzione neuromuscolare

D la serotonina è il neurotrasmettitore della giunzione neuromuscolare

E il glutammato è il neurotrasmettitore della giunzione neuromuscolare

2149 "Cellula nervosa" è il sinonimo di:

A nervo periferico

B dendrite

C neurite

D cellula recettrice

E neurone

2150 Il diaframma è un muscolo la cui funzione è collegata a:

A apparato respiratorio

B apparato digerente

C apparato riproduttore

D occhio

E orecchio

2151 I capillari sono elementi importanti nella circolazione del sangue perché in essi ha luogo:

A un forte aumento nella spinta del sangue

B lo scambio di materia fra sangue e cellule

C la depurazione degli agenti infettivi

D la produzione dei globuli rossi

E la produzione dei globuli bianchi

2152 Qual è la parte che comunemente si consuma della pianta di fagiolo?

A Il fiore

B Una porzione del fusto

C La radice

D Il seme

E Le foglie

PARTE QUARTA

2153 Che cos'è la deriva genica?

A Una modificazione delle frequenze alleliche dovuta a mutazione
B La variazione di una frequenza allelica dovuta a mortalità differenziale
C Il cambiamento casuale di frequenze alleliche in una piccola popolazione
D Una variazione delle frequenze alleliche dovute ad immigrazione da una popolazione diversa
E Un sinonimo di mutazione

2154 Un processo è anaerobico quando:

A avviene in presenza di ossigeno
B avviene in presenza di anidride carbonica
C avviene in assenza di ossigeno
D richiede poco movimento muscolare
E quesito senza soluzione univoca o corretta

2155 Gli animali che si nutrono sia di piante che di animali sono:

A saprofiti
B erbivori
C carnivori
D parassiti
E onnivori

2156 Il cuore:

A contiene solo sangue non ossigenato
B si trova nell'ipocondrio sinistro
C è formato da un muscolo con caratteristiche intermedie tra quello liscio e quello striato
D batte un ritmo molto diverso da individuo a individuo
E è formato da tessuto muscolare liscio

2157 Un organismo che presenta sia le gonadi maschili che quelle femminili è detto:

A bisessuale
B ermafrodita
C eterosessuale
D omosessuale
E asessuale

2158 Le macromolecole biologiche sono:

A amminoacidi e proteine
B glicerolo e acidi nucleici
C acqua, sali inorganici e ioni
D proteine, acidi nucleici, lipidi e polisaccaridi
E vitamine e proteine

2159 La trisomia del cromosoma 21 determina:

A la sindrome di Turner
B la sindrome di *cri du chat*
C la sindrome di Klinefelter
D la sindrome di Down
E la sindrome di Marfan

2160 Gli animali si scambiano segnali chimici di comunicazione sessuale. Essi sono:

A i feromoni
B l'adrenalina e la noradrenalina
C composti nutritivi
D acidi nucleici
E gli estrogeni

2161 Il nucleo delle cellule dell'organismo umano è:

A la sede della respirazione
B la sede in cui il DNA cellulare si replica e viene trascritto
C un semplice contenitore di materiale di riserva che viene usato nella divisione cellulare
D la sede della fotosintesi
E la sede della sintesi proteica

2162 Delle seguenti classi, appartengono ai vertebrati:

A i policheti
B i crostacei
C i chilopodi
D gli uccelli
E gli imenotteri

2163 I granchi appartengono:

A ai crostacei
B ai mammiferi
C ai nematodi
D agli aracnidi
E agli echinodermi

2164 Gli animali si caratterizzano per la capacità di:

A organicare carbonio e azoto
B servirsi della clorofilla per fabbricare il nutrimento di cui hanno bisogno
C muoversi da un posto all'altro alla ricerca di cibo, inghiottirlo e digerirlo all'interno del corpo
D fabbricare da sé la sostanza nutritiva
E rimanere generalmente fissi al substrato

2165 Gli eritrociti sono:

A macrofagi
B monociti
C globuli rossi e globuli bianchi
D un tipo particolare di linfociti
E globuli rossi

2166 In seguito alla fotosintesi si ha la liberazione di:

A CO_2
B ossigeno
C azoto
D sali minerali
E H_2O

2167 Con il termine "filogenesi" si intende:

A lo sviluppo di un individuo dalla nascita alla maturità
B lo sviluppo di nuovi individui per partenogenesi
C la teoria della generazione spontanea
D l'insieme delle leggi dell'ereditarietà
E lo sviluppo evolutivo degli organismi viventi

2168 La parte recettrice di un occhio è:

A la cornea
B la retina
C il cristallino
D la pupilla
E l'umor acqueo

2169 Quale delle seguenti molecole è accoppiata in modo ERRATO alla classe chimica di appartenenza?

A gene-acido nucleico
B zucchero-lipide
C saccarosio-carboidrato
D enzima-proteina
E colesterolo-lipide

2170 Quale percorso segue il flusso delle informazioni genetiche nella cellula?

A Il DNA viene tradotto in proteine che poi sono trascritte in RNA
B Il DNA viene tradotto in RNA che poi è trascritto in proteine
C Il DNA viene trascritto in RNA che poi è tradotto in proteine
D Le proteine sono trascritte da DNA che poi è tradotto in RNA
E Le proteine sono trascritte da RNA che poi è tradotto in DNA

2171 I gemelli monozigoti derivano dall'unione di:

A un uovo e molti spermatozoi
B due uova e due spermatozoi
C due uova e uno spermatozoo
D un uovo e due spermatozoi
E un uovo e uno spermatozoo

2172 Supponiamo che su un filamento di DNA si susseguano le basi CTAATTGGA.

Quali sono le basi complementari sull'altro filamento della doppia elica?

A CTAATTGGA
B TCCAATTAG
C ACGGCCTTG
D GAUUAACCU
E GATTAACCT

2173 I globuli bianchi o leucociti sono:

A cellule con funzioni di difesa
B cellule contenenti il vettore di ossigeno
C cellule muscolari immature
D cellule del tessuto connettivo
E cellule del sangue immature

2174 Un eterozigote è:

A un individuo con geni simili
B un individuo con cromosomi uguali
C un membro di una coppia di gemelli
D il prodotto della fusione di due gameti
E un individuo il cui genoma possiede una coppia di alleli diversi

2175 I "mattoni" che costituiscono gli acidi nucleici sono:
A zuccheri ribosi
B amminoacidi
C nucleotidi
D fosfati
E basi puriniche

2176 Indicare quale dei seguenti processi biochimici è localizzato nei cloroplasti:
A la fotosintesi clorofilliana
B la fosforilazione ossidativa
C la trascrizione inversa dell'RNA
D la respirazione
E la glicolisi

2177 Con la meiosi il numero dei cromosomi:
A raddoppia
B rimane uguale
C si dimezza
D diventa diploide
E diventa tetraploide

2178 Lo scambio di geni tra cromosomi omologhi è chiamato:
A mutazione
B poliploidia
C pseudogamia
D test-cross
E crossing-over

2179 Tra le seguenti proprietà una sola non è comune a tutti gli esseri viventi. Quale?
A Sintesi di macromolecole
B Organicazione del carbonio
C Evoluzione
D Conversione di energia
E Riproduzione

2180 Una specie è l'insieme degli individui:
A interfecondi
B uguali
C di razze simili
D della stessa classe
E dello stesso sesso

2181 L'evoluzione avviene per:
A selezione naturale
B eredità dei caratteri acquisiti
C selezione dei caratteri acquisiti
D acquisizione dei caratteri ambientali
E esclusione dei caratteri acquisiti

2182 I geni esplicano la loro azione mediante la produzione di:
A lipidi
B glucidi
C proteine
D vacuoli
E cromosomi

2183 Il modello attualmente accettato della struttura macromolecolare del DNA fu proposto negli anni '50 da:
A Fleming
B Watson e Crick
C Dawson e Danielli
D Marie Curie
E Schleiden e Schwann

2184 Per sostanza cancerogena si intende:
A sostanza che può provocare il cancro o aumentarne la frequenza nell'uomo
B qualsiasi sostanza chimica
C solo le sostanze solide classificate secondo la classificazione CEE
D sostanza che può provocare il cancro o aumentarne la frequenza nell'uomo ma solo se presente allo stato fisico liquido
E sostanza che può provocare il cancro o aumentarne la frequenza nell'uomo ma solo se presente allo stato fisico gassoso

2185 La clorofilla è:
A una sostanza che costituisce una riserva energetica solo per i sistemi vegetali
B una sostanza che costituisce una riserva energetica di ogni sistema biologico
C un componente essenziale degli organismi animali
D un pigmento capace di catturare energia luminosa
E un componente essenziale di ogni cellula

2186 Sono entità biologiche sprovviste di struttura cellulare:
A gli eucarioti
B i cianobatteri
C i procarioti in genere
D i virus
E i protozoi

CONOSCENZE SCIENTIFICHE

2187 Prima della divisione, ogni cromosoma è composto da due parti identiche chiamate:

A cromatina
B diadi
C nucleosomi
D cromatidi
E centromeri

2188 Un rapporto tra due esseri viventi che reca svantaggio a uno di loro, si chiama:

A biotipo
B saprofitismo
C parassitismo
D commensalismo
E simbiosi mutualistica

2189 Quale delle seguenti strutture è assente nei batteri?

A Membrana cellulare
B Parete cellulare
C Flagelli
D Capsula
E Nucleo

2190 Il tRNA è la molecola che:

A fa arrestare la sintesi proteica
B forma il legame fosfodiesterico tra nucleotidi
C è presente nel nucleolo
D trasferisce amminoacidi sul ribosoma
E trasferisce il ribosoma sul reticolo endoplasmatico

2191 La forma più frequente di ipercolesterolemia familiare è una malattia autosomica dominante. Che probabilità hanno due genitori entrambi affetti, in quanto eterozigoti per l'allele mutato, di generare un figlio sano?

A 0%
B 25%
C 50%
D 75%
E 100%

2192 I dischi intervertebrali sono formati da:

A tessuto osseo
B epitelio
C tessuto cartilagineo
D grasso bruno
E tessuto linfatico

2193 Nel corpo umano, quale organo ha funzione sia esocrina che endocrina?

A La milza
B La vescica
C Il fegato
D Il pancreas
E Il cuore

2194 La classe più ricca di specie dei vertebrati è quella:

A dei pesci
B dei rettili
C degli anfibi
D degli uccelli
E dei mammiferi

2195 La membrana plasmatica:

A è per la maggior parte composta da glucidi
B è costituita da proteine e lipidi
C rende la cellula impermeabile
D contiene il DNA
E incorpora i ribosomi

2196 L'ordine di grandezza delle dimensioni delle cellule umane è:

A il millimetro
B il dalton
C il micron
D l'angstrom
E il microlitro

2197 Quale dei seguenti ormoni viene prodotto dal testicolo?

A Glucagone
B Insulina
C Corticosterone
D Ormone tireotropo
E Testosterone

2198 Con la mitosi il numero dei cromosomi:

A si riduce a metà
B raddoppia
C diventa diploide
D rimane invariato
E si riduce di un terzo

PARTE QUARTA

2199 La mitosi è un processo di divisione cellulare che avviene:

A nelle cellule somatiche di un organismo
B nei batteri
C nei cromosomi
D nelle cellule somatiche e nei gameti di un organismo
E nei gameti

2200 Il legame peptidico:

A unisce monosaccaridi in catene polisaccaridiche
B unisce le basi azotate nelle molecole di DNA
C forma complessi tra più molecole di pepsina
D lega i nucleotidi adiacenti nella molecola di RNA
E consente la formazione di polimeri costituiti da amminoacidi

2201 Che cos'è l'mRNA?

A Un acido nucleico che dirige la sintesi proteica
B Un acido nucleico presente solo nel citoplasma
C Un acido nucleico presente solo nelle cellule procariotiche
D Un acido nucleico presente solo nelle cellule eucariotiche
E Un acido nucleico presente solo nel nucleo

2202 Nel codice genetico sono definite le corrispondenze tra:

A le triplette di nucleotidi nell'RNA e i monomeri presenti nei polisaccaridi
B i singoli nucleotidi presenti nel DNA e quelli presenti nell'RNA messaggero
C le triplette di nucleotidi nell'RNA e i singoli amminoacidi nelle proteine
D i singoli nucleotidi nell'RNA e gli amminoacidi nelle proteine
E le triplette di nucleotidi nel DNA e gli acidi grassi presenti nei lipidi di membrana

2203 Quale delle seguenti espressioni è la più appropriata per definire un virus?

A È una cellula eucariotica molto semplice
B È un prione
C È un organismo evolutivamente molto primitivo
D È una particella priva delle principali caratteristiche tipiche delle cellule viventi
E È una cellula batterica molto semplice

2204 Il fenotipo è:

A l'insieme di caratteri morfologici di un individuo
B l'insieme dei geni di un individuo
C l'insieme dei geni i cui prodotti modificano l'espressione di altri geni
D l'insieme degli alleli di un individuo
E l'insieme dei cromosomi di un individuo

2205 La retina è una struttura di origine:

A connettivale
B epiteliale
C muscolare
D ossea
E nervosa

2206 Tra le forme di interazione ecologica di due organismi appartenenti a specie diverse, il "commensalismo" si può definire come un rapporto nel quale:

A uno dei componenti trae vantaggio con danno per l'altro
B entrambi i componenti traggono vantaggio
C entrambi i componenti condividono la stessa nicchia ecologica
D entrambi i componenti appartengono alla stessa specie
E uno dei componenti trae vantaggio senza danno per l'altro

2207 Negli esseri umani le ghiandole endocrine producono:

A sudore
B ormoni
C succhi gastrici
D tessuto osseo
E globuli rossi

2208 La divisione meiotica avviene esclusivamente:

A nelle cellule vegetali
B nelle cellule germinali
C nei batteri
D nelle cellule somatiche
E nei virus

2209 Quale teoria fondamentale del pensiero biologico ha alla base il concetto di selezione naturale?

A La teoria dell'evoluzione biologica di Darwin
B La teoria che interpreta l'origine della vita sulla Terra sulla scia dei risultati ottenuti con gli esperimenti di Stanley Miller
C La teoria evolutiva proposta da Lamarck
D La teoria sviluppata dal monaco Gregorio Mendel
E Nessuna delle risposte proposte è corretta

2210 Le piastrine concorrono alla seguente funzione:

A trasporto dell'anidride carbonica
B trasporto dell'ossigeno
C produzione di anticorpi
D rivestimento interno dei vasi sanguigni
E coagulazione

2211 Analizzando la composizione di una cellula si trova che essa è composta per circa il 70% da:

A carboidrati
B acqua
C proteine
D lipidi
E macromolecole

2212 Le proteine actina e miosina sono particolarmente abbondanti nel tessuto:

A nervoso
B connettivo
C epiteliale
D adiposo
E muscolare

2213 L'accelerazione della frequenza delle pulsazioni del cuore, conseguente a un forte spavento, è dovuta a una stimolazione da parte del:

A cervelletto
B sistema nervoso parasimpatico
C sistema nervoso volontario
D sistema nervoso simpatico
E sistema endocrino

2214 Dei seguenti organismi appartengono agli invertebrati:

A tritoni e salamandre
B rane e rospi
C girini e avannotti
D cavallette e farfalle
E tartarughe e serpenti

2215 I ribosomi sono adibiti alla seguente funzione:

A trasporto attraverso la membrana plasmatica
B sintesi di zuccheri
C sintesi delle proteine
D produzione di lipidi
E detossificazione ed eliminazione di sostanze nocive

2216 Il glicogeno è:

A un polisaccaride utilizzato come riserva energetica nei tessuti animali
B una proteina regolatrice dell'espressione genica
C uno zucchero sintetizzato dalle piante
D un enzima che l'organismo utilizza per la sintesi del glucosio
E un enzima indispensabile per la digestione dei carboidrati

2217 Nel corpo umano, dove si trovano il carpo e il metacarpo?

A Nella gamba
B Nel braccio
C Nel sistema polso-mano
D Nell'avambraccio
E Nel gomito

2218 Nel corpo umano, quale delle seguenti strutture fa parte dell'apparato digerente?

A La laringe
B La faringe
C I ventricoli
D L'epifisi
E La trachea

2219 Globuli rossi posti in una soluzione salina ipotonica (a bassa concentrazione salina) tenderanno a:

A rigonfiarsi perché assumono sali dalla soluzione
B rigonfiarsi ed eventualmente scoppiare perché assumono acqua
C raggrinzirsi perché rilasciano acqua
D mantenere la forma iniziale
E coagulare

2220 Quali organismi viventi contengono ATP?

A Solo gli animali
B Solo le piante
C Tutti
D Tutti, tranne i batteri
E Solo gli organismi aerobi

2221 Gli organismi in grado di trasformare l'anidride carbonica in composti organici sono detti:

A eterotrofi
B saprofiti
C autotrofi
D oligotrofi
E saprobi

2222 La dicitura *Macaca silenus*, con la quale viene indicata la macaca dalla coda di leone, si riferisce alle seguenti categorie tassonomiche:

A specie, sottospecie
B classe, specie
C ordine, specie
D famiglia, specie
E genere, specie

2223 Il processo di fosforilazione ossidativa che porta alla sintesi di ATP ha luogo in uno dei seguenti organuli citoplasmatici:

A lisosomi
B ribosomi
C mitocondri
D cloroplasti
E perossisomi

2224 Quale fenomeno consente all'ossigeno e all'anidride carbonica di attraversare la membrana plasmatica dei globuli rossi?

A Diffusione
B Trasporto attivo
C Trasporto passivo
D Esocitosi
E Endocitosi

2225 Se un gene è localizzato sul cromosoma X, esso viene trasmesso dal padre a:

A metà delle figlie femmine
B tutti i figli maschi
C tutte le figlie femmine
D metà dei figli maschi
E tutti i figli indipendentemente dal sesso

2226 La più piccola entità capace di estrinsecare le attività tipiche della materia vivente è:

A il tessuto
B la cellula
C l'atomo
D la molecola
E la macromolecola

2227 Chi scoprì la penicillina?

A Alexander Fleming
B Jonas Salk
C Marie Curie
D Andrea Vesalio
E Louis Pasteur

2228 I neuroni comunicano fra loro:

A modificando il proprio DNA
B trasmettendo potenziali d'azione lungo gli assoni
C attraverso onde di pressione
D tramite onde elettromagnetiche
E scambiandosi i mitocondri

CONOSCENZE SCIENTIFICHE

2229 Il lombrico è:

- A un membro della famiglia degli artropodi
- B un cordato
- C un vertebrato
- D un anellide
- E un mollusco

2230 La riproduzione sessuata avviene per:

- A fusione di due cellule aploidi
- B frammentazione di un'unica cellula
- C fusione di due cellule diploidi
- D scissione di una cellula diploide
- E rigenerazione di un corredo diploide da un'unica cellula aploide

2231 Le cellule sessuali si originano per:

- A partenogenesi
- B meiosi
- C mitosi
- D fusione di cellule aploidi
- E divisione agamica

2232 Quale dei seguenti animali è provvisto di vertebre?

- A Medusa
- B Lombrico
- C Aragosta
- D Tartaruga
- E Stella di mare

2233 Il termine "zigote" definisce:

- A qualunque cellula aploide
- B lo spermatozoo
- C qualunque cellula diploide
- D la cellula uovo
- E la cellula formata dall'unione di due gameti

2234 Che cos'è una proteina?

- A Una molecola composta da 20 atomi
- B Una catena di amminoacidi
- C Una molecola composta da 20 vitamine
- D Un tipo di vaccino
- E Un tipo di cellula

2235 Il processo fotosintetico rimuove dall'ambiente:

- A ossigeno
- B anidride carbonica
- C zuccheri
- D clorofilla
- E azoto

2236 La regione dell'occhio dei vertebrati in cui passa il nervo ottico uscendo dalla retina è:

- A la fovea
- B l'iride
- C il punto cieco
- D la pupilla
- E il cristallino

2237 Come vengono chiamati i vasi che portano il sangue dal cuore ai vari organi?

- A Capillari venosi
- B Vene
- C Vasi linfatici
- D Arterie
- E Dotti biliari

2238 Cosa contiene il seme di una pianta?

- A Solo l'embrione
- B L'embrione e sostanze di riserva
- C Solo clorofilla
- D Solo cellulosa
- E Solo sostanze di riserva

2239 Gli animali:

- A non effettuano la fotosintesi
- B si riproducono esclusivamente per via asessuata
- C sono sempre in grado di spostarsi
- D si riproducono esclusivamente per via sessuata
- E non possono essere di colore verde

2240 La cartilagine è:

- A un tipo di tessuto connettivo
- B un organo di senso
- C un tipo di muscolo
- D una ghiandola
- E un osso

2241 Una cellula con 20 cromosomi, al termine della meiosi produrrà gameti con:

A 2 cromosomi
B 20 cromosomi
C 40 cromosomi
D 8 cromosomi
E 10 cromosomi

2242 Quale dei seguenti animali è un vertebrato?

A Calamaro
B Zanzara
C Aragosta
D Anfiosso
E Trota

2243 Nella cellula l'ATP ha funzione di:

A attivatore di qualsiasi tipo di enzima
B riserva di energia chimica
C attivatore-trasportatore di proteine
D riserva di fosfati organici e inorganici
E riserva e attivatore come indicato in tutte le altre risposte

2244 Qual è il più importante effetto sull'ecosistema acquatico dei residui di fertilizzanti che giungono nei corsi d'acqua per dilavamento dei campi coltivati?

A Possono far crescere esageratamente le alghe
B Proteggono i pesci dalle malattie
C Sono sempre tossici per i pesci
D Sono sempre tossici per le piante acquatiche
E Possono far crescere esageratamente i pesci

2245 Il termine "tessuto" in biologia definisce:

A uno strato corneo con funzioni protettive
B un insieme di organi che, operando in modo coordinato, rispondono a una funzione generale
C l'insieme di tutte le cellule di uno stesso organo
D un insieme di cellule simili organizzate per svolgere una o più funzioni
E un insieme di cellule ad attività riproduttiva

2246 L'insulina è:

A un farmaco di origine vegetale
B un enzima presente nel fegato
C un ormone prodotto dal pancreas
D un ormone prodotto dalla tiroide
E uno zucchero

2247 In genetica, con il termine "mutazione" si intende:

A un particolare tipo di metamorfosi
B una modificazione ereditabile del DNA
C la successione di cambiamenti che accompagnano l'accrescimento somatico dell'organismo
D un particolare tipo di simbiosi
E l'adattamento progressivo di un organismo all'ambiente

2248 Le cellule staminali sono cellule:

A del tessuto nervoso
B specializzate per la riproduzione sessuata
C totipotenti
D presenti solamente negli embrioni
E indifferenziate all'origine, che possono poi generare, in determinate condizioni, una linea cellulare o un'altra

2249 I procarioti sono:

A organismi unicellulari provvisti di nucleo ben differenziato
B organismi unicellulari sprovvisti di nucleo ben differenziato
C organismi pluricellulari sprovvisti di nucleo ben differenziato
D organismi che vivono in assenza di ossigeno libero
E organismi unicellulari privi di una vera e propria membrana cellulare

2250 L'amido è un costituente essenziale di:

A uova
B zucchero
C pane
D fegato
E carote

2251 I neurotrasmettitori sono:

A mediatori chimici coinvolti nella trasmissione dell'impulso nervoso
B ormoni secreti da neuroni
C farmaci che inibiscono la propagazione dell'impulso nervoso
D mediatori chimici prodotti dalla neuroipofisi
E ioni Ca^{2+} che permettono la propagazione dell'impulso nervoso

2252 Tutte le coppie dei cromosomi di un organismo, a eccezione dei cromosomi X e Y, si chiamano:

A cromosomi sessuali
B cromosomi a spazzola
C autosomi
D cromoplasti
E nessuna delle alternative proposte è corretta

2253 I virus:

A sono visibili al microscopio ottico
B sono parassiti endocellulari obbligati
C sono in grado di produrre e formare energia
D sono circondati da membrana
E come tutti gli altri viventi, hanno struttura cellulare

2254 I neuroni sono:

A le cellule caratteristiche del solo encefalo
B le cellule che rappresentano l'unità anatomica e funzionale del sistema nervoso
C ormoni prodotti da cellule nervose, come l'adrenalina
D sostanze che permettono la trasmissione dell'impulso nervoso tra le cellule
E le cellule che rappresentano l'unità anatomica e funzionale del rene

2255 La funzione principale del rene è quella di:

A filtrare l'urina
B produrre renina
C filtrare il sangue e produrre urina
D produrre urea
E filtrare sangue e linfa

2256 Come viene definita la sintesi di RNA a partire da DNA?

A Trasformazione
B Traduzione
C Replicazione
D Duplicazione
E Trascrizione

2257 Il cariotipo è:

A il corredo cromosomico caratteristico di ogni specie
B l'insieme dei caratteri fisici di un individuo
C il corredo cromosomico dei gameti maturi
D un corredo cromosomico anomalo
E il corredo cromosomico aploide

2258 Nel lobo occipitale, nella parte di corteccia striata, si trova l'area primaria della funzione:

A visiva
B uditiva
C motoria
D linguistica
E prosodica

2259 Qual è la funzione dei polmoni?

A Produrre anticorpi
B Eliminare le sostanze di rifiuto presenti nel sangue
C Permettere l'ingresso di ossigeno nell'organismo e l'eliminazione di anidride carbonica
D Produrre ormoni
E Depurare il sangue

2260 La maggior parte del citoplasma e degli organuli dei neuroni è localizzata:

A nel corpo cellulare
B nell'assone
C nei dendriti
D nei terminali sinaptici
E nella mielina

2261 Quale di questi apparati (o sistemi) dei vertebrati NON si apre direttamente nell'ambiente esterno?

- A Il sistema circolatorio
- B Il sistema digerente
- C L'apparato respiratorio
- D L'apparato escretore
- E L'apparato riproduttore

2262 Gli oligodendrociti:

- A producono mielina nel sistema nervoso periferico
- B producono mielina nel sistema nervoso centrale
- C producono cellule ependimali
- D producono cellule staminali
- E producono neurotrasmettitori

2263 La differenza tra animali omeotermi ed eterotermi consiste nel fatto che:

- A gli eterotermi mantengono costante la loro temperatura, gli omeotermi no
- B gli omeotermi vanno in letargo, mentre gli eterotermi no
- C gli eterotermi hanno bisogno di mantenere costante la loro temperatura, gli omeotermi invece no
- D gli omeotermi mantengono costante la loro temperatura, gli eterotermi no
- E gli eterotermi hanno circolazione doppia e completa, gli omeotermi invece no

2264 Quale dei seguenti organi è di natura muscolare?

- A Polmoni
- B Fegato
- C Milza
- D Utero
- E Pene

2265 Quale fra le seguenti malattie può essere contratta tramite l'ingestione di alimenti infetti?

- A Salmonellosi
- B Diabete
- C Colite
- D Cancro allo stomaco
- E Varicella

2266 Un'alterazione ereditaria del patrimonio genetico è detta:

- A trascrizione
- B allopoliploidia
- C selezione naturale
- D traduzione
- E mutazione

2267 Quale delle seguenti sostanze NON è una proteina?

- A Colesterolo
- B Fibrinogeno
- C Lisozima
- D Mioglobina
- E Collagene

2268 La cellula vegetale, esternamente alla membrana plasmatica, presenta:

- A la membrana cellulare
- B la parete cellulare
- C la capsula
- D il capside
- E il glicocalice

2269 Esemplari di mammiferi umani di sesso maschile e femminile avranno rispettivamente il seguente corredo di cromosomi sessuali:

- A XX XW
- B XXX XYX
- C XY XX
- D XW XX
- E WY XX

2270 Considerando un elefante e una formica, quale di queste affermazioni è vera?

- A Le cellule dell'elefante sono più grandi di quelle della formica
- B Le cellule dell'elefante sono più complesse di quelle della formica
- C La formica ha cellule più piccole
- D Le molecole dell'elefante sono più grandi di quelle della formica
- E L'elefante contiene un maggior numero di cellule

CONOSCENZE SCIENTIFICHE

2271 L'organo della fonazione è rappresentato da:

- A trachea
- B laringe
- C faringe
- D cavità buccale
- E polmoni

2272 L'epiglottide è:

- A l'osso a cui si attacca la lingua
- B un osso del cranio
- C una ghiandola endocrina
- D un osso della mano
- E una cartilagine della laringe

2273 Una tripletta di basi azotate nell'RNA messaggero, che codifica per un determinato amminoacido si definisce:

- A anticodone
- B codone
- C operone
- D esone
- E introne

2274 Le diverse varianti dello stesso gene si chiamano:

- A antigeni
- B anticorpi
- C cromosomi
- D loci
- E alleli

2275 Gli studi di Carlo Linneo riguardavano:

- A ecologia
- B geologia
- C classificazione degli organismi
- D biofisica
- E biochimica

2276 Per omozigote si intende un individuo che:

- A manifesta una caratteristica dominante
- B manifesta una caratteristica recessiva
- C ha due alleli uguali per una determinata caratteristica
- D si origina per autoimpollinazione
- E ha due alleli diversi per una determinata caratteristica

2277 Quale delle seguenti strutture è controllata dal sistema nervoso volontario?

- A Muscolatura liscia
- B Muscolatura scheletrica
- C Muscolo cardiaco
- D Ghiandole endocrine
- E Ghiandole sudoripare

2278 Quante sono le basi azotate che formano il DNA?

- A Due
- B Cinque
- C Quattro
- D Sei
- E Sessantaquattro

2279 Che cos'è il chiasma ottico?

- A La mucosa trasparente che ricopre la superficie anteriore del bulbo oculare
- B Un disturbo della vista che provoca flash luminosi
- C Un fotorecettore situato sulla retina e deputato alla visione notturna
- D Una struttura sita nella scatola cranica e costituita dal congiungersi dei due nervi ottici
- E Un fotorecettore situato sulla retina e deputato alla visione diurna

2280 Considerando l'anatomia dell'orecchio una sola delle seguenti affermazioni è vera:

- A un'onda sonora incontra prima la finestra ovale e poi il timpano
- B un'onda sonora incontra prima la finestra rotonda e poi la finestra ovale
- C un'onda sonora incontra prima la finestra rotonda e poi il timpano
- D un'onda sonora incontra prima la membrana basilare e poi il timpano
- E un'onda sonora incontra prima la finestra ovale e poi la finestra rotonda

2281 Se si incrocia un individuo eterozigote per una caratteristica dominante con un omozigote recessivo con quale probabilità avremo individui con il fenotipo recessivo?

A 100%
B 50%
C 25%
D 10%
E 1%

2282 L'esocitosi è:

A il meccanismo attraverso il quale una cellula animale ingloba materiali solidi e liquidi
B il meccanismo attraverso il quale una cellula eucariote secerne all'esterno materiali vari impacchettati in vescicole
C la capacità delle piante di reagire alla luce con movimenti di crescita
D la capacità di alcune molecole di riemettere luce se irradiate
E un tipo di trasporto attivo attraverso la membrana

2283 Quale dei seguenti organismi è in grado di effettuare la fotosintesi?

A Spugna
B Muschio
C Corallo
D Lievito
E Fungo

2284 Il progesterone è:

A un ormone sessuale maschile
B un ormone sessuale femminile
C un ormone sessuale prodotto nella stessa quantità sia nei maschi che nelle femmine
D un ormone che agisce sul rene
E un ormone prodotto dall'ipofisi

2285 Le angiosperme sono anche chiamate:

A gimnosperme
B piante a fiore
C senza semi
D non vascolarizzate
E cotiledoni

2286 Le cellule muscolari sono diverse dalle cellule nervose perché:

A contengono geni differenti
B esprimono geni diversi
C usano diversi codici genetici
D contengono diverso DNA
E hanno un diverso numero di cromosomi

2287 Un carattere dominante è:

A un carattere che si manifesta solo in eterozigosi
B un carattere che si manifesta solo in omozigosi
C un carattere portato dal cromosoma Y
D un carattere che si manifesta sia in omozigosi che in eterozigosi
E un carattere portato dal cromosoma X

2288 La faringe è un organo dell'apparato:

A digerente
B sia digerente che respiratorio
C urinario
D genitale
E orale

2289 Cosa sono le sinapsi?

A Zone di contatto tra due neuroni in cui si effettua la trasmissione degli impulsi nervosi
B Organuli cellulari propri dei neuroni
C Organuli cellulari propri delle cellule vegetali
D Zone di contatto tra due batteri durante lo scambio di materiale genetico
E Punti di contatto tra cellule contigue che permettono il passaggio di sostanze da una cellula all'altra

2290 Quale delle seguenti funzioni NON è favorita dal sistema nervoso autonomo nella sua porzione parasimpatica?

A Aumento della lacrimazione
B Dilatazione pupillare
C Erezione
D Rallentamento del battito cardiaco
E Aumento della salivazione

CONOSCENZE SCIENTIFICHE

2291 Un medico deve curare una donna apparentemente sterile: dopo aver accertato che non vi è alcun danno a carico dell'apparato riproduttivo, disporrà degli esami clinici per verificare il corretto funzionamento di:

A reni
B muscolatura liscia
C ipofisi
D polmoni
E cuore

2292 Quali dei seguenti tipi di cellula hanno funzione di difesa?

A Globuli bianchi
B Globuli rossi
C Ovociti
D Neuroni
E Eritrociti

2293 Si definisce traduzione:

A il processo di trasporto attivo delle sostanze attraverso la membrana
B la replicazione semiconservativa del DNA
C il trasporto degli amminoacidi da parte del tRNA
D il passaggio dal linguaggio del DNA al linguaggio dell'RNA
E la formazione di un polipeptide a partire da un mRNA

2294 La fermentazione è:

A sinonimo di respirazione aerobica
B un processo che avviene solo nelle piante
C l'incompleta demolizione delle molecole di sostanze nutritizie, specialmente zuccheri, in assenza di ossigeno
D un processo di demolizione incompleta degli zuccheri, in assenza di ossigeno, presente solo nei batteri
E una serie di reazioni svolte esclusivamente dai lieviti

2295 Il diagramma rappresenta l'incidenza della sindrome di Down secondo l'età della madre. Il rischio di avere un figlio con tale fenotipo per una donna di 45 anni è:

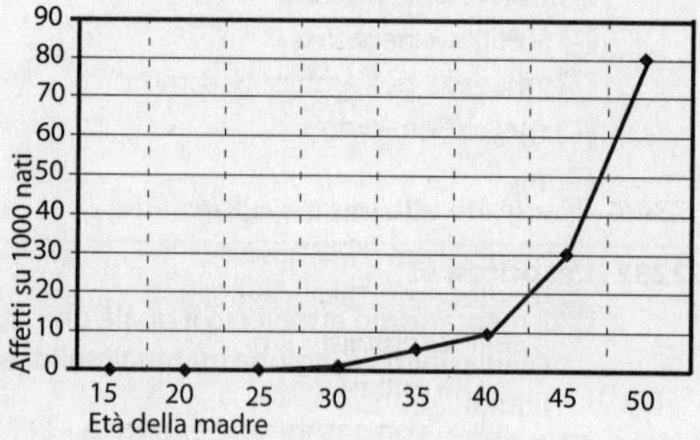

A 45%
B 4%
C 3%
D 0,05%
E 1%

2296 Quale dei seguenti materiali biologici non viene sintetizzato dalle cellule dell'uomo?

A Glicogeno
B Cellulosa
C Cheratina
D Collageno
E Colesterolo

2297 I moscerini sono:

A crostacei
B mammiferi
C nematodi
D invertebrati
E lepidotteri

2298 Che cos'è la bile?

A Un liquido prodotto dai reni come sostanza di rifiuto
B Il liquido che scorre all'interno dei vasi linfatici
C Un liquido prodotto dal fegato che facilita la digestione dei grassi
D Un ormone
E Un neurotrasmettitore

PARTE QUARTA

2299 L'elevata concentrazione di ormoni circolanti nel sangue induce l'ipofisi a ridurne la secrezione. Questo è un caso comune di:

A feedback positivo
B retroazione positiva
C feedback negativo
D influenza dell'ambiente esterno
E controllo nervoso

2300 In seguito alla meiosi si formano:

A 4 cellule con DNA diverso
B 4 cellule con DNA identico
C 4 cellule diploidi
D 2 cellule aploidi
E 2 cellule con patrimonio genetico dimezzato

2301 Quale delle seguenti funzioni NON è favorita dal sistema nervoso autonomo nella sua porzione simpatica?

A Accelerazione del battito cardiaco
B Diminuzione della salivazione
C Diminuzione della lacrimazione
D Eiaculazione
E Aumento della motilità intestinale

2302 Il citoplasma è:

A un'impalcatura di filamenti di proteine che interseca tutta la cellula
B un materiale più o meno fluido contenuto all'interno delle cellule in cui sono sospesi gli organuli cellulari
C un organulo cellulare con funzione di movimento
D una sostanza presente in tutte le cellule
E la parte centrale della cellula

2303 Cosa si intende con "shock anafilattico"?

A Stato di grave malessere dovuto a un'emozione improvvisa
B La più drammatica reazione allergica, comprendente caduta della pressione, insufficienza respiratoria e perdita di coscienza
C Stato di grave malessere dovuto a una forte perdita di sangue
D Stato di grave malessere causato da febbre molto alta
E Stato di grave malessere dovuto a una forte perdita di liquidi

2304 Ciascuna delle isole Galápagos possiede una varietà straordinaria di forme viventi diverse da quelle delle altre isole e dal continente perché:

A sono esposte a forti variazioni del livello delle acque a causa delle maree
B sono state frequentemente utilizzate per i test nucleari
C sono isole abbastanza lontane fra loro e dal continente
D sono isole antichissime, hanno infatti circa 1 miliardo di anni
E sono isole di origine vulcanica

2305 Tutti i mammiferi (identificare l'affermazione corretta):

A sono di grandi dimensioni
B vivono sulla terraferma
C sono placentati
D nutrono i loro piccoli con il latte
E sono vivipari

2306 Tra l'ambiente esterno e interno gli esseri viventi scambiano:

A materia ed energia
B solo materia
C solo energia
D né materia né energia
E i produttori scambiano materia ed energia, i consumatori solo materia

2307 L'ovulazione nella specie umana avviene di norma:

A una volta al mese
B una volta alla settimana
C una volta all'anno
D una volta nella vita
E una volta ogni 15 giorni

2308 Quali ormoni tra i seguenti vengono prodotti dall'ovaia?

A Adrenalina e noradrenalina
B Glucocorticoidi
C Estrogeni
D Ossitocina
E TSH e ADH

CONOSCENZE SCIENTIFICHE

2309 "Il tronco cerebrale, situato all'estremità superiore del midollo spinale, è – dal punto di vista evolutivo – una delle parti più recenti e più evolute dell'encefalo dei vertebrati. Una delle sue funzioni è la conduzione di informazioni dirette ai centri encefalici superiori. Il midollo allungato fa parte del tronco cerebrale e regola la respirazione, mentre il cervelletto coordina il movimento dei muscoli scheletrici"
Il brano riporta un'unica INFORMAZIONE ERRATA, cioè:

- A funzione del tronco è condurre le informazioni ai centri encefalici superiori
- B il midollo allungato fa parte del tronco cerebrale
- C il tronco cerebrale è una delle parti più recenti e più evolute dell'encefalo dei vertebrati
- D il cervelletto coordina il movimento dei muscoli scheletrici
- E il midollo allungato regola la respirazione

2310 Nell'orecchio medio, la staffa, l'incudine e il martello hanno la funzione di contribuire:

- A all'equilibrio
- B alla trasduzione del segnale meccanico in elettrico
- C ad amplificare meccanicamente l'onda sonora proveniente dal timpano
- D alla discriminazione dei suoni di frequenza bassa
- E alla discriminazione della direzione della sorgente sonora

2311 Il pipistrello è un:

- A uccello
- B pesce
- C anfibio
- D mammifero
- E invertebrato

2312 La cornea è:

- A un tessuto embrionale
- B una struttura ossea
- C la membrana fotosensibile dell'occhio
- D una patologia della vista
- E uno strato di tessuto trasparente che riveste anteriormente l'occhio

2313 Molti caratteri nell'uomo, quali peso, statura, diabete sono multifattoriali. Un carattere multifattoriale è determinato dalla interazione tra:

- A fattori ambientali post-natali
- B fattori ambientali pre- e post-natali
- C l'ambiente e un singolo gene
- D l'ambiente e più geni
- E numerosi geni indipendentemente dall'influenza di fattori ambientali

2314 Dall'incrocio di un cane maschio e di un gatto femmina può nascere:

- A cani maschi e gatti femmine in percentuale variabile
- B individui ibridi
- C 50% cani maschi e 50% gatti femmine
- D 50% cani e 50% gatti indipendentemente dal sesso
- E nulla

2315 Una coppia di cromosomi omologhi è formata da:

- A un cromosoma di origine materna e uno di origine paterna
- B due cromosomi con alleli genotipicamente tutti uguali
- C due cromosomi di origine materna
- D due cromosomi con alleli genotipicamente tutti diversi
- E un cromosoma con alleli dominanti e uno con alleli recessivi

2316 L'impollinazione anemofila viene effettuata grazie:

- A al vento
- B agli insetti
- C all'acqua
- D ai frutti
- E all'uomo

PARTE QUARTA

2317 Le membrane biologiche sono semipermeabili. Ciò significa che il passaggio di sostanze attraverso di esse:

A avviene solo in una metà
B è completamente libero dall'esterno verso l'interno
C non è completamente libero
D avviene sempre con consumo di energia
E avviene sempre per gradiente di concentrazione

2318 Il processo di accomodamento, che serve per ottenere la messa a fuoco sulla retina di ciò che si osserva, viene realizzato attraverso la modificazione della forma:

A dell'iride
B del cristallino
C della cornea
D dell'umor vitreo
E dell'umor acqueo

2319 Il sistema AB0 è:

A il nome di un sistema omeostatico
B un sistema di gruppi sanguigni
C l'insieme degli anticorpi
D il sistema di coagulazione del sangue
E un sistema coinvolto nella risposta immunitaria

2320 Gli assoni mielinici dei nervi periferici di diametro maggiore conducono lo stimolo a una velocità compresa tra 50 e 100 metri al secondo, mentre gli assoni amielinici hanno una velocità di conduzione inferiore a 20 metri al secondo. Questa significativa differenza è dovuta al fatto che:

A gli assoni amielinici sono avvolti lungo il loro percorso da particolari cellule dette di Schwann
B gli assoni amielinici presentano lungo il loro percorso brevi intervalli che ne interrompono la continuità
C lo stimolo che si propaga lungo il percorso degli assoni amielinici non è di tipo elettrico, ma chimico
D la corrente nervosa procede in senso opposto a quella degli assoni mielinici
E la conduzione della corrente elettrica negli assoni amielinici è di tipo continuo anziché saltatoria

2321 Considerando l'anatomia dell'occhio una sola delle seguenti affermazione è vera:

A un raggio luminoso proveniente dall'esterno incontra prima la cornea e poi la retina
B un raggio luminoso proveniente dall'esterno incontra prima la retina e poi la cornea
C un raggio luminoso proveniente dall'esterno incontra prima la retina e poi il cristallino
D un raggio luminoso proveniente dall'esterno incontra prima l'umor vitreo e poi la cornea
E un raggio luminoso proveniente dall'esterno incontra prima il cristallino e poi la cornea

2322 I parassiti e i saprofiti:

A si nutrono di organismi morti
B necessitano di materiale organico
C uccidono la cellula ospite
D recano vantaggi alla cellula ospite
E sono importanti per la degradazione della sostanza organica non vivente presente nel suolo

2323 Quale tra questi è un ormone sessuale tipicamente maschile?

A Estrogeno
B Aldosterone
C Testosterone
D Ossitocina
E Somatotropina

2324 L'ossigeno nell'uomo è trasportato nel sangue:

A libero e disciolto, in massima parte
B legato all'albumina
C dentro le piastrine
D dall'emocianina
E prevalentemente legato all'emoglobina

2325 Il colesterolo è:

A uno zucchero
B uno steroide
C una proteina vegetale
D una tossina animale
E una vitamina

CONOSCENZE SCIENTIFICHE

2326 L'uracile si trova:

- A nell'RNA
- B nelle proteine
- C nei polisaccaridi
- D nel DNA
- E nel DNA e nell'RNA

2327 Un ciclo vitale che presenti una fase acquatica seguita da metamorfosi, quindi una fase terrestre, è caratteristico di:

- A uccelli
- B rettili
- C mammiferi
- D anfibi
- E celenterati

2328 Il cervelletto:

- A controlla il battito cardiaco
- B controlla la frequenza respiratoria
- C funziona da orologio biologico
- D è coinvolto nella regolazione del sonno e della veglia
- E partecipa al coordinamento dei movimenti muscolari

2329 Nel corso dello sviluppo embrionale un organismo aumenta progressivamente in dimensioni per effetto di:

- A aumento del volume cellulare
- B differenziamento cellulare
- C aumento degli spazi intercellulari
- D aumento della migrazione cellulare
- E aumento del numero delle cellule

2330 Quale dei seguenti organismi non è dotato di scheletro interno?

- A Vipera
- B Rana
- C Tartaruga
- D Squalo
- E Aragosta

2331 Come si definisce la particolarità anatomica che consente l'uso della mano da parte dell'uomo?

- A Pentaditismo
- B Pollice opponibile
- C Indice erettile
- D Pollice prensile
- E Alluce valgo

2332 Il reticolo endoplasmatico rugoso ha la seguente funzione:

- A metabolismo lipidico
- B centrale energetica
- C sostegno della cellula
- D sintesi delle proteine
- E sintesi di glucosio

2333 I ragni:

- A appartengono alla classe degli aracnidi
- B sono tutti velenosi
- C appartengono alla classe degli insetti
- D presentano due paia di ali
- E appartengono alla classe dei crostacei

2334 Il femore fa parte delle ossa:

- A del bacino
- B del cranio
- C del cinto scapolare
- D del piede
- E della coscia

2335 L'esofago fa parte:

- A dell'apparato respiratorio
- B dell'apparato genitale
- C dell'apparato uro-genitale
- D dell'apparato digerente
- E dell'apparato cardiocircolatorio

2336 I vaccini:

- A stimolano la produzione di anticorpi specifici
- B contengono anticorpi preformati
- C conferiscono immunità per un breve periodo
- D conferiscono immunità immediata
- E non sono attivi nel conferire immunità contro i virus

2337 Nel fiore, dopo la fecondazione, l'ovario si trasforma:

- A in polline
- B in nocciolo
- C in frutto
- D in seme
- E in legume

2338 La mielina è:

- A una fibra nervosa
- B una sostanza vegetale derivante dal miele
- C una sostanza bianca che ricopre la fibra nervosa
- D una vitamina
- E la "sostanza grigia" del sistema nervoso

2339 Nella specie umana, il maschio eredita il cromosoma Y:

- A dalla madre
- B da entrambe i genitori
- C dal padre
- D dal padre o dalla madre a seconda dei livelli di ormoni sessuali dei genitori
- E nel 50% dei casi dalla madre e nel 50% dei casi dal padre

2340 Midollo osseo e midollo spinale:

- A si identificano
- B sono due entità distinte
- C il primo è riscontrabile nell'uomo, il secondo negli uccelli
- D sono due entità diverse, ma con uguale funzione
- E si sviluppano parallelamente

2341 I muscoli involontari:

- A sono quelli striati cardiaci
- B sono quelli scheletrici
- C sono quelli lisci
- D non esistono
- E sono solo quelli che rivestono il tubo digerente

2342 Il cervello umano contiene circa:

- A 100 miliardi di neuroni
- B 1 miliardo di neuroni
- C 100 milioni di neuroni
- D Centinaia di migliaia di neuroni
- E 1000 neuroni

2343 La placenta:

- A non permette gli scambi nutritizi
- B contiene sostanze di riserva
- C è una protezione per il feto
- D permette gli scambi respiratori e nutritizi tra madre e feto
- E permette solamente gli scambi nutritizi tra madre e feto

2344 La replicazione del DNA nucleare in una cellula eucariote si verifica:

- A tra la profase e la metafase meiotica o mitotica
- B nell'ultima fase della mitosi
- C in occasione della sintesi proteica
- D prima di ciascuna mitosi o meiosi
- E nella profase mitotica

2345 Nel sistema vasale si susseguono nell'ordine:

- A vene-capillari-arterie
- B capillari-vene-arterie
- C arterie-vene-capillari
- D arterie-capillari-vene
- E dipende dalla parte del corpo considerata

2346 Il neurone è:

- A una cellula del sangue
- B un prolungamento della cellula nervosa
- C la fibra muscolare innervata da una fibra nervosa
- D l'unità funzionale del rene
- E una cellula nervosa

2347 Lo scheletro umano è formato da:

- A circa 50 ossa
- B circa 100 ossa
- C circa 200 ossa
- D circa 300 ossa
- E un numero variabile di ossa secondo l'età e il sesso

2348 Qual è la funzione primaria dei carboidrati negli esseri viventi?

- A Formare proteine
- B Accumularsi nel tessuto adiposo
- C Formare DNA
- D Fornire vitamine
- E Fornire energia

2349 L'emoglobina è una proteina presente:

- A negli eritrociti
- B nei linfociti
- C nel fegato
- D nei mioblasti
- E nei cloroplasti

CONOSCENZE SCIENTIFICHE

2350 Tutti gli esseri viventi condividono una delle seguenti caratteristiche:

A possono organicare il carbonio
B possiedono acidi nucleici
C sono autotrofi
D si riproducono sessualmente
E sono eterotrofi

2351 Considerando il neurone come un sistema con un input e un output, una sola delle seguenti affermazioni è vera:

A l'input è rappresentato dai neuriti e l'output dai dendriti
B l'input è rappresentato dagli assoni e l'output dai dendriti
C l'input è rappresentato dai dendriti e l'output dagli assoni
D l'input è rappresentato dai dendriti e l'output dai mitocondri
E l'input è rappresentato dai mitocondri e l'output dai dendriti

2352 Il plasma è:

A la parte figurata del sangue
B sinonimo di linfa
C la parte liquida del sangue
D sinonimo di sangue
E sinonimo di siero

2353 Sulla base delle attuali conoscenze, si ritiene che la vita sulla Terra sia comparsa:

A 4000 anni fa
B 1 miliardo di anni fa
C almeno 3,5 miliardi di anni fa
D 100 milioni di anni fa
E 1 milione di anni fa

2354 Le vie nervose afferenti sono:

A sensitive
B motorie
C miste
D solo simpatiche
E autonome

2355 Mediamente, il ciclo mestruale di una donna dura:

A 40 giorni
B due mesi
C 28 giorni
D 14 giorni
E una settimana

2356 Cosa sono i cetacei?

A Pesci ossei
B Celenterati
C Uccelli
D Mammiferi
E Pesci cartilaginei

2357 La dentatura:

A è diversa tra i vari tipi di mammiferi in rapporto alla loro alimentazione
B cade nei cani in corso di leishmaniosi
C è molto sviluppata negli invertebrati
D è più aguzza negli erbivori rispetto ai carnivori
E è presente in tutti i vertebrati

2358 La motivazione scientifica che meglio giustifica l'abitudine a mettersi un dito in bocca, dopo che ci si è punti, è:

A si tratta di uno stimolo innato embrionale
B il liquido salivare blocca lo stimolo sensoriale
C il calore della bocca diminuisce il dolore
D la ptialina della saliva digerisce i batteri
E la saliva contiene lisozima, con ruolo battericida

2359 Quale fra le seguenti alternative non è considerata un fattore di rischio per l'insorgenza di tumori?

A Essere fumatore
B Esporsi a radiazioni ionizzanti
C Seguire una dieta molto ricca di grassi
D Vivere a stretto contatto con un ammalato di tumore
E Condurre vita sedentaria

2360 Quale di queste strutture non è presente nella donna?

A Ovaio
B Ipofisi
C Prostata
D Uretra
E Ureteri

2361 I batteri sono:

A eucarioti
B procarioti
C virus
D protozoi primitivi
E organismi sempre portatori di malattie

PARTE QUARTA

2362 I decompositori sono:
- A organuli che eliminano il materiale inutilizzabile dalla cellula
- B organismi che decompongono H_2O e CO_2
- C enzimi che scindono le proteine
- D organismi che si nutrono di resti di piante e di animali
- E esclusivamente funghi che si nutrono di resti di piante e di animali

2363 Il naso esterno è formato da:
- A sola cartilagine
- B cartilagine e ossa
- C solo osso
- D coclea
- E cartilagine e connettivo denso

2364 La scienza che studia il comportamento degli animali è:
- A l'ecologia
- B l'etologia
- C l'embriologia
- D la fisiologia
- E la zoologia

2365 Le cellule somatiche sono:
- A le cellule dell'epidermide
- B i somi batterici
- C tutte le cellule dell'organismo a esclusione di quelle sessuali
- D le cellule sessuali
- E le cellule differenziate che non sono in grado di moltiplicarsi

2366 Una di queste cellule è mobile grazie a un flagello, quale?
- A Eritrocita
- B Spermatozoo
- C Cellula muscolare
- D Cellula uovo
- E Linfocito

2367 Quale di queste strutture non è presente in un individuo di sesso maschile?
- A Uretra
- B Vescica
- C Tuba di Falloppio
- D Uretere
- E Prostata

2368 Una catena alimentare è:
- A una serie di reazioni biochimiche che, all'interno di un dato organismo, portano all'utilizzazione di un determinato tipo di alimento
- B la vendita di generi alimentari tramite una catena di negozi
- C la sequenza di trasferimento del cibo da un livello trofico all'altro
- D una serie di processi industriali attraverso la quale vengono trasformati prodotti alimentari da immettere sul mercato
- E un processo biologico a più tappe di accrescimento degli organismi

2369 La sostanza grigia del midollo spinale è formata da:
- A dendriti
- B neuroni mielinizzati e assoni amielinici
- C alfa motoneuroni
- D neuroni amielinici e assoni mielinizzati
- E neuroni e assoni amielinici

2370 Il passaggio delle sostanze nutritizie dal tubo digerente al sangue si chiama:
- A digestione
- B secrezione
- C assorbimento
- D escrezione
- E suzione

2371 La soglia del dolore è:
- A una pratica psichiatrica un tempo utilizzata per calmare i pazienti resistenti a qualsiasi trattamento
- B la stimolazione limite al di sotto della quale il dolore viene tollerato
- C uguale per ogni individuo
- D indipendente da fattori psichici
- E la stimolazione limite al di sopra della quale il dolore viene tollerato

2372 Il midollo spinale:
- A fa parte del sistema nervoso
- B è costituito da tessuto adiposo
- C è costituito da tessuto cartilagineo
- D serve alla riproduzione delle cellule emopoietiche
- E è contenuto all'interno delle ossa lunghe

CONOSCENZE SCIENTIFICHE

2373 Gli enzimi sono:

A sostanze capaci di fornire energia per le attività delle cellule animali
B proteine di riserva
C microrganismi che vivono in simbiosi sia con le cellule animali sia con quelle vegetali
D catalizzatori biologici
E i depositari dell'informazione genetica delle cellule

2374 Per antigeni si intende:

A molecole che distruggono attivamente gli agenti infettanti
B geni antagonisti al carattere dominante
C geni antagonisti al carattere recessivo
D molecole che inducono nell'organismo ospite una risposta immunitaria
E coppie di alleli sui cromosomi omologhi

2375 Il numero delle costole è:

A 24 in entrambi i sessi
B 23 nel maschio e 24 nella donna
C 24 nel maschio e 23 nella donna
D 12 in entrambi i sessi
E 24 nel maschio e 25 nella donna

2376 Con quale ghiandola è in relazione lo iodio?

A Ipotalamo
B Ipofisi
C Surrenali
D Tiroide
E Pancreas

2377 Il sistema nervoso parasimpatico:

A predispone l'organismo alla rapida reazione in caso di pericolo
B trasporta i segnali da e verso i muscoli scheletrici
C stimola la digestione di grassi e proteine e rallenta il battito cardiaco
D stimola il fegato a liberare glucosio
E la maggior parte dei suoi neuroni usa come neurotrasmettitore la noradrenalina

2378 Gli scambi gassosi a livello degli alveoli polmonari riguardano:

A esclusivamente l'ossigeno
B ossigeno, anidride carbonica e sostanze volatili
C esclusivamente l'anidride carbonica
D il vapor d'acqua
E il pulviscolo atmosferico

2379 L'astigmatismo è:

A un difetto scheletrico
B una patologia degli osti valvolari
C una patologia che residua vistosi segni sulla cute
D una patologia della vista
E una patologia genetica causata da un allele recessivo situato sul cromosoma X

2380 L'ereditarietà dei caratteri viene regolata dalle leggi di:

A Balfour
B Monod
C Mendel
D Watson
E Darwin

2381 Negli organismi pluricellulari:

A ogni cellula svolge tutte le funzioni
B le cellule si specializzano in modo da svolgere ognuna una determinata funzione
C le cellule non svolgono nessuna funzione
D alcune cellule sono eucariotiche e alcune procariotiche
E le cellule diverse contengono geni differenti

2382 Le meningi, le tre membrane che avvolgono il cervello e il midollo spinale, si chiamano:

A atlante, epistrofeo, coclea
B maggiore, minore e intermedia
C superiore, inferiore e intermedia
D dura madre, aracnoide e pia madre
E nessuna delle risposte precedenti

2383 Per scotoma si intende:

A una parte dell'orecchio interno
B un ormone corticoideo
C un'area di cecità, parziale o completa, all'interno del campo visivo
D un reflusso gastrico
E una forma rara di iperplasia surrenale

2384 Un apparato è costituito da:

A organi e tessuti organizzati in un gruppo che svolge specifiche funzioni dell'organismo
B un gruppo di organi con la stessa derivazione embrionale
C l'insieme dei tessuti che formano un organo
D un gruppo di organi localizzati, evidenziabili mediante una sezione trasversale dell'organismo
E un gruppo di cellule con la stessa funzione

2385 I recettori sensoriali dell'udito:

A si trovano fra l'incudine e il martello
B sono localizzate nel timpano
C sono le cellule pigmentose che si trovano all'interno della fovea
D sono le cellule ciliate che si trovano all'interno della coclea
E si trovano nell'apparato del Golgi

2386 Il rachitismo è la malattia prodotta da:

A eccessivo consumo di grassi
B mancanza di frutta nella dieta
C carente apporto di vitamina D
D eccessiva disidratazione
E carenza di iodio nella dieta

2387 Indicare quali, tra i seguenti costituenti, sono presenti nelle membrane plasmatiche di tutti gli organismi viventi:

A fosfolipidi, proteine e glucidi
B fosfolipidi, proteine, glucidi e colesterolo
C fosfolipidi, glucidi e colesterolo
D proteine, glucidi e colesterolo
E fosfolipidi, proteine, glucidi e cellulosa

2388 "Verso la metà del XIX secolo vennero pubblicati due saggi che si rivelarono di importanza fondamentale nello sviluppo del pensiero scientifico; nel primo Darwin formulò in maniera organica la teoria dell'evoluzione; nel secondo ...X... espose gli esperimenti da lui condotti per comprendere i principi che regolano l'ereditarietà dei caratteri". Lo studioso indicato con X è:

A Malthus
B Mendel
C Morgan
D Monod
E Sutton

2389 La cellulosa è:

A una proteina vegetale
B un polisaccaride
C un amminoacido
D un enzima
E un lipide

2390 Si definisce come l'unità di informazione costituita da un ben definito tratto di DNA:

A il mitocondrio
B il ribosoma
C il nucleo
D il cromosoma
E il gene

2391 Il carattere "occhi scuri" è dominante sul carattere "occhi chiari". Da una coppia in cui il padre è omozigote con occhi chiari e la madre omozigote con occhi scuri, nasceranno figli:

A 50% con occhi chiari e 50% con occhi scuri
B 75% con occhi scuri e 25% con occhi chiari
C 75% con occhi chiari e 25% con occhi scuri
D tutti con occhi scuri
E tutti con occhi chiari

2392 Nei batteri il materiale genetico:

A non è separato dal citoplasma
B è presente nel nucleo
C è diploide
D è composto da RNA
E è composto da RNA e proteine

CONOSCENZE SCIENTIFICHE

2393 Le piastrine sono:

A cellule del sangue interessate alla risposta immunitaria
B cellule del sangue interessate alla coagulazione
C cellule epiteliali interessate alla coagulazione
D fibre piatte ed elastiche che compongono la parete delle arterie
E cellule del sangue che producono anticorpi

2394 Indicare, fra le seguenti, la funzione caratterizzante il DNA:

A struttura
B catalizzatore
C controllo della produzione di energia
D riserva
E deposito di informazioni

2395 La degradazione finale dei materiali importati dentro la cellula tramite fagocitosi avviene:

A nel nucleo
B nel reticolo endoplasmatico liscio
C nel reticolo endoplasmatico rugoso
D nella membrana plasmatica
E nei lisosomi

2396 La duplicazione del DNA è un evento che precede:

A la perdita di cromosomi
B il processo di mitosi
C la riduzione del volume cellulare
D la morte della cellula
E la fecondazione

2397 Indicare l'affermazione errata relativamente alle mutazioni:

A causano sempre malattie genetiche
B possono essere causate da sostanze chimiche
C possono essere causate da radiazioni
D possono essere riparate da enzimi cellulari
E possono avvenire spontaneamente

2398 Il codice genetico è organizzato in:

A triplette di amminoacidi
B coppie di nucleotidi
C triplette di nucleotidi
D coppie di basi azotate
E coppie di amminoacidi

2399 Le cellule muscolari sono capaci di funzionare in assenza di ossigeno. A quale processo devono questa capacità?

A Fosforilazione ossidativa
B Fermentazione lattica
C Chemiosintesi
D Sintesi anaerobia di glucosio
E Produzione di ossigeno per idrolisi dell'acqua

2400 Il ciclo di Krebs:

A è il processo al termine del quale l'ossigeno viene ridotto ad acqua
B è un ciclo alternativo alla glicolisi per la produzione di energia nella cellula
C genera anche anidride carbonica che verrà successivamente eliminata
D è il processo durante il quale si produce direttamente una grande quantità di molecole di ATP
E si conclude con la sintesi di acido ossalacetico a partire da acetil-CoA

2401 Osservando una cellula al microscopio elettronico notate che è priva di un vero e proprio nucleo, non possiede organuli limitati da membrana ed è circondata da una parete esterna alla membrana cellulare. Potrete concludere che si tratta di:

A di un virus
B di una cellula di lievito
C una cellula procariotica
D di una cellula vegetale
E una cellula eucariotica animale particolarmente semplice

2402 Nella catena evolutiva, in quale gruppo animale compare per la prima volta una primitiva colonna vertebrale?

A Cefalopodi
B Gasteropodi
C Cordati
D Echinodermi
E Artropodi

2403 La respirazione cellulare avviene:

A nei cloroplasti
B nel reticolo endoplasmatico
C nel nucleo
D nell'apparato di Golgi
E nei mitocondri

2404 Nelle cellule eucariotiche, i geni che specificano la struttura delle proteine sono contenuti nel:

A reticolo endoplasmatico
B centriolo
C citoplasma
D nucleo
E ribosoma

2405 Il DNA è un polimero costituito da:

A nucleotidi
B glucosio
C acidi grassi
D amminoacidi
E ribosio

2406 I lisosomi sono:

A organuli citoplasmatici contenenti enzimi digestivi
B ormoni secreti dalla tiroide
C enzimi secreti dal pancreas
D organuli presenti nel nucleo
E pigmenti respiratori

2407 La teoria di Darwin afferma che il ruolo dell'ambiente è quello di:

A influenzare le caratteristiche degli organismi, modificandole
B provocare, con improvvisi mutamenti, l'estinzione e la nascita di una nuova specie
C "scegliere" l'organismo più idoneo a lasciare una progenie
D indurre caratteri acquisiti, ereditabili
E favorire l'aumento complessivo di DNA

2408 Le proteine sono macromolecole costituite da:

A amminoacidi
B nucleotidi
C idrocarburi
D acidi grassi
E glicopeptidi

2409 La riduzione del corredo cromosomico da diploide ad aploide si realizza mediante:

A fecondazione
B mitosi
C meiosi
D partenogenesi
E citodieresi

2410 La principale funzione della clorofilla è:

A la regolazione del meccanismo di respirazione cellulare
B la catalizzazione della sintesi dei cloroplasti
C l'assorbimento di energia luminosa utile per l'organicazione del carbonio
D la fissazione dell'azoto
E la regolazione del ciclo di Calvin

2411 Quale tra i seguenti organi è una ghiandola endocrina?

A Milza
B Tonsilla
C Tiroide
D Fegato
E Vescica

2412 Il metabolismo ossidativo che produce ATP nelle cellule eucariotiche avviene prevalentemente:

A nel nucleo
B nel plasmalemma
C nel citoplasma
D nei perossissomi
E nel mitocondrio

2413 Con il termine di fecondazione si intende:

A la fusione di due gameti
B l'atto sessuale
C la produzione di gameti
D la fusione artificiale di due cellule germinali
E l'impollinazione delle piante

2414 Sono invertebrati:

A anguille
B rane
C serpenti
D balene
E nessuno degli animali proposti

CONOSCENZE SCIENTIFICHE

2415 La principale funzione dell'ATP è di:

A fornire energia
B fornire substrati metabolici
C formare acidi nucleici
D catalizzare diverse reazioni
E permettere lo svolgimento della respirazione cellulare

2416 Nell'uomo, il patrimonio genetico è identico tra:

A zio e nipote
B gemelli monozigotici
C fratelli e sorelle
D genitori e figli
E marito e moglie

2417 Quale delle seguenti affermazioni è VERA per la meiosi?

A Avviene nelle cellule somatiche
B Una cellula diploide dà origine a due cellule diploidi
C I cromosomi si ritrovano in numero dimezzato nelle cellule figlie
D È il meccanismo di divisione delle cellule staminali
E Precede immediatamente la fecondazione

2418 Il diaframma è:

A una lamina epiteliale che riveste i polmoni
B una lamina muscolare che separa la cavità toracica da quella addominale
C un muscolo piatto che permette la peristalsi dello stomaco
D una lamina cartilaginea che permette la fonazione
E un rivestimento tendineo dell'apparato digerente

2419 Perché la fotosintesi è essenziale per la vita?

A Perché è il processo che avviene in tutte le cellule animali per fornirle di energia
B Perché è l'unica via di utilizzo del glucosio
C Perché avviene nelle piante e fornisce energia in una forma utilizzabile da tutti gli organismi viventi
D Perché produce CO_2 e H_2O
E Perché permette la demolizione della sostanza organica

2420 I mitocondri sono:

A organuli intracellulari coinvolti nella produzione di energia
B organuli intracellulari coinvolti nella sintesi proteica
C cellule cartilaginee
D le parti di cui si compone una cellula che si duplica
E protozoi

2421 La vaccinazione si basa sul fatto che:

A contiene sostanze che uccidono i microrganismi patogeni
B contiene anticorpi
C contiene antigeni
D stimola la produzione di antigeni
E contiene istamina

2422 Il numero dei cromosomi presenti in una cellula somatica di una donna è:

A 46 + XX
B 23 + XX
C 44 + XX
D 22 + X
E 44 + XY

2423 Un lichene è:

A un'alga marina
B una forma di simbiosi tra un'alga e un fungo
C una muffa
D una colonia di lieviti
E un fungo

2424 Quale tra i seguenti accoppiamenti struttura-funzione è SBAGLIATO?

A Nucleolo-produzione di ribosomi
B Lisosoma-digestione intracellulare
C Mitocondri-fotosintesi
D Ribosoma-sintesi proteica
E Cloroplasti-fotosintesi

2425 Molecole di DNA di organismi appartenenti a specie diverse differiscono tra loro in quanto:

A presentano basi azotate diverse
B presentano una diversa complementarità tra le basi azotate
C presentano zuccheri diversi
D presentano una diversa sequenza delle basi azotate
E presentano amminoacidi diversi

2426 Sono aploidi:

A gli organismi che possiedono un singolo corredo di cromosomi in ciascun nucleo cellulare

B gli organismi che possiedono un doppio corredo di cromosomi in ciascun nucleo cellulare

C gli organismi privi di arti

D i prodotti della fusione dei gameti

E gli organismi che non possiedono i cromosomi sessuali

2427 La membrana plasmatica è costituita da:

A proteoglicani

B fosfolipidi e proteoglicani

C trigliceridi e proteine

D steroidi

E fosfolipidi e proteine

2428 Un virus all'interno di una cellula:

A si riproduce attivamente

B muore

C produce CO_2

D si localizza nei lisosomi

E non può riprodursi

2429 Durante la trascrizione viene copiata:

A tutta la molecola di mRNA

B l'elica di tRNA

C una parte della molecola di DNA

D la struttura delle proteine

E tutta la molecola di DNA che forma un cromosoma

2430 Quale tra i seguenti è un animale?

A Lo pneumococco

B Il lievito

C La spugna

D Il batteriofago

E L'HIV

2431 La clavicola è:

A un osso della cintura scapolare

B un osso della cintura pelvica

C un muscolo dell'arto superiore

D un organo dell'apparato digerente

E nessuna delle strutture proposte

2432 I vasi con il diametro più piccolo sono detti:

A vene

B arterie

C capillari

D arteriole

E vasi linfatici

2433 Quali dei seguenti organi è una ghiandola?

A Polmone

B Vescica urinaria

C Cuore

D Pancreas

E Milza

2434 Il quadricipite:

A è un muscolo dell'arto superiore

B è un muscolo dell'arto inferiore

C è un muscolo del dorso

D è un muscolo liscio

E è un muscolo dell'addome

2435 Individuare l'unica affermazione del tutto corretta:

A tutte le cellule traggono origine da altre cellule

B tutte le cellule contengono i mitocondri

C tutte le cellule presentano la parete cellulare

D tutte le cellule utilizzano ossigeno per le proprie attività metaboliche

E tutte le cellule presentano compartimenti interni

CONOSCENZE SCIENTIFICHE

Quesiti di chimica

2436 Quale carica ha un sistema formato da 7 protoni, 7 neutroni e 6 elettroni?

A – 6
B – 1
C 0
D + 1
E + 7

2437 Gli elettroliti sono sostanze:

A che in acqua si scompongono in ioni
B insolubili in acqua
C solubili nei grassi
D che in acqua non si dissociano
E che allo stato solido conducono bene la corrente elettrica

2438 Indicare in quale delle seguenti sostanze il legame è dovuto principalmente a forze elettrostatiche:

A sodio
B cloruro di sodio
C acido cloridrico
D diamante
E acqua

2439 Dati l'anione cloro (Cl^-) (numero atomico 17) e l'atomo di argon (Ar) (numero atomico 18), indicare l'affermazione corretta:

A Cl^- possiede un elettrone in più rispetto a Ar
B Cl^- ha lo stesso numero atomico di Ar
C Cl^- possiede lo stesso numero di protoni di Ar
D Ar e Cl^- hanno la stessa configurazione elettronica esterna
E Sia Ar che Cl^- possiedono 17 elettroni

2440 Il legame covalente polarizzato si può formare tra:

A atomi a diversa elettronegatività
B atomi dello stesso elemento
C atomi con la stessa configurazione elettronica
D ioni con carica di segno opposto
E atomi che possono cedere e acquistare elettroni

2441 I trigliceridi sono costituiti da:

A carbonio e idrogeno
B carbonio, idrogeno, ossigeno e azoto
C carbonio, idrogeno, ossigeno e fosforo
D carbonio, idrogeno, ossigeno e zolfo
E nessuna delle altre risposte è corretta

2442 Una soluzione che ha pH = 6 viene definita:

A fortemente acida
B neutra
C debolmente acida
D fortemente basica
E debolmente basica

2443 Un atomo in condizioni neutre contiene 8 elettroni, 8 protoni e 9 neutroni. Il peso atomico risulta quindi:

A 8
B 9
C 16
D 17
E 25

CONOSCENZE SCIENTIFICHE

2444 Nella molecola CH_4 i quattro legami tra carbonio e idrogeno sono:

A legami a idrogeno
B legami dativi
C legami covalenti
D legami ionici
E legami metallici

2445 Le forze che tengono unite fra loro le molecole di ammoniaca sono:

A forze di Van der Waals
B legami ionici
C legami covalenti
D legami a idrogeno
E legami dativi

2446 Il simbolo del fosforo è:

A P
B Ph
C Po
D F
E pH

2447 Una soluzione è ipertonica rispetto al sangue quando:

A la pressione osmotica è uguale a quella del sangue
B la pressione osmotica è superiore a quella del sangue
C la concentrazione dello ione idrogeno è superiore a quella del sangue
D la concentrazione dello ione idrogeno è uguale a quella del sangue
E la pressione osmotica è inferiore a quella del sangue

2448 L'anidride carbonica è costituita da:

A carbonio e idrogeno
B carbonio e azoto
C carbonio e ossigeno
D carbonio, idrogeno e ossigeno
E idrogeno, ossigeno, carbonio, azoto

2449 Il carbonio:

A è un metallo
B può avere numero di valenza 1, 2 e 4
C nei confronti dell' idrogeno non presenta alcuna reattività
D forma unicamente composti organici
E possiede 4 elettroni nel guscio di valenza

2450 Il cosiddetto "indurimento degli oli" consiste in:

A clorurazione dei grassi
B deidrogenazione degli oli
C deidrogenazione dei grassi
D idrogenazione degli oli
E solidificazione degli oli

2451 Gli alchini sono idrocarburi contenenti almeno:

A un legame semplice
B un legame doppio
C un legame triplo
D un atomo d'azoto
E due legami doppi

2452 Quale tra questi non è una lega metallica?

A Bronzo
B Ottone
C Acciaio
D Ghisa
E Titanio

2453 Il numero di molecole contenute in una mole di qualsiasi sostanza è:

A 10^{23}
B $6{,}02 \cdot 10^{23}$
C $6{,}02 \cdot 10^{-23}$
D $6{,}02 \cdot 10^{9}$
E $22{,}414 \cdot 10^{23}$

2454 Indicare la differenza esistente tra l'atomo e uno ione qualsiasi di uno stesso elemento:

A differenza di protoni o elettroni
B differenza di elettroni
C differenza di numero di massa
D differenza di elettroni e neutroni
E non vi è differenza

2455 Quale tra questi è un composto chimico?

A Ferro
B Acqua
C Vino
D Latte
E Ottone

PARTE QUARTA

2456 Quale delle seguenti sostanze è un polimero?

A biossido di carbonio
B aspirina
C cellulosa
D gas naturale
E glucosio

2457 Quale sostanza chimica rappresenta la componente principale dei vetri?

A Carbonato di calcio
B Silice
C Piombo
D Carburo di tungsteno
E Carbonio

2458 In una soluzione, il soluto può essere:

A un solido
B un liquido
C un gas
D un gas oppure un liquido
E un gas, un liquido, oppure un solido

2459 Quale dei seguenti elementi è un gas nobile?

A F
B Cl
C H
D Br
E Ne

2460 Cosa si intende per soluzione?

A una dispersione omogenea di due o più specie chimiche una nell'altra, in proporzioni variabili entro un campo finito di valori
B una dispersione di due o più specie chimiche una nell'altra
C è un termine astratto
D il prodotto di una reazione chimica
E una miscela fra due qualsiasi specie chimiche

2461 Il peso molecolare è:

A un multiplo della somma dei pesi atomici degli atomi di una molecola
B la somma dei pesi atomici di tutti gli atomi costituenti una molecola
C la semisomma dei pesi atomici di tutti gli atomi di una molecola
D la somma dei pesi atomici del 50% degli atomi di una molecola
E il peso in grammi di una molecola

2462 Un amminoacido è una:

A sostanza contenente i gruppi funzionali carbossilico e amminico
B sostanza contenente i gruppi funzionali alcolico e amminico
C sostanza che per idrolisi produce proteine
D sostanza ottenuta per idrolisi dei trigliceridi
E proteina semplice

2463 Lo ione Na^+:

A è un anione bivalente
B è un anione monovalente
C è un catione monovalente
D proviene dalla ionizzazione di un alogeno
E è un catione bivalente

2464 Quale delle seguenti proprietà dei reagenti viene sempre conservata durante una reazione chimica e si ritrova nei prodotti?

A Stato di aggregazione
B Temperatura
C Numero di ossidazione
D Massa
E Colore

2465 Il pH è:

A un modo per esprimere la concentrazione degli ioni H^+
B una misura della pressione dell'idrogeno in soluzioni non acquose
C un altro modo per esprimere la costante di Planck h
D il simbolo della neutralità di una soluzione
E l'unità di misura della pressione osmotica

CONOSCENZE SCIENTIFICHE

2466 Che cosa è il ghiaccio secco?

A Ghiaccio ottenuto da acqua deionizzata
B Anidride carbonica solida
C Ghiaccio ottenuto da soluzioni concentrate di NaCl
D Ghiaccio a consistenza farinosa
E Ghiaccio alla temperatura di –100°C

2467 Il comune zucchero da cucina è:

A il fruttosio
B il glucosio
C il saccarosio
D il maltosio
E il lattosio

2468 Un composto organico insaturo:

A non contiene doppi legami
B contiene doppi o tripli legami tra due atomi di carbonio
C contiene doppi legami tra atomi di carbonio e idrogeno
D contiene doppi legami tra atomi di carbonio e ossigeno
E contiene almeno due doppi legami

2469 La reazione di neutralizzazione avviene tra:

A due acidi
B un acido e un alcol
C un acido e un'ammide
D due basi
E una base e un acido

2470 Il numero atomico del potassio è 19. Qual è il numero totale di elettroni dello ione K^+?

A 17
B 20
C 19
D 38
E 18

2471 Le proprietà chimiche degli elementi di uno stesso gruppo dipendono dal numero di:

A elettroni totali
B elettroni di valenza
C neutroni
D protoni
E elementi contenuti nel gruppo

2472 Gli isotopi di uno stesso elemento:

A hanno diverso numero atomico
B hanno diverso numero di elettroni
C non hanno differenze
D hanno diverso numero di neutroni
E hanno diverso numero di protoni

2473 CO rappresenta la formula di:

A monossido di carbonio
B acido carbonico
C metano
D anidride carbonica
E carbone minerale

2474 La mole:

A è la quantità in grammi, di una determinata sostanza, uguale al peso molecolare della sostanza stessa
B è la misura della massa di una sostanza in relazione al suo volume
C rappresenta il numero di atomi presente in un grammo di una determinata sostanza
D è un composto chimico che si forma per combinazione di una base con un sale
E è la quantità di una sostanza in grado di reagire con un ugual peso di una sostanza diversa

2475 Dal punto di vista chimico i nucleotidi sono:

A composti costituiti da base azotata, zucchero e fosfato
B zuccheri complessi
C agglomerati di proteine
D polimeri costituiti da diversi amminoacidi
E polimeri costituiti da diversi acidi grassi

2476 L'unità di massa atomica:

A è uguale alla dodicesima parte della massa dell' isotopo 12 del carbonio
B è uguale alla massa dell'atomo di idrogeno
C è uguale alla massa dell'elettrone
D è uguale a 1 grammo
E rappresenta la massa di un atomo di carbonio

2477 A temperatura e pressione ambiente, in che stato fisico si trova il metano?

A Liquido
B Solido
C Dipende da dove viene estratto
D Gas
E Esterificato

2478 Un anione possiede:

A elettroni in numero minore rispetto ai protoni
B protoni ed elettroni in numero uguale, neutroni in numero minore
C elettroni in numero maggiore rispetto ai protoni
D neutroni in numero minore rispetto ai protoni
E elettroni in numero maggiore rispetto ai neutroni

2479 Quali tra le seguenti miscele, preparate a temperatura e pressione ambiente, può essere definita "soluzione"?

A Acqua + acido cloridrico
B Acqua + olio d'oliva
C Olio d'oliva + cloruro di sodio
D Cloruro di sodio + zucchero da cucina
E Limatura di ferro + acqua

2480 Un atomo in condizioni neutre contiene 7 elettroni, 7 protoni e 8 neutroni. Il numero atomico risulta quindi:

A 14
B 22
C 8
D 7
E 15

2481 Il nucleo di un atomo è costituito:

A da protoni ed elettroni
B da neutroni ed elettroni
C da protoni e neutroni
D da soli protoni
E da protoni, neutroni ed elettroni

2482 Allo stato fondamentale la carica di un atomo è:

A uguale al numero atomico
B positiva
C negativa
D nulla
E uguale al numero di protoni

2483 La molarità di una soluzione esprime:

A le molecole di soluto in 100 g di acqua
B le moli di soluto in 100 ml di soluzione
C le moli di soluto per kg di solvente
D i grammi equivalenti di soluto in un litro di soluzione
E le moli di soluto in un litro di soluzione

2484 Nello stato energetico fondamentale, gli elettroni tendono a occupare prima il livello che ha:

A minore energia e maggiore distanza dal nucleo
B minore energia e minore distanza dal nucleo
C minore energia ed è adiacente al nucleo
D maggiore energia e minore distanza dal nucleo
E maggiore energia maggiore distanza dal nucleo

2485 Una soluzione acquosa è basica quando il suo pH:

A è compreso tra 0 e 10
B è uguale a 5
C è inferiore a 5
D è superiore a 7
E è superiore a 5

2486 Quale dei seguenti materiali non si trova in natura?

A Ambra
B Bauxite
C Bachelite
D Carbone
E Pirite

2487 Per diluire una soluzione bisogna:

A aggiungere soluto
B la soluzione non si può diluire in nessun modo
C prima aggiungere soluto e poi solvente
D togliere soluto
E aggiungere solvente

2488 Individuare il polimero artificiale:

A cellulosa
B caucciù
C polivinilcloruro
D RNA
E insulina

CONOSCENZE SCIENTIFICHE

2489 Due atomi di idrogeno che possiedono ugual numero atomico ma numero di massa diverso – rispettivamente 1 e 2 – rappresentano:
- A due isotopi del medesimo elemento
- B due isomeri del medesimo elemento
- C due isotipi del medesimo elemento
- D due elementi diversi
- E un catione e un anione

2490 Un legame ionico è un legame:
- A in cui gli elettroni vengono condivisi tra due atomi uguali
- B apolare
- C covalente
- D intermolecolare
- E di natura elettrostatica che si instaura tra ioni di segno opposto

2491 La molecola degli acidi organici è caratterizzata:
- A dallo ione ammonio
- B dal gruppo carbossilico
- C dal gruppo ossidrilico
- D dal gruppo carbonilico
- E da un doppio legame fra atomi di C

2492 Il pH esprime:
- A la concentrazione di ioni H^+
- B la concentrazione di ioni OH^-
- C solo l'acidità della cellula
- D la concentrazione delle proteine
- E solo l'acidità delle soluzioni acquose

2493 L'affinità elettronica di un atomo:
- A misura la tendenza ad attrarre elettroni
- B misura la tendenza ad attrarre elettroni di legame
- C è la variazione di energia legata all'acquisto di un elettrone
- D è la variazione di energia per la cessione di un elettrone
- E varia al variare della temperatura

2494 Il composto KH corrisponde a:
- A idrossido di potassio
- B idrossido di cripto
- C idruro di potassio
- D un idracido
- E idruro di cripto

2495 Gli ioni provenienti dai metalli del gruppo I A della tavola periodica:
- A sono trivalenti
- B sono anioni
- C sono cationi
- D hanno un numero di elettroni pari a quelli del gas nobile che li segue
- E sono bivalenti

2496 L'energia necessaria per trasformare il sodio, Na, in Na^+ è pari:
- A al potenziale di ionizzazione
- B all'energia di legame
- C all'energia interna
- D all'energia libera di ionizzazione
- E a un numero di kcal pari al numero di elettroni

2497 Affinché un atomo si ionizzi positivamente occorre che:
- A ceda elettroni
- B acquisisca elettroni
- C ceda protoni
- D acquisisca protoni
- E ceda elettroni o acquisisca protoni

2498 I gas nobili non sono reattivi perché:
- A sono presenti allo stato monoatomico
- B presentano basse forze di Van der Waals
- C hanno pochi elettroni nello strato esterno
- D l'orbitale più esterno è completamente occupato dagli elettroni
- E non reagiscono con gli acidi

2499 L'immissione di diossido di carbonio nell'atmosfera può contribuire a lungo termine a un aumento:
- A delle malattie allergiche
- B dell'acidità delle piogge
- C del buco dell'ozono
- D dello smog fotochimico
- E dell'effetto serra

2500 La massa di un atomo è sostanzialmente determinata:
- A dai protoni e dagli elettroni
- B dai protoni e dai neutroni
- C solo dai neutroni
- D solo dai protoni
- E dai neutroni e dagli elettroni

PARTE QUARTA

2501 La differenza fra un elemento e quello che lo segue immediatamente nel sistema periodico consiste nel fatto che l'atomo del secondo, rispetto a quello del primo, ha sempre:

A un protone e un elettrone in più
B un protone e un elettrone in meno
C lo stesso numero di neutroni
D una coppia di elettroni in meno
E solo un neutrone in più

2502 Una soluzione che ha pH = 1 è da considerarsi:

A debolmente basica
B basica
C neutra
D fortemente basica
E fortemente acida

2503 Gli acidi grassi sono acidi formati da lunghe catene di atomi di carbonio, le quali possono essere:

A sempre sature
B sempre insature
C sia sature che insature
D la domanda non ha senso
E sempre ramificate

2504 Il numero di moli di un soluto per litro di soluzione esprime:

A la molalità
B la frazione molare
C la molarità
D la normalità
E la pressione osmotica

2505 Il simbolo del sodio è:

A Sd
B So
C Si
D No
E Na

2506 Uno ione positivo di un atomo deriva:

A dalla trasformazione di uno o più elettroni in protoni
B dall'acquisto di uno o più protoni
C dall'acquisto di un numero di protoni superiore di una o più unità rispetto a quello degli elettroni
D dall'acquisto di 1 neutrone e dalla perdita di un elettrone
E dalla perdita di uno o più elettroni

2507 Il numero dei protoni di un atomo è definito:

A dal numero atomico
B dal numero di massa
C dalla massa atomica
D dalla massa atomica meno il numero atomico
E dal peso atomico

2508 Un polimero è sempre formato da:

A isomeri legati tra loro
B epimeri legati tra loro
C isotopi legati tra loro
D monomeri legati tra loro
E chetoacidi legati tra loro

2509 Quale delle seguenti sostanze è più energetica per un grammo di peso?

A Proteina
B Lipide
C Zucchero
D Acqua
E Alcol etilico

2510 Il Polivinil-cloruro è:

A un polimero di origine sintetica
B un particolare insetticida
C un conservante
D un metallo molto tossico
E un principio attivo con capacità anticrittogamiche

2511 Il numero di massa di un atomo è 27; il numero atomico è 13; i neutroni contenuti nel nucleo sono:

A 20
B 13
C 8
D 14
E 40

CONOSCENZE SCIENTIFICHE

2512 Qual è il costituente chimico della materia vivente più importante?

A Rame
B Silicio
C Molibdeno
D Cadmio
E Carbonio

2513 Come viene definito il legame che unisce cloro e sodio nel cloruro di sodio?

A Legame ionico
B Legame covalente
C Legame a idrogeno
D Legame covalente apolare
E Legame dativo

2514 L'aria è una miscela gassosa, da cos'è composta?

A Ossigeno 79%, azoto 20% e altri gas
B Ossigeno 20%, azoto 79% e altri gas
C Ossigeno 50%, azoto 50%
D Ossigeno 40%, azoto 30% e altri gas
E Ossigeno 20%, azoto 50% e altri gas per il 30%

2515 Il petrolio contiene prevalentemente:

A alcoli
B bitumi
C carbon fossile
D composti eterociclici
E idrocarburi

2516 L'aumento della temperatura dell'aria dovuto all'"effetto serra", è provocato:

A dall'abbassamento degli oceani
B dall'aumento del monossido di carbonio nell'atmosfera
C dalla diminuzione dell'ozono nell'atmosfera
D dallo scioglimento dei ghiacci polari
E dall'aumento del biossido di carbonio nell'atmosfera

2517 La formula grezza o bruta di un composto covalente è costituita:

A dalle masse lorde degli atomi costituenti
B dai simboli degli elementi costituenti legati con trattini a indicare la disposizione spaziale
C dai pesi degli atomi costituenti
D dai simboli degli elementi che costituiscono la molecola, ognuno avente un indice che specifica il numero di atomi dell'elemento nella molecola
E solo dai simboli degli elementi che lo costituiscono

2518 Il peso molecolare dell'acqua è 18. Pertanto 2 moli di acqua corrispondono a:

A 36 chilogrammi
B 36 grammi
C 2 chilogrammi
D 18 grammi
E 2 grammi

2519 Una molecola si dice idrofoba se essa:

A è solubile in acqua
B è polare
C è insolubile in acqua
D possiede atomi di azoto
E è carica negativamente

2520 Per definizione, uno ione è:

A un atomo avente una carica
B un atomo o un gruppo di atomi legati aventi una carica
C un atomo carico positivamente
D un atomo carico negativamente
E un gruppo formato al massimo di tre atomi aventi una carica

2521 La cellulosa è costituita da:

A carboidrati
B amminoacidi
C grassi
D acidi nucleici
E trigliceridi

2522 Gli elementi più inerti sono:

A i gas nobili
B i metalli alcalini
C i metalli alcalino-terrosi
D gli alogeni
E i metalli di transizione

2523 Aggiungendo acido solforico a una soluzione:
A il pH cresce
B il pH diminuisce
C il pH non cambia
D il pH diventa maggiore di 7
E il pH diventa maggiore di 10

2524 Il simbolo del rame è:
A Ra
B k
C Re
D Hg
E Cu

2525 Perché l'olio non si scioglie in H_2O?
A Perché è formato da molecole idrofobe
B Perché è formato da molecole idrofile
C Perché è più viscoso
D Perché ha peso molecolare più alto
E Perché ha peso molecolare più basso

2526 Tutti gli acidi nucleici:
A sono a doppio filamento
B sono a doppia elica
C contengono desossiribosio
D sono polimeri di nucleotidi
E sono a singolo filamento

2527 I composti organici contenenti solo atomi di C e H, vengono detti:
A colloidi
B idruri
C grafiti
D idrocarburi
E carboidrati

2528 In una reazione una specie si ossida se:
A accetta elettroni da un ossidante
B accetta elettroni da un riducente
C cede elettroni a un ossidante
D cede elettroni a un riducente
E dissocia protoni

2529 I non metalli:
A sono tutti incolori
B sono buoni conduttori di calore ma non di elettricità
C sono tutti gassosi
D sono pessimi conduttori di calore e di elettricità
E hanno tutti bassa elettronegatività

2530 Due composti che hanno la stessa formula bruta ma diversa formula di struttura sono detti:
A isotopi
B isomeri
C isocori
D isomorfi
E isotropi

2531 Un legame covalente polare è dato dalla:
A cessione di uno o più elettroni da un atomo a un altro
B condivisione di due elettroni tra due atomi di uguale elettronegatività
C condivisione di due elettroni tra due atomi di diversa elettronegatività
D cessione da parte di un solo atomo della coppia di elettroni formanti il legame
E condivisione di un protone per ogni atomo

2532 Nel sistema periodico gli elementi di uno stesso gruppo hanno lo stesso:
A numero di protoni
B numero di elettroni nello strato esterno
C numero di massa
D potenziale di ionizzazione
E numero atomico

2533 Il carbonio (numero di massa 12, numero atomico 6) ha:
A 6 protoni e 12 neutroni
B 12 elettroni e 6 neutroni
C 12 elettroni e 6 protoni
D 6 elettroni e 6 neutroni
E 6 elettroni, 3 protoni e 3 neutroni

2534 Lo ione negativo di un atomo deriva:
A dalla perdita di un protone
B dall'acquisto di uno o più elettroni
C dalla perdita di un neutrone
D dall'acquisto di un neutrone e un elettrone
E dalla trasformazione di un protone in elettrone

CONOSCENZE SCIENTIFICHE

2535 Quale, tra i seguenti, non è un gas nobile?

A Radon
B Elio
C Argon
D Neon
E Ossigeno

2536 Una reazione chimica comporta sempre la trasformazione:

A di una specie atomica in un'altra
B di una o più specie chimiche in altre
C di almeno una stessa sostanza da solida a liquida o gassosa
D di un composto ionico in uno covalente
E di un elemento in un altro

2537 Si può definire soluzione:

A il brodo
B acqua + sale da cucina
C il latte non scremato
D olio + aceto
E acqua + benzene

2538 Il potassio (numero di massa 39, numero atomico 19) ha:

A 19 elettroni e 20 neutroni
B 19 protoni e 39 neutroni
C 39 elettroni e 20 neutroni
D 39 elettroni e 19 neutroni
E 19 protoni, 19 elettroni, 39 neutroni

2539 Rispettivamente, il numero di protoni, neutroni ed elettroni dello ione Ca^{2+}, con numero atomico 20 e numero di massa 40 è:

A 20 protoni, 20 neutroni, 20 elettroni
B 20 protoni, 20 neutroni, 19 elettroni
C 20 protoni, 40 neutroni, 18 elettroni
D 20 protoni, 20 neutroni, 18 elettroni
E 20 protoni, 40 neutroni, 20 elettroni

2540 I grassi e gli oli sono:

A carboidrati
B zuccheri
C protidi
D vitamine
E lipidi

2541 Nella tavola periodica gli elementi sono disposti in righe orizzontali dette:

A gruppi
B blocchi unitari
C gruppi funzionali
D famiglie
E periodi

2542 I trigliceridi sono formati da:

A una molecola di glicerolo e tre di acidi grassi
B tre molecole di glicerolo e una di acidi grassi
C tre molecole di glicerolo e tre di acidi grassi
D tre monogliceridi
E una molecola di zucchero e tre di acidi grassi

2543 Un atomo che ha acquistato un elettrone rispetto al suo fondamentale è definito:

A neutrone
B anione
C catione
D positrone
E protone

2544 Quali sono le unità più piccole delle quali si compone la materia?

A Atomi
B Ossigeno e carbonio
C Proteine
D Molecole
E Ioni

2545 NaCl posto in acqua dà:

A NaOH, HCl
B Na^+, Cl^-
C NaH, ClOH
D non si dissocia
E NaOH, HCl

2546 I catalizzatori sono:

A acceleratori di reazione
B collanti potentissimi per attaccare il ferro
C specie di catodi
D altro nome per gli elementi del I gruppo del sistema periodico
E sostanze che fanno variare la K di equilibrio di una reazione

PARTE QUARTA

2547 Tra le seguenti proprietà degli elementi presenta un andamento periodico:
A la massa nucleare
B l'affinità elettronica
C il numero atomico
D il numero di massa
E la massa atomica

2548 Il pH dell'acqua pura a 25°C è:
A 0
B 10
C 7
D 10^{-7}
E 10^{-1}

2549 Le molecole di acqua:
A sono apolari
B sono completamente dissociate
C sono polari
D sono prive di legami idrogeno
E contengono legami polarizzati ma i dipoli si annullano a causa della forma della molecola

2550 In una reazione chimica bilanciata il peso totale dei reagenti rispetto a quello dei prodotti:
A è inferiore se si formano prodotti gassosi
B può essere diverso nelle reazioni in fase eterogenea
C è maggiore se la reazione è esotermica
D è proporzionale alla somma dei rispettivi pesi molecolari
E è sempre uguale

2551 Una soluzione acquosa ha pH = 12; essa è quindi:
A basica
B è necessario indicare quale soluto è presente
C neutra
D acida
E è necessario indicare la concentrazione del soluto

2552 Il legame di Van der Waals è:
A molto forte
B forte
C ionico
D covalente
E debole

2553 Il monosaccaride più comune nelle cellule viventi è:
A il fruttosio
B il maltosio
C l'amido
D il glucosio
E il saccarosio

2554 Il diossido di carbonio, a temperatura e pressione ordinarie, è:
A liquido
B solido
C aeriforme
D una miscela in equilibrio solido-liquido
E una miscela in equilibrio solido-aeriforme

2555 Le proteine derivano:
A dall'idrolisi dei grassi
B dalla condensazione di zuccheri
C dall'idrolisi di amminoacidi
D dalla condensazione di amminoacidi
E dalla condensazione di acidi grassi

2556 Quando un elemento si riduce:
A perde elettroni
B acquista neutroni
C aumenta il suo numero di ossidazione
D acquista elettroni
E perde atomi di idrogeno

2557 L'oro:
A è un metallo
B è un gas nobile
C ha un basso peso atomico
D è una lega
E è un metalloide

2558 Le ammine sono composti organici contenenti:
A azoto
B zolfo
C selenio
D fosforo
E ferro

CONOSCENZE SCIENTIFICHE

2559 Attraverso una membrana semipermeabile:
- A il solvente passa liberamente in entrambi i sensi
- B il soluto passa liberamente in entrambi i sensi
- C il solvente passa in un solo senso
- D il passaggio del solvente è ridotto a metà
- E il passaggio del soluto è ridotto a metà

2560 L'anidride carbonica viene anche detta gas serra, perché:
- A viene utilizzata nelle serre per incrementare la crescita delle piante
- B filtra i raggi calorifici ma non quelli luminosi
- C filtra i raggi luminosi ma non quelli calorifici
- D viene utilizzata nelle serre per favorire la riproduzione delle piante
- E viene utilizzata nelle serre per uccidere i parassiti delle piante

2561 La reazione $Ag^+ + e^- \rightarrow Ag$, è una:
- A dismutazione
- B riduzione
- C ossidazione
- D associazione
- E addizione

2562 Indicare quale, fra i seguenti composti, è un acido:
- A KOH
- B NaCl
- C NaOH
- D LiCl
- E HCl

2563 I pesi atomici di H, P e O sono rispettivamente 1, 31 e 16 u.m.a. Il peso molecolare dell'acido ortofosforico, H_3PO_4, espresso in u.m.a., è:
- A 48
- B 96
- C 82
- D 66
- E 98

2564 Si forma un legame covalente:
- A tra atomi con valori di elettronegatività molto diversi
- B tra atomi con valori di elettronegatività di poco differenti oppure uguali
- C tra atomi con valori di elettronegatività di poco differenti purché non uguali
- D tra atomi del I e II gruppo della tavola periodica
- E tra atomi del I e VII gruppo della tavola periodica

2565 Cosa si ottiene per combustione del metano?
- A H_2O e O_2
- B CO_2 e O_2
- C CO_2 e H_2O
- D CO_2 e H_2
- E CO_2 e CO

2566 La molecola biatomica del cloro contiene un legame:
- A covalente omopolare
- B covalente eteropolare
- C dativo
- D ionico
- E covalente doppio

2567 Gli acidi carbossilici sono:
- A acidi inorganici
- B acidi organici
- C monosaccaridi
- D lipidi
- E amminoacidi

2568 Nel sistema periodico gli elementi sono sistemati secondo:
- A l'ordine alfabetico
- B l'importanza chimica
- C il prezzo sul mercato
- D il numero atomico crescente
- E il peso atomico crescente

2569 I carboidrati sono:
- A composti organici formati da amminoacidi
- B composti organici formati da zuccheri
- C ormoni
- D acidi nucleici
- E composti organici formati da acidi grassi

2570 **Le proteine sono macromolecole i cui monomeri sono:**
A lipidi
B acidi grassi
C amminoacidi
D nucleotidi
E glicidi

2571 **Il legame peptidico è presente:**
A negli acidi nucleici
B nei polisaccaridi
C nei carboidrati
D nei trigliceridi
E nelle proteine

2572 **Si può dire che una mole di zucchero da tavola (saccarosio) e una mole di vitamina C hanno:**
A lo stesso peso espresso in dalton
B lo stesso peso espresso in grammi
C lo stesso numero di molecole
D lo stesso numero totale di atomi
E lo stesso numero di carboni

2573 **Tutti gli elementi di uno stesso gruppo del sistema periodico:**
A hanno identiche proprietà chimiche
B hanno lo stesso numero di elettroni
C hanno lo stesso numero di neutroni
D hanno lo stesso peso atomico
E hanno lo stesso numero di elettroni di valenza

2574 **Gli alcoli sono:**
A idrocarburi ciclici
B composti organici contenenti il gruppo $-NH_2$
C sali dell'acido pimelico
D composti organici contenenti il gruppo –OH
E sostanze a carattere basico

2575 **I protoni di un atomo determinano:**
A il peso atomico
B il numero atomico
C il numero di massa
D il numero quantico
E il numero di ossidazione

2576 **Cosa deve fare un alogeno per raggiungere la configurazione elettronica del gas nobile più vicino?**
A Perdere un elettrone
B Perdere due elettroni
C Acquistare due elettroni
D Acquistare un elettrone
E Perdere un neutrone

2577 **Un ossidante è una sostanza capace di:**
A cedere elettroni
B cedere protoni
C cedere idrogeno
D acquistare ossigeno
E acquistare elettroni

2578 **Una mole di un dato composto contiene:**
A un numero di molecole pari al Numero di Avogadro
B un grammo del composto
C un numero di molecole pari alla costante di Boltzmann
D un numero di molecole pari al Numero di Avogadro moltiplicato per il peso molecolare
E non si può dire senza ulteriori dati

2579 **I metalli alcalino-terrosi appartengono al:**
A gruppo I A della tavola periodica
B gruppo II A della tavola periodica
C gruppo III A della tavola periodica
D gruppo VII A della tavola periodica
E gruppo IV A della tavola periodica

2580 **L'amido e la cellulosa sono:**
A proteine
B monosaccaridi
C un monosaccaride e un polisaccaride
D disaccaridi
E polisaccaridi

2581 **Il numero atomico del magnesio è 12. Quanti elettroni possiede lo ione Mg^{2+}?**
A 22 B 14 C 10 D 24 E 26

CONOSCENZE SCIENTIFICHE

2582 Quando una reazione chimica produce calore, questa è detta:

A solvatazione

B azeotropica

C allotropica

D isotermica

E esotermica

2583 Cosa hanno in comune i quattro elementi (carbonio, ossigeno, idrogeno, azoto) più abbondanti negli esseri viventi?

A Ogni elemento esiste in una sola forma isotopica

B Hanno tutti lo stesso numero di elettroni di valenza

C Sono tutti elementi prodotti solo dalle cellule viventi

D Sono tutti elementi leggeri, localizzati nella parte alta della tavola periodica

E Sono tutti gas nobili

2584 La molecola dell'acqua è polare:

A per la diversa distribuzione elettronica dovuta alla maggiore elettronegatività dell'ossigeno rispetto all'idrogeno

B per le proprietà di adesione delle molecole d'acqua

C per la differenza di peso atomico fra ossigeno e idrogeno

D perché l'ossigeno cede i propri elettroni ai due atomi di idrogeno

E perché l'idrogeno è più leggero dell'ossigeno

2585 Per possedere una struttura quaternaria una proteina deve avere:

A più stati conformazionali

B due o più catene polipeptidiche

C 4 eliche alfa

D 4 aminoacidi

E una sola catena polipeptidica

Quesiti di fisica

2586 A quanti chilometri corrisponde un nanometro?

A 10^{-3}
B 10^{-9}
C 10^{-12}
D 10^{-1}
E 10^{-6}

2587 Le onde radio, come il nome stesso suggerisce, sono utilizzate per le comunicazioni. Per quale di questi motivi?

A Sono le uniche che possono seguire la curvatura terrestre
B Hanno grandissima frequenza
C Sono le uniche onde elettromagnetiche che siamo in grado di generare
D Hanno grandissima lunghezza d'onda
E Trasportano materia

2588 Un corpo di massa 1000 g si trova a 100 cm dal suolo. La sua energia potenziale rispetto al suolo è di:

A 490 J
B 980 W
C 9,8 J
D 9800 J
E $9{,}8 \cdot 10^5$ J

2589 La spinta di Archimede non si dà:

A se un corpo affonda
B se il corpo è immerso in un gas
C quando il liquido è in moto
D in assenza di gravità
E in condizioni di moto turbolento

2590 Se un oggetto di massa pari a 1,5 kg è in quiete a metà di un piano inclinato di base 2 m e altezza 1 m, quanto vale la sua accelerazione?

A 1,5 m/s^2
B 2 m/s^2
C 30 m/s^2
D 15 m/s^2
E 0 m/s^2

2591 Secondo un osservatore, un tuono è preceduto dal rispettivo lampo di 10 secondi. Quanto dista approssimativamente il punto in cui è caduto il fulmine?

A 3,4 km
B 340 m
C 500 m
D 5 km
E 1 m

2592 Il campo magnetico è conservativo?

A No, mai
B Sì, sempre
C Solo nel vuoto
D Solo in un dielettrico
E La domanda è priva di senso

2593 1 kWh equivale a:

A 3600 kcal
B 3600 kJ
C 3600 MeV
D 3600 N
E 360 kcal

CONOSCENZE SCIENTIFICHE

2594 Il lavoro compiuto da una forza F il cui punto di applicazione si sposta di una lunghezza pari a *l* è massimo quando l'angolo tra la direzione della forza e quella dello spostamento è:

A 0° B 30° C 90° D 180° E 270°

2595 Il momento di una forza rispetto a un punto:

A si misura in N · s
B misura l'istante in cui la forza è applicata
C non è una grandezza scalare
D non è mai nullo
E è in funzione della massa nel punto

2596 Un punto materiale si muove con velocità costante in modulo lungo una traiettoria avente curvatura costante. Il suo moto è:

A armonico
B circolare uniforme
C uniformemente accelerato
D elicoidale
E parabolico

2597 La temperatura assoluta è:

A la più bassa temperatura teoricamente possibile
B la temperatura espressa in kelvin
C la temperatura indicata da un termometro tarato in gradi celsius
D la temperatura della superficie del Sole
E la temperatura di scioglimento del ghiaccio

2598 Quale delle seguenti operazioni non è permessa in fisica, per ragioni dimensionali?

A Velocità · Tempo
B Velocità – Tempo
C Altezza + Base
D Altezza – Base
E Altezza · Base

2599 Esprimendo in kelvin una variazione di temperatura di 27 °C si ottiene:

A 273 K
B 300 K
C 27 K
D 327 K
E 246 K

2600 La lunghezza d'onda è la caratteristica di un'onda che descrive:

A il tempo in cui avviene un'oscillazione completa
B il numero di oscillazioni al secondo
C la distanza percorsa da un fronte d'onda in un periodo
D l'ampiezza dell'oscillazione
E nessuna delle altre risposte è corretta

2601 L'energia totale di un sistema isolato:

A aumenta sempre se aumenta la pressione
B è costante
C tende sempre ad aumentare
D tende sempre a diminuire
E può aumentare o diminuire a seconda della natura del sistema

2602 In fisica la parola sublimazione indica il passaggio:

A dallo stato liquido a quello solido
B dallo stato solido a quello liquido
C dallo stato solido a quello gassoso
D dallo stato gassoso a quello solido
E dallo stato gassoso a quello liquido

2603 Da quale delle seguenti grandezze è indipendente la temperatura di ebollizione di un liquido?

A Altitudine
B Temperatura esterna
C Pressione esterna
D Tensione di vapore
E Nessuna delle altre risposte è corretta

2604 Quali sono le unità di misura nel Sistema internazionale delle grandezze energia, pressione, potenziale elettrico, volume?

A joule, mmHg, volt, litro
B joule, atmosfera, farad, m^3
C joule, newton/m^2, volt, m^3
D erg, pascal, volt, cm^3
E erg, millibar, volt, litro

2605 Il potenziale elettrico è:

A la forza con cui viene attratta una carica elettrica

B il lavoro fatto da una carica nell'unità di tempo

C una grandezza che si misura in joule/coulomb

D nullo per una carica ferma

E nessuna delle altre risposte è corretta

2606 Un disco compie 4 giri ogni 2 secondi: quanto vale la sua velocità angolare?

A $4\pi \frac{rad}{s}$

B $4 \frac{giri}{s}$

C $4 \frac{rad}{s}$

D $2\pi \frac{rad}{s}$

E $8 \frac{rad}{s}$

2607 La forza di Coulomb che agisce tra due cariche varia in modo:

A direttamente proporzionale alla loro distanza

B inversamente proporzionale alla loro distanza

C direttamente proporzionale alla loro distanza al quadrato

D inversamente proporzionale alla loro distanza al quadrato

E lineare con il crescere della distanza

2608 Due resistenze, rispettivamente di 2 e 3 Ω, vengono poste in parallelo. La resistenza che da sola dissiperebbe la stessa energia per effetto Joule vale dunque:

A (5/6) Ω

B (6/5) Ω

C 5 Ω

D 6 Ω

E 1 Ω

2609 Il prefisso Tera indica che la grandezza che lo segue deve essere moltiplicata per:

A 10

B 10^5

C 10^{10}

D 10^{12}

E 10^{15}

2610 Quale delle seguenti equivalenze è corretta?

A 1 km = 10^3 cm

B 1 km = 10^5 cm

C 1 km = 10^7 cm

D 1 km = 10^9 cm

E 1 km = 10^{11} cm

2611 Quale fra le seguenti alternative contiene solo grandezze scalari?

A Potenza, tempo, massa

B Energia, accelerazione, temperatura

C Pressione, spostamento, velocità

D Volume, densità, forza

E Momento, peso specifico, lavoro

2612 Quale dei seguenti termini corrisponde a una grandezza fisica?

A Poise

B Ampere

C Metro

D Temperatura

E Chilogrammo

2613 La risultante di due vettori ortogonali di modulo *a*:

A ha modulo *a*

B ha modulo maggiore di *a* ed è disposta lungo la diagonale del quadrato da essi formato

C ha modulo minore di *a* ed è disposta lungo la diagonale del quadrato da essi formato

D non si può rispondere senza conoscere l'angolo tra i due vettori

E è sempre nulla perché i due moduli sono uguali

2614 La componente orizzontale di un vettore di modulo pari a $\sqrt{3}$ che forma un angolo di 30° con l'asse *x* vale:

A 6

B 1,5

C 3

D $\sqrt{2}$

E non è possibile rispondere

2615 Un'automobile parte da ferma e accelera costantemente lungo una strada diritta. Quanto vale la sua accelerazione se percorre 0,016 chilometri in 1/900 di ora?

A 1 m/s^2

B 2 m/s^2

C 4 m/s^2

D 16 m/s^2

E 32 m/s^2

2616 Un ciclista in mezz'ora percorre 10 km, poi fa una sosta di un quarto d'ora e infine percorre altri 20 km in tre quarti d'ora. Qual è stata la sua velocità media?

A Esattamente 20 km/h

B Circa 20 km/h

C Esattamente 23 km/h

D Circa 23 km/h

E Esattamente 30 km/h

2617 Un corpo sospeso per il suo baricentro:

A non è in equilibrio

B è in equilibrio stabile

C è in equilibrio instabile

D è in equilibrio indifferente

E ruota continuamente attorno al baricentro

2618 A quale delle seguenti lunghezze equivale 1 cm?

A 0,01 km

B 0,1 km

C 0,0001 km

D 0,00001 km

E 0,001 km

2619 Quale grandezza deve essere riportata sull'asse verticale perché il grafico seguente rappresenti un moto uniformemente accelerato?

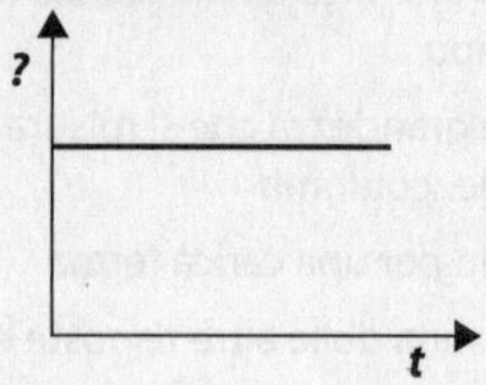

A Il tempo

B Lo spazio

C La velocità

D La traiettoria

E L'accelerazione

2620 In un moto circolare uniforme la frequenza si può misurare in:

A giri al minuto

B hertz

C cicli al secondo

D giri all'ora

E tutte le altre risposte sono corrette

2621 Un corpo in moto circolare uniforme su un piano senza attrito è legato a un capo di una corda lunga 1 m, che ha l'altro capo attaccato a un perno. Il corpo compie un giro ogni 2 secondi. A un certo punto la corda che lo tiene si spezza. Quanto spazio percorre il corpo nei successivi 2 secondi?

A Una distanza pari alla lunghezza della circonferenza

B Una distanza pari al doppio della lunghezza della circonferenza

C Una distanza pari al quadrato della lunghezza della circonferenza

D Una distanza pari a metà della lunghezza della circonferenza

E Non si può calcolare

2622 **Le dimensioni dell'accelerazione sono:**

A $\frac{[L]}{[T]^2}$

B $\frac{[L]}{[T]^3}$

C $\frac{[L]^2}{[T]}$

D $\frac{[L]}{[T]}$

E $\frac{[T]}{[L]^2}$

2623 **Quale dei seguenti fattori non determina il peso che agisce su un corpo di massa *m* in moto rettilineo uniforme lungo una traiettoria orizzontale che si trova a 1 m di altezza dal suolo?**

A La massa della Terra
B Il raggio della Terra
C La velocità del corpo
D La massa del corpo
E L'attrito dell'aria

2624 **Le forbici:**

A sono una leva di primo tipo
B sono una leva di primo e secondo tipo
C sono una leva di secondo tipo
D sono una leva di terzo tipo
E non sono una leva

2625 **Il momento angolare di un punto materiale di massa *m* in moto circolare uniforme lungo una traiettoria di raggio *r* con velocità angolare ω ha le dimensioni:**

A di una forza per una lunghezza
B di una quantità di moto per una lunghezza
C di un'accelerazione per una lunghezza
D di una lunghezza diviso un tempo
E di una potenza per una lunghezza

2626 **Quale delle seguenti relazioni tra grandezze fisiche è corretta?**

A Massa × velocità = forza
B Lavoro / spostamento = forza
C Massa × spostamento = forza
D Potenza × velocità = forza
E Massa / velocità = forza

2627 **Il lavoro compiuto dalla forza elastica agente su un corpo di massa 2 kg, vincolato a una molla, la cui velocità passa da 1 a 2 m/s, vale:**

A 2 J
B 3 J
C 4 J
D 6 J
E non si può rispondere senza conoscere allungamento e costante elastica della molla

2628 **Siano v_a, v_b e v_c rispettivamente le velocità finali di tre corpi posti alla sommità di altrettanti piani senza attrito, di altezza *h*, inclinati rispettivamente di 30°, 45° e 60° rispetto all'orizzontale. Quale delle seguenti relazioni è esatta?**

A $v_a > v_b > v_c$
B $v_a < v_b < v_c$
C $v_a < v_b; v_a < v_c$
D $v_a = v_b = v_c$
E Nessuna delle altre risposte è corretta

2629 **La potenza di un motore che compie un lavoro di 60 joule al minuto è:**

A 1 watt
B 20 watt
C 60 watt
D 120 watt
E 3.600 watt

2630 **Un gas perfetto è sottoposto a una espansione isoterma che porta il suo volume da 2 a 4 litri, a partire da una pressione iniziale di 1 atmosfera. Quanto vale la pressione finale?**

A 0,5 atm
B 1 atm
C 2 atm
D 4 atm
E 8 atm

CONOSCENZE SCIENTIFICHE

2631 Una trasformazione isobara si rappresenta nel piano *PV* come:

A una retta parallela all'asse *V*

B una retta parallela all'asse *P*

C un'esponenziale crescente passante per l'origine degli assi

D un'iperbole equilatera riferita agli asintoti

E un'esponenziale decrescente passante per l'origine degli assi

2632 Quanto vale la temperatura di equilibrio di due masse d'acqua rispettivamente pari a m_1 = 2 kg alla temperatura T_1 = 25 °C e m_2 = 10 kg alla temperatura T_2 = 30 °C che vengono mescolate?

A 30,0°C

B 29,2°C

C 28,7°C

D 27,3°C

E 27,1°C

2633 La temperatura di zero gradi centigradi vale rispettivamente:

A 373,15 K; 32 °F

B 273,15 K; 32 °F

C –373,15 K; 32 °F

D 373,15 K; 35 °F

E 273,15 K; 35 °F

2634 L'intensità della forza di Coulomb che si esercita tra due particelle di carica *q* e *Q*, poste a una distanza *d* nel vuoto, si quadruplica se:

A la distanza tra le particelle viene raddoppiata

B la distanza tra le particelle viene quadruplicata

C si passa dal vuoto all'acqua

D entrambe le cariche vengono quadruplicate

E entrambe le cariche vengono raddoppiate

2635 Qual è la capacità equivalente di tre capacità uguali, pari a 2 nF e poste in parallelo?

A (2/3) nF

B 2 nF

C 6 nF

D 7,5 nF

E (3/2) nF

2636 Il campo elettrostatico prodotto da una carica puntiforme positiva nello spazio vuoto:

A ha linee di forza di forma circolare con centro nella carica

B è uniforme

C ha intensità direttamente proporzionale al quadrato della distanza dalla carica

D ha linee di forza rettilinee uscenti dalla carica

E ha intensità inversamente proporzionale alla carica

2637 La resistenza di un filo lungo 4 metri è pari a 20 ohm. Se si applica ai suoi estremi una differenza di potenziale di 200 volt, quanto vale la corrente che attraversa il filo?

A 10 J

B 10 A

C 100 J

D 100 A

E 100 W

2638 Quale delle seguenti affermazioni è corretta?

A La forza di Lorentz compie lavoro

B L'energia cinetica di un elettrone sparato in una regione di campo magnetico uniforme con velocità perpendicolare alla direzione del campo non varia

C Il campo magnetico ha linee di forza aperte

D Un campo magnetico può essere prodotto soltanto da un magnete

E Nessuna delle altre risposte è corretta

PARTE QUARTA

2639 In un circuito immerso in un campo di induzione magnetica B può prodursi una forza elettromotrice indotta:
a) perché cambia nel tempo la direzione di B;
b) perché cambia nel tempo il modulo di B.
Le due affermazioni sono:
A a) vera; b) vera
B a) vera; b) falsa
C a) falsa; b) vera
D a) falsa; b) falsa
E Il quesito è indeterminato

2640 Quale delle seguenti entità non possiede in generale carica elettrica (cioè è neutra)?
A Una particella β
B Un atomo allo stato fondamentale
C Un protone a riposo
D Un elettrone
E Un elettrone in moto

2641 Per una leva inter-resistente (o favorevole), quale delle seguenti affermazioni è corretta?
A La forza attiva (o “potenza”) è maggiore della forza passiva (“resistenza”)
B La forza attiva (o “potenza”) è minore della forza passiva (“resistenza”)
C Il lavoro fatto dalla forza attiva è minore di quello della passiva
D Il lavoro fatto dalla forza attiva è maggiore di quello della passiva
E Nessuna delle altre risposte è corretta

2642 Il volume di un cubo di lato 10 cm misura:
A 0,001 m^3
B 0,01 m^3
C 0,1 m^3
D 1 m^3
E 10 m^3

2643 150 litri d’acqua hanno una massa di:
A 15 kg
B 150 kg
C 1500 kg
D 15.000 kg
E 150.000 kg

2644 Il prodotto scalare di due vettori non nulli è zero quando essi:
A sono antiparalleli
B sono paralleli
C sono ortogonali
D sono coincidenti
E sono uguali

2645 Il modulo del prodotto vettoriale di due vettori lunghi 3 e 4 metri rispettivamente, che formano tra loro un angolo di 30°, vale:
A 12 metri quadrati
B 12 metri
C 1 metro
D 6 metri quadrati
E 3 metri

2646 Il prodotto vettoriale tra due vettori è un vettore diretto:
A come il più lungo dei due
B come il più corto dei due
C lungo la perpendicolare al maggiore dei due
D lungo la perpendicolare al piano su cui giacciono i due
E non si può rispondere se non si conoscono le caratteristiche dei due vettori

2647 Quale fra le seguenti alternative contiene solo grandezze vettoriali?
A Accelerazione, lavoro, tempo
B Momento angolare, energia, quantità di moto
C Momento di una forza, spostamento, velocità angolare
D Temperatura, calore, pressione
E Posizione, potenza, volume

2648 Nel grafico seguente è rappresentato un moto rettilineo.

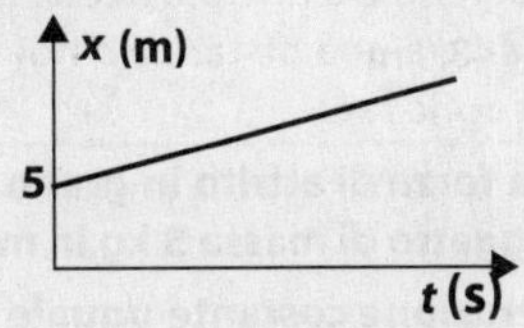

Quale delle seguenti affermazioni non può essere ricavata dal grafico?
A Lo spazio è misurato in metri
B Il tempo è misurato in secondi
C Lo spazio iniziale è uguale a 5 metri
D Il moto è uniforme
E La velocità è minore di 1 m/s

CONOSCENZE SCIENTIFICHE

2649 La velocità angolare di un corpo che compie un moto circolare uniforme di periodo pari a 2 secondi vale:

A π rad/s

B 2π rad/s

C 2 rad/s

D 1 rad/s

E 4π rad/s

2650 Quanto spazio percorre in un minuto un'automobile che si muove alla velocità di 72 km/h?

A 1.000 m

B 1.200 m

C 1.400 m

D 1.600 m

E 1.800 m

2651 L'accelerazione a cui è sottoposto un oggetto che si trova sul pavimento di un ascensore che sale a velocità costante:

A vale g

B è maggiore di g

C è minore di g

D varia con l'altezza

E vale zero

2652 Quanto è profondo un pozzo se un sasso impiega 2 secondi per arrivare sul fondo?

A 9,8 m

B 19,6 m

C 29,4 m

D 39,2 m

E 48,0 m

2653 La forza di attrito in grado di frenare un oggetto di massa 5 kg in moto con accelerazione costante uguale a 10 m/s^2 ha modulo pari a:

A 50 N

B 100 N

C 20 N

D 5 N

E 1 N

2654 Il periodo di oscillazione di un pendolo di 10 cm di lunghezza vale (si approssimi g a 10 m/s^2):

A 10^{-2} s

B 10^{-1} s

C 1 s

D 10 s

E 100 s

2655 Il pianeta Pinco, di massa M, si trova a una distanza d dal pianeta Pallino, di massa m. Se G è il valore della costante di gravitazione universale, in virtù dell'attrazione gravitazionale causata da Pinco, Pallino è soggetto a un'accelerazione:

A GM/d^4

B GMm/d^2

C GM/d^2

D GMm/d

E pari a 0

2656 Quattro resistenze di 10 ohm, 20 ohm, 40 ohm e 40 ohm sono collegate in parallelo. Quanto vale la resistenza equivalente?

A 0,2 ohm

B 5 ohm

C 110 ohm

D (110/4) ohm

E (4/110) ohm

2657 Due vettori spostamento A e B di intensità 3 m e 4 m hanno direzioni che formano un angolo di 60° tra loro. Qual è l'intensità del vettore somma?

A 7 m

B 1 m

C 5 m

D 3 m

E Nessuna delle altre risposte è corretta

PARTE QUARTA

2658 Dopo un'esplosione, un proiettile di massa *M* inizialmente in moto di caduta si spezza in due parti, di massa *M*/3 e 2*M*/3 rispettivamente. Se il frammento più leggero acquista una velocità orizzontale *v* verso sinistra, quale velocità orizzontale acquisterà l'altro frammento?

- A *v*, verso destra
- B metà di *v*, verso destra
- C il doppio di *v*, verso destra
- D due terzi di *v*, verso destra
- E *v*, verso sinistra

2659 A una resistenza $R = 4\ \Omega$ viene applicata una tensione $V_1 = 16$ V. Se si dimezza il valore della resistenza, per mantenere costante la corrente che circola nel componente è necessario applicare una nuova tensione V_2 pari a:

- A 8 V
- B 2 V
- C 4 V
- D 32 V
- E 16 V

2660 Le dimensioni della forza sono:

- A $\frac{[L][M]}{[T]^2}$
- B $\frac{[L]}{[T]^3}$
- C $\frac{[L][M]^2}{[T]}$
- D $\frac{[L]}{[T][M]}$
- E $\frac{[T]}{[L]^3}$

2661 Due resistenze di valore *r* e 2*r*, sono connesse in serie; quale valore *R* devono avere due resistenze uguali che, connesse in parallelo, forniscono una resistenza equivalente a quella prodotta dalle due resistenze in serie?

- A 3*r*
- B 6*r*
- C *r*/3
- D *r*/6
- E 3*r*/3

2662 Un corpo di massa *m* cade da fermo da un'altezza *h*. A quale altezza la sua energia potenziale sarà uguale a quella cinetica?

- A 2*h*
- B *h*/3
- C *h*/2
- D *h*/4
- E 4*h*

2663 Quanto vale la lunghezza d'onda di una radiazione elettromagnetica che si propaga nel vuoto con una frequenza pari a 30 MHz?

- A 10 m
- B 10 hm
- C 10 km
- D 10 cm
- E Non si può calcolare per mancanza di dati

2664 Il primo principio della termodinamica stabilisce che:

- A il lavoro effettuato è sempre uguale al lavoro impiegato
- B non è possibile che il calore passi spontaneamente da un corpo freddo a un corpo caldo
- C l'energia è una grandezza che si conserva
- D l'entropia aumenta sempre
- E l'entalpia aumenta sempre

2665 Lo stato termodinamico A(V_0; P_0) è rappresentato su un'isoterma alla temperatura *T*. Quali sono i parametri volume e pressione dello stato termodinamico B "simmetrico" rispetto alla bisettrice?

- A (V_0; P_0)
- B ($2V_0$; $P_0/2$)
- C ($P_0/2$; $2V_0$)
- D (P_0; V_0)
- E Nessuno dei precedenti

CONOSCENZE SCIENTIFICHE

2666 Si consideri il condotto orizzontale rappresentato in figura entro il quale si muove di moto stazionario un fluido perfetto.

Quale delle seguenti affermazioni è corretta?

A La pressione del fluido in B è maggiore di quella in A
B La velocità del fluido in A è maggiore di quella in B
C La pressione del fluido non dipende dalla posizione
D La velocità del fluido non dipende dalla posizione
E La velocità del fluido in B è maggiore di quella in A

2667 Una carica positiva nota si trova nel punto P, tra due cariche sconosciute Q_1 e Q_2, come mostrato in figura. P è più vicino a Q_2 che a Q_1.

Se la forza elettrica totale agente sulla carica posta in P è nulla, si può correttamente concludere che:

A Q_1 e Q_2 sono entrambe positive
B Q_1 e Q_2 sono entrambe negative
C Q_1 e Q_2 hanno segno opposto
D Q_1 e Q_2 hanno lo stesso segno, ma l'intensità di Q_2 è maggiore di quella di Q_1
E Q_1 e Q_2 hanno lo stesso segno, ma l'intensità di Q_1 è maggiore di quella di Q_2

2668 L'accelerazione a cui è soggetta una particella di carica positiva q e massa m in una regione di campo elettrico E uniforme:

A vale $\frac{E \cdot q}{m}$ ed è diretta come il campo
B vale $\frac{E \cdot q}{2m}$ e ha verso opposto rispetto al campo
C vale $\frac{2E \cdot q}{m}$ e ha direzione ortogonale al campo
D è nulla: la particella resta ferma o prosegue il suo moto rettilineo uniforme
E i dati forniti non sono sufficienti per rispondere

2669 Una particella carica sparata in una regione di campo magnetico uniforme, con velocità ortogonale al campo, percorre una traiettoria:

A parabolica
B circolare
C rettilinea
D elicoidale
E spezzata

2670 Nel Sistema internazionale, il campo magnetico si misura in:

A weber
B ampere
C tesla
D volt · metro
E metri

2671 Quanti hm vale un pm?

A 100 B 10^{-8} C 10^{-9} D 10^{-10} E 10^{-14}

2672 Quanto vale il prodotto scalare tra due vettori uguali e paralleli di modulo pari a 12?

A 12
B 24
C 72
D 0
E 144

2673 Qual è la velocità finale di un grave lasciato cadere da fermo da un'altezza pari a *h*?

A $\sqrt{2gh}$

B $\sqrt{\frac{2g}{h}}$

C $\sqrt{\frac{2h}{g}}$

D $2\sqrt{gh}$

E h

2674 Lo spazio percorso in funzione del tempo, in un moto uniforme, si rappresenta nel piano *st* come:

A una circonferenza

B una retta

C una parabola

D un'ellisse

E un'iperbole

2675 Una trasformazione termodinamica isobara è tale che:

A il volume è costante

B la pressione è costante

C la temperatura è costante

D non ci sono scambi di calore con l'esterno

E nessuna delle altre risposte è corretta

2676 Il suono è un'onda:

A meccanica

B elettromagnetica

C elastica sempre trasversale

D elastica sempre longitudinale

E trasversale

2677 In generale un elettrone in moto in un campo magnetico:

A prosegue il suo moto indisturbato

B viene deviato

C torna indietro

D si distrugge

E cattura un secondo elettrone

2678 La capacità è una grandezza:

A vettoriale

B proporzionale al potenziale applicato al conduttore

C indipendente dal potenziale applicato al conduttore

D inversamente proporzionale al potenziale applicato al conduttore

E sempre negativa

2679 Coulomb formulò la legge che descrive la forza elettrostatica tra due cariche. Qual è la differenza fondamentale tra questa forza e quella di gravità?

A La forza di gravità può essere anche repulsiva, quella elettrostatica no

B La forza elettrostatica può essere anche repulsiva, quella gravitazionale no

C Entrambe sono sia attrattive sia repulsive

D Entrambe sono solo attrattive

E La forza di gravità è un vettore, quella coulombiana è uno scalare

2680 Quattro resistenze di 10 ohm, 20 ohm, 40 ohm e 40 ohm sono collegate in serie. Quanto vale la resistenza equivalente?

A (1/110) ohm

B 110 ohm

C (1/5) ohm

D (110/4) ohm

E (4/110) ohm

2681 Newton, nel 1687, formulò la legge di gravitazione universale nella quale compare la cosiddetta "costante di gravitazione". Quale fu lo scienziato che determinò, mediante un esperimento, il valore di tale costante?

A Cavendish

B Galileo

C Boyle

D Lagrange

E Carnot

CONOSCENZE SCIENTIFICHE

2682 Quali tra le seguenti sono le proprietà fisiche che caratterizzano la fusione alla pressione atmosferica?

I. Mentre avviene il cambiamento di stato la temperatura rimane costante

II. Mentre avviene il cambiamento di stato la temperatura diminuisce

III. Mentre avviene il cambiamento di stato la temperatura aumenta

IV. Il cambiamento di stato può avvenire a qualunque temperatura

V. Il cambiamento di stato avviene a una determinata temperatura

A I, IV

B II, IV

C II, V

D III, IV

E I, V

2683 Un cubetto di ghiaccio di 1 cm^3 di volume galleggia sull'acqua contenuta in un recipiente a temperatura costante di 25 °C.

Quando il ghiaccio si sarà completamente sciolto, il livello dell'acqua sarà, rispetto a quello iniziale:

A diminuito

B aumentato del doppio

C aumentato del triplo

D invariato

E la domanda non ha senso

2684 Se si dimezza la differenza di potenziale ai capi di un conduttore ohmico, la potenza dissipata:

A aumenta di un fattore 4

B diminuisce di un fattore 4

C diminuisce di un fattore 2

D aumenta di un fattore 2

E rimane inalterata

2685 Due recipienti aventi forma diversa contengono lo stesso liquido che occupa lo stesso volume. Possiamo affermare che:

A le pressioni sul fondo dei recipienti sono uguali, in quanto si tratta dello stesso liquido che occupa lo stesso volume

B le forze esercitate dal liquido sulla base dei due recipienti sono uguali, in quanto si tratta dello stesso liquido che occupa lo stesso volume

C il peso del liquido contenuto in ciascun recipiente è uguale, in quanto il liquido ha lo stesso peso specifico e lo stesso volume

D se è vera la prima risposta deve essere sempre vera anche la seconda e viceversa, qualunque sia la forma dei due recipienti

E se è vera la terza risposta deve essere sempre vera anche la prima e viceversa, qualunque sia la forma dei due recipienti

PARTE QUARTA

Quesiti di scienze della Terra

2686 Se l'asse di rotazione terrestre fosse perpendicolare al piano dell'eclittica, come cambierebbero le stagioni?
- A Sarebbero invertite rispetto alle attuali
- B Non ci sarebbe alcun cambiamento
- C Le stagioni non esisterebbero più
- D In tutti i punti della Terra si avrebbero due stagioni, una calda e una fredda, ben distinte
- E Nessuna delle precedenti

2687 Che cosa sono i fusi orari?
- A Settori in cui è convenzionalmente suddivisa la superficie terrestre, all'interno dei quali tutte le località hanno la stessa ora
- B Regioni della Terra caratterizzate da differenti intensità di precipitazioni
- C Regioni della Terra caratterizzate da valori differenti di temperatura media annua
- D Intervalli di tempo, nel corso di un giorno, in cui la Terra ruota più o meno velocemente
- E Nessuna delle precedenti

2688 In una carta geografica, per rappresentare l'altezza sul livello del mare di una località, si usano:
- A le isobare
- B gli altimetri
- C le isotoniche
- D le isoipse
- E le isocore

2689 Se in una località giapponese sono le 6:00 del mattino del 31 maggio, che ora indicano gli orologi di una località che si trova esattamente 12 fusi orari a ovest?
- A Le 6:00 di mattino del 31 maggio
- B Le 6:00 di mattino del 30 maggio
- C Le 6:00 di sera del 31 maggio
- D Le 6:00 di sera del 30 maggio
- E Le 12:00 del 31 maggio

2690 In una carta geografica in scala 1:10.000.000 due città distano 5 cm. Qual è la distanza reale tra le due?
- A 50 km
- B 500 m
- C 500 km
- D 5000 m
- E 5 km

2691 Cosa si intende con l'espressione "inversione termica atmosferica"?
- A La temperatura dell'atmosfera
- B La differenza di temperatura dei vari strati dell'atmosfera
- C L'inverso della temperatura atmosferica
- D Un'inversione del gradiente di temperatura atmosferica
- E Un brusco abbassamento della temperatura

2692 Si può definire anno solare il tempo impiegato:
- A dalla Terra per compiere una rivoluzione completa intorno al Sole
- B dalla Luna per compiere una rivoluzione completa intorno al Sole
- C dal Sole per compiere una rotazione completa su sé stesso
- D dalla Terra per compiere una rotazione completa su sé stessa
- E nessuna delle precedenti

2693 La rarefazione dello strato di ozono atmosferico è provocata:
- A dall'utilizzo indiscriminato dei combustibili fossili
- B dall'aumento di anidride carbonica nell'atmosfera
- C dalle emissioni di freon
- D dalle emissioni dei gas a effetto serra
- E dall'interazione tra la magnetosfera e il vento solare

CONOSCENZE SCIENTIFICHE

2694 Qual è la differenza tra uragano e tornado?

A Entrambe sono perturbazioni di estrema violenza, ma l'uragano colpisce durante i mesi estivi, mentre il tornado in inverno

B Gli uragani coprono un'area di poche centinaia di chilometri di diametro, mentre i tornado hanno un diametro di poche centinaia di metri

C Gli uragani sono tempeste tropicali che investono il continente americano, mentre i tornado colpiscono il continente asiatico

D Nessuna; sono solo due nomi differenti usati per indicare una tempesta tropicale accompagnata da venti a 200 km/h

E Nessuna delle precedenti

2695 Perché all'alba il Sole sembra avere dimensioni maggiori del normale?

A Perché l'umidità dell'atmosfera nei bassi strati fa divergere i raggi luminosi

B Perché quando il Sole è basso sull'orizzonte i suoi raggi devono attraversare una porzione di atmosfera maggiore subendo così una notevole diffrazione

C Si tratta solo di un effetto ottico dovuto alla vicinanza dell'immagine del disco solare al paesaggio che circonda l'osservatore

D Perché all'alba il Sole è più vicino alla Terra

E Nessuna delle precedenti

2696 Il clima mondiale è sempre stato stabile?

A Sì, ma solo dopo l'era cenozoica, quando la superficie terrestre ha raggiunto un aspetto definitivo

B Le variazioni sono cessate con l'ultima grande glaciazione 10.000 anni fa

C No, subisce continue variazioni

D Sì, ma la stabilità climatica è cessata con l'inizio della rivoluzione industriale

E Nessuna delle precedenti

2697 Cosa intendono i meteorologi per fronte?

A Aree di alta pressione

B Aree di bassa pressione

C Una perturbazione fredda

D Una massa d'aria calda

E La zona di contatto fra due masse d'aria

2698 Cos'è il permafrost?

A Clima artico

B Clima di montagna

C Terreno caratteristico delle zone desertiche

D Un vento polare tipico della Siberia

E Terreno ghiacciato caratteristico delle zone ghiacciate come la tundra

2699 Quali sono le principali cause antropiche delle variazioni climatiche?

A La cementificazione degli alvei dei fiumi

B Le continue sperimentazioni scientifiche soprattutto nell'emisfero australe

C Le variazioni climatiche hanno cause esclusivamente naturali

D Deforestazione, inquinamento e urbanizzazione

E Nessuna delle precedenti

2700 L'idrosfera è formata da:

A tutte le acque superficiali

B tutte le acque oceaniche

C tutte le acque presenti sul pianeta

D tutte le acque sotterranee

E tutte le acque continentali

2701 Quali sono le previsioni più attendibili sull'evoluzione del clima terrestre?

A La temperatura media raddoppierà per un aumento dell'effetto serra

B L'allargarsi del buco dell'ozono causerà uno scioglimento dei ghiacci

C L'inquinamento atmosferico aumenterà la copertura del cielo causando una riduzione dell'insolazione e una conseguente diminuzione della temperatura media

D Non è possibile formulare alcuna previsione attendibile

E Nessuna delle precedenti

2702 Quali gas principali componevano l'atmosfera primordiale?

A Ammoniaca, idrogeno, metano e acqua

B Idrogeno, ossigeno ed elio

C Ossigeno e gas nobili

D Anidride carbonica, metano e, solo in piccola parte, ossigeno

E Azoto e ossigeno

2703 Qual è il motivo della presenza di una stagione delle piogge e una stagione secca nella penisola indiana?

A I monsoni che caratterizzano il tempo sulla penisola indiana soffiano per sei mesi l'anno dal mare (stagione delle piogge) e per sei mesi dalla terra (stagione secca)
B Durante l'inverno il Sole è troppo basso per permettere l'evaporazione delle acque dell'Oceano Indiano e formare le nuvole; in estate avviene il contrario
C I monsoni che soffiano dal mare dovrebbero portare piogge tutto l'anno, ma le precipitazioni sono talmente violente durante un semestre, che negli altri sei mesi non rimane umidità sufficiente nell'atmosfera per creare altre nubi
D La differente distanza Terra-Sole nei vari mesi dell'anno
E Nessuna delle precedenti

2704 Quali tra le seguenti potrebbero essere alcune reali conseguenze dell'aumento dell'anidride carbonica nell'atmosfera sul clima italiano?

A Aumento di nebbie e foschie soprattutto nella Pianura Padana
B Sensibile diminuzione delle precipitazioni medie annue
C Comparsa di fenomeni estremi come uragani e tifoni lungo le coste tirreniche
D Comparsa di alcune specie di flora e fauna tipiche delle alte latitudini
E Nessuna delle precedenti

2705 Un falesia viva è:

A un'insenatura della costa
B una parete a strapiombo alta almeno 100 metri
C una parete rocciosa con forte pendenza, a picco sul mare
D una duna mobile in prossimità del mare
E un organismo costruttore

2706 La desertificazione è un processo di:

A degrado del suolo nelle zone aride, semiaride e sub umide secche, prodotto da diversi fattori fra cui variazioni climatiche e azioni antropiche
B ampliamento dei deserti sabbiosi
C espansione dei deserti caldi, a causa dell'aumento delle temperatura a livello globale
D degrado delle terre dovuto esclusivamente a processi di disboscamento e deforestazione
E l'abbandono antropico delle campagne

2707 È possibile sfruttare falde idriche sotterranee per ottenere acqua calda per il riscaldamento domestico?

A Sì
B È impossibile
C Sì, ma solo alle alte latitudini
D Teoricamente sì, ma gli impianti sono ancora in fase di progettazione
E Sì, ma solo alle basse latitudini

2708 Venere è:

A una gigante rossa
B un satellite
C un asteroide
D un pianeta
E un asteroide

2709 Qual è l'Oceano che contiene il maggior volume d'acqua?

A L'Atlantico
B Il Pacifico
C L'Indiano
D Il Mar Glaciale Artico
E L'Antartico

2710 A cosa è dovuto il fenomeno dell'acqua alta a Venezia?

A A forti venti di tramontana
B All'attrazione luni-solare unita a forti venti di scirocco
C A un lento movimento di sprofondamento delle isole della laguna veneta
D All'innalzamento del livello del mare per lo scioglimento dei ghiacci polari
E Nessuna delle precedenti

2711 Quali sono i principali involucri interni della Terra?

A Crosta, mantello e nucleo
B Crosta, litosfera e astenosfera
C Crosta continentale e nucleo
D Litosfera e astenosfera
E Litosfera, mantello e nucleo

2712 L'erosione è il fenomeno per cui la superficie terrestre, attaccata dai vari agenti chimici, fisici e biologici, subisce una continua demolizione; a questo processo di asportazione sono connessi quelli di trasporto dei detriti così originati e di deposito degli stessi. L'erosione "accelerata" del suolo avviene quando:

A l'asporto dei detriti è più lento della formazione del suolo, spesso il risultato finale è l'affioramento in superficie della roccia nuda

B l'asporto dei detriti è più rapido della formazione del suolo, spesso il risultato finale è l'affioramento in superficie della roccia nuda

C viene asportato l'orizzonte organico e affiora quello inferiore

D vengono asportati gran parte degli orizzonti del suolo

E il suolo subisce processi di maturazione molto veloci

2713 I frammenti solidi eiettati dal vulcano in seguito alle esplosioni sono denominati

A fuochi

B microgranuli

C asteroidi

D orbite

E piroclasti

2714 A che profondità si trova la discontinuità di Gutenberg?

A Da 10 a 80 km

B A 2900 km

C A 4980 km

D Intorno ai 40 km

E A 3600 km

2715 Quale tra queste fonti energetiche può definirsi come "alternativa"?

A Energia eolica

B Energia elettrica

C Carbone

D Petrolio

E Nessuna delle precedenti

2716 Quali sono le più antiche forme di vita finora scoperte?

A Gli anellidi

B I trilobiti

C I batteri filiformi e le stromatoliti algali

D Le meduse

E L'uomo

2717 Un aggregato di diversi minerali caratterizza la:

A solfatara

B silice

C roccia

D selce

E nessuna delle precedenti

2718 L'asse del magnete terrestre coincide con l'asse di rotazione del pianeta?

A No, il primo differisce dal secondo di 11°

B Sì, coincidono perfettamente

C No, il primo differisce dal secondo di 15°

D Sì, ma soltanto durante i mesi estivi

E Sì, ma soltanto durante i mesi invernali

2719 Qual è l'andamento della densità all'interno della Terra?

A Cresce gradualmente dalla base della crosta verso il nucleo

B Cresce dalla base della crosta verso il nucleo ma in modo irregolare

C Diminuisce gradualmente dalla crosta al nucleo

D Dalla base della crosta in poi il suo valore è sostanzialmente lo stesso

E Nessuna delle precedenti

2720 Cos'è l'ipocentro o fuoco di un terremoto?

A Il luogo preciso nel sottosuolo dove si origina un terremoto

B Il luogo in superficie da cui si dipartono le onde sismiche

C Una profonda frattura dove ha origine un terremoto

D La zona maggiormente colpita da un sisma

E L'area geografica interessata dal sisma

2721 Cos'è il "Niño"?

- A Una perturbazione con piogge copiose e venti molto forti
- B Una corrente di acqua calda che interessa le coste pacifiche di Ecuador e Perù
- C Un uragano che si abbatte periodicamente sull'America centrale
- D Un vento freddo che quando si sposta dai Poli verso l'Equatore causa diversi cambiamenti climatici su tutta la Terra
- E Un fiume del Sud America

2722 Per morene si intendono:

- A depositi di materiale roccioso frammisto a detriti accumulati dal movimento dei ghiacciai
- B depositi fluviali
- C depositi di materiale franato
- D depositi di origine vulcanica
- E depositi di origine eolica

2723 Cosa si intende con "effetto serra"?

- A La crescita eccessiva di alghe in ambiente marino
- B L'erosione del suolo dovuta all'abbattimento degli alberi
- C La frequente presenza del fenomeno della nebbia in Val Padana
- D Il riscaldamento della superficie terrestre dovuto a un eccesso di anidride carbonica nell'atmosfera
- E Nessuna delle precedenti

2724 Cosa provoca i terremoti?

- A La fuoriuscita di grandi quantità di magma in un'eruzione vulcanica
- B Lo spostamento relativo di enormi blocchi di roccia lungo zone di frattura
- C L'espansione dei fondi oceanici
- D La risalita dei magmi attraverso il mantello e la crosta
- E La fuoriuscita di gas dalla crosta terrestre

2725 A cosa è collegata la magnitudo di un terremoto?

- A Ai danni prodotti
- B Al tipo di onde sismiche prodotte
- C All'energia rilasciata
- D Al crollo di manufatti umani
- E Alla durata in minuti

2726 Quali sono i principali tipi di onde sismiche?

- A Onde longitudinali e onde superficiali
- B Onde trasversali e superficiali
- C Onde longitudinali, onde trasversali e onde superficiali
- D Onde trasversali
- E Onde longitudinali

2727 Quali sono le onde sismiche più veloci?

- A Le onde trasversali
- B Le onde superficiali
- C Le onde longitudinali
- D Le onde di Rayleigh
- E Nessuna delle precedenti

2728 Cosa si intende per faglia?

- A Il luogo fisico, costituito da sedimenti porosi, dove si raccolgono le acque sotterranee
- B Una frattura nelle rocce lungo la quale si verifica un movimento relativo delle due parti
- C Un vasto lembo di crosta terrestre alloctono che sovrascorre su un substrato autoctono
- D Una curvatura che interessa i piani di stratificazione
- E Un tipo di roccia

2729 In quale zona della crosta terrestre si hanno sismi superficiali, intermedi e profondi?

- A In corrispondenza delle fosse oceaniche e dei sistemi di archi insulari
- B Presso le grandi fratture della crosta terrestre
- C Lungo l'asse delle dorsali medio-oceaniche
- D Nelle grandi catene montuose
- E Nelle piccole catene montuose

2730 I principali gas vulcanici sono:

- A anidride carbonica e anidride solforosa
- B vapor acqueo e anidride solforosa
- C vapor acqueo e gas in traccia
- D vapor acqueo, anidride carbonica e anidride solforosa
- E ossigeno e anidride carbonica

2731 In quali zone della Terra è concentrata maggiormente l'attività vulcanica?

A Indistintamente in tutte le regioni

B In corrispondenza delle grandi catene montuose

C Lungo i margini attivi delle placche litosferiche

D Lungo i margini passivi delle placche litosferiche

E Lungo le coste dei continenti

2732 Qual è, presumibilmente, l'età della Terra?

A 3,9 miliardi di anni

B 4,6 miliardi di anni

C 2,5 miliardi di anni

D 570 milioni di anni

E 2000 anni

2733 Le pile scariche vengono sottoposte a raccolta differenziata perché:

A contengono metalli preziosi come oro e platino che è conveniente recuperare

B contengono combustibile

C è antiestetico disperderle nell'ambiente

D contengono metalli pesanti tossici che potrebbero altrimenti disperdersi nell'ambiente

E nessuna delle precedenti

2734 Quale pianeta possiede gli anelli?

A Terra

B Saturno

C Marte

D Giove

E Venere

2735 Cosa sono i geyser?

A Manifestazioni idrotermali gassose

B Manifestazioni idrotermali subacquee

C Spruzzi intermittenti di acqua bollente e vapore

D Particolari colate di fango e acqua

E Esplosioni devastanti di vulcani

Soluzioni

Quesito	Risposta	Quesito	Risposta	Quesito	Risposta	Quesito	Risposta	Quesito	Risposta	Quesito	Risposta	Quesito	Risposta	Quesito	Risposta	Quesito	Risposta	Quesito	Risposta
1986	D	1987	C	1988	D	1989	D	1990	C	1991	A	1992	B	1993	D	1994	A	1995	D
1996	B	1997	D	1998	C	1999	C	2000	B	2001	A	2002	B	2003	C	2004	C	2005	B
2006	C	2007	B	2008	E	2009	B	2010	E	2011	C	2012	C	2013	D	2014	C	2015	C
2016	E	2017	A	2018	A	2019	C	2020	A	2021	E	2022	A	2023	A	2024	E	2025	A
2026	A	2027	A	2028	A	2029	E	2030	C	2031	C	2032	B	2033	E	2034	D	2035	A
2036	B	2037	A	2038	A	2039	C	2040	A	2041	A	2042	C	2043	B	2044	B	2045	C
2046	A	2047	C	2048	C	2049	B	2050	C	2051	A	2052	D	2053	B	2054	B	2055	D
2056	A	2057	A	2058	C	2059	B	2060	B	2061	B	2062	A	2063	A	2064	C	2065	D
2066	D	2067	C	2068	B	2069	C	2070	A	2071	D	2072	C	2073	C	2074	C	2075	C
2076	D	2077	D	2078	E	2079	B	2080	A	2081	B	2082	A	2083	B	2084	A	2085	D
2086	C	2087	A	2088	C	2089	A	2090	D	2091	A	2092	A	2093	E	2094	E	2095	A
2096	A	2097	D	2098	A	2099	A	2100	E	2101	B	2102	D	2103	B	2104	B	2105	B
2106	B	2107	A	2108	B	2109	E	2110	E	2111	D	2112	B	2113	C	2114	C	2115	B
2116	D	2117	D	2118	C	2119	A	2120	C	2121	D	2122	A	2123	A	2124	E	2125	B
2126	D	2127	B	2128	B	2129	C	2130	D	2131	C	2132	A	2133	C	2134	A	2135	D
2136	B	2137	B	2138	E	2139	E	2140	D	2141	A	2142	C	2143	B	2144	A	2145	C
2146	A	2147	E	2148	A	2149	E	2150	A	2151	B	2152	D	2153	C	2154	C	2155	E
2156	C	2157	B	2158	D	2159	D	2160	A	2161	B	2162	D	2163	A	2164	C	2165	E
2166	B	2167	E	2168	B	2169	B	2170	C	2171	E	2172	E	2173	A	2174	E	2175	C
2176	A	2177	C	2178	E	2179	B	2180	A	2181	A	2182	C	2183	B	2184	A	2185	D
2186	D	2187	D	2188	C	2189	E	2190	D	2191	B	2192	C	2193	D	2194	A	2195	B
2196	C	2197	E	2198	D	2199	A	2200	E	2201	A	2202	C	2203	D	2204	A	2205	E
2206	E	2207	B	2208	B	2209	A	2210	E	2211	B	2212	E	2213	D	2214	D	2215	C
2216	A	2217	C	2218	B	2219	B	2220	C	2221	C	2222	E	2223	C	2224	A	2225	C
2226	B	2227	A	2228	B	2229	D	2230	A	2231	B	2232	D	2233	E	2234	B	2235	B
2236	C	2237	D	2238	B	2239	A	2240	A	2241	E	2242	E	2243	B	2244	A	2245	D
2246	C	2247	B	2248	E	2249	B	2250	C	2251	A	2252	C	2253	B	2254	B	2255	C
2256	E	2257	A	2258	A	2259	C	2260	A	2261	A	2262	B	2263	D	2264	D	2265	A
2266	E	2267	A	2268	B	2269	C	2270	E	2271	B	2272	E	2273	B	2274	E	2275	C
2276	C	2277	B	2278	C	2279	D	2280	E	2281	B	2282	B	2283	B	2284	B	2285	B

Quesito	Risposta	Quesito	Risposta	Quesito	Risposta	Quesito	Risposta	Quesito	Risposta	Quesito	Risposta	Quesito	Risposta	Quesito	Risposta	Quesito	Risposta	Quesito	Risposta
2286	B	2287	D	2288	B	2289	A	2290	B	2291	C	2292	A	2293	E	2294	C	2295	C
2296	B	2297	D	2298	C	2299	C	2300	A	2301	E	2302	B	2303	B	2304	C	2305	D
2306	A	2307	A	2308	C	2309	C	2310	C	2311	D	2312	E	2313	D	2314	E	2315	A
2316	A	2317	C	2318	B	2319	B	2320	E	2321	A	2322	B	2323	C	2324	E	2325	B
2326	A	2327	D	2328	E	2329	E	2330	E	2331	B	2332	D	2333	A	2334	E	2335	D
2336	A	2337	C	2338	C	2339	C	2340	B	2341	C	2342	A	2343	D	2344	D	2345	D
2346	E	2347	C	2348	E	2349	A	2350	B	2351	C	2352	C	2353	C	2354	A	2355	C
2356	D	2357	A	2358	E	2359	D	2360	C	2361	B	2362	D	2363	B	2364	B	2365	C
2366	B	2367	C	2368	C	2369	E	2370	C	2371	B	2372	A	2373	D	2374	D	2375	A
2376	D	2377	C	2378	B	2379	D	2380	C	2381	B	2382	D	2383	C	2384	A	2385	D
2386	C	2387	B	2388	B	2389	B	2390	E	2391	D	2392	A	2393	B	2394	E	2395	E
2396	B	2397	A	2398	C	2399	B	2400	C	2401	C	2402	C	2403	E	2404	D	2405	A
2406	A	2407	C	2408	A	2409	C	2410	C	2411	C	2412	E	2413	A	2414	E	2415	A
2416	B	2417	C	2418	B	2419	C	2420	A	2421	C	2422	C	2423	B	2424	C	2425	D
2426	A	2427	E	2428	A	2429	C	2430	C	2431	A	2432	C	2433	D	2434	B	2435	A
2436	D	2437	A	2438	B	2439	D	2440	A	2441	E	2442	C	2443	D	2444	C	2445	D
2446	A	2447	B	2448	C	2449	E	2450	D	2451	C	2452	E	2453	B	2454	B	2455	B
2456	C	2457	B	2458	E	2459	E	2460	A	2461	B	2462	A	2463	C	2464	D	2465	A
2466	B	2467	C	2468	B	2469	E	2470	E	2471	B	2472	D	2473	A	2474	A	2475	A
2476	A	2477	D	2478	C	2479	A	2480	D	2481	C	2482	D	2483	E	2484	B	2485	D
2486	C	2487	E	2488	C	2489	A	2490	E	2491	B	2492	A	2493	A	2494	C	2495	C
2496	A	2497	A	2498	D	2499	E	2500	B	2501	A	2502	E	2503	C	2504	C	2505	E
2506	E	2507	A	2508	D	2509	B	2510	A	2511	D	2512	E	2513	A	2514	B	2515	E
2516	E	2517	D	2518	B	2519	C	2520	B	2521	A	2522	A	2523	B	2524	E	2525	A
2526	D	2527	D	2528	C	2529	D	2530	B	2531	C	2532	B	2533	D	2534	B	2535	E
2536	B	2537	B	2538	A	2539	D	2540	E	2541	E	2542	A	2543	B	2544	A	2545	B
2546	A	2547	B	2548	C	2549	C	2550	E	2551	A	2552	E	2553	D	2554	C	2555	D
2556	D	2557	A	2558	A	2559	A	2560	C	2561	B	2562	E	2563	E	2564	B	2565	C
2566	A	2567	B	2568	D	2569	B	2570	C	2571	E	2572	C	2573	E	2574	D	2575	B
2576	D	2577	E	2578	A	2579	B	2580	E	2581	C	2582	E	2583	D	2584	A	2585	B
2586	C	2587	D	2588	C	2589	D	2590	E	2591	A	2592	A	2593	B	2594	A	2595	C
2596	B	2597	B	2598	B	2599	C	2600	C	2601	B	2602	C	2603	B	2604	C	2605	C
2606	A	2607	D	2608	B	2609	D	2610	B	2611	A	2612	D	2613	B	2614	B	2615	B
2616	B	2617	D	2618	D	2619	E	2620	E	2621	A	2622	A	2623	C	2624	A	2625	B
2626	B	2627	D	2628	D	2629	C	2630	A	2631	A	2632	B	2633	B	2634	E	2635	C
2636	D	2637	B	2638	B	2639	A	2640	B	2641	B	2642	A	2643	B	2644	C	2645	D
2646	D	2647	C	2648	E	2649	A	2650	B	2651	E	2652	B	2653	A	2654	B	2655	C
2656	B	2657	E	2658	B	2659	A	2660	A	2661	B	2662	C	2663	A	2664	C	2665	D
2666	E	2667	E	2668	A	2669	B	2670	C	2671	E	2672	E	2673	A	2674	B	2675	B
2676	A	2677	B	2678	D	2679	B	2680	B	2681	A	2682	E	2683	D	2684	B	2685	C

Quesito	Risposta	Quesito	Risposta	Quesito	Risposta	Quesito	Risposta	Quesito	Risposta	Quesito	Risposta	Quesito	Risposta	Quesito	Risposta	Quesito	Risposta	Quesito	Risposta
2686	C	2687	A	2688	D	2689	D	2690	C	2691	D	2692	A	2693	C	2694	B	2695	C
2696	C	2697	E	2698	E	2699	D	2700	C	2701	D	2702	A	2703	A	2704	B	2705	C
2706	A	2707	A	2708	D	2709	B	2710	B	2711	A	2712	B	2713	E	2714	B	2715	A
2716	C	2717	C	2718	A	2719	B	2720	A	2721	B	2722	A	2723	D	2724	B	2725	C
2726	C	2727	C	2728	B	2729	A	2730	D	2731	C	2732	B	2733	D	2734	B	2735	C

parte quinta

CULTURA GENERALE / CONOSCENZE E COMPETENZE ACQUISITE NEGLI STUDI

Questa sezione propone batterie di quesiti relativi alle materie che tradizionalmente nei **test di ateneo** vengono riassunte nell'espressione **cultura generale**. Le stesse discipline sono anche sottese ai quesiti della sezione **conoscenze e competenze acquisite negli studi** nelle prove **TOLC-SU**, mentre la prova **TOLC-PSI** non prevede la verifica di questo tipo di nozioni.

Ai candidati che si stanno preparando proprio per la prova **TOLC-SU**, si segnala che le domande di questa sezione possono richiedere la comprensione e l'uso di materiali e documenti allegati (immagini, cartine, grafici, tabelle, diagrammi, figure, testi da completare ecc.). Per rispondere alla domanda sarà necessario coniugare le proprie conoscenze con le informazioni ricavabili dal materiale fornito.

Per sapere esattamente su quali discipline esercitarsi, il lettore dovrà consultare il **bando di concorso** pubblicato dalla propria università.

Quesiti

2736 La carta proposta riassume le fasi di un conflitto svoltosi nella Penisola iberica: quale?

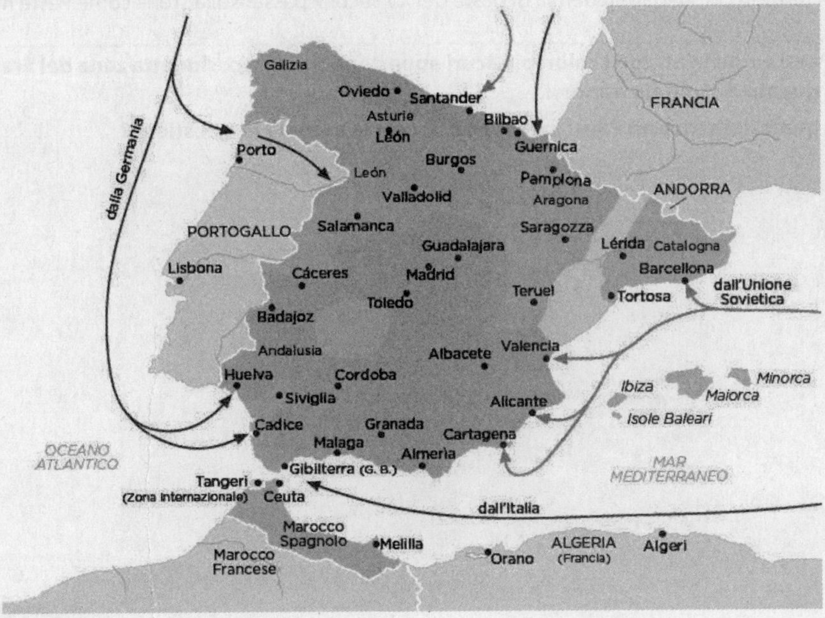

- **A** La *Reconquista*
- **B** La prima guerra mondiale
- **C** La Guerra civile spagnola
- **D** La guerra tra Spagna e Portogallo nell'ambito della Guerra dei sette anni
- **E** La Seconda guerra mondiale

2737 Qual è la situazione rappresentata sulla carta?

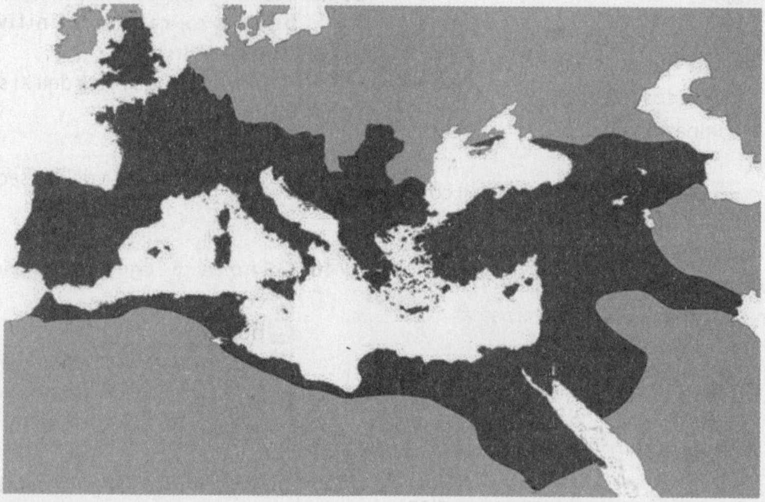

A La regione interessata da un EPA (*Economic Partnership Agreements*) dell'Unione europea siglato nel 1984 con alcuni Paesi africani e del Medio Oriente

B La massima estensione dell'Impero ottomano (1683)

C La massima estensione dell'Impero romano (117 d.C.)

D La massima estensione, nell'area considerata, dei territori occupati dalle potenze dell'Asse durante la seconda guerra mondiale, raggiunta nel 1942

E I territori colpiti dall'epidemia di peste del XV secolo, passata alla storia come Peste nera

2738 I Paesi evidenziati con i colori più scuri appartengono alla cosiddetta zona del Franco CFA, in quanto ex colonie francesi.
In quale dei seguenti Paesi invece non circola la moneta in questione?

A Benin

B Burkina Faso

C Kenia

D Costa d'Avorio

E Niger

2739 **La Reuters è:**

A un'agenzia di stampa internazionale
B una testata giornalistica tedesca
C una ditta di cosmetici tedesca
D una multinazionale di prodotti per la casa
E l'associazione internazionale per il controllo della sicurezza aerea

2740 **Che cosa indica il termine "Shoah"?**

A Il massacro compiuto dai nazisti a danno del popolo ebraico
B Una corrente filosofica
C Un movimento letterario
D La politica del nazismo

2741 **Quale tra i seguenti personaggi ricopriva la carica di Cancelliere tedesco subito prima di Angela Merkel?**

A Joschka Fischer
B Gerard Schroeder
C Willy Brandt
D Helmut Kohl
E Oskar Lafontaine

2742 **Thomas Alva Edison nacque nel:**

A 1799
B 1847
C 1861
D 1901
E 1921

2743 **Quale delle seguenti piante è tipica della macchia mediterranea?**

A Corbezzolo
B Betulla
C Salice
D Faggio
E Baobab

2744 **Durante la seconda guerra mondiale solo uno dei seguenti luoghi non è stato teatro di una strage nazifascista. Quale?**

A Fiesole
B Sant'Agata
C Marzabotto
D Sant'Anna di Stazzema
E Foibe

2745 **Costantinopoli, capitale dell'impero bizantino, cadde definitivamente in mano ai Turchi:**

A nella seconda metà dell'XI secolo
B nel 1530
C nel 1453
D nella prima metà del XV secolo
E nel 753

2746 **Col nome di "ugonotti" erano indicati i:**

A confederati svizzeri
B puritani inglesi
C seguaci di Ugo il Conquistatore
D protestanti francesi
E seguaci di Cromwell

2747 **Quale scultore eseguì il celebre *Mosè*?**

A G.L.Bernini
B Michelangelo
C Donatello
D Sansovino
E Leonardo

2748 **Il colbertismo designa un programma economico che si ispira ai principi:**

A della fisiocrazia
B del liberismo economico
C del protezionismo mercantilistico
D del socialismo umanitaristico
E del giusnaturalismo

2749 **Il congresso di Vienna:**

A restaurò il potere dei sovrani spodestati da Napoleone e l'integrità territoriale dei loro domini
B soppresse le libertà civili e instaurò lo stato di polizia in tutti i paesi europei
C sancì l'unificazione della penisola italiana sotto un'unica dinastia
D riconobbe le conquiste napoleoniche e sancì l'egemonia della Francia in Europa

2750 **Quale pittore eseguì il dipinto che raffigura la Madonna del Belvedere?**

A Raffaello
B Caravaggio
C Correggio
D Perugino
E Leonardo da Vinci

CONOSCENZE E COMPETENZE

2751 Che cosa è la DEA in USA?

A Il dipartimento di Stato che protegge il Presidente
B Il dipartimento di polizia a New York
C Il dipartimento che lotta contro la droga
D Il dipartimento che lotta contro l'immigrazione clandestina
E L'organizzazione di Stato che tutela i diritti umani

2752 In astronomia, che cos'è Giove?

A Una stella
B Una galassia
C Un pianeta
D Un satellite del Sole
E Un pianetino

2753 Quale dei seguenti animali si trova in Europa?

A Dodo
B Camoscio
C Canguro arboricolo
D Calamaro gigante
E Cervo delle pampas

2754 Il subcomandante Marcos è stato il leader:

A degli indipendentisti di Timor Est
B dell'Esercito zapatista di liberazione nazionale
C delle Forze armate rivoluzionarie della Colombia
D del Raggruppamento congolese per la democrazia
E dei guerriglieri peruviani di Sendero Luminoso

2755 La produzione artistica di Antonio Canova appartiene:

A alla pittura barocca
B all'architettura neoclassica
C alla scultura neoclassica
D alla pittura romantica

2756 In quale Stato africano nel 1994 è stato compiuto il genocidio della popolazione tutsi, che causò l'uccisione di almeno 800.000 persone?

A In Libia
B In Ruanda
C In Somalia
D In Sudan
E In Burundi

2757 Disporre da nord a sud le seguenti città italiane:

A Padova - Bolzano - Pisa - Bologna - Pescara - Lecce - Caserta - Catania
B Bolzano - Padova - Bologna - Pisa - Pescara - Caserta - Lecce - Catania
C Bolzano - Bologna - Padova - Pisa - Pescara - Caserta - Catania - Lecce
D Bologna - Bolzano - Pisa - Padova - Pescara - Lecce - Catania - Caserta

2758 *Le opere di Misericordia* di Caravaggio si trovano a:

A Bologna
B Bergamo
C Roma
D Napoli

2759 Il termine "struttura" nell'analisi di Marx indica:

A la forma di vita nella quale si esprime una società
B l'insieme dei rapporti etici e culturali
C l'insieme dei rapporti e dei modi di produzione e riproduzione
D la base industriale sulla quale si edifica l'economia
E la condizione socio-economica dei cittadini

2760 Il termine "mercantilismo", coniato alla fine del XVI secolo, viene messo in relazione:

A a tutte quelle pratiche di politica economica volte al nazionalismo protezionistico
B a tutte quelle pratiche di politica economica volte a favorire le importazioni
C a tutte quelle pratiche di politica economica volte a favorire gli scambi attraverso l'eliminazione dei dazi
D a tutte quelle misure volte a favorire la libera circolazione dei lavoratori
E a quelle società la cui economia è basata prevalentemente sul commercio

2761 Osserva l'immagine e individua la didascalia corretta

- **A** Una cartolina del 1914-15 che mostra l'Italia, ancora neutrale, corteggiata dalle potenze belligeranti: a sinistra l'impero russo e quello austro-ungarico, a destra Gran Bretagna, Francia e Impero tedesco
- **B** Una cartolina del 1915-16 che mostra l'Italia, ancora neutrale, corteggiata dalle potenze belligeranti: a sinistra l'Impero tedesco e quello austro-ungarico, a destra Gran Bretagna, Francia e Impero russo
- **C** Una cartolina del 1914-15 che mostra l'Italia, ancora neutrale, corteggiata dalle potenze belligeranti: a sinistra l'Impero tedesco e quello austro-ungarico, a destra Gran Bretagna, Francia e Impero russo
- **D** Una cartolina del 1939-40 che mostra l'Italia, ancora neutrale, corteggiata dalle potenze belligeranti: a sinistra Germania e Giappone, a destra Gran Bretagna, Francia e Impero russo
- **E** Una cartolina del 1939-40 che mostra l'Italia corteggiata dalle potenze belligeranti: a sinistra Germania e Giappone, a destra Gran Bretagna, Francia e Unione Sovietica

2762 Quale dei seguenti economisti dominò la scena nella seconda metà dell'Ottocento con l'opera "Principi di economia politica"?

- **A** V.F. Pareto
- **B** A. Smith
- **C** J.S. Mill
- **D** F.W. Taylor
- **E** R. Lucas

2763 La Grande Depressione ebbe inizio nel 1929 con:

- **A** l'assunzione del dollaro come moneta unica degli scambi internazionali
- **B** l'inizio della riforma del sistema della banche federali statunitensi e l'istituzione della Federal Reserve
- **C** il crollo della borsa di Wall Street
- **D** l'istituzione del gold standard
- **E** l'istituzione del GATT

2764 Hong Kong fa oggi parte della Cina. Di quale Paese era colonia fino al 1997?

- **A** Portogallo
- **B** Regno Unito
- **C** Olanda
- **D** Francia
- **E** Nessuna della altre risposte è corretta

2765 All'epoca della sua pubblicazione nel 1936, il libro la "Teoria generale dell'occupazione, dell'interesse e della moneta" di Keynes contestava la teoria economica dominante, che era detta:

- **A** monetarista
- **B** comunista
- **C** marginalista
- **D** *laissez-faire*
- **E** neoclassica

2766 Nella "Repubblica" di Platone la responsabilità di governo è attribuita:

A ai sacerdoti

B a un re

C a un'assemblea popolare

D ai filosofi

E all'oligarchia del censo

2767 Il "fordismo" indica un periodo storico in cui furono introdotti processi produttivi che facevano largo uso:

A della catena di montaggio

B di una limitata divisione del lavoro

C di nuove tecnologie

D di un'ampia specializzazione del lavoro

E di nuovi strumenti della produzione

2768 Il capitalismo è un sistema economico in cui:

A prevale l'accentramento delle decisioni economiche e la proprietà privata

B le decisioni economiche sono demandate ai privati e le risorse sono di proprietà privata

C le decisioni economiche appartengono ai singoli individui e le risorse sono di proprietà pubblica

D il controllo delle risorse è esercitato dal governo e le decisioni sono prese dai possessori delle risorse

E i prezzi sono decisi dall'autorità centrale e le risorse economiche sono di proprietà privata

2769 Nel corso della sua lunga storia, l'Egitto fu conquistato da:

A Galli

B Etruschi

C Cartaginesi

D Parti

E Assiri

2770 Il protezionismo consiste:

A nel limitare in parte o totalmente le importazioni dall'estero

B nell'adottare politiche pubbliche che aiutino a prevenire il diffondersi di gravi malattie nella popolazione

C nel vietare il commercio di un dato bene che si ritiene dannoso per la salute pubblica (ad esempio sostanze alcoliche)

D nell'istituire, nei regimi dittatoriali, corpi speciali di polizia allo scopo di proteggere le principali cariche politiche

E nel limitare, in parte o totalmente, sia le importazioni sia le esportazioni da e per l'estero

2771 Nel marzo 2007 si è celebrato il cinquantesimo anniversario della firma dei Trattati di Roma istitutivi della Comunità europea. Oltre a Francia e Italia, uno solo dei seguenti Paesi era tra i sei originari firmatari. Quale?

A Spagna

B Irlanda

C Danimarca

D Belgio

E Grecia

2772 I principali dipinti di Paul Gauguin si ispirano:

A ai motivi elaborati dallo stile "liberty"

B al "primitivismo" della cultura polinesiana

C ai temi del cubismo

D alla produzione standardizzata dell'industria

2773 La teoria della selezione naturale di Darwin suggerisce che:

A gli organismi migliorano i propri caratteri nel tempo

B le specie si modificano nel tempo secondo un meccanismo per cui gli organismi meglio adattati ad uno specifico ambiente sono avvantaggiati nella riproduzione

C gli organismi si adattano alle variazioni ambientali durante il proprio ciclo vitale e trasmettono tali adattamenti alla prole

D l'Uomo si perfeziona nel tempo in misura maggiore rispetto agli altri organismi

E gli organismi attuali presentano caratteristiche non significativamente diverse da quelle dei primi organismi che hanno popolato la Terra

2774 Quale, fra i seguenti autori, è un esponente del Modernismo?

A Oscar Wilde
B James Joyce
C Gabriel Garcìa Marquez
D Gustave Flaubert
E Salman Rushdie

2775 Quale fra i seguenti pittori fu attivo nel XV secolo?

A Tiepolo
B Canaletto
C Caravaggio
D Rubens
E Piero della Francesca

2776 A quale antica civiltà appartiene il "Codice di Hammurabi"?

A Sumerica
B Cretese
C Babilonese
D Assira
E Micenea

2777 Quale fu il primo documento stampato con caratteri mobili in Europa?

A *Epitaphe Villon* (1489)
B *Hortus Sanitatis* (1491)
C *Amleto* di Shakespeare (1604)
D *Bibbia della Vulgata* (1455)
E *Liber Chronicarum* (1493)

2778 Quale romanzo alterna al linguaggio dello scrittore il gergo popolare delle borgate romane?

A *Ragazzi di vita*, di Pierpaolo Pasolini
B *La cognizione del dolore*, di Carlo Emilio Gadda
C *Le terre del Sacramento*, di Francesco Jovine
D *Metello*, di Vasco Pratolini
E *Marcovaldo*, di Italo Calvino

2779 Quale pianeta del sistema solare è stato recentemente declassato dallo stato di pianeta?

A Uranio
B Plutone
C Mercurio
D Nettuno
E Urano

2780 A quale Stato appartiene la Groenlandia?

A Canada
B Norvegia
C Danimarca
D Stati Uniti
E A nessuno stato, è indipendente

2781 Ulan Bator è la capitale di quale fra i seguenti stati?

A Tagikistan
B Uzbekistan
C Tibet
D Mongolia
E Nepal

2782 Quali fra le seguenti non è un'opera di Pirandello?

A *La giara*
B *I miserabili*
C *Così è se vi pare*
D *Sei personaggi in cerca d'autore*
E *Liolà*

2783 Chi scrisse *Alla ricerca del tempo perduto*?

A Balzac
B Proust
C Flaubert
D Zola
E Rimbaud

2784 Quale fra i seguenti non è un cetaceo?

A Orca
B Globicefalo
C Narvalo
D Beluga
E Squalo balena

2785 Cartesio è considerato padre della filosofia moderna per aver proposto un nuovo metodo di ricerca. Quale fra le seguenti non è una regola del metodo di ricerca per Cartesio?

A Evidenza
B Analisi
C Sintesi
D Enumerazione e revisione
E Verosimiglianza

2786 Leggi il brano e rispondi alla domanda che segue

Segnò l'inizio dell'industrializzazione forzata dell'Unione Sovietica. La decisione di avviarlo fu presa dal XV congresso del Pcus, che, per superare le difficoltà del decollo industriale concretizzatesi durante la Nep, optò per un intervento diretto dello Stato in economia, attraverso la redistribuzione centralizzata delle risorse. Criterio della pianificazione doveva essere la razionalità economica, che avrebbe dovuto garantire un forte sviluppo economico senza violare gli equilibri di base dell'economia (fra agricoltura e industria e fra produzione, consumi e investimenti), ma il gruppo dirigente staliniano fissò in realtà obbiettivi irrealistici. Fece effettivamente registrare un poderoso aumento della produzione industriale, anche se i risultati complessivi furono inferiori alle previsioni.

Di che cosa parla il testo?

A Del decennio (1928-1938) in cui, in Unione Sovietica, fu applicato il principio del «socialismo in un solo Paese»

B Del primo piano quinquennale (1928-1932) adottato in Unione Sovietica

C Del secondo piano quinquennale (1918-1922) adottato in Unione Sovietica

D Del decennio (1918-1928) di "rivoluzione culturale" imposto da Lenin in Unione Sovietica dopo la rivoluzione bolscevica

E Del decennio (1934-1944) di "rivoluzione permanente" con cui il Pcus tentò di preparare l'Unione Sovietica alla Seconda guerra mondiale

2787 Chi dipinse la Cappella degli Scrovegni a Padova?

A Piero della Francesca

B Tintoretto

C Paolo Veneziano

D Giotto

E Cimabue

2788 Indica lo schema grafico che rappresenta correttamente le relazioni tra le seguenti istituzioni in occasione dell'elezione del presidente della Repubblica.

1. Parlamento in seduta comune

2. Camera dei deputati

3. Senato della Repubblica

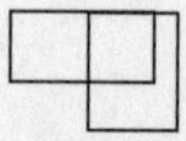

Figura 1

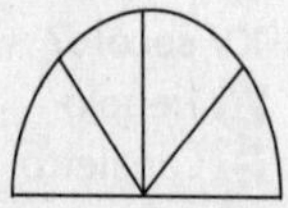

Figura 2

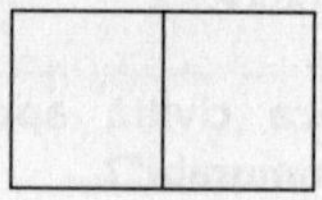

Figura 3

Figura 4

Figura 5

A Figura 1

B Figura 2

C Figura 3

D Figura 4

E Figura 5

2789 Quale dei seguenti animali è un uccello?

A Fennec

B Pipistrello

C Pinguino

D Camaleonte

E Vombato

2790 In letteratura quale fra i seguenti scrittori è noto per aver utilizzato la tecnica del "flusso di coscienza"?

A Joyce

B Kafka

C Dostoevskij

D Camus

E De Beauvoir

2791 Che cosa indica la sigla BCE?
- A Bilancio a conti efficienti
- B Borsa Comunitaria Europea
- C Banca Centrale Europea
- D Bilancia commerciale europea
- E Banca della Comunità Europea

2792 Quale delle seguenti opere letterarie è stata scritta da Alessandro Manzoni?
- A *Inni sacri*
- B *Il Filocolo*
- C *Orlando furioso*
- D *La cena delle ceneri*

2793 Le strisce della bandiera americana rappresentano:
- A il numero originario degli stati della confederazione
- B gli anni della presidenza di George Washington
- C il numero attuale degli stati della confederazione
- D gli anni della guerra di indipendenza

2794 In quale anno si verificò l'attacco alla base militare di Pearl Harbor?
- A 1945
- B 1944
- C 1939
- D 1941

2795 Quale dei seguenti pittori non appartiene al movimento cubista?
- A Honorè Daumier
- B George Braque
- C Juan Gris
- D Fernand Léger

2796 In Italia il Capo dello Stato dura in carica:
- A 4 anni
- B 9 anni
- C 5 anni
- D 7 anni

2797 L'Impero romano raggiunse la massima espansione territoriale sotto l'Imperatore:
- A Marco Aurelio
- B Vespasiano
- C Traiano
- D Augusto

2798 Il primo successo discografico dei Beatles fu:
- A *Love me do*
- B *Yesterday*
- C *Help*
- D *Please, please me*

2799 Quale delle seguenti opere è stata scritta da Oscar Wilde?
- A *Il rosso e il nero*
- B *L'importanza di chiamarsi Ernesto*
- C *Ivanhoe*
- D *La signora Dalloway*

2800 L'Iran attuale corrisponde all'antico reame di:
- A Mesopotamia
- B Trinacria
- C Persia
- D Dacia
- E Pannonia

2801 Quale disastro ambientale si è verificato a Chernobyl nell'aprile del 1986?
- A L'esplosione di un reattore nucleare
- B L'incendio di una raffineria
- C La fuoriuscita di una nube di gas tossico da un'industria farmaceutica
- D Il versamento in mare di grandi quantità di petrolio da parte di una petroliera
- E L'esplosione accidentale di un ordigno atomico

2802 Qual è l'età del pianeta Terra?
- A 4,6 milioni di anni
- B 1 miliardo di anni
- C 6000 anni
- D 4,6 miliardi di anni
- E 1 milione di anni

2803 Quale delle seguenti piante è tipica della taiga?
- A Corbezzolo
- B Pioppo
- C Abete
- D Baobab
- E Ficus

2804 Quale delle seguenti città è la capitale della Bielorussia?

A San Pietroburgo
B Minsk
C Ulster
D Sarajevo
E Lubjana

2805 Quale dei seguenti Stati non appartiene all'Unione europea?

A Svizzera
B Cipro
C Slovenia
D Repubblica Ceca
E Lettonia

2806 Per cosa sta la sigla ENEA?

A Ente Nazionale per l'Energia Alternativa
B Ente per le Nuove Tecnologie, l'Energia e l'Ambiente
C Energia Nucleare Eolica Atomica
D Ente per la Nuova Ecologia Ambientale
E European Nuclear Energy Atomic

2807 Quando ci si riferisce al Palazzo di vetro, si intende:

A un qualcosa - generalmente un ragionamento - molto fragile
B la sede della Corte di cassazione internazionale
C la sede delle Nazioni Unite a New York
D il palazzo degli zar, conquistato dai rivoltosi nel 1917

2808 Il primo programma televisivo in Italia è andato in onda il:

A 3 gennaio del 1954
B 17 febbraio del 1950
C 29 dicembre del 1957
D 25 aprile del 1949
E 18 aprile del 1950

2809 Quale dei seguenti filosofi è tra i principali rappresentanti dell'Esistenzialismo?

A Auguste Comte
B George Berkeley
C Ludwig Wittgenstein
D Georg Wilhelm Friedrich Hegel
E Martin Heidegger

2810 Attualmente il termine "bioetica" indica:

A la disciplina che si propone di coniugare ricerca scientifica e valori umani
B la proposta di legge sulla sperimentazione avanzata dal movimento animalista europeo
C il codice deontologico delle professioni sanitarie
D il nuovo corso di laurea istituito dalla recente riforma universitaria

2811 Il carato è un'unità di misura della:

A quantità di oro contenuta in un campione
B purezza di un diamante
C quantità di argento contenuta in un campione
D durezza di una pietra preziosa
E trasparenza di una pietra preziosa

2812 I macchiaioli si caratterizzarono per:

A il ruolo dei colori della macchia mediterranea nella loro pittura
B la libera composizione di luci, ombre e colori alla base delle loro opere
C la capacità di rendere le impressioni attraverso macchie di colori
D la molteplicità delle prospettive tese a restituire la "totalità" dell'oggetto

2813 In architettura lo stile gotico si distingue da quello romanico per:

A l'uso degli archi a sesto acuto al posto di quelli a tutto sesto
B il numero di navate nelle chiese e l'abolizione del transetto
C il carattere sacro dei monumenti
D l'uso delle statue

2814 La sigla dell'organismo internazionale che si interessa specificamente della salute è:

A WHO
B WTO
C UNICEF
D FAO

PARTE QUINTA

2815 Lo Stato è laico quando:

A stabilisce l'autonomia della sfera civile da quella religiosa
B recepisce le istanze, anche economiche, delle religioni presenti nel suo territorio in modo paritetico
C vieta ogni culto religioso
D vieta il finanziamento pubblico di scuole religiose

2816 La pianta da cui si ricava il principio attivo dell'aspirina è:

A il papavero
B il mirto
C la datura stramonium
D il salice

2817 A Marie Sklodowska Curie fu attribuito due volte il premio Nobel (per la fisica e per la chimica) per le sue scoperte relative a:

A radioattività
B onde radio
C aspirina
D penicillina

2818 Che cos'è il quarzo?

A Un metallo molto duro
B Un tipo di vetro
C Un minerale contenente silicio
D Un elemento radioattivo
E Un metallo piuttosto tenero

2819 La lira ha perso corso legale a partire da:

A gennaio 2002
B febbraio 2002
C marzo 2002
D aprile 2002
E novembre 2001

2820 Nella nostra storia letteraria, la cosiddetta "questione della lingua" indica:

A la sostituzione del latino con l'italiano nei documenti ufficiali degli stati dell'Italia rinascimentale
B l'esclusione dei dialetti dall'insegnamento delle scuole del Regno d'Italia
C le direttive periodicamente emanate dall'Accademia Nazionale della Crusca
D il dibattito culturale che sancì il dialetto toscano come lingua italiana

2821 Quale delle seguenti alternative riporta gli autori secondo il corretto ordine cronologico?

A Foscolo, Ariosto, Carducci, Gadda
B Ariosto, Foscolo, Carducci, Gadda
C Gadda, Ariosto, Foscolo, Carducci
D Ariosto, Foscolo, Gadda, Carducci

2822 In base alla Costituzione italiana, il matrimonio è ordinato:

A sull'indissolubilità
B sull'eguaglianza morale e giuridica dei coniugi
C sull'accordo tra coniugi e figli
D sulla volontà comune dei coniugi

2823 Negli anni Duemila, quale piano diplomatico era stato chiamato "Road map"?

A Un piano per la ricostruzione dell'Iraq
B Un progetto di riassetto stradale per i Balcani
C Un piano di pace relativo al conflitto israelo-palestinese
D Un piano di pace per il Kosovo
E Un progetto di tutela del popolo curdo

2824 La Dichiarazione Universale dei Diritti dell'Uomo, approvata dall'assemblea dell'ONU il 10 dicembre 1948, ha valore:

A non vincolante
B vincolante per tutti gli Stati del mondo
C vincolante solo per gli Stati democratici
D vincolante per gli Stati rappresentati all'ONU

2825 Cosa si intende con l'espressione "guerra fredda"?

A Qualsiasi tipo di conflitto bellico combattuto con armi chimiche
B La tensione senza conflitti aperti fra Stati Uniti e Unione Sovietica nel secondo dopoguerra
C La guerra combattuta all'inizio del secolo XX fra Norvegia e Svezia
D La campagna di Napoleone in Russia

2826 L'autore del romanzo *Il giardino dei Finzi-Contini* (1962) è:

A Mario Rigoni Stern
B Giorgio Bassani
C Primo Levi
D Carlo Cassola

2827 I limiti cronologici del Risorgimento italiano si possono fissare nel periodo:

A 1922-1946
B 1789-1815
C 1492-1600
D 1815-1870

2828 Quale operazione militare è stata chiamata "Enduring Freedom"?

A Quella guidata dagli USA in Iraq nel 1991
B Quella guidata dagli USA in Afghanistan nel 2001
C Quella della NATO contro Milošević nel 1999
D Quella della NATO in Bosnia nel 1995
E Quella guidata dagli USA in Iraq nel 2003

2829 Il comandante dei ribelli della Cecenia nel 1994-96 era:

A Mladić
B Lebed
C Dudaev
D Berisha
E Izetbegović

2830 Pablo Picasso è stato il caposcuola del movimento denominato:

A astrattismo
B fauvismo
C futurismo
D cubismo
E espressionismo

2831 Quale dei seguenti gruppi di dimostranti antiglobalizzazione si rese colpevole a Genova, durante il vertice G8 (luglio 2001), di numerosi saccheggi, devastazioni ed episodi di brutale violenza?

A Red bloc
B Genoa ultras
C Black bloc
D Noglobal army
E Brianza alcolica

2832 In quale anno è entrata in vigore la Costituzione Italiana?

A 1915
B 1922
C 1861
D 1945
E 1948

2833 Che cosa indica in ambito internazionale la sigla ICC?

A International Criminal Court
B Italian Copywriter Counsil
C International Carbon Corporation
D Una multinazionale britannica
E Un processo chimico innovativo

2834 Quale di questi grandi sarti ha introdotto un importante cambiamento di costume negli anni Dieci-Venti del Novecento?

A Coco Chanel
B Valentino
C Christian Dior
D Charles F. Worth
E Balenciaga

2835 Andy Warhol ha prodotto il disco d'esordio di uno dei gruppi più influenti della storia del rock. Di quale gruppo si trattava?

A Doors
B Velvet Underground
C Talking Heads
D Nirvana
E Who

2836 A Giambattista Marino si deve il più importante poema barocco italiano, che è:

A *Il pastor fido*
B *L'Aminta*
C *L'Adone*
D *Il Baldus*
E *Il Morgante*

PARTE QUINTA

2837 Secondo l'art. 139 della Costituzione italiana, la forma repubblicana:

A può essere oggetto di revisione costituzionale
B non può essere oggetto di revisione costituzionale
C può essere oggetto di revisione costituzionale solamente per decisione delle Camere riunite in seduta comune
D può essere oggetto di revisione costituzionale tramite referendum popolare
E non può essere oggetto di revisione costituzionale per 50 anni, a decorrere dalla data di entrata in vigore della Costituzione

2838 Quale fu l'evento che diede l'avvio al movimento Neoclassico?

A Gli scavi di Ercolano e di Pompei
B La Rivoluzione Francese
C La morte di Luigi XIV
D La venuta di David a Roma
E La scultura delle *Grazie* di Canova

2839 La Costituzione della Repubblica Italiana è entrata in vigore al tempo del governo:

A Bonomi
B De Gasperi
C De Nicola
D Parri
E Badoglio

2840 Chi è stato il Premier israeliano nel periodo 2009-2017?

A Ariel Sharon
B Shimon Peres
C Benjamin Netanyahu
D Yasser Arafat
E Abu Mazen

2841 Nell'ordinamento giuridico italiano, i gradi del giudizio di merito sono:

A due
B tre
C cinque
D otto
E infiniti

2842 Quale tra i seguenti poeti italiani non è legato al crepuscolarismo?

A Saba
B Gozzano
C Moretti
D Govoni
E Corazzini

2843 L'armistizio italo-austriaco firmato a Villa Giusti segnò la fine della:

A seconda guerra mondiale
B campagna d'Albania
C prima guerra d'indipendenza
D prima guerra mondiale
E seconda guerra d'indipendenza

2844 La "Bertha" divenne famosa nel corso della prima guerra mondiale. Si trattava di:

A un carro armato
B una corazzata
C una pistola-mitragliatrice
D un aereo da combattimento
E un supercannone

2845 La fama di Baldassarre Castiglione è legata a un capolavoro letterario del Rinascimento. Quale?

A *Le Rime*
B *Il libro del Cortegiano*
C *Il Galateo*
D *La Mandragola*
E *Le prose della volgar lingua*

2846 Qual è la capitale dell'Afghanistan?

A Bagdhad
B Kabul
C Nassirya
D Mosul
E Kandahar

2847 Che cos'era l'ARMIR?

A Il Ministero della Cultura Popolare fascista
B Il primo nome dell'Aeronautica Militare Italiana
C Un possente incrociatore, fatto costruire dal regime fascista
D Il corpo di spedizione italiano in Russia, durante la seconda guerra mondiale
E La sezione locale del Partito fascista, in ogni centro abitato

CONOSCENZE E COMPETENZE

2848 Quale tra le seguenti donne di Casa Savoia, scomparsa a 94 anni nel 2001, era anche nota come la "regina di maggio"?

A Margherita
B Mafalda
C Maria Gabriella
D Diana
E Maria José

2849 In quale anno fu rinnovato il Concordato tra lo Stato italiano e la Santa Sede?

A Nel 1968
B Nel 1984
C Nel 1994
D Nel 1977
E Nel 2004

2850 Quale tra i seguenti movimenti dell'avanguardia artistica del primo Novecento nacque in Russia?

A Futurismo
B Cubismo
C Dadaismo
D Costruttivismo
E Surrealismo

2851 Quale tra i seguenti pittori europei del primo Novecento non fu un rappresentante dell'Espressionismo?

A Modigliani
B Munch
C Dix
D Kokoschka
E Grotz

2852 Quale tra i seguenti movimenti dell'avanguardia artistica del primo Novecento nacque in Russia?

A Vorticismo
B De Stijl
C Suprematismo
D Metafisica
E Orfismo

2853 La Siria NON confina con:

A Israele
B Irak
C Arabia Saudita
D Giordania

2854 Qual è l'esatta sequenza cronologica degli artisti sotto elencati?

A Mantegna, Delacroix, Mirò, Renoir
B Mantegna, Delacroix, Renoir, Mirò
C Renoir, Delacroix, Mantegna, Mirò
D Delacroix, Mirò, Mantegna, Renoir
E Mantegna, Renoir, Delacroix, Mirò

2855 Chi è l'autore del romanzo *Se questo è un uomo*?

A Franz Kafka
B Herman Hesse
C Thomas Mann
D Primo Levi
E Dino Buzzati

2856 La Seconda Guerra Mondiale iniziò con:

A l'invasione della Polonia
B l'invasione dell'Austria
C la dichiarazione di guerra della Germania alla Francia
D lo scoppio della bomba atomica
E la dichiarazione di guerra al Giappone

2857 Per estensione territoriale, il più grande dei Paesi dell'Unione Europea è:

A la Spagna
B la Francia
C la Germania
D il Canada
E la Svezia

2858 Identificare l'accoppiamento di autori sbagliato.

A Aristotele – San Tommaso
B Comte – Spencer
C Freud – Jung
D Democrito – Epicuro
E Hegel – Sartre

2859 Indovinare il personaggio anomalo.

A Saramago
B Coetzee
C Naipaul
D Rushdie
E Jelinek

2860 A quale dei seguenti scrittori americani del XIX secolo si deve il romanzo "Ritratto di signora"?

A Twain
B Hathworne
C James
D Melville
E London

2861 A quale dei seguenti scrittori italiani del XIX secolo si deve il romanzo "Fede e bellezza"?

A Tommaseo
B Manzoni
C Nievo
D Collodi
E De Roberto

2862 Il romanzo *Guerra e Pace* è stato scritto da Lev Tolstoj. Di quale nazionalità era l'autore?

A Svizzera
B Polacca
C Ungherese
D Russa
E Cecena

2863 A quale dei seguenti scrittori inglesi del XX secolo si deve il romanzo "L'amante di lady Chatterley"?

A Woolf
B Eliot
C Lawrence
D Foster
E Conrad

2864 A quale dei seguenti scrittori americani del XX secolo si deve il romanzo "Tenera è la notte"?

A Fitzgerald
B Faulkner
C Capote
D Hemingway
E Dos Passos

2865 Al tempo dell'ingresso dell'Italia nella CEE, il governo nazionale era a guida:

A liberale
B socialcomunista
C repubblicana
D liberale
E democristiana

2866 Al tempo dell'ingresso dell'Italia nella NATO, il governo nazionale era a guida:

A repubblicana
B radicale
C socialista
D democristiana
E liberale

2867 Di che cosa è metafora la "selva oscura" in cui si smarrisce Dante nel celebre proemio alla *Divina Commedia*?

A Del vivere peccaminoso
B Delle incertezze dell'uomo
C Del potere imperiale ostile alla Chiesa
D Della lotta tra guelfi e ghibellini
E Della lotta tra Bianchi e Neri

2868 Quale alternativa enumera tutti i pontefici in carica nel 1978?

A Paolo VI, Giovanni Paolo I e Giovanni Paolo II
B Paolo VI e Giovanni Paolo I
C Giovanni Paolo I e Giovanni Paolo II
D Giovanni Paolo II
E Paolo VI

2869 Quale dei seguenti autori non appartiene alla corrente dell'Umanesimo?

A Cino da Pistoia
B Angelo Poliziano
C Leon Battista Alberti
D Lorenzo de' Medici
E Poggio Bracciolini

2870 Quale dei seguenti Stati è confinante con la Svizzera?

A Austria
B Repubblica Ceca
C Paesi Bassi
D Polonia

CONOSCENZE E COMPETENZE

2871 I Patti Lateranensi regolano:

A i rapporti tra lo Stato italiano e la Chiesa cattolica e le modifiche accettate dalle due parti non importano revisione costituzionale

B l'esercizio del culto in Italia e non hanno rilevanza costituzionale

C i rapporti tra lo Stato italiano e diverse confessioni religiose e hanno rilevanza costituzionale

D i rapporti tra lo Stato italiano e diverse confessioni religiose e le modifiche accettate dalle parti non importano revisione costituzionale

E il credo della Chiesa cattolica

2872 In quale Regione italiana si trova il sito archeologico di Metaponto?

A Calabria

B Campania

C Puglia

D Sicilia

E Basilicata

2873 Quale dei seguenti gerarchi fascisti non morì durante la seconda guerra mondiale o in seguito al crollo del regime?

A Giuseppe Bottai

B Galeazzo Ciano

C Italo Balbo

D Roberto Farinacci

E Emilio De Bono

2874 Determinare l'esatta corrispondenza tra gli architetti e le opere.

1) Filippo Brunelleschi

2) Leon Battista Alberti

3) Andrea Palladio

4) Pietro da Cortona

5) Michelangelo Buonarroti

a) Chiesa di Sant'Andrea, Mantova

b) Chiesa di San Giorgio Maggiore, Venezia

c) Chiesa di Santo Spirito, Firenze

d) Santa Maria della Pace, Roma

e) Biblioteca Laurenziana, Firenze

A 1-c, 2-a, 3-b, 4-d; 5-e

B 1-a; 2-d; 3-b; 4-e; 5-c

C 1-b; 2-a; 3-c; 4-e; 5-d

D 1-e; 2-c; 3-b; 4-a; 5-d

E 1-c; 2-a; 3-d; 4-b; 5-e

2875 Individuare il personaggio anomalo.

A Lutero

B Beccaria

C Calvino

D Muntzer

E Zwingli

2876 Quale tra le seguenti fu una battaglia aeronavale della seconda guerra mondiale?

A Midway

B Mandanao

C Messina

D Magonza

E Marrakesh

2877 Quale dei seguenti personaggi non ha ricevuto il premio Nobel per la letteratura?

A Boris Pasternak

B Rita Levi Montalcini

C Grazia Deledda

D Dario Fo

E Eugenio Montale

2878 Lo Stretto di Gibilterra collega:

A il Mar Rosso con l'Oceano Indiano

B il Mar Mediterraneo col Mar Rosso

C il Mar Mediterraneo con l'Oceano Atlantico

D il Mar Mediterraneo col Mar Nero

2879 Il sistema montuoso della Sierra Morena si trova in:

A Messico

B Brasile

C Spagna

D Argentina

2880 La pace di Westfalia concluse la:

A terza guerra d'indipendenza

B guerra dei cent'anni

C guerra dei trent'anni

D prima guerra mondiale

E guerra delle due rose

2881 Quale tra i seguenti eventi non avvenne nel secolo XIX?

A Guerra civile americana

B Guerra di Crimea

C Guerra franco-prussiana

D Guerre di indipendenza italiana

E Guerra civile spagnola

2882 Quale delle seguenti invenzioni è anteriore al XVII secolo?

A Microscopio

B Orologio a pendolo

C Cannocchiale

D Pantografo

E Astrolabio

2883 Mettere in ordine cronologico le seguenti opere letterarie:

a. Il partigiano Johnny

b. La Divina Commedia

c. I Promessi sposi

d. Sei personaggi in cerca d'autore

e. Dialogo sopra i due massimi sistemi del mondo

A b – e – c – d – a

B e – b – c – a – d

C b – c – e – d – a

D e – c – b – d – a

E b – e – c – a – d

2884 Quale tra i seguenti edifici religiosi è in stile neo-gotico?

A San Vitale a Ravenna

B La basilica di Sant'Ambrogio a Milano

C La Chiesa di San Luigi dei Francesi a Roma

D La Chiesa "del Gesù" a Roma

E La cattedrale di San Patrizio a New York

2885 Dante Alighieri, nella *Divina Commedia*, si fece guidare nel suo peregrinare nell'Inferno e nel Purgatorio da un "vate, maestro e profeta", di nome:

A Lucrezio

B Omero

C Tommaso d'Aquino

D Virgilio

E Platone

D'in su la vetta della torre antica, Passero solitario, alla campagna Cantando vai finché non more il giorno; Ed erra l'armonia per questa valle. Primavera dintorno Brilla nell'aria, e per li campi esulta, Sì ch'a mirarla intenerisce il core. Odi greggi belar, muggire armenti; Gli altri augelli contenti, a gara insieme Per lo libero ciel fan mille giri [...].

2886 Le strofe sopra riportate costituiscono l'avvio de *Il passero solitario* di Giacomo Leopardi. Un altro poeta, tra i seguenti, compose un noto testo dallo stesso titolo. Di chi si tratta?

A Giovanni Pascoli

B Gabriele D'Annunzio

C Giuseppe Ungaretti

D Umberto Saba

E Eugenio Montale

2887 Nei versi che seguono, tratti dalla poesia "In morte del fratello Giovanni" di Ugo Foscolo, è contenuta una metafora. Quale?

Un dì, s'io non andrò sempre fuggendo di gente in gente, me vedrai seduto su la tua pietra, o fratel mio, gemendo il fior dei tuoi gentili anni caduto. La madre, or sol, suo di tardo traendo, parla di me col tuo cenere muto: ma io deluse a voi le palme tendo; [...].

A su la tua pietra

B il fior dei tuoi gentili anni

C parla di me… cenere muto

D a voi le palme tendo

E Nessuna delle altre alternative proposte è corretta

2888 Il primo sistematico utilizzo delle macchine nell'economia occidentale è avvenuto:

A dall'inizio del '700, dopo l'invenzione della macchina a vapore

B dall'inizio del '600 dopo lo sviluppo del metodo scientifico

C tra Medioevo e Rinascimento con la diffusione dei mulini ad acqua e a vento

D tra fine '700 e inizio '800 col diffondersi della rivoluzione industriale

E nell'Alto Medioevo

2889 **Scegliere l'ordinamento cronologico esatto dei seguenti avvenimenti del XIX e XX secolo:**

assassinio di Umberto I re d'Italia, caduta del muro di Berlino, Congresso di Vienna, entrata in vigore della Costituzione italiana, guerra di secessione americana, leggi "fascistissime" di Mussolini, rivoluzione bolscevica, salita al potere di Hitler, trattati di Roma per l'UE.

- A Assassinio di Umberto I re d'Italia, caduta del muro di Berlino, Congresso di Vienna, entrata in vigore della Costituzione italiana, guerra di secessione americana, leggi "fascistissime" di Mussolini, rivoluzione bolscevica, salita al potere di Hitler, trattati di Roma per l'UE
- B Leggi "fascistissime" di Mussolini, Congresso di Vienna, assassinio di Umberto I re d'Italia, entrata in vigore della Costituzione italiana, guerra di secessione americana, rivoluzione bolscevica, salita al potere di Hitler, trattati di Roma per l'UE, caduta del muro di Berlino
- C Congresso di Vienna, guerra di secessione americana, assassinio di Umberto I re d'Italia, rivoluzione bolscevica, leggi "fascistissime" di Mussolini, salita al potere di Hitler, entrata in vigore della Costituzione italiana, trattati di Roma per l'UE, caduta del muro di Berlino
- D Congresso di Vienna, guerra di secessione americana, rivoluzione bolscevica, assassinio di Umberto I re d'Italia, leggi "fascistissime" di Mussolini, salita al potere di Hitler, trattati di Roma per l'UE, entrata in vigore della Costituzione italiana, caduta del muro di Berlino
- E Nessuna delle successioni proposte è corretta

2890 **Il "Palazzo Te", residenza dei Gonzaga, si trova nella città di:**

- A Cremona
- B Mantova
- C Parma
- D Bologna
- E Piacenza

2891 **L'opera *L'Orlando Furioso* è di:**

- A Giovanni Boccaccio
- B Francesco Petrarca
- C Luigi Pulci
- D Torquato Tasso
- E Ludovico Ariosto

2892 **Annecy, città d'acqua e di canali, si trova in:**

- A Slovenia
- B Lussemburgo
- C Belgio
- D Francia
- E Canada

2893 **Quando avvenne la Marcia su Roma?**

- A 4 novembre 1918
- B 3 gennaio 1925
- C 28 ottobre 1922
- D 20 settembre 1870
- E 8 settembre 1943

2894 **"Ei fu siccome immobile, dato il mortal sospiro, stette la spoglia immemore orba di tanto spiro [...]". Chi è l'autore dei celebri versi citati?**

- A Alessandro Manzoni
- B Giacomo Leopardi
- C Ugo Foscolo
- D Guido Gozzano
- E Antonio Fogazzaro

2895 **"Villa Taranto", parco botanico di rilevante simportanza nazionale, è situata presso il lago:**

- A Maggiore
- B d'Orta
- C di Bracciano
- D di Garda
- E di Como

2896 **Carlo e Federico Borromeo furono arcivescovi di Milano durante la dominazione:**

- A francese
- B austriaca
- C spagnola
- D longobarda
- E veneziana

2897 Il telefono è stato inventato da:
A Thomas Edison
B Antonio Meucci
C Guglielmo Marconi
D Benjamin Franklin

2898 Il potere di grazia viene esercitato da:
A Presidente della repubblica
B Parlamento
C Ministro della giustizia
D Presidente del consiglio dei ministri
E La Corte Costituzionale

2899 Quale di queste opere è di Galileo Galilei?
A *Almagesto*
B *De rerum natura*
C *Dialogo sui massimi sistemi*
D *I fondamenti della fisica*
E *Il pendolo di Foucault*

2900 "Si sta come/ d'autunno/ sugli alberi/ le foglie" Chi è l'autore dei celebri versi citati?
A Salvatore Quasimodo
B Eugenio Montale
C Italo Calvino
D Giuseppe Ungaretti
E Giosue Carducci

2901 Quale delle seguenti zone agricole italiane è considerata tipica per la coltivazione del riso?
A Orbetello, Grosseto
B Ostia, Latina
C Oristano, Pula
D Chioggia, Venezia
E Novara, Vercelli

2902 Che cos'è esattamente "l'embargo"?
A L'adozione di misure restrittive nei confronti dei cittadini di un Paese in risposta alle continue violazioni dei diritti umani attuate dal governo dello stesso Paese
B Una serie di sanzioni economiche nei confronti di un Paese, al fine di impedire qualsiasi rapporto commerciale con esso e provocarne l'isolamento
C L'aggresione militare a un Paese straniero in risposta a ripetute violazioni dei confini territoriali
D Un movimento indipendentista basco
E L'imposizione di forti dazi sulle sole importazioni di prodotti da un certo Paese nel tentativo di scoraggiarle

2903 Dai territori di quale Stato partì la spedizione dei Mille nel 1860?
A Stato Pontificio
B Regno di Sardegna
C Granducato di Toscana
D Repubblica di Genova
E Regno d'Italia

2904 Nella sua massima espansione, l'Impero Romano comprendeva buona parte dell'Europa, il Medio Oriente e il Nordafrica. Qual è l'esito attuale di tale espansione dal punto di vista linguistico?
A Tutti i paesi che erano compresi nell'Impero Romano parlano una lingua derivata dalla lingua dei Romani
B La lingua dei Romani non ha lasciato alcuna traccia a causa delle invasioni barbariche
C Lingue derivate dalla lingua dei Romani sono attualmente parlate in alcuni paesi d'Europa
D La lingua dei Romani ha dato origine a tutte le lingue parlate in Europa
E Nessuna delle altre alternative proposte è corretta

2905 L'anno del rapimento e dell'uccisione di Aldo Moro da parte delle Brigate Rosse è il:
A 1974
B 1976
C 1980
D 1978
E 1977

2906 L'opera *Guernica* è di:
A Lope De Vega
B Salvator Dalì
C Pelizza da Volpedo
D Garcia Lorca
E Picasso

CONOSCENZE E COMPETENZE

2907 Quella in figura è la carta di quale Paese?

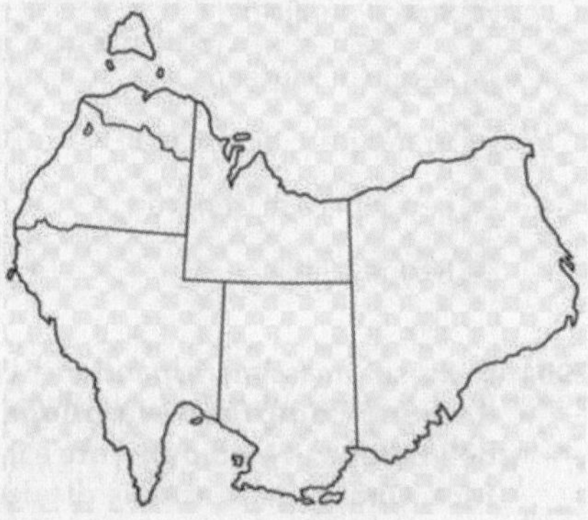

- **A** Brasile
- **B** Canada
- **C** Russia
- **D** Australia
- **E** Stati Uniti

2908 Il primo articolo della Costituzione italiana recita: "L'Italia è una repubblica ...., fondata sul .... La sovranità appartiene al .... che la esercità nelle forme e nei limiti della ....".
Quale delle seguenti quaterne di locuzioni sostituite nell'ordine al posto dei puntini completa il primo articolo della Costituzione italiana?

- **A** Costituzionale, lavoro, Parlamento, Legge
- **B** Parlamentare, diritto, Governo, Costituzione
- **C** Democratica, lavoro, popolo, Costituzione
- **D** Democratica, ripudio della guerra, Governo, Costituzione
- **E** Parlamentare, diritto, popolo, Legge

2909 *Uno, nessuno e centomila* è un'opera famosa scritta da:

- **A** Vasco Pratolini
- **B** Umberto Saba
- **C** Guido Gozzano
- **D** Luigi Pirandello
- **E** Giuseppe Tomasi di Lampedusa

2910 Quale, tra i seguenti, fu un famoso pittore di ballerine?

- **A** Degas
- **B** Picasso
- **C** Van Gogh
- **D** Rousseau
- **E** De Chirico

2911 Che cos'è la "maieutica"?

- **A** Un metodo "pedagogico" praticato da Socrate
- **B** Una tecnica usata in ostetricia da I.F. Semmelweis
- **C** Un metodo di analisi dei testi proposto da H.G. Gadamer e P. Ricoeur
- **D** Un procedimento logico praticato dai formalisti russi
- **E** Una cura della salute fisica e psichica messa a punto dal premio Nobel R. Levi Montalcini

2912 UNA delle affermazioni qui riportate è ERRATA. Individuatela.

- **A** L'opera lirica è una forma d'arte
- **B** Il brindisi: "libiam nei lieti calici che la bellezza infiora…" citato è una delle arie più famose e popolari di Giuseppe Verdi
- **C** *La Traviata* è un'opera lirica ispirata a una commedia di Alessandro Dumas, *La signora delle camelie*
- **D** Giuseppe Verdi nacque a Pesaro, dove ogni anno si tiene un frequentato festival un suo onore
- **E** La vicenda de *La Signora delle camelie* e de *La Traviata* si svolge nella Parigi del XIX secolo

2913 Il *De Bello Gallico* è una specie di "diario di guerra", scritto in terza persona da un importante protagonista della storia romana. Chi è l'autore?

- **A** Cesare Augusto
- **B** Marco Aurelio
- **C** Tacito
- **D** Sallustio
- **E** Giulio Cesare

2914 Si completi il periodo con la frase che si ritiene CORRETTA.

L'origine della tragedia, nel teatro greco probabilmente, ...

A è legata al ditirambo, un canto in onore di Dioniso

B si deve a una legge voluta dalla politica culturale di Pericle

C è legata alla sconfitta di Atene da parte di Sparta

D si deve all'iniziativa di una compagnia di attori guidati da Eschilo

E si deve all'istituzione del primo gioco olimpico

2915 I seguenti versi: "Sempre caro mi fu quest'ermo colle, / e questa siepe, che da tanta parte / dell'ultimo orizzonte il guardo esclude", sono tratti da:

A Francesco Petrarca, *Canzoniere*

B Giacomo Leopardi, *Canto notturno di un pastore errante dell'Asia*

C Giacomo Leopardi, *L'Infinito*

D Giosue Carducci, *Piemonte*

E Ugo Foscolo, *Alla sera*

2916 L'Italia è una repubblica:

A presidenziale

B direttoriale

C semipresidenziale

D parlamentare

"Tutte le cose sono create buone da Dio, tutte degenerano tra le mani dell'uomo. Egli costringe un terreno a nutrire i prodotti di un altro, un albero a portare frutti non suoi; mescola e confonde i climi, gli elementi, le stagioni; mutila il cane, il cavallo, lo schiavo; tutto sconvolge, tutto sfigura, ama la deformità, le anomalie; nulla accetta come natura lo ha fatto, neppure il suo simile: pretende ammaestrarlo per sé come cavallo da giostra, dargli una sagoma di suo gusto, come ad albero di giardino [...]".

2917 Il passo sopra riportato è stato tratto dall'incipit di un noto trattato sull'educazione scritto da Jean Jacques Rousseau. Qual è il titolo di questa sua opera?

A *Cuore*

B *La nuova Eloisa*

C *Emilio*

D *Leonardo e Geltrude*

E *Telemaco*

2918 Il lago Trasimeno in quale Regione italiana si trova?

A In Umbria

B In Toscana

C Nel Lazio

D Nelle Marche

E In Emilia-Romagna

2919 La Reggia di Caserta fu progettata dall'Architetto:

A Filippo Juvarra

B Michelangelo Garove

C Amedeo di Castellamonte

D Luigi Vanvitelli

E Benedetto Alfieri

2920 La Costituzione italiana entra in vigore il:

A 2 giugno 1946

B 22 dicembre 1947

C 1° gennaio 1948

D 18 aprile 1948

E 1° gennaio 1949

"Spesso il male di vivere ho incontrato
era il rivo strozzato che gorgoglia,
era l'incartocciarsi della foglia
riarsa, era il cavallo stramazzato.
Bene non seppi, fuori del prodigio
che schiude la divina Indifferenza:
era la statua nella sonnolenza
del meriggio, e la nuvola, e il falco alto levato".

2921 Chi è l'autore dei celebri versi citati?

A S. Quasimodo

B E. Montale

C G. D'Annunzio

D G. Ungaretti

E G. Pascoli

CONOSCENZE E COMPETENZE

2922 «Il sogno è una costruzione dell'intelligenza, cui il costruttore assiste senza sapere come andrà a finire.» (da "Il mestiere di vivere", 22 luglio 1940)

Chi ha scritto questa frase?

- A A. Palazzeschi
- B C. Pavese
- C B. Fenoglio
- D E. Vittorini
- E G. Tomasi di Lampedusa

2923 È stato deliberato dal Parlamento italiano che il 9 maggio di ogni anno sia:

- A la giornata che ricorda l'orrore della Shoah
- B la giornata che ricorda le vittime del terrorismo
- C la giornata che ricorda le vittime delle foibe istriane
- D la giornata che ricorda le vittime del comunismo
- E la giornata che ricorda le vittime del fascismo

2924 Il celebre quadro *I Girasoli* fu dipinto da:

- A Matisse
- B Gauguin
- C Rousseau
- D Van Gogh
- E Fontana

2925 Quale delle seguenti opere non è di Carlo Emilio Gadda?

- A *La meccanica*
- B *La cognizione del dolore*
- C *L'Adalgisa*
- D *Quer pasticciaccio brutto de via Merulana*
- E *Il sentiero dei nidi di ragno*

2926 Trova l'elemento che non è coerente con gli altri.

- A Petrarca
- B Rubens
- C Montale
- D Ariosto
- E Callimaco

2927 Quale delle seguenti è una poesia di Giuseppe Ungaretti?

- A *S. Martino del Carso*
- B *La ginestra*
- C *S. Guido*
- D *Non recidere, forbice, quel volto*
- E *A mia madre, dalla sua casa*

2928 Tutti i seguenti, tranne uno, sono personaggi dell'opera *Fidelio* di Beethoven. Indica l'intruso.

- A Rocco
- B Leonora
- C Marcellina
- D Don Pizarro
- E Figaro

2929 Il Monte Bianco fa parte della catena delle:

- A Alpi Graie
- B Alpi Cozie
- C Alpi Marittime
- D Alpi Liguri
- E Alpi Pennine

2930 Indicare l'affermazione INESATTA:

- A Leonardo da Vinci nacque a Vinci
- B la Costituzione afferma che «l'Italia è uno Stato democratico fondato sul lavoro»
- C la Camera dei deputati è eletta a suffragio universale
- D il Parlamento si compone della Camera dei deputati e del Senato della Repubblica
- E Alessandro Manzoni nacque a Milano

2931 In Italia, il 1924 fu funestato dal rapimento e dal successivo omicidio di un politico che osò denunciare alla Camera brogli elettorali, ad opera dei fascisti, nelle elezioni del 6 aprile di quell'anno. Chi fu questo personaggio?

- A Antonio Gramsci
- B Giovanni Amendola
- C Gaetano Salvemini
- D Benedetto Croce
- E Giacomo Matteotti

PARTE QUINTA

2932 Quale coppia di pittori diede vita per un certo periodo a un sodalizio artistico e umano finito poi tragicamente?

A Van Gogh-Cézanne

B Cézanne-Gauguin

C Van Gogh-Gauguin

D Gauguin-Mirò

E Van Gogh-Mirò

2933 La "Repubblica di Salò" è:

A stata fondata, nel 1943, con un governo presieduto da Benito Mussolini

B lo Stato fascista istituito dopo la Marcia su Roma del 1922

C il nome dell'Impero fascista

D il nome dello Stato italiano durante l'intera seconda guerra mondiale

E il nome di una delle Repubbliche partigiane

2934 "Se i filosofi non governano le città o se quelli che ora chiamiamo re o governanti non coltiveranno davvero e seriamente la filosofia, se il potere politico e la filosofia non coincideranno nelle stesse persone e se la moltitudine di quelli che ora si applicano esclusivamente all'una o all'altra non sarà col massimo rigore impedita dal farlo, è impossibile che cessino i mali delle città e anche quelli del genere umano".

(*Repubblica*, V, 473 d)

Chi fu l'autore di quest'opera?

A Socrate

B Platone

C Aristotele

D Gorgia

E Pitagora

2935 Indicare quali tra le seguenti coppie di popoli NON hanno entrambi radici indoeuropee?

A Iraniani e Latini

B Germani e Mongoli

C Indiani e Unni

D Mongoli e Unni

E Nessuna delle altre alternative proposte

2936 È una linea immaginaria che congiunge Polo Nord e Polo Sud terrestri e che unisce tutti i punti della Terra che hanno il sole a mezzogiorno nello stesso momento.

Si parla di:

A latitudine

B longitudine

C parallelo

D meridiano

E fuso orario

2937 "D'in su la vetta della torre antica,
Passero solitario, alla campagna
Cantando vai finchè non more il giorno;
Ed erra l'armonia per questa valle.
Primavera dintorno
Brilla nell'aria, e per li campi esulta,
Sì ch'a mirarla intenerisce il core..."

Chi è l'autore dei celebri versi citati?

A G. Pascoli

B G. Leopardi

C G. D'Annunzio

D G. Ungaretti

E G. Carducci

2938 Il romanzo *Insciallah* è stato scritto da:

A Susanna Tamaro

B Gianna Manzini

C Gianna Schelotto

D Margherita Oggero

E Oriana Fallaci

2939 Il quale Regione italiana si trova il Lago di Bolsena?

A In Toscana

B In Umbria

C Nelle Marche

D Nel Lazio

E In Emilia-Romagna

2940 La Repubblica di San Marino si trova tra:

A Marche e Emilia-Romagna

B Marche e Abruzzi

C Emilia-Romagna e Veneto

D Toscana e Umbria

E Abruzzi e Molise

2941 **L'autore della poesia *Alle fronde dei salici* è:**

A G. Pascoli
B G. Carducci
C E. Montale
D G. Leopardi
E S. Quasimodo

2942 **"Lasciatemi così/ come una cosa posata/ in un angolo e dimenticata. Sto con le quattro/ capriole di fumo del focolare"**

Chi è l'autore dei celebri versi citati?

A E. Montale
B A. Moravia
C G. Ungaretti
D G. D'Annunzio
E G. Carducci

2943 **Il testo *Dei delitti e delle pene* è di:**

A Alessandro Manzoni
B Cesare Beccaria
C Silvio Pellico
D Nicolò Machiavelli
E Giuseppe Mazzini

2944 ***Il Giudizio Universale* è un affresco di:**

A Leonardo Da Vinci
B Raffaello Sanzio
C Michelangelo Buonarroti
D Tiziano Vecellio
E Giulio Romano

2945 **Il famoso quadro *L'urlo* è stato dipinto da:**

A Matisse
B Vlaminck
C Goya
D Derain
E Munch

2946 **La Marmolada si trova nelle Alpi:**

A Carniche
B Dolomitiche
C Cozie
D Giulie
E Lepontine

2947 **Abbinare correttamente Stati e capitali.**

1. California	**a. Nashville**
2. Tennessee	**b. Phoenix**
3. Indiana	**c. Sacramento**
4. Arizona	**d. Indianapolis**

A 1a, 2b, 3c, 4d
B 1b, 2c, 3d, 4a
C 1c, 2a, 3d, 4b
D 1a, 2b, 3d, 4c
E 1d, 2a, 3c, 4b

2948 **Il 2 giugno si celebra:**

A la festa delle forze armate
B l'unità d'Italia
C la festa della Repubblica
D la stipulazione dei Patti lateranensi
E il santo patrono d'Italia

2949 **Alessandro Manzoni era figlio di Pietro Manzoni e:**

A Giulia Beccaria
B Giuseppina Strepponi
C Luigia Pallavicini
D Enrichetta Blondel
E Cristina Depretis

2950 **L'Italia si trova nell'emisfero:**

A australe
B equatoriale
C antartico
D boreale
E di Greenwich

2951 **Quale città marinara era governata dal Doge?**

A Genova
B Amalfi
C Pisa
D Verona
E Taranto

2952 **Il Consiglio di Sicurezza dell'ONU è composto da:**

A tutti i capi di governo degli Stati membri
B Usa, Russia, Gran Bretagna, Italia, Francia
C membri eletti dall'Assemblea Generale
D i membri permanenti con diritto di veto
E 5 membri permanenti e 10 eletti per due anni

2953 La Bastiglia era:

A un giardino
B una prigione
C una residenza reale
D un convento
E un cimitero

2954 Chi rimase vittima della "strage di Capaci"?

A Borsellino
B Falcone
C Dalla Chiesa
D Fava
E Mattarella

2955 Qual è il più grande lago italiano?

A Maggiore
B Como
C Garda
D Trasimeno
E Nessuno di quelli elencati è il più grande

2956 La FAO si occupa:

A della riduzione degli armamenti
B dell'inserimento sociale degli immigrati
C della fame nel mondo
D di studi statistici
E dell'analisi demografica

2957 L'effetto serra è causato principalmente da:

A monossido di carbonio
B biossido di carbonio
C ossigeno
D ozono
E biossido di zolfo

2958 Che cosa si identifica comunemente con la sigla PM10?

A I 10 metalli più pesanti
B Il Praseodimio
C Il peso molecolare dell'acqua
D Il Pubblico Ministero
E Le polveri atmosferiche

2959 Quale delle seguenti coppie di termini è anomala?

A Koala-Orso
B Delfino-Narvalo
C Topo-Coniglio
D Leone-Gatto
E Volpe-Coyote

2960 La popolare trasmissione televisiva "Il grande fratello" deve la sua denominazione a un celebre romanzo scritto da:

A Cesare Palese
B Italo Calvino
C George Orwell
D Ernest Hemingway
E Paul Sartre

2961 Quale tra le seguenti opere è di Aristotele?

A *Decamerone*
B *Odissea*
C *Poetica*
D *I sepolcri*
E *Eneide*

2962 La S.I.A.E. si occupa di:

A norme pubblicitarie
B registrazioni radiofoniche
C telecomunicazioni
D diritti d'autore
E nessuna delle precedenti alternative è corretta

2963 L'arco a sesto acuto è tipico dell'architettura:

A Paleocristiana
B Barocca
C Neoclassica
D Gotica
E Romanica

2964 Cosa si intende con l'espressione premio di maggioranza?

A La coalizione che ha vinto le elezioni ottiene un numero di seggi parlamentari superiore a quello che le spetterebbe se si usassero semplici criteri proporzionali
B Gli eletti della coalizione che ha vinto le elezioni ottengono un premio in denaro
C La coalizione che ha vinto le elezioni ottiene un premio in denaro
D La coalizione che ha vinto le elezioni governa
E La coalizione che raggruppa il maggior numero di partiti ottiene almeno il 51% dei seggi parlamentari disponibili

2965 Cos'è una dorsale oceanica?

A Una fossa sul fondo dell'oceano
B Una corrente dell'oceano
C Un rilievo montuoso sul fondo dell'oceano
D Una scossa sismica che si verifica sul fondo dell'oceano
E Il termine non esiste

2966 Quale dei seguenti scultori ha realizzato il famoso "Discobolo"?

A Mirone
B Canova
C Lisippo
D Bernini
E Prassitele

2967 "HTML" è l'acronimo di:

A nessuna delle altre risposte è corretta
B *Hold Title Model Learning*
C *Hyper Test Markup Language*
D *Hacker Tool Microsystem Legend*
E *Hyper Test Memory Language*

2968 Quale delle seguenti isole non appartiene all'arcipelago toscano?

A Giglio
B Ponza
C Pianosa
D Giannutri
E Elba

2969 Guglielmo Marconi ha inventato:

A il radiotelegrafo
B la fotografia
C la televisione
D il telefono
E il telegrafo

2970 Quale delle seguenti piante è tipica della foresta decidua?

A Faggio
B Abete
C Banano
D Carrubo
E Leccio

2971 In quali nazioni esisteva una città di nome Tebe?

A Grecia, Turchia
B Grecia, Italia
C Egitto, Grecia
D Gallia, Turchia
E Egitto, Persia

2972 In Italia sono oggetto di giudizio di costituzionalità:

A le leggi dello Stato e delle Regioni
B le leggi e tutti gli atti aventi forza di legge dello Stato e delle Regioni
C le leggi, tutti gli atti aventi forza di legge e i regolamenti dello Stato e delle Regioni
D le leggi e tutti gli atti aventi forza di legge dello Stato
E le leggi e i regolamenti dello Stato e delle Regioni

2973 Quale delle seguenti alternative riporta gli autori secondo il corretto ordine cronologico?

A Virgilio, Pirandello, Leopardi, Boccaccio, Goldoni
B Boccaccio, Leopardi, Pirandello, Goldoni, Virgilio
C Virgilio, Boccaccio, Goldoni, Leopardi, Pirandello
D Virgilio, Goldoni, Boccaccio, Pirandello, Leopardi
E Boccaccio, Virgilio, Pirandello, Leopardi, Goldoni

2974 La Corea del Nord è una:

A democrazia parlamentare
B monarchia costituzionale
C repubblica federale di tipo presidenziale
D repubblica democratica popolare
E repubblica presidenziale

2975 Cosa accomuna fra loro i seguenti Paesi: Brasile, Angola, Mozambico, Macao?

A Sono tutte ex colonie britanniche
B Sono i Paesi con il maggior tasso di mortalità infantile nel mondo
C Sono Paesi attualmente teatro di guerre civili
D Sono tutti Paesi del continente sudamericano
E Vi si parla il portoghese

2976 Il tipo climatico mediterraneo, caratterizzato da scarsa escursione termica stagionale, con estati piuttosto secche e inverni miti, è presente:

A esclusivamente nella fascia costiera dell'Europa meridionale

B esclusivamente nel bacino del Mediterraneo

C nel bacino del Mediterraneo, in California e sulle coste meridionali del Sud Africa

D nel bacino del Mediterraneo e sulle coste atlantiche di Spagna e Portogallo

E in tutte le aree del mondo che si affacciano su mari chiusi

2977 Per industria di base si intende:

A la lavorazione preliminare dei principali generi alimentari

B la raffinazione del petrolio

C l'attività di trasformazione di materie prime in semilavorati

D la produzione di beni di lusso

E l'attività edilizia nel settore pubblico

2978 Quale tra i seguenti personaggi fu il naturalista che rivoluzionò la teoria dell'evoluzione?

A Alessandro Volta

B Tycho Brahe

C Charles Darwin

D Fryderyk Chopin

E Benjamin Franklin

2979 La prima Olimpiade dell'era moderna si è svolta:

A a Parigi nel 1900

B ad Anversa nel 1920

C a Londra nel 1908

D a Berlino nel 1936

E ad Atene nel 1896

2980 Spoleto si trova:

A in Emilia-Romagna

B in Toscana

C nelle Marche

D nel Lazio

E in Umbria

2981 La cosiddetta "rivoluzione parlamentare", che in Italia portò all'avvento al potere della Sinistra storica di Agostino Depretis, avvenne nell'anno:

A 1870

B 1878

C 1866

D 1887

E 1876

2982 In base alla Costituzione italiana, il Presidente della Repubblica può sciogliere una o entrambe le Camere dopo aver sentito:

A la Corte costituzionale

B il Presidente del Consiglio

C i Presidenti delle due Camere

D il Governo e la Corte costituzionale

E il Governo

2983 Il libeccio è un vento che spira da:

A Sud-Ovest verso Nord-Est

B Nord verso Sud

C Nord-Ovest verso Sud-Est

D Sud verso Nord

E Nord

2984 Quale rivista novecentesca gettò i fondamenti di un nuovo gusto poetico, contaminando l'estetica crociana con le suggestioni del simbolismo francese?

A *Il Leonardo*

B *La Voce*

C *La Ronda*

D *Il Politecnico*

E *Lacerba*

2985 In quale di questi luoghi NON c'è stato un campo di concentramento?

A Auschwitz

B Sachsenhausen

C Trieste

D Trento

E Dachau

2986 In quale dei seguenti Paesi si trova l'Alsazia?

A Francia

B Germania

C Svizzera

D Belgio

E Lussemburgo

2987 **L'immagine propone una parte della prima pagina del quotidiano *La Stampa* del 1° maggio 1975, con articoli e immagini relativi all'esito della guerra del Vietnam. Quale fra le seguenti affermazioni relative al conflitto è corretta?:**

Anno 109 - Numero 100

Il sommario

LA STAMPA

Giovedì 1 Maggio 1975

A PAGINA 4

Comizi e cortei per la festa del lavoro

Si combatteva da 34 anni: più di due milioni di morti

I Vietcong sono entrati a Saigon S'è conclusa la guerra d'Indocina

Il presidente sudvietnamita "Big" Minh ha annunciato alla radio la resa e ha chiesto la cessazione del fuoco - Dopo due ore, le forze del Fronte nazionale di liberazione entravano a Saigon - Minh ha atteso i vietcong nel palazzo presidenziale, dal quale è poi uscito sotto scorta

Il tramonto di un'epoca

La città prenderà il nome di Ho Chi Minh

Saigon, 30 aprile.

A) Per prendere la capitale Saigon, i Vietcong si scontrarono con l'esercito sovietico in una battaglia strada per strada

B) La guerra d'Indocina, in un prima fase, vide tra i protagonisti anche la Francia

C) Dopo la liberazione, Saigon divenne Ho Chi Minh City

D) Con la guerra d'Indocina il Vietnam si rese indipendente

E) Prima della riunificazione, il Paese era diviso tra la Repubblica democratica del Vietnam, a nord, e Repubblica del Vietnam, a sud

2988 **In base alla Costituzione italiana, il Governo deve presentare i decreti-legge alle Camere per la conversione:**

A) entro 60 giorni

B) senza limite di tempo perché la presentazione non è necessaria

C) il giorno stesso dell'adozione

D) entro 5 giorni

E) entro un anno

2989 **Quale tra le seguenti città è capitale di una nazione?**

A) Amburgo

B) Kuala Lumpur

C) New York

D) Sidney

E) Shanghai

2990 **In Italia, la Giunta regionale è:**

A) nominata dal Presidente della Giunta

B) in parte eletta dal Consiglio regionale, in parte designata dal Presidente della Giunta

C) nominata dal Capo dello Stato d'intesa con la conferenza dei Sindaci

D) eletta dal Consiglio regionale

E) eletta dal corpo elettorale

2991 **Quale dei seguenti Paesi NON fa parte dell'Unione europea?**

A) Irlanda

B) Danimarca

C) Portogallo

D) Croazia

E) Svizzera

PARTE QUINTA

2992 Quali fra i seguenti filosofi non visse nell'età rinascimentale?

A Pico della Mirandola
B Ruggero Bacone
C Marsilio Ficino
D Giordano Bruno
E Tommaso Campanella

2993 La Costituzione italiana prevede espressamente che il diritto di voto possa essere limitato:

A nei casi di indegnità morale indicati dalla legge
B in caso di tentato omicidio
C in nessun caso
D in caso di sentenza penale di condanna, anche solo di primo grado
E esclusivamente in caso di attentato alla Costituzione

2994 Quale tra i seguenti personaggi politici russi era Presidente dell'URSS al momento della sua dissoluzione?

A Putin
B Lenin
C Breznev
D Gorbaciov
E Eltsin

2995 Quale tra i seguenti è il fondatore della Compagnia di Gesù?

A Ignazio di Loyola
B Agostino di Ippona
C Benedetto da Norcia
D Tommaso d'Aquino
E Francesco d'Assisi

2996 La pleurite interessa:

A il sistema nervoso
B la tiroide
C l'apparato respiratorio
D lo stomaco
E il cuore

2997 La prima ascensione al K2 fu conclusa da:

A Simone Moro e Tamara Lunger
B Edmund Hillary e Jon Krakauer
C Edmund Hillary e Tenzing Norgay
D Lino Lacedelli e Achille Compagnoni
E Reinhold Messner e Hans Kammerlander

2998 Il libeccio è un vento che soffia:

A da Sud-Ovest
B da Sud
C da Sud-Est
D da Ovest
E da Est-Sud-Est

2999 Chi pronunciò la storica frase "Ich bin ein Berliner!" (Io sono un berlinese!)?

A Dwight (Ike) Eisenhower a Berlino nel 1945
B Federico II di Prussia a Koenigsberg nel 1743
C John Kennedy a Berlino nel 1963
D Herr Georg Kaplan a Riccione nel 1972
E Willy Brandt a Berlino nel 1961

3000 Selezionando le ultime parole dai versi di una composizione poetica è possibile ottenere un haiku giapponese che talvolta conserva ancora un valore poetico. Da quale composizione poetica sono stati tolti i seguenti versi: *Vita/ oscura/ smarrita. Dura / e forte / la paura*?

A *Ossi di seppia* di Eugenio Montale
B *La pioggia nel pineto* di Gabriele D'Annunzio
C *Alla Luna* di Giacomo Leopardi
D *X Agosto* di Giovanni Pascoli
E *Divina commedia* di Dante Alighieri

3001 Come si susseguono, dal confine polacco verso nord, le tre repubbliche baltiche entrate nell'Unione Europea nel 2004?

A Lituania, Estonia, Lettonia
B Lituania, Lettonia, Estonia
C Estonia, Lettonia, Lituania
D Lettonia, Estonia, Lituania
E Estonia, Lituania, Lettonia

3002 Che cosa sancì il XX congresso del Partito Comunista dell'Unione Sovietica (PCUS)?

A L'arresto di Lavrenty Beria
B Il rifiuto del marxismo-leninismo
C L'invasione dell'Ungheria
D La dissoluzione dell'impero Sovietico
E La fine dello stalinismo

3003 Fra i seguenti abbinamenti libro – autore qual è quello corretto?

A *Oceano Mare* – Jacques Cousteau
B *La montagna incantata* – Hans Christian Andersen
C *Vino e pane* – Leonardo Sciascia
D *La fattoria degli animali* – Konrad Lorenz
E *Le città invisibili* – Italo Calvino

3004 *Le Ultime Lettere* di Jacopo Ortis di Ugo Foscolo si inseriscono nella corrente letteraria del:

A romanticismo
B decadentismo
C futurismo
D naturalismo
E positivismo

3005 "Ingredienti: 500 g di baccalà già bagnato, olio, 2 dita di aceto, zucchero, una manciata di uvetta e pinoli. Preparazione: tagliate a grossi pezzi il baccalà già bagnato e fatelo rosolare dalle due parti in una teglia con olio abbondante. In un pentolino fate bollire per qualche minuto due dita di aceto forte con due dita di acqua zuccherata secondo il vostro gusto, ma mai in eccesso; una manciata di uvetta e pinoli. Quando il baccalà sarà rosolato, getterete nella teglia questo dolce e farete cuocere ancora per qualche minuto". Da quale Regione italiana proviene questa ricetta tradizionale?

A Piemonte
B Val d'Aosta
C Veneto
D Lombardia
E Umbria

3006 La frase "sul mio regno non tramonta mai il sole" sarebbe stata pronunciata:

A dal Gran Khan rivolgendosi a Marco Polo
B dall'imperatore Carlo V d'Asburgo
C da Luigi XIV di Francia detto il "Re Sole"
D dallo Statholder KarlGustav AAkensonn di Finlandia
E da Aleksander Nijevski dopo aver sconfitto i teutoni

3007 Completa il testo seguente con la corretta serie di termini o espressioni

La **[1]** rappresenta il mercato regolamentato in cui venditori e acquirenti **[2]** titoli, derivati, materie prime, valute e altri strumenti **[3].** Essa garantisce, dunque, la **[4]** degli strumenti finanziari, grazie alla trasparenza nelle modalità di **[5]** dei prezzi, e la liquidità del mercato, attraverso la presenza di operatori disposti a concludere in ogni momento transazioni di compravendita sui singoli strumenti finanziari.

A **[1]**: banca; **[2]**: negoziano; **[3]**: monetari; **[4]**: borsa valori; **[5]**: negoziabilità
B **[1]**: borsa valori; **[2]**: formano; **[3]**: finanziari; **[4]**: formazione; **[5]**: negoziabilità
C **[1]**: borsa valori; **[2]**: negoziano; **[3]**: finanziari; **[4]**: negoziabilità; **[5]**: formazione
D **[1]**: negoziabilità; **[2]**: formano; **[3]**: finanziari; **[4]**: borsa valori; **[5]**: formazione
E **[1]**: banca; **[2]**: formano; **[3]**: monetari; **[4]**: negoziabilità; **[5]**: formazione

3008 Durante la guerra di Crimea il primo ministro piemontese ... inviò a combattere ... in quella regione.

A Crispi; il Savoia Cavalleria
B Cavour; i fanti della Folgore
C D'Azeglio; il battaglione San Marco
D Crispi; gli alpini della Julia
E Cavour; dei bersaglieri

3009 Quale, tra i seguenti scrittori italiani, è l'autore, tra gli altri, di *Pensaci Giacomino!* e *Sei personaggi in cerca d'autore*?

A Pirandello
B Pasolini
C Moravia
D Sciascia
E De Filippo

3010 La regione del "Québec" si trova in:

A U.S.A.
B Norvegia
C Russia
D Canada
E Francia

PARTE QUINTA

3011 E. J. Rommel (1891-1944) è stato un:

A regista cinematografico tedesco
B generale tedesco della seconda guerra mondiale
C fisico impegnato nel progetto Manhattan
D campione olimpico di maratona
E musicista dodecafonico americano

3012 *Le origini del totalitarismo* è un'opera di:

A E. Lévinas
B S.Weil
C H. Arendt
D G.Deleuze
E J.P. Sartre

3013 Nel 2007 gli scienziati hanno rinvenuto ulteriori prove che sembrano confermare che la scomparsa dell'uomo di Neanderthal fu provocata:

A da un meteorite
B da cambiamenti climatici
C dall'homo sapiens
D dai topi
E dal diluvio universale

3014 Per "stratificazione sociale" si intende:

A la cultura di una società
B il modo in cui individui e gruppi sociali sono differenziati e ordinati gerarchicamente
C l'insieme delle conoscenze accumulate da una società nel corso della sua storia
D un tipo di azione sociale individuato da Max Weber
E un aspetto della teoria evoluzionista

3015 Jean Piaget si è occupato prevalentemente di:

A sviluppo cognitivo
B sviluppo sociale
C sviluppo emotivo
D costruzione sociale della conoscenza
E conflitto socio-cognitivo

3016 Quale tra le seguenti è la corretta descrizione dell'immagine proposta?

A Manifesto di propaganda per il referendum sull'adesione dell'Italia al Piano Marshall (1948)
B Manifesto di propaganda elettorale della Democrazia Cristiana (1963)
C Volantino di propaganda statunitense lanciato sulle città italiane (1939)
D Manifesto di propaganda a favore del Piano Marshall (1948-1950)
E Volantino di propaganda della politica autarchica del regime fascista (1934-1935)

3017 In psicologia il termine "empatia" indica:

A la volontà di immedesimarsi in un'altra persona calandosi nei suoi pensieri e stati d'animo
B la capacità di immedesimarsi in un'altra persona calandosi nei suoi pensieri e stati d'animo
C la capacità di concordare decisioni con un interlocutore o con un gruppo
D la volontà di comprendere le opinioni dell'interlocutore
E un comportamento conciliante nei confronti dell'interlocutore

CONOSCENZE E COMPETENZE

3018 Il Corano, che significa "lettura ad alta voce", è:

A un codice di leggi emanato da Maometto

B la narrazione ufficiale della vita e del pensiero di Maometto

C la scrittura, ad opera di Maometto, di quanto dettatogli da un angelo intorno all'anno 610

D la messa per iscritto, a opera dei primi discepoli, della predicazione di Maometto

E una raccolta di meditazioni e di massime del profeta Maometto raccolte dai discepoli

3019 «La massima felicità possibile per il maggior numero possibile di persone»: questa frase può essere considerata come il principio fondamentale:

A della scolastica medievale

B del razionalismo di Cartesio

C dell'utilitarismo di Bentham

D del materialismo storico

E del neopositivismo novecentesco

3020 L'adolescenza è una fase del ciclo di vita umano che:

A si caratterizza per la presenza di un pensiero operatorio-concreto

B va circa dai 13/14 anni a circa i 19 anni

C si presenta con le stesse caratteristiche in culture collettiviste e individualiste

D è caratterizzata da equilibrio psicologico

E va dall'età di circa 8 anni a quella di circa 15 anni

3021 Jean-Paul Sartre può essere considerato un esponente:

A del convenzionalismo

B dell'esistenzialismo

C dello strutturalismo

D del pragmatismo

E del neoidealismo

3022 Tra i seguenti elenchi di scienziati, quale rispetta correttamente l'ordine cronologico della loro rispettiva nascita?

A Copernico, Tolomeo, Mendel, Lavoisier

B Copernico, Tolomeo, Lavoisier, Mendel

C Tolomeo, Lavoisier, Copernico, Mendel

D Tolomeo, Copernico, Lavoisier, Mendel

E Tolomeo, Copernico, Mendel, Lavoisier

3023 Il Protocollo di Kyoto è stato siglato nel:

A 1992

B 1997

C 2000

D 2002

E 1972

3024 In quale Regione italiana si trova la necropoli etrusca di Cerveteri?

A Toscana

B Umbria

C Lazio

D Molise

E Marche

3025 L'olandese Erasmo da Rotterdam fu:

A uno dei più valorosi generali dell'imperatore Carlo V

B uno dei primi seguaci di Martin Lutero

C un navigatore al servizio di Enrico VIII d'Inghilterra

D il più famoso umanista del Rinascimento

E l'ispiratore della rivolta olandese contro il dominio spagnolo, all'epoca di Filippo II

3026 La festa della donna dell'8 marzo ricorda:

A la festa annuale delle mondine

B una rivolta in una fabbrica di tabacco

C la concessione del diritto di voto alle donne americane

D la conclusione tragica di uno sciopero di operaie statunitensi

E la partenza di un gruppo di volontarie per la guerra di Crimea

3027 Osserva la linea del tempo dedicata ad alcune antiche civiltà e completa la legenda. Associa ai numeri la civiltà considerata dalla rispettiva barra orizzontale

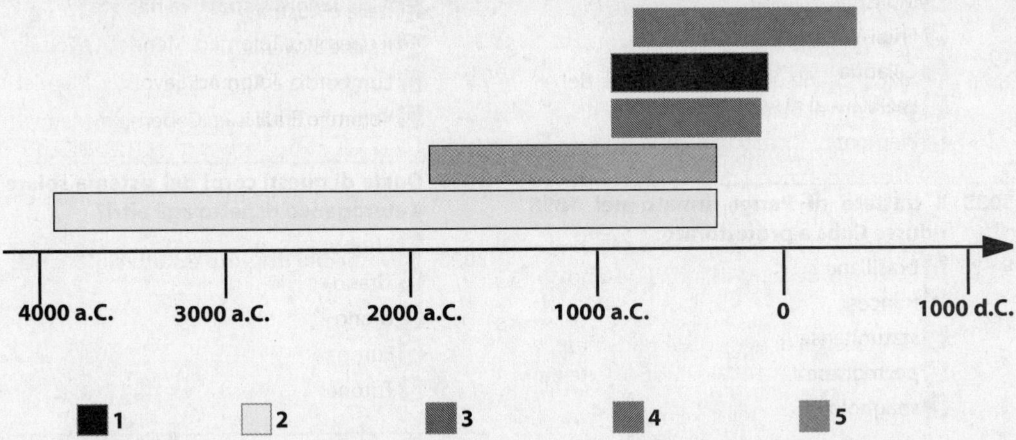

- **A** 1: Civiltà etrusca; 2: Antico Egitto; 3: Antica Grecia; 4: Antica Roma; 5: Civiltà fenicia
- **B** 1: Civiltà etrusca; 2: Civiltà fenicia; 3: Antica Grecia; 4: Antica Roma; 5: Antico Egitto
- **C** 1: Antica Roma; 2: Antica Grecia; 3: Civiltà fenicia; 4: Civiltà etrusca; 5: Antico Egitto
- **D** 1: Civiltà fenicia; 2: Antica Grecia; 3: Civiltà etrusca; 4: Antica Roma; 5: Antico Egitto
- **E** 1: Civiltà fenicia; 2: Antico Egitto; 3: Civiltà etrusca; 4: Antica Roma; 5: Antica Grecia

3028 Quale, tra i seguenti premi Nobel, ha rivelato la propria militanza, durante la seconda guerra mondiale, nelle Waffen-SS (formazione militarizzata del Partito Nazionalsocialista tedesco)?

- **A** Elie Wiesel
- **B** Shirin Ebadi
- **C** Günther Blobel
- **D** Günter Grass
- **E** Nelly Sachs

3029 Cos'è un fiordo?

- **A** Una porzione di terra emersa, completamente circondata dall'acqua
- **B** Una vasta rientranza della costa del mare o di un lago
- **C** Una pianura a forma di ventaglio solcata dai rami terminali di un corso d'acqua
- **D** Una stretta e spesso molto lunga rientranza della costa del mare
- **E** Una regione attraversata da fiumi in parte sotterranei, che appaiono e scompaiono sulla superficie

3030 L'indice ISTAT del costo della vita è l'indice nazionale:

- **A** di variazione dei prezzi al consumo
- **B** di variazione dei prezzi di acquisto delle case di abitazione
- **C** del tasso di interesse annuo
- **D** della svalutazione della moneta
- **E** di variazioni dei prezzi di locazione delle case di abitazione

3031 Quali sono le caratteristiche del clima continentale?

- **A** Temperato fresco con estati molto umide, piovosità diffusa per quasi tutto l'anno
- **B** Molto freddo durante tutto l'anno, con precipitazioni esclusivamente nevose
- **C** Freddo e nevoso soprattutto da gennaio a marzo, abbastanza mite in estate e per tutto l'autunno ("autunno moscovita")
- **D** Estremamente arido per gran parte dell'anno, con venti forti e freddi e temperature sempre rigide
- **E** Inverni lunghi e rigidi con neve, estati calde, piogge nelle stagioni intermedie, quindi clima temperato freddo con estate calda

3032 Quale, tra le seguenti Regioni italiane, è a statuto speciale?

A Molise
B Friuli-Venezia Giulia
C Calabria
D Lazio
E Piemonte

3033 Il trattato di Parigi firmato nel 1898 ridusse Cuba a protettorato:

A brasiliano
B francese
C statunitense
D portoghese
E spagnolo

3034 Quale famoso letterato italiano partecipò all'occupazione militare di Fiume?

A Giuseppe Ungaretti
B Giovanni Pascoli
C Luigi Capuana
D Italo Svevo
E Gabriele D'Annunzio

3035 Prima di essere trasferita a Roma, la capitale d'Italia, nel 1870, era:

A Torino
B Firenze
C Milano
D Bologna
E Napoli

3036 Dove si trova il Golfo del Tonchino?

A A ovest del Golfo del Bengala
B Nel Mar delle Andamane
C Nel Mar Cinese Meridionale
D Nel Mar del Giappone
E Nel Mar Arabico

3037 Quale di questi scienziati è eterogeneo rispetto agli altri?

A Volta
B Gauss
C Ohm
D Faraday
E Keplero

3038 Il passo del Tarvisio collega:

A Italia e Svizzera
B Italia e Austria
C Italia e Slovenia
D Lombardia e Alto Adige
E Veneto e Friuli

3039 Quale di questi corpi del sistema solare è eterogeneo rispetto agli altri?

A Phobos
B Titano
C Urano
D Europa
E Tritone

3040 Per Marx il plusvalore viene prodotto da:

A operazioni finanziarie
B socializzazione delle imprese private
C lavoro umano
D investimenti in nuove tecnologie
E buoni raccolti nell'agricoltura

3041 Quale grande letterato fu al tempo stesso uno scienziato e contribuì alla revisione del sistema tolemaico?

A Leonardo da Vinci
B Michelangelo Buonarroti
C Galileo Galilei
D Marsilio Ficino
E Lorenzo Valla

3042 Quale dei seguenti stili artisticisi sviluppò nel Seicento?

A Liberty
B Futurismo
C Barocco
D Gotico
E Romanico

3043 Indicare il nominativo da scartare.

A Raffaello
B Renoir
C Picasso
D Kafka
E Mirò

3044 Quale di queste città non si trova in Russia?

A Mosca
B Brno
C Tjumen
D Gorkij
E San Pietroburgo

3045 Quale di queste località teatro di note battaglie è eterogenea rispetto alle altre?

A Austerlitz
B Trafalgar
C Stalingrado
D Waterloo
E Lipsia

3046 Quale tra i seguenti è il tema fondamentale dell'Ermetismo?

A L'angoscia esistenziale
B L'esaltazione della forza
C La diffusione della cultura fascista
D L'amore per la propria donna
E La ricerca del Bello

3047 Albert Einstein ha enunciato la teoria della relatività speciale nell'anno:

A 1905
B 1875
C 1925
D 1955
E 1975

3048 Quale parola ha una derivazione etimologica diversa dalle altre?

A Pedestre
B Pederasta
C Pedagogia
D Pediatria
E Pedocomio

3049 In quale delle seguenti nazioni la moneta locale NON è l'euro?

A Portogallo
B Danimarca
C Irlanda
D Grecia
E Austria

3050 Cos'è la legge di bilancio?

A La legge che approva il bilancio dello Stato, predisposto dal Governo
B La legge con la quale il Parlamento fissa gli obiettivi del Governo
C La legge che fissa i principi ai quali il bilancio dello Stato deve attenersi
D La legge che fissa i principi ai quali il bilancio delle società commerciali devono attenersi
E Il principio contabile per il quale l'attivo e il passivo devono sempre equivalersi in un bilancio

3051 Sede ufficiale del Parlamento europeo è:

A Bruxelles
B Parigi
C Roma
D Amburgo
E Strasburgo

3052 L'inno ufficiale dell'Unione europea è stato composto da:

A Bach
B Beethoven
C Morricone
D Dallapiccola
E Verdi

3053 Giuseppe Verdi è l'autore dell'opera:

A *L'elisir d'amore*
B *Lucia di Lammermoor*
C *La gazza ladra*
D *I Lombardi alla prima crociata*
E *Il barbiere di Siviglia*

3054 Il 4 luglio si festeggia la dichiarazione di indipendenza degli Stati Uniti d'America che avvenne nell'anno:

A 1789
B 1776
C 1807
D 1815
E 1817

3055 Il verso *M'illumino d'immenso* è stato scritto da:

A Umberto Saba
B Eugenio Montale
C Cesare Pavese
D Giuseppe Ungaretti
E Salvatore Quasimodo

3056 Quale serie completa correttamente, nei punti numerati da [1] a [5], il seguente schema della Costituzione?

COSTITUZIONE DELLA REPUBBLICA ITALIANA
Principi fondamentali
Parte I – Diritti e doveri dei cittadini
- Titolo I – Rapporti civili
- Titolo II – Rapporti etico-sociali
- Titolo III – Rapporti economici
- Titolo IV – Rapporti politici

Parte II – Ordinamento della Repubblica
- Titolo I – Il Parlamento
  - Sezione I: **[1]**
  - Sezione II: La formazione delle leggi
- Titolo II – Il Presidente della Repubblica
- Titolo III – Il Governo
  - Sezione I **[2]**
  - Sezione II **[3]**
  - Sezione III: Gli organi ausiliari
- Titolo IV – **[4]**
  - Sezione I: Ordinamento giurisdizionale
  - Sezione II: Norme sulla giurisdizione
- Titolo V – Le Regioni, le Province, i Comuni
- Titolo VI – Garanzie costituzionali
  - Sezione I: **[5]**
  - Sezione II: Revisione della Costituzione. Leggi costituzionali

Disposizioni transitorie e finali

A **[1]** Il Consiglio dei ministri; **[2]** Le Camere; **[3]** La Pubblica amministrazione; **[4]** La Magistratura; **[5]** La Corte costituzionale

B **[1]** Le Camere; **[2]** Il Consiglio dei ministri; **[3]** La Magistratura; **[4]**: La Pubblica amministrazione; **[5]** La Corte costituzionale

C **[1]** Le Camere; **[2]** Il Consiglio dei ministri; **[3]** La Pubblica amministrazione; **[4]** La Magistratura; **[5]** La Corte costituzionale

D **[1]** Le Camere; **[2]** Il Consiglio dei ministri; **[3]** La Corte Costituzionale; **[4]** La Pubblica amministrazione; **[5]** La Magistratura

E **[1]** Le Camere; **[2]** La Magistratura; **[3]** Il Consiglio dei ministri; **[4]** La Corte costituzionale; **[5]** La Pubblica amministrazione

3057 Chi è stato Ian Fleming?

A Lo scopritore della penicillina

B Lo scrittore inventore del personaggio di James Bond

C Un pittore fiammingo

D Un musicista del XVIII secolo

E L'inventore del long-play

3058 Vladimir Nabokov è:

A un politico ungherese

B un cantante cecoslovacco

C il primo ministro russo che seguì Breznev

D l'autore del romanzo *Lolita*

E il personaggio principale del romanzo *Delitto e castigo*

3059 Il romanzo *I Promessi Sposi* di Alessandro Manzoni è ambientato:

A nei primi decenni del Cinquecento
B negli ultimi decenni del Cinquecento
C nei primi decenni del Settecento
D nei primi decenni dell'Ottocento
E nei primi decenni del Seicento

3060 La scoperta della vaccinazione antivaiolosa da parte di Edward Jenner risale:

A agli anni fra il 1850 e il 1885
B alla fine del Settecento
C alla prima metà dell'Ottocento
D alla fine dell'Ottocento
E ai primi decenni del Novecento

3061 Nikolaj Vasil'evič Gogol' è:

A l'autore delle famose "danze ungheresi"
B un poeta e commediografo della prima metà del Novecento
C uno scrittore russo della prima metà dell'Ottocento
D un pittore famoso per le icone su fondo oro
E un ballerino del Bol'šoj di Mosca

3062 Pierre-Auguste Renoir è stato un:

A romanziere
B filosofo francese
C musicista
D pittore impressionista
E pedagogista

3063 Sede dell'OMS – Regione Europea è:

A Lugano
B Ginevra
C Copenaghen
D Parigi
E Bruxelles

3064 Søren Kierkegaard, uno dei maggiori filosofi dell'Ottocento, è di nazionalità:

A svizzera
B tedesca
C austriaca
D olandese
E danese

3065 Nella borsa valori si ha trasparenza nella modalità di formazione dei prezzi, in quanto:

A i prezzi sono stabiliti dalla CONSOB attraverso un procedimento pubblico
B gli indici di borsa sono pubblici e diffusi dagli organi di informazione
C tutti gli strumenti finanziari sul mercato sono certificati e garantiti dalla CONSOB
D il prezzo di ogni strumento finanziario viene determinato in ogni momento dal flusso degli scambi
E la borsa è un mercato regolamentato

3066 Lo scienziato Emil von Behring (1854-1917) ha scoperto:

A il siero antidifterico
B il vaccino antitetanico
C il vaccino antidifterico
D i sulfamidici
E il ciclo della malaria

3067 Quale verso caratterizza il sonetto, una delle forme poetiche centrali nella tradizione letteraria italiana?

A Settenario
B Quinario
C Novenario
D Endecasillabo
E Decasillabo

3068 Può votare per il Senato il cittadino che ha compiuto:

A 25 anni
B 18 anni
C 27 anni
D 21 anni
E 30 anni

3069 In quale anno l'Inno di Mameli (noto come *Fratelli d'Italia*) è diventato ufficialmente l'inno nazionale italiano?

A 1948
B 1960
C 1978
D 1946
E 2005

CONOSCENZE E COMPETENZE

3070 Quale tra i seguenti pianeti ha il diametro maggiore?

A Mercurio
B Marte
C Nettuno
D Urano
E Saturno

3071 Qual è la capitale dell'India?

A Mumbay
B Calcutta
C New Delhi
D Madras
E Bangalore

3072 Quale ricorrenza si celebra in Italia il 20 settembre?

A La battaglia di Solferino
B La breccia di Porta Pia
C Il Trattato di Campoformio
D La spedizione dei Mille
E La proclamazione di Roma capitale

3073 Il Piano Marshall è stato varato:

A tra le due guerre mondiali
B al termine della prima guerra mondiale
C dopo la seconda guerra mondiale
D dopo la crisi petrolifera degli anni Settanta
E dopo la disgregazione dell'URSS

3074 Cosa si intende per "tassa"?

A Ogni prelievo di denaro effettuato dallo Stato nei confronti delle persone fisiche o giuridiche
B I pagamenti a cui le persone fisiche o giuridiche sono obbligate verso lo Stato a causa del vantaggio da loro ottenuto a seguito di una spesa o di un'attività effettuata dalla pubblica amministrazione
C I pagamenti a cui le persone fisiche o giuridiche sono obbligate verso lo Stato a seguito della fabbricazione, da parte loro, di determinate materie
D Un corrispettivo che una persona fisica o giuridica paga allo Stato a fronte di un servizio ricevuto
E Un prelievo di denaro a cui una persona fisica o giuridica è tenuta verso lo Stato, in assenza di una diretta controprestazione da parte di quest'ultimo

3075 Nella storia repubblicana italiana, il primo governo a cadere per un voto di sfiducia parlamentare è stato quello presieduto da:

A Berlusconi, nel 1994
B Craxi, nel 1987
C Prodi, nel 1998
D Andreotti, nel 1978
E Moro, nel 1968

3076 La Renania è una regione della:

A Romania
B Norvegia
C Gran Bretagna
D Germania
E Svizzera

3077 In riferimento alla storia di Francia, cos'era la Comune?

A La sede del Direttorio
B Il carcere di Parigi in epoca napoleonica
C Il governo rivoluzionario di Parigi sorto al termine della guerra franco-prussiana
D Una pubblicazione girondina
E La corte di giustizia militare durante il Terrore

3078 La lingua ufficiale in ..., in quanto ex colonia ..., è ...
Completare la frase con le alternative corrette.

A Brasile / portoghese / il portoghese
B Brasile / olandese / l'olandese
C Mozambico / olandese / l'olandese
D Cile / portoghese / il portoghese
E Cile / inglese / l'inglese

3079 Con il nome ... si definisce il solido costituito dal pianeta Terra, che ha una forma propria e pertanto unica.
Di quale solido si parla?

A Ellissoide
B Sfera
C Geoide
D Sferoide
E Conoide

PARTE QUINTA

3080 Qual è la capitale della Repubblica popolare cinese?

A Tokyo

B Seoul

C Hong Kong

D Taipei

E Pechino

3081 Qual è il nome della malattia che ha colpito uccelli e polli a partire dal 2006 in molti Paesi del mondo?

A Polmonite

B Aviaria

C Pellagra

D Vaiolo

E Peste

3082 Quale rotta fu preferita dal Portogallo nel corso della prima Età moderna per conquistare i mercati orientali delle spezie?

A La rotta di circumnavigazione dell'America meridionale

B La rotta di circumnavigazione dell'Africa

C La rotta di circumnavigazione dell'America settentrionale

D La rotta di circumnavigazione della Groenlandia

E La rotta di circumnavigazione dell'Islanda

3083 "Il Casellante", storia curiosa e amara di uomini, luoghi e psicologia, è una delle più recenti opere di uno scrittore contemporaneo le cui vicende sono ambientate prevalentemente in Sicilia. Lo scrittore è:

A Luigi Pirandello

B Ignazio Silone

C Cesare Zavattini

D Antonio Rossi

E Andrea Camilleri

3084 Il 15 aprile 1945 i soldati americani, anticipando di poco i Sovietici, entrarono nel lager nazista di Buchenwald. Tra i sopravvissuti di allora vi è Elie Wiesel, premio Nobel per la Pace e instancabile ricostruttore della tragedia degli ebrei europei. La foto scattata ai sopravvissuti in quel lager è diventata testimonianza simbolica:

A della capacità umana di resistere alla fame

B della capacità umana di resistere alla sete

C della Shoah

D dell'avvento della guerra fredda

E della superiorità militare tedesca

3085 Quale dei seguenti non è un continente?

A Asia

B Africa

C Europa

D India

E Oceania

3086 Il termine "elzeviro" indica:

A un abitante di un cantone svizzero

B un articolo giornalistico

C un componimento poetico

D uno studioso di matematica

E un uomo molto robusto e forzuto

3087 Libertà e sicurezza per chi lo ama, arroganza e vanità per chi lo odia. Tutto questo è il SUV, auto che "difende e offende", acronimo di:

A *Striking utility vehicle* (veicolo di utilità impressionante)

B *Special use vehicle* (veicolo a uso speciale)

C *Strong use vehicle* (veicolo a uso forte-estremo)

D *Sport utility vehicle* (veicolo di sport e utilità)

E *Secreting umidity with venom* (all'esterno dell'auto "secerne umidità velenosa")

3088 Lo scrittore americano Gore Vidal, autore del ciclo di sette romanzi *Narratives of Empire*, ritiene che l'interpretazione della storia e dei fatti storici richieda una ricerca continua, rigorosa, cosicché sono sempre possibili reinterpretazioni, anche contro «quei dannati storici che distorcono la storia». Queste sue considerazioni sulla storia fanno sì che, a differenza di quanto normalmente accade, egli:

A ritiene che la storia debba essere letta con fantasia

B ritiene la storia un elenco di accordi di pace

C rimetta mano alle sue opere in occasione delle nuove edizioni, con dialoghi e descrizioni riscritti

D ritiene la storia un elenco di battaglie

E ritenga le proprie opere immutabili nel tempo

3089 Che nome ha l'organo esecutivo collegiale posto a capo dell'ONU?

A Consiglio legislativo

B Consiglio della libertà

C Consiglio di sicurezza

D Segretariato generale

E Assemblea generale

3090 L'arte non è solo rappresentazione "statica" di qualcosa. Per esempio le due facce di una moneta ci dicono chi fosse il sovrano in una certa epoca, quale fosse il valore minimo per lo scambio monetacose. Analogamente i grandi ritratti dei pittori, per esempio rinascimentali:

A raffigurano la bellezza muliebre

B indicano la provenienza della tela

C raccontano la storia di quel periodo

D indicano la provenienza della materia con cui si fabbricavano i colori

E nel caso di affreschi, indicano la provenienza della calce

3091 Una nave che da Genova va a Odessa attraversa nell'ordine:

A Mar Ligure, Mar Tirreno, Mar Ionio, Mar Egeo, Mar di Marmara, Mar Nero

B Mar Ligure, Mar Tirreno, Mar Ionio, Mar di Marmara, Mar Egeo, Mar Nero

C Mar Tirreno, Mar Ligure, Mar Ionio, Mar di Marmara, Mar Egeo, Mar Nero

D Mar Tirreno, Mar Ligure, Mar Ionio, Mar Nero, Mar Egeo, Mar di Marmara

E Mar Ligure, Mar Ionio, Mar Tirreno, Mar di Marmara, Mar Egeo, Mar Nero

3092 La regione dei Grandi Laghi si trova in:

A Australia

B Cina

C Africa

D America Settentrionale

E Europa

3093 Le olimpiadi di Pechino del 2008 hanno messo in evidenza il dissenso del Tibet, caratterizzato dai tanti monasteri buddhisti che riconoscono l'autorità religiosa del Dalai Lama, capo del governo in esilio, che ha nel suo statuto "l'indipendenza del Tibet". Ma la Cina considera il Tibet proprio territorio o almeno protettorato politico: vi ha anche portato una ferrovia e con essa turisti, commercio, e un certo benessere, che ha fatto sì che molti tibetani si siano acquietati, accettando il "protettorato politico" cinese e l'invasione dei residenti cinesi. Per Pechino il Tibet è un modello da replicare, ma per gli esuli tibetani è il tentativo cinese di attuare:

A lo sviluppo di una cultura superiore

B un genocidio culturale

C la modernizzazione del Paese

D la democratizzazione del Paese

E la conversione dell'ateismo marxista al buddhismo militante

PARTE QUINTA

3094 In quale Paese africano, tra il 1992 e il 1994, forze militari italiane parteciparono, con compiti umanitari e di polizia, alla missione dell'ONU *Restore Hope*?

A Somalia
B Kenya
C Etiopia
D Ruanda
E Congo

3095 In base alla Costituzione italiana, i membri del Senato della Repubblica italiana sono eletti per:

A 5 anni
B 7 anni
C 11 anni
D 13 anni
E 9 anni

3096 Negli Stati Uniti il candidato del Partito Repubblicano alle elezioni presidenziali del novembre 2020 è stato:

A Sarah Palin
B Donald Trump
C John McCain
D Hillary Clinton
E Barack Obama

3097 Il fiume Danubio sfocia nel:

A Mar Caspio
B Mar Rosso
C Mar Mediterraneo
D Mar Baltico
E Mar Nero

3098 Quale tra le seguenti è l'isola più estesa?

A Islanda
B Tasmania
C Sardegna
D Sicilia
E Irlanda

3099 Quali delle seguenti coppie autore/opera NON è corretta?

A Luigi Pirandello - *Gente in Aspromonte*
B Baldassarre Castiglione - *Il Cortegiano*
C Carlo Goldoni - *Il campiello*
D Giosue Carducci - *Rime nuove*
E Vasco Pratolini - *Cronache di poveri amanti*

3100 Cos'è il luddismo?

A Un movimento clandestino antizarista che sfociò nei moti del 1825 a Pietroburgo
B Un movimento di protesta operaia inglese che prese il nome da un operaio che distrusse un telaio meccanico nel 1779
C Una religione orientale fondata sul culto del Male, contrapposta al Buddhismo, fondato sul culto del Bene
D Un movimento religioso integralista che, all'inizio del XVI secolo, sosteneva che il papato istituito a Roma fosse opera del Diavolo
E Un movimento politico antagonista al sistema sovietico, represso nel sangue da Stalin nel 1938

3101 Individua il titolo da scartare.

A *La pioggia nel pineto*
B *Alba chiara*
C *Soldati*
D *La capra*
E *L'infinito*

3102 Quale di questi personaggi è fuori tempo rispetto agli altri quattro?

A Giovanni Gentile
B Ippolito Nievo
C Carlo Cattaneo
D Giuseppe Mazzini
E Vincenzo Gioberti

3103 Cosa si intende con l'espressione *giudice naturale*?

A Il giudice nazionale
B Il giudice individuato dalla legge per la decisione di una controversia
C Il giudice che ha competneza per territorio, ma non per materia
D Il giudice scelto dall'imputato
E La Divinità

3104 L'AIDS, sindrome da immunodeficienza acquisita, si trasmette (identificare la sola risposta SBAGLIATA):

A con siringhe contaminate
B attraverso lesioni anche minime della cute e delle mucose
C con trasfusioni di sangue infetto
D con stoviglie impiegate da soggetti ammalati
E per contatto sessuale

3105 L'art. 4, comma 2, della Costituzione prevede che ogni cittadino svolga, secondo le proprie possibilità e le proprie scelte, un'attività o una funzione che concorra al progresso materiale o spirituale della società. Quanto espresso dalla Costituzione, rappresenta per il cittadino:

A una necessità
B un dovere
C un'opportunità
D un'aspirazione
E un diritto

3106 Quale limite è fissato per la libertà di religione, riconosciuta e garantita dalla Costituzione?

A Il limite del numero di professanti
B Il limite dell'esercizio del culto in luogo pubblico
C Il limite dell'ordine pubblico
D Il limite del codice civile
E Il limite del buon costume

3107 Il permafrost è:

A il nome di una ditta che vende alimenti surgelati
B il suolo permanentemente ghiacciato in profondità
C una specie di pinguino
D una pianta artica
E nessuna delle precedenti alternative è corretta

3108 La teoria copernicana:

A fu proposta da Galileo Galilei
B prevedeva che la Terra fosse al centro dell'universo
C è l'ipotesi di un universo eliocentrico
D fu fatta propria dalla Chiesa cattolica
E nessuna delle precedenti alternative è corretta

3109 Quale di queste scoperte è dovuta ad Edison?

A Telegrafo
B Vaccinazione anticolerica
C Radio
D Telefono
E Lampadina elettrica

3110 Quale dei seguenti Stati attaccò l'Iran nel 1980?

A Pakistan
B Afghanistan
C Iraq
D Kuwait
E URSS

3111 In molti Paesi del mondo, soprattutto latino-americani e africani, frequenti sono stati in passato i "golpe". Cos'è il golpe?

A Un'operazione che serve esclusivamente per destituire la monarchia e instaurare il regime repubblicano
B Una missione di pace in terra straniera per porre fine a ripetute violazioni di diritti umani da parte di regimi autoritari
C Un accordo economico che mira all'eliminazione delle barriere doganali tra Stati
D Un colpo di Stato con il quale, anche grazie all'eventuale uso delle armi, si rovescia il sistema democratico esistente e si attuano misure restrittive nei confronti degli oppositori politici
E Un'aggressione militare a un Paese straniero in risposta a ripetute violazioni dei confini territoriali

3112 L'*Eneide* è un'opera di:

A Omero
B Ovidio
C Virgilio
D Socrate
E Aristotele

3113 Palazzo Chigi, palazzo storico situato nel centro della città di Roma, è dal 1961 la sede del:

A ministero degli Affari esteri
B ministero della Salute
C ministero della Difesa
D Governo italiano
E ministero dell'Interno

3114 A partire dal 1958, in Italia iniziò una fase espansiva nota come "miracolo economico" (o "boom economico"), un quinquennio caratterizzato da aumenti annui del Prodotto interno lordo dell'ordine del:

A 2% circa
B 15% circa
C 6% circa
D 23% circa
E 11% circa

3115 Dal momento dell'introduzione in Italia della legge sulla privacy nel 1997, diverse categorie di persone si sono dovute necessariamente confrontare con imposizioni e restrizioni totalmente nuove. Il rispetto di tale legge è assicurato, in via principale:

A da un comitato di vigilanza istituito presso il T.A.R. del Lazio
B da una Commissione parlamentare, presieduta dal Ministro del welfare
C dal Garante per la tutela della privacy, previsto dalla legge stessa
D da una Commissione governativa, presieduta dal ministro delle Comunicazioni
E da una apposita Commissione governativa, dipendente dai Servizi Segreti

3116 Quali tra questi famosi personaggi storici ha combattuto nella Battaglia di Lipsia nell'anno 1813?

A Napoleone Bonaparte
B Erwin Johannes Rommel
C Milan Obrenovic
D Jules Michelet
E Ugo Foscolo

3117 Quale poeta è autore del sonetto *A Zacinto*, in cui, descrivendo la propria lontananza dalla terra natale, dispera di potervi un giorno ritornare?

A Ugo Foscolo
B Alessandro Manzoni
C Giacomo Leopardi
D Luigi Pirandello
E Giovanni Pascoli

3118 Quale di questi famosi architetti ha progettato la cupola di Santa Maria del Fiore a Firenze?

A Alessandro Antonelli
B Filippo Brunelleschi
C Renzo Piano
D Antonio da Padova
E Michelangelo Buonarroti

3119 Cosa si intende con il termine "perestrojka"?

A Un cibo tipico della Russia meridionale
B Una famosa battaglia della "Rivoluzione d'ottobre"
C Un processo di rinnovamento politico-economico che ha caratterizzato la politica di Michail Gorbačëv
D Uno strumento musicale uzbeko con 7 corde
E La nuova organizzazione politica dell'Europa orientale decisa dal Congresso di Vienna

3120 L'acronimo T.A.C. indica:

A lo scandire del tempo (onomatopea)
B la tomografia assiale computerizzata
C un complesso sistema di navigazione aero-spaziale
D la compagnia di trasporti urbani della città di Roma
E un protocollo di trasmissione utilizzato dai telefonini

3121 Quali tra questi noti compositori aveva origine tedesca?

A Beethoven
B Chopin
C Debussy
D Mozart
E Strauss Jr.

CONOSCENZE E COMPETENZE

3122 Quale persecuzione etnica ebbe inizio con la storica "Notte dei cristalli"?
- A La persecuzione dei cristiani nell'antica Roma
- B La persecuzione del popolo ebreo da parte dei nazisti
- C La persecuzione dei cristiani nella Repubblica Cinese
- D La persecuzione degli indios nell'Amazzonia (Brasile)
- E La persecuzione degli ugonotti nel XVI secolo

3123 Quale di queste opere non è di Aleksandr Puškin?
- A *Boris Godunov*
- B *La dama di picche*
- C *La figlia del capitano*
- D *L'idiota*
- E *Evgenij Onegin*

3124 Quale dittatore cubano fu deposto dalla rivoluzione castrista?
- A Ernesto Che Guevara
- B Fulgencio Batista
- C Fernando Lula
- D Manuel Noriega
- E Anastacio Somoza

3125 Quale di questi scrittori ha composto nel 1857 la raccolta *Les fleurs du mal*?
- A C. Baudelaire
- B A. Rimbaud
- C L. Anelka
- D J. Brel
- E P. Verlaine

3126 Quale tra queste città è stata storicamente sede di Papato?
- A Bruxelles
- B Salisburgo
- C Avignone
- D Canterbury
- E Trento

3127 A quale disciplina dedicò l'intera vita Konrad Lorenz?
- A Biologia
- B Etnologia
- C Etologia
- D Filosofia
- E Fisica

3128 Dove è tumulata la salma di Dante Alighieri?
- A Firenze
- B Bologna
- C Roma
- D Ravenna
- E Pisa

3129 Di quale genere animale si interessa l'entomologo?
- A Pesci
- B Insetti
- C Rettili
- D Molluschi
- E Volatili

3130 F. J. Haydin è stato un:
- A pittore tedesco
- B cuoco svizzero
- C compositore austriaco
- D architetto austriaco
- E uomo comune

3131 Il mesozoico, in quanto periodo geologico, è anche detto:
- A era terziaria
- B era primaria
- C era quaternaria
- D era secondaria
- E era quinaria

3132 La penisola dello Yucatan appartiene al:
- A Messico
- B Guatemala
- C Honduras
- D Nicaragua
- E Salvador

3133 Il "periodo degli arlecchini" è un momento pittorico di:
- A Cézanne
- B Picabia
- C Rembrandt
- D Picasso
- E Renoir

3134 Cartagine era stata fondata:
- A dai Galli
- B dai Fenici
- C dagli Egizi
- D dagli Ebrei
- E dai Numidi

3135 Non fa parte delle Isole della Sonda:
A Haiti
B Sumatra
C Giava
D Bali
E Borneo

3136 Sofocle NON scrisse:
A *Antigone*
B *Edipo re*
C *Edipo a colono*
D *Elettra*
E *Agamennone*

3137 Il Madagascar si trova:
A nell'Oceano Pacifico
B nell'Oceano Indiano
C nell'Oceano Atlantico
D nel Mar Glaciale Artico
E nel Mar Rosso

3138 Marcel Proust NON scrisse:
A *La prigioniera*
B *Le mie memorie*
C *Albertina scomparsa*
D *Il tempo ritrovato*
E *La strada di Swann*

3139 Carlo Magno fu incoronato imperatore nell'anno 800 da papa:
A Giovanni I
B Vittorio V
C Leone III
D Leone I
E Pio II

3140 Con quale Stato NON confina il Perú?
A Paraguay
B Colombia
C Ecuador
D Brasile
E Cile

3141 Il processo che fa maturare molte specie animali da larva ad animale adulto si chiama:
A maturazione
B metempsicosi
C accrescimento
D metamorfosi
E metatrasformazione

3142 Quale tra questi eventi storici costituisce uno dei fondamenti narrativi d'avvio del romanzo di Ugo Foscolo *Le ultime lettere di Jacopo Ortis*?
A Il trattato di Aquisgrana
B L'arresto di Silvio Pellico da parte degli austriaci
C Il trattato di Campoformio
D La morte di Vittorio Alfieri

3143 Quale tra i seguenti romanzi è il più esplicitamente ideato in rapporto all'affermazione della psicoanalisi?
A *Le mie prigioni* di Silvio Pellico
B *Il Piacere* di Gabriele D'Annunzio
C *La coscienza di Zeno* di Italo Svevo
D *Malombra* di Antonio Fogazzaro

3144 I capi delle antiche tribù di Israele erano detti:
A patriarchi
B strateghi
C giudici
D profeti
E basilei

3145 In quale dei seguenti Stati scorre il Mekong?
A Afghanistan
B Pakistan
C India
D Vietnam
E Nepal

3146 Il fatto che un reato sia sottoposto al giudizio di uno piuttosto che di un altro giudice dipende:
A dalla scelta degli ufficiali di polizia giudiziaria
B dalla scelta delle parti
C da questioni di giurisdizione
D da questioni di competenza
E dal caso

3147 Il poema epico *Beowulf* prende nome:
A dal suo autore
B dal suo protagonista
C dalla località dove fu ritrovato il manoscritto
D dal monaco che lo trascrisse
E dal poeta cieco che lo cantava prima che fosse messo per iscritto

CONOSCENZE E COMPETENZE

3148 Qual è la capitale del Laos?

A Phnom Penh
B Vientiane
C Kuala Lumpur
D Giakarta
E Brunei

3149 Quale delle seguenti non è una funzione della Banca d'Italia?

A Concorrere a determinare le decisioni di politica monetaria
B Esercitare l'attività di vigilanza sulle banche
C Amministrare in secondo grado la giustizia amministrativa
D Supervisionare i mercati monetari e finanziari
E Svolgere attività di consulenza economica alle Istituzioni costituzionali

3150 Quale dei seguenti Stati fu una colonia francese?

A Laos
B Thailandia
C Malaysia
D Nepal
E Indonesia

3151 Quale dei seguenti Stati fu una colonia olandese?

A Laos
B Thailandia
C Cambogia
D Nepal
E Indonesia

3152 Scrisse il *De architectura*:

A Cicerone
B Vitruvio
C Catone
D Seneca
E Cesare

3153 Quale dei seguenti Stati confina con l'Egitto?

A Ciad
B Algeria
C Giordania
D Sudan
E Tunisia

3154 Cosa si intende per "imposta"?

A Un corrispettivo che una persona fisica o giuridica paga allo Stato a fronte di un servizio ricevuto
B Un prelievo di denaro a cui una persona fisica o giuridica è tenuta verso lo Stato, in assenza di una diretta controprestazione da parte di quest'ultimo
C Ogni prelievo di denaro effettuato dallo Stato nei confronti delle persone fisiche o giuridiche
D I pagamenti a cui le persone fisiche o giuridiche sono obbligate verso lo Stato a causa del vantaggio da loro ottenuto a seguito di una spesa o di un'attività effettuata dalla pubblica amministrazione
E I pagamenti a cui le persone fisiche o giuridiche sono obbligate verso lo Stato a seguito della fabbricazione, da parte loro, di determinate materie

3155 Tema centrale di *I Malavoglia* di Verga è:

A il rischio di naufragi sulla costa siciliana
B una delle prime storie di mafia
C l'iniquità dell'imposizione dell'IVA sul commercio dei lupini
D la difficile condizione di vita dei pescatori siciliani
E una storia di contrabbando di generi alimentari

3156 Quale delle seguenti affermazioni è falsa?

A Il Mar Rosso deve il suo nome a un tipo di alga
B Il Mar Rosso è collegato all'Oceano Indiano
C Il Mar Rosso è menzionato nell'Antico Testamento
D Il Golfo di Suez si trova nel Mar Rosso
E L'Etiopia ha accesso al Mar Rosso

3157 Quale delle seguenti affermazioni è corretta?

A Le Bermude sono sotto la sovranità statunitense
B Le Bermude sono uno Stato indipendente
C Le Bermude non sono sotto alcuna sovranità
D Le Bermude sono sotto la sovranità britannica
E Le Bermude sono sotto la sovranità francese

3158 Quale dei seguenti elementi non rientra nella serie formata dagli altri?

A Aleutine
B Ande
C Andamane
D Caroline
E Maldive

3159 Quale imperatore romano conquistò il territorio dell'attuale Romania nel corso delle cosiddette guerre daciche?

A Marco Aurelio
B Traiano
C Domiziano
D Galba
E Massimino il Trace

3160 Quale dei seguenti elementi non rientra nella serie formata dagli altri?

A Brahmaputra
B Congo
C Senegal
D Reno
E Michigan

3161 Non si trova nell'emisfero boreale:

A Giakarta
B Shanghai
C Ho Chi Minh
D Rangoon
E Taipei

3162 La legge dell'induzione elettromagnetica fu formulata da:

A Lagrange
B Joule
C Faraday
D Kelvin
E Maxwell

3163 "Per il momento ho pensato bene di scrivere per te qualcosa riguardo all'età senile. Io desidero che per te e anche per me sia più lieve questo peso della vecchiaia che ci accomuna, sia essa già incombente o si avvicini con celerità, sebbene io sappia con certezza che tu sopporti, e sopporterai in futuro, tale peso con saggia moderazione, come del resto fai con ogni cosa".
Quale è il titolo dell'opera di Cicerone da cui questo brano è tolto?

A *De re publica*
B *De divinatione*
C *Tusculanae disputationes*
D *De senectute*
E *Le Catilinarie*

3164 In un processo penale, il sostituto procuratore è:

A il giudice togato
B il giudice popolare
C il pubblico ministero
D l'avvocato della parte lesa
E colui che sostituisce il procuratore capo quando questi non può essere presente

3165 Non si trova nell'emisfero australe:

A Manila
B Melbourne
C Sydney
D Canberra
E Auckland

3166 Individuare la corretta successione cronologica delle seguenti opere, di cui si indicano in ordine alfabetico gli autori: Leopardi, Montale, Moravia, Pirandello, Verga.

A Operette Morali – I Malavoglia – Il fu Mattia Pascal – Ossi di seppia – La Ciociara
B La Ciociara – I Malavoglia – Il fu Mattia Pascal – Ossi di seppia – Operette Morali
C Ossi di seppia – La Ciociara – I Malavoglia – Operette Morali – Il fu Mattia Pascal
D Il fu Mattia Pascal – Operette Morali – I Malavoglia – Ossi di seppia – La Ciociara
E Operette Morali – I Malavoglia – Il fu Mattia Pascal – La Ciociara – Ossi di seppia

CONOSCENZE E COMPETENZE

3167 Quale delle seguenti città è attraversata dall'Equatore?

A Luanda
B Mogadiscio
C Colombo
D Quito
E Manaus

3168 L'aggettivo *magiaro* si riferisce agli abitanti di quale nazione?

A India
B Ungheria
C Cina
D Corea
E Russia

3169 Quale delle seguenti lingue non è indoeuropea?

A Lingua celtica
B Lingua greca
C Lingue slave
D Lingua basca
E Lingua albanese

3170 Attualmente, la città di Costantinopoli è sotto sovranità:

A turca
B greca
C albanese
D bulgara
E di nessuno Stato

3171 Qual è il pensatore italiano che ha anticipato la nota teoria della divisione dei poteri, distinguendo all'interno del consorzio umano il ruolo del popolo e quello del principe?

A Marsilio da Padova
B Niccolò Machiavelli
C Lorenzo Valla
D Poggio Bracciolini
E Coluccio Salutati

3172 Quale delle seguenti isole è divisa tra due sovranità distinte?

A Sahalin
B Cipro
C Ceylon
D Islanda
E Taiwan

3173 Quale delle seguenti opere non è stata scritta da Oriana Fallaci (1929-2006)?

A *Lettere contro la guerra* (2002)
B *Lettera a un bambino mai nato* (1975)
C *Un uomo* (1979)
D *La rabbia e l'orgoglio* (2001)
E *Inshallah* (1989)

3174 Honolulu si trova sulle isole:

A Bahamas
B Laccadive
C Bermude
D Aleutine
E Hawaii

3175 I resti fossili dell'australopiteco soprannominato Lucy venne trovato in:

A Congo
B Tanzania
C Australia
D Austria
E Etiopia

3176 Il Kalahari è:

A un fiume
B un deserto
C un altopiano
D un lago
E una penisola

3177 Con il termine "acrocoro" si indica:

A un fiume
B un deserto
C un altopiano
D un lago
E una penisola

3178 Di quale continente fanno parte le Isole Marshall?

A Europa
B Asia
C America
D Oceania
E Africa

3179 In un procedimento giudiziario, cosa significa GIP?

A Giudice delle Indagini Preliminari
B Giudizio di Incidente Probatorio
C Giustizia Italiana Processuale
D Giudizio Istituzionale Penale
E Giudizio Istruttorio Penale

3180 Quale dei seguenti Stati è estraneo alla serie costituita dagli altri?

A Qatar
B Oman
C Iraq
D Yemen
E Emirati Arabi Uniti

3181 La Manciuria è una regione:

A iraniana
B indiana
C mongola
D russa
E cinese

3182 Completa la tabella sostituendo correttamente i numeri in essa presenti con una parola o un'espressione tra quelle sotto elencate.

[1]	SOGGETTO	REMUNERAZIONE
terra	proprietario	rendita
[2]	[3]	salario
capitale	finanziatori	[4]
imprenditorialità	imprenditori	[5]
attività dello Stato	enti pubblici	tributi/tariffe

A **[1]**: profitto; **[2]**: lavoro; **[3]**: lavoratori; **[4]**: interesse; **[5]**: fattore produttivo
B **[1]**: lavoratori; **[2]**: fattore produttivo; **[3]**: lavoratori; **[4]**: interesse; **[5]**: profitto
C **[1]**: fattore produttivo; **[2]**: lavoratori; **[3]**: lavoro; **[4]**: interesse; **[5]**: profitto
D **[1]**: fattore produttivo; **[2]**: lavoro; **[3]**: lavoratori; **[4]**: interesse; **[5]**: profitto
E **[1]**: fattore produttivo; **[2]**: lavoro; **[3]**: lavoratori; **[4]**: profitto; **[5]**: interesse

3183 Chi vinse una sanguinosa battaglia presso il Lago Trasimeno?

A Attila
B Gengis Khan
C Alessandro Magno
D Giulio Cesare
E Annibale

3184 Con quale dei seguenti personaggi era imparentato Giulio Cesare?

A Romolo
B Mario
C Silla
D Catone
E Scipione

3185 Quale delle seguenti coppie di antagonisti è errata?

A Mario - Silla
B Traiano - Adriano
C Annibale - Scipione
D Ottaviano - Antonio
E Cesare - Pompeo

3186 Il nome di quale di queste città significa *città nuova*?

A Mantova
B Napoli
C Sulmona
D Crotone
E Populonia

3187 Le cinque giornate di Milano rientrano nella:

A seconda guerra mondiale
B prima guerra di indipendenza
C seconda guerra di indipendenza
D terza guerra di indipendenza
E prima guerra mondiale

3188 Nel 1829, la Grecia si liberò:

A dai Francesi
B dai Britannici
C dagli Italiani
D dai Turchi
E dagli Egiziani

3189 Perché, nell'intento di scatenare quella che sarebbe stata la seconda guerra di indipendenza italiana, Cavour provocò l'aggressione dell'Austria?

- A Per non assumere responsabilità morali davanti alla comunità internazionale
- B Per non assumere responsabilità morali davanti a Dio
- C Perché non riteneva pronte le forze armate piemontesi
- D Perché il Piemonte ripudiava la guerra come strumento di offesa e la ammetteva solo a scopi difensivi
- E Perché solo così avrebbe avuto l'aiuto della Francia

3190 Quale dei seguenti organi produce una giurisprudenza?

- A Parlamento
- B Governo
- C Corte di cassazione
- D Presidente della Repubblica
- E Ministro della giustizia

3191 In un processo, chi è il *resistente*?

- A La persona che propone la domanda giudiziale
- B Il pubblico ministero
- C Il testimone
- D La persona contro cui la domanda giudiziale è proposta
- E Il terzo, chiamato in causa da una delle parti

3192 In quale coppia di Stati esiste una regione che si chiama Galizia?

- A Spagna e Portogallo
- B Grecia e Turchia
- C Spagna e Polonia
- D Spagna e Turchia
- E Spagna e Italia

3193 In un procedimento giudiziario, cosa significa GUP?

- A Giudice di Ultima Petizione
- B Giudice di Ulteriore Procedimento
- C Giudice dell'Udienza Probatoria
- D Giudice dell'Udienza Penale
- E Giudice dell'Udienza Preliminare

3194 Cos'è una *città metropolitana*?

- A Un ente amministrativo sovracomunale
- B Una città con più di 100.000 abitanti
- C Una città dotata di metropolitana
- D Una città con una sede arcivescovile
- E Un Comune cittadino, di grandi dimensioni, che non fa parte di nessuna provincia

3195 Nel 1972 venne effettuato quello che attualmente è l'ultimo sbarco umano sulla Luna. Si tratta del:

- A secondo
- B quarto
- C sesto
- D ottavo
- E decimo

3196 Cosa si intende con l'espressione *certezza della pena*?

- A La predeterminazione legale della pena per ogni reato
- B La possibilità di sostituire la pena con misure alternative
- C L'effettiva applicazione della pena al condannato
- D La prescrizione della pena
- E L'informazione resa al condannato circa la pena a cui sarà sottoposto

3197 In ambito penale, cosa sono le misure di sicurezza?

- A Pene aggiuntive rispetto a quella principale
- B Provvedimenti per risocializzare un condannato o per neutralizzarne la pericolosità
- C Provvedimenti volti a evitare situazioni di pericolo
- D Provvedimenti volti a evitare il pericolo di evasione dei detenuti
- E Misure interdittive comminate a persone che si sono macchiate di particolari reati

PARTE QUINTA

3198 Cos'è un *municipio*?

A L'insieme dell'apparato amministrativo comunale

B Un Comune di grandi dimensioni

C Un sinonimo di Comune

D Un'azienda pubblica locale

E L'insieme dei servizi irrogati da un Comune

3199 In Italia, qual è l'iter corretto dell'entrata in carica di un governo?

1. **Elezioni parlamentari.**
2. **Giuramento dei ministri.**
3. **Nomina del presidente del Consiglio da parte del presidente della Repubblica.**
4. **Voto di fiducia delle Camere.**

A 3-1-2-4

B 1-3-4-2

C 1-4-3-2

D 1-3-2-4

E 1-2-3-4

3200 Quale delle seguenti affermazioni è corretta?

A Il Governo può emanare norme di legge

B Il Parlamento può delegare al Governo l'esercizio della giurisdizione penale

C Il Governo giudica il Presidente della Repubblica, se è imputato per alto tradimento

D Il Governo può vietare la riunione delle Camere del Parlamento in determinati casi

E Il Parlamento è responsabile di fronte al Governo per la sua attività

3201 Nell'Unione europea, la presidenza del Consiglio dei ministri è assunta a rotazione per:

A sei mesi

B un anno

C diciotto mesi

D due anni

E tre anni

3202 Esercita il controllo sulla Commissione europea:

A il Consiglio europeo

B il Parlamento europeo

C la Corte europea

D ogni singolo Stato membro

E nessun organo tra quelli citati

3203 Quale Stato dell'Unione europea ha la popolazione più numerosa?

A Germania

B Francia

C Italia

D Svezia

E Spagna

3204 Nel linguaggio giuridico-economico, cos'è l'*azione* di una società?

A Un titolo rappresentativo di una quota della proprietà di una società

B Un titolo rappresentativo di un debito di una società

C Un titolo rappresentativo di un credito di una società

D Una pretesa, garantita dall'ordinamento, della società contro un altro soggetto

E La sua attività

3205 ENI significa:

A Economia Nazionale Italiana

B Ente Nazionale di Informatica

C European Net Information

D Ente Nazionale Idrocarburi

E Equini Nazionali Italiani

3206 In quale regione è nato Luigi Pirandello?

A Sicilia

B Lombardia

C Piemonte

D Veneto

3207 *Dei delitti e delle pene* di Cesare Beccaria viene pubblicato nel:

A 1690

B 1764

C 1789

D 1814

CONOSCENZE E COMPETENZE

3208 Il codice civile italiano è composto da:

A 6 libri
B 5 libri
C 4 libri
D 3 libri
E 4 cantiche

3209 "La più parte dei mortali, Paolino, lamenta l'ingenerosità della natura perché nasciamo destinati a una vita breve, che scorre tanto rapidamente da abbandonarci proprio quando ci apprestiamo a viverla, eccettuati pochissimi. Né di questa presunta sventura comune si lamenta soltanto il volgo sciocco e ignorante; lo fanno anche gli uomini illustri".
Il titolo dell'opera da cui questo brano è tratto è *La brevità della vita*, il cui autore è:

A Cicerone
B Luciano
C Catone il Vecchio
D Plinio il Vecchio
E Seneca

3210 Qual è l'abbinamento scorretto?

A Dante - *La vita nova*
B Pulci - *Morgante*
C Marino - *La cena delle ceneri*
D Tassoni - *La secchia rapita*
E Ruzante - *Vaccaria*

3211 Lancillotto è un personaggio delle opere di:

A Annibal Caro
B Torquato Tasso
C Goffredo di Monmouth
D Chrétien de Troyes
E Mary Stewart

3212 Secondo la Costituzione italiana, sui conflitti di attribuzione tra i poteri dello Stato giudica:

A la Corte costituzionale
B il Parlamento
C il Consiglio d'Europa
D il Tribunale Amministrativo Regionale del Lazio
E il Consiglio di Stato

3213 A uno dei seguenti personaggi fu offerta l'incoronazione a poeta contemporaneamente a Parigi e a Napoli. Chi?

A Petrarca
B Dante
C Guinizzelli
D Rustichello da Pisa
E Bonvesin de la Riva

3214 Qual è l'ordine corretto degli insiemi, dal più grande al più piccolo?

A Italiano - lingue romanze - lingue indoeuropee
B Lingue romanze - italiano - lingue indoeuropee
C Lingue indoeuropee - italiano - lingue romanze
D Lingue indoeuropee - lingue romanze - italiano
E Lingue romanze - lingue indoeuropee - italiano

3215 L'invenzione dell'ascensore è attribuita a:

A Werner von Siemens
B Gustave Eiffel
C Alessandro Volta
D Antoine Parmantier
E James Watt

3216 Quali delle seguenti sculture NON è opera di Antonio Canova?

A *David*
B *Amore e Psiche*
C *Le tre Grazie*
D *Ritratto di Paolina Borghese*
E *Ninfa dormiente*

3217 L'invenzione del telegrafo elettrico è attribuita a:

A Werner von Siemens
B Thomas Alva Edison
C Benjamin Franklin
D Samuel Morse
E Alessandro Volta

3218 Cos'è l'elettrosmog?

A L'inquinamento dello spazio, dovuto ai rottami dei satelliti lanciati dall'uomo

B L'inquinamento provocato dalle linee di trasmissione elettrica e dalle antenne di radiodiffusione

C Un campo magnetico prodotto da taluni macchinari che influenza negativamente il funzionamento di altri

D La precipitazione al suolo di acqua contaminata da residui di lavorazione umana, detta anche pioggia acida

E Nulla, non esiste: è una leggenda metropolitana

3219 In italiano, come si scioglie la sigla CERN?

A Comitato Europeo per la Raffineria Nucleare

B Centro Europeo per la Ricerca del Neutrino

C Consiglio Europeo per la Ricerca Nucleare

D Comunità di Esperti per i Raggi Nucleari

E Collettivo Etico per il Rispetto della Natura

3220 Louis Braille, inventore dell'alfabeto per non vedenti, visse nel secolo:

A XVI

B XVII

C XVIII

D XIX

E XX

3221 Nel 2006, l'Unione Astronomica Internazionale ha stabilito una nuova definizione di pianeta, in base alla quale non è più considerato tale:

A Plutone

B Giove

C Terra

D Marte

E Saturno

3222 Il nome del fisico austriaco Mach è usato come unità di misura per descrivere:

A la velocità supersonica

B la repulsione delle cariche elettrostatiche dello stesso segno

C la temperatura che riduce la materia allo stato d plasma

D la pressione che riduce la materia allo stato di plasma

E la velocità di caduta delle mele

3223 Il primo computer fu inventato nel:

A I secolo d.C.

B 1946

C 1955

D 1972

E 1989

3224 L'inventore del parafulmine si chiamava:

A Benjamin Franklin

B Isaac Newton

C Henry Cavendish

D Archimede

E Valdemar Poulsen

3225 Cos'è il terzo settore?

A Il settore che produce servizi

B La pubblica amministrazione

C Il settore che produce beni industriali

D L'estero

E Il settore composto dalle organizzazioni senza scopo di lucro

3226 L'espressione *Ai tempi in cui Berta filava* contiene il riferimento a una donna che fu:

A moglie di Attila

B sorella di Valentiniano I

C madre di Carlo Magno

D nonna di Giacobbe

E discepola di Gesù

3227 L'espressione *alla carlona* riferita a un'azione, trae origine dal modo di fare di:

A San Carlo

B Carlo Magno

C Carlo Acquaviva d'Aragona

D Carlo il Pazzo

E Carlo, Principe di Galles, marito della celebre Diana

3228 L'assassinio dell'erede al trono d'Austria da parte di Gavrilo Princip:

A avvenne alla fine dell'Ottocento

B fu istigato dalla Contessa di Castiglione per favorire l'unità d'Italia

C scatenò la prima guerra mondiale

D scatenò la rivolta socialista a Vienna

E fu commissionato dall'amante Maria Vetsera

3229 Il termine *Liceo* deriva dall'attributo di una divinità. Quale?

A Marte

B Apollo

C Mercurio

D Giove

E Ade

3230 "Il problema dell'umanità è che i folli e i fanatici sono estremamente sicuri di sé stessi, mentre le persone più sagge sono piene di dubbi". Questa affermazione è di Bertrand Russell, che è considerato uno dei fondatori della filosofia:

A analitica

B idealistica

C fenomenologica

D esistenzialista

E ontologica

3231 Il filosofo medievale noto con il nome di Nicola Cusano era di origine:

A greca

B tedesca

C francese

D spagnola

E portoghese

3232 "Quale particolare privilegio ha questa piccola agitazione del cervello che chiamiamo pensiero, perché debba essere presa a modello dell'universo intero? La nostra parzialità verso noi stessi ce lo pone di fronte in ogni occasione. Ma una sana filosofia dovrebbe guardarsi scrupolosamente da un'illusione così naturale". Questo passaggio è preso dall'opera *Dialoghi sulla religione naturale* del filosofo empirista:

A Pierre Bayle

B David Hume

C René Descartes

D John Stuart Mill

E Karl Marx

3233 Il fondatore dell'esistenzialismo è considerato:

A Saint Simon

B Marx

C Kierkegaard

D Schelling

E Emerson

3234 Qual è l'ordine cronologico corretto?

A Marx - Kant - Rousseau

B Rousseau - Kant - Marx

C Marx - Rousseau - Kant

D Kant - Marx - Rousseau

E Rousseau - Marx - Kant

3235 Cos'è il debito pubblico?

A L'insieme delle passività finanziarie delle amministrazioni pubbliche

B L'insieme dei debiti dei soggetti aventi la nazionalità dello Stato

C La somma delle risorse necessarie allo Stato per il suo funzionamento corrente

D La somma delle risorse che lo Stato deve prelevare dai cittadini per il suo funzionamento corrente

E Il tasso di interesse che lo Stato paga sui titoli che emette

3236 Il primo a perfezionare il cannocchiale per osservazioni astronomiche fu:

A Keplero

B Michelangelo Buonarroti

C Galileo Galilei

D Leonardo da Vinci

E Copernico

3237 Chi è l'autore della fondamentale opera *Ricerche sulla natura e le cause della ricchezza delle nazioni*?

A Adam Smith
B David Ricardo
C Alfred Marshall
D John Maynard Keynes
E Mario Monti

3238 Abbinare correttamente Stati e capitali.

1. Afghanistan	**a. Baghdad**
2. Iran	**b. Islamabad**
3. Pakistan	**c. Teheran**
4. Iraq	**d. Kabul**

A 1d, 2c, 3b, 4a
B 1d, 2a, 3b, 4c
C 1a, 2d, 3b, 4c
D 1a, 2b, 3c, 4d
E 1c, 2b, 3a, 4d

3239 Quale dei seguenti non è un "ambiente" della Terra?

A Savana
B Tundra
C Deserto
D Atollo
E Taiga

3240 Cos'è il tasso di cambio?

A Qualunque rapporto tra due grandezze
B La percentuale di remunerazione concessa a prestiti e mutui
C Il prezzo al quale viene scambiata la moneta di un Paese con quella di un altro Paese
D La percentuale di remunerazione che la Banca centrale richiede per le operazioni di rifinanziamento concesso alle altre banche
E Il saggio di interesse richiesto dalle banche per le operazioni di sconto di crediti

3241 Cosa significa la sigla SME?

A Società Mobiliare Europea
B Statuto del Mercato Europeo
C Servizi Mobiliari Economici
D Saldo Monetario Estero
E Sistema Monetario Europeo

3242 Quale dei seguenti rientra tra i compiti della Corte dei conti europea?

A Approvare o respingere la nomina dei commissari dell'Unione
B Determinare il bilancio comunitario
C Coordinare le politiche economiche generali degli Stati membri
D Approvare il bilancio dell'UE
E Controllare la corretta esecuzione del bilancio dell'UE

3243 Di quale nazionalità era Adam Smith?

A Scozzese
B Inglese
C Gallese
D Australiano
E Statunitense

3244 Cosa sono le riserve valutarie di uno Stato?

A La moneta emessa annualmente dallo Stato
B L'insieme dei beni che appartengono allo Stato, ivi inclusi quelli degli altri enti pubblici
C L'insieme dei beni che appartengono allo Stato, esclusi quelli degli altri enti pubblici
D L'insieme dei mezzi di pagamento detenuti dalla sua Banca centrale
E I proventi da tasse, imposte e accise riscosse dallo Stato

3245 Che cosa si intende con *outsourcing*?

A La finanziarizzazione dell'attività di un'impresa
B La cartolarizzazione dei crediti
C Il ricorso alla manodopera occasionale
D Il trasferimento di attività, già svolte dalla propria organizzazione, a imprese esterne
E Il massiccio ricorso al credito nello svolgimento di un'attività produttiva

3246 Che cosa si intende per mercato duopolistico?

A Il mercato nel quale competono solo due imprese
B Il mercato nel quale c'è concorrenza perfetta
C La concorrenza tra due mercati
D Il mercato nero
E Un mercato parallelo, ma lecito, rispetto ai mercati regolamentati

3247 La rivoluzione industriale italiana ebbe inizio:

A nell'ultimo decennio del XIX secolo
B agli inizi del XVIII secolo
C alla fine del XVIII secolo
D nel XVI secolo
E nel XVIII secolo

3248 Le spese sostenute da un Paese per l'istruzione e la formazione possono essere considerate:

A spese correnti
B partite di giro
C investimenti
D consumi
E sprechi

3249 Cos'è il Prodotto Interno Lordo?

A La ricchezza nazionale
B Il valore complessivo della produzione corrente di beni e servizi finali prodotti nello Stato
C Il valore complessivo della produzione corrente di beni e servizi finali prodotti dai soggetti appartenenti a uno Stato
D La differenza tra il valore della produzione nazionale e i costi dei suoi fattori produttivi
E La somma del valore dei beni e dei servizi atti, in uno Stato, alla produzione

3250 La sigla s.a.p.a. significa:

A società ad azionariato popolare allargato
B società atipica per azioni
C spesa attesa per acquisti
D sospensione automatica per aspettativa
E società in accomandita per azioni

3251 Cos'è la legge finanziaria?

A La legge che definisce il bilancio preventivo dello Stato
B La legge che definisce il bilancio consuntivo dello Stato
C La legge che determina i principi e i limiti della finanza delle autonomie locali
D La legge che determina il contributo italiano alle finanze dell'Unione Europea
E La legge dell'Unione Europea che fissa gli obiettivi e i limiti di spesa del Governo italiano

3252 La città nota in italiano con il nome di L'Aja, in olandese si chiama:

A Amsterdam
B Antwerpen
C Aalst
D Laona
E Den Haag

3253 Abbinare correttamente Stati e capitali.

1. Algeria	**a. Algeri**
2. Libia	**b. Tripoli**
3. Marocco	**c. Rabat**
4. Mali	**d. Bamako**

A 1d, 2a, 3c, 4d
B 1c, 2d, 3b, 4a
C 1a, 2c, 3d. 4b
D 1a, 2b, 3c, 4d
E 1b, 2d, 3c, 4a

3254 Quale Stato ospita la foce dell'Eufrate?

A Iraq
B Kuwait
C Arabia Saudita
D Qatar
E Turchia

3255 Cosa si intende con settore terziario?

A L'attività economica non principale, ma marginale, di una società
B Il settore che produce beni industriali
C Il settore che produce servizi
D Il settore composto dalle organizzazioni senza scopo di lucro
E Il settore bancario

3256 Abbinare correttamente Stati e capitali.

1. Bolivia	**a. La Paz**
2. Colombia	**b. Quito**
3. Paraguay	**c. Asuncion**
4. Ecuador	**d. Bogotà**

A 1c, 2b, 3a, 4d

B 1d, 2a, 3b, 4c

C 1b, 2c, 3d, 4a

D 1b, 2a, 3c, 4d

E 1a, 2d, 3c, 4b

3257 Cosa significa che un bilancio è in attivo?

A Che le passività superano le attività

B Che le attività superano le passività

C Che i costi superano i ricavi

D Che non ci sono costi

E Che non si ricorre al credito

3258 Cos'è il MIBTEL?

A La sigla di una società commerciale

B L'organismo di controllo della Borsa di Milano

C L'ente pubblico che esercita la vigilanza sul sistema bancario italiano

D Un indice della Borsa di Milano

E L'organismo di controllo della Borsa di Francoforte

3259 1) Troilo e a) Virginia; 2) Narciso e b) Cressida; 3) Gargantua e c) Boccadoro; 4) Paolo e d) Pécuchet; 5) Bouvard e e) Pantagruel.

Alcune celebri coppie sono state divise: ricostituitele scegliendo la combinazione giusta tra quelle proposte:

A 1+c; 2+b; 3+d; 4+a; 5+e

B 1+a; 2+c; 3+e; 4+b; 5+d

C 1+a; 2+c; 3+d; 4+b; 5+e

D 1+b; 2+c; 3+e; 4+a; 5+d

E 1+b; 2+c; 3+d; 4+a; 5+e

3260 Quale di questi personaggi è fuori luogo?

A Thomas Woodrow Wilson

B Franklin Delano Roosevelt

C Wiston Churchill

D Dwight Eisenhower

E Gerald Ford

3261 *Resurrezione* è un romanzo di:

A Rozanov

B Dostoevskij

C Esenin

D Tolstoj

E Bulgakov

3262 …………… (Bologna 1922 - Roma 1975) fu scrittore, saggista e regista cinematografico. Tra i suoi romanzi si ricordano *Ragazzi di vita* e *Una vita violenta*.

A Dino Buzzati

B Pier Paolo Pasolini

C Vasco Pratolini

D Elio Vittorini

E Italo Calvino

3263 Quale dei seguenti animali è un pesce?

A Ghiottone

B Halibut

C Nandù

D Ocelot

E Bilby

3264 Si riconosca la serie che dispone la comparsa dei seguenti ordini religiosi nella corretta successione storica:

A Francescani; Benedettini; Gesuiti

B Gesuiti; Francescani; Benedettini

C Benedettini; Francescani; Gesuiti

D Benedettini; Gesuiti; Francescani

E Gesuiti; Benedettini; Francescani

3265 …………… fu re di Francia e di Navarra fino alla sua morte, avvenuta nel 1715.

A Luigi XV

B Luigi XVIII

C Luigi XII

D Luigi XVI

E Luigi XIV

CONOSCENZE E COMPETENZE

3266 Le origini della bandiera tricolore italiana, nel contesto del Congresso Cispadano di Reggio Emilia, risalgono alla fine del secolo:

A XVII
B XI
C XVIII
D XV
E X

3267 Nell'elenco seguente ogni illustre personaggio storico è associato al Paese rispetto al quale svolse, con successo maggiore o minore, il ruolo di «liberatore». Si riconosca l'abbinamento ERRATO:

A Simón Bolívar/Sierra Leone
B Tadeusz Kościuszko /Polonia
C Lajos Kossuth/Ungheria
D Mustafà Kemal/Turchia
E José de San Martín/Cile

3268 Rabat è la capitale del:

A Gabon
B Ciad
C Camerun
D Marocco
E Sudan

3269 "Kulturkampf" è un termine tedesco con il quale si designa la battaglia politica condotta contro la Chiesa cattolica e il partito cattolico del "Centro" da:

A Adolf Hitler
B Konrad Adenauer
C Otto von Bismarck
D Paul von Hindenburg
E Karl Liebknecht

3270 Il musicista ...... ha composto *Il castello del principe Barbablù*, *Il principe di legno* e *Il mandarino meraviglioso*.

A Ottorino Respighi
B Béla Bartók
C Gian Francesco Malipiero
D Igor Stravinskij
E Erik Satie

3271 Sparagli, Piero, sparagli ora
e dopo un colpo sparagli ancora,
fino a che tu non lo vedrai esangue
cadere a terra, coprire il suo sangue.
«E se gli sparo in fronte o nel cuore
soltanto il tempo avrà per morire,
ma il tempo a me resterà per vedere,
vedere gli occhi di un uomo che muore».
E mentre gli usi questa premura
quello si volta, ti vede, ha paura
ed imbracciata l'artiglieria
non ti ricambia la cortesia.
(*La guerra di Piero*)
Dobbiamo questa canzone del 1966, radicalmente pacifista, a uno dei seguenti cantautori: chi?

A Lucio Dalla
B Franco Battiato
C Fabrizio De Andrè
D Ivano Fossati
E Francesco Guccini

3272 Plutarco (46/50 d.C. - dopo 120) NON scrisse la biografia di:

A Marco Aurelio
B Alessandro Magno
C Silla
D Timoleonte
E Sertorio

3273 Quale tra i seguenti statisti NON fu assassinato?

A John Fitzgerald Kennedy
B Enrico IV
C Napoleone III
D Giulio Cesare
E Martin Luther King

3274 L'espressione «notte dei lunghi coltelli» rimanda, nel discorso storiografico:

A al duello rituale che consacrava i rampolli della nobiltà tedesca
B al massacro degli ugonotti parigini durante la notte di San Bartolomeo
C alla "campagna dei banchetti" organizzata in Francia dagli oppositori di Luigi Filippo d'Orléans
D all'eliminazione dei vertici delle SA ad opera delle SS di Hitler
E alla distruzione perpetrata dai nazisti di decine d'opere d'arte figurativa giudicata "decadente"

3275 **Il dipinto, *Foresta incantata*, è del 1947. Si tratta di un'opera astratta realizzata con la tecnica del dripping, sgocciolando il colore direttamente sulla tela posata per terra, così da dar luogo ad un intrico di combinazioni cromatiche e compositive che fortemente esprimono l'intenzione dell'Autore, esponente del movimento dell'Action Painting, di opporsi all'estetismo come al frenetico e insensato attivismo della società consumistica. Dobbiamo l'opera a uno dei seguenti artisti: chi?**

A René Magritte
B Francis Bacon
C Jean Dubuffet
D Jackson Pollock
E Marc Rothko

3276 **Nel 1889 a Mayerling, presso Vienna, in circostanze mai del tutto chiarite, l'arciduca d'Austria Rodolfo d'Asburgo, ... di Francesco Giuseppe I, imperatore d'Austria e re d'Ungheria, perse la vita insieme alla sua giovane amante, la baronessa Maria Vetsera. Si identifichi la CORRETTA integrazione della proposizione.**

A figlio
B fratello
C nipote
D cugino
E padre

3277 **Solo una delle seguenti realtà politiche, dal punto di vista fisico è un'isola: quale?**

A Thailandia
B Qatar
C Sri Lanka
D Indonesia
E Laos

3278 **Qual è l'ordine cronologico corretto dei poeti?**

A Pindemonte - Luzi - Saba
B Luzi - Saba - Pindemonte
C Pindemonte - Saba - Luzi
D Saba - Pindemonte - Luzi
E Saba - Luzi - Pindemonte

3279 **Quale dei seguenti Stati non è membro permanente del Consiglio di sicurezza dell'ONU?**

A Giappone
B Stati Uniti d'America
C Cina
D Russia
E Francia

3280 **Recenti studi dell'Università di Pavia sembrano convalidare l'affermazione di Erodoto per cui gli Etruschi sarebbero originari:**

A dell'Asia Minore
B del Ponto
C della Cina
D dell'India
E del Libano

3281 **....(Santo Stefano Belbo, Cuneo 1908 - Torino 1950) esordì come narratore con i romanzi *Il carcere* e *Paesi tuoi* (1941). *La luna e i falò*, del 1950, è una delle sue opere più celebri. Si parla di:**

A Corrado Alvaro
B Ignazio Silone
C Cesare Pavese
D Guido Piovene
E Beppe Fenoglio

3282 **.... fu imperatore di Germania e re di Prussia dal 1888 al 1918. Si parla di:**

A Guglielmo II
B Guglielmo I
C Federico III
D Federico Guglielmo III
E Federico Guglielmo IV

3283 **"Descamisados" è l'epiteto dato in Argentina ai seguaci di:**

A Fidel Castro
B Juan Domingo Perón
C Hugo Chavez
D Simón Bolívar
E Salvador Allende

3284 **In quale anno avvenne l'effettiva annessione dell'Austria al Terzo Reich tedesco?**

A Nel 1936
B Nel 1938
C Nel 1944
D Nel 1933
E Nel 1924

3285 Iniziò le pubblicazioni a Milano nel settembre 1818 e dovette interromperle nell'ottobre 1819. Fondata da Porro Lambertenghi e Confalonieri e diretta da Pellico, ebbe fra i suoi collaboratori Berchet, Romagnosi e Maroncelli; coniugò interessi letterari (in particolare la cosiddetta polemica classico- romantica), liberalismo politico, aspirazione all'indipendenza dall'Austria, attenzione ai problemi sociali ed economici. Si parla di quale tra le seguenti riviste?

- A *La Biblioteca Italiana*
- B *Il monitore italiano*
- C *Il Conciliatore*
- D *L'Antologia*
- E *Il Politecnico*

3286 Il musicista ... ha composto *Morte e trasfigurazione*, *Così parlò Zarathustra* e *Don Chisciotte*.

- A Richard Strauss
- B Alfredo Casella
- C Luciano Berio
- D Georges Bizet
- E Isaac Albéniz

3287 Cornelio Nepote (99 ca. - dopo 24 a.C.) NON scrisse la biografia di:

- A Attico
- B Annibale
- C Adriano
- D Temistocle
- E Epaminonda

3288 Quale abbinamento artista / ambito d'eccellenza è ERRATO?

- A Le Corbusier/scultura
- B Arnold Böcklin/pittura
- C Igor Stravinskij/ musica
- D John Keats/poesia
- E Andrea Palladio/architettura

3289 «Sottile striscia di terra stretta tra due mari, che unisce territori di notevole estensione». La definizione esprime il significato del termine:

- A delta
- B istmo
- C estuario
- D canale
- E ansa

3290 L'opera intitolata *Vita dei campi* è:

- A l'autobiografia di un anonimo contadino toscano del Settecento
- B un idillio di Giacomo Leopardi
- C un trattato di Alessandro Manzoni sulle condizioni delle campagne lombarde nel Seicento
- D una raccolta di novelle di Giovanni Verga

3291 Quando i lavoratori di una fabbrica si astengono dal lavoro a brevi intermittenze nell'arco di una stessa giornata mettono in atto uno sciopero:

- A generale
- B bianco
- C a scacchiera
- D giallo
- E a singhiozzo

3292 In ambito storiografico per «fedecommesso» comunemente s'intende:

- A una disposizione testamentaria particolarmente vincolante, intollerabile dal punto di vista liberista
- B nel contesto del sistema feudale, un incaricato di fiducia del sovrano o del vassallo
- C un alto funzionario della Santa Sede preposto al disbrigo di atti particolarmente riservati
- D il compimento di un delitto per cui si accampa l'attenuante di un'erronea interpretazione della fede
- E il soprannome confidenziale con cui vengono designate le guardie svizzere del Papa

3293 La Transilvania è una regione che si trova in:

- A Romania
- B Ungheria
- C Siberia
- D Bulgaria
- E Albania

PARTE QUINTA

3294 Alla vigilia della decisione della partecipazione italiana al primo conflitto mondiale si era creato nel nostro Paese un vasto fronte neutralista. S'identifichi, di seguito, chi non ne faceva parte.

A Giolitti
B I liberali giolittiani
C La maggioranza dei socialisti
D D'Annunzio
E La maggioranza dei cattolici

3295 L'inno dell'Unione europea è tratto dall'*Inno alla gioia* della *Nona sinfonia* di uno dei seguenti compositori: quale?

A Wolfgang Amadeus Mozart
B Franz Joseph Haydn
C Ludwig van Beethoven
D Luigi Cherubini
E Johann Sebastian Bach

3296 A quale dei seguenti contesti rimanda la rivolta xenofoba dei "boxer", scoppiata nel 1900?

A Giappone
B India
C Egitto
D Sudan
E Cina

3297 Scrisse *L'urlo e il furore*. Si tratta di:

A Faulkner
B Hemingway
C Roth
D Joyce
E Bellow

**3298 «Ho sceso, dandoti il braccio, almeno un milione di scale
e ora che non ci sei è il vuoto ad ogni gradino.
Anche così è stato breve il nostro lungo viaggio.
Il mio dura tuttora, né più mi occorrono
le coincidenze, le prenotazioni,
le trappole, gli scorni di chi crede
che la realtà sia quella che si vede. [...]»
A quale dei seguenti poeti dobbiamo questi versi?**

A Quasimodo
B Ungaretti
C Saba
D Montale
E Pascoli

3299 Quale dei seguenti Stati non appartiene al medesimo continente cui appartengono gli altri quattro?

A Etiopia
B Sudan
C Ciad
D Ecuador
E Niger

3300 Venne sottoscritta nel 1882 da un'Italia delusa per l'insoddisfacente conclusione del Congresso di Berlino, e irritata per l'occupazione francese, nel 1881, della Tunisia, che frustrava le nostre mire espansionistiche. Si tratta della:

A Duplice Intesa
B Duplice Alleanza
C Intesa cordiale
D Triplice Intesa
E Triplice Alleanza

3301 L'attentato alle Twin Towers del World Trade Center di New York, simbolo del potere economico americano e occidentale, è avvenuto l'11 settembre di quale anno?

A 2002
B 2001
C 1999
D 2003
E 2011

3302 Dei seguenti abbinamenti tra concetti di rilevanza storiografica con i relativi, pertinenti personaggi storici, s'identifichi l'UNICO ERRATO.

A Nuova frontiera / Kennedy
B Lunga marcia / Mao
C Piani quinquennali / Stalin
D New Deal / Truman
E Caccia alle streghe / McCarthy

CONOSCENZE E COMPETENZE

3303 Dei seguenti abbinamenti tra concetti di rilevanza storiografica con i relativi, pertinenti personaggi storici, s'identifichi l'UNICO ERRATO.

A Gloriosa rivoluzione / Luigi XVI
B Non violenza / Gandhi
C Re Sole / Luigi XIV
D L'impero su cui non tramontava mai il sole / Carlo V
E Tetrarchia / Diocleziano

3304 S'individui l'abbinamento opera/autore ERRATO.

A *Robinson Crusoe* / D. Defoe
B *Alla ricerca del tempo perduto* / J.-P. Sartre
C *I Buddenbrook* / Th. Mann
D *Addio alle armi* / E. Hemingway
E *Guerra e pace* / L. Tolstoj

3305 Quante, tra le seguenti città, NON sono capoluogo di Regione?

Pesaro; Taranto; Genova; Perugia; Palermo.

A Una
B Tre
C Due
D Quattro
E Cinque

3306 Nelle opere *Il Gattopardo, Le confessioni di un Italiano, Le mie prigioni* e *Piccolo mondo antico* sono descritte vicende connesse:

A alla prima guerra mondiale
B alla Resistenza al nazifascismo
C alle conquiste coloniali
D alla seconda guerra mondiale
E al Risorgimento Italiano

3307 Si individui la coppia autore/movimento letterario coerente.

A Pascoli / Surrealismo
B Gozzano / Crepuscolarismo
C D'Annunzio / Ermetismo
D Montale / Naturalismo
E Verlaine / Verismo

3308 Non si fa luogo a referendum costituzionale su di una legge di revisione costituzionale quando la stessa:

A è stata promulgata
B è stata pubblicata
C è stata approvata delle Camere in seconda votazione a maggioranza assoluta
D è stata approvata dalle Camere in seconda votazione a maggioranza dei due terzi dei componenti

3309 Uno dei seguenti Stati NON fa parte dell'Unione europea: quale?

A Serbia
B Ungheria
C Finlandia
D Slovacchia
E Svezia

3310 Per la causa della sua indipendenza si schierarono, nel corso del terzo decennio del XIX secolo, le opinioni pubbliche dei più progrediti paesi europei; scesero direttamente in campo, al costo della loro stessa vita, intellettuali come Lord George Gordon Byron e uomini d'azione come Santorre di Santarosa; intervennero prima diplomaticamente poi militarmente potenze di primo piano quali Inghilterra, Francia e Russia. Si tratta:

A della Serbia
B dell'Egitto
C della Grecia
D del Belgio
E della Polonia

3311 In quale drammatica circostanza la corazzata Potëmkin svolse il ruolo immortalato dal celebre film del regista Sergej M. Ejzenstejn?

A La rivoluzione di febbraio del 1917
B La rivoluzione d'ottobre del 1917
C La seconda guerra mondiale
D La rivoluzione russa del 1905
E La prima guerra mondiale

PARTE QUINTA

3312 L'Arabia Saudita si trova:

1) a est dell'Egitto

2) a nord della Somalia

3) a est del Mar Rosso

4) a ovest del Golfo Persico

5) a nord della Turchia

Delle precedenti indicazioni geografiche, si riconosca l'UNICA ERRATA-

A La 5)

B La 4)

C La 3)

D La 2)

E La 1)

3313 Si riconosca la serie che dispone nella corretta successione storica le variazioni onomastiche relative alla città dell'odierna Turchia che si distende sulle due rive (asiatica ed europea) del Bosforo:

A Costantinopoli; Istanbul; Bisanzio

B Istanbul; Costantinopoli; Bisanzio

C Istanbul; Bisanzio; Costantinopoli

D Costantinopoli; Bisanzio; Istanbul

E Bisanzio; Costantinopoli; Istanbul

3314 In quanto può essere modificata, ma non da una legge ordinaria, la Costituzione Italiana rientra nel novero delle costituzioni definite:

A flessibili

B materiali

C ottriate

D rigide

E formali

3315 La culla della civiltà delle città-stato dei Fenici fu il territorio corrispondente grosso modo all'attuale:

A Iran

B Grecia

C Libano

D Pakistan

E Somalia

3316 Sono riportati di seguito i nomi di quattro filosofi presocratici e quattro brevi brani esemplificativi del pensiero di ciascuno di essi.

Individuare l'alternativa che associa correttamente autore e breve brano.

A. Eraclito

B. Parmenide

C. Empedocle

D. Democrito

1. Opinione il dolce, opinione l'amaro, opinione il caldo, opinione il freddo, opinione il colore: verità solo gli atomi e il vuoto. (*Frammenti*)

2. La stessa cosa è pensare ed essere. La stessa cosa è pensare e ciò a cui tende il pensare, l'oggetto del pensare cioè l'essere. (*Sulla natura*)

3. Queste cose non cessano mai di mutarsi continuamente, ora ricongiungendosi tutte in unità per forza d'Amore, ora invece portate ciascuna separatamente nell'inimicizia della Discordia. (*Sulla natura*)

4. Dio è giorno-notte, inverno-estate, guerra-pace, sazietà-fame. In una cosa sola consiste la saggezza: nel sapere che c'è un pensiero che tutto governa attraverso tutte le cose. (*Sulla natura*)

A A-3; B-1; C-4; D-2

B A-2; B-3; C-1; D.4

C A-4; B-2; C-3; D-1

D A-4; B-2; C-1; D-3

E A-1; B-2; C-3; D-4

3317 Indica il corretto ordine cronologico:

A Verismo - Dolce Stil Novo - Manierismo - Neoclassicismo

B Neoclassicismo - Verismo - Dolce Stil Novo - Manierismo

C Manierismo - Neoclassicismo - Verismo - Dolce Stil Novo

D Dolce Stil Novo - Verismo - Manierismo - Neoclassicismo

E Dolce Stil Novo - Manierismo - Neoclassicismo - Verismo

CONOSCENZE E COMPETENZE

3318 Il dipinto, *Le Muse inquietanti*, risale al secondo decennio del secolo scorso. La scena che ci prospetta è l'atmosfera sospesa di una piazza urbana delimitata al suo fondo, sulla destra da un castello e sulla sinistra da una fabbrica con alte ciminiere. In primo piano, sull'incongrua pavimentazione della piazza, costituita, si direbbe, da lunghe assi di legno parallele, due enigmatici manichini: uno in piedi su una sorta di piedistallo; l'altro seduto, privo della testa che giace per terra accostata alle gambe. Si tratta di uno dei dipinti più noti, di un vero e proprio manifesto della poetica metafisica di uno dei seguenti artisti: quale?

A Giorgio De Chirico

B Amedeo Modigliani

C Giorgio Morandi

D Giacomo Balla

E Umberto Boccioni

3319 Lo scontro, decisivo per le sue molteplici conseguenze, avvenne il 21 ottobre 1805. Contando sulle proprie capacità di manovra, sull'abilità dei capitani e sulla precisione dei cannonieri inglesi, l'ammiraglio Horatio Nelson, in luogo del tradizionale allineamento parallelo al nemico, dispose le proprie navi su due colonne che si sarebbero accostate perpendicolarmente allo schieramento avversario. Il piano d'attacco ebbe totale successo: gli inglesi riuscirono a rompere la formazione avversaria che cadde nella confusione più totale. A funestare la giornata di gloria della marina inglese intervenne però il ferimento a morte dello stesso Nelson le cui spoglie, si narra, siano state riportate in patria imbalsamate in una botte piena di brandy. Si tratta della battaglia:

A di Abukir

B di Trafalgar

C dello Jutland

D della Invincibile Armata

E di Tsushima

3320 L'organizzazione che si costituì a Baghdad nel 1960 per iniziativa di Arabia Saudita, Iran, Iraq, Kuwait e Venezuela in vista di una comune politica di produzione, ampliatasi nel corso degli anni e giunta a comprendere anche Algeria, Indonesia, Libia, Nigeria, Qatar, Emirati Arabi Uniti è identificata da UNO dei seguenti acronomi: quale?

A GATT

B OPEC

C WTO

D NAFTA

E APEC

3321 Uno dei seguenti Paesi non fa parte del G8. Quale?

A Giappone

B India

C Germania

D Italia

E Francia

3322 Si identifichi la serie numerica che corrisponde alla reale successione storica degli avvenimenti, relativi alla Storia d'Italia, sotto elencati.

(1) Suffragio universale maschile e femminile; (2) spedizione dei Mille; (3) marcia su Roma; (4) presa di Porta Pia; (5) entrata in vigore della Costituzione repubblicana; (6) primo Concordato tra Stato e Chiesa.

A 3 – 5 – 1 – 6 – 2 – 4

B 2 – 4 – 3 – 6 – 1 – 5

C 4 – 3 – 1 – 6 – 2 – 5

D 2 – 4 – 3 – 5 – 1 – 6

E 2 – 3 – 4 – 5 – 1 – 6

3323 In base all'art. 121 della Costituzione italiana, il Consiglio regionale:

A è un organo giurisdizionale

B esercita il potere esecutivo

C ha potestà giurisdizionale

D non è elettivo

E esercita potestà legislativa

3324 S'identifichi la serie numerica che corrisponde alla reale successione storica dei seguenti avvenimenti del Novecento: 1) crisi provocata dall'installazione dei missili sovietici a Cuba; 2) fine del coinvolgimento americano in Vietnam; 3) fine della guerra di Corea; 4) assassinio di Martin Luther King.

A 3); 1); 2); 4)
B 2); 4); 1); 3)
C 4); 2); 3); 1)
D 1); 4); 2); 3)
E 3); 1); 4); 2)

3325 Chi ha scritto la poesia *A Silvia*?

A Giovanni Pascoli
B Ugo Foscolo
C Giuseppe Ungaretti
D Giacomo Leopardi
E Nessuno dei precedenti poeti

3326 Quale tra i seguenti quotidiani nazionali pubblica alla domenica il proprio inserto dedicato alla cultura e alle scienze?

A «La Stampa»
B «Avvenire»
C «Il Sole 24 Ore»
D «Il Corriere della Sera»
E «La Repubblica»

3327 Nel 1945 a Yalta si riunirono i capi delle maggiori potenze tra quelle che avevano vinto la guerra. Quali erano?

A Roosevelt, Stalin e De Gaulle
B Truman, Stalin e Churchill
C Roosevelt, Lenin e Churchill
D Roosevelt, Stalin e Churchill
E Truman, Stalin e De Gaulle

3328 In Italia, la durata in carica dei parlamentari è di:

A tanti anni quanti dura il governo in carica
B quattro anni per entrambe le Camere
C sette anni per entrambe le Camere
D quattro anni per i senatori e cinque per i deputati
E cinque anni per entrambe le Camere

3329 Chi tra i seguenti è considerato inventore del cinema?

A Benjamin Franklin
B Louis Lumiére, con il fratello Auguste
C Luigi Galvani
D Aleksandr Popov
E Orville Wright, con il fratello Wilbur

3330 Chi realizzò la vaccinazione antivaiolosa?

A Sabin
B Jenner
C Galeno
D Pavlov
E Murri

3331 Forse la più celebre coppia di sportivi "rivali" fu quella Fausto Coppi - Gino Bartali, ma non fu certo l'unica; un'altra coppia altrettanto famosa fu:

A Primo Carnera - Cassius Clay
B Nicki Lauda - Manuel Fangio
C Gianni Rivera - Sandro Mazzola
D Nicola Pietrangeli - Raul Gardini
E Carmine Abbagnale - Giuseppe Abbagnale

3332 Cosa si intende con il termine "antitrust"?

A Un procedimento per impedire che i titolari di importanti cariche pubbliche rivestano anche incarichi politici
B Una procedura per evitare la diffusione illecita delle intercettazioni telefoniche
C Un tipo di mercato in cui non vige il libero scambio
D Un pacchetto di regole volte a impedire la limitazione della concorrenza

3333 La comparsa nei nostri cieli della cometa di Halley ha una periodicità di:

A 49 anni
B 65 anni
C 100 anni
D 76 anni
E 150 anni

CONOSCENZE E COMPETENZE

3334 Quale tra i seguenti scrittori è l'autore del romanzo *Mastro don Gesualdo*?

A Alessandro Manzoni
B Luigi Pirandello
C Leonardo Sciascia
D Giovanni Verga
E Ignazio Silone

3335 Sigmund Freud è celebre per essere stato:

A un premio Nobel
B l'iniziatore della New Age
C il principale iniziatore della Riforma protestante
D un protagonista della Rivoluzione francese
E il padre della psicoanalisi

3336 Durante la seconda guerra mondiale, il comando supremo delle truppe alleate per lo sbarco in Normandia fu affidato a:

A Rommel
B De Gaulle
C Eisenhower
D Patton
E Montgomery

3337 Quale dei seguenti personaggi vinse, nel 1418, il concorso per la costruzione della cupola di Santa Maria del Fiore, il duomo di Firenze?

A Andrea Mantegna
B Leon Battista Alberti
C Filippo Brunelleschi
D Donato Bramante
E Andrea Palladio

3338 Al tempo del rinnovo del Concordato con la Chiesa cattolica, il governo italiano era a guida:

A democristiana
B repubblicana
C socialista
D liberale
E socialdemocratica

3339 Maracaibo si trova in:

A Ecuador
B Brasile
C Guyana
D Colombia
E Venezuela

3340 Si individui la serie che abbina correttamente tutte le seguenti opere capitali della cinematografia neorealista ai rispettivi registri:

A *Ladri di Biciclette* (1948)/Roberto Rossellini; *La Terra Trema* (1948)/Luchino Visconti; *Roma Città Aperta* (1945)/Vittorio De Sica;
B *Roma Città Aperta* (1945)/Vittorio De Sica; *Ladri di Biciclette* (1948)/Roberto Rossellini; *La Terra Trema* (1948)/Luchino Visconti;
C *Roma Città Aperta* (1945)/Luchino Visconti; *Ladri di Biciclette* (1948)/ Vittorio De Sica; *La Terra Trema* (1948)/Luchino Visconti;
D *Roma Città Aperta* (1945)/Roberto Rossellini; *Ladri di Biciclette* (1948)/Vittorio De Sica; *La Terra Trema* (1948)/Luchino Visconti;
E *Ladri di Biciclette* (1948)/Luchino Visconti; *La Terra Trema* (1948)/Vittorio De Sica; *Roma Città Aperta* (1945)/Roberto Rossellini

3341 L'unico governo della Repubblica italiana che è rimasto in carica più di 1400 giorni era guidato da:

A Andreotti
B De Gasperi
C Craxi
D Berlusconi
E Moro

3342 Indica il corretto ordine cronologico:

A Dante Alighieri - Torquato Tasso - Ugo Foscolo - Carlo Goldoni
B Carlo Goldoni - Torquato Tasso - Dante Alighieri - Ugo Foscolo
C Ugo Foscolo - Carlo Goldoni - Torquato Tasso - Dante Alighieri
D Dante Alighieri - Ugo Foscolo - Torquato Tasso - Carlo Goldoni
E Dante Alighieri - Torquato Tasso - Carlo Goldoni - Ugo Foscolo

3343 Quale organismo statale italiano fu fondato dopo la caduta del fascismo?

A IMI B IRI C ENI D OVRA E AGIP

PARTE QUINTA

3344 Lo scontro, avvenuto il 7 ottobre 1571, era destinato a rivestire un alto valore simbolico: per la prima volta l'imperversare incontrastato delle flotte musulmane, che aveva trasformato il Mediterraneo in una sorta di "lago ottomano", subiva una pesante battuta d'arresto. Le navi cristiane, in primo luogo di Venezia e della Spagna, conseguivano una clamorosa affermazione che, per quanto poi non adeguatamente sfruttata sul piano politico e militare, segnava l'inizio di un'inversione di tendenza. Si tratta della battaglia:

A di Malta
B di Ceuta
C dell'Invincibile Armata
D di Lepanto
E di Cipro

3345 Da dove trassero il loro nome i «giacobini», di cui si ricorda il ruolo di primo piano svolto nel corso della Rivoluzione francese, inizialmente nel solco di certo moderatismo monarchico-costituzionale e successivamente all'insegna della difesa più intransigente della repubblica democratica?

A Dal loro costituirsi quali eredi delle storiche *jacqueries*
B Dal nome dell'ex convento parigino dei domenicani, nel quale tenevano le loro riunioni
C Dal comune riferimento alle idee del filosofo Friedrich Heinrich Jacobi
D Dal nome francese dei francescani, nel cui ex convento di Parigi si riunivano
E Dalle loro caratteristiche giacche o casacche

3346 «[...] Non nobile, non ricco, coraggioso ancor meno, s'era dunque accorto [...] d'essere, in quella società, come un vaso di terra cotta, costretto a viaggiare in compagnia di molti vasi di ferro». Chi è il *vaso di terra cotta* cui si riferiscono queste espressioni di Manzoni?

A Adelchi
B Don Abbondio
C Il Conte di Carmagnola
D Conte Zio
E Fra Cristoforo

3347 Quale tra i seguenti popolarissimi scrittori americani è autore dei romanzi della serie *La Torre Nera*?

A Brown
B Crichton
C Grisham
D Clancy
E King

3348 Al tempo dell'ingresso dell'Italia nell'ONU, il governo nazionale era a guida:

A socialista
B democristiana
C socialdemocratica
D fascista
E liberale

3349 Il principale fattore limitante nel bioma desertico è:

A l'elevata temperatura
B l'eccessiva quantità di luce
C la disponibilità idrica
D l'azione erosiva del vento
E la scarsità di predatori

3350 Quale tra le seguenti era la divinità romana della medicina?

A Giove
B Mercurio
C Esculapio
D Apollo
E Minerva

3351 L'opera pittorica di Rembrandt fu realizzata negli stessi anni di quella scultorea di:

A Michelangelo
B Rodin
C Bernini
D Manzù
E Canova

3352 Quale tra i seguenti monumenti d'epoca romana NON si trova nella città di Roma?

A Colonna Traiana
B Villa Adriana
C Teatro Marcello
D Terme di Caracalla
E Antiteatro Flavio

CONOSCENZE E COMPETENZE

3353 Non sono soggette a referendum abrogativo le:

- A leggi in materia di istruzione
- B leggi in materia di stato civile
- C leggi di diritto pubblico
- D nomine dei vertici degli enti pubblici
- E leggi tributarie e di bilancio

3354 L'Angola negli ultimi anni è stata funestata da una guerra civile tra le truppe regolari e i ribelli:

- A dei Tupac Amaru
- B del PKK
- C dell'Esercito Zapatista di Liberazione Nazionale
- D dell'Unita
- E tutsi

3355 Quale delle seguenti Regioni italiane è attraversata dal fiume Adige?

- A Piemonte
- B Friuli-Venezia Giulia
- C Lombardia
- D Emilia-Romagna
- E Veneto

3356 Sandro Pertini è stato:

- A Presidente della Repubblica
- B direttore del «Corriere della Sera»
- C ministro degli Interni
- D allenatore della Nazionale di Calcio
- E premio Nobel per la Chimica

3357 In base all'art. 70 della Costituzione italiana la funzione legislativa è esercitata:

- A dal Presidente della Repubblica
- B dal Senato della Repubblica mentre la Camera dei Deputati ha preliminare funzione consultiva
- C dalla Camera dei Deputati mentre il Senato della Repubblica ha preliminare funzione consultiva
- D collettivamente dalle due Camere
- E dal Governo, dopo consultazione delle Camere

3358 Durante la Resistenza italiana, da chi fu assunta la direzione politica della guerra partigiana?

- A Dal Partito comunista
- B Dal Partito d'Azione
- C Dal Comitato di Liberazione Nazionale
- D Dal Comando alleato
- E Dal Corpo Volontari della Libertà

3359 Quale poeta italiano del Novecento ha riunito l'intera sua produzione in versi nel volume *Vita d'un uomo*?

- A Montale
- B Ungaretti
- C Saba
- D Zanzotto
- E Bertolucci

3360 Il primo vocabolario della lingua italiana fu pubblicato dall'Accademia della Crusca nel:

- A 1612
- B 1789
- C 1936
- D 811
- E 1336

3361 Quale dei seguenti fiumi NON scorre in Africa?

- A Senegal
- B Congo
- C Gange
- D Zambesi
- E Nilo

3362 L' *Odissea* ci è pervenuta scritta in alfabeto:

- A latino
- B geroglifico
- C cirillico
- D aramaico
- E greco

PARTE QUINTA

3363 Nella tabella seguente sono riportate le tre facoltà che secondo Kant sono alla base della conoscenza e tre definizioni da abbinare a tali facoltà. Individuare l'alternativa che propone il corretto abbinamento.

Facoltà	Definizione
1. Ragione	A. Facoltà costituita dalle categorie con la quale si organizzano i dati sensibili
2. Sensibilità	B. Facoltà che si sostanzia nelle idee di anima, Dio e mondo con la quale si coglie ciò che oltrepassa il sensibile
3. Intelletto	C. Facoltà costituita dalla forme a priori di spazio e tempo con la quale si colgono gli oggetti esterni

A 1-A; 2-B; 3-C;
B 1-B; 2-C.; 3-A
C 1-B; 2-A; 3-C
D 1-C; 2-B; 3-A;
E 1-C; 2-A; 3-B

3364 Quale noto personaggio della vita politica italiana venne rapito e ucciso dai fascisti nel giugno del 1924?

A Amendola
B Turati
C Gobetti
D Gramsci
E Matteotti

3365 Le "Tigri Tamil" sono un gruppo separatista che conduce da anni una lotta armata contro l'esercito:

A della Malesia
B dello Yemen
C dell'Algeria
D dello Sri Lanka
E del Vietnam

3366 Alla fondazione di quale dei seguenti enti pubblici è legato il nome di Enrico Mattei?

A INAIL
B IRI
C ENI
D ENEL
E INPS

3367 In una pinacoteca si trovano:

A libri
B quadri
C vini
D armi
E monete

3368 "Voi semplici amanti / che a donne credete, / son tutte incostanti: / l'esempio vedete, / specchiatevi in me." Giambattista Casti, *Il re Teodoro in Venezia*, Atto II, scena VII. Di che versi si tratta?

A Senari
B Settenari
C Endecasillabi
D Esametri
E Alessandrini

3369 Quale delle seguenti città fu il principale centro di diffusione del Barocco?

A Roma
B Firenze
C Parigi
D Amsterdam
E Londra

3370 La sua tattica prudente e attendista nei confronti di Annibale, ormai assai prossimo a Roma, gli valse l'appellativo di Temporeggiatore. Si tratta di:

A Publio Cornelio Scipione
B Terenzio Varrone
C Emilio Paolo
D Quinto Fabio Massimo
E Attilio Regolo

3371 Quale regista nordamericano ha scritto e diretto il film *Manhattan*?

A Altman
B Allen
C Coppola
D Scorsese
E Jarmush

3372 Quale tra le seguenti è una celebre opera di Max Weber?

A *Introduzione alla scienza del capitalismo*
B *L'etica protestante e lo spirito del capitalismo*
C *Corso di filosofia protestante*
D *Il tramonto dell'occidente*
E *La scienza occulta*

3373 Il Trattato di Uccialli fu firmato dall'Italia con:

A l'Albania
B la Somalia
C l'Etiopia
D l'Eritrea
E la Libia

3374 Con l'espressione "sostanza inquinante" si intende una sostanza:

A che altera l'equilibrio naturale
B nociva solo per l'uomo
C nociva solo per i vegetali
D nociva per animali e uomo
E che si diffonde solo nell'aria

3375 Standando alla Bibbia, il patriarca Abramo era originario della città di:

A Ninive
B Tebe
C Babilonia
D Ur
E Tiro

3376 Quale delle seguenti affermazioni è scorretta?

A Chi è stato Presidente della Repubblica può rinunciare alla carica di senatore a vita
B Chi ha 41 anni può partecipare all'elezione dei senatori
C Chi è stato deputato può essere senatore
D I senatori a vita non possono essere ministri
E I senatori a vita fanno parte del Parlamento in seduta comune

3377 A quale scrittrice italiana del XX secolo si deve il romanzo *La storia*?

A Maraini
B Mazzucco
C Morante
D Mazzantini
E Ginzburg

3378 Nel corso del XX secolo la Germania è stata per alcuni decenni divisa in due Repubbliche?

A No
B Sì, durante la guerra fredda
C Sì, alla fine del Secondo Reich
D Sì, tra le due guerre mondiali
E Sì, negli anni del Terzo Reich

3379 In quale Paese c'è stato il sanguinario regime di Pol Pot (1975-79)?

A Laos
B Vietnam
C Cambogia
D Birmania
E Thailandia

3380 Quale dei seguenti gerarchi fascisti non morì durante la seconda guerra mondiale o in seguito al crollo del regime?

A Italo Balbo
B Dino Grandi
C Alessandro Pavolini
D Achille Starace
E Galeazzo Ciano

3381 Quale dei seguenti registi italiani ha tratto un film dal romanzo *Io non ho paura* di Niccolò Ammaniti?

A Placido
B Sorrentino
C Salvatores
D Faenza
E Monicelli

3382 A quale scrittore italiano del Novecento si deve il ciclo narrativo *Il romanzo di Ferrara*?

A Bassani
B Bevilacqua
C Bellonci
D Buzzati
E Baricco

3383 A quale dei seguenti scrittori francesi del XX secolo si deve il romanzo *La nausea*?

A Bataille
B Sartre
C Camus
D Sagan
E Gide

3384 Che cosa si intende per "golfo mistico"?

A Il luogo dove avvenne la conversione di San Paolo
B Un'insenatura presso Santa Monica (Usa)
C La buca orchestrale modificata da Richard Wagner
D Un sinonimo di Golfo Persico
E Il luogo d'ispirazione per i poeti romantici

3385 Quale tra le seguenti alternative presenta in sequenza un'isola, una penisola e uno stretto?

A Sicilia, Italia, Dardanelli
B Caprera, Gibilterra, Danimarca
C Peloponneso, Rodi, Manica
D Elba, Bocche di Bonifacio, Ustica
E Gibilterra, Italia, Sicilia

3386 Indicare l'alternativa in cui compaiono i corretti abbinamenti Stato-capitale.

A Bolivia-Montevideo; Portogallo-Lisbona; Marocco-Algeri; Albania-Tirana; Uruguay-La Paz
B Bolivia-La Paz; Portogallo-Madrid; Marocco-Casablanca; Albania-Skopije; Uruguay-Quito
C Bolivia-Caracas; Portogallo-Oporto; Marocco-Tetouan; Albania-Belgrado; Uruguay-Buenos Aires
D Bolivia-La Paz; Portogallo-Lisbona; Marocco-Rabat; Albania-Tirana; Uruguay-Montevideo
E Bolivia-Lima; Portogallo-Cadice; Marocco-La Mecca; Albania-Kyoto; Uruguay-La Paz

3387 Individuare il termine "estraneo" al gruppo:
Baleari; Canarie; Cicladi; Egadi; Eolie.

A Baleari
B Canarie
C Cicladi
D Egadi
E Eolie

3388 Quale delle seguenti città NON è capitale di uno Stato?

A Dresda
B Giacarta
C Mogadiscio
D Il Cairo
E Tallin

3389 Negli anni Venti del XX secolo la "Spagnola" fu in Europa la causa prima di un numero di morti addirittura superiori a quello avutosi nella grande guerra. Si trattò di un'epidemia di:

A colera
B influenza
C AIDS
D lue
E tifo

CONOSCENZE E COMPETENZE

3390 La bandiera dell'Unione europea rappresenta un cerchio di ... stelle dorate su sfondo blu (si completi con l'opzione CORRETTA).

A 10
B 25
C 15
D 12
E 20

3391 In che anno e in quale occasione in Italia, per la prima volta, votarono le donne?

A Nel 1946 in occasione delle elezioni amministrative
B Nel 1946 in occasione del referendum istituzionale per decidere tra monarchia e repubblica
C Nel 1946 in occasione delle elezioni per la Costituente
D Nel 1919 in occasione delle elezioni politiche col sistema proporzionale
E Nel 1913 in occasione delle elezioni politiche

3392 Si colga l'UNICA incongruenza.

A D'Annunzio/Decadentismo
B Flaubert/Naturalismo
C Byron/Romantismo
D Goethe/Simbolismo
E Hölderlin/Romanticismo

3393 Supponendo di levarci in volo dall'Indonesia e di seguire la linea dell'Equatore in direzione Ovest, quali oceani sorvoleremo in successione?
Si scelta LA SEQUENZA CORRETTA.

A Indiano, Atlantico, Pacifico
B Atlantico, Pacifico, Indiano
C Atlantico, Indiano, Pacifico
D Indiano, Pacifico, Atlantico
E Pacifico, Indiano, Atlantico

3394 In base all'art. 102 della Costituzione italiana, la funzione giurisdizionale è esercitata:

A dal governo
B dalla magistratura
C da entrambi i precedenti collegialmente
D dalla polizia giudiziaria
E dal parlamento

3395 La Sila si trova in:

A Puglia
B Campania
C Sicilia
D Calabria
E Sardegna

3396 Nel 1992 si è celebrato il quarto centenario della morte del saggista francese autore degli *Essais* (*Saggi*). Qual è il suo nome?

A Rousseau
B Voltaire
C Montaigne
D Robespierre
E Baudelaire

3397 La Seconda Guerra Mondiale terminò, dopo l'esplosione delle bombe atomiche su Nagasaki e Hiroshima, con la resa del Giappone. Quale generale americano accettò tale resa?

A Mc Arthur
B Eisenhower
C Patton
D Clark
E Marshall

3398 Il Ruwenzory è una catena montuosa:

A dell'Africa
B dell'America del Sud
C dell'Asia
D dell'Australia
E russo-polacca

3399 Quale dei seguenti pittori appartiene all'impressionismo?

A Cézanne
B Klimt
C Fragonard
D Botero
E Paolo Uccello

3400 Quale di queste nazioni non fa parte del G8?

A Canada
B Russia
C Giappone
D Italia
E Norvegia

PARTE QUINTA

3401 Nel corso del secolo XX l'astrattismo via via impostosi in pittura è stato accompagnato da una visione dell'arte di tipo:

A concettuale
B emozionale
C narrativa
D mistica
E sociale

3402 Il passo seguente costituisce l'esordio del primo capitolo di quale opera?

«Ero stato catturato dalla milizia fascista il 13 dicembre 1943. Avevo ventiquattro anni, poco senno, nessuna esperienza, e una decisa propensione, favorita dal regime di segregazione a cui da quattro anni le leggi razziali mi avevano ridotto, a vivere in un mio mondo scarsamente reale, popolato da civili fantasmi cartesiani, da sincere amicizie maschili e da amicizie femminili esangui. Coltivavo un moderato e astratto senso di ribellione.

Non mi era stato facile scegliere la via della montagna, e contribuire a mettere in piedi quanto, nella opinione mia e di altri amici poco più esperti, avrebbe dovuto diventare una banda partigiana affiliata a "Giustizia e libertà"».

A Primo Levi, *Se questo è un uomo*
B Cesare Pavese, *Il compagno*
C Elio Vittorini, *Il garofano rosso*
D Italo Calvino, *Il sentiero dei nidi di ragno*
E Giorgio Bocca, *Storia dell'Italia partigiana*

3403 Quale dei seguenti golfi europei è situato più a nord?

A Golfo di Genova
B Golfo di Biscaglia
C Golfo di St. Malo
D Golfo di Cadice
E Golfo di Guinea

3404 La città di Samarcanda si trova in:

A Uzbekistan
B Russia
C Turchia
D Iran
E nessun posto, è un luogo di fantasia

3405 Il primo imperatore del Sacro Romano Impero fu:

A Carlo V
B Ottone I
C Federico I
D Carlo Magno
E Massimiliano I

3406 Quale, tra le seguenti opere, fu scritta per prima?

A *Orlando furioso*
B *Il Principe*
C *La Locandiera*
D *Il giorno della civetta*
E *Decameron*

3407 Le miniere di carbone del Sulcis sono nella regione:

A Sicilia
B Sardegna
C Veneto
D Calabria
E Umbria

3408 Quale abbinamento tra autore e opera teatrale È ERRATO?

A *Il rinoceronte* – Ionesco
B *Vita di Galileo* – Brecht
C *Enrico IV* – Pirandello
D *Il postino* – Neruda
E *Il gabbiano* – Cechov

3409 Quale dei seguenti animali è estinto?

A Dodo
B Ornitorinco
C Panda gigante
D Gorilla di montagna
E Iguana

CONOSCENZE E COMPETENZE

3410 Quale degli eventi della guerra in Iraq (2003-2011), a cui hanno dato ampia risonanza giornali e televisioni, NON è CORRETTO?

- A Bassora è stata occupata da un contingente prevalentemente costituito da militari inglesi
- B Bassora è stata occupata da truppe giapponesi durante una rivolta degli Sciiti contro le truppe governative
- C Tra le truppe operanti in Iraq durante il conflitto era presente un piccolo contingente polacco
- D I Curdi del nord dell'Iraq hanno attivamente collaborato con le truppe della coalizione
- E Tikrit è stata occupata dalle truppe della coalizione successivamente a Baghdad

3411 *La coscienza di Zeno* di Italo Svevo è:

- A la storia di una conversione religiosa
- B la storia di un uomo che sceglie di chiudersi in un eremo per meditare sulla sua vita
- C il romanzo che affronta, per la prima volta in Italia, il tema della psicanalisi
- D una raccolta di liriche accomunate dal tema dell'introspezione

3412 Con la riforma elettorale del 1912, che introduceva in Italia il suffragio universale maschile, a quale percentuale dell'intera popolazione venne concesso il diritto di voto?

- A 24%
- B 34%
- C 44%
- D 54%
- E 64%

3413 La sigla NAS indica:

- A una compagnia assicurativa
- B una società di navigazione
- C una agenzia di stampa
- D un nucleo antisofisticazione
- E un nucleo antievasione fiscale

3414 La teoria eliocentrica di Galileo Galilei fu condannata:

- A dall'Ordine dei Medici
- B dal Senato Romano
- C dal Sant'Uffizio
- D dall'Alma mater Studiorum di Bologna
- E dalla Geographical Society of London

3415 Negli anni tra le due grandi guerre Forte dei Marmi d'estate diventava un cenacolo di intellettuali, le cui vacanze erano definite "ferie letterarie". In quel clima Leonida Repaci, con i Bompiani, i Piovene, i Bellonci etc. istituì nel 1929 il premio:

- A Strega
- B Campiello
- C Bocca di Magra
- D Firenze letteraria
- E Viareggio

3416 Da quali Paesi fu stipulato il Patto d'Acciaio (1939)?

- A Austria e Germania
- B Italia e Germania
- C Olanda e Francia
- D Gran Bretagna e Francia
- E Spagna e Francia

3417 Quale presidente del Consiglio italiano fu accusato dallo storico Salvemini di essere "il ministro della malavita"?

- A Crispi
- B Depretis
- C Giolitti
- D Di Rudinì
- E Nitti

3418 Con quale dei seguenti Stati NON confina l'Iraq?

- A Turchia
- B Iran
- C Kuwait
- D Israele
- E Giordania

3419 Le *Langhe* sono:

- A colline del Veneto
- B una regione fisica del Piemonte
- C paludi del Veneto
- D spiagge della Toscana
- E pianure del Veneto

PARTE QUINTA

3420 Indicare quale/i, tra le proposizioni riportate di seguito – tratte e rielaborate da *Enciclopedia Garzanti di filosofia* – attiene/attengono alla definizione del termine "panteismo".

1. **Indica che Dio include in sé il mondo ma ne sostiene anche la sua irriducibilità al mondo stesso. Questo temine viene usato per indicare la visione bipolare della divinità: Dio è l'essere assoluto-relativo, necessario-contingente, infinito-finito.**
2. **Hegel ne è l'ultimo, più illustre e più coerente rappresentante, sostenitore dell'unità di finito e infinito, mondo e Dio, nel senso che il movimento dialettico del reale è manifestazione della totalità razionale.**
3. **Si affermò nei secoli XVII-XVIII, di origine inglese si diffuse poi in Francia e in Germania. Pascal usa la parola in un significato specifico, contrapponendola anche a cristianesimo. Si deve pensare il divino solo con gli attributi che ci indica la religione naturale.**
4. **Dottrina secondo cui la materia è in se stessa dotata di vita, senza che intervengano principi animatori estrinseci.**
5. **Il mondo e la sostanza divina si identificano nell'unità "geometrica" di un ordine di cui le cose e gli esseri singoli sono puri "modi" transeunti.**

A Solo la 2
B La 3. e la 4.
C La 2., la 4. e la 5.
D Solo la 3.
E La 2. e la 5.

3421 In quale anno entrò in vigore il codice penale Zanardelli, che abolì in Italia la pena di morte?

A Nel 1915
B Nel 1890
C Nel 1875
D Nel 1928
E Nel 1901

3422 Che cosa è l'estetica?

A La teoria del bello e dell'arte
B L'aspetto esteriore
C L'eleganza
D L'opposto dell'etica
E L'arte del trucco

3423 Quale fu, agli inizi del XX secolo, la città centro di riferimento dell'arte europea?

A Londra
B Parigi
C Roma
D Amsterdam
E Milano

3424 A norma della Costituzione italiana, relativamente alla gestione delle aziende, i lavoratori:

A devono partecipare al controllo gestionale, in quanto la proprietà dei mezzi di produzione spetta a chi lavora
B hanno il divieto di parteciparvi
C devono collaborare in posizione paritaria rispetto ai datori di lavoro, con modalità determinate dalla legge e dalla contrattazione collettiva
D hanno diritto a collaborare, nei modi e nei limiti stabiliti dalla legge, in armonia con le esigenze della produzione
E hanno diritto a collaborare, nei modi e nei limiti stabiliti dalla legge, in armonia con le esigenze della produzione, se sono più di 40

3425 Il centro irradiatore della cultura ellenistica fu:

A Atene
B Argo
C Alessandria d'Egitto
D Cartagine
E Costantinopoli

CONOSCENZE E COMPETENZE

3426 Con il termine Neorealismo si definisce:

A una corrente culturale, attiva al principio del XX secolo, che privilegiò quale strumento conoscitivo della realtà, il sentimento

B un clima culturale caratterizzato da un forte legame con le vicende contemporanee e da un notevole impegno sociale e politico dello scrittore e dell'artista in genere, attiva negli anni Cinquanta del Novecento

C una posizione culturale caratterizzata dalla centralità della riflessione sulla comunicazione

D un movimento culturale e filosofico ottocentesco di matrice romantica

E un indirizzo poetico fondato sulla ripresa dei miti classici, che ebbe pieno sviluppo nella prima metà del XIX secolo

3427 Con il primo "Manifesto Surrealista" scritto dal poeta André Breton nel 1924, nasce ufficialmente a Parigi il movimento surrealista. Quale tra i seguenti pittori è un esponente di questo movimento?

A Salvador Dalí

B Pablo Picasso

C Marc Chagall

D Carlo Carrà

E George Grosz

3428 Galileo Galilei fu processato e condannato dal Sant'Uffizio nel 1633 con l'accusa di "eresia" per aver sostenuto le concezioni astronomiche copernicane contro quelle tolemaico-aristoteliche, pubblicando il *Dialogo sopra i massimi sistemi del mondo* (1632). Quando e quale papa ha ritirato tale condanna della Chiesa Cattolica?

A Giovanni XXIII, nel 1963, in occasione del Concilio Vaticano II

B Giovanni Paolo II, nel 1992, con una revisione del processo a Galileo

C Urbano VIII, nel 1640, quando seppe che Keplero aveva riconosciuto l'importanza delle scoperte di Galileo

D Pio XI, nel 1929, con i Patti Lateranensi

E Benedetto XIV, nel 1757, con la riabilitazione della figura di Galileo da parte della Congregazione del Sant'Uffizio

3429 Nel discorso storiografico ci si imbatte frequentemente nell'espressione «messa all'Indice» con la quale s'intende fare allusione propriamente:

A a un autodafé, vale a dire a un solenne pronunciamento dell'Inquisizione

B alla retrocessione per disonore di un funzionario regio

C all'inclusione di un qualche testo in un elenco di libri proibiti

D all'inserimento di una qualche iniziativa in un elenco di punti programmatici

E a un'accusa formalmente rivolta nel corso di un processo a un imputato

3430 Nel 1823, in un celebre messaggio al Congresso degli Stati Uniti d'America, annunciò un decisivo cambiamento di rotta (riassumibile nello slogan «l'America agli americani») della politica statunitense nei confronti dell'intero continente, che da allora innanzi sarebbe stato posto al riparo da ogni interferenza europea. Si trattava del presidente:

A James Madison

B John Adams

C Thomas Jefferson

D James Monroe

E Abraham Lincoln

3431 A norma della Costituzione italiana, i cittadini a cui sono affidate funzioni pubbliche devono prestare giuramento?

A Sì, sempre

B No, mai

C Nei casi stabiliti dalla legge

D Sì, a meno che il loro credo religioso lo impedisca

E Solo se sono minorenni

3432 Che cos'è un dolmen?

A Un monumento megalitico preistorico

B Un mantello da signora con cappuccio

C Una razza canina

D Uno strumento musicale

E Una giacca lunga e attillata

Leggere il brano e rispondere alla seguente domanda

L'«era Meiji» – inaugurata nel 1868 – non rappresentò solo un fenomeno di reazione tradizionalista contro la penetrazione straniera formalmente riconosciuta con la firma dei «trattati ineguali». Fu soprattutto un'autentica «rivoluzione dall'alto» che non vide la partecipazione attiva delle masse popolari. Furono gli stessi ceti dominanti a spogliarsi delle proprie prerogative feudali per assumere il ruolo di un'efficiente classe dirigente capace di proiettare il paese verso quella modernizzazione a tappe forzate che appariva condizione imprescindibile per far fronte alla minaccia rappresentata dalle potenze occidentali.

3433 L'«era Meiji» segnò profondamente la storia di uno dei seguenti paesi: quale?

A Corea
B Vietnam
C Giappone
D Cina
E India

3434 Diversamente dagli altri quattro, UNO dei seguenti personaggi storici NON fu un famoso capitano di ventura: chi?

A Braccio da Montone
B Muzio Attendolo Sforza
C Bartolomeo Colleoni
D Cola di Rienzo
E Gattamelata

3435 Fra le competenze di un sindaco, nella sua duplice veste di organo dell'amministrazione comunale e di ufficiale di governo, NON rientra UNA delle seguenti funzioni. Quale?

A Responsabilità sull'ordine pubblico nel suo Comune
B Disciplinamento e controllo dell'operato del prefetto nel suo Comune
C Ufficiale dello stato civile
D Nomina degli assessori
E Convocazione e presidenza della Giunta

3436 Si individui la coppia INCOERENTE:

A Newton / caduta dei gravi
B Einstein / relatività
C Galileo / metodo sperimentale
D Plank / teoria quantistica
E Fermi / teoria dei giochi

3437 La Rivoluzione industriale inglese, che si profilò nella seconda metà del XVIII secolo, affermò nella prima metà del secolo successivo il protagonismo di una delle seguenti forze motrici: quale?

A Motore a scoppio
B Vento
C Acqua
D Elettricità
E Macchina a vapore

3438 Tenendo presente che A = emisfero australe e B = emisfero boreale, si individui l'unica attribuzione ERRATA.

A Isole Hawaii/B
B Isole Falkland (Malvine)/B
C Nuova Zelanda/A
D Islanda/B
E Madagascar/A

3439 Tra i capolavori novecenteschi della letteratura in lingua russa spicca *Il maestro e Margherita*, romanzo scritto da:

A Pasternak
B Cechov
C Bulgakov
D Gorkij
E Solzenicyn

3440 Tra i capolavori novecenteschi della letteratura in lingua russa spicca *Il dottor Zivago*, romanzo scritto da:

A Solženicyn
B Pasternak
C Majakovsky
D Erenburg
E Evtušenko

3441 La sigla CNEL significa:

A Consiglio Nazionale Economia e Lavoro
B Consiglio Nazionale degli Enti Locali
C Conferenza Nazionale Energia e Lavoro
D Consiglio Nazionale Enti dei Lavoratori
E Conferenza Nazionale Esaminatori del Lavoro

CONOSCENZE E COMPETENZE

3442 Le curve rappresentate nella cartografia ufficiale, come nell'immagine, sono denominate:

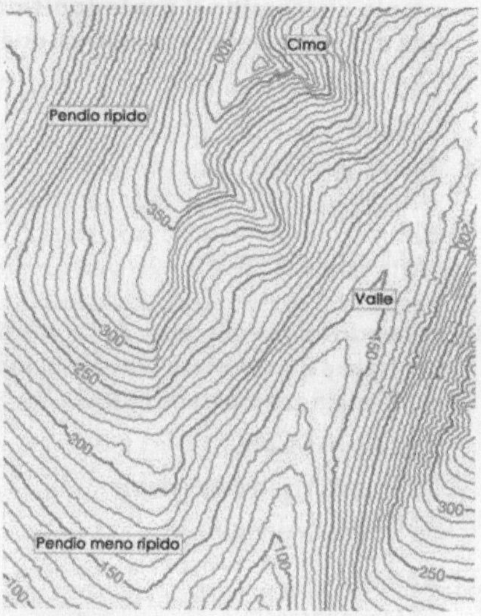

- A isobare
- B isoipse
- C isogone
- D isocrone
- E isoglosse

3443 Quale tra le seguenti opere narrative del Novecento americano NON è stata scritta da Henry Miller (1891-1980)?

- A *Nexus*
- B *Sexus*
- C *Tropico del Cancro*
- D *Tropico del Capricorno*
- E *Il nudo e il morto*

3444 Il poeta e premio Nobel Pablo Neruda (1904-73) era di nazionalità:

- A spagnola
- B cilena
- C colombiana
- D argentina
- E peruviana

3445 I romanzi d'avventure e pirati dello scrittore Emilio Salgari furono pubblicati per la prima volta:

- A dopo il 1911
- B durante il Ventennio fascista
- C prima del 1911
- D durante la Resistenza
- E durante il Risorgimento

3446 Le isole Fær Øer sono sotto sovranità:

- A norvegese
- B svedese
- C finlandese
- D islandese
- E danese

3447 Aldo Moro fu ucciso nel:

- A 1970
- B 1981
- C 1983
- D 1978
- E 1968

3448 L'*Encyclopédie* è stata scritta in Francia:

- A durante il Rinascimento
- B durante il Medio Evo
- C alla fine del XIX secolo
- D dopo l'avvento di Internet
- E nel XVIII secolo

3449 Intellettuale di ispirazione federalista, l'uomo politico italiano Carlo Cattaneo visse durante:

- A il fascismo
- B il Risorgimento
- C l'età liberale
- D l'età repubblicana
- E la guerra fredda

3450 Nato in Boemia nel 1929, da anni residente in Francia, autore del bestseller *L'insostenibile leggerezza dell'essere*. Si tratta di:

- A Suskind
- B Grass
- C Kundera
- D Hrabal
- E Mo Yan

3451 La battaglia di Caporetto ebbe luogo nel corso della:

- A prima guerra mondiale
- B seconda guerra mondiale
- C seconda guerra di indipendenza
- D prima guerra di indipendenza
- E età dei Comuni

3452 Alfred Bernhard Nobel, che istituì il celebre premio, fu:

- A scrittore, autore del romanzo *Il signore degli anelli*
- B chimico, inventore della dinamite
- C astronomo, scopritore di Urano
- D medico, scopritore della penicillina
- E archeologo, il primo a interpretare i geroglifici della Stele di Rosetta

3453 L'opera dell'Accademia della Crusca ancora oggi tende a tutelare la lingua italiana in ambito:

- A agricolo
- B dietetico
- C farmaceutico
- D politico
- E letterario

3454 La Commissione europea è:

- A responsabile politicamente davanti al Parlamento Europeo che può destituirla
- B eletta direttamente dai membri del Parlamento Europeo
- C eletta direttamente dai cittadini degli Stati membri dell'Unione Europea
- D un organo consultivo composto dai rappresentanti degli enti locali e regionali degli Stati membri dell'Unione Europea
- E l'unica istituzione dell'Unione Europea preposta al controllo dell'applicazione del diritto comunitario

3455 La guerra di Troia venne combattuta nel periodo della civiltà:

- A micenea
- B minoica
- C dorica
- D alessandrina
- E araba

3456 Nell'abbinamento tra alcuni classici del cinema, più o meno recenti, e i loro registi, c'è un errore. Individuatelo:

- A *Psyco* – Spielberg
- B *Mediterraneo* – Salvatores
- C *Hannah e le sorelle* – Allen
- D *Metropolis* – Lang
- E *Il Gattopardo* – Visconti

3457 Le Isole Marianne si trovano:

- A nell'Oceano Pacifico
- B nell'Oceano Atlantico
- C nell'Oceano Indiano
- D nell'Oceano Artico
- E nel Mediterraneo

3458 Tra le caratteristiche di alcuni dei più celebri protagonisti della letteratura e della cinematografia poliziesca UNA NON CORRISPONDE alla "verità romanzesca" del personaggio: quale?

- A Montalbano ha una fidanzata di nome Angelica
- B Miss Marple lavora a maglia
- C Sherlock Holmes suona il violino
- D Poirot ha la testa a uovo e i baffi
- E Maigret fuma la pipa

3459 La Costituzione italiana definisce la famiglia una società:

- A legale
- B naturale
- C economica
- D spirituale
- E animale

3460 Quale dei seguenti luoghi è una penisola?

- A Shatt el Arab
- B Ararat
- C Socotra
- D Sinai
- E Aral

3461 "Gaetano Salvemini ne parlò come della conquista di uno "scatolone di sabbia"; Giovanni Pascoli le consacrò il discorso celebrativo *La grande proletaria s'è mossa*; fu promossa da Giolitti, nel tentativo di guadagnare consensi per la propria politica, sull'onda dell'opinione pubblica nazionalista". Si tratta di UNA delle seguenti imprese. Quale?

- A La conquista d'Etiopia
- B La conquista della Libia
- C La conquista dell'Algeria
- D La conquista della Tunisia
- E La conquista della Somalia

3462 Scegli la corretta sequenza cronologica tra i seguenti artisti:

A Bernini, Giotto, Fidia, Brunelleschi, Canova
B Brunelleschi, Canova, Giotto, Fidia, Bernini
C Fidia, Giotto, Brunelleschi, Bernini, Canova
D Canova, Giotto, Brunelleschi, Fidia, Bernini
E Giotto, Fidia, Bernini, Brunelleschi, Canova,

3463 I Maya erano un'antica popolazione:

A dell'Estremo Oriente
B del Medio Oriente
C dell'Africa Centrale
D dell'America
E dell'Australia

3464 Secondo la leggenda, fu allattato da una lupa:

A Attila
B Romolo
C Costantino
D Enea
E Zeus

3465 Quale tra le seguenti non era una moneta romana?

A Denario
B Asse
C Sesterzio
D Dracma
E Quadrante

3466 Quale dei seguenti territori non fu direttamente campo di battaglia delle guerre napoleoniche?

A Italia
B Inghilterra
C Francia
D Germania
E Spagna

3467 La Cattedrale di Monreale è un esempio di arte:

A gotica
B bizantina
C barocca
D romanica
E paleocristiana

3468 Scegliere l'alternativa che completa correttamente la seguente proposizione. Mulini a vento sono tutt'ora in funzione nelle saline tra Trapani e Marsala, in Camargue e nelle Cévennes, come in Olanda a Zaandam. Sono però stati celebrati da due personaggi ..., ..., usciti dalla penna di ...

A Don Chisciotte, Miguel Sanchez; Miguel Dominguin
B Don Chisciotte, Sancho Panza; Miguel de Cervantes
C Don Chisciotte, Miguel Sanchez; El Cid Campeador
D Don Chisciotte, El Cid Campeador; Miguel Dominguin
E Don Chisciotte, Miguel Sanchez; Julio Iglesias

3469 Chi era il leader del sindacato polacco Solidarność, fondato nel 1980?

A Jaruzelski
B Walesa
C Wyszynski
D Gierek
E Grabinsky

3470 Fra quelli proposti, l'indicatore più accurato del benessere economico di una popolazione è:

A il reddito medio pro capite
B il tasso di natalità
C il tasso di mortalità
D la durata media della vita
E il prodotto interno lordo

3471 Il primo sovrano che assunse il titolo di re d'Italia fu:

A Vittorio Emanuele II
B Umberto I
C Carlo Alberto di Savoia
D Amedeo di Savoia
E Alberto di Sardegna

3472 Cosa studia l'ecologia?

A Le condizioni dell'ambiente
B L'inquinamento dell'ambiente
C Le interazioni tra animali
D Le interazioni tra organismi viventi e l'ambiente
E Le abitudini e i modi di vita degli animali

3473 «Fu il 15 di giugno del 1767 che Cosimo Piovasco di Rondò, mio fratello, sedette per l'ultima volta in mezzo a noi. Ricordo come fosse oggi. Eravamo nella sala da pranzo della nostra villa d'Ombrosa, le finestre inquadravano i folti rami del grande elce del parco. Era mezzogiorno, e la nostra famiglia per vecchia tradizione sedeva a tavola a quell'ora, nonostante fosse già invalsa tra i nobili la moda, venuta dalla poco mattiniera Corte di Francia, d'andare a desinare a metà del pomeriggio. Tirava vento dal mare, ricordo, e si muovevano le foglie. Cosimo disse: "Ho detto che non voglio e non voglio!" e respinse il piatto di lumache. Mai s'era vista disubbidienza più grave».

Questo è l'incipit di:

A *Emile o Dell'educazione* di Rousseau

B *Il signore delle mosche* di William Golding

C *Il Barone rampante* di Italo Calvino

D *Il Gattopardo* di Giuseppe Tomasi di Lampedusa

E *Una vita* di Italo Svevo

3474 Chi esercita, nel nostro ordinamento, il potere legislativo?

A Il presidente della Repubblica

B Il Governo

C Il Parlamento

D Il popolo

E I partiti politici

3475 Quale dei seguenti personaggi greci è considerato il padre della medicina occidentale?

A Ippomene

B Erodoto

C Pisistrato

D Ippocrate

E Ipponatte

3476 A norma della Costituzione italiana, i cittadini devono concorrere alle spese pubbliche in:

A ugual misura

B ragione della propria ricchezza

C ragione della propria capacità contributiva

D ragione dell'utile che ciascuno ritrae dalla vita associata

E ragione dell'età

3477 Si identifichi la serie che dispone nella corretta successione storica le città che svolsero il ruolo di capitale del Regno d'Italia (1861-1946).

A Torino; Firenze; Roma

B Modena; Torino; Roma

C Bologna; Torino; Roma

D Firenze; Torino; Roma

E Torino; Milano; Roma

3478 L'operazione Baia dei Porci (1961), episodio cruciale della storia delle relazioni cubano-statunitensi, rimanda:

A all'ondata moralizzatrice che, orchestrata dal governo cubano, si abbattè sui costumi dei turisti USA ospiti delle spiagge dell'isola caraibica

B al trasferimento via mare nell'isola caraibica di missili nucleari sovietici e cinesi

C allo sbarco nell'isola caraibica di un contingente d'esuli cubani, organizzato dalla Cia in funzione anticastrista

D all'embargo decretato dal governo statunitense ai danni della zootecnia cubana

E ai rilevamenti spionistici effettuati lungo le coste cubane da speciali mezzi subaquei statunitensi

3479 Il G7 (Group of Seven) divenne G8 per l'aggiunta:

A della Cina

B del Canada

C dell'India

D del Brasile

E della Russia

CONOSCENZE E COMPETENZE

3480 La Repubblica Ceca, NON confina con UNO dei seguenti Stati: quale?

A Germania
B Belgio
C Austria
D Slovacchia
E Polonia

3481 A. Emilio Lussu – B. Erich Maria Remarque – C. Ernest Hemingway
1. *Addio alle armi* (1929) – 2. *Un anno sull'altipiano* (1938) – 3. *Niente di nuovo sul fronte occidentale* (1929)
Quale serie abbina correttamente i tre autori alle rispettive opere?

A A 1; B 2; C 3
B A 2; B 3; C 1
C A 2; B 1; C 3
D A 1; B 3; C 2
E A 3; B 1; C 2

3482 Lo schema che segue associa ad alcune delle più importanti divinità dell'antica religione greca olimpica la corrispondente "sfera di competenza". Si identifichi l'UNICO abbinamento ERRATO.

A Poseidone – mare; acque
B Ares – guerra
C Apollo – vino; ebbrezza sfrenata
D Atena – sapienza
E Artemide – boschi; caccia

3483 I musulmani rappresentano nel mondo il secondo gruppo religioso più numeroso e ammontano a circa 1,9 miliardi. Il loro credo, ..., è una religione ..., così come il cristianesimo e l'ebraismo. Questo significa che le radici delle tre confessioni sono profondamente intrecciate, tanto che tra loro presentano punti in comune e che i credenti riconoscono un unico vero Dio che si sarebbe rivelato ad Abramo.

Completare il testo con la coppia di termini corretta.

A il buddhismo / monoteista
B l'Islam / abramitica
C l'induismo / politeista
D lo shivaismo / intimista
E confucianesimo / animista

3484 Individua tra i filosofi proposti nelle alternative l'autore del celebre passo sotto riportato.

«Chiacchiera, curiosità ed equivoco caratterizzano il modo in cui l'Esserci è quotidianamente il suo "-ci" cioè l'apertura dell'essere-nel-mondo. Questi caratteri in quanto esistenziali non sono determinazioni semplicemente presenti nell'Esserci ma ne costituiscono l'essere. In essi e nella loro connessione ontologica si rivela quel modo fondamentale dell'essere della quotidianità che noi chiamiamo la *deiezione* dell'Esserci.»

A Bergson
B Nietzsche
C Sartre
D Heidegger
E Marcuse

3485 Delle seguenti cinque iniziative, una NON può essere attribuita a Pietro I il Grande, vale a dire al sovrano che rompendo il tradizionale isolamento della Russia, la aprì all'influenza politica e culturale dell'Occidente europeo. Individuatela.

A Introduzione dell'obbligo di radere la barba
B Fondazione di San Pietroburgo
C Assunzione di tecnici specializzati stranieri
D Affermazione militare contro la Svezia
E Rafforzamento del patriarcato ortodosso

3486 «È il giornalista che commenta eventi politici o di costume in trasmissioni televisive». A. Grasso, *Storia della televisione. Vol. II: dizionario dei personaggi; glossario dei termini tecnici e gergali*, Garzanti, 1998, p. 410.
La definizione si riferisce ad UNA delle seguenti figure. Quale?

A Cronista
B Memorialista
C Opinionista
D Inviato speciale
E Mezzobusto

3487 L'abaco era uno strumento usato dagli antichi popoli mediterranei e orientali per effettuare calcoli elementari. Andò in disuso circa nel secolo XIII con l'introduzione delle cifre arabe. Quale fu la novità che permise al sistema delle cifre arabe di soppiantare vantaggiosamente e definitivamente l'uso dell'abaco o dei "numeri d'abaco" originali dell'India?

A Con l'abaco non si poteva eseguire la moltiplicazione
B L'introduzione della cifra "zero"
C Le cifre sostituivano molto bene e con vantaggio i "sassolini" nelle caselle dell'abaco
D Gerberto d'Aurillac (Papa Silvestro II) ordinò la sostituzione dell'abaco con gettoni incisi con le cifre
E Le cifre arabe permettevano la scrittura posizionale dei numeri

3488 Il più famoso e cosmopolita letterato argentino del Novecento, nato nel 1899 e morto nel 1986, cieco per buona parte della sua vita, fu:

A Cortázar
B Amado
C Soriano
D Borges
E Puig

3489 In quale città si trova la celebre piazza di Campo dei Fiori?

A Pisa
B Roma
C Firenze
D Siena
E Perugia

3490 Nel settembre 1945 fu resa nota la capitolazione:

A sovietica
B russa
C giapponese
D cino-coreana
E nazista

3491 Chi è il regista del film *Il dottor Stranamore*?

A Oliver Stone
B Stanley Kubrick
C Mario Monicelli
D Quentin Tarantino
E Federico Fellini

3492 In quale anno cominciò l'occupazione della penisola iberica da parte degli Arabi?

A 711
B 934
C 832
D 690
E 1492

3493 Indicare la giusta successione cronologica dei seguenti avvenimenti:

A marcia su Roma, "Leggi speciali", elezioni politiche del 1924, assassinio Matteotti
B marcia su Roma, elezioni politiche del 1924, assassinio Matteotti, "Leggi speciali"
C elezioni politiche del 1924, "Leggi speciali", marcia su Roma, assassinio Matteotti
D marcia su Roma, elezioni politiche del 1924, "Leggi speciali", assassinio Matteotti
E "Leggi speciali", marcia su Roma, elezioni politiche del 1924, assassinio Matteotti

3494 Ai primi del Novecento due nuove grandi potenze emersero sulla scena internazionale; si trattò di:

A Giappone e USA
B Italia e Giappone
C Cina e Giappone
D Germania e Russia
E USA e Argentina

3495 In quale anno è stato firmato a Roma il trattato istitutivo della Comunità Economica Europea (CEE)?

A 1964
B 1956
C 1969
D 1957
E 1933

CONOSCENZE E COMPETENZE

3496 In quale secolo visse Archimede?

- A Nel V secolo a.C.
- B Nel I secolo a.C.
- C Nel I secolo d.C.
- D Nel III secolo a.C.
- E Nel II secolo d.C.

3497 Non era una città etrusca:

- A Populonia
- B Salerno
- C Capua
- D Cuma
- E Chiusi

3498 Chi, secondo la Costituzione, può essere eletto presidente della Repubblica?

- A Ogni cittadino che sia stato eletto deputato per almeno tre anni consecutivi
- B Solo i candidati che abbiano raccolto 50.000 preferenze
- C Solo i parlamentari della legislatura in corso
- D Ogni cittadino che abbia compiuto cinquant'anni di età e goda dei diritti civili e politici
- E Ogni cittadino che goda dei diritti elettorali attivi e passivi

3499 Quale dei seguenti territori non fu direttamente campo di battaglia delle guerre napoleoniche?

- A Grecia
- B Olanda
- C Russia
- D Austria
- E Egitto

3500 Il termine "demanio pubblico" indica:

- A il complesso di beni di proprietà pubblica
- B ciò che è di pubblico dominio
- C il patrimonio affidato alla tutela delle forze armate
- D il catasto
- E il Tesoro

3501 In quale dei seguenti Paesi c'è stata la Rivoluzione dei Garofani?

- A Cecoslovacchia
- B Portogallo
- C Polonia
- D Spagna
- E Grecia

3502 Quale tra le seguenti è la regina salita sul trono britannico nel 1952?

- A Elisabetta I
- B Elisabetta II
- C Vittoria II
- D Sofia
- E Margaret

3503 In base alla Costituzione Italiana, il Governo:

- A deve ottenere la fiducia di almeno una delle due Camere entro dieci giorni dalla sua formazione
- B è tenuto a dimettersi quando entrambe le Camere esprimono un voto contrario a una proposta del governo stesso
- C può essere sfiduciato anche da una sola Camera
- D può essere sfiduciato dal presidente della Repubblica
- E deve chiedere la fiducia non prima di dieci giorni dalla sua formazione

3504 A quale pittore spagnolo dell'età barocca si deve il celebre *Ritratto di Papa Innocenzo X* ripreso nel Novecento da Bacon?

- A Zurbaran
- B Velásquez
- C Ribera
- D Murillo
- E Mora

3505 Quale dei seguenti NON è il nome di un vulcano?

- A Kilawuea
- B Annapurna
- C Etna
- D Krakatoa
- E Pelée

3506 Abbinare correttamente Stati e capitali.

1. Sudan	**a. Kampala**
2. Camerun	**b. Yaoundé**
3. Uganda	**c. Khartoum**
4. Ciad	**d. N'Djamena**

A 1b, 2c, 3d, 4a
B 1c, 2b, 3a, 4d
C 1a, 2d, 3c, 4b
D 1c, 2a, 3b, 4d
E 1d, 2a, 3b, 4c

3507 Quale di questi personaggi è fuori tempo rispetto agli altri quattro?

A Giuseppe Mazzini
B Vincenzo Gioberti
C Ippolito Nievo
D Carlo Cattaneo
E Giovanni Gentile

3508 Nel *Saggio sul principio di popolazione* (1798) si traevano fosche previsioni circa il destino dell'umanità dalla constatazione che, mentre la popolazione aumenta in progressione geometrica (2, 4, 8, 16 ...) i prodotti agricoli si incrementano in progressione aritmetica (1, 2, 3, 4...). L'autore del testo è:

A Marie Jean Antoine Nicolas de Caritat, marchese di Condorcet
B Richard Cobden
C William Godwin
D Thomas Robert Malthus
E Robert Owen

3509 Chi era Guglielmo Oberdan?

A Un eroe della prima guerra mondiale
B L'irredentista che progettò l'assassinio di Francesco Giuseppe
C Un martire delle repressioni immediatamente successive al 1848
D Uno dei Martiri di Belfiore
E L'anarchico che attentò alla vita di Napoleone III

3510 Quale tra i seguenti, vissuti tra il 1859 e il 1941, NON HA NULLA A CHE FARE con l'evoluzionismo?

A Charles Darwin
B Herbert Spencer
C Roberto Ardigò
D Søren Kierkegaard
E Henry Bergson

3511 Il romanzo *Va' dove ti porta il cuore* è stato scritto da:

A Stefano Benni
B Federico Moccia
C Oriana Fallaci
D Daniel Pennac
E Susanna Tamaro

3512 Che cosa indica il tasso di urbanizzazione?

A Il rapporto fra la popolazione urbana e quella residente in campagna
B I movimenti migratori dalla campagna alla città
C I movimenti migratori dalla città alla campagna
D Il rapporto tra la popolazione urbana di due diversi Paesi
E Il rapporto fra la popolazione urbana e quella totale residente in un determinato territorio

3513 "Il nome del movimento deriva da quello di un lavoratore, figura forse mitica, che per primo avrebbe distrutto un telaio: fatto sta che al suo gesto s'ispirarono numerosi epigoni che, reagendo ai cambiamenti introdotti dalla Rivoluzione industriale, distrussero o sabotarono numerose macchine, considerate responsabili del peggioramento delle loro condizioni di lavoro e di vita." Si tratta:

A del populismo
B dell'anarchismo
C dello stacanovismo
D del luddismo
E del nichilismo

3514 Chi ha affrescato la Cappella Sistina?

A Raffaello
B Michelangelo
C Caravaggio
D Brunelleschi
E Leonardo da Vinci

CONOSCENZE E COMPETENZE

3515 Quale fu la sorte dello zar Nicola II dopo la rivoluzione di Ottobre?

A Fu condannato all'ergastolo nelle carceri moscovite, dove morì

B Fu giustiziato

C Si salvò nascondendosi in un monastero ortodosso

D Fu deportato in un gulag

E L'esilio

3516 Genova, Amalfi, Pisa, Venezia, Napoli; chi è l'intrusa?

A Genova

B Napoli

C Amalfi

D Pisa

E Venezia

3517 Il premio Campiello è un riconoscimento assegnato a:

A studi statistici

B un elaborato scientifico

C una gara ciclistica

D un'opera letteraria

E un'opera cinematografica

3518 Una splendida, nuda figura femminile dall'espressione malinconica, in piedi sull'incavo d'una grande conchiglia galleggiante è sospinta dolcemente a riva, nel volteggiare di pallide rose, dai venti emessi da Zefiro e dalla ninfa Clori, mentre da terra le si protende incontro, per avvolgerla in un morbido mantello fiorito, la ninfa Ora. Si tratta di un'opera del penultimo decennio del XV secolo, particolarmente innovativa: tra le prime a rappresentare il tema mitologico con la medesima dignità, anche dimensionale (cm. 172.5 × 278,5), fino allora riservata alle pale a soggetto religioso. Ne siamo debitori a:

A Domenico del Ghirlandaio

B Antonello da Messina

C Piero della Francesca

D Andrea Mantegna

E Sandro Botticelli

3519 Quali furono le due Regioni italiane colpite nell'estate 2016 da un devastante sisma?

A Emilia-Romagna e Toscana

B Campania e Molise

C Marche e Lazioi

D Basilicata e Calabria

E Nessuna delle precedenti alternative è corretta

3520 Quale delle seguenti collocazioni geografiche è corretta?

A Limone Piemonte è in Piemonte

B S.Giuliano di Puglia è in Puglia

C Guardia Piemontese è in Piemonte

D Novi Ligure è in Liguria

E Roccapiemonte è in Piemonte

3521 Nell'*Oratio de hominis dignitate* (1486) l'autore scorgeva nella mancata predeterminazione divina delle prerogative dell'essere umano l'indizio dell'eccellenza dell'uomo, in quanto essere libero e chiamato a forgiarsi da sé, rispetto a ogni altra creatura. Si tratta di:

A Leon Battista Alberti

B Giannozzo Manetti

C Giovanni Pico della Mirandola

D Nicolò Cusano

E Marsilio Ficino

3522 Il nome di ... è attribuito anche a un gruppo di montagne che sorge nel ... d'Italia e precisamente nella Regione ... Come si completa il testo?

A Dolomiti / meridione / Basilicata

B Alpi / meridione / Calabria

C Appennini / settentrione / Valle d'Aosta

D Orobie / meridione /Puglia

E Retiche /centro / Campania

3523 In quale Paese europeo si trova la regione geografica della Dalmazia?

A Slovenia

B Serbia

C Italia

D Croazia

E Albania

PARTE QUINTA

3524 Affermò che la soggettività umana, in questa vita, può cogliere l'Infinito, l'Assoluto tramite lo strumento della ragione oppure, più caratteristicamente, tramite quelli del sentimento, della fede, dell'intuizione, della fantasia, dell'arte. Rivendicò il carattere spirituale della natura, il suo essere un tutto vivente, irriducibile agli schemi materialistico-meccanicistici. esaltò il patrimonio di lingua, di tradizioni, di cultura che conferisce a ciascun popolo la propria identità nazionale. Rivalutò, con esiti talora progressisti, talaltra conservatori, la storia come sviluppo continuo, necessario, provvidenziale, restituendo dignità ad ogni epoca del passato, in particolare al Medioevo.
Si tratta di UNO dei seguenti fenomeni culturali. Quale?

A Decadentismo
B Romanticismo
C Positivismo
D Classicismo
E Illuminismo

3525 Il riformatore Giovanni Calvino (1509-1564), lungamente attivo nella città di Ginevra, attribuiva particolare rilievo all'impegno profuso dai credenti nella dimensione professionale e sociale. Fare bene il proprio lavoro, ottenere riscontri incoraggianti, conseguire il successo economico, contribuire al benessere sociale, tutto ciò poteva essere interpretato, secondo Calvino, come:

A indizio del nostro progressivo allontanamento da Dio e del nostro convergere verso le cose mondane
B segno della nostra appartenenza alla schiera di coloro che Dio ha predestinato alla salvezza
C prova della nostra abdicazione all'egoismo e all'interesse personale a scapito dell'impegno altruistico
D manifestazione della congenita superbia dell'essere umano che lo porta a prevaricare il prossimo
E causa della nostra inclusione nella schiera di coloro che Dio destina alla salvezza

3526 Indica quale tra i seguenti corrisponde al logo dell'Organizzazione delle Nazioni Unite.

Logo 1

Logo 3

Logo 2

Logo 4

Logo 5

A Logo 5
B Logo 2
C Logo 4
D Logo 1
E Logo 3

3527 La Via Flaminia collegava:

A Roma e Rimini
B Roma e Napoli
C Roma e Milano
D Roma e Cartagine
E Milano e Torino

3528 In quale Regione italiana si trova La Maiella?

A Abruzzo
B Umbria
C Lazio
D Marche
E Puglia

3529 **L'UNESCO è un'organizzazione delle Nazioni Unite che si propone di:**
- A proteggere i rifugiati politici
- B promuovere l'economia di libero mercato
- C rafforzare la collaborazione tra le nazioni attraverso l'educazione, la scienza e la cultura
- D tutelare le risorse idriche dei popoli del Terzo mondo
- E limitare, in periodi di guerra, i danni alle popolazioni che vivono in territori minati

Leggere il brano seguente e rispondere alla relativa domanda

Sono finiti i nostri giochi... E come l'edificio senza base di quella visione, anche gli alti torrioni...e questo globo immenso dovrà disfarsi... e svanirà nell'aria senza lasciar fumo di sé. Noi siamo della stoffa di cui son fatti i sogni, e la nostra piccola vita è cinta di sonno.

......?......, *La tempesta*, atto V

3530 **L'opera da cui è tratta la citazione riportata è intitolata *La tempesta*. Chi ne è l'autore?**
- A Gabriele D'Annunzio
- B Miguel de Cervantes
- C William Shakespeare
- D Wolfgang Goethe
- E Calderon de la Barca

3531 **Riunificazione tedesca significa:**
- A prime elezioni libere nella Germania Est
- B unione delle due Germanie (RFT e RDT) dal punto di vista economico
- C unione delle due Germanie (RFT e RDT) in un unico Stato democratico
- D annessione della Repubblica federale alla Repubblica democratica tedesca
- E annessione della RDT alla RTF

3532 **Quale delle seguenti Regioni italiane è attraversata dal fiume Piave?**
- A Emilia-Romagna
- B Lombardia
- C Trentino-Alto Adige
- D Friuli-Venezia Giulia
- E Veneto

3533 **Quale dei seguenti uomini politici non fu mai Capo del Governo?**
- A Amintore Fanfani
- B Fernando Tambroni
- C Antonio Segni
- D Mario Scelba
- E Enrico De Nicola

3534 **Alcuni celebri personaggi sono stati separati dal loro autore: riuniteli scegliendo la combinazione giusta tra quelle proposte:**

1) Julien Sorel; 2) Dorian Gray; 3) Cosimo Rondò; 4) Tonio Kroger; 5) Leopold Bloom.

a) Thomas Mann; b) Stendhal; c); Oscar Wilde d) James Joyce e) Italo Calvino.
- A 1+c; 2+b; 3+e; 4+a; 5+d
- B 1+d; 2+c; 3+b; 4+a; 5+e
- C 1+a; 2+c; 3+e; 4+b; 5+d
- D 1+b; 2+c; 3+e; 4+a; 5+d
- E 1+d; 2+b; 3+e; 4+c; 5+a

3535 ***Il Conte di Carmagnola* è:**
- A un romanzo di Niccolò Tommaseo
- B una tragedia di Alessandro Manzoni
- C un romanzo di Massimo D'Azeglio
- D un poema cavalleresco ispirato al ciclo carolingio
- E un'opera lirica di Giuseppe Verdi

3536 **Chi era re d'Italia durante la prima guerra mondiale?**
- A Vittorio Emanuele II
- B Vittorio Emanuele III
- C Umberto I
- D Umberto II
- E Mussolini

3537 **Il Brasile raggiunse l'indipendenza nel 1822. Fino ad allora era stato una colonia:**
- A francese
- B spagnola
- C britannica
- D portoghese
- E olandese

3538 Osserva la carta e rispondi alla relativa domanda.

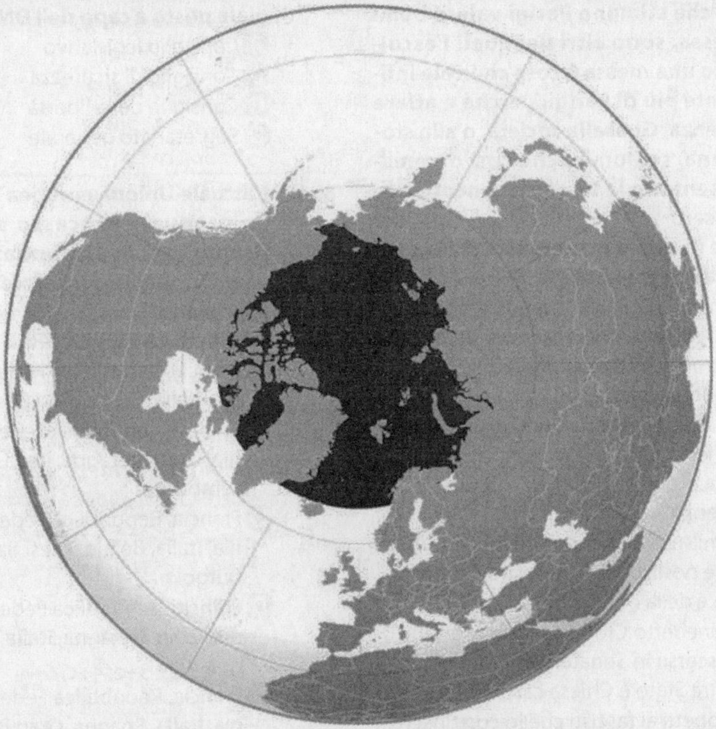

Quale dei seguenti gruppi è costituito da Paesi attraversati dal Circolo polare artico?

A Finlandia, Groenlandia, Svezia
B Canada, Gran Bretagna, Russia
C Finlandia, Cina, Norvegia
D Cile, Argentina, Nuova Zelanda
E Australia, Cile, Tasmania

3539 A norma dei Trattati comunitari, l'Unione Europea è aperta a tutti gli Stati:

A che ne facciano richiesta
B europei
C che rispettano i "parametri di Maastricht" e ripudiano la guerra
D europei che rispettano i suoi valori e si impegnano a promuoverli congiuntamente
E che siano invitati a entrarvi da parte di almeno due Stati membri

3540 Individuate il termine anomalo:

A ionico
B corinzio
C lidio
D composito
E dorico

3541 Per poter essere eletto al Senato, è necessario essere cittadino italiano:

A di sesso maschile e avere più di 40 anni
B e avere più di 25 anni
C e avere più di 40 anni
D e avere più di 18 anni
E e avere meno di 50 anni

3542 La pittura neoclassica poneva al centro della sua attenzione:

A il colore
B il disegno
C il chiaroscuro
D la prospettiva
E la forma umana

CONOSCENZE E COMPETENZE

3543 **«Come che sia, accanto o di fronte agli uomini che stimano Parigi valere bene una messa, sono altri pei quali l'ascoltare o no una messa è cosa che vale infinitamente più di Parigi, perché è affare di coscienza. Guai alla società, o alla storia umana, se uomini che così diversamente sentono le fossero mancati, o le mancassero».**
Da chi e in quale occasione è stata pronunciata questa frase?
- A Da Charles de Gaulle quando scelse di lasciare la Francia per non scendere a compromesso con i tedeschi che l'avevano occupata
- B Da Matteotti in Parlamento in occasione delle leggi che limitavano la libertà di parola, e quindi di pensiero e di coscienza
- C Da Émile Zola quando prese clamorosamente posizione a proposito del processo e della condanna di Dreyfus
- D Da Benedetto Croce quando pronunciò un discorso in Senato contro il Concordato tra Stato e Chiesa cattolica
- E Da Gobetti ai fascisti che lo costrinsero con la violenza a cessare la pubblicazione della sua rivista

3544 **Sono qui elencati alcuni storici teatri italiani, contrassegnati con lettere dell'alfabeto, e altrettante città contrassegnate con un numero:**
a-San Carlo; b-Carlo Felice; c-Fenice; d-Petruzzelli; e-La Pergola; f-Massimo.
1-Firenze; 2-Venezia; 3-Palermo
4-Napoli; 5-Bari; 6-Genova.
Scegliete la serie in cui alla lettera che indica il teatro corrisponde il numero della città in cui esso si trova.
- A a6 – b4 – c2 – d3 – e5 – f1
- B a3 – b4 – c2 – d6 – e5 – f1
- C a4 – b3 – c2 – d5 – e1 – f6
- D a4 – b6 – c2 – d5 – e1 – f3
- E a4 – b3 – c6 – d2 – e1 – f5

3545 **L'inventore della Coca-cola si chiamava:**
- A Albert Einstein
- B Benjamin Franklin
- C Luigi Palmieri
- D Denis Papin
- E John Pomberton

3546 **Che nome ha l'organo esecutivo collegiale posto a capo dell'ONU?**
- A Consiglio legislativo
- B Consiglio di sicurezza
- C Consiglio della libertà
- D Segretariato generale

3547 **L'attuale Unione europea è il risultato di un graduale processo storico. Quali furono i sei Paesi fondatori che negli anni Cinquanta del secolo scorso gli diedero avvio?**
Si indichi LA SERIE CORRETTA.
- A Francia, Repubblica Federale di Germania, Italia, Belgio, Pesi Bassi e Irlanda
- B Francia, Repubblica Federale di Germania, Gran Bretagna, Italia, Belgio e Lussemburgo
- C Francia, Repubblica Federale di Germania, Italia, Belgio, Paesi Bassi e Lussemburgo
- D Francia, Repubblica Federale di Germania, Gran Bretagna, Italia, Belgio e Spagna
- E Francia, Repubblica Federale di Germania, Italia, Spagna, Gran Bretagna e Paesi Bassi

3548 **Gregor Samsa «Destandosi un mattino da sogni inquieti, si trovò tramutato nel suo letto in un enorme insetto». Il suo risveglio da incubo rappresenta il disagio e il distacco dalla società e dalla famiglia, ed è descritto in terza persona dal punto di vista del protagonista. Si tratta di un celebre romanzo opera di uno scrittore indagatore dell'animo, nato a Praga nel 1883 e morto a Vienna nel 1924. Si parla di:**
- A Steven Spielberg
- B Søren Kirkegaard
- C Franz Kafka
- D Ingmar Bergman
- E Sigmund Freud

3549 **Chi tra i seguenti fu uno dei padri dell'impressionismo?**
- A Manet
- B Degas
- C Matisse
- D Watteau
- E Goya

3550 1) Cavour; 2) Riccardo III; 3) Enrico IV; 4) Garibaldi; 5) Giulio Cesare; 6) Luigi XIV.

a) Un cavallo, un cavallo, il mio regno per un cavallo!;
b) Parigi vale bene una messa;
c) Libera chiesa in libero stato;
d) Il dado è tratto;
e) Obbedisco;
f) Lo stato sono io.

Scegliete la sequenza in cui ciascun personaggio è abbinato alla frase celebre che la tradizione gli attribuisce.

A 1 + c; 2 + a; 3 + b; 4 + e; 5 + d; 6 + f
B 1 + b; 2 + a; 3 + d; 4 + c; 5 + f; 6 + e
C 1 + e; 2 + f; 3 + a; 4 + c; 5 + d; 6 + b
D 1 + b; 2 + a; 3 + c; 4 + e; 5 + f; 6 + d
E 1 + a; 2 + c; 3 + b; 4 + f; 5 + d; 6 + e

3551 Cos'è un fondo pensione?

A Un ente pubblico che eroga somme ai lavoratori dipendenti in caso di malattia professionale o infortunio sul lavoro
B Un'istituzione che raccoglie e gestisce il risparmio allo scopo di erogare ai lavoratori trattamenti pensionistici complementari rispetto a quelli erogati dal sistema pubblico
C Un organismo specializzato nella raccolta di risparmio tra il pubblico e nella sua gestione a fini speculativi
D Un ente pubblico che eroga somme a favore di coloro che hanno cessato l'attività lavorativa per anzianità, di malattia professionale o infortunio sul lavoro
E Un'estensione di terreno concessa in proprietà a un lavoratore andato in pensione, perché la coltivi

3552 Una Repubblica si dice presidenziale quando:

A i membri del Parlamento sono scelti dal presidente
B il Parlamento elegge il presidente
C è rappresentata dal presidente
D il presidente non fa parte del Governo
E il presidente è anche capo del Governo

3553 Il contenuto del Patto Gentiloni del 1913 si può sinteticamente descrivere come:

A l'appoggio elettorale delle popolazioni del Sud Italia ai candidati di qualunque partito che si impegnassero in loro favore
B un accordo tra democristiani e liberali per escludere dal governo i socialisti
C l'appoggio elettorale dei cattolici ai candidati liberali che si impegnavano a difendere alcuni valori cattolici
D la chiusura della controversia tra la Chiesa e lo Stato
E un compromesso elettorale tra cattolici e socialisti

3554 In Italia, tutti possono professare liberamente la propria fede religiosa?

A No, deve essere una fede riconosciuta dallo Stato
B No, solo la fede cattolica è religione di Stato
C Sì, deve però essere un culto non contrario al buon costume
D Sì, ma solo della religione cattolica può farsi legittimamente propaganda
E Sì, ma solo se maggiorenni

3555 La Frisia è una regione:

A dell'Ucraina
B dei Paesi Bassi
C della Svizzera
D dell'Austria
E della Germania

3556 Quale delle seguenti accoppiate scrittore-opera non è corretta?

A Heinrich Boll - *Foto di gruppo con signora*
B Italo Calvino - *Le città invisibili*
C Elias Canetti - *La lingua salvata*
D John Maxwell Coetzee - *Vergogna*
E Lalla Romano - *Lessico Familiare*

3557 Quale delle seguenti definizioni non è esatta?

- (A) Falda freatica: acqua sotterranea tanto profonda da assumere, per effetto del gradiente geotermico, una temperatura superiore a quella media delle acque sotterranee
- (B) Bradisismo: fenomeno determinato dalle variazioni dell'equilibrio isostatico che si manifesta con lentissimi abbassamenti o innalzamenti del suolo
- (C) Conoide di deiezione: accumulo di materiale alluvionale, a forma di ventaglio, che si forma nel punto in cui un corso d'acqua sbocca nella valle principale
- (D) Dolina: depressione del terreno a forma di imbuto, con pareti più o meno ripide dal contorno circolare
- (E) Torbiera: deposito di humus formatosi in condizioni anaerobiche in un ambiente umido intriso d'acqua composto di oltre il 30% di materia organica e decomposizione molto lenta

3558 Quale accoppiamento città-regione non è corretto?

- (A) Granada - Andalusia
- (B) Bruges - Vallonia
- (C) Strasburgo - Alsazia
- (D) Spalato - Dalmazia
- (E) Digione - Borgogna

3559 Chi ha scritto il romanzo *Le otto montagne*?

- (A) Albinati
- (B) Busi
- (C) Cognetti
- (D) Fois
- (E) Moresco

3560 Cosa prevede l'articolo 11 della Costituzione italiana?

- (A) La libertà d'insegnamento
- (B) L'uguaglianza dei cittadini di fronte alla legge
- (C) L'ordinamento federale del Paese
- (D) Il ripudio della guerra da parte dell'Italia
- (E) Il riconoscimento del cattolicesimo quale religione di Stato

3561 Quale delle seguenti alternative elenca solo fiumi europei?

- (A) Don, Loira, Mississipi, Serena, Tamigi
- (B) Danubio, Guadalquivir, Loira, Rio Bravo, Tamigi
- (C) Danubio, Guadalquivir, Nilo, Senna, Tamigi
- (D) Don, Colorado, Guadalquivir, Loira, Serena
- (E) Danubio, Guadalquivir, Loira, Senna, Tamigi

3562 Bermuda è:

- (A) un monte
- (B) un mare
- (C) un lago
- (D) un arcipelago
- (E) una penisola

3563 Utile ritrovato nel campo delle fonti d'energia rinnovabili, il pannello fotovoltaico serve a convertire:

- (A) l'energia elettrica in calore
- (B) l'energia nucleare in energia elettrica
- (C) la radiazione solare in energia elettrica
- (D) la biomassa in energia termica
- (E) la radiazione solare in energia idraulica

3564 In base alla legge italiana, per il compimento di un reato:

- (A) si è puniti con pene decise volta per volta dal giudice
- (B) non si può essere puniti con pene insieme pecuniarie e detentive
- (C) non si può essere puniti con pene detentive superiori ai 34 anni
- (D) non si può essere puniti se non con pene che sono stabilite dalla legge
- (E) si è puniti solo se non ci si ravvede

3565 In quale dei seguenti continenti vive il caribù?

- (A) Oceania
- (B) Africa
- (C) Europa
- (D) America del Nord
- (E) America del Sud

3566 Quale dei seguenti personaggi, famosi per le loro imprese delittuose, è invenzione esclusivamente letteraria?

A Arsenio Lupin

B Jack lo Squartatore

C Landru

D Salvatore Giuliano

E Conte Dracula

3567 Individua l'abbinamento ERRATO.

A Michelangelo – *I prigioni*

B Bernini – *Apollo e Dafne*

C Renoir – *Déjeuner sur l'herbe*

D Brunelleschi – *Cupola di Santa Maria del Fiore*

E Picasso – *Guernica*

3568 Contro la pratica diffusa delle detenzioni arbitrarie, una norma ha imposto la sollecita conduzione dell'imputato al cospetto di un magistrato che potesse, valutate le motivazioni dell'arresto, convalidarlo oppure annullarlo. Si tratta:

A dell'*habeas corpus*

B del *placet*

C del *dictatus papae*

D del *non expedit*

E dell'*exequatur*

3569 Quale tra le seguenti alternative definisce in maniera CORRETTA la dottrina luterana del libero esame?

A Nega il valore delle opere al fine dell'acquisizione della salvezza

B Afferma che ogni credente deve ricercare direttamente nelle Scritture il proprio rapporto con Dio

C Sostiene che ogni credente deve interpretare i dogmi della Chiesa

D Afferma la necessità di un periodico esame di coscienza da parte del fedele

E Subordina la validità dei sacramenti all'accertamento dell'integrità morale di chi li amministra

3570 ...... rappresentavano per l'umanità l'estremo confine del mondo conosciuto.

Completare la frase.

A Le Highlands

B Scilla e Cariddi

C Le Colonne d'Ercole

D I Dardanelli

E Le Bocche di Bonifacio

3571 Quali leader guidavano gli USA e l'URSS il 9 novembre 1989, quando cadde il Muro di Berlino che era stato il simbolo della guerra fredda?

A Ronald Reagan e Michail Gorbačëv

B Gerald Ford e Jurij Andropov

C George Bush e Michail Gorbačëv

D Richard Nixon e Leonid Breznev

E Bill Clinton e Boris Eltsin

3572 Il Consiglio di Sicurezza dell'ONU (nata il 24 ottobre 1945 per preservare la pace e la sicurezza internazionali) è composto da 5 Stati membri permanenti con potere di veto sulle sue decisioni. Quali sono oggi questi Stati?

A Stati Uniti, Unione Sovietica, Regno Unito, Francia, Cina

B Stati Uniti, Cina, Russia, Gran Bretagna, India

C Gran Bretagna, Francia, Italia, Jugoslavia, Giappone

D Stati Uniti, Russia, Regno Unito, Francia, Cina

E Russia, Stati Uniti, Germania, Cina, India

3573 Si identifichi la coppia di località separate, in linea d'aria, dalla maggiore distanza.

A Parigi - Madrid

B Milano - Atene

C Varsavia - Berlino

D Vienna - Parigi

E Londra - Berlino

3574 In quale dei seguenti Paesi scorre il Nilo?

A Etiopia

B Kenya

C Tanzania

D Ciad

E Uganda

3575 Con riferimento alla mappa muta sottostante, quale tra i seguenti abbinamenti Stato-capitale trova in essa collocazione?

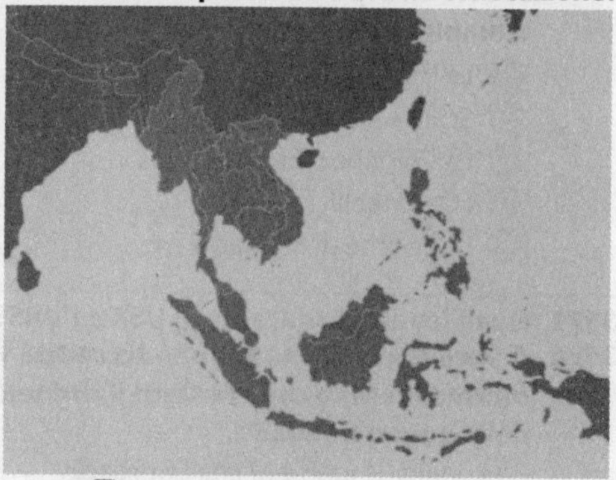

A) Pakistan-Islamabad
B) Vietnam - Jakarta
C) Turkmenistan - Asgabat
D) Laos - Vientiane
E) Ruanda - Kigali

3576 L'epistemologia è la disciplina che studia:

A) la struttura conoscitiva delle scienze
B) le materie particolari che costituiranno ogni scienza
C) le opinioni
D) le conoscenze della medicina
E) gli elaborati con particolare cura stilistica

Leggere il brano e rispondere alla relativa domanda

«Qual filosofo fu
che nel pieno Seicento
elaborò un sistema
che mi pare un portento,
e offrendo quello strano
aspetto di merluzzo
per cui fu definito
"magister tisicuzzo",
ti schiuse gli orizzonti
di un mondo a tutta prova
fondando quell'immensa,
grandiosa Scienza Nuova?
L'epoche della storia
divise a larghi tratti.
Dapprima vide gli uomini
strisciare al suolo ratti
uniti dal divino
terrore che li associa,
bestioni immani carichi
di stupore e ferocia.
Dipoi come se un soffio
il cuore gli abbia scosso
li fa sentir con animo
perturbato e commosso,
e invero questi uomini
son più vicini a noi
se pure ancor si aggirano
nell'età degli eroi».

3577 Quale celebre filosofo ha ispirato a Umberto Eco questo scherzo poetico, qui citato con qualche lieve modifica?

A) Cartesio
B) Kant
C) Pascal
D) Rousseau
E) Vico

3578 Nel 1980 l'Iran subì l'aggressione militare:

A) dell'URSS
B) del Kuwait
C) dell'Iraq
D) dell'Afghanistan
E) del Pakistan

3579 Lo statuto regionale delle Regioni a Statuto ordinario è:

A) deliberato dal Consiglio regionale con una legge speciale e approvato con legge costituzionale
B) approvato dal Parlamento e ratificato dalla Giunta regionale
C) deliberato dalla Giunta regionale e approvato con legge statale
D) approvato dal Consiglio regionale con una legge speciale
E) emanato con un decreto del Presidente del Consiglio dei Ministri

3580 Scartare una delle seguenti serie.

A) *La noia, Agostino, Il disprezzo*
B) *Il contesto, Il giorno della civetta, Una storia semplice*
C) *La chimera, Il cigno, Abitare il vento*
D) *Ragazzi di vita, Una vita violenta, La grande sera*
E) *Il nome della rosa, Il pendolo di Foucault, Baudolino*

3581 Individuare l'elemento mancante.

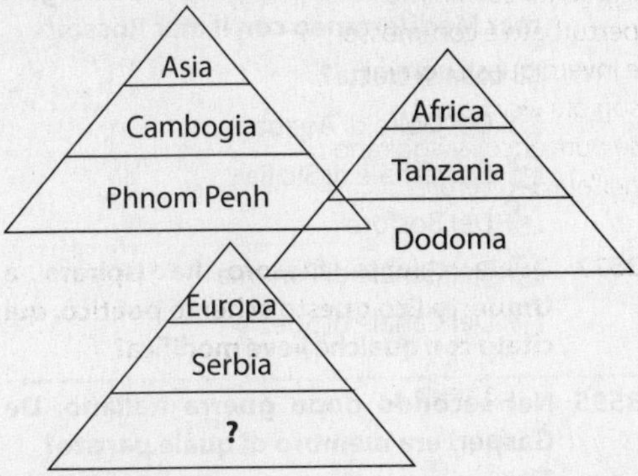

- A Danubio
- B Sarajevo
- C Belgrado
- D Balcani
- E Montenegro

3582 Individuate l'accoppiamento autore/opera ERRATO.

- A Guido Gozzano / *I miei ricordi*
- B Giacomo Leopardi / *I canti*
- C Ugo Foscolo / *Le Grazie*
- D Gabriele D'Annunzio / *Laudi del cielo del mare della terra e degli eroi*
- E Giuseppe Ungaretti / *L'allegria*

3583 Sulla base della Dichiarazione d'indipendenza del 4 luglio 1776, nasce un nuovo Stato federale, gli Stati Uniti d'America. Chi è il primo presidente?

- A Thomas Jefferson
- B Benjamin Franklin
- C George Washington
- D Abraham Lincoln
- E John Adams

3584 Si dicono incunaboli tutte le opere stampate prima dell'anno:

- A 1200
- B 1500
- C 1300
- D 1700
- E 1000

3585 Come presidente di una delle Repubbliche baltiche, che per prima ha rivendicato l'indipendenza dall'URSS, la Lituania, fu eletto un musicologo il cui cognome è:

- A Pavlov
- B Landsbergis
- C Shevarnazde
- D Nazarbaiev
- E Ianaev

3586 A quale contesto storico rimanda la figura di Francisco ("Pancho") Villa?

- A La rivoluzione messicana
- B La lotta per l'indipendenza del Brasile
- C La rivoluzione americana
- D La rivoluzione spagnola
- E La lotta per l'indipendenza del Cile

3587 Nel 1861, il primo presidente del Consiglio del Regno d'Italia fu:

- A Francesco Crispi
- B Vittorio Emanuele II
- C Carlo Cattaneo
- D Camillo Benso conte di Cavour
- E Giuseppe Garibaldi

3588 Completa il seguente testo con la serie di termini o espressioni corrette: Lo Stato è un ... indipendente e originario, relativo a una comunità di persone e a un ...; è un ente autorganizzato, che esercita un'autorità superiore a qualunque ... al suo interno. Come tale si assume il compito e il potere di risolvere i conflitti tra i propri membri, di garantire a ciascuno protezione e garanzia e di guidare la cooperazione per raggiungere determinati scopi di utilità comune. Lo Stato si caratterizza per la presenza di tre elementi fondamentali e imprescindibili: il ..., il territorio, la sovranità.

- A soggetto, territorio, popolo, confine
- B territorio, ordinamento, Stato, popolo
- C territorio, confine, Stato, popolo
- D ordinamento, territorio, autorità, confine
- E ordinamento, territorio, soggetto, popolo

3589 Il Terzo Reich tedesco fu fondato:

A insieme alla Repubblica di Weimar
B alla vigilia della prima guerra mondiale
C dopo la caduta del nazionalsocialismo hitleriano
D alla fine della seconda guerra mondiale
E con la conquista del potere del nazionalsocialismo hitleriano

3590 Quale tra i seguenti diplomatici è stato Segretario Generale dell'ONU per due volte consecutive all'inizio del XXI secolo?

A Kurt Waldheim
B Javier Pérez de Cuéllar
C Kofi Annan
D Boutros Boutros-Ghali
E Sergio Vieira de Mello

3591 In quale anno Roma divenne capitale d'Italia?

A 1945
B 1860
C 1871
D 1900
E 1870

3592 Cosa è Wall Street?

A Uno studio di Hollywood
B Strada di New York dove ha sede la Borsa
C Strada della City a Londra
D Strada di un famoso teatro
E Film musicale

3593 1-Marilyn Monroe; 2-Anna Bolena; 3-Nilde Jotti; 4-Giuseppina Strepponi; 5 Drusilla Tanzi; 6-Santippe; 7-Cosima Liszt.
a-Eugenio Montale; b-Palmiro Togliatti; c-Henry Miller; d-Giuseppe Verdi; e-Enrico VIII; f-Socrate; g-Richard Wagner.
Ricomporre le coppie di vita, per poco o per molto, sposate e non:

A 1c; 2e; 3a; 4d; 5f; 6b; 7g
B 1g; 2e; 3c; 4a; 5b; 6f; 7d
C 1c; 2e; 3a; 4b; 5g; 6f; 7d
D 1c; 2e; 3b; 4d; 5a; 6f; 7g
E 1b; 2g; 3c; 4a; 5d; 6f; 7e

3594 È un canale che taglia l'istmo omonimo, si trova in territorio egiziano e collega il mar Mediterraneo con il mar Rosso.
Di cosa si tratta?

A Del Golfo di Aqaba
B Del Canale di Sicilia
C Del Bosforo
D Del Canale di Panama
E Del Canale di Suez

3595 Nel secondo dopo guerra italiano, De Gasperi era membro di quale partito?

A Partito Cristiano Lavoratori
B Partito Popolare
C Partito dell'Uomo Qualunque
D Democrazia Cristiana
E Partito d'Azione

3596 a – Tancredi; b – principe Andrea; c – Violetta; d – Andrea Sperelli; e – Leporello; f – Faust.
1 – Elena; 2 – Natascia; 3 – don Giovanni; 4 – Angelica; 5 – Margherita; 6 – Alfredo.
Quale delle serie ricostituisce correttamente le coppie tradizionali?

A a1; b2; c3; d5; e4; f6
B a2; b1; c3; d5; e6; f4
C a4; b2; c6; d1; e3; f5
D a1; b5; c6; d4; e3; f2
E a5; b2; c3; d1; e6; f4

3597 In quale anno è stato firmato il Trattato di Maastricht?

A 1968
B 1955
C 1992
D 1999
E 1972

3598 Indicate quale dei seguenti termini non è sinonimo di "dolina".

A Conca
B Cavità
C Depressione
D Palude
E Foiba

PARTE QUINTA

3599 Quale tra i seguenti personaggi è fuori tempo, in quanto nato quando gli altri quattro erano già morti?

A Erasmo da Rotterdam

B Martin Lutero

C Ludovico Ariosto

D Giordano Bruno

E Tommaso Moro

3600 Il Pao de Azucar si trova a:

A Montevideo

B Gibilterra

C Porto

D Rio de Janeiro

E Lisbona

3601 "Ritenevano che la quantità totale di ricchezza fosse più o meno stabile e che si dovesse quindi cercare di acquisirne la maggior parte possibile; tendevano ad identificare la ricchezza con la moneta e i metalli preziosi; si sforzavano di scoraggiare le importazioni; facevano di tutto per favorire le produzioni nazionali e le esportazioni; puntavano ad esportare prodotti ad alto valore aggiunto piuttosto che materie prime; valorizzavano le corporazioni come strumento per favorire la competitività delle merci nazionali."
Stiamo parlando degli esponenti di uno dei seguenti orientamenti. Quale?

A Fisiocrazia

B Liberalismo

C Liberismo

D Mercantilismo

E Socialismo

3602 Come viene denominata l'arte giapponese di disporre fiori, rami, pietre?

A Kakemono

B Ikebana

C Shatzu

D Silografia

E Origami

3603 Quale di questi Stati è privo di sbocco al mare?

A Macedonia del Nord

B Slovenia

C Croazia

D Montenegro

E Albania

3604 Il decreto legislativo è un atto adottato, su delega del Parlamento, dal:

A Consiglio Superiore della Magistratura

B Presidente della Repubblica

C Consiglio di Stato

D Governo

E Consiglio Nazionale dell'Economia e del Lavoro

3605 Nel 1981 in Italia si è votato un importante referendum:

A contro e a favore dell'interruzione della gravidanza

B contro l'istituto del divorzio

C contro il finanziamento pubblico ai partiti

D a favore della responsabilità civile dei giudici

E contro la costruzione di centrali nucleari

3606 Secondo la Costituzione, come sono definiti i rapporti tra lo Stato e la Chiesa cattolica?

A La Chiesa cattolica dipende dallo Stato

B Lo Stato e la Chiesa cattolica sono indipendenti e sovrani, ciascuno nel proprio ordine

C Lo Stato ha potere decisionale solo in merito a specifiche materie della Chiesa cattolica

D La Chiesa cattolica ha la possibilità di intervenire nella formulazione di alcune leggi italiane di argomento morale

E Le materie in cui concorrono le sovranità di entrambi sono stabilite dal diritto canonico

3607 Con l'espressione "la grande mela" viene generalmente indicata:

A un tipo di frutta geneticamente modificata
B la città di New York
C la città di Los Angeles
D una organizzazione criminale
E la più grande discoteca d'Europa

3608 Una delle seguenti NON è un'istituzione dell'Unione europea: quale?

A Tribunale amministrativo europeo
B Consiglio europeo
C Banca Centrale Europea
D Commissione europea
E Parlamento europeo

3609 In quale Regione d'Italia si trova il Golfo degli Aranci?

A Basilicata
B Sardegna
C Campania
D Molise
E Sicilia

Leggere il brano seguente e rispondere alla relativa domanda

«Il vispo vecchione
avea in un boschetto
per caso sorpreso
un uomo soletto.
E con un sogghigno
il cieco maligno
gridava: «Su presto
l'hai fatto l'incesto?»
A lui sospirando
l'afflitto gridò:
«Se sto copulando
che male ti fo?
Tu sì mi fai male
svelando il fatale
complesso che ignoro!
Deh, taci, t'imploro!»
Ma il vecchio, quel bieco,
rispose: «Macché!
Son cieco? Sii cieco!
Perché solo a me?»

3610 Quale celebre personaggio ha ispirato a Umberto Eco questo scherzo poetico, qui citato con qualche lieve modifica?

A Faust
B Re Lear
C Edipo
D Amleto
E Riccardo III

3611 La statalizzazione delle ferrovie compiuta in Italia nel 1905 fu fortemente voluta da:

A Giolitti
B Sonnino
C Crispi
D Pelloux
E Cavour

3612 La guerra che nel 1967 oppose Israele a una coalizione di Paesi arabi è nota come "guerra dei sei giorni" e si concluse con:

A la vittoria israeliana
B l'invio dei caschi blu dell'Onu
C un armistizio voluto da Usa e Urss
D la vittoria araba
E un armistizio mediato dalla Nato

3613 In astronomia, Andromeda è una:

A stella
B galassia
C luna di Venere
D cometa
E supernova

3614 Quale delle seguenti non è una regione francese?

A Bretagna
B Limosino
C Guascogna
D Navarra
E Linguadoca

3615 Quale delle seguenti città non si affaccia sul Golfo del Messico?

A Houston
B Tampico
C Tampa
D Città del Messico
E L'Avana

PARTE QUINTA

3616 Qual è la massima depressione terrestre?

A Lago Assal
B Valle della Morte
C Mar Morto
D Mar Caspio
E Penisola di Valdes

3617 Il Campidano è:

A una pianura sarda
B uno dei sette colli di Roma
C un lago del Gargano
D il canale navigabile dello Stretto di Messina
E l'altopiano antistante il Carso

3618 Il romanzo pastorale l'*Arcadia,* misto di poesia e prosa, è stato scritto da Iacopo Sannazaro. In quale periodo storico-letterario?

A Verismo
B Romanticismo
C Umanesimo
D Tardo Barocco
E Illuminismo

3619 Tristram Shandy è il protagonista di un:

A romanzo del Settecento
B film muto espressionista
C atto unico di Beckett
D romanzo del Novecento
E poemetto di Apollinaire

Leggi i seguenti articoli della Costituzione e rispondi alla domanda relativa.

Articolo 75 - Referendum abrogativo

È indetto referendum popolare per deliberare la abrogazione, totale o parziale, di una legge o di un atto avente valore di legge, quando lo richiedono cinquecentomila elettori o cinque consigli regionali.

Non è ammesso il referendum per le leggi tributarie e di bilancio, di amnistia e di indulto, di autorizzazione a ratificare trattati internazionali.

Hanno diritto di partecipare al referendum tutti i cittadini chiamati ad eleggere la Camera dei deputati.

La proposta soggetta a referendum è approvata se ha partecipato alla votazione la maggioranza degli aventi diritto, e se è raggiunta la maggioranza dei voti validamente espressi.

La legge determina le modalità di attuazione del referendum.

Articolo 138 - Referendum costituzionale

Le leggi di revisione della Costituzione e le altre leggi costituzionali sono adottate da ciascuna Camera con due successive deliberazioni ad intervallo non minore di tre mesi, e sono approvate a maggioranza assoluta dei componenti di ciascuna Camera nella seconda votazione.

Le leggi stesse sono sottoposte a referendum popolare quando, entro tre mesi dalla loro pubblicazione, ne facciano domanda un quinto dei membri di una Camera o cinquecentomila elettori o cinque Consigli regionali. La legge sottoposta a referendum non è promulgata, se non è approvata dalla maggioranza dei voti validi.

Non si fa luogo a referendum se la legge è stata approvata nella seconda votazione da ciascuna delle Camere a maggioranza di due terzi dei suoi componenti.

3620 Tenendo conto di entrambi gli articoli citati, quale tra le seguenti affermazioni è errata?

A Non tutte le materie possono essere oggetto di referendum
B Affinché la votazione sia valida è sempre necessario il raggiungimento del quorum
C Per una legge di riforma costituzionale deliberata dal Parlamento non è obbligatoria la conferma con un referendum costituzionale
D Le condizioni di indizione dei referendum abrogativi e costituzionali sono le medesime
E In caso di esito negativo per un referendum costituzionale, la legge oggetto del quesito non è abrogata

3621 Quale delle seguenti opere non è di Victor Hugo?

A *I lavoratori del mare*
B *I miserabili*
C *L'educazione sentimentale*
D *Notre-Dame de Paris*
E *Novantre*

3622 Quale fu la città "sede" degli Scapigliati?

A Parma
B Palermo
C Milano
D Roma
E Venezia

CONOSCENZE E COMPETENZE

3623 In linea di principio, il primo articolo della Costituzione Italiana afferma che:

A tutti i cittadini sono uguali davanti alla legge
B tutti coloro che lavorano sono Italiani
C ogni cittadino trova collocazione nella società per mezzo del proprio lavoro
D sono concessi privilegi agli aristocratici
E i colori della bandiera italiana sono il rosso, il bianco e il verde

3624 La *Fenomenologia dello spirito* (1807) è:

A un trattato di geometria
B un'opera di edificazione religiosa
C un importante testo giuridico
D un'opera filosofica
E un testo di medicina

3625 Individuare l'abbinamento evento/anno scorretto.

A Disfatta francese di Sedan – 1848
B Congresso di Vienna – 1815
C Trattato di Versailles – 1919
D Battaglia di Maratona – 490 a.C.
E Fine della seconda guerra mondiale – 1945

3626 Il Sinn Féin, partito indipendentista e repubblicano, fondato nel 1905, rimanda a UNO dei seguenti, storicamente contesi, contesti geografici: quale?

A Malta
B Cipro
C Corsica
D Falkland
E Irlanda

3627 Quale capitale europea non fu occupata dai nazisti durante la seconda guerra mondiale?

A Parigi
B Bruxelles
C Londra
D Roma
E Praga

3628 Chi ha progettato il museo Guggenheim di Bilbao?

A Renzo Piano
B Paolo Portoghesi
C Le Corbusier
D Frank Gehry
E Mario Botta

3629 Individuare l'abbinamento errato.

A Steven Spielberg - *Il colore viola*
B Stanley Kubrick - *Arancia meccanica*
C Federico Fellini - *I vitelloni*
D Al Pacino - *Il Padrino*
E Mel Gibson - *La passione di Cristo*

3630 Quale dei seguenti organi può emanare atti aventi valore di legge?

A Presidente della Repubblica
B Ministro dell'Interno
C Corte costituzionale
D Provincia
E Governo

3631 Scoperto nel 1930, più piccolo della Luna, nell'estate 2006 è stato declassato da pianeta maggiore a pianeta nano. Si tratta di:

A Urano
B Plutone
C Saturno
D Nettuno
E Venere

3632 "John Maynard Keynes era, da tutti i punti di vista, un beniamino della fortuna. Come Schumpeter osservò, confluivano in lui due correnti che contribuiscono a modellare un dotto aristocratico e una mente ben educata". Chi era John Maynard Keynes?

A Un economista
B Un magnate dell'acciaio
C Un cardiochirurgo
D Un noto playboy
E Un finanziere

PARTE QUINTA

3633 Il Prodotto Interno Lordo (PIL) è una misura:

A dell'equilibrio negli scambi economici fra un Paese e l'estero

B del risparmio gestito da uno Stato

C della ricchezza prodotta da un Paese in un certo anno

D del grado di indebitamento che ha uno Stato

E della ricchezza che ha un Paese in un preciso momento storico

3634 Ai primi del Novecento due nuove grandi potenze emersero sulla scena internazionale. Quali?

A Giappone e USA

B Italia e Giappone

C Cina e Giappone

D Germania e Russia

E USA e Argentina

3635 La Patagonia è una regione che si trova:

A in Oceania

B nel Sud-Est asiatico

C in America Meridionale

D in Africa Orientale

E in Alaska

3636 La prima guerra mondiale si svolse tra il 1914 e il 1918. L'Italia:

A vi partecipò dal 1915 fu tra i Paesi sconfitti

B combatté da subito in risposta all'attacco della Germania

C vi partecipò dal 1915 fu tra i Paesi vincitori

D non vi partecipò

E vi partecipò dal 1917, come gli Stati Uniti d'America

3637 La prima Crociata venne bandita nell'anno:

A 1099

B 1095

C 1147

D 1075

E 1078

3638 Il riconoscimento britannico dell'indipendenza degli Stati Uniti d'America avvenne nel:

A 1776

B 1783

C 1781

D 1774

E 1789

3639 Nel 1922, Mustafà Kemal abolì il sultanato dando vita:

A a una monarchia parlamentare

B alla Repubblica turca

C a uno Stato socialista e collettivista

D alla Repubblica egiziana

E alla Federazione curda

3640 In Italia la sigla NAS indica:

A una società di navigazione

B una compagnia assicurativa

C un nucleo antisofisticazione

D un nucleo antievasione fiscale

E un servizio segreto italiano

3641 Quale dei seguenti presidenti degli Stati Uniti d'America NON ha vinto il premio Nobel per la Pace?

A Ronald Reagan

B Jimmy Carter

C Barack Obama

D Theodore Roosevelt

E Thomas Woodrow Wilson

3642 Chi ha istituito il premio Nobel?

A Il governo svedese

B Un gruppo di mecenati svedesi

C Alfred Nobel, inventore della dinamite

D L'Unione europea

E L'ONU

3643 Nell'URSS di Lenin, un medico trapianta in un cane l'ipofisi di un uomo. L'audace esperimento avrà risvolti surreali. Da qui inizia la storia narrata nel romanzo … di Michael Bulgakov, pubblicato nel 1925.

Di quale romanzo si tratta?

A *Cuore di tenebra*

B *Il richiamo della foresta*

C *Cuore di cane*

D *Possessione*

E *Il Mastino dei Baskerville*

CONOSCENZE E COMPETENZE

3644 Rispetto alle altre forme di governo, la forma di governo parlamentare si caratterizza per:

A la presenza del Parlamento
B il presidente della Repubblica eletto dal Parlamento
C il rapporto di fiducia tra Parlamento e governo
D il Parlamento eletto dal popolo

3645 Individuate, tra le seguenti, la definizione ERRATA:

A *identità*: rapporto di esatta uguaglianza
B *revival*: ripresa e ricupero di motivi del passato
C *filologia*: ricostruzione documentaria di opere del passato
D *ellenizzante*: che si ispira a modelli dell'antica Creta
E *conservatorismo*: atteggiamento ostile alle innovazioni

3646 Cosa è il monsone?

A Una corrente fredda lungo le coste del Cile
B Un vento periodico tipico dell'Oceano Indiano
C Un uragano nel Mar del Giappone
D Un vento costante delle fasce tropicali
E Una tempesta atmosferica tipica dell'emisfero boreale

3647 A inizio XXI secolo si è parlato e scritto molto di SARS. Questo acronimo, derivato dall'inglese, significa:

A *Severe Asiatic Respiratory Syndrome*
B *Severe Aggressive Respiratory Syndrome*
C *Severe Acute Respiratory Syndrome*
D *Subacute Asiatic Respiratory Syndrome*
E *Spreading Acute Respiratory Syndrome*

3648 Con "fordismo" si intende:

A una teoria politica elaborata dal presidente degli USA Gerald Ford
B una corrente cinematografica americana
C un sistema di produzione industriale
D una corrente religiosa
E una teoria economica tipica della fase più aggressiva dell'Ottocento

3649 Quale di questi uomini politici è stato presidente della Repubblica Italiana?

A Giulio Andreotti
B Giovanni Leone
C Alcide De Gasperi
D Enrico Berlinguer
E Aldo Moro

3650 Quale fu il primo segretario generale del Partito comunista sovietico a fare visita a un papa?

A Breznev
B Krusciov
C Andropov
D Gorbaciov
E Cernenko

3651 Quale cambiamento radicale, in ambito economico, fu imposto da Margaret Thatcher al Regno Unito, durante il suo lungo governo?

A Una politica assistenziale nei confronti delle classi meno abbienti
B Una forte diminuzione reale del numero dei disoccupati, accompagnata però da un aumento dell'inflazione
C La privatizzazione di ampi settori economici che prima erano nelle mani dello Stato e a un ferreo controllo del bilancio statale
D Un confronto continuo e positivo con i sindacati
E La statalizzazione dell'energia elettrica

3652 Giuseppe Ungaretti è un poeta e scrittore del:

A XVIII secolo
B XX secolo
C XXI secolo
D IX secolo
E XVI secolo

3653 Che cos'è Al Jazeera ?

A Una radio araba
B Una TV satellitare araba
C Un gruppo terroristico internazionale
D Una discoteca di Beirut
E Un centro islamico parigino

PARTE QUINTA

3654 In quale città avvennero in età risorgimentale le famose Cinque Giornate?

- A Venezia
- B Brescia
- C Mantova
- D Ferrara
- E Milano

3655 Il primato in densità di popolazione appartiene al continente:

- A americano
- B asiatico
- C oceanico
- D europeo
- E africano

3656 Il pittore austriaco Egon Schiele fu un esponente della corrente:

- A minimalista
- B impressionista
- C espressionista
- D astrattista
- E iperrealista

3657 In quale anno Martin Cooper effettuò la prima telefonata con un telefono cellulare portatile?

- A 1965
- B 1973
- C 1983
- D 1990
- E 1995

3658 Quale poeta ha creato l'espressione "carpe diem"?

- A Ennio
- B Lucrezio
- C Virgilio
- D Catullo
- E Orazio

3659 Qual è la lingua madre di più parlanti al mondo?

- A Inglese
- B Arabo
- C Cinese
- D Spagnolo
- E Francese

3660 Da chi fu affrescato il *Giudizio universale* della Cappella Sistina?

- A Sandro Botticelli
- B Michelangelo Buonarroti
- C Raffaello Sanzio
- D Leonardo Da Vinci
- E Caravaggio

3661 Quando in un sistema economico si registra una sensibile e prolungata riduzione dei prezzi dei prodotti e servizi ci si trova di fronte a un fenomeno chiamato:

- A deflusso
- B deflazione
- C inflazione
- D riflusso
- E decorso

3662 L'ETA è stata un'organizzazione che per decenni ha rivendicato l'indipendenza attraverso atti terroristici. In quale paese?

- A Paesi Baschi
- B Siria
- C Irlanda
- D Ucraina
- E Corsica

3663 La psicoanalisi influenzò le opere letterarie di:

- A Moliére
- B Joyce
- C Shakespeare
- D Manzoni
- E Wilde

3664 Fra le città attraversate dal Danubio vi sono:

- A Parigi e Marsiglia
- B Berlino e Bucarest
- C Belgrado e Vienna
- D Praga e Bucarest
- E Parigi e Vienna

3665 Quale filosofo ha introdotto il criterio di "falsificabilità"?

- A Popper
- B Foucault
- C Marcuse
- D Gadamer
- E Cacciari

CONOSCENZE E COMPETENZE

3666 Burrhus Frederic Skinner:

A fu eletto presidente degli Stati Uniti nel 1953

B fu uno psicologo comportamentista

C è un politico scandinavo

D è un fisico teorico

E fu uno dei padri del Consiglio d'Europa

3667 Quale delle seguenti affermazioni sull'associazione *Emergency* è falsa?

A Offre cure medico chirurgiche gratuite a vittime delle guerre e della povertà

B È presente con dei poliambulatori anche in Italia

C Opera anche in Afghanistan

D È stata fondata da don Luigi Ciotti

E È una ONG

3668 Cos'è la bora, tipica del Friuli-Venezia Giulia?

A È un vento ascendente che proviene da sud-sudest, con raffiche violente che possono anche superare i 200 km/h

B È un vento discendente che proviene da est-nordest, con raffiche violente che possono anche superare abbondantemente i 100 km/h

C È un flebile vento freddo che spira dal mare

D È un forte vento caldo che si forma nel golfo di Venezia

E È un forte vento caldo che si forma per effetto delle differenze di pressione che si determinano al di là e al di qua delle Alpi

3669 Chi è l'autore del progetto effettivamente realizzato del Colonnato di San Pietro, a Roma?

A Leon Battista Alberti;

B Gianlorenzo Bernini

C . Michelangelo Buonarroti

D Filippo Brunelleschi

E Francesco Borromini

3670 Nel 1978, dopo un lungo e acceso dibattito che vide la Democrazia Cristiana opposta alle sinistre e ai partiti laici, il Parlamento italiano approva la legge:

A sul divorzio

B sull'aborto, che disciplina l'interruzione volontaria della gravidanza, non considerandola più un reato

C sull'abbassamento della maggiore età, cui è legato il diritto di voto, da ventuno a diciotto anni

D sulla riforma del diritto di famiglia, che sancisce la parità giuridica fra i coniugi

E sul finanziamento pubblico ai partiti, incapace comunque di sanare la frattura fra società politica e società civile

3671 La riforma elettorale della Sinistra storica, adottata in Italia dal 1882, prevedeva:

A il criterio censitario e il criterio della capacità, con il mantenimento del collegio uninominale

B il suffragio maschile e femminile e l'attenuazione del criterio censitario

C il suffragio maschile per i cittadini che avessero compiuto 21 anni e avessero specifici requisiti di capacità o di censo

D il suffragio anche agli analfabeti, purché avessero compiuto i trent'anni d'età

E anche il suffragio femminile

3672 Scegli l'alternativa che completa correttamente la proporzione, indicando anche il periodo in cui i due personaggi citati furono contemporaneamente al potere.

Salazar : X = Tito : Y

A X= Brasile; Y =Jugoslavia; guerra fredda

B X = Portogallo; Y = Serbia; seconda guerra mondiale

C X = Spagna; Y = Jugoslavia; seconda guerra mondiale

D X = Portogallo; Y = Jugoslavia; guerra fredda

E X = Portogallo; Y = Romania; guerra fredda

PARTE QUINTA

3673 Nelson Mandela è stato:

A Presidente del Sudafrica
B premio Nobel per la pace
C Presidente dell'ANC
D soprannominato Madiba
E tutte le precedenti alternative sono corrette

3674 Quale Paese fu interessato nel secondo Novecento dalla "rivoluzione culturale"?

A Unione Sovietica
B Cina
C Stati Uniti d' America
D Repubblica Democratica Tedesca
E Portogallo

3675 Quali Paesi erano legati dal patto di Varsavia dal 1955 al 1991?

A URSS e Cina
B URSS e Cuba
C URSS e governi dell'Europa centro-orientale
D URSS e governi dell' Europa occidentale
E Paesi non allineati e URSS

3676 Il termine "spread" nella frase "alcune delle manovre finanziarie italiane nell'ultimo anno miravano alla riduzione dello spread" indica:

A il differenziale di rendimento tra i titoli di stato italiani e quelli tedeschi
B la differenza di andamento tra la borsa italiana e la media delle borse europee
C il tasso di rendimento dei BOT italiani a 6 mesi
D il calo dei titoli in borsa in un dato periodo
E la differenza di rendimento tra investimenti obbligazionari e investimenti azionari

3677 Nel 2001 il Parlamento italiano ha riformato il Titolo V della Costituzione ispirandosi al "principio di sussidiarietà". Quale delle seguenti frasi richiama maggiormente tale principio?

A Le funzioni amministrative devono essere attribuite al livello funzionalmente e territorialmente più vicino al cittadino
B In caso di bisogno, ad ogni cittadino dev'essere garantito un sussidio
C È dovere e diritto dei genitori mantenere, istruire ed educare i figli, anche se nati fuori dal matrimonio
D Ad ogni Regione devono essere garantite risorse sussidiarie, anche fiscali
E Ai Comuni, alle Città metropolitane, alle Province e alle Regioni non sono attribuite funzioni amministrative di competenza dello Stato

3678 Il famoso quadro *L'urlo* è stato dipinto da:

A Matisse
B Vlaminck
C Goya
D Derain
E Munch

3679 In quale città si è tenuta l'Esposizione universale del 1900?

A Parigi
B Londra
C Milano
D Berlino
E Lisbona

3680 Intifada è un termine utilizzato per indicare una caratteristica forma di rivolta popolare organizzata:

A nel Sudan
B nel Ciad
C in Palestina
D in Armenia
E in Afghanistan

3681 Regno Unito, 1977. Nell'anno del Giubileo per i 25 anni dall'incoronazione della Regina, il brano parodia *God Save The Queen* viene bandito dalla BBC e segna l'esplosione del punk nella società inglese. Quale gruppo interpretava il brano?

A Green Day
B Clash
C Sex Pistols
D Smiths
E Dire Straits

3682 *Il Mondo come volontà e rappresentazione* è:

A la tesi dottorale di Johann Gottlieb Fichte
B un libro di Arthur Schopenhauer
C un testo della tradizione buddhista
D un trattato di Sigmund Freud
E un dipinto di Francisco Goya

3683 In quale Stato si trovano gli uffici della sede centrale della Croce Rossa Internazionale?

A Svizzera
B Stati Uniti d'America
C Italia
D Regno Unito
E Francia

3684 L'opera *Guernica* è di:

A Lope De Vega
B Salvator Dalí
C Pelizza da Volpedo
D García Lorca
E Picasso

3685 La Convenzione sul Patrimonio dell'Umanità, adottata dall'UNESCO nel 1972, ha lo scopo di identificare e mantenere la lista dei siti che possono essere considerati:

A di rilevante valore di mercato
B di eccezionale importanza culturale o naturale
C convenzionalmente ritenuti adatti all'insediamento umano
D caratterizzati da una pace duratura
E adeguati allo sfruttamento energetico

3686 Quale dei seguenti Stati è una Repubblica federale?

A Bolivia
B Argentina
C Uruguay
D Perú
E Cile

3687 Una delle frasi famose qui riportate NON è assegnata all'autore a cui è comunemente attribuita:

A Parigi val bene una Messa (Napoleone Bonaparte)
B Guai ai vinti (Brenno)
C Volli, sempre volli, fortissimamente volli (Vittorio Alfieri)
D Venni, vidi, vinsi (Giulio Cesare)
E Libera Chiesa in libero Stato (Cavour)

3688 Il musicista ... ha composto *Morte e trasfigurazione*, *Così parlò Zaratustra* e *Don Chisciotte*.

A Richard Strauss
B Alfredo Casella
C Luciano Berio
D Georges Bizet
E Isaac Albéniz

3689 Quale importante evento si è verificato in Italia il 25 luglio 1943?

A Lo sbarco delle truppe angloamericane in Sicilia
B La caduta del regime fascista
C La firma dell'armistizio con le forze angloamericane
D La capitolazione dell'esercito tedesco occupante
E L'abdicazione di Vittorio Emanuele III in favore del figlio Umberto II

3690 Anita Garibaldi, la compagna dell'Eroe dei due Mondi, morì nel 1849 nelle paludi romagnole, mentre fuggiva a seguito del fallimento dell'esperienza:

A della spedizione dei Mille
B della guerra di Crimea
C della Repubblica romana
D della riconquista del ducato di Parma e Lucca
E della Giovine Italia

3691 Individuare la corretta successione cronologica del conferimento del premio Nobel per la letteratura:

A Pirandello – Deledda – Montale – Quasimodo – Fo

B Quasimodo – Pirandello – Fo – Deledda – Montale

C Deledda – Pirandello – Quasimodo – Montale – Fo

D Montale – Fo – Deledda – Quasimodo – Pirandello

E Fo – Quasimodo – Montale – Pirandello – Deledda

3692 Quale di queste NON è un'arte visiva?

A Scultura

B Pittura

C Architettura

D Danza

E Disegno

3693 Quale, tra i termini che seguono, non è coerente con gli altri?

A Futurismo

B Decadentismo

C Liberismo

D Verismo

E Simbolismo

3694 Uno dei titoli proposti NON appartiene all'autore al quale viene qui attribuito: quale?

A *La Storia* – Elsa Morante

B *Uomini e no* – Dacia Maraini

C *La cognizione del dolore* – Carlo Emilio Gadda

D *Le vergini delle rocce* – Gabriele D'Annunzio

E *Il giorno della civetta* – Leonardo Sciascia

3695 L'espressione "Grande Fratello" è stata creata e utilizzata per la prima volta in un:

A romanzo del Novecento

B romanzo dell'Ottocento

C programma radiofonico

D programma televisivo

E giornale quotidiano

3696 Solo UNA delle serie seguenti presenta tutti gli abbinamenti corretti. Quale?

A Signorina Felicita / Gozzano; Ermione/D'Annunzio; Dora Markus/Montale; Laura/Petrarca

B Laura/D'Annunzio; Signorina Felicita/Gozzano; Dora Markus/Montale; Ermione/Petrarca

C Signorina Felicita/D'Annunzio; Laura/Petrarca; Ermione/Gozzano; Dora Markus/Montale

D Laura/Petrarca; Signorina Felicita / Gozzano; Dora Markus/D'Annunzio; Ermione/Montale

E Ermione/D'Annunzio; Signorina Felicita/Montale; Dora Markus/Gozzano; Laura/Petrarca

3697 Quale di questi Stati NON è una repubblica?

A Grecia

B Polonia

C Austria

D Portogallo

E Svezia

3698 Il primo navigatore a completare la circumnavigazione del globo terrestre è stato:

A Ferdinando Magellano

B Amerigo Vespucci

C Cristoforo Colombo

D Marco Polo

E Vittorio Bottego

3699 Propose, nell'aprile del 1917, di liquidare il governo provvisorio, di attribuire "tutto il potere ai soviet", di dare la terra ai contadini, di porre termine, a qualsiasi costo, alla guerra contro gli Imperi centrali. Si tratta di UNO dei personaggi sotto elencati: quale?

A Stalin

B Kutuzov

C Kornilov

D Lenin

E Kerenskij

CONOSCENZE E COMPETENZE

3700 «Solo la terra, se ben coltivata, ha la capacità di fornire "prodotto netto", solo l'attività agricola è in grado di creare ricchezza e non semplicemente di trasformarla». La tesi è caratteristica di UNO dei personaggi sotto elencati. Chi?

- A J. Bentham
- B F. Quesnay
- C A. Smith
- D D. Ricardo
- E R. Malthus

3701 *Morte di un commesso viaggiatore* è un dramma di:

- A Henry Miller
- B Tennessee Williams
- C Arthur Miller
- D Eugene O'Neill
- E Thomas Stearns Eliot

Leggere la seguente filastrocca e rispondere alla relativa domanda.

Là sopra gli spalti
il principe triste
aveva di notte
incontri funesti.
Di giorno fingeva
feroce follia;
la dolce sua amata
morì tuttavia.
Infine ogni dubbio
fugò sullo zio;
vendetta decise,
morì, ma l'uccise.

3702 A quale celebre personaggio letterario allude la filastrocca?

- A Orlando
- B Faust
- C Achille
- D Amleto
- E Don Chisciotte

3703 Nell'elenco di alcuni dei Musei più famosi del mondo, abbinati alle città che li ospitano, C'È UN ERRORE. Quale?

- A Prado – Madrid
- B Hermitage – Mosca
- C Capodimonte – Napoli
- D Bargello – Firenze
- E Metropolitan – New York

3704 L'antica biblioteca di Alessandria d'Egitto raggiunse un rilevante sviluppo:

- A durante l'invasione musulmana
- B con l'arrivo dei Fenici
- C in epoca ellenistica ad opera dei Tolomei
- D durante la civiltà greco-classica
- E durante l'impero di Caracalla

3705 ... ... (Bologna 1916 - Roma 2000) scrisse molti libri, tra cui *Il giardino dei Finzi-Contini, Gli occhiali d'oro* e *L'airone*.

- A Carlo Emilio Gadda
- B Domenico Rea
- C Paolo Volponi
- D Stefano D'Arrigo
- E Giorgio Bassani

3706 Tra i seguenti personaggi storici UNO NON appartiene alla serie degli utopisti che hanno segnato la storia europea: individuatelo.

- A Francesco Bacone
- B Tommaso Moro
- C Giordano Bruno
- D Tommaso Campanella
- E Claude Fourier

3707 Con l'espressione "settore terziario" si indica:

- A l'economia privata in antitesi all'economia industriale
- B l'insieme delle professioni intellettuali
- C l'economia sommersa
- D il settore dell'economia che produce servizi
- E l'economia dei Paesi in via di sviluppo

3708 Come è definito dalla Costituzione l'esercizio del voto?

- A Un dovere civico
- B Un diritto civile
- C Un diritto politico
- D Un obbligo civile
- E Un obbligo politico

3709 Quale alternativa riporta correttamente la definizione di "etica"?

A Studio delle abitudini degli animali

B Studio dei costumi dei popoli

C Insieme di norme morali

D Insieme di precetti filosofici

E Studio del comportamento umano

3710 A quale tra le seguenti opere appartiene il celebre verso: "l'amor che move il sole e l'altre stelle"?

A *Il Cantico di Frate Sole* attribuito a San Francesco

B *La Divina Commedia* di Dante Alighieri

C *Ermengarda* di Alessandro Manzoni

D *La città del sole* di Tommaso Campanella

E *Il Dialogo sui massimi sistemi* di Galileo Galilei

3711 I romanzi elencati qui di seguito (*Il giardino dei Finzi Contini - La tregua - Se questo è un uomo - Il diario di Anna Frank - L'amico ritrovato*) hanno un tema che li accomuna: quale?

A L'emigrazione italiana

B La prima guerra mondiale

C La persecuzione degli ebrei

D La rivoluzione americana

E La borghesia ottocentesca

3712 «Tendenza del potere imperiale a sovrapporsi a quello religioso». La definizione si riferisce ad UNO dei seguenti termini: quale?

A Cesaropapismo

B Teocrazia

C Giusnaturalismo

D Imperialismo

E Gallicanesimo

3713 Sono qui enumerate cinque opere significative di diverse epoche:

***Il contratto sociale*; *Per la pace perpetua*; *Il principe*; *La peste*; *Fahrenheit 451*.**

Scegliete, tra le seguenti, la serie in cui sono correttamente disposti i nomi dei loro autori.

A J. Jacques Rousseau - Emmanuel Kant - Niccolò Machiavelli - Albert Camus - Ray Bradbury

B J. Jacques Rousseau - Albert Camus - Niccolò Machiavelli - Emmanuel Kant - Ray Bradbury

C Emmanuel Kant - Ray Bradbury - Niccolò Machiavelli - Albert Camus - J. Jacques Rousseau

D Albert Camus - Emmanuel Kant - Ray Bradbury - Niccolò Machiavelli - J. Jacques Rousseau

E Emmanuel Kant - J. Jacques Rousseau - Niccolò Machiavelli - Albert Camus - Ray Bradbury

3714 Il termine "totalitarismo" allude:

A ad un sistema politico dispotico, teso a controllare ogni aspetto di una società di massa

B al progetto di imporre ad un intero popolo una medesima fede religiosa

C all'intenzione di unificare, in una compagine salda e unitaria, un'etnia divisa e sparsa

D al tentativo di uno Stato di espandersi fino a comprendere la totalità di una data area geografica

E alla volontà di imporre a tutti i cittadini di uno Stato l'uso di una medesima lingua

3715 ... fu re d'Italia dal 1878 al 1900.

A Umberto II

B Vittorio Emanuele II

C Vittorio Emanuele III

D Umberto I

E Carlo Alberto

3716 Tutti gli scrittori qui elencati, eccetto uno, sono famosi per aver affidato a favole di cui sono protagonisti animali il loro messaggio morale. Individuate quello che fa eccezione:

A Esopo
B La Fontaine
C Trilussa
D Boccaccio
E Fedro

3717 Indica quale dei seguenti elementi NON è caratteristico dell'Illuminismo.

A L'universalismo
B L'occultismo
C Il primato della ragione
D L'anticlericalismo
E Il cosmopolitismo

3718 Scrisse "Tenera è la notte". Si tratta di:

A Fitzgerald
B Hemingway
C Faulkner
D Joyce
E Bellow

3719 Intervenendo alla Conferenza di pace di Parigi il 10 agosto 1946, ______?______ ricostruiva il percorso dell'Italia antifascista. Di chi si parla qui?

A Enrico De Nicola
B Luigi Einaudi
C Pietro Badoglio
D Ferruccio Parri
E Alcide De Gasperi

3720 Si individui, tra le seguenti, la più vasta isola del Mediterraneo.

A Sardegna
B Corsica
C Creta
D Sicilia
E Cipro

3721 «Entrate in un giardino di piante, d'erbe, di fiori. Sia pur quanto volete ridente. Sia nella più mite stagione dell'anno. Voi non potete volger lo sguardo in nessuna parte che non vi troviate nel patimento». A quale dei seguenti poeti rimanda l'attacco?

A Petrarca
B Dante
C Leopardi
D Foscolo
E Manzoni

3722 La prima tratta ferroviaria fu realizzata:

A in Inghilterra
B in Italia
C in Argentina
D in India
E in Baviera

3723 «Le masse non si ribellano mai in maniera spontanea, e non si ribellano perché sono oppresse. In realtà, fino a quando non si consente loro di poter fare confronti, non acquisiscono neanche coscienza di essere oppresse». Questa citazione è tratta da un romanzo – pubblicato nel 1949 – che descrive un mondo inquietante, in cui le persone sono controllate nell'azione e manipolate nel pensiero da un regime totalitario. Di che romanzo si tratta e chi ne è l'autore?

A *La metamorfosi*- Franz Kafka
B *1984* - George Orwell
C *Albero e foglia* - John R.R. Tolkien
D *Ulisse* - James Joyce
E *Il signore delle mosche* - William Golding

3724 Di quale Paese David Ben Gurion, Golda Meir e Ariel Sharon sono stati primi ministri?

A Siria
B Libano
C Iran
D Israele
E Iraq

PARTE QUINTA

3725 Che cosa è necessario per riformare un articolo della Costituzione italiana?

A Due deliberazioni da parte di entrambe le Camere e la maggioranza assoluta nella seconda votazione in ciascuna Camera

B Un'unica deliberazione di entrambe le Camere e la maggioranza dei due terzi al Senato

C Due deliberazioni a Camere riunite alla presenza del Presidente della Repubblica

D Un'unica deliberazione a Camere riunite alla presenza del Presidente della Repubblica

E Un decreto legge approvato dal Consiglio dei Ministri ed emanato dal Presidente della Repubblica

3726 Individuare, tra le opere sotto elencate, LA SOLA che NON È stata eseguita da Leonardo da Vinci:

A *La caduta dei giganti* (Palazzo Te)

B *La Vergine delle rocce* (Louvre)

C *L'adorazione dei magi* (Uffizi)

D *L'ultima cena* (Santa Maria delle Grazie)

E *Annunciazione* (Uffizi)

3727 Quale tra i seguenti abbinamenti scienziato – campo scientifico NON è corretto?

A Enrico Fermi – fisica nucleare

B Mario Capecchi – chimica

C Riccardo Giacconi – astronomia

D Rita Levi-Montalcini – neurologia

E Camillo Golgi – istologia

3728 Contro quale delle seguenti malattie non è disponibile un vaccino efficace?

A Covid-19

B Tetano

C Pertosse

D AIDS

E Rosolia

3729 La definizione del XX secolo come "secolo breve" è di:

A Ernesto Galli della Loggia

B Giovanni Sabbatucci

C Max Weber

D Eric J. Hobsbawn

E Michel Foucault

3730 Individuate la provenienza di questo passo famoso che introduce, in uno dei romanzi seguenti, un episodio storico:

«E, in questo racconto, il nostro fine non è, per dire la verità, soltanto di rappresentare lo stato delle cose nel quale verranno a trovarsi i nostri personaggi; ma di far conoscere insieme, per quanto si può in ristretto, e per quanto si può da noi, un tratto di storia patria più famoso che conosciuto. Delle molte relazioni contemporanee, non ce n'è alcuna che basti da sé a darne un'idea un po' distinta e ordinata; come non ce n'è alcuna che non possa aiutare a formarla. In ognuna di queste relazioni (…) sono omessi fatti essenziali, che son registrati in altre; in ognuna ci sono errori materiali, che si possono riconoscere e rettificare con l'aiuto di qualche altra, o di que' pochi atti della pubblica autorità, editi e inediti, che rimangono; spesso in una si vengono a trovare le cagioni di cui nell'altra si erano visti, come in aria, gli effetti. In tutte poi regna una strana confusione di tempi e di cose».

A Abba, *Da Quarto al Volturno*

B Manzoni, *I Promessi sposi*

C Nievo, *Le confessioni di un italiano*

D Pirandello, *I vecchi e i giovani*

E D'Azeglio, *Ettore Fieramosca*

3731 Il corredo cromosomico nel corso della vita di una cellula somatica:

A raddoppia

B subisce modificazioni numeriche

C rimane inalterato

D va incontro a degradazione

E triplica

3732 Quale fu, tra le seguenti, la prima linea ferroviaria a entrare in funzione?

A Manchester-Liverpool

B Napoli-Portici

C Parigi-Lione

D Monaco-Berlino

E Vienna-Innsbruck

CONOSCENZE E COMPETENZE

3733 L'espressione *alla garibaldina* riferita a un'azione, la designa come:

A improvvisata
B coraggiosa
C di buon esito
D allegra
E maleducata

3734 Quale grande poeta italiano fu brutalmente assassinato il 2 novembre del 1975?

A Eugenio Montale
B Umberto Saba
C Giuseppe Ungaretti
D Pier Paolo Pasolini
E Cesare Pavese

3735 «Il *naturalismo* italiano, che preferì chiamarsi *verismo*, fu assai lontano da quello francese. Il massimo scrittore verista d'Italia, … …, che pure nella seconda e più importante fase della sua attività prese dichiaratamente l'avvio dai dettami naturalistici, se ne distaccò, rifuggendo radicalmente dallo scientismo e dalla sperimentazione narrativa di Emile Zola e seguaci e interpretò il naturalismo essenzialmente come regionalismo. Così pure fecero, oltre a Federico de Roberto, Salvatore di Giacomo, Matilde Serao, Renato Fucini, il primo D'Annunzio, Grazie Deledda e tanti altri. Tutti individuarono nel mondo …… delle varie regioni (Sicilia, Napoli, Toscana, Abruzzi, Sardegna ecc.) una miniera di osservazioni non ancora sfruttate dalla narrativa italiana, e in ogni modo lontanissime dal sentimentalismo convenzionale della narrativa tardo-romantica».

Quale delle seguenti combinazioni di parole completa correttamente il testo?

A Giuseppe Parini / aristocratico e nobiliare
B Giovanni Pascoli / arcadico e bucolico
C Luigi Capuana / politico e corporativo
D Giovanni Verga / popolare e borghese
E Vasco Pratolini / economico e industriale

3736 *La superbia greca, il fascino francese, fare l'inglese*. Sono, in sé, dei «miti negativi» con la loro refrattarietà all'ordine storico, il loro tendere a dimenticare i radicamenti precisi, a sottrarsi ai vincoli delle coordinate spazio-temporali, trasferendo quanto si evoca in dimensioni atemporali. Per Lévi-Strauss 1964, «i miti non hanno autori». Ma forse si può integrare: pure essi hanno degli autori e sono le varie comunità che li evocano e che, poi, anche per secoli, li «abitano».

(Ottavio Lurati, *La pulce nell'orecchio*, Lugano, Pressagona-Lugano, 2021, p. 91-92)

Perché l'autore definisce «miti» le frasi fatte citate all'inizio del brano?

A Perché, come tutti i miti, sottolineano i difetti prototipici delle persone
B Perché evocano comportamenti tipici appartenenti a società specifiche e circoscritti nel tempo
C Perché il loro uso trascende qualsiasi confine spazio-temporali
D Perché non hanno un'origine ascrivibile a un autore particolare
E Perché evocano caratteri etnici appartenenti a culture distinte e radicate nello spazio

3737 «Il complesso monumentale fu eretto sul fianco del Campidoglio per celebrare l'unità d'Italia e l'immagine del sovrano a cavallo costituisce il fulcro visivo e spaziale dell'intera struttura. La statua equestre, fusa con il bronzo di alcuni cannoni del Regio esercito, ha dimensioni eccezionali: con i suoi 10 metri di lunghezza e 12 di altezza, è talmente grande che prima di essere posta in opera (nel 1911) ospitò nel ventre del cavallo un pranzo per ventuno persone.»

Sulla base degli elementi forniti, da quale re d'Italia prende il nome il complesso monumentale?

A Umberto I
B Vittorio Emanuele II
C Emanuele Filiberto
D Umberto II
E Vittorio Emanuele I

PARTE QUINTA

3738 **«In economia corrisponde alla riduzione del valore della moneta di un paese in relazione a una prefissata parità, che può essere espressa in termini di valuta di altri paesi o di oro. Essa esprime quindi una variazione del tasso di cambio della moneta di un paese, cioè del suo prezzo nei confronti di altre monete».**
(Enciclopedia Treccani)
A che cosa si riferisce la voce dell'enciclopedia?

- A Inflazione
- B Contrazione
- C Deflazione
- D Svalutazione
- E Stagnazione

3739 **«Le vertigini provocano la sensazione che la persona, o l'ambiente circostante, si stia muovendo o stia ruotando. Questa percezione può essere lieve, oppure così forte da non consentire di mantenere l'equilibrio e di svolgere le attività quotidiane. A seconda della causa scatenante delle vertigini, possono comparire altri disturbi (sintomi), come, ad esempio, temperatura elevata, ronzio nelle orecchie (tinnito o acufene), perdita dell'udito.»**
(dal sito web dell'Istituto Superiore di Sanità: www.issalute.it)
Quale delle seguenti descrizioni dell'acufene corrisponde alle informazioni fornite dal testo?

- A Un fastidio sonoro alle orecchie sempre accompagnato da forti vertigini
- B Una sorta di vertigini episodiche che provoca febbre alta e sordità
- C Una forma di sordità legata ad una temporanea perdita dell'equilibrio
- D La percezione distorta dei rumori ambientali che suscita vertigini circolari
- E Un disturbo percepito come rumore interno al condotto uditivo

3740 **«L'insulino-resistenza non è di per sé una malattia, ma si accoppia a una serie di fattori di rischio cardiovascolare inclusi nella definizione generale di "sindrome metabolica". Essi comprendono obesità viscerale, diabete, aumento di trigliceridi e colesterolo, ipertensione arteriosa. Nelle condizioni di insulino-resistenza viene alterata la flessibilità metabolica: la capacità del muscolo di utilizzare alternativamente carboidrati o grassi a seconda della disponibilità dei substrati energetici risulta insufficiente.**
I soggetti affetti da insulino-resistenza hanno una ridotta capacità di utilizzazione dei grassi nelle condizioni di digiuno e l'aumentata produzione di insulina non è comunque in grado di stimolare la metabolizzazione degli zuccheri.»
(dal sito web del Ministero italiano della Salute: www.salute.gov.it)
Secondo il testo, che cosa si intende per "flessibilità metabolica"?

- A La scioltezza muscolare garantita da un giusto apporto nutritivo di grassi e carboidrati
- B L'insieme di fattori metabolici che possono provocare un'insufficienza muscolare generalizzata
- C L'abilità del tessuto muscolare ad utilizzare energia, a seconda delle disponibilità dell'organismo, da grassi o da zuccheri
- D L'incapacità dell'apparato muscolare di trarre energia dai carboidrati ingeriti con l'alimentazione
- E La flessione patologica del consumo di grassi e zuccheri accompagnata da produzione eccessiva di insulina

3741 **«Destinare le risorse pubbliche a contenere gli aumenti di energia [...] è uno degli impegni che la maggioranza chiede al governo, nell'ambito della risoluzione sul Def che è stata approvata dalla Camera e dal Senato.»**
(«la Repubblica» 20/04/2022)

- A transizione ecologica
- B Il Decreto di Equilibrio Finanziario, che definisce gli strumenti per ottenere il pareggio nel Bilancio dello Stato
- C sostengono il governo
- D Il Documento di Economia e Finanza, che è il principale strumento di programmazione del governo
- E programmazione economico-finanziaria dello Stato

3742 «La *Constitutio de feudis (o Edictum de beneficiis)* dall'imperatore Corrado II il Salico. [...] Con questo editto veniva riconosciuta ai vassalli minori (i valvassori) l'irrevocabilità ed ereditarietà dei loro feudi, estendendo così i diritti stabilito, inoltre, che, in mancanza di eredi diretti, il feudo potesse essere trasmesso anche ai parenti prossimi fino al terzo grado, e che nessun feudatario o conte o vescovo potesse privare del feudo un valvassore senza una grave e giustificata motivazione, che doveva essere sottoposta per l'approvazione a un consiglio di valvassori. Venne proibito anche ai grandi feudatari di permutare, alienare e affittare i benefici dei loro valvassori senza il consenso di questi ultimi».

(*La storia. Dall'impero di Carlomagno al Trecento*, serie coordinata da Massimo Salvadori per Grandi Opere di UTET Cultura, vol. 5, 2004, p. 156)

Quale sembra che fosse l'obiettivo dell'editto descritto in questo testo?

A Privare i grandi feudatari delle loro terre e delle loro fonti di reddito

B Diminuire il potere dei grandi feudatari rafforzando la posizione dei piccolii

C Rafforzare i rapporti di subordinazione dei piccoli feudatari rispetto ai grandi

D Conservare il diritto ereditario di tutta la società feudale stabilito dal capitolare di Quierzy

E Estendere il sistema feudale in modo da garantire una gestione delegata che alleggerisse le incombenze imperiali

3743 «Roma 18 novembre.

È ritornato il bel tempo; giornata limpida, d'un tepore piacevole. Nella Farnesina ho visto la storia di Psiche, le cui riproduzioni a colori allietano da tanto tempo le mie stanze; poi la trasfigurazione di Raffaello a San Pietro in Montorio. Tutte vecchie conoscenze, direi quasi amicizie, che ci siamo procurati da lontano per corrispondenza, ma che ora vediamo di persona.»

Da quale tipo di testo è tratta la citazione?

A Cronaca giornalistica

B Sonetto

C Diario di viaggio

D Poema epico

E Romanzo storico

3744 **In quale Stato nel 1979 l'ayatollah Khomeini instaurò una Repubblica Islamica?**

A Yemen

B Iraq

C Iran

D Qatar

E Kuwait

3745 **Qual è l'esatta sequenza cronologica tra gli eventi sotto riportati?**

a) Presa della Bastiglia

b) Campagna di Russia di Napoleone Bonaparte

c) Dichiarazione di indipendenza degli Stati Uniti

d) Congresso di Vienna

e) Fine dell'impero di Napoleone III

A c-a-b-d-e

B a-c-d-b-e

C c-a-d-b-e

D a-e-b-d-c

E c-a-b-e-d

3746 "Questo contributo traccia una prima geografia della memoria e dell'impegno antimafia in Italia attraverso il censimento e l'analisi dei nomi delle strade dedicati ad una o più vittime innocenti della violenza mafiosa. A partire dall'inventario "Vivi!" redatto dall'associazione Libera, l'articolo illustra i risultati iniziali di un più ampio lavoro di ricerca che, in assenza di un archivio odonomastico nazionale ufficiale e liberamente consultabile, si basa sulle principali fonti disponibili in internet integrando con tecniche di geocoding: l'Archivio Nazionale degli Stradari Comunali, Open Street Map (completato da funzioni di Geofabrik), Api Bing Maps e, marginalmente, i dati di Googlemaps e di altre fonti."

(G.Muti, G. Salvucci, *Odonomastica e vittime innocenti: geografia della memoria antimafia*, «Cross» vol. 6 n.1 (2020) - doi: http://dx.doi.org/10.13130/cross-13615)
Qual è l'obiettivo principale della ricerca di cui parla il testo?

A Confrontare con l'inventario "Vivi!" i dati odonomastici forniti da fonti del Web
B Ricavare dalla toponomastica tracce della lotta antimafia
C Completare l'inventario dei nomi di strada per arricchire l'archivio nazionale
D Ricostruire la storia della lotta antimafia nelle regioni italiane
E Disegnare la mappa della presenza mafiosa nelle città italiane

3747 **"Poco tempo dopo la sua fondazione, avvenuta a Roma nel 1977, l'associazione inizia a raccogliere adesioni in tutta Italia, ad avere sedi locali, a denunciare gli esperimenti sugli animali e varie forme di sfruttamento degli animali attraverso manifestazioni di protesta contro gli zoo, i circhi con animali, l'utilizzo di abiti di pelliccia, la caccia. Attualmente è riconosciuta dal Ministero italiano della Salute come associazione che persegue finalità di tutela degli interessi lesi da reati contro gli animali, ha 56 sedi locali sul territorio nazionale e conta migliaia di soci."**
(dal sito web dell'associazione)
Di quale organizzazione nazionale parla il testo?

A Federazione Italiana Associazioni Diritti Animali e Ambiente
B Ente Nazionale Protezione Animali
C Federazione Nazionale Pro Natura
D Lega Anti Vivisezione
E Lega Italiana Difesa Ambiente e Animali

3748 **"Tracce di pesticidi e insetticidi nell'acqua del fiume. Potrebbe essere questa la causa della moria di pesci nel Tevere. Nello specifico sono state rilevate tracce di due differenti tipi di sostanze tossiche: Cipermetrina — utilizzata per zecche e zanzare — in quantità sufficiente per avvelenare i pesci. Il secondo valore fuori norma, su cui sono state richieste ulteriori analisi, è quello rilevato sulle tracce di Clotianidina. L'ipotesi è che il pesticida fosse nel terreno già da tempo e che l'acqua piovana abbia fatto il resto. Resta ancora da chiarire un ultimo aspetto scientifico: lo stato delle branchie dei pesci recuperati. L'ipotesi, ancora da scartare, è che gli esemplari siano morti "soffocati" per l'improvvisa concentrazione di detriti affluiti dai fossi."**
(da "la Repubblica" 10/06/2020)
Qual è lo scopo del testo?

A Sostenere che l'alta mortalità dei pesci sia stata causata dai pesticidi presenti nei terreni e riversati nel Tevere dalle piogge
B Suggerire che i pesci siano morti più probabilmente perché le loro branchie sono state contaminate dai detriti
C Alludere alla possibilità che nei detriti scaricati dai fossi nel Tevere ci fosse una percentuale di pesticidi fuori norma
D Riferire due possibili ipotesi, che al momento hanno diversi gradi di attendibilità, sulla causa della moria di pesci
E Riferire sullo stato delle branchie dei pesci morti nel Tevere

3749 **"Le Previsioni macroeconomiche di primavera presentate lunedì dalla Commissione Ue certificano la frenata. La crescita del Pil nell'Ue e nell'area dell'euro è prevista al 2,7% nel 2022 e al 2,3% nel 2023 in calo rispetto al 4% e al 2,8% (2,7% nell'area dell'euro), rispettivamente, delle previsioni del febbraio scorso. Per l'Italia la crescita sarà del 2,4% quest'anno e dell'1,9% il prossimo, in calo rispetto al 4,1% e al 2,3% delle previsioni dello scorso febbraio."**
("Corriere della sera" 6/05/2022)
Che cosa è il Pil?

A Il valore del prodotto industriale di un Paese in un certo periodo
B Il valore integrato del costo del lavoro in un Paese in un certo periodo
C Il valore dell'incremento della produzione industriale di un Paese in un certo periodo
D Il valore di beni e servizi prodotti in un Paese in un certo periodo
E Il valore dell'incremento atteso del benessere di un Paese in un certo periodo

3750 Quale tra i seguenti personaggi è intervenuto alle Nazioni Unite il 12 luglio 2013 per reclamare il diritto all'accesso all'istruzione?

A Aung San Suu Kyi
B Benazir Bhutto
C Kofi Annan
D Malala Yousafzai
E Barack Obama

3751 Quale tra le seguenti danze tradizionali NON è correttamente abbinata al Paese d'origine?

A Bharatnatyam – India
B Samba – Brazil
C Mambo – Cuba
D Haka – New Zealand
E Flamenco – Argentina

3752 In quale anno vennero promulgate in Italia le leggi razziali?

A 1922
B 1925
C 1933
D 1938
E 1940

3753 Nel 1919 Gabriele D'Annunzio guidò l'impresa di Fiume. In quale stato si trova oggi la città di Fiume?

A Albania
B Croazia
C Italia
D Montenegro
E Slovenia

3754 Quale termine può essere associato a entrambe le seguenti definizioni?

"Documento emesso con riferimenti commerciali"

"Atto di stregoneria"

A Fattura
B Bolla
C Sortilegio
D Incantesimo
E Nota

3755 In quattro dei seguenti termini il suffisso *"-teca"* ha lo stesso significato. Individuare il termine rimanente.

A Emeroteca
B Pinacoteca
C Biblioteca
D Fonoteca
E Zapoteca

3756 Quale fra le seguenti non è un'opera di Sigmund Freud?

A *L'interpretazione dei sogni*
B *Al di là del bene e del male*
C *Totem e tabù*
D *L'Io e L'es*
E *Introduzione al narcisismo*

3757 A quale termine corrisponde la seguente definizione: "Soldato che esercita volontariamente il mestiere delle armi mettendosi al soldo di chi lo arruola temporaneamente"

A Mercenario
B Sicario
C Giannizzero
D Cospiratore
E Congiurato

3758 L'art. 76 della Costituzione della Repubblica Italiana recita: «L'esercizio della funzione legislativa non può essere delegato al ...... se non con determinazione di principi e criteri direttivi e soltanto per un tempo limitato e per oggetti definiti».
Quale fra le seguenti proposte completa correttamente l'articolo?

A Presidente della Repubblica
B Consiglio superiore della Magistratura
C Il presidente del Consiglio dei ministri
D Ministro di Grazia e Giustizia
E Governo

3759 Quale fra le seguenti coppie non è formata da termini sinonimi?

A Miraggio – Fata Morgana
B Limpido – Argentino
C Scabro – Liscio
D Stretto – Canale
E Forte – Bastione

3760 Chi è ritenuto il fondatore della medicina scientifica in Grecia?

- A Epicuro
- B Ippocrate
- C Esculapio
- D Leucippo
- E Pericle

3761 Se a Roma sono le 19 del 04 settembre 2020 in quale delle seguenti città è già 05 settembre 2020?

- A Baku
- B Bombay
- C Lima
- D Cape Town
- E Seul

3762 Nel nostro emisfero l'estate è iniziata il 20 giugno. In quel giorno, dove il sole si trovava allo zenit?

- A Tropico del cancro
- B Polo sud
- C Equatore
- D Tropico del capricorno
- E Polo nord

3763 Quale fra le seguenti non è un'opera di Sigmund Freud?

- A *L'interpretazione dei sogni*
- B *Al di là del bene e del male*
- C *Totem e tabù*
- D *L'Io e L'es*
- E *Introduzione al narcisismo*

3764 A quale termine corrisponde la seguente definizione: "Soldato che esercita volontariamente il mestiere delle armi mettendosi al soldo di chi lo arruola temporaneamente"

- A Mercenario
- B Sicario
- C Giannizzero
- D Cospiratore
- E Congiurato

3765 L'art. 76 della Costituzione della Repubblica Italiana recita: «L'esercizio della funzione legislativa non può essere delegato al ...... se non con determinazione di principi e criteri direttivi e soltanto per un tempo limitato e per oggetti definiti».
Quale fra le seguenti proposte completa correttamente l'articolo?

- A Presidente della Repubblica
- B Consiglio superiore della Magistratura
- C Il presidente del Consiglio dei ministri
- D Ministro di Grazia e Giustizia
- E Governo

3766 Quale fra le seguenti coppie non è formata da termini sinonimi?

- A Miraggio – Fata Morgana
- B Limpido – Argentino
- C Scabro – Liscio
- D Stretto – Canale
- E Forte – Bastione

3767 Chi è ritenuto il fondatore della medicina scientifica in Grecia?

- A Epicuro
- B Ippocrate
- C Esculapio
- D Leucippo
- E Pericle

3768 Se a Roma sono le 19 del 04 settembre 2020 in quale delle seguenti città è già 05 settembre 2020?

- A Baku
- B Bombay
- C Lima
- D Cape Town
- E Seul

3769 Nel nostro emisfero l'estate è iniziata il 20 giugno. In quel giorno, dove il sole si trovava allo zenit?

- A Tropico del cancro
- B Polo sud
- C Equatore
- D Tropico del capricorno
- E Polo nord

3770 Quale fra le seguenti non è un'opera di Sigmund Freud?

A *L'interpretazione dei sogni*
B *Al di là del bene e del male*
C *Totem e tabù*
D *L'Io e L'es*
E *Introduzione al narcisismo*

3771 A quale termine corrisponde la seguente definizione: "Soldato che esercita volontariamente il mestiere delle armi mettendosi al soldo di chi lo arruola temporaneamente"

A Mercenario
B Sicario
C Giannizzero
D Cospiratore
E Congiurato

3772 L'art. 76 della Costituzione della Repubblica Italiana recita: «L'esercizio della funzione legislativa non può essere delegato al ...... se non con determinazione di principi e criteri direttivi e soltanto per un tempo limitato e per oggetti definiti».
Quale fra le seguenti proposte completa correttamente l'articolo?

A Presidente della Repubblica
B Consiglio superiore della Magistratura
C Il presidente del Consiglio dei ministri
D Ministro di Grazia e Giustizia
E Governo

3773 Quale fra le seguenti coppie non è formata da termini sinonimi?

A Miraggio – Fata Morgana
B Limpido – Argentino
C Scabro – Liscio
D Stretto – Canale
E Forte – Bastione

3774 Chi è ritenuto il fondatore della medicina scientifica in Grecia?

A Epicuro
B Ippocrate
C Esculapio
D Leucippo
E Pericle

3775 Se a Roma sono le 19 del 04 settembre 2020 in quale delle seguenti città è già 05 settembre 2020?

A Baku
B Bombay
C Lima
D Cape Town
E Seul

3776 Nel nostro emisfero l'estate è iniziata il 20 giugno. In quel giorno, dove il sole si trovava allo zenit?

A Tropico del cancro
B Polo sud
C Equatore
D Tropico del capricorno
E Polo nord

3777 Quale autore, nelle opere sui robot, enunciò le sue tre leggi della robotica:

- **Prima Legge: Un robot non può recare danno a un essere umano, né può permettere che, a causa del suo mancato intervento, un essere umano riceva danno.**
- **Seconda Legge: Un robot deve obbedire agli ordini impartiti dagli esseri umani, a meno che questi ordini non contrastino con la Prima Legge.**
- **Terza Legge: Un robot deve salvaguardare la propria esistenza, a meno che questa autodifesa non contrasti con la Prima o la Seconda Legge.**

A John R. R. Tolkien
B Isaac Asimov
C Joanne K. Rowling
D Clive S. Lewis
E Vladimir D. Nabokov

3778 La sindrome respiratoria acuta grave dovuta a corona virus è stata registrata per la prima volta in Cina nel 2002. Come viene comunemente chiamata l'infezione provocata da questo corona virus?

A SARS
B HIV
C MERS
D EBOLA
E SPAGNOLA

3779 Lo Stato di Israele fu proclamato il:

A 14 maggio 1948
B 5 giugno 1967
C 20 gennaio 1933
D 27 gennaio 1945
E 6 ottobre 1973

3780 I tre elementi fondamentali dello Stato sono:

A territorio, popolo, sovranità
B territorio, cultura, natura
C popolo, patria, religione
D legge, popolo, Dio
E popolo, legge, religione

3781 "Tecnica pittorica che consiste nello stendere colori diluiti in acqua su uno strato di intonaco fresco che, asciugandosi, forma una superficie dura e compatta che fissa il colore". A quale tecnica si riferisce la precedente definizione?

A Graffito
B Gouache
C Acquerello
D Calcografia
E Affresco

3782 Quale dei seguenti romanzi appartiene alla letteratura russa?

A *Guerra e pace*
B *Il rosso e il nero*
C *Cent'anni di solitudine*
D *I vecchi e i giovani*
E *I miserabili*

3783 Chi tra i seguenti autori di romanzi fu anche un matematico?

A Michail A. Bulgakov
B George Eliot
C Gustave Flaubert
D Lewis Carroll
E George B. Shaw

3784 Uno dei seguenti abbinamenti non è coerente con gli altri. Quale?

A Gelido – entusiasta
B Grossolano – incolto
C Fine – acuto
D Sacro – divino
E Alto – nobile

3785 Alla periferia di quale città si trova il CERN?

A Ginevra
B Strasburgo
C Zurigo
D Basilea
E Berna

3786 «La donna lavoratrice ha gli stessi diritti e, a parità di lavoro, le stesse retribuzioni che spettano al lavoratore. Le condizioni di lavoro devono consentire l'adempimento della sua essenziale funzione familiare e assicurare alla madre e al bambino una speciale adeguata protezione». Da quale testo è tratto questo brano?

A Costituzione della Repubblica Italiana
B Statuto dei lavoratori
C Contratto collettivo nazionale di lavoro
D *Il Capitale* di Karl Marx
E *Principi di economia politica* dell'economista britannico John Stuart Mill

3787 Per la Costituzione, lo stato di guerra:

A è deliberato dalle Camere
B è deliberato dal presidente della Repubblica
C è dichiarato dal Consiglio supremo di Difesa
D è deliberato dal Governo
E non può mai essere dichiarato perché l'Italia ripudia la guerra

3788 Chi è l'autore dell'opera lirica *Aida*?

A Giuseppe Verdi
B Gaetano Donizetti
C Gioacchino Rossini
D Vincenzo Bellini
E Amilcare Ponchielli

3789 Il romanzo *Sabato*, pubblicato nel 2005 a Londra, è opera di:

A Ian McEwan
B Don DeLillo
C Martin Amis
D John Updike
E Philip Roth

CONOSCENZE E COMPETENZE

3790 Quale dei seguenti eventi è accaduto durante la vita di Leonardo da Vinci?

A Scoperta dell'America

B Rivoluzione francese

C Riccardo Cuor di Leone partecipa alla terza crociata

D Guerra dei Trent'anni

E Morte di Dante Alighieri

3791 I diritti umani, riconosciuti dalla Costituzione e dalla Dichiarazione universale dei diritti umani delle Nazioni Unite, NON sono:

A innati

B universali

C indivisibili

D alienabili

E inviolabili

3792 Chi ha scritto *I dolori del giovane Werther*?

A Henry James

B Johann W. Goethe

C Hermann Melville

D Lord Byron

E David H. Lawrence

3793 A cosa serve il servizio SPID?

A È un servizio riservato solo alle imprese per accedere a tutti i servizi online di pubbliche amministrazioni e imprese aderenti

B È un servizio di vendite on line

C È un servizio riservato ai dipendenti della pubblica amministrazione che permette di accedere ai servizi online delle stesse amministrazioni

D A tracciare i dipendenti pubblici

E È un servizio che permette a cittadini e imprese di accedere con un'unica identità digitale a tutti i servizi online di pubbliche amministrazioni e imprese aderenti

3794 Secondo la legge italiana:

A i figli naturali hanno diritto a essere riconosciuti ma i figli legittimi possono opporsi al loro mantenimento economico

B i figli nati fuori dal matrimonio hanno diritto al mantenimento economico solo dopo essere stati riconosciuti

C figli legittimi e figli naturali hanno medesimi diritti ma diverso stato giuridico

D non esiste distinzione tra figli legittimi e figli naturali e tutti i figli godono dello stesso stato giuridico

E figli naturali e figli legittimi hanno i medesimi diritti purché abbiano lo stesso stato giuridico

3795 Il *Dialogo sopra i due massimi sistemi* del mondo di Galileo Galilei è:

A un trattato in difesa del geocentrismo

B una commedia che esalta l'universo aristotelico-tolemaico

C un dialogo in latino che ha come protagonista Simplicio

D un dialogo in volgare che sostiene, attraverso il confronto, tesi copernicane

E un trattato che conferma le tesi più eterodosse di Giordano Bruno

3796 Dove si trova il dipinto *La conversione di Paolo* di Caravaggio?

A Nella cappella Portinari della basilica di Sant'Eustorgio a Milano

B Nella cappella Brancacci della chiesa di Santa Maria del Carmine a Firenze

C Nella cappella Sansevero di Napoli

D Nella cappella degli Scrovegni a Padova

E Nella cappella Cerasi della Basilica di Santa Maria del popolo a Roma

3797 **Come si definisce una xilografia?**

A Un'indagine diagnostica che utilizza onde elettromagnetiche

B Lo spargimento di pacciame sul terreno per proteggere le colture da eccessiva insolazione

C L'operazione di battitura delle fibre tessili che precede il processo di filatura della lana

D Una tecnica di incisione in rilievo in cui si asportano da una tavoletta di legno le parti che non costituiscono il disegno

E Tecnica pittorica che consiste nello stendere colori diluiti con acqua su uno strato di intonaco fresco che, asciugandosi, forma una superficie dura e compatta che fissa il colore

3798 **Il Duomo di Milano è alto:**

A 108 m

B 250 m

C 290 m

D 308 m

E 75 m

3799 **Chi è l'autore del romanzo fantasy *Il Signore degli Anelli*?**

A Joanne K. Rowling

B Clive S. Lewis

C Vladimir D. Nabokov

D John R. R. Tolkien

E Isaac Asimov

3800 **Il crollo del ponte Morandi, in cui il 14 agosto 2018 hanno perso la vita 43 persone, è avvenuto:**

A in Sicilia, nei pressi di Agrigento

B a Genova

C a Roma

D a Venezia

E sull'Isola d'Elba

CONOSCENZE E COMPETENZE

Soluzioni

Quesito	Risposta	Quesito	Risposta	Quesito	Risposta	Quesito	Risposta	Quesito	Risposta	Quesito	Risposta	Quesito	Risposta	Quesito	Risposta	Quesito	Risposta	Quesito	Risposta
2736	C	2737	C	2738	C	2739	A	2740	A	2741	B	2742	B	2743	A	2744	A	2745	C
2746	D	2747	B	2748	C	2749	A	2750	A	2751	C	2752	C	2753	B	2754	B	2755	C
2756	B	2757	B	2758	D	2759	C	2760	A	2761	C	2762	C	2763	C	2764	B	2765	A
2766	D	2767	A	2768	B	2769	E	2770	A	2771	D	2772	B	2773	B	2774	B	2775	E
2776	C	2777	D	2778	A	2779	B	2780	C	2781	D	2782	B	2783	B	2784	E	2785	A
2786	B	2787	D	2788	D	2789	C	2790	A	2791	C	2792	A	2793	A	2794	D	2795	A
2796	D	2797	C	2798	A	2799	B	2800	C	2801	A	2802	D	2803	C	2804	B	2805	A
2806	B	2807	C	2808	A	2809	E	2810	A	2811	A	2812	C	2813	A	2814	A	2815	A
2816	D	2817	A	2818	C	2819	A	2820	D	2821	B	2822	B	2823	C	2824	A	2825	B
2826	B	2827	D	2828	B	2829	C	2830	D	2831	C	2832	E	2833	A	2834	A	2835	B
2836	C	2837	B	2838	A	2839	B	2840	C	2841	A	2842	A	2843	D	2844	E	2845	B
2846	B	2847	D	2848	E	2849	B	2850	D	2851	A	2852	C	2853	C	2854	B	2855	D
2856	A	2857	B	2858	E	2859	D	2860	C	2861	A	2862	D	2863	C	2864	A	2865	E
2866	D	2867	A	2868	A	2869	A	2870	A	2871	A	2872	E	2873	A	2874	A	2875	B
2876	A	2877	B	2878	C	2879	C	2880	C	2881	E	2882	E	2883	A	2884	E	2885	D
2886	A	2887	B	2888	C	2889	C	2890	B	2891	E	2892	D	2893	C	2894	A	2895	A
2896	C	2897	B	2898	A	2899	C	2900	D	2901	E	2902	B	2903	B	2904	C	2905	D
2906	E	2907	D	2908	C	2909	D	2910	A	2911	A	2912	D	2913	E	2914	A	2915	C
2916	D	2917	C	2918	A	2919	D	2920	C	2921	B	2922	B	2923	B	2924	D	2925	E
2926	B	2927	A	2928	E	2929	A	2930	B	2931	E	2932	C	2933	A	2934	B	2935	D
2936	D	2937	B	2938	E	2939	D	2940	A	2941	E	2942	C	2943	B	2944	C	2945	E
2946	B	2947	C	2948	C	2949	A	2950	D	2951	A	2952	E	2953	B	2954	B	2955	C
2956	C	2957	B	2958	E	2959	A	2960	C	2961	C	2962	D	2963	D	2964	A	2965	C
2966	A	2967	C	2968	B	2969	A	2970	A	2971	C	2972	B	2973	C	2974	D	2975	E
2976	C	2977	C	2978	C	2979	E	2980	E	2981	E	2982	C	2983	A	2984	B	2985	D
2986	A	2987	A	2988	C	2989	B	2990	A	2991	E	2992	E	2993	A	2994	D	2995	A
2996	C	2997	D	2998	A	2999	C	3000	E	3001	B	3002	E	3003	E	3004	A	3005	C
3006	B	3007	C	3008	E	3009	A	3010	D	3011	B	3012	C	3013	C	3014	B	3015	A
3016	D	3017	B	3018	C	3019	C	3020	B	3021	B	3022	D	3023	B	3024	C	3025	D
3026	D	3027	A	3028	D	3029	D	3030	A	3031	E	3032	B	3033	C	3034	E	3035	B

Quesito	Risposta	Quesito	Risposta	Quesito	Risposta	Quesito	Risposta	Quesito	Risposta	Quesito	Risposta	Quesito	Risposta	Quesito	Risposta	Quesito	Risposta	Quesito	Risposta
3036	C	3037	E	3038	B	3039	C	3040	A	3041	C	3042	C	3043	D	3044	B	3045	C
3046	A	3047	A	3048	A	3049	B	3050	A	3051	E	3052	B	3053	D	3054	B	3055	D
3056	C	3057	B	3058	D	3059	E	3060	B	3061	C	3062	D	3063	C	3064	E	3065	D
3066	A	3067	D	3068	B	3069	D	3070	E	3071	C	3072	B	3073	C	3074	D	3075	C
3076	D	3077	C	3078	A	3079	C	3080	E	3081	B	3082	B	3083	E	3084	C	3085	D
3086	B	3087	D	3088	C	3089	C	3090	C	3091	A	3092	D	3093	B	3094	A	3095	A
3096	B	3097	E	3098	A	3099	A	3100	B	3101	B	3102	A	3103	B	3104	D	3105	B
3106	E	3107	B	3108	C	3109	E	3110	C	3111	D	3112	C	3113	D	3114	C	3115	C
3116	A	3117	A	3118	B	3119	C	3120	B	3121	A	3122	B	3123	D	3124	B	3125	A
3126	C	3127	C	3128	D	3129	B	3130	C	3131	D	3132	A	3133	D	3134	B	3135	A
3136	E	3137	B	3138	B	3139	C	3140	A	3141	D	3142	C	3143	C	3144	C	3145	D
3146	D	3147	B	3148	B	3149	C	3150	A	3151	E	3152	B	3153	D	3154	B	3155	D
3156	E	3157	D	3158	B	3159	B	3160	E	3161	A	3162	C	3163	D	3164	C	3165	A
3166	A	3167	D	3168	B	3169	D	3170	A	3171	A	3172	B	3173	A	3174	E	3175	E
3176	B	3177	C	3178	D	3179	A	3180	C	3181	E	3182	D	3183	E	3184	B	3185	B
3186	B	3187	B	3188	D	3189	E	3190	C	3191	D	3192	C	3193	E	3194	A	3195	C
3196	C	3197	B	3198	C	3199	D	3200	A	3201	A	3202	B	3203	A	3204	A	3205	D
3206	A	3207	B	3208	A	3209	E	3210	C	3211	D	3212	A	3213	A	3214	D	3215	A
3216	A	3217	D	3218	B	3219	C	3220	D	3221	A	3222	A	3223	B	3224	A	3225	E
3226	C	3227	B	3228	C	3229	B	3230	A	3231	B	3232	B	3233	C	3234	B	3235	A
3236	C	3237	A	3238	A	3239	D	3240	C	3241	E	3242	E	3243	A	3244	D	3245	D
3246	A	3247	A	3248	C	3249	B	3250	E	3251	A	3252	E	3253	D	3254	A	3255	C
3256	E	3257	B	3258	D	3259	D	3260	C	3261	D	3262	B	3263	B	3264	C	3265	E
3266	C	3267	A	3268	D	3269	C	3270	B	3271	C	3272	A	3273	C	3274	D	3275	D
3276	A	3277	C	3278	C	3279	A	3280	A	3281	C	3282	A	3283	B	3284	B	3285	C
3286	A	3287	C	3288	A	3289	B	3290	D	3291	E	3292	A	3293	A	3294	D	3295	C
3296	E	3297	A	3298	D	3299	D	3300	E	3301	B	3302	D	3303	A	3304	B	3305	C
3306	E	3307	B	3308	D	3309	A	3310	C	3311	D	3312	A	3313	E	3314	D	3315	C
3316	C	3317	E	3318	A	3319	B	3320	B	3321	B	3322	B	3323	E	3324	E	3325	D
3326	C	3327	D	3328	E	3329	B	3330	B	3331	C	3332	D	3333	D	3334	D	3335	E
3336	C	3337	C	3338	C	3339	E	3340	D	3341	D	3342	E	3343	C	3344	D	3345	B
3346	B	3347	E	3348	B	3349	C	3350	C	3351	C	3352	B	3353	E	3354	D	3355	E
3356	A	3357	D	3358	C	3359	B	3360	A	3361	C	3362	E	3363	B	3364	E	3365	D
3366	C	3367	B	3368	A	3369	A	3370	D	3371	B	3372	B	3373	C	3374	A	3375	D
3376	D	3377	C	3378	B	3379	C	3380	B	3381	C	3382	A	3383	B	3384	C	3385	A
3386	D	3387	B	3388	A	3389	B	3390	D	3391	A	3392	D	3393	A	3394	B	3395	D
3396	C	3397	A	3398	A	3399	A	3400	E	3401	A	3402	A	3403	C	3404	A	3405	D
3406	E	3407	B	3408	D	3409	A	3410	B	3411	C	3412	A	3413	D	3414	C	3415	E
3416	B	3417	C	3418	D	3419	B	3420	E	3421	B	3422	A	3423	B	3424	D	3425	C
3426	B	3427	A	3428	B	3429	C	3430	D	3431	C	3432	A	3433	C	3434	D	3435	B

Quesito	Risposta	Quesito	Risposta	Quesito	Risposta	Quesito	Risposta	Quesito	Risposta	Quesito	Risposta	Quesito	Risposta	Quesito	Risposta	Quesito	Risposta	Quesito	Risposta
3436	E	3437	E	3438	B	3439	C	3440	B	3441	A	3442	B	3443	E	3444	B	3445	C
3446	E	3447	D	3448	E	3449	B	3450	C	3451	A	3452	B	3453	E	3454	A	3455	A
3456	A	3457	A	3458	A	3459	B	3460	D	3461	B	3462	C	3463	D	3464	B	3465	D
3466	B	3467	D	3468	B	3469	B	3470	A	3471	A	3472	D	3473	C	3474	C	3475	D
3476	C	3477	A	3478	C	3479	E	3480	B	3481	B	3482	C	3483	B	3484	D	3485	E
3486	C	3487	B	3488	D	3489	B	3490	C	3491	B	3492	A	3493	B	3494	A	3495	D
3496	D	3497	D	3498	D	3499	A	3500	A	3501	B	3502	B	3503	C	3504	B	3505	B
3506	B	3507	E	3508	D	3509	B	3510	D	3511	E	3512	E	3513	D	3514	B	3515	B
3516	B	3517	D	3518	E	3519	C	3520	A	3521	C	3522	A	3523	D	3524	B	3525	B
3526	B	3527	A	3528	A	3529	C	3530	C	3531	C	3532	E	3533	E	3534	D	3535	B
3536	B	3537	D	3538	A	3539	D	3540	C	3541	C	3542	B	3543	D	3544	D	3545	E
3546	B	3547	C	3548	C	3549	A	3550	A	3551	B	3552	E	3553	C	3554	C	3555	B
3556	E	3557	A	3558	B	3559	C	3560	D	3561	E	3562	D	3563	C	3564	D	3565	D
3566	A	3567	C	3568	A	3569	B	3570	C	3571	C	3572	D	3573	B	3574	E	3575	D
3576	A	3577	E	3578	C	3579	D	3580	D	3581	C	3582	A	3583	C	3584	B	3585	B
3586	A	3587	D	3588	E	3589	E	3590	C	3591	C	3592	B	3593	D	3594	E	3595	D
3596	C	3597	C	3598	D	3599	D	3600	D	3601	D	3602	B	3603	A	3604	D	3605	A
3606	B	3607	B	3608	A	3609	B	3610	C	3611	A	3612	A	3613	B	3614	D	3615	D
3616	C	3617	A	3618	C	3619	A	3620	B	3621	C	3622	C	3623	C	3624	D	3625	A
3626	E	3627	C	3628	D	3629	D	3630	E	3631	B	3632	A	3633	C	3634	A	3635	C
3636	C	3637	B	3638	B	3639	B	3640	C	3641	A	3642	C	3643	C	3644	C	3645	D
3646	B	3647	C	3648	C	3649	B	3650	D	3651	C	3652	B	3653	B	3654	E	3655	B
3656	C	3657	B	3658	E	3659	C	3660	B	3661	B	3662	A	3663	B	3664	C	3665	A
3666	B	3667	D	3668	B	3669	B	3670	B	3671	C	3672	D	3673	E	3674	B	3675	C
3676	A	3677	A	3678	E	3679	A	3680	C	3681	C	3682	B	3683	A	3684	E	3685	B
3686	B	3687	A	3688	A	3689	B	3690	C	3691	C	3692	D	3693	C	3694	B	3695	A
3696	A	3697	E	3698	A	3699	D	3700	B	3701	C	3702	D	3703	B	3704	C	3705	E
3706	C	3707	D	3708	A	3709	C	3710	B	3711	C	3712	A	3713	A	3714	A	3715	D
3716	D	3717	B	3718	A	3719	E	3720	D	3721	C	3722	A	3723	B	3724	D	3725	A
3726	A	3727	B	3728	D	3729	D	3730	B	3731	C	3732	A	3733	A	3734	D	3735	D
3736	C	3737	B	3738	D	3739	E	3740	C	3741	D	3742	B	3743	C	3744	C	3745	A
3746	B	3747	D	3748	D	3749	D	3750	D	3751	E	3752	D	3753	B	3754	A	3755	E
3756	B	3757	A	3758	E	3759	C	3760	B	3761	E	3762	A	3763	B	3764	A	3765	E
3766	C	3767	B	3768	E	3769	A	3770	B	3771	A	3772	E	3773	C	3774	B	3775	E
3776	A	3777	B	3778	A	3779	A	3780	A	3781	E	3782	A	3783	D	3784	A	3785	E
3786	A	3787	A	3788	A	3789	A	3790	A	3791	D	3792	B	3793	E	3794	D	3795	D
3796	E	3797	D	3798	A	3799	D	3800	B										

parte sesta

INGLESE

Sempre più spesso, agli studenti che si accingono a iniziare un percorso di studi universitari si richiede la conoscenza almeno di base della **lingua inglese** (livello A2). Questo è vero anche per test di accesso ai corsi delle aree di Psicologia, Educazione e Sociologia. Sia le prove CISIA **TOLC-PSI** e **TOLC-SU**, sia numerosi **test di ateneo** prevedono una sezione di domande di inglese. Si consiglia pertanto a tutti i lettori di svolgere gli esercizi di questa Parte.

Quesiti di ortografia e lessico

Fill in the blanks with the right word(s).

3801 Some millions of ____ visit Europe every year.
- A foregners
- B foreigners
- C foreingers
- D forengers

3802 Tulips and roses are beautiful ____.
- A plant
- B flower
- C flowers
- D trees
- E grass

3803 Easter is always on _____.
- A Sunday
- B Monday
- C Tuesday
- D Wednesday
- E Friday

3804 Antoine is _____, Hans is _____. They are _____.
- A French, German, European
- B French, German, europeans
- C french, german, Europeans
- D France, Germany, europeans

3805 The _____ is due to arrive on 31st March.
- A consingement
- B consignement
- C consignment
- D consingement

3806 The ground _____ the building was subject to landslides and it crashed down after the earthquake.
- A beneath
- B benith
- C beneeth
- D benith

3807 What's _____ with you now?
- A right
- B on
- C good
- D left
- E wrong

Find the synonym of the word given.

3808 Aware
- A Conscious
- B Fashionable
- C Distant
- D Ready

3809 Prime Minister (in the UK)
- A Head of Government
- B Head of the House of Lords
- C Head of State
- D Leader of any political party

3810 Department store
- A A section in a business
- B A section in a large shop
- C A large shop divided into sections
- D The police station
- E A section in a hospital

3811 Currently
- A At present
- B Recently
- C As a matter of fact
- D Instead
- E In the past

3812 Dependent
- A Someone who works in a company
- B Something that depends on something
- C Someone who employs people
- D Someone who depends financially on someone else
- E Someone who needs a nurse

INGLESE

3813 To give the nod
- (A) To hit someone violently
- (B) To give permission for something to be done
- (C) To prevent someone from doing something
- (D) To forbid something
- (E) To state one's opinion

Find the word that is not a synonym of the word given.

3814 To state
- (A) To claim
- (B) To affirm
- (C) To assert
- (D) To establish
- (E) To say

3815 Firm
- (A) Concern
- (B) Company
- (C) Organization
- (D) Business
- (E) Industry

3816 To shine
- (A) To dazzle
- (B) To twinkle
- (C) To sparkle
- (D) To light
- (E) To bright

Find the synonym of the word given.

3817 Illusion
- (A) Delusion
- (B) Disappointment
- (C) Disillusion
- (D) Dream
- (E) Impression

3818 Reappraisal
- (A) Re-examination
- (B) Reprimand
- (C) Reproach
- (D) Reprisal
- (E) Rejection

3819 Seedy
- (A) Runny
- (B) Swollen
- (C) Tired
- (D) Queasy
- (E) Dizzy

Find the opposite of the word given.

3820 To rise
- (A) To arise
- (B) To increase
- (C) To depend
- (D) To fall
- (E) To reduce

3821 To yield
- (A) To give up
- (B) To give in
- (C) To resist
- (D) To surrender
- (E) To hold

3822 Convict
- (A) Accused
- (B) Invited
- (C) Sentenced
- (D) Tried
- (E) Acquitted

Find the word that completes the proportion.

3823 open-minded : x = patient : intolerant
- (A) prejudiced
- (B) wrong
- (C) unfair
- (D) religious
- (E) influenced

3824 3 : 6 = x : even
- (A) half
- (B) prime
- (C) odd
- (D) perfect
- (E) low

Fill in the blanks with the right word(s).

3825 A tabloid is a kind of ________.
- (A) newspaper
- (B) wallpaper
- (C) news
- (D) biography

3826 People usually cook in the _____.
A bathroom
B bedroom
C living-room
D kitchen

3827 "Leave me _____!"
A lonely
B alone
C by myself
D myself

3828 "I like neither numbers nor _____."
A mathematics
B mathematic
C mate
D mates
E scientifics

3829 We are sure that you won't miss this _____.
A possibility
B opportunity
C helpful
D occasions
E situation

3830 In August I'll be on _____.
A vacations
B out
C holiday
D holidays

3831 At the airport, the first thing that passengers are to do is the _____.
A check-up
B check-out
C check-in
D check-into

3832 "What a bad day today!" "It is _____".
A indeed
B sure
C no doubt
D so

3833 As soon as I poured this powder in the water it _____ green.
A went
B got
C turned into
D came

3834 If you heat a metal bar it _____.
A shortens
B expands
C curls
D meets
E spirals

3835 A bus is a _____ of transport.
A means
B half
C mean
D way
E view

3836 Too many people in the world suffer from _____.
A hunger
B starvation
C hungry
D ill
E food

3837 You're right. I _____ about needing a better quality of life.
A take your point
B accept
C understand
D come to the point

3838 You'd better not talk to her. She's _____.
A purple with rage
B blue with thirst
C black with anger
D white with envy

3839 The Government will adopt measures to _____ inflation _____ rising and _____ consumption.
A prevent, from, encourage
B avoid, to, arise
C avoid, from, spoil
D prevent, /, ruin
E let, not, help

3840 On such a rainy day I feel terribly _____.
A low-spirited
B mood
C downstairs
D under
E below

INGLESE

Find the right meaning of the word or expression.

3841 To look out (for)

- A To examine something to have an idea of what it is like
- B To watch through the window what happens outside
- C To examine every single thing in a group of things to choose the one that you want
- D To try to avoid a danger or a problem that you're aware of

3842 Factory

- A Industry
- B A building where goods are produced
- C Any firm
- D A place where you rear chickens, sheeps etc.

3843 Outbreak

- A A couple's split
- B A gap between two or more things
- C A sudden occurrence of something such as a war or disease
- D A sudden and violent explosion caused by bombs
- E To do something that disobeys a law, a rule, a promise

3844 Write-off

- A A vehicle that after an accident is so badly damaged that it isn't worth repairing
- B To record a loss
- C Not to pay further attention to anyone that you decide that they are unimportant
- D To send a letter to an organization to enquire about their production

3845 Headway

- A A wind that progresses the opposite direction to the one in which you're moving
- B The result of progressing towards achieving something
- C A word followed by a phrase which explains the word's meaning
- D The title of a newspaper
- E The place where an organization is or works

3846 To apprehend

- A To understand
- B To be sympathetic to someone
- C To catch
- D To learn
- E To teach

3847 To realize

- A To make an idea, a hope, an ambition happen in reality
- B To become aware of a fact
- C To discover new information about a fact
- D To fetch something
- E To produce something

Find the wrong meaning of the word.

3848 To work out

- A To find a solution to a problem
- B To cause a feeling to become more intense
- C To think about something and manage to understand it
- D To happen or progress in a particular way
- E To reach a conclusion, an end (a process)

Find the opposite of the word.

3849 Awkward

- A Clumsy
- B Graceful
- C Difficult
- D Uncomfortable
- E Embarrassed

3850 Conversely

- A Really
- B However
- C Actually
- D Quite the reverse
- E Rightly

Find the synonym of the word.

3851 Hereabouts

- A Here
- B About
- C Surroundings
- D Far
- E Outskirts

3852 Consistent
- A Important
- B Remarkable
- C Big
- D Coherent
- E Firm

Fill in the blanks with the right word(s).

3853 That big stadium can contain up to _____ people.
- A 60.000
- B 60,000
- C 60;000
- D 60:000

3854 I was _____ Biology when you came to see me.
- A studying
- B studyng
- C studing
- D studiyng

3855 My brother had health problems _____ the journey.
- A through
- B through out
- C out
- D throughout

3856 That woman is so _____.
- A mischievous
- B mischievious
- C mischevious
- D mischevous

3857 It is dangerous to _____ in that point of the lake.
- A bathe
- B bath
- C bhat
- D baht

3858 What an _____ weather today!
- A howful
- B awfull
- C awhful
- D awful

3859 Which of the following words can be correctly spelled in both ways?
- A Enquire, Inquire
- B Going to, Gonnat
- C Realize, Rialize
- D Increase, Encrease

Which word is American English?

3860
- A Analyze
- B Analyse

3861
- A Theater
- B Theatre

3862
- A Colour
- B Color

Fill in the blanks with the right word(s).

3863 The baby was _____ asleep when his parents came home.
- A sound
- B wide
- C hard
- D stable

3864 My sister is so tired. She has to work _____.
- A time out
- B overtime
- C long time
- D over and over

3865 Jenny was forced to leave the house because her rent was two months _____.
- A over
- B out of time
- C out of date
- D time out

3866 After the rebuke the children wept great _____.
- A drops
- B teardrops
- C tear's drop
- D rains

INGLESE

3867 Trade is presently _____ because of the crisis.
A still
B at a standstill
C at
D at a stake

3868 You need a _____ to screw in a screw.
A drill
B hammer
C saw
D plug

Find the right synonym of the following word(s).

3869 To deserve
A To preserve
B To merit
C To admit
D To acquit

3870 To go sightseeing
A To see natural landscapes
B To go by the sea
C To have a rest
D To see the sights

Fill in the blanks with the right word(s).

3871 Please, phone the campsite and ask if they have a _____ free.
A park
B pitch
C campsite
D playground

3872 You cannot find a better offer. _____!
A Think it over
B Get it through
C Find it out
D Let it up

3873 "Are you enjoying your reading?" "No. The lights are so low that I can't _____ a single word of this book".
A make for
B make up
C make over
D make out

3874 I don't like well-done steaks but _____ steaks.
A rare
B cut
C washed
D roast

3875 A tsunami _____ an earthquake under the sea.
A is owned to
B is given to
C is due to
D is given by

3876 This book gives you some _____ for studying and learning in a short time.
A tips
B advices
C advise
D council

3877 Over the XX century _____ has sensibly increased.
A life expectancy
B life long
C life lenght
D life expectation

3878 Plenty of _____ shows that the Earth's climate is changing.
A proof
B index
C clue
D evidence

3879 _____ a recent survey, people are spending more on holiday.
A According to
B Owing to
C Since
D As

3880 English is the second _____ language in the world, after Chinese.
A more-spoken
B most-spoken
C highly-spoken
D well-spoken

PARTE SESTA

3881 Larger firms usually _____ smaller ones.

- **A** take after
- **B** take in
- **C** take on
- **D** take over

3882 The new edition of the Oxford Dictionary is _____ around 2020.

- **A** due out
- **B** owed
- **C** coming
- **D** going out

3883 The special holes in the mask _____ oxygen to pass in.

- **A** roam
- **B** enable
- **C** prevent
- **D** shelter

3884 When you come to town you will be _____ at Majestic Hotel.

- **A** housed
- **B** sent
- **C** offered
- **D** accommodated

3885 He couldn't help losing the tennis match. His _____ movements made everyone laugh!

- **A** awkward
- **B** great
- **C** toady
- **D** disquiet

3886 Her _____ eyes made me understand her pray.

- **A** thin
- **B** cheap
- **C** beseeching
- **D** colourful

3887 Eat a piece of this cake and taste how _____ it is!

- **A** lazy
- **B** funny
- **C** delicious
- **D** bright

3888 Before serving the cake, _____ some cacao powder over it.

- **A** sparkle
- **B** sprinkle
- **C** shed
- **D** drop

3889 He pressed the accelerator and the wheels _____ rapidly.

- **A** spinned
- **B** turned
- **C** broke
- **D** speeded up

3890 What a beautiful _____ flowers!

- **A** round of
- **B** slice of
- **C** bunch of
- **D** burst of

3891 After a long _____ the accused was finally found guilty of the murder.

- **A** judgement
- **B** process
- **C** trial
- **D** assessment

3892 If you want to talk to one of the operators please _____ 8.

A make **B** pull **C** push **D** dial

3893 "What about a pint?" "No, thanks. I'm not _____".

- **A** angry
- **B** full
- **C** thirsty
- **D** hungry

Find the right synonym of the word.

3894 Issued

- **A** Written
- **B** Published
- **C** Revised
- **D** Checked out

3895 Plane

- **A** Flight
- **B** Aircraft
- **C** Fly
- **D** Cockpit

INGLESE

3896 Cab
- A Taxi
- B Tube
- C Train
- D Car

3897 Almighty
- A Powerful
- B Sweet
- C Highly possible
- D Weak

3898 Chairman
- A Secretary
- B Publisher
- C President
- D Judge

3899 Alas
- A Since
- B Unfortunately
- C Like
- D Unhappy

3900 To clutch
- A To grip
- B To gather
- C To jump
- D To despise

3901 Cosy
- A Alike
- B Worth
- C Icy
- D Comfortable

3902 To squander
- A To pour
- B To waste
- C To buy
- D To spy

3903 To spur
- A To spit
- B To clean
- C To throw out
- D To encourage

Select the word that completes the proportion.

3904 White : black = x : South
- A Nord
- B North
- C Nort
- D Northern
- E West

3905 Tall : short = fat : x
- A slimmer
- B overweight
- C thin
- D poor
- E scarce

3906 Manufacture : supply = x : demand
- A food
- B enquiry
- C goods
- D needs
- E gap

3907 Saw : tool = waistcoat : x
- A clothes
- B garment
- C rubbish
- D insect
- E fish

PARTE SESTA

Quesiti di morfologia

Fill in the blanks with the right word(s).

3908 Do you think you _____ join me in London next weekend?

A could
B do
C used to
D did

3909 If you don't need my help I'll offer it to someone _____.

A another
B other
C else
D more

3910 Don't worry, he'll get there _____.

A on time
B at time
C some time
D by time

3911 Is this _____ suitcase, Mrs Jackson? No, _____ is white.

A your, mine
B your, my
C her, mine
D his, its

3912 Look at _____ boys there!

A that
B these
C those
D this

3913 I would like to buy _____ big house.

A those
B anyone
C mine
D a
E an

3914 He is _____ cousin, Peter.

A mine
B you
C an
D my

3915 This book _____ interesting at all: it's so boring!

A is
B is not
C has
D not

3916 _____ I have some water, please?

A Must
B Would
C Cannot
D Am
E May

3917 My parents _____ pets.

A like
B likes
C doesn't like
D don't

3918 Mark is a good student as he _____ a lot.

A doesn't study
B study
C studies
D didn't study

3919 Jack has _____ talent to become a good actor.

A fair
B enough
C quite
D well

INGLESE

3920 We succeeded _____ the car.

A in fixing
B to fix
C in fix
D fixing

3921 I listened to the cats _____ all night long.

A miaowing
B miaow
C to miaow
D to be miaowing

3922 When I _____ a child, I _____ take nobody's advice.

A were, could
B was, can
C was, would
D am, can
E was, will

3923 _____ Sharon _____ Liz wants to tell them the truth. They prefer lying.

A Either, or
B Neither, nor
C Both, both
D Nor, nor
E None, nor

3924 Why _____ supported me? I could have won the elections!

A anybody
B somebody
C nobody
D did anybody
E did nobody

3925 Now I can't go out but tomorrow I _____ to come and see you.

A will be able
B will can
C will
D will able
E will succeed in

3926 Jack doesn't play sport. I would like _____ _____ so lazy!

A her, not to be
B him, not to be
C him, not being
D him, to be
E his, not being

3927 _____ my books aren't updated on the subject.

A Any of
B No one
C Not
D Not any of

3928 _____ confess her fault?

A Dare she
B Dare she to
C Will she to
D She may

3929 "What beautiful pictures you've painted!" "Thank you. Take _____ you like".

A that
B whichever
C whatever
D one

3930 What _____ you _____ for me if I _____ by that thief?

A would, do, had robbed
B will, do, had been robbed
C would, have done, had been robbing
D would, have done, had been robbed
E had, done, would have robbed

3931 "Your bike looks brand-new!" "Last week my father _____ it _____."

A has, repaired
B had, repaired
C had, repair
D let, repaired
E got, to be repaired

3932 "Our boss is complaining _____ Jean _____ her unreliability". "Well, the chairman doesn't agree _____ him _____ the decision to give her the sack".

A to, about, with, for
B with, for, with, with
C to, about, with, about
D to, about, to, about
E on, at, on, for

3933 The lawyer suggested _____ those papers and kept on _____ that we couldn't avoid _____ those conditions. We admitted _____ right.

A us to sign, repeating, to accept, to be
B that we should sign, repeating, accepting, be
C that we should sign, repeating, accepting, that he was
D that we should sign, repeat, accept, to be
E to sign, to repeat, to accept, being

3934 Excuse-me, I need _____ about the products you sell.

A some information
B some informations
C a few informations
D some news
E an information

3935 Clark and John are two _____ .

A of a kind
B of kind
C of the same
D of together

3936 "How long does it take to go to New York?" "It's a _____."

A six-hour flight
B six-hour tour
C trip
D six-hour cruise
E travel

3937 She is a _____ and _____ girl.

A blond-haired, brown-eye
B blond-hair, brown-eye
C blond-haired, brown-eyed
D hair-blond, eye-brown
E hair-blonded, eye-browned

3938 Short after the explosion, all the people _____ to evacuate the area.

A asking
B has asked
C was asked
D were asked

3939 I remember putting the letter on this table. _____ it is not here!

A No
B Still
C Worse
D Yet

3940 That's all. I don't think I've anything _____ to say.

A most
B again
C further
D next

Find the synonym.

3941 Not at all

A Absolutely not
B Maybe not
C Not really
D Of course
E Not everybody

Fill in the blanks with the right word(s).

3942 I'm sorry _____ your absence _____ the inauguration of Brenda's exhibition.

A about, from
B for, from
C about, at
D that, at

3943 As the children played in the garden together they grew _____ .

A happier and happier
B more happy
C more and happy
D the happier

3944 He got the wrong number _____ times before making the right phone call!

A four
B fourth
C fourthy
D fours

3945 The _____ you are, the _____ you live.

A healthy, better
B healthy, best
C healthier, best
D healthier, better

3946 The film *Jurassik Park* _____ Chrichton's novel.

- A is based on
- B is based upon
- C bases on
- D based on

3947 The Nile is one of _____ rivers in the world.

- A the longer
- B the longest
- C longest
- D longer

3948 She hasn't got _____ in the city yet.

- A used to live
- B used to living
- C lived
- D use to live

3949 _____ you please stop talking when I speak?

- A Mind
- B Shall
- C Will
- D Care

3950 _____ Paris in your life?

- A Did you ever visit
- B Have you ever visited
- C Have you ever visit
- D Do you ever visit

3951 I _____ ask for his help if I _____ you.

- A hand't, were
- B didn't, was
- C wouldn't, were
- D wouldn't, am

3952 We _____ very much on holiday.

- A enjoy us
- B enjoyed oneself
- C enjoyed ourselves
- D have enjoyed

3953 _____ for a weekend together, Sam?

- A Do you leave
- B What about leaving
- C Should you leave
- D You leave

3954 Mary _____ receive a wage rise soon.

- A expects to
- B is expected be
- C is expected
- D is expecting to be

3955 People _____ smoke in this area.

- A is not allowed to
- B are not allowed to
- C allows to
- D are not permitted

3956 I usually eat every kind of food _____ eggs.

- A and
- B but
- C some
- D each

3957 News from the Stock Exchange today _____ good.

- A is
- B are
- C are being
- D was

3958 Lisbon is _____ European city.

- A any
- B the
- C an
- D a

3959 *War and Peace* is the best book I _____ as a present.

- A were given
- B are given
- C have been given
- D ever given

3960 Laura, would you mind _____ the TV off, please?

- A switching
- B switched
- C switch
- D to switch

3961 He speaks _____ than her.

- A more slowly
- B slowlyer
- C slow
- D slower

PARTE SESTA

3962 I would like _____ interfere in my life.

A not that my parents
B my parents don't
C my parents do not
D my parents not to

3963 We spent a nice evening together then _____.

A tell goodbye
B said goodbye
C say goodbye
D greeted goodbye

3964 You look really tired. You _____ a rest.

A ought to have
B ought to having
C should
D should be

3965 If you are leaving for Africa you _____ have some dollars on you.

A had better
B would better
C have better
D better

3966 I don't _____ agree with you.

A enough
B fair
C quite
D very

3967 _____ get disheartened! There'll be other chances to show our value.

A Let's not
B Let's
C Let us don't
D Do let's

3968 We sent _____ invitations to the party.

A rather too many
B too rather many
C by far many
D too many as

3969 At the time my friends lived in London, I _____ go and visit them quite often.

A would
B was used to
C did
D should

3970 As soon as my father saw my car he thought I _____ an accident.

A had
B have just had
C was having
D had just had

3971 The editor promised he _____ the following day.

A would correct the proofs
B wrote
C will correct the proofs
D would have written

3972 John is a very thrifty man: _____ he earns, _____ he spends.

A more, less
B the more, the less
C the most, the least
D most, least

3973 Ennio Morricone _____ music and film scores for half a century.

A has been writing
B is writing
C writes
D was writing

3974 Their cat is totally lazy. _____ is always sleeping.

A So
B As
C It
D But

3975 _____ you know, I usually eat late in the evening.

A Then
B Because
C Since
D As

3976 I _____ can explain it to you.

A also
B too
C well
D as too

INGLESE

3977 Everything has happened yesterday, ______?

A doesn't it

B hasn't it

C hasn't they

D isn't it

3978 With _____ money did he buy that big house?

A which

B who

C whom

D whose

3979 They're having difficulty _____ having a baby.

A on

B with

C for

D by

3980 If you don't feel better you _____ a doctor.

A will have visited

B will have to be visited by

C must visit

D would have be visited by

3981 I was born on the _____ of September.

A thirtieth

B thirty

C thirtiest

D thirthief

3982 Women should always be independent _____ their husbands.

A on

B of

C upon

D at

3983 "Is this John's?" "Yes, it's _____".

A this

B is

C him

D his

3984 _____ of the time, problems are not so big as we consider them.

A Most

B More

C Much

D Many

3985 The convoys _____ to stock up on food, water and fuel for the perilous passage through the desert but didn't.

A Hadn't

B Would have had

C Did

D Would have

3986 Would you _____ an effort to get on with her?

A make

B do

C take

D have

3987 It's so late. I can _____ wait, I'll go.

A any long

B any longer

C no longer

D no long

3988 I've looked for my umbrella everywhere. It isn't in the wardrobe _____!

A too

B either

C neither

D also

3989 The temperature of this season is some degrees _____ the average.

A up

B upon

C above

D over

3990 Land's End is the _____ place in Cornwall.

A westernmost

B western

C west

D far west

PARTE SESTA

3991 Tomorrow I _____ French in that school for ten years.

A have taught
B will teach
C will be teaching
D will have taught

3992 Did they enjoy _____ at the party?

A yourself
B yourselves
C oneself
D themselves

3993 I avoid eating peanuts _____ possible, as I am allergic to them.

A whenever
B any time
C ever
D wherever

3994 It's not worth _____ a motorbike if you are afraid of _____ it!

A to buy - to ride
B buying - ride
C buying - riding
D to buy - ride

3995 He went to the stadium to see the football match _____ the heavy rain.

A but
B although
C though
D in spite of

3996 "We are late! Are you ready?" "_____!"

A Not yet
B Not
C Not again
D Not just

3997 The number of new cancer cases has increased _____ 20% in a decade.

A at
B over
C to
D by

3998 _____, over the years, he became more self-confident.

A For a while
B Little by little
C Every now and then
D Seldom

3999 "Can I see your passport, please?" "Yes, sir. _____."

A Here is
B It is
C Here you are
D Here are

4000 The president is elected _____ five years.

A every
B each
C any
D at

Quesiti di sintassi e comprensione di brani

Find the underlined part of the sentence that contains a mistake.

4001 "Is Martha at home?" "Yes, she is in her bedroom and doesn't can go out. She has to study a lot"
- A at home
- B in her bedroom
- C doesn't can
- D has to study a lot

4002 "What are we going to do now?" "Let's we go to the swimming-pool! It's so warm today!"
- A are we going to do now
- B Let's we go
- C to the swimming-pool
- D It's so warm today

4003 "Is Jenny there?" "No, she isn't" "But isn't that her car?" "No, her is white".
- A Is Jenny there
- B she isn't
- C isn't that her
- D her

4004 My uncle is so rich that he has get two luxurious boats and three nice cosy cottages.
- A so rich that
- B has get
- C luxurious boats
- D nice cosy

4005 When she lived in the country she used to having long walks in the woods.
- A she lived
- B used to
- C having long walks
- D in the woods

4006 He's the most honest person that I ever met in my life, isn't he?
- A the most honest
- B that
- C I ever met
- D isn't he

4007 "What about doing plans for next summer?" "Sorry, but I have to do the washing now. Let's make them later."
- A What about doing
- B next summer
- C I have to
- D do the washing
- E Let's make them

4008 Don't blame him! I'm sure he won't do it again: he will take your advise.
- A Don't blame him
- B I'm sure
- C he won't do
- D take your advise

4009 The deal concluded today covers the commitments that the company will undertake in sell goods to foreign markets.
- A The deal concluded
- B covers the commitments
- C will undertake
- D in sell

4010 "Laura told me she has no more time to read a book." "Hasn't she? How long is it since she reads a book?"
- A told me
- B she has no more time
- C How long is it
- D she reads

PARTE SESTA

4011 The new manager of the company, who <u>had recently taken</u> <u>over</u> the firm, assured that he <u>would take up</u> the problem of unemployment. Now he intends <u>to take up</u> more employees.

A had recently taken
B over
C would take up
D to take up

4012 "<u>By this time</u> in two years <u>I will have got</u> my diploma and <u>will be probably working</u> with my father". "Do you really think <u>you will be able to</u> <u>cope such a situation</u>?"

A By this time
B I will have got
C will be probably working
D you will be able to
E cope such a situation

4013 The party was <u>so boring</u> last night. <u>If only</u> I <u>had left</u> earlier but I <u>hadn't</u>.

A so boring
B If only
C had left
D hadn't

Correct the underlined part of sentence with one of the following solutions.

4014 Let's decide <u>to which</u> we will go for our picnic.

A in which
B where
C place
D in where
E how

4015 If she hadn't spoken so quickly we <u>understood</u> her speech.

A would have understood
B would understand
C had understood
D would be understanding
E had been understood

4016 How long <u>has she restored</u> frescos?

A she has restored
B she has restoring
C is she restoring
D has she been restoring
E did she restore

4017 My parents have recently bought an old house in the country and are planning to <u>do it in</u>.

A do it up
B do it over
C do it out
D be done for
E do away with it

4018 Someone's taken my dictionary. <u>Who is</u>, could they please give it back to me?

A Who was
B Whoever it was
C Whoever was
D Whom it is
E Who has taken it

4019 A big armed robbery was foiled yesterday by the police. The gang had collected more than £500,000 from shops, but they <u>hadn't the time</u> to begin putting their new plan into operation.

A didn't have any time
B hadn't time
C hadn't any time
D didn't have time

4020 Annie always acts as though <u>she was the only one who did</u> any work!

A she were the only one who do
B she is the only one who do
C she were the only one who does
D she was the only one who hadn't
E she were the only one to done

Fill in the blanks with the right word(s).

4021 You will be wondering _____ I rejected your offer.

A why
B because
C how
D the reason

INGLESE

4022 If she insists on leaving, _____. I won't make her stay.

A let's her go
B she rather goes
C she goes
D let her go

4023 Sandra speaks _____ French, _____ German.

A neither, nor
B not only, but
C –, also
D both, –

4024 She shouted to him: "Never again _____ trust you!"

A will I
B I will
C I shall
D do I

4025 I _____ he really meant what he'd just said.

A was wondering
B wondered what
C wondered that
D wondered whether

4026 After _____ to Rome, my father _____ a job.

A he moved, found
B moving, found
C he had moved, had found
D moved, had found

4027 There's nothing to _____ a football match.

A prevent from watching my husband
B prevent my husband from watching
C my husband to prevent from watching
D prevent my husand from watch

4028 _____ when the phone rang.

A Hardly had they left home
B They hardly had left home
C No sooner do they leave home
D They no sooner had left home

Find the right meaning of the underlined part of the sentence.

4029 Today he <u>doesn't feel like</u> talking.

A Not to be in the right mood for something
B Not to stop doing something
C Not to begin doing something
D To feel as one who likes talking

4030 When I went to Scotland, I was <u>amazed at</u> the beauty of the landscapes.

A To be disappointed
B To be upset
C To be astonished
D To be incredulous
E To stand before

4031 <u>What's wrong with you</u> now?

A Why do you feel so sad?
B Why are you so low tempered?
C What's the matter?
D What caused you to be so unhappy?

4032 They decided, <u>out of the blue</u>, to sing old songs in the street.

A Predictably
B Unexpectedly
C Hopelessly
D Foreseeably
E Distinctly

4033 <u>Every now and then</u> he comes and sees us.

A Always
B Seldom
C Once in a while
D In two weeks
E Once every two weeks

4034 Don't worry! <u>Pull yourself together!</u>"

A Wear a sweater
B Come on
C Don't worry
D Control yourself
E Stand up

PARTE SESTA

Find the right meaning of the sentence

4035 Ross is twenty-five years old. Muriel is twenty-four years old.

A Ross is younger than Muriel
B Ross is older than Muriel
C Muriel is less young than Ross
D Muriel is older than Ross

4036 I didn't want to, but I was made to do so.

A Someone forced me to do it
B I was finally persuaded to do it
C I arranged for it to be done
D I realized I'd better do it

4037 My suggestions were like water off a duck's back.

A My suggestions produced some effects
B I should have made no suggestions as they were totally ineffective
C They told me I'd better do my business
D They followed my advice successfully

Find the right meaning of the underlined part of the sentence

4038 My father is a good-natured kind-hearted man.

A Friendly and kind
B Natural and kind
C Spontaneous and happy
D Gentle and sympathetic

4039 "Mum, may I play football with Tim in the garden?" "Please yourself."

A I don't care of you
B Leave me alone
C Do what you like
D You won't do that
E Don't worry

4040 Today they feel low-spirited.

A Drunk
B Depressed
C Possessed
D Vigorous

4041 She offered some food to that poor abandoned dog and now she can't get rid of it!

A Cannot make it leave
B Do without it
C Can't help adopting it
D Give it enough food
E Let it stay at home

Find the mistake in one of the underlined parts of the sentence.

4042 His passion for gambling made him run debt.

A His passion
B gambling
C made him
D run debt

4043 Last year those old sheds were being make over into nice little houses.

A those old sheds
B were being make
C over into
D nice little houses

4044 My mother is very good at knit.

A My mother
B very good
C at
D knit

Fill in the blanks with the right word(s).

4045 The new agent _____ the job.

A seems to be up not to
B don't seem to be up
C does not seem to be up
D doesn't seem to be up to

4046 She _____ without him.

A still hasn't resigned herself to living
B has still resigned herself to live
C hasn't resigned herself yet to living
D hasn't resigned to living yet

4047 Yoga _____ counteracts stress _____ helps relaxing.

A does, and
B also, only
C not only, but
D not only, but also

INGLESE

4048 _____ **that on sunny days you're on a better mood.**

A Doubt not

B Undoubtedly

C There's no doubt

D Doubtless

4049 Richard invited me to the party but I _____ very much.

A don't like to feel going

B don't like feeling

C don't feel like going

D don't feel like to go

Find the meaning of the following sentence.

4050 Have a nice day!

A Enjoy the day

B Have a beautiful life

C Don't blame yourself

D What a funny day

4051 After the car accident that occured to my family I did realize how much I love them.

A I've never really understood how much I love my family

B At the time my family had the car accident I loved them less than I do now

C I love my family more because of the car accident I had

D It's such a surprise to me that my family are well and alive

4052 Why should Hugh join the party without Mary's invitation?

A Hugh doesn't want to join the party

B Hugh ought to join the party

C Mary did not invite Hugh

D Hugh did not invite Mary

4053 We're not late at all!

A We should have arrived before

B We need to hurry

C We are absolutely right

D We have arrived on time

Fill in the blanks with the right word(s).

4054 Many things have happened _____ you went away.

A since

B for

C as

D over

4055 Deserts are _____ the largest source of oil.

A long

B by far

C as long

D far much

4056 Happiness _____ mainly _____ the personal outlook on things.

A depends, on

B focuses, on

C makes, by having

D should, depend

4057 I prefer _____ to the music.

A reading books to listening

B to read books to listen

C to read books to to listen

D reading books rather listening

4058 I think he took _____.

A a wrong decision quite

B a quite wrong decision

C a wrong quite decision

D quite a wrong decision

4059 A few _____ are taking perilous journey into the Amazon forest.

A his colleagues

B some colleagues of his

C Robert's colleagues

D colleagues of his

4060 Lucy told me that nobody called when I was out, _____?

A didn't they

B did it

C did they

D didn't it

4061 Wonderful! You're going to marry, _____?

A do you

B aren't you

C are you

D are you going to

4062 Yesterday I heard my neighbour _____, but as soon as he realized I was _____ to him, he _____.

A singing, listening, stopped

B sing, listening, stopped

C singing, listened, stopped

D sing, listening, had stopped

4063 As you were the only witness of the aggression, you _____ the victim's complain! That's a duty!

A may support

B aren't supporting

C did have to support

D almost had to support

4064 Last week Julian told me that _____.

A last week he studied to take the exam

B the week before he had been studying to take the exam

C the week before he had been studying to exam

D the previous week he was being studied to take the exam

4065 Please, _____ your conversation.

A excuse my interrupting

B excuse my interrupt of

C excuse me for interrupt

D excuse me to interrupt

4066 After reading the newspaper, the old man closed his eyes and rocked _____ in his orange armchair.

A On and on

B back and forth

C Back and on

D above and below

4067 This time tomorrow we _____.

A will be taking the exam and will have finished by 7pm

B take the exam and are finishing at 7pm

C will take the exam and finishing by 7pm

D will be taking the exam and finish by 7pm

4068 Here are _____.

A some their articles

B their some articles

C some articles of theirs

D some of their's articles

4069 What a nice party at _____.

A Jane and Robert's

B Jane's and Robert's

C Jane's and Robert

D Janes and Roberts

4070 You're always late! Why dont' you _____?

A get your watch repaired

B make your watch repair

C have your watch to repair

D make repair your watch

4071 Take your umbrella, _____.

A should it to rain

B it should rain

C in case it should rain

D in case of raining

4072 The managers _____ last Monday but the sudden crash on the Stock Exchange made them change their plans.

A should meet

B needed to meet

C were to meeting

D were to meet

4073 The killer _____ fingerprints on the place of the murder.

A was not carefully to leave

B was careful not to leave

C was careful leaving

D was being careful to have left

INGLESE

4074 According to the _____, new investments seem to be necessary.

- A committee's report
- B committee report
- C committees report
- D report's committee

4075 I _____ late tomorrow.

- A am likely to coming
- B am likely to come
- C likely am coming
- D am like to come

4076 _____ he never played cards before.

- A I dare say
- B Have I dare say
- C I did dare
- D Dare I say

4077 From television advertising to the pricing of food, our society works _____ discourages people from adopting healthy habits.

- A In a way that
- B As to that
- C By the way
- D So that

4078 _____ a slice of cake?

- A Wouldn't
- B You will have
- C Won't you have
- D Won't you want

4079 _____ to the cinema tonight?

- A Why not go
- B Why not to go
- C What if we go
- D What about go

4080 You _____ when you are drunk.

- A ought to drive
- B are not supposed to drive
- C are supposed to drive
- D should be driving

4081 After the run we needed _____.

- A a five-minutes rest
- B a rest of five minute
- C a five-minute rest
- D five-minute rest

4082 They decided _____.

- A to talk to them rather than to telephone
- B to talk to them rather than to telephoning
- C talking to them rather than telephoning
- D to talk to them instead of telephone

4083 _____ I've seen you really happy.

- A This is the first time
- B This time that
- C It's the time
- D The last time

4084 I thought _____ that I don't want to see you anymore.

- A I had made it clear
- B I made it clear
- C it had made clear
- D had it made clear

4085 He wished _____ so rudely.

- A he spoke to him
- B he could speak to him
- C he would speak to him
- D he hadn't spoken to him

4086 "Come here!", _____.

- A did Mary
- B Mary invited
- C invited Mary
- D Mary did invite

4087 He usually pays cash _____ on his account.

- A but debiting expenses
- B instead of debit expenses
- C instead of making expenses debited
- D instead of having expenses debited

4088 Mr Thomson answered the student's question ______.

- **A** by underlining that it might be challenging and rewarding for a university-leaver to start to working in a foreign country
- **B** underlining that it might be challenging and rewarding for a university-leaver to start working in a foreign country
- **C** underlining that it can challenge and rewarding to start working in a foreign country for a university-leaver
- **D** to underline that to start working in a foreign country may challenge and rewarding for a university-leaver

4089 I was so disappointed with that course in novel writing. ______.

- **A** In the end of the lessons I could only tell the difference between fiction and poetry
- **B** At the end of the lessons I was only able to tell the difference from fiction and poetry
- **C** At the end of the lessons I was only able to tell the difference between fiction and poetry
- **D** At last, I was only able to tell the difference between fiction and poetry

4090 ______ bad working conditions?

- **A** Will you be ready accepting
- **B** Will you be willing accepting
- **C** Would you be willing to accept
- **D** Would you be willing to accepting

Read the following passage and answer the following questions.

Warning over cannabis lung harm

Heavy cannabis users may be at greater risk of chronic lung disease – including cancer – compared to tobacco smokers, two studies suggest.

One study found a higher risk of lung cancer for those who smoked one joint a day compared to those who had smoked 20 cigarettes a day over the same period.

Another found bullous disease – a form of emphysema – occurs 20 years earlier in cannabis smokers.

The studies appear in Respirology and the European Respiratory Journal.

The lung cancer study was conducted on 79 patients in New Zealand. The risk of the disease rose 8% for each year of smoking one joint a day, and 7% for each year of smoking a packet of cigarettes a day.

Researchers at the Medical Research Institute of New Zealand admitted it was a small study, but said nonetheless "it shows clearly that long-term cannabis smoking increases lung cancer risk".

They speculated the heightened risk may be connected to the fact that the cannabis smoker inhales more deeply and for longer, increasing the amount of carbon monoxide.

This was also thought to be the issue in a second, smaller study of 10 patients who were treated for chronic respiratory problems at the Alfred Hospital in Melbourne. All admitted intense cannabis use for at least a year. They had developed bullous lung disease, a condition where air becomes trapped in the lungs, at an average age of 41, compared to 65 for tobacco smoking patients.

The campaign group Transform Drug Policy Foundation said it was very difficult to separate cannabis from tobacco use as the two were so often smoked together. "Variations on the 'cannabis is more dangerous than tobacco' have been emerging sporadically for several decades. Different research using different methodologies has suggested very different conclusions, making such comparisons problematic," said spokesman Steve Rolles.

He added that inhaling smoke from any burning object was intrinsically harmful, and that policy should focus more on educating people about the risks of taking the drug – which can be taken using other methods – in this way.

The British Lung Foundation said the debate about cannabis's effect on the lungs had tended to focus on the mental affects, overlooking the impact on the lungs.

4091 According to the study described in the passage, the risk of lung cancer:

- **A** is higher for those smoking cigarettes
- **B** is higher for those smoking pipes and tobacco
- **C** is higher for those smoking cannabis
- **D** can't be estimated, as cannabis and tobacco are often smoked together

4092 What may this risk be due to?

- A To the deeper and longer inhalation
- B To the stronger effects of smoking a joint
- C To the less carbon monoxide inhaled
- D The quality of a joint is worse than the quality of a cigarette

4093 On average, how many years earlier does bullous disease occur in cannabis smokers?

- A 10 years
- B 20 years
- C 30 years
- D 40 years

4094 According to Steve Rolles, the spokesman of Transform Drug Policy Foundation:

- A there have been many variations on the quality of cannabis
- B the conclusions of the study are very reliable
- C as there are many possible methods of taking drugs it is important to ban them
- D it doesn't matter what is inhaled but the inhalation of burning objects itself

4095 The lung cancer study was conducted:

- A in New Zealand
- B by the British Lung Foundation
- C on 10 people only
- D on 79 patients affected by chronic respiratory problems

Read the following passage and answer the following questions.

Less than a dollar a day is a phrase we are all familiar with, but what does it really mean?

Almost half the world's population lives on less than a dollar a day, but the statistic fails to capture the humiliation, powerlessness and brutal hardship that is the daily lot of the world's poor.

In this series, Mike Wooldridge looks at what it's really like to have to live on a dollar a day and how it can mean different things in different countries, and asks whether the global target of halving world poverty by 2015 can really be achieved.

It isn't all about desperation and gloom, though: Mike meets people of incredible energy and determination, living in vibrant communities and having a diversity of experiences.

In Western Kenya poverty was a key issue in the recent elections in Kenya and the unrest that followed.

It is here that Mike meets Isaiah, his disabled wife and six grandchildren, who live on the little they can grow on their small plot of land and the paltry seven to ten dollars a month he makes from growing tea. He has debts to pay to the tea company for the fertiliser he needs, and they can only live a day at a time. The corrugated iron roof on their two roomed tin shack is so full of holes, the rain pours in, and one of their grandchildren recently died from malaria because there's no way they can afford to buy a mosquito net on their hand to mouth existence.

By contrast, their neighbours Francis and Christine are both able to work, growing and selling maize, mending bicycles and making bricks. Between them they make about two dollars a day, and own one mosquito net. Francis dreams of one day building another house he can rent out to get more income, and has plans for his future. But he complains that the pressure on the land due to the growing population and poor governance means that things are much harder today than they were twenty years ago.

4096 According to the author, the statistic:

- A shows figures, but not the emotional involvment
- B shows figures as well as the emotional involvment
- C shows only partial figures
- D shows only the emotional involvment
- E perfectly captures the emotional involvment

4097 What are Mike Wooldridge's intentions or feelings?

- A He asks to halve world poverty by 2015
- B He hopes that world poverty will be halved by 2015
- C He doubts whether world poverty can be halved by 2015
- D He wants to know whether world poverty can be halved by 2015
- E He would like the global target (halving world poverty by 2015) to be corrected

4098 Find the right opposite of the word "gloom":

- A anxiety
- B anguish
- C happiness
- D health

4099 Why can Kenyan children die from malaria?

- A Because mosquitos are very aggressive
- B Because families can't usually manage to buy a mosquito net
- C Because families can't usually afford to pay for vaccination
- D Because families are not educated about malaria
- E Because children cannot be looked after by parents

4100 What does Francis hold responsible for the worsening of today's living conditions?

- A The growing population and the general inability to rule properly
- B Corrupted governments
- C Epidemics
- D The globalization
- E The growing population and poor economy

INGLESE

Soluzioni

Quesito	Risposta	Quesito	Risposta	Quesito	Risposta	Quesito	Risposta	Quesito	Risposta	Quesito	Risposta	Quesito	Risposta	Quesito	Risposta	Quesito	Risposta	Quesito	Risposta
3801	B	3802	C	3803	A	3804	A	3805	C	3806	A	3807	E	3808	A	3809	A	3810	C
3811	A	3812	D	3813	B	3814	D	3815	E	3816	D	3817	A	3818	A	3819	C	3820	D
3821	C	3822	E	3823	A	3824	C	3825	A	3826	D	3827	B	3828	A	3829	B	3830	C
3831	C	3832	A	3833	A	3834	B	3835	A	3836	B	3837	A	3838	A	3839	A	3840	A
3841	D	3842	B	3843	C	3844	A	3845	B	3846	C	3847	D	3848	B	3849	B	3850	C
3851	A	3852	D	3853	B	3854	A	3855	D	3856	A	3857	A	3858	D	3859	A	3860	A
3861	A	3862	B	3863	A	3864	B	3865	C	3866	B	3867	B	3868	A	3869	B	3870	D
3871	B	3872	A	3873	D	3874	A	3875	C	3876	A	3877	A	3878	D	3879	A	3880	B
3881	D	3882	A	3883	B	3884	D	3885	A	3886	C	3887	C	3888	B	3889	A	3890	C
3891	C	3892	D	3893	D	3894	B	3895	B	3896	A	3897	A	3898	C	3899	B	3900	A
3901	D	3902	B	3903	D	3904	B	3905	C	3906	D	3907	B	3908	A	3909	C	3910	A
3911	A	3912	C	3913	D	3914	D	3915	B	3916	E	3917	A	3918	C	3919	B	3920	A
3921	A	3922	C	3923	B	3924	C	3925	A	3926	B	3927	A	3928	A	3929	B	3930	D
3931	B	3932	C	3933	C	3934	A	3935	A	3936	A	3937	C	3938	D	3939	D	3940	C
3941	A	3942	A	3943	A	3944	A	3945	D	3946	A	3947	B	3948	B	3949	C	3950	B
3951	C	3952	C	3953	B	3954	A	3955	B	3956	B	3957	A	3958	D	3959	C	3960	A
3961	A	3962	D	3963	B	3964	A	3965	A	3966	C	3967	A	3968	A	3969	A	3970	D
3971	A	3972	B	3973	A	3974	C	3975	D	3976	B	3977	B	3978	D	3979	B	3980	B
3981	A	3982	B	3983	D	3984	A	3985	B	3986	A	3987	C	3988	B	3989	C	3990	A
3991	D	3992	B	3993	A	3994	C	3995	D	3996	A	3997	D	3998	B	3999	C	4000	A
4001	C	4002	B	4003	D	4004	B	4005	C	4006	C	4007	A	4008	D	4009	D	4010	D
4011	D	4012	E	4013	D	4014	B	4015	A	4016	D	4017	A	4018	B	4019	D	4020	C
4021	A	4022	D	4023	A	4024	A	4025	C	4026	B	4027	B	4028	A	4029	A	4030	C
4031	C	4032	B	4033	C	4034	D	4035	B	4036	A	4037	B	4038	A	4039	C	4040	B
4041	A	4042	D	4043	B	4044	D	4045	D	4046	A	4047	D	4048	C	4049	C	4050	A
4051	A	4052	C	4053	D	4054	A	4055	B	4056	A	4057	A	4058	D	4059	D	4060	A
4061	C	4062	A	4063	C	4064	B	4065	A	4066	B	4067	A	4068	C	4069	A	4070	A
4071	C	4072	D	4073	B	4074	A	4075	B	4076	A	4077	A	4078	C	4079	A	4080	B
4081	C	4082	A	4083	A	4084	A	4085	C	4086	C	4087	D	4088	B	4089	C	4090	C
4091	C	4092	A	4093	B	4094	D	4095	A	4096	A	4097	D	4098	C	4099	B	4100	A